杜集叙录

张忠纲 赵睿才 綦维 孙微 编著

本书为教育部人文社会科学项目

齊魯書社

本书出版得到国家古籍整理出版专项经费资助

凡　例

一、本书所收杜集，包括自唐迄今中国（包括台湾、香港、澳门地区）和国外（包括欧美、朝鲜半岛、日本、越南等地区和国家）有关杜甫诗文的全集、选集、评注本及各类研究著作、文艺作品（包括集杜、和杜、拟杜及传奇、杂剧、小说、电影）等。

二、本书所收杜集，不论存佚，一律按著者或著作的时代先后加以介绍。计分唐五代编、宋代编、金元编、明代编、清代编、现当代编（1911—1918年的杜集著作只有少数几种，暂归于现当代编）。国外编亦按国家或地区及时代前后次序排列。

三、每种杜集的介绍，一般包括书名、卷数、著者、著者简介、刊刻时间、序跋、体例编次、内容概要、收诗文数、学术评价、版本源流及著录情况、一书之派生书情况、影印整理情况等项。而对具有代表性或有重要影响的版本著作详加说明，力求详而不冗，细而不杂，做到科学性与准确性的统一。国外及台湾、香港、澳门地区，依惯例，博士和硕士学位论文亦算著作，并予介绍。国外个别年代较早而有重要影响的杜甫研究论文，亦酌情收录。

四、著者简介，一般包括生卒年、字、号、别号、绰号、籍贯、郡望、各代正史是否有传、生平简历、著作等。文字力求简练。著者为今人（1919年“五四”以后出生，或今尚健在者）者，不作介绍；而国外编不受此限。

五、异书同名者，分别立目介绍。

前　言

杜甫是中国最伟大的诗人之一，在整个中国古典诗歌史上，还没有哪一个诗人的集子像杜甫诗集这样让后人如此重视。前有唐宋人的纂辑、校勘、整理，后有历代学者文人的选注、评点、笺释、疏解，对杜诗的整理研究可谓代代更替，踵武不绝，且异彩纷呈，成果累累。这些有关杜诗的文献著述，卷帙浩繁，体式多样，特色各异。自唐迄今，历代杜诗学文献不断累加，可谓汗牛充栋，蔚为大观，成为祖国优秀文化遗产中璀璨夺目的一颗明珠。目前"杜诗学"已经成为一门显学，研究者日众，研究内容也日益广泛深入，这都是令人感到振奋和鼓舞的。因此更好地整理继承这份宝贵的民族文化遗产，无疑具有重要的意义。

然而作为一门学科最基本的材料，从唐宋迄今，杜诗学相关文献到底出现过多少？其中哪些已经失传，哪些尚存，存于何处？对现存杜诗学文献整理研究的情况如何？对那些失传的或者存佚不明的文献，我们通过什么线索能够考知其大致情况，或者用什么样的辑佚方法能够得到最大限度的恢复？这些问题可以说一直困扰着整个杜诗学界。因为对杜诗学文献材料的充分了解不仅关系到我们相关研究结论的准确性，也制约着我们对学术发展史的宏观判断与微观定位，因此也制约着我们进一步前进的研究步伐。可以说随着杜诗学研究的不断深入，这种对杜诗学文献总体情况进行更为深入细致把握的要求，变得越来越迫切。这个基本文献的家底如果不能搞清楚，我们得出的结论就极有可能是盲人摸象、臆解耳食。那么目前学术界对杜诗学文献的研究总体上是个什么样的状况呢？

1954 年，北京图书馆参考研究组编的《北京图书馆馆藏杜甫诗集书目》（北京图书馆 1954 年油印本），是国内较早编订的杜诗学文献目录，该目收杜甫诗集 81 种，92 部，有关图书 2 种 2 部。1956 年，浙江省图书馆油印了《浙江图书馆馆藏杜诗书目》，收杜诗 65 种，96 部，每书均有简要解题。同年，成都杜甫草堂也油印了《成都杜甫草堂所藏杜诗书目》，此目于 1958 年 12 月重编，1959 年又在此基础上纂成《增补目录》。该目共收成都杜甫草堂所藏杜诗学文献 163 种，470 部，3800 余册。现存杜诗学文献的概貌，已约略可见。1958 年，陈炳良在香港《文学世界》杂志春季号发表《杜诗书目汇编稿》一文①，收录了自唐至清有关杜诗之书共 148 种。1962 年《文学评论》第四期发表了万曼《杜集叙录》一文②。此后，中华书局于 1963 年出版的《杜甫研究论文集（三辑）》中收录了马同俨、姜炳炘二人编纂的《杜诗版本目录》。此目相对较为简略，所著录的亦都是见存文献，可和其他书目互相补充。1965 年，香港叶绮莲所作硕士论文《杜诗学》下篇为“杜集书录”，以编年方式排列了由唐至清末之杜集。该目的编纂，参考了《台北国立中央图书馆善本书目》、

---

① 陈炳良此目笔者未见，所论参见陈少芳《一九四九年以后香港杜甫研究概况》，载《杜甫研究学刊》1999 年第 2 期。据陈文，作者“陈炳良”，或作“陈炜良”。

② 万曼此文收入中华书局 1963 年版《杜甫研究论文集》（三辑），后收入 1980 年中华书局出版的《唐集叙录》。

《北京图书馆善本书目》、《京都大学文学部汉籍分类目录》、马同俨、姜炳炘《杜诗版本目录》以及香港大学所藏杜集等。① 1967年1月,台湾大学研究所的梁一成又编纂了《杜工部关系书目》,并由其父梁容若校订完成。② 该目共收书316种(包括欧美日本的相关著述),均为见存文献。据该目《例言》称,此目录参考了草堂所编书目。1970年,台湾《书目季刊》夏、秋、冬季号连续刊载了叶绮莲《杜工部集关系书存佚考》(上、中、下)长文,当即其硕士论文之"下篇",对许多杜诗学文献的存佚情况进行了详细考辨。③ 1977年,台湾《中华文化复兴月刊》第4期刊载了陈香《杜诗研究书目的梳理与提要》一文。成都杜甫纪念馆于1981年至1984年,连续七期在《草堂》杂志上刊载《杜甫纪念馆馆藏杜集目录》。编者在目录后称,此目收录文献的下限是1962年,因之此目较1959年的《增补目录》更为详备。1998年12月,四川文艺出版社出版的丁浩《书海拾贝——杜甫草堂馆藏精品版本卷》(《杜甫草堂历史文化丛书》之一)一书中全文收录了《杜甫纪念馆馆藏杜集目录》,与《草堂》刊载的《杜集目录》完全相同。此外,国内各大图书馆及个别学者也曾自行编纂过一些杜集文献目录。如《南京图书馆馆藏李白杜甫诗文集及研究两家的著作善本临时书目》、《西南图书馆馆藏杜甫诗集目录》、贺昌群《收藏杜诗书目》等。值得注意的是,港台学者对杜诗学文献梳理工作用力较大。而杜甫草堂纪念馆编纂的

① 叶绮莲此目笔者未见,所论参见陈少芳《一九四九年以后香港杜甫研究概况》,载《杜甫研究学刊》1999年第2期。

② 1978年7月《书和人》杂志又发表梁一成编《杜工部诗集与年谱书目》一文。

③ 此前《书目季刊》1969年秋季号曾刊载叶绮莲《杜工部集源流》一文,当即其硕士论文之"上篇"。

杜集目录，在诸家书目中较为完备。这都为此后的杜诗学文献的整理研究奠定了相当坚实的基础。

1986年，两部杜诗学文献目录的专著几乎同时出版问世，标志着杜诗学文献目录学研究达到了新的高度。这两部专著即郑庆笃、焦裕银、张忠纲、冯建国四人合著的《杜集书目提要》（齐鲁书社1986年9月版）和周采泉《杜集书录》（上海古籍出版社1986年12月版）。《杜集书目提要》和《杜集书录》是二十世纪收集、整理杜集书目方面最为权威的两部著作，屡为学界称道和征引，代表着这一时期杜诗学文献目录研究的最高水平。《杜集书目提要》的著者从1978年开始遍访各地收藏的杜诗学文献，历经八载方最终完稿。其中"知见书目"收书355种，不同版本446种。"著录存目"部分共列已佚或存佚不明文献221种，"集杜书目"收录文献28种，"戏曲电影"收录12种，"外文译著"，介绍日、英、德、意、俄、匈牙利、越南等外文译著42种。提要内容，先简介著者生平、著述，其次撮述该书内容、体例、特点、成书过程、版式及刊刻流传情况等。该书著者对一些杜学著作之间的传承关系多有辨析，对前人著录有误的一些杜集的版刻时间也都注意加以辩正，体现了著者的功力和识见。著名杜甫研究专家陈贻焮先生指出：该书著者博览群书，广为搜求，对所见到的每一版本都进行了深入研究，诸如版本的刻印流传、不同版本的比较、评注的短长得失、抄袭作伪之情等等，或寻流溯源，或抉幽阐微，或辨误纠谬，或详加评骘，无不言之有据、论断精当。尤其对一些重要的评注本，不但详介版本情况，还简要地评价了其学术价值以及在杜诗学史上的地位和影响。所有这些，对学人全面掌握杜甫研究概况，或挑选有关参考资料，都是很有帮助的。①

① 陈贻焮《〈杜集书目提要〉评介》，《文学评论》1987年第6期。

《杜集书录》的著者周采泉以一己之力，积数十年之功撰成《杜集书录》一书，初步汇集和总结了历代杜诗学文献的概况，是一部较为精审全面的杜集工具书。论者指出，此书的学术价值主要体现在两个方面：一、网罗文献，巨细毕收。作者根据自己的见闻，不论书之存亡，悉加搜辑。特别是一些稿本、名家批点本、善本秘籍等世人罕见者还酌录原文，以备考索、研究。二、考订详赡，评论要赅。书中所加大量按语，均非泛论和拾人唾余者，皆自出机杼，确有见地。①

如今距离《杜集书目提要》和《杜集书录》的出版已经过去了22年，随着学术研究的不断深入和发展，上述杜诗学文献书目也日益暴露出许多错误和不足之处，亟需完善和修订。具体来说，主要有以下几个方面的问题。

首先，是收录杜诗学文献尚不全面。由于《杜集书目提要》和《杜集书录》两书几乎同时问世，各自独立成书，没有能够相互补益借鉴，体例和风格也存在较大的差异，因此二书所收杜诗学文献数字不一，互有异同，其中每一种书目都不能囊括杜诗学文献的总体情况。但由于二书具有很强的互补性，若能在原书的基础上重新梳理纂订，取长补短，则单从收录文献的数字而言，即可更加接近杜诗学文献的实际状况。另外，除了二书所收之外，未被收录的杜诗学文献尚多。在我们长期的搜检过程中，就不断发现上述书目均未予收录的大量杜诗学文献，数目已不下几十种。如《樗叟诗杜拾遗》、李延大《李杜诗意》、刘格《淑少陵初言》、汪枢《爱吟轩注杜工部集》②、杜濬《杜陵七歌》、闵麟

① 杜晓勤《隋唐五代文学研究》第957页，北京出版社2001年版。

② 《杜集书目提要》第269页只是著录了汪枢《杜工部集》二十卷，然著者未见原书。

嗣《闵宾连集杜》、方迈《和杜哀吟》、郑光时《杜诗心解》、史纪事《摘杜诗衬》、王邻德《睡美楼杜律五言》、戴炳骢《璞庐杜诗选》等。当代学者对此也续有发现，如蒋寅《清诗话考》中，就著录了酸尼瓜尔嘉·额尔登萼《一草堂说诗》、郑同甸《评杜诗》等①。这些被遗漏、忽略的杜诗学文献还需要我们进一步搜采。而将这些陆续发现的杜诗学著作补辑入文献目录中去，也成为必不可少的工作。也就是说，目前学界还缺乏一个相对完整、令人完全满意的杜诗学文献书目，故极有必要全面整理研究这些存佚的杜诗学文献的总体状况，按照时代先后整理出一个相对完备的书目，做到摸清家底，为进一步研究杜诗学演进、发展的历史过程，提供一个可资借鉴的文献基础。

第二，《杜集书目提要》和《杜集书录》中著录的杜诗学文献，或多或少地都存在一些失误，因而需要进行更为细致的甄别、考订和整理。归纳起来，存在的讹误主要有以下几类：

（一）重收、误收。《杜集书目提要》中收录的杜诗注本有重复收录的现象，如该书《知见书目》部分有龚书宸评注《赏音阁杜诗问津》，《著录存目》部分又予收录，书名作《杜诗问津》。又如《著录存目》中所著录的《杜诗蕞评》，称"见张鉴《冬青馆乙集·杜诗蕞评序》"，此书实即《知见书目》所著录的刘濬《杜诗集评》。张鉴《杜诗蕞评序》与《杜诗集评》之陈鸿寿序，文字稍有出入，则《杜诗蕞评》当为《杜诗集评》之别名。《杜集书目提要》中还有将宋人著作误为明人者，如《著录存目》中所著录的阙名撰《杜诗发微》，实即宋杜旃撰《杜诗发微》，一作《杜诗发挥》。又阙名撰《杜诗节斋解》，实即宋侯仲震撰《侯氏少陵诗注》。侯仲震，字伯修，号节斋。宋眉山（今属四川）人。绍熙元

① 蒋寅《清诗话考》第98、132页，中华书局2005年版。

年(1190)进士。官至绵州太守。魏了翁特为作《侯氏少陵诗注序》。晁瑮《宝文堂书目》著录为《侯节斋杜诗解》。又有将明人著作误为清人的情况,例如郑日强《杜诗注》、赖进德《李杜诗解》、陈懋仁《李杜志林》等。《杜集书录》亦存在重收、误收现象。如清乾隆间沈寅、朱崑补辑《杜诗直解》,《杜集书录》即误为明人著作。《集杜诗钞》的著者齐图南,误署为其兄"齐召南"等等①。

(二)书名之误。《杜集书录》中著录书名失误之处较多,如将明代吴思齐《跋杜诗集》,误作《杜诗跋》;刘逴《唐诗类选》,误为《杜诗类选》;清代傅山《杜遇馀论》,误作《杜还馀论》;杨天培《西岩集杜稿》,误作《集杜诗》;和瑛《杜律》,误作《杜律选》;赵滵《杜诗评注》,误作《读杜评注》;凌赓臣《杜诗考注》,误作《杜诗考证》;钱泰吉《杜诗摘句》,误作《杜诗扎句》等等。

(三)卷数之误。如陈讦《读杜随笔》共分上、下二卷,每卷又分两小卷,《杜集书目提要》因此误录为四卷;又如汪文柏《杜韩诗句集韵》分上、中、下三卷,卷上又分上、下,卷中、卷下又各分上、中、下,《杜集书目提要》误录为"二卷"。

(四)其他失误。《杜集书目提要》、《杜集书录》二书中,还存在将一书著录为两书,一人著录为两人之类的失误。如元代董养性《杜工部诗选注》,高儒《百川书志》、晁瑮《宝文堂书目》、阮元《天一阁书目》等皆有著录,书名作《杜诗选注》。因国内早已不见原本,且《天一阁书目》录作董益撰,二书遂将董益、董养性视为二人,并将董养性视为山东乐陵人,将其书视为两书,实误。董养性,名益,自号高闲云叟。江西乐安人。所撰

① 齐召南亦有集杜之作,名为《集杜诗》而非《集杜诗钞》。

《杜工部诗选注》卷前自序末署"岁在丁未十一月日临川之高闲云叟董益养性叙"。丁未当为元至正二十七年(1367)。《(同治)乐安县志》卷八《人物志·文苑》董养性小传云:"董养性,流坑人,居家孝友,学贯经史。洪武间应通经名儒,征授剑州知州,赴任几八千里,惟一僮自随。居官简静,惟修廨舍与学校,暇则哦诗缀文以自乐。所著有《书易题断》、《李杜诗注》,其生平诗文名曰《高闲云集》,藏于家。"则其应生活于元末明初间。《高闲云集》为《四库全书总目》著录,然将此董养性与清初山东乐陵撰《周易订疑》之董养性混为一人。后人不察遂致误。又如张孚敬(1475—1539),原名璁,字秉用,号罗峰,永嘉(今属浙江)人。《明史》有传。正德十六年(1521)进士,以迎合世宗朱厚熜尊生父兴献王为皇帝事,得帝欢心,不次擢用。嘉靖十年(1532),以名犯御讳,请更,乃赐名孚敬,字茂恭。先后历南京刑部主事、兵部左侍郎、礼部尚书、吏部尚书等职,官至大学士,卒谥文忠。著有《喻对录》、《奏对录》、《保和冠服图》、《张文忠公集》。又有《杜律训解》二卷,明代颇为风行,今已佚。明赵琦美《脉望馆书目》著录:"张罗峰《杜律释》。"晁瑮《宝文堂书目》著录:"《杜诗释义》,张罗峰注。"不著卷数。黄虞稷《千顷堂书目》著录:"张璁《杜律训解》,二卷。"书已佚,但尚有张氏《杜律训解序》、《再识》及《进〈杜律训解〉疏》存于《张文忠公集》中,故应以《杜律训解》为是。而《杜集书目提要》于《杜诗释义》提要云:"张罗峰,明人,生卒年不详,万历时在世。"又于《杜律训解》提要云:"张璁,字秉用。"不知号罗峰,遂将一人误为二人。再如明代《杜诗三百篇注》,《(光绪)乐清县志·经籍志》著录,题作"黄淮集,范观著"。据黄淮《黄文简公介庵集》卷六(黄淮集曾重编,卷六即原卷之十)《一斋范处士墓碣铭》,范观著有《一斋集》、《注杜诗三百篇》、《考订历代纪年图》,藏于家。黄准或为之刊刻注杜一书,故《(光绪)乐清县志·经籍志》著录如上。清孙诒让《温州经籍志》亦著录是集,并小字注"《黄介庵集》卷十",乃是言其所据,周采泉遂误认为是集载于《黄介庵集》卷十,实误。

第三,杜诗学文献著者生平情况的考证尚未得到深入的研究。《杜集书目提要》、《杜集书录》二书中,对许多著者生平情况的介绍都不尽如人意,甚或付之阙如。对这些著者缺乏了解的原因,当然主要是由于资料匮乏,其中很多著者的生平已经难以稽考,但还有许多情况是由于著者投入的研究力量不够造成的,兹举几类如下:

(一)著者生平失考。《杜集书目提要》、《杜集书录》中有许多杜诗注本的著者,编者都称生平事迹不详,其实这其中有许多著者的生平是可以考知的,甚至这些撰者中有好多还是当时的名人。如清代朱琦的《杜诗精华》,《杜集书录》未收,而《杜集书目提要》虽著录其书,但对著者只字未做介绍。按清代见于记载的,至少有五个朱琦。而《杜诗精华》的著者朱琦(1716—?),字景韩,号复亭,又号筼谷居士。清历城(今山东济南)人。乾隆九年(1744),中顺天副榜第五名,十二年中顺天乡试第八名。曾官彭县、安岳知县。著有《杜诗精华》六卷、《倚华楼诗》四卷、《铁峰集》一卷、《倚云楼诗》四卷等。生平事迹见山东省图书馆藏《历城朱氏历科硃卷合订》。《杜诗精华》六卷,署筼谷居士手抄。系乾隆时抄本,现藏山东省图书馆,为海内孤本。又如《杜集书目提要》中著录《杜诗字评》的著者董文涣,称其"生平未考"。[①] 据考,董文涣(1833—1877),原名文焕,字尧章,号研秋,一号研樵,亦作岘樵,山西洪洞人,咸丰六年(1856)

---

① 《杜集书目提要》第270页,齐鲁书社1986年版。

进士。著有《岘樵山房诗集》十二卷、《藐姑射山房诗集》二卷、《孟郊诗评点》二卷、《声调四谱图说》十二卷、《集韵编雅》十卷等。又如《红萼轩杜诗汇二种》的著者孔传铎，《提要》称其"生平不详"。① 据考，孔传铎（？—1735）字牖民，号振路，山东曲阜人，雍正元年（1723）袭衍圣公。工诗，著有《申椒》、《盟鸥》二集。亦善词，著有《红萼词》二卷。生平事迹见《清史稿》卷四八三、张维屏《国朝诗人征略》卷一三、《晚晴簃诗汇》卷五〇、《全清词钞》卷九等。又如《杜诗培风读本》的著者、《杜解通元》的校录者席树馨，《提要》亦失考，《杜集书录》将著者误作"叶树馨"，称"始末待考"。② 据考，树馨，字枝山，又字鹤如，怀来（今属河北）人。道光十七年拔贡，中咸丰三年（1853）吴凤藻榜进士，历任四川长宁知县。在任修书院，设文学，请名师，教士子，人文俱兴，为诸邑之冠。著有《代笺录》、《古文文笔》、《金丹选注》。生平事迹见《怀来县志·科第》。这样的例子还有一些，此不备举。

（二）著者生卒年考证之失。《杜集书目提要》、《杜集书录》对一些杜诗学者的生卒年考证也存在许多问题，亟需加以订正修改。如《辟疆园杜诗注解》的作者顾宸，《提要》称其"生卒年不详"。据《锡山书目考》卷四，顾宸生于万历三十五年（1607），卒于康熙十三年（1674），年六十八，当可据。《乐句》及《杜诗律》的作者俞玚，《提要》中亦不详。而据《历代人物年里碑传综表》载，明崇祯十七年（1644），吴江俞玚（犀月）生。另据《秀野草堂诗集》卷五载，俞玚卒于康熙三十三年（1694），年五

① 《杜集书目提要》第271页。

② 《杜集书目提要》第138、222页。《杜集书录》第435页，上海古籍出版社1986年版。

十一。又如《杜诗论文》的著者吴见思,《提要》称其生于明天启初年(1622)左右,未载其卒年。《杜集书录》阙载。许总称其生卒年为(1622—1685),不知何据①。而据《昆陵名人疑年录》载,"天启元年(1621),武进吴见思(齐贤)生。"又同书卷一称:"康熙十九年(1680),吴见思死,年六十。"则吴见思之生卒年,似当以是为准。《杜诗阐》的著者卢元昌,《提要》称"其生平事迹不详",而《东柯鼓离草》载:"万历四十四年(1616),华亭卢元昌(文子)生。"同书又称,康熙三十二年(1693)卢元昌尚在世,是年作《元日遣兴》诗,年七十八。则其卒年,当晚于是年。《杜诗义法》的著者乔亿,《提要》称其"约生活于清康熙、雍正时期",《杜集书录》据《广陵诗事》称其生卒年为(1692—?)。而据乔亿《三晋游草自序》称,其生于康熙四十一年(1702)。又据《游道堂自序》卷四,乔亿卒年为乾隆五十三年(1788),年八十七,当以为据。再如《杜诗琐证》的著者史炳,《提要》称其"生卒年不详",《杜集书录》阙载。据史炳《句俭堂集》卷二自称,其生于乾隆二十八年(1763)。其卒年至少应在道光十年(1830)以后,因为据《句俭堂集》卷四载,是年史炳年六十九,曾作《重修泾城碑记》。《杜诗笺》的著者汤启祚,《提要》称其"生卒无考",《杜集书录》据《重修宝应县志·文苑传》称其为"康雍间人"。② 而《疑年录汇编》卷九称汤启祚生于明崇祯八年(1635),卒于清康熙四十九年(1710),年七十六,当可为据。这样的例子还有很多,此不一一。

(三)名号之误。《杜集书目提要》中还存在一些将著者的

① 许总《论吴见思〈杜诗论文〉的特色及其对杜诗学的贡献》,《杜甫研究学刊》1983年第1期。

② 《杜集书目提要》第140、149、150、158、178、234页。《杜集书录》第177、499、616、396页。

名号颠倒混淆的失误。如《杜园说诗》（书名应为《杜园说杜》）的著者署名为"江田"，实应为梁运昌，因其号江田，故致误。严虞惇，号"思庵"，误作"思巷"。范廷谋，字周路，号省庵，误作字"省庵"。张雍敬，字珩珮，号简庵。误作"字珩珮，一字简庵"。江浩然，号孟亭。误作"字孟亭"。《杜诗补注汇》的著者沈元沧，误为沈名沧。《杜诗心会》著者署为"毛西原"，应为毛文翰。文翰，字彦祥，号西垣，又号西原。《尊道堂集杜诗》的著者署名"王子重"，应为王材任（1652—1739），材任，字子重。①《杜集书录》一书中人名、字号出现舛误的情况也比较多。如《和杜诗》的著者王珩，误作"王衍"；《杜诗评》的著者朱铨，误作"朱绘"；《杜诗考注》的著者凌赓臣，字以成，误作"字以未"；《少陵诗选》的著者田国文，字荆阳，误作"字荆扬"；《集杜诗》的著者陈光龙，误作"陈龙光"；《杜诗疏义》的著者王家瓒，字端臣，误作字"瑞臣"；《杜诗正》的著者邵志谦，误作"姚志谦"；《读杜慎言》的著者赵洄，误作"赵佪"，蒋寅《清诗话考》又误作"赵田"；《杜律含英》的著者任梦乾，误作"顾梦乾"等等。②

此外，对文献著者生平事迹的记载中还有很多失误。如《杜诗择注》的著者张桓，乾隆四十八年（1783）举于乡，五十五年（1790）成进士，《杜集书录》误作"康熙九年（1670）进士"。应该说这类讹误极大地制约着我们对文献著者的了解和研究。以上这些情况都说明，目前对杜诗学文献著者生平情况的研究还远未臻于完备，不仅存在大量错误，甚至还存在着研究的真空和盲点，亟需学者们着力进行考证，细致准确地理清著者的基本情况。

---

① 《杜集书目提要》第233、144、189、187、195、409、389、417页。

② 《杜集书录》第866、509、616、761、851、718、629、498页。

第四，关于杜诗学文献的一些结论尚需再斟酌考证。例如卢震《杜诗说略》一卷，书成于康熙八年至十二年(1669—1673)卢震任湖南巡抚期间。前有王封溁序，末署“赐同进士出身、通奉大夫、经筵讲官、礼部左侍郎兼翰林院学士加一级、前吏部右侍郎、内阁学士、日讲起居注官、旧治年家眷侍生王封溁顿首拜撰”。据王封溁序署衔，王于康熙三十六年由礼部右侍郎转为礼部左侍郎，死于康熙四十二年，则是书当刊于康熙三十六年至四十二年(1697—1703)间。《杜集书录》谓此书为“明崇祯四年(一六三一)刻”，显误。又如应时《李杜诗纬》一书，《杜集书目提要》便将其归入“已佚或存佚不明”一类。其实该书并未散佚，成都杜甫草堂博物馆和清华大学图书馆均有收藏。再如清初张笃行《杜律注例》一书，《杜集书目提要》认为张笃行生前未曾刻印，所据为该书卷四末张笃行玄孙张道存跋文：“是编予童时即得见之，不解读也。久藏箧中，迄今二十馀年，始知先高祖一生精力苦心具见于此。幸逢盛世，诗学昌明，四方相与力追风雅。则是编也，或不宜私之一家云。乾隆己卯季夏月中浣，元孙道存谨书。”“乾隆己卯”，即乾隆二十四年(1759)，《提要》编写者据此认为该书实刻于是年。其实此书在笃行生前即已刻印，只是由于系家刻本，流布未广，才让后人生此疑窦。《杜律注例》前有张笃行《题词》，署为“顺治己亥荷月”，即顺治十六年(1659)。孙殿起《贩书偶记》、《北京图书馆杜集书目》、王绍曾《清史稿艺文志拾遗》都著录有顺治己亥(1659)刻本。可见确有《杜律注例》顺治己亥(1659)的原刊本，而乾隆己卯(1759)为重刊本。《提要》据重刊本判断该书的刊刻年代，比初刻本整整晚了一百年。又如沈寅、朱崑补辑《杜诗直解》，有乾隆四十七年(1782)凤楼巾箱本。该本书名页误标作“乾隆乙未年新镌”，以后各家书目多沿其误。如《贩书偶记》著录：“乾隆乙未凤楼精刊巾箱本，与《李杜直解》合刻。”《中国古籍善本书目》亦误标“清沈寅、朱崑辑，清乾隆四十年凤楼刻本”。《杜集书录》则误标“清乾隆丁未（1787）来凤楼刻”。《杜集书目提要》则误作“朱凤楼藏板，乾隆乙未（1775）刊”。由上述论析可见，当今学界对杜诗学文献版本的研究还存在很多不足之处，而这些问题的最终澄清，都需要学者们作出更多的努力。

第五，收录杜诗学文献的体例和标准尚需明确和完善。诸种杜诗学文献目录甄录文献的数量不一，颇多差异的主要原因，还是由于收录文献的体例和标准不同造成的。以清代为例，《杜集书录》收录存佚杜诗学文献多达 330 余种，而《杜集书目提要》收录214 种，二者差距 100 多种。不过《杜集书录》所收330 种文献的数字当中还包括 80 余种名家批校本。在我们现在看来，这些杜诗批注本并不能算作严格的著作，虽然这些杜诗批注本中并不乏精彩绝伦的妙解和胜见，也构成了清代杜诗学的重要组成部分之一。那么若以较为严格的标准来统计的话，则《杜集书录》实际所收清代杜集版本约有 230 余种，这和《杜集书目提要》收录的文献数字基本上是接近的。又如马同俨、姜炳炘编纂的《杜诗版本目录》，是从版本的角度著录杜诗学文献，该目录将同一种著作的不同版本或不同名家批校本都另立一条予以著录，如郑沄《杜工部集》就著录了七种，钱谦益《杜工部集笺注》著录了九种，杨伦《杜诗镜铨》著录了十种，刘辰翁评点本的不同版本更著录了二十余种。若从文献种类来看，其实同一著者的同一著作，无论有过多少版本或多少名家批校本，都应该只算作一种。因此，要对历代杜诗学文献进行一次更为彻底的摸查排目，我们首先需要对收录文献的标准作一个基本的界定。本书所收杜诗学文献中，对同一种杜诗学著作的不同版本特别是重要版本都在同一条目内加以介绍。对于一些著名版本的名家批校本，一般情况下并不视为单独的杜诗学文献著作。对于大量的诗话类著作中涉及杜甫的论述，若非单独论杜的，亦不予收录。

总之，对杜诗学文献的整理与研究还有大量的基础性工作要做，由于有了前贤时修所奠定的相当坚实的基础，彻底整理杜诗学文献的条件可以说已经完全成熟。鉴于学界目前对杜诗学文献的研究和整理现状，我们决定在前贤著述的基础上，重新编纂一部杜诗学文献叙录。一方面全面订补杜诗学文献目录，另一方面最大限度地钩稽考证杜诗学文献版本及其著者生平的基本情况，提供著录线索和文献依据，以备学者访查。经过本书编者们多年的不懈努力，通过广搜博采，甄别去取，终于编撰完成了一部相对更加完备的杜诗学文献目录。本书共收录杜集文献 1261 种，其中唐五代杜诗学文献 14 种，宋代 124 种，金元 28 种，明代 171 种，清代 416 种，现当代 350 种，国外杜诗学文献 158 种。在本书的撰写过程中，我们对现存杜诗学文献坚持尽量亲见原书的原则，从而最大限度地避免仅从前人的书目和著述出发，致使谬误流传，错讹辗转因袭之弊。如湖南省图书馆所藏元刻本《重雕老杜诗史押韵》，虽系八卷残本，但实为罕见之孤本，亲睹者极少。著者曾两赴长沙，但因湘图搬迁等原因，未获亲睹，深以为憾。而《草堂》1983 年第 2 期刊载《关于〈重雕老杜诗史押韵〉》一文，作者自称："我因在湖南工作，曾有机会获观半日，愿举所知，以告同好。"又云："本书有题跋三处，为一人笔迹。书前题记署'嘉靖岁在己巳十月二十有八日复翁识'，下钤阴文'黄丕烈印'，阳文'荛圃'二方印。"作者断定黄丕烈题跋为书贾伪造。因作者亲睹该书，言之凿凿，他人获观不易，故《杜集书目提要》照抄此文，亦云"书前题记署'嘉靖岁在己巳十月二十有八日复翁识'"。2002 年 11 月，我借到长沙参加杜甫国际学术研讨会的机会,特地去湖南省图书馆亲阅此书,发现书前题记署的却是“嘉庆岁在己巳十月二十有八日复翁识”。会后查核,嘉靖(1522—1566)共45年,但没有“己巳”年。而嘉庆十四年(1809)正是“己巳”年。黄丕烈(1763—1825),清江苏吴县人,字绍武,号荛圃,又号复翁。乾隆五十三年(1788)举人,官主事。黄为当时著名的藏书家和校勘学家,喜藏书,尤嗜宋本,尝构专室,藏所得宋本,名之为“百宋一廛”。精校勘之学,所刊《士礼居丛书》,为学者所重。故黄丕烈题跋与钤印是真的,而非书贾伪造。一字之差,相差二百多年,又关乎真伪之别。

除了坚持亲见文献的原则之外,我们同时又注意广泛参考吸收前人已有的研究成果,特别是前人书目对杜集文献的著录,并对各家著述中存在的重大疏误予以辨析和驳正。因此本书所著录杜诗学文献的丰富翔实程度以及对文献著者生平情况的考证研究深度,都较以往有很大进步。希望通过我们的努力,为杜诗学文献研究奠定一个相对完善的基础和框架,也为研究杜诗学的详细发展脉络乃至整个杜诗学史的最终构建提供可资依凭的文献材料,从而促进杜诗学研究的进一步深入发展。

为了保证本书的编撰质量,我们组织的编写力量以专门研究唐宋文学的专家和博士为主,并聘请海内外著名学者担任特约撰稿人。具体分工情况是:“唐五代编”和“宋代编”由张忠纲撰写;“金元编”和“明代编”由綦维撰写;“清代编”由孙微撰写;“现当代编”由赵睿才撰写,而其中台湾、香港、澳门地区的杜集文献,则请台湾淡江大学中文系的吕正惠教授和陈文华教授负责撰写。“国外编”中,欧美地区(包括俄罗斯)的杜集文献,则请中国国家图书馆专门研究中国古典文学在国外传播的王丽娜研究员负责撰写;日本的杜集文献,则请日本九州大学中文系静永健教授和专治中日古代文学的辽宁大学中文系刘维治教授负责撰写；朝鲜半岛的杜集文献，则请韩国丽水大学中文系金庆国教授负责撰写；然后我们加以修改和补充。对于海内外专家学者的大力支持和无私帮助我们表示诚挚的感谢！全部书稿由张忠纲负责通审，经过反复修改后最终定稿。当然不敢说本书目已经囊括了所有的杜集文献，在调查文献的过程中，虽然本书的诸位编者备尝艰辛，尽其所能地苦心钩稽数年，耗费了大量的时间和精力，然而我们深深感到，历代的杜诗学文献浩如烟海，既难以在较短的时间内网罗殆尽，也难以做到考证完备，仍有大量的文献有待进一步查访和钩稽，对有些文献的论析还有待进一步考证和商榷。此外，当代的有关杜诗学著述或限于闻见未能尽数搜采编入。但是我们坚信，有了目前这个基础，只要经过持续不懈的努力，庶几可以逐渐接近编纂出相对完备的杜集文献著述总目。学者循此以求，当可概览杜诗学的辉煌殿宇，了解整部杜诗学史波澜壮阔的发展历程。尽管编者已经尽了最大努力，但限于主客观条件的制约，限于学识和精力，本书的疏漏和讹误之处在所难免，敬祈专家和读者不吝指正！

张忠纲

2008 年 3 月于山东大学耘斋

目　录

杜集叙录

杜集叙录

杜集叙录

杜集叙录

杜集叙录

杜集叙录

杜集叙录

杜集叙录

杜 集 叙 录

杜集叙录

杜集叙录

一、唐五代编

杜甫集　六十卷　[唐]阙名编

唐樊晃《杜工部小集序》云:"文集六十卷,行于江汉之南。"《旧唐书·杜甫传》云:"甫有文集六十卷。"《新唐书·艺文志》载:"《杜甫集》六十卷。"或谓此集为杜甫生前亲自编定。宋王洙《杜工部集记》云:"甫集初六十卷,今秘府旧藏,通人家所有称大小集者,皆亡逸之馀,人自编摭,非当时第叙矣。"是王洙编杜集时六十卷本已不存。

杜工部小集　六卷　[唐]樊晃辑

樊晃,又误作樊冕、楚冕、樊光。唐句容(今属江苏)人,郡望南阳湖阳(今属河南)。开元中进士,又登书判拔萃科。历硖石主簿,祠部、度支员外郎。天宝中,为汀州刺史,后为兵部员外郎。大历时,任润州刺史。工诗,与诗人刘长卿、皇甫冉友善,有诗唱和。殷璠汇次其诗入《丹阳集》。芮挺章《国秀集》(选收开元初至天宝三载唐人诗)收晃《南中感怀》诗一首。

樊晃曾辑杜甫诗为《杜工部小集》六卷,为杜诗选本最早者。其《杜工部小集序》云:"文集六十卷,行于江汉之南。常蓄东游之志,竟不就。属时方用武,斯文将坠,故不为东人之所知。

江左词人所传诵者,皆君之戏题剧论耳。曾不知君有大雅之作,当今一人而已。今采其遗文,凡二百九十篇,各以志类,分为六卷,且行于江左。君有子宗文、宗武,近知所在,漂寓江陵,冀求其正集,续当论次云。"《崇文总目》卷五载:"《杜工部小集》六卷,杜甫撰、樊晃集。"《新唐书·艺文志》载:"《杜甫集》六十卷,《小集》六卷,润州刺史樊晃集。"而樊晃任润州刺史的时间,据《宋高僧传》卷十七《唐金陵钟山元崇传》:"大历五年,刺史南阳樊公雅好禅寂,及属县行春,顺风稽首,咨请道要,益加师礼矣。"又《全唐文》卷三七七柳识《琴会记》云:"大历六年,浙西观察使苏州刺史兼御史大夫赞皇公祇命朝于京阙,春正月,夕次朱方,刺史樊公称:江月当轩,愿以卮酒侑胜……罢宴之后,赞皇顾润州曰……"此"樊公",即樊晃。又据《嘉定镇江志》卷十四"唐润州刺史"条,大历七年樊晃还在任上。据此,则樊晃编辑《杜工部小集》,当在大历五至七年间。时杜甫刚刚去世。宋王应麟《玉海》卷五十九《艺文略》载:"《(杜甫)小集》六卷,樊晃集。"自注:"狄遵度嗜杜诗,赞其集后。"《宋文鉴》卷七十五载狄遵度赞云:"子美之述,吾能诵之;子美之意,吾能知之;子美之意,其所未闻,其所未知,盖未得其云为。"

古本杜甫集　二卷　［唐］阙名编

王洙《杜工部集记》云:"搜裒中外书,凡九十九卷(古本二卷,蜀本二十卷,集略十五卷,樊晃序小集六卷,孙光宪序二十卷,郑文宝序少陵集二十卷,别题小集二卷,孙仅一卷,杂编三卷),除其重复,定取千四百有五篇。"将其列于各集之首,当是唐本。又张耒《明道杂志》云:"杜甫之父名闲,而甫诗不讳闲。某在馆中时,同舍屡论及此。余谓甫天姿笃于忠孝,于父名非不获已,宜不忍言。试问王仲至(王洙之子王钦臣)讨论之，果得其由，大都本误也。《寒食》诗云：'田父邀皆去，邻家闲不违。'仲至家有古写本杜诗，作'问不违'。作'问'实胜'闲'。又《诸将》诗云：'见愁汗马西戎逼，曾闪朱旗北斗闲。'写本作'殷'字，亦有理，语更雄健。"此"古写本"即王洙所云"古本"。已佚。

杜员外集　二卷　[唐]阙名编

日僧圆仁《入唐新求圣教目录》著录。圆仁（日本天台宗第三代座主）于唐文宗开成三年（838）随日本第十八次遣唐使藤原常嗣入唐求法，宣宗大中元年（847）回国时携带汉籍 584 部，计 802 卷。其中就有《杜员外集》。杜员外，当即杜甫。

唐写本杜诗　[唐]阙名抄

胡仔《苕溪渔隐丛话》后集卷八引《诗说隽永》云："王性之（铚）尝见唐人写本杜诗云：'孤城此日堪肠断，愁对寒云雪满山。'乃'白满山'也。"所引二句见杜诗《至日遣兴奉寄北省旧阁老两院故人二首》其二。仇兆鳌《杜诗详注》卷六引黄生曰："唐本作'白满山'，非是。"已佚。

杜氏诗律诗格　一卷　[唐]佚名撰

《通志·艺文略·诗评类》著录。又《宋秘书省续编到四库阙书目·文史类》著录佚名撰《杜氏十二律诗格》一卷；胡应麟《诗薮·杂编》卷二载《杜氏诗格》一卷，列为"唐人诗话"。或谓当是一书。或疑所谓林越《少陵诗格》为此书改头换面之作。

吴越写本杜诗　[五代]吴越阙名抄

胡仔《苕溪渔隐丛话》后集卷八引《诗说隽永》云："晁氏尝

于中壶缄线纩夹中得吴越人写本杜诗，讳'流'字之类，乃盛文肃故书也。如'日出篱东水'等绝句六首乃九首，其一云：'漫道春来好，狂风大放颠。飞花随水去，翻却钓鱼船。'"周紫芝《竹坡诗话》卷二亦云："又五诗，谢仁（当作'任'）伯记云：得于盛文肃家故书中，犹是吴越钱氏所录。"盛文肃，即盛度，宋真宗、仁宗时人。此本已佚。

开运官书本杜集　[五代]后晋官刊本

[五代]后晋开运二年(945)官刊本，卷数不详，亦不见公私书目著录。宋吴若《杜工部集后记》云："右杜集，建康府学所刻板也……。凡称樊者，樊晃小集也；称晋者，开运二年官书也。"蔡梦弼《杜工部草堂诗笺跋》亦云："凡校雠之例：……题曰晋者，晋开运二年官书本也。"各本杜集多参校开运官书本。据统计，今存各本杜集校语有"晋作某"者，计115首，以组诗计，共192首。

蜀本杜诗　二十卷　[五代]阙名编

王洙《杜工部集记》云："搜裒中外书，凡九十九卷（古本二卷，蜀本二十卷，集略十五卷，樊晃序小集六卷，孙光宪序二十卷，郑文宝序少陵集二十卷，别题小集二卷，孙仅一卷，杂编三卷），除其重复，定取千四百有五篇。"而王得臣《增注杜工部诗集序》则云："按郑文宝《少陵集》，张逸为之序，又有蜀本十卷。"严羽《沧浪诗话·考证》云："旧蜀本杜诗，并无注释，虽编年而不分古近二体，其间略有公自注而已。今豫章库本，以为翻镇江蜀本，虽无杂注，又分古律，其编年亦且不同。近宝庆间，南海漕台雕《杜集》（指曾噩刊刻郭知达《九家集注杜诗》），亦以为蜀本，虽删去假坡之注，亦有王原叔以下九家，而赵注（指赵次公

注)比他本最详,皆非旧蜀本也。"郭绍虞笺注云:"案镇江蜀本既与旧蜀本不同,疑即是王洙所编、而王琪所刻、裴煜所补之本。其与旧蜀本不同之点有二:据陈振孙《直斋书录解题》卷十六谓:'王洙原叔定其千四百五篇,古诗三百九十九,近体千有六。'则是此本虽无注而分体,与沧浪之说正同。又云:'蜀本大略同,而以遗文入正集中,则非其旧也。'则知旧蜀本遗文不入正集,是又与新蜀本不同之一点。"杜集有新旧蜀本之分,王洙所用之本,当为旧蜀本。后蜀韦縠《才调集叙》云:"暇日因阅李杜集、元白诗,……各有编次。"是当时杜集已在蜀地流传。则此本或为五代后蜀时刊印。已佚。

杜甫集略 十五卷 阙名编

疑为唐五代人编。见王洙《杜工部集记》。已佚。

南唐抄本杜甫诗 [五代]南唐阙名抄

龚颐正《芥隐笔记》"杜诗古今本不同"条云:"王仲言(明清)自宣城归,得杜甫诗三帙,有南唐澄心堂纸,有建邺文房印、沈思远印及敕赐印。笔法精妙,殆能书者。试考一二诗,多与今本不同。"已佚。

杜员外诗集 阙名编

苏轼《东坡题跋》卷二"记子美逸诗"云:"《闻惠子过东溪》诗云……此一篇予与刘斯立得之于管城人家叶子册中,题云《杜员外诗集》,名甫字子美。其馀诸篇,语多不同。"周紫芝《竹坡诗话》卷二亦云:"近世士大夫家所藏杜少陵逸诗,本多不同。余所传古律二十八首,其间一诗,陈叔易记云:得于管城人家册子叶中。"疑此本当为唐五代抄本。已佚。

旧抄本杜少陵诗　阙名抄

黄伯思《东观馀论》卷下“跋洛阳所得杜少陵诗后”条云：“政和二年夏在洛阳，与法曹赵来叔因检校职事，同出上阳门。于道北古精舍中避暑，于法堂壁间弊簏中得此帙，所录杜子美诗，颇与今行椠本小异。如‘忍对江山丽’，印本‘对’乃作‘待’；‘雅量涵高远’印本‘涵’乃作‘极’，当以此为正。若是者尚多。予方欲借之，寺僧因以见与，遂持归。校所藏本，是正颇多，但偶忘其寺名耳。六年二月十一日，舟中偶翻旧书见之，因题得之所自云。”疑此本或为唐五代抄本。已佚。

孙光宪序杜甫集　二十卷　［五代］孙光宪编

孙光宪（？—968），字孟文，自号葆光子。陵州贵平（今四川资阳西）人。唐末为陵州判官，后唐天成元年（926），为荆南高季兴掌书记。历三世，累官荆南节度副使。入宋，授黄州刺史。为政颇有治声。光宪博通经史，尤勤学，聚书数千卷，抄写雠校，老而不废。《宋史》有传。著述甚丰，今传《北梦琐言》。能诗工词，为“花间派”词人。

据王洙《杜工部集记》，光宪有序杜集二十卷，惜书与序皆不传。

二、宋代编

手写杜诗 [宋]王著手写

王著(？—990),字知微。唐相王方庆之后。世家京兆渭南(今属陕西),祖从唐僖宗入蜀,遂为成都(今属四川)人。孟蜀时明经及第,历平泉、百丈、永康主簿。入宋授隆平主簿。太平兴国三年(978),改卫寺丞、史馆祗候,委以详定篇韵。六年,加著作佐郎、翰林侍书与侍读。迁左拾遗,使高丽。官终殿中侍御史。《宋史》有传。

著善攻书,笔迹甚媚,颇有家法。今存《手写杜诗》残卷。书杜甫五言律诗三十六首,裴景福鉴定为王著手书。其《壮陶阁书画录》卷三著录,并跋云:"蜀绢,织成蓝丝阑……。向为丹徒包山甫藏,初赠予四开,后全归予。原卷继改为册,首尾俱缺。杨(孕灵)跋似亦不全,历经名眼邠庐冯先生(桂芬)亦不能定为何代何人之笔。予遍阅宋以后刻帖罕相似者。及见内(府)藏米老书蜀素卷,其绢色织法,蓝丝阑宽狭高下,长短丝缕,悉与此同,方敢定为北宋初书。又于宋初诸家求之,始定为王侍书著书……。著书碑刻无征,亦鲜墨迹传世,惟《墨缘汇观》记著《草书千文》一卷,粉花白纸,乌丝界行,称其书珠圆玉润。此亦草书也,与珠玉之评恰合,可以印证。《千文》后有周越一跋,在黄素上织蓝丝界行,与此卷同为一时所制可知。著书惟《淳化阁帖》

各书家题名，是其真笔。此卷字有与题名同者，结体用笔，无一不合，尤为确证。《千文卷》共一百四行，每行亦只十字，行气疏密与此同”。又跋云：“此卷书工部五言律诗三十六首，取今本细校，不同者四十馀字，然皆以卷内所书为优，当据此以正诸本之讹……。杜诗诸家刻本、写本，异字约计得二百馀，此卷其一也。”周采泉《杜集书录·内编·选本律注类一》按云：“此卷沉霾千载，因裴景福暗中摸索得之，诚稀世之瑰宝也。裴氏于此卷反复推求，旁证曲引，持论坚确，即非王著所书，其为北宋初人所书，灼然无疑。则此本又早于王洙本数十年，传世杜诗，当以此为最朔。此为残卷，全卷当不止此三十馀首，且所写尽为五律，或蜀本之编次，原来如此。又其所录尽为少陵在蜀以前及居公安之作，无入湘以后诗，更证此本与蜀本有关。”此卷对杜诗校勘甚为有用。

少陵集　二十卷　［宋］郑文宝编

郑文宝（953—1013），字仲贤，一字伯玉。宋汀州宁化（今属福建）人。父仕南唐，文宝以荫授奉礼郎，迁校书郎。入宋，受知于李昉。太平兴国八年（983）进士，除修武主簿。迁大理评事，知梓州录事参军事，转光禄寺丞。改著作佐郎，通判颍州，知州事。召拜殿中丞。淳化二年（991），授陕西转运使。文宝熟悉西北山川形势、风俗人情，多次参与抵御西夏及辽的战役。迁太常博士，加工部员外郎。因事贬蓝山令，移枝江令，徙京山令，迁刑部员外郎，官终兵部员外郎。善篆书，有诗名，著有《江表志》、《南唐近事》、《谈苑》等。《宋史》有传。《竹庄诗话》卷十六郑文宝《爽约》诗注引《诗事》载：“欧公云：‘文宝诗如王维、杜甫。’”

文宝编有《少陵集》二十卷，已佚。王洙《杜工部集记》云：

“搜裒中外书，凡九十九卷。”其中有“郑文宝序《少陵集》二十卷”。王得臣《增注杜工部诗集序》亦云：“按郑文宝《少陵集》，张逸为之序，又有蜀本十卷。”逸，真宗、仁宗时人。《宋史·张逸传》云：“以枢密直学士知益州。逸凡四至蜀，谙其民风。”意文宝所序《少陵集》殆为蜀本欤？惜郑、张二序俱不存，无从确知。

孙仅编杜甫集　一卷　[宋]孙仅编

孙仅(969—1017)，字邻几。宋蔡州汝阳(今河南汝南)人。少勤学，与兄何齐名。举真宗咸平元年(998)进士第一。授舒州团练推官，擢光禄寺丞、直集贤院，俄知浚仪县。景德元年(1004)，拜太子中允、开封府推官。曾充“国母生辰使”，赴辽为萧太后祝寿。改开封府判官，迁右正言、知制诰，出知永兴军。大中祥符元年(1008)，加比部员外郎。代还，知审刑院。拜右谏议大夫、集贤院学士、权知开封府。改左谏议大夫，出知河中府。归朝，复领审刑院。官终给事中。《宋史》有传。有集五十卷，已佚。

王洙《杜工部集记》云孙仅有所编杜集“一卷”，亦佚。孙仅还有一篇《读杜工部诗集序》，中云：“公之诗，支而为六家：孟郊得其气焰，张籍得其简丽，姚合得其清雅，贾岛得其奇僻，杜牧、薛能得其豪健，陆龟蒙得其赡博，皆出公之奇偏尔……。风骚而下，唐而上，一人而已。”可见他对杜甫是有相当研究的。

别题杜甫小集　二卷　[宋]阙名编

王洙《杜工部集记》云：“搜裒中外书，凡九十九卷(古本二卷，蜀本二十卷，集略十五卷，樊晃序小集六卷，孙光宪序二十卷，郑文宝序少陵集二十卷，别题小集二卷，孙仅一卷，杂编三卷)，除其重复，定取千四百有五篇。”已佚。

老杜别集　[宋]苏舜钦编

苏舜钦（1008—1048），字子美。宋梓州铜山（今四川中江）人，生于开封（今属河南）。易简孙。少以父荫补官。仁宗景祐元年(1034)进士，授光禄寺主簿，历任蒙城、长垣县令，迁大理评事。庆历四年(1044)，以范仲淹荐，授集贤校理，监进奏院。为人借事诬陷，削职为民，闲居苏州，筑沧浪亭，读书其中。八年，复官，为湖州长史，寻卒。《宋史》有传。有《苏学士文集》行世。

舜钦于景祐三年(1036)编成《老杜别集》，收诗三百八十馀首。已佚，仅存舜钦所撰《题杜子美别集后》云:“杜甫本传云，有集六十卷。今所存者才二十卷，又未经学者编辑，古律错乱，前后不伦。盖不为近世所尚，坠逸过半。吁！可痛闵也。天圣末，昌黎韩综官华下，于民间传得号《杜工部别集》者，凡五百篇。予参以旧集，削其同者，馀三百篇。景祐初，侨居长安，于王纬主簿处又获一集。三本相从，复择得八十馀首，皆豪迈哀顿，非昔之攻诗者所能依倚，以知亦出于斯人之胸中。念其亡去尚多，意必皆在人间，但不落好事家，未布尔！今以所得，杂录成一策，题曰《老杜别集》，俟寻购仅足，当与旧本重编次之。”此本尚早于王洙所编《杜工部集》二十卷，未见公私书目著录。韦骧(1033—1105)《简夫丈昔遗〈老杜别集〉而骧以外集当之久而亡去近承多本因以诗请》云:“昔日交传集外诗，规模虽记旧编遗。”是苏本时已刊印。

杜工部别集　[宋]韩综藏本

韩综（1008—1052），字仲文。宋开封雍丘（今河南杞县）

人,其先真定灵寿(今属河北)人。韩亿次子,绛、缜之兄。刘敞岳父。荫补将作监主簿,奏授签书凤翔府判官,改太常寺太祝,寻迁大理评事。天圣八年(1030)进士。通判邓州、天雄军,荐授集贤校理、同知太常院。历开封府推官、三司户部判官、同修起居注、判三司度支勾院,迁尚书祠部员外郎。庆历六年(1046)使契丹,执政以为生事,出知滑州,徙许州。移袁州,复为江东转运使。累迁刑部员外郎、知制诰、知审官院。卒,年四十五。张方平为撰《韩君墓志铭》。《宋史》有传。

韩综曾藏有《杜工部别集》。苏舜钦景祐三年(1036)撰《题杜子美别集后》云:"天圣末,昌黎韩综官华下,于民间传得号《杜工部别集》者,凡五百篇。"已佚。参上苏舜钦编《老杜别集》简介。

宋本杜工部集　二十卷　[宋]王洙、王琪编定,裴煜补遗

王洙(997—1057),字原叔(一作源叔),一说字尚汶。宋应天宋城(今河南商丘)人,郡望太原。仁宗天圣二年(1024)进士。补舒城县尉,调富川县主簿。晏殊荐为府学教授。召为国子监说书,改直讲。擢史馆检讨、同知太常礼院,为天章阁侍讲。累迁太常博士、尚书工部员外郎,加直龙图阁、权同判太常寺。坐事出知濠、襄、徐、亳等州。召为史馆修撰、知制诰,至和元年(1054)为翰林学士。洙博览多闻,图纬、方技、阴阳、五行、算数、音律、训诂、篆隶之学,无所不通。曾校定《史记》、《汉书》,预修《崇文总目》、《国朝会要》、《三朝经武圣略》等书。仁宗朝参与制定明堂礼仪、雅乐制度。著有《易传》等。《宋史》有传。

王洙对杜诗的最大贡献,就是搜集整理编辑成《杜工部集》

二十卷。《新唐书·艺文志四》著录:“杜甫集六十卷、小集六卷。”至北宋已不可复见,仁宗时王洙始取秘府旧藏及他人所有之杜集裒为二十卷。洙宝元二年(1039)《杜工部集记》云:“甫集初六十卷,今秘府旧藏,通人家所有称大小集者,皆亡逸之馀,人自编摭,非当时第叙矣。搜裒中外书,凡九十九卷(古本二卷,蜀本二十卷,集略十五卷,樊晃序小集六卷,孙光宪序二十卷,郑文宝序少陵集二十卷,别题小集二卷,孙仅一卷,杂编三卷),除其重复,定取千四百有五篇,凡古诗三百九十有九,近体千有六,起太平时,终湖南所作,视居行之次,若岁时为先后,分十八卷;又别录赋笔杂著二十九篇为二卷,合二十卷。”洙书当时是否刊梓,无由闻见。后经王琪镂板刊行,遂成后世所有杜集之祖本。

王琪,字君玉,宰相王珪从兄。宋成都华阳(今四川成都)人。举进士,调江都主簿。除馆阁校勘、集贤校理。诏通判舒州,知复州。历开封府推官、直集贤院、两浙淮南转运使、修起居注、盐铁判官、判户部勾院、知制诰。仁宗庆历七年(1047),使契丹还,责授信州团练副使。历知润州、江宁、苏州、邓州、扬州。英宗治平元年(1064)知杭州。二年,复知扬州。又知润州。以礼部侍郎致仕。卒,年七十二。《宋史》有传。嘉祐四年(1059),时为苏州郡守的王琪取王洙所编《杜工部集》二十卷重新编定,镂板刊行。其《杜工部集后记》云:“翰林王君原叔,尤嗜其诗,家素蓄先唐旧集,及采秘府名公之室,天下士人所有得者,悉编次之,事具于记,于是杜诗无遗矣。……原叔虽自编次,余病其卷帙之多而未甚布。暇日与苏州进士何君瑑、丁君修得原叔家藏及古今诸集,聚于郡斋而参考之,三月而后已。义有兼通者,亦存而不敢削,阅之者固有浅深也。而又吴江邑宰河东裴君煜取以复视,乃益精密,遂镂于版,庶广其传。或俾余序于篇者，曰：如原叔之能文，称于世，止作记于后，余窃慕之。且余安知子美哉，但本末不可阙书，故概举以附于卷终。原叔之文，今迁于卷首云。”裴煜，字如晦。宋临川（今属江西）人，郡望河东。庆历六年（1046）进士。嘉祐二年（1057）知吴江县。五年，仁宗命为《新唐书》校勘官。历太常博士、秘阁校理。曾任国子监直讲、大理寺丞、集贤校理、尚书都官郎中。治平二年（1065）九月，以开封府提刑知苏州，三年九月，入判三司都磨勘司。历知扬州、润州。官终翰林学士。熙宁初卒。煜文雅博洽，与欧阳修、梅尧臣、刘敞、曾巩、王安石酬唱甚密。他任吴江知县时，曾协助王琪编刊《杜工部集》，并搜集杜甫诗文九篇，作为“补遗”刊附集后。《直斋书录解题》卷十六载：“《杜工部集》二十卷……王琪君玉嘉祐中刻之姑苏，且为后记。……又有遗文九篇，治平中，太守裴集刊附集外。”此本分体编年排列，系白文本，为今日传世杜集之最早者。此后杜集补遗、增校、注释、批点、集注、编年、分体、分类、分韵之作，皆祖此本。王琪镂刻之原本今已不存，今可见者为毛氏汲古阁所藏宋本，为两种相俪之南宋刻本，现存上海图书馆。毛扆《宋本杜工部集跋》云：“先君昔年以一编授扆，曰：‘此《杜工部集》，乃王原叔洙本也。余借得宋板，命苍头刘臣影写之，其笔画虽不工，然从宋本抄出者。今世行杜集，不可以计数，要必以此本为祖也。汝其识之！’扆受书而退，开卷细读，原叔记云……二十卷末有嘉祐四年四月望日姑苏郡守王祺（琪）后记，此后又有补遗六叶，其《东西两川说》仅存六行而缺其后，而第十九卷缺首二叶。扆方知先君所借宋本乃王郡守镂板于姑苏郡斋者，深可宝也，谨什袭而藏之。后廿馀年，吴兴贾人持宋刻残本三册来售，第一卷仅存首三叶，十九卷亦缺二叶，补遗《东西两川说》亦止存六行，其行数、字数悉同，乃即先君当年所借原本也。不觉悲喜交集，急购得之，但不得善书者成此美事,且奈何!又廿馀年,有甥王为玉者教导其影宋甚精,觅旧纸从抄本影写而足成之。"1957 年商务印书馆据此影印出版,列为《续古逸丛书》第四十七种。其缺页数处,悉据国家图书馆所藏钱钞本配补,学人始得获见此稀世珍本。全书线装六册,共二十卷,其中诗十八卷,卷一至八为古体诗,卷九至十八为近体诗,共 1410 首;末二卷为文赋,计 28 篇。前有王洙记,末附元稹《唐故检校工部员外郎杜君墓系铭》、王琪后记、裴煜补遗 9 篇、毛扆跋、张元济跋。张氏跋云:"毛氏汲古阁所藏宋本,递传至于潘氏滂喜斋,今归上海图书馆。相传为嘉祐间刊。然以讳字避至完、构观之,是刻当在南宋初矣。检校全集,计二十卷、补遗一卷。宋刻两本相俪,缺叶为毛氏抄补,亦据两本。其一存卷一第三、四、五叶,卷十七至二十及补遗。每半叶十行,行十八至二十一字。毛氏抄补自卷一第六叶起至卷九、卷十五、卷十六,每卷先列子目,目后衔接正文。其二为卷十至十二,每半叶十行,行二十字;毛氏抄补卷十三及十四。每卷先列子目,目后重衔书名、卷次及诗体首数各一行。两本字体、纸墨均甚相似,骤不易辨。但从行款、注例审之,显有不同。……其卷一王记之宋刊,卷十二第廿一后半叶,卷十九第一、二叶及补遗第七、八叶之钱抄,均据北京图书馆藏本照补。"由此可见,《宋本杜工部集》是由数种版本组合而成的,并不是一个完整的宋刻本。而对各本的认识颇不一致。张元济跋考定毛氏汲古阁所藏两种相俪之南宋刻本,一为南宋初年浙江覆刻嘉祐四年王琪增刻王洙编订原本,一为绍兴三年(1133)吴若校刊本。而有的学者提出疑义,认为后一本"是与吴若本极为相近的模板",当刻于绍兴末年;或认为后一本当是时间更晚的吴若本的翻刻本。

杜甫集外集　[宋]王二十藏本

王二十，名不详，排行二十。藏有杜集外集，刘敞曾借阅。刘敞《寄王二十》诗序云："先借王杜集外集，会疾未及录。近从吴生借本，增多于王所收。因悉抄写，分为五卷，又为作序，故报之。"诗云："昔借君家杜甫集，无端卧疾不曾编。近从霅上吴员外，复得遗文数百篇。夫子删诗吾岂敢，古人同疾意相怜。（子美亦有肺疾也。）新书不惜传将去，怅望秦城北斗边。"又《寄王二十》诗云："累累烦书札，悠悠感别离。平生义缱绻，相忆路逶迤。羁旅老将至，江湖天一涯。佯狂人事绝，乘兴尔难期。"参见刘敞《杜子美外集》条。

杜甫集　[宋]吴员外藏本

吴员外，名不详，宋霅上（今浙江湖州）人。藏有杜甫集，载杜诗数百篇，刘敞曾借阅以编《杜子美外集》。刘敞《寄王二十》诗序云："先借王杜集外集，会疾未及录。近从吴生借本，增多于王所收。因悉抄写分为五卷，又为作序，故报之。"诗云："昔借君家杜甫集，无端卧疾不曾编。近从霅上吴员外，复得遗文数百篇。夫子删诗吾岂敢，古人同疾意相怜。（子美亦有肺疾也。）新书不惜传将去，怅望秦城北斗边。"参见刘敞《杜子美外集》条。

杜子美外集　五卷　[宋]刘敞编

刘敞（1019—1068），字原父，号公是。刘攽兄。宋临江军新喻（今江西新馀）人。仁宗庆历六年（1046）进士。通判蔡州，直集贤院，判尚书考功。至和元年（1054），迁右正言、知制诰。二年，奉使契丹，以熟知其山川地理，为契丹人所叹服。使还，出知扬州，徙郓州兼京东西路安抚使。旋召还，纠察在京刑狱。出知永兴军。英宗治平三年（1066），改集贤院学士、判南京御史台。《宋史》有传。敞学问渊博，长于《春秋》，著有《春秋权衡》、《春秋传》、《公是集》等，又与弟攽、子奉世合著《汉书标注》。

敞编有《杜子美外集》五卷，写本。其《公是集》卷二十四有《编杜子美外集》诗云："少陵诗笔捷悬河，乱后流传简策讹。乐自戴公全废坏，书从鲁壁幸增多。斯文未丧微而显，吾道犹存啸也歌。病肺悲愁情自失，苦吟时复望江沱。（子美诗云："病肺卧江沱。"予亦有此疾。）"又有《寄王二十》诗并序。序云："先借王杜集外集，会疾未及录。近从吴生借本，增多于王所收。因悉抄写分为五卷，又为作序，故报之。"诗云："昔借君家杜甫集，无端卧疾不曾编。近从霅上吴员外，复得遗文数百篇。夫子删诗吾岂敢，古人同疾意相怜。（子美亦有肺疾也。）新书不惜传将去，怅望秦城北斗边。"此本尚早于黄伯思所编《校定杜工部集》，因是写本，故未见公私书目著录。已佚。《分门集注杜工部诗》（本文所据为《四部丛刊》依上海涵芬楼借南海潘氏藏宋刊影印本，以下简称《分门集注》）、《黄氏补千家集注杜工部诗史》（该书《四库全书总目》作《黄氏补注杜诗》，而《文渊阁四库全书》则简作《补注杜诗》，本文所据为《文渊阁四库全书》本电子版，以下简称《黄氏补注》）和《集千家注分类杜工部诗》（本文所据为1974年台湾大通书局依元皇庆元年建安余氏勤有堂刊元末叶氏广勤堂印本影印《杜诗丛刊》本，以下简称《分类杜诗》）俱于《奉留赠集贤院崔于二学士》"随水到龙门"句下引"刘敞曰"一条；而《分门集注》于《醉时歌》引"刘敞曰"，《黄氏补注》、《分类杜诗》则均不见引及。

杜工部后集　［宋］王安石辑

王安石（1021—1086），字介甫，号半山。宋抚州临川（今属江西)人。庆历二年(1042)进士,授签书淮南判官。七年,改知鄞县。历舒州通判、群牧判官。嘉祐二年(1057),知常州。次年,移提点江东刑狱,入为三司度支判官。六年,迁知制诰。神宗即位,起知江宁府,召为翰林学士兼侍讲。熙宁二年(1069),拜参知政事,推行新法。次年,拜同中书门下平章事。七年,因新法遭强烈反对,罢相,以观文殿大学士出知江宁府。八年,复相。九年,再罢相,出判江宁府。后退居江宁(今江苏南京)钟山半山园。元丰元年(1078),封舒国公。二年,复拜尚书左仆射、观文殿大学士,改封荆国公,世称"王荆公"。绍圣中,谥文,世又称"王文公"。崇宁三年(1104),追封舒王。《宋史》有传。曾与子雱等重新注释《周官》、《尚书》、《诗经》,颁之学官,时称《三经新义》。退居江宁时,又撰《字说》,文字训诂亦多与前人不同。善属文,为"唐宋八大家"之一。其文集今传有《王文公文集》、《临川先生文集》。

安石对杜甫非常推崇,其《杜甫画像》云:"吾观少陵诗,为与元气侔。力能排天斡九地,壮颜毅色不可求。……所以见公像,再拜涕泗流。惟公之心古亦少,愿起公死从之游。"他在杜集的整理、注释和杜诗的思想、艺术研究方面,都做出了不少贡献。他编有《杜工部后集》;又有《四家诗选》,以杜甫为第一;并手写杜诗《丹青引》跋曹霸画马图卷。《杜工部后集》,一作《老杜诗后集》,仅比王洙所编杜集晚十三年,惜今不传,亦未见公私书目著录。其于皇祐五年(1053)所作《杜工部后集序》云:"予考古之诗,尤爱杜甫氏作者。其词所从出,一莫知穷极,而病未能学也。世所传已多,计尚有遗落,思得其完而观之。……予之令鄞,客有授予古之诗,世所不传者二百馀篇。观之,予知非人所能为而为之实甫者,其文与意之著也。然甫之诗,其完见于今日,自余得之。……自《洗兵马》下,序而次之,以示知甫者,且用自发焉。”宋谊元丰五年(1082)所作《杜工部诗序》云:“顷者,处士孙正之得所未传二百篇,而丞相荆公继得之,又增多焉。及观内相王公(洙)所校全集,比于二公,互有详略,皆从而为之序,故子美之诗,仅为完备。”叶绮莲《杜工部集关系书存佚考》云:“是书之作,在王洙编杜集之后十三年,而能辑逸诗二百馀篇,则当时未必见王洙本,且其诗与王洙所辑必有重复之处。”(载《书目季刊》1970 年夏季号)安石序中所引《洗兵马》,即见于王洙本卷二,据此可知安石定未见王洙本,故“互有详略”。

四家诗选 [宋]王安石选

王安石,生平事迹见上《杜工部后集》介绍。

宋人所辑总集,录杜诗成卷者,以《四家诗选》为最早。宋刻杜集诸本引王安石注,多出自《四选》。该书以杜甫为第一,欧阳修第二,韩愈第三,李白第四。华镇《题杜工部诗后》云:“元丰间,王文公在江宁,尝删工部、翰林、韩文公、欧阳文忠诗,以杜、李、欧、韩(应为杜、欧、韩、李)相次,通为一集,目曰《四选》。此中用丹晕其题首者,皆《四选》之所录。或一诗数章,止取一二,则晕其首句,以志王公之去取。”蔡居厚云:“今世所传《子美集》,本王翰林原叔所校定,辞有两出者,多并存于注,不敢彻去。至王荆公为《百家诗选》(应为《四家诗选》,因《百家诗选》未选杜诗),始参考择其善者定归一辞。如‘先生有才过屈宋’,注:‘一云先生所谈或屈宋’,则舍正而从注。‘且如今年冬,未休关西卒’,注:‘一云如今纵得归,休为关西卒’,则刊注而从正本。若此之类,不可概举。其采择之当,亦固可见矣。惟‘天阙象纬逼,云卧衣裳冷’,阙字与下句语不类;‘隅目青荧夹镜悬,肉骏碨礌连钱动’,肉骏,于理若不通。乃直改阙作阅,改骏作鬃,以为本误耳。”(《苕溪渔隐丛话》前集卷九引《蔡宽夫诗话》)这对校勘杜集文字,颇有参考价值。蔡居厚对王安石选诗的偏颇亦表示不满,如云:“子美诗善叙事,故号‘诗史’。其律诗多至百韵,本末贯穿如一辞,前此盖未有。然荆公作《四家诗选》,而长韵律诗皆弃不取。如《夔府书怀一百韵》,亦不载。”(《苕溪渔隐丛话》前集卷十八引《蔡宽夫诗话》)于此可窥见《四选》之一斑。李纲《书〈四家诗选〉后》云:“介甫选四家之诗而次第之。……四家者,其诗之六经乎?于体无所不备,而测之益深,穷之益远。……览者宜致意焉。”宋代杜集有引王本以订正杜诗文字者,吴若《杜工部集后记》云:“称荆者,介甫《四选》也。”蔡梦弼《杜工部草堂诗笺跋》云:“凡校雠之例:题曰……王者,乃介甫也。”《黄氏补注》于《秋雨叹三首》之二、《洗兵马》、《赠蜀僧闾丘师兄》、《太子张舍人遗织成褥段》、《相从歌》、《殿中杨监见示张旭草书歌》、《魏将军歌》、《奉赠太常张卿二十韵》、《喜雨》、《送鲜于万州迁巴州》等诗引“(王)安石曰”凡十条;而《分门集注》于《故武威将军挽词三首》之一引“安石曰”,则不见引于《黄氏补注》与《分类杜诗》。

杜工部年谱 [宋]吕大防编

吕大防(1027—1097),字微仲。宋京兆蓝田(今属陕西)人,郡望汲郡。仁宗皇祐元年(1049)进士,调冯翊主簿、永寿令。迁著作佐郎、知青城县。入权盐铁判官。英宗即位,改太常博士、监察御史里行,出知休宁县。神宗立,通判淄州,知泗州,改河北转运副使。韩绛宣抚陕西,命为判官,又兼河东宣抚判官,除知制诰,改知延州。坐环庆兵变,降知临江军,徙华州、秦州,改知永兴军,数年,知成都府。曾重修杜甫草堂,并绘杜甫像于其上。哲宗即位,召为翰林学士、权开封府,迁吏部尚书。元祐元年(1086),拜尚书右丞,进中书侍郎,封汲郡公,世称"吕汲公"。三年,超拜尚书左仆射兼门下侍郎。任宰执凡八年,为元祐更化的主要人物。哲宗亲政,贬放外任。绍圣四年(1097),累贬舒州团练副使,安置循州,至虔州信丰病卒。高宗绍兴初,赠太师、宣国公,谥正愍。《宋史》有传。

大防编有《杜工部年谱》,亦称《杜诗年谱》、《子美诗年谱》,宋方深道辑《诸家老杜诗评》称"吕丞相《诗年谱》"。《分门集注杜工部诗》卷首载此谱。晁公武《郡斋读书志》卷四上云:"本朝自王原叔以后,学者喜杜诗。……吕微仲在成都时,尝谱其年月。"吕谱不仅为杜甫年谱之第一种,亦为我国现存年谱之第一种,可惜谱中所书甲子皆误。其自记云:"予苦韩文、杜诗之多误,既讎正之,又各为年谱,以次第其出处之岁月,而略见其为文之时,则其歌时伤世、幽忧窃叹之意,粲然可观。又得以考其辞力,少而锐,壮而肆,老而严,非妙于文章,不足以至此。"观此,大防当曾编杜集,惜集已亡,而幸谱尚存。方贞观《手批杜诗辑注题识》云:"吕汲公作《杜诗年谱》,不过酌量其先后,仿佛其时势,约略其踪迹,初未尝逐年逐月,征事征诗。而梁权道、黄鹤、鲁訔之徒,用以编次,遂年栉月比,若与子美同游处,而亲见其讴咏者,其无所关会,无可援据之作,则穿凿迁就以巧合之;或借他题词组只字,以证其当为是时是事而发,欺人乎?自欺乎?亦愚之甚矣。"《黄氏补注》与《分门集注》均于《桥陵诗三十韵》、《石壕吏》、《新婚别》、《后出塞五首》其一等诗引"吕曰"凡五条。

注杜子美集　[宋]刘克撰

刘克,汴梁(今河南开封)人,北宋时人。生平事迹不详。尝注杜子美、李义山集。

《注杜子美集》，已佚。沈括《梦溪笔谈》卷一六云："士人刘克，博观异书。杜甫诗有'家家养乌鬼，顿顿食黄鱼'，世之说者，皆谓夔峡间至今有鬼户，乃夷人也，其主谓之'鬼主'，然不闻有乌鬼之说。又鬼户者，夷人所称，又非人家所养。克乃按《夔州图经》，称峡中人谓鸬鹚为'乌鬼'，蜀人临水居者，皆养鸬鹚。绳系其颈，使之捕鱼，得鱼则倒提出之，至今如此。予在蜀中，见人家养鸬鹚，使捕鱼，信然，但不知谓之'乌鬼'耳。"成书于北宋末期的蔡絛《西清诗话》卷上亦云："都人刘克者，穷该典籍，人有僻书疑事，多从质之。尝注杜子美、李义山集。与客论云：'"元日至人日，未有不阴时。"人不能知，四百馀年来，唯子美与克会耳。'因取书示客曰：'此方朔《占书》也。岁旦至八日：一鸡，二犬，三豕，四羊，五牛，六马，七人，八谷。其日晴，所主之物育，阴则灾。少陵意谓天宝流离，四方云扰，人物岁灾，此岂《春秋》书"王正月"意耶？'深得古人用心如此。"《西清诗话》此条也见于黄朝英《靖康缃素杂记》卷四"人日"条、南宋初胡仔《苕溪渔隐丛话》前集卷九所引。《靖康缃素杂记》卷四"人日"条谓：当时注杜甫诗者，"唯刘克为博学"，"真奇士也"。

杜甫传 ［宋］孙洙撰

孙洙(1031—1079)，字巨源。宋广陵(今江苏扬州)人。皇祐元年(1049)进士。补秀州法曹。复举制科，进策五十篇，指陈政体，明白剀切，韩琦叹为"今之贾谊"。迁集贤校理，知太常礼院。治平中，兼史馆检讨、同知谏院。王安石行新法，出知海州。寻干当三班院。同修起居注，进知制诰。元丰初，兼直学士院。擢翰林学士。将用参知政事，卒，年四十九。有《孙贤良集》，已佚。《宋史》有传。洙博闻强识，明练典故，文词典丽，有西汉之风。

孙洙撰有《杜甫传》。宋张礼《游城南记》"东次韦曲，前瞻杜固"下注："甫为晋征南将军预之后。预玄孙某随宋武帝南迁，遂为襄阳人。甫曾祖某为巩令，又徙河南。宋孙洙为甫传，以牧之为甫族孙，盖同出于预也。"已佚。

陈浩然本杜诗　[宋]陈浩然编

陈浩然，生平不详。宋温陵宋宜（一作谊）元丰五年（1082）二月二十三日所作《杜工部诗序》云："今兹退休田里，始得陈君浩然授予子美诗一编，乃取其古诗近体，析而类之，使学者悦其易览，得以沿其波而讨其源也。予嘉陈君有志于诗，而惟子美之为嗜，则可谓笃于诗学者矣。因其请而为之序云。"据此，浩然亦当为温陵（今福建泉州）人。或谓陈浩然即陈应行，疑非是。又有陈浩然字彦章者，为宋福清（今属福建）人。政和二年（1112）进士。终承议郎、通判台州。见《淳熙三山志·人物类二》。又有政和间为安溪知县之庐陵人陈浩然。不知三人为同一人否？

陈浩然本杜诗乃分类编辑，故仇兆鳌《杜诗详注·凡例》"杜诗伪注"云："分类始于陈浩然，元人遂区为七十门，割裂可厌。"但仇注屡引"陈浩然本"，如《秋雨叹三首》其三"秋来未曾见白日"句下注云："曾，陈浩然本作省。"《北征》"乾坤含疮痍"句下注云："含，陈浩然本作合。"《石壕吏》"有孙母未去"句下注云："有孙，陈浩然本作孙有。"《新婚别》"君今生死地"句下注云："生死地，陈浩然作死生地。"《题壁上韦偃画马歌》"戏拈秃笔扫骅骝"句下注云："戏，陈浩然本作试。"《戏赠友二首》其二"驽骀漫深泥"句下注云："深，陈浩然作染。"《寄狄明府博济》"浊河终不污清济"句下注云："终，陈浩然作中。""禁中决策请房陵"句下注云："决策，陈浩然作册决。"《郑典设自施州归》“登顿入天石”句下注云:“天,草堂、陈浩然并作矢。”《惜别行送刘仆射判官》题下注云:“诗见陈浩然,又见《文苑英华》。”是陈本清初尚存,惜今已佚。

增注杜工部诗集　四十九卷　[宋]王得臣撰

王得臣(1036—1116),字彦辅,号凤台子。宋安州安陆(今属湖北)人。初受学于郑獬,又受学于胡瑗。仁宗嘉祐四年(1059)进士。知岳州巴陵,提举开封府界常平、开封府判官,历知唐、郊、鄂、黄等州。哲宗元祐八年(1093),为福建转运司判官。官至司农少卿。绍圣四年(1097),管勾崇禧观,致仕。得臣学问博洽,著有《麈史》三卷,其中涉及杜甫者十二条,所论多可取,如辨杜甫不是大历五年夏卒于耒阳,而定“其卒当在潭岳之间,秋冬之际”,可谓精核之论,后世注杜者多从其说。

得臣又有《增注杜工部诗集》,亦称《杜工部诗增注》,四十九卷。其《增注杜工部诗集序》云:“予时渔猎书部,尝妄注缉,且十得五六。宦游南北,因循中辍。投老家居,日以无事,行乐之暇,不度芜浅,既次其韵,因旧注惜不忍去,搜考所知,再加笺释。又不幸病目,无与乎简牍之观,遂命子瀓、洎孙端仁,参夫讨绎,俾之编缀,用偿志焉耳。……按郑文宝《少陵集》,张逸为之序,又有蜀本十卷。自王原叔内相再编定杜集二十卷,后姑苏守王君玉得原叔家藏于苏州进士何瑑、丁修处,及今古诸集,相与参考。乃曰:义有兼通者,亦存而不敢削。故予之所注,以苏本为正云。”序作于徽宗政和三年(1113),时得臣已七十八岁高龄。《分门集注》、《黄氏补注》、《分类杜诗》卷首均载王氏自序,并于“集注杜工部诗姓氏”下云:“凤台王氏彦辅,《和注子美诗》四十九卷。自号凤台子。”接云:“王氏名徵(当作“瀓”),凤台子之子。”又云:“王氏名端仁,凤台子之孙。”正与王氏自序合。王明清《挥麈录》云："伯祖彦辅，以文学政事，扬历中外。……伯祖名得臣，自号凤台子，有《注和杜少陵诗》、《麈史》行世。"《和注子美诗》、《注和杜少陵诗》云云，当合指《增注杜工部诗集》和《凤台子和杜诗》。而《宋史·艺文志》仅著录其《凤台子和杜诗》三卷，却未著录《增注杜工部诗集》。二书是一而二，抑或二而一，因均亡佚，确难详考。《黄氏补注》引"彦辅曰"共计118条，像《兵车行》一诗竟多达八条，《奉赠韦左丞丈二十二韵》亦多达六条；而《分门集注》引"（王）彦辅曰"，更多达142条。

凤台子和杜诗　三卷　[宋]王得臣撰

王得臣，生平事迹见上《增注杜工部诗集》介绍。《宋史·艺文志》著录："王彦辅《凤台子和杜诗》三卷。"参见前《增注杜工部诗集》条。

杜诗刊误　一卷　[宋]王钦臣撰

王钦臣，字仲至。宋应天宋城（今河南商丘）人，郡望太原。洙子。以荫入官，熙宁三年（1070）赐进士及第。历太子中允、开封府推官、群牧判官、太常丞。元丰四年（1081），以奉议郎为鄜延路转运副使。六年，以驾部郎中为陕西转运副使。元祐初，为工部员外郎。奉使高丽，还，以工部郎中进太仆少卿。三年（1088），迁秘书少监。代钱勰为开封尹，五年，迁秘书监。历工部侍郎、吏部侍郎。改集贤殿修撰，历知诸州，斥提举太平观。徽宗立，复待制、知成德军。卒，年六十七。《宋史》有传。钦臣博学善属文，尤工于诗，与苏轼、黄庭坚、张耒、秦观等多唱和。又与苏轼、钱勰、蒋之奇合称"元祐四友"。喜藏书，多达四万三千馀卷。嘉祐中，校订《韦苏州集》。著有《广讽味集》。

钦臣尚有《杜诗刊误》,《郡斋读书志·后志》卷二著录:"《杜诗刊误》一卷,右皇朝王仲至撰。"已佚。

杜诗笺　题[宋]黄庭坚撰

黄庭坚(1045—1105),字鲁直,号山谷道人,晚号涪翁。宋洪州分宁(今江西修水)人。治平四年(1067)进士,调叶县尉。熙宁五年(1072),除北京国子监教授。元丰三年(1080),知太和县。六年,移监德州德平镇。哲宗立,召为校书郎、《神宗实录》检讨官。逾年,迁著作佐郎,加集贤校理。《实录》成,擢起居舍人,秘书丞。绍圣初,出知宣州、鄂州。贬涪州别驾,黔州安置,移戎州。徽宗初,羁管宜州,卒于贬所。私谥文节先生。《宋史》有传。著有《豫章黄先生文集》等。庭坚受知于苏轼,为"苏门四学士"之一。以诗著称,与苏轼并称"苏黄"。又是江西诗派的开创者,论诗以杜甫为宗,讲究修辞造句,强调"无一字无来处"。曾尽书杜甫两川夔峡诗,刻石藏于大雅堂,并为之作《大雅堂记》。魏了翁有《跋程正伯家所藏山谷书杜少陵诗帖》。吴说《古今绝句》跋云:"说少日,尝睹山谷老人为同郡胡尚书(讳直儒)以砑绫笺写杜陵绝句,错综间见,参以行草。"

《豫章黄先生别集》载有《杜诗笺》,或以为伪书,或以为不是。杨士奇《文渊阁书目》著录:"《杜诗集笺》一部,九册。阙。塾本无'集'字。"叶盛《菉竹堂书目》著录:"《杜诗笺》,九册。"均未标撰者。而《江苏国学图书馆图书总目》则著录:"《杜诗笺》,宋黄庭坚,明刊,《说郛》四三。"明刻《山谷大全集》、明弘治刻《豫章黄先生别集》卷四都载有《杜诗笺》,日本近藤元粹将其收入《萤雪轩丛书》。《杜诗笺》共笺注杜诗六十则,多注其出处故实,所谓"无一字无来处"也。程会昌《杜诗伪书考》认为是伪书,但周采泉《杜集书录》则以为"此为后人所掇拾而成。谓非黄氏所自定可，谓非黄氏所作则不可。或疑此笺明以前无所闻，说亦未确，黄笺不仅各集注本一再引及，《黄氏日抄》且全录其书，何得说明以前无所闻？其所以使人致疑之由，则以山谷在《大雅堂石刻杜诗记》中有'余尝欲随欣然会意处，笺以数语，终以汩没世俗，初不暇给'数语，以为黄氏不应有注杜之作。实则笺与注不同，笺可以不附本文，不若注之句诠字释，正黄氏自谓'随欣然会意处，笺以数语'也。今存之笺计六十则，每则少者不十字，多者亦不盈百，有极精核处，语简意赅，出于黄氏当可信。…… 此笺容有纰缪，究与伪苏伪王有别，不能斥为伪书也。"当以存疑为慎。宋刻杜集诸本时引黄注，吴若《杜工部集后记》云："称刊及一作者，黄鲁直、晁以道诸本也。"蔡梦弼《杜工部草堂诗笺跋》云："凡校雠之例：题曰……黄者，乃鲁直也。"《黄氏补注》于《奉赠韦左丞丈二十二韵》、《白丝行》、《同诸公登慈恩寺塔》、《哀江头》、《奉先刘少府新画山水障歌》、《洗兵马》、《寒峡》、《法镜寺》、《戏作花卿歌》、《往在》、《耳聋》、《野望》、《北风》等诗引"黄曰"者凡三十四条；《分门集注》引"黄曰"则多达四十条，又于《秋雨叹三首》之二、《苦雨奉寄陇西公兼呈王征士》、《画鹰》引"黄庭坚曰"三条。

注杜诗　三十六卷　[宋]邓忠臣注

邓忠臣（？—1104？），字慎思，一字谨思。因居玉池峰，自号玉池先生。宋长沙（今属湖南）人。熙宁三年（1070）进士。累官知衡阳县，大理丞。元丰四年（1081）为开封府界提举司管勾官。五年，为秘书省正字。元祐三年（1088）权通判瀛州。迁考功员外郎。六年，为秘书省注《晋书》官。崇宁元年（1102）十二月，入元祐党籍，出守彭门，改知汝州。坐事罢为管干南京鸿庆宫。约二年九月至三年六月间，卒于家。后赠直秘阁。《宋史翼》有传。与晁补之、张耒等同舍唱和,有《同文馆唱和诗》。有《玉池集》,已佚。

忠臣尝注杜诗,世传所谓王洙《注杜诗》(一作《注杜工部集》)三十六卷,实为邓忠臣注。因忠臣入元祐党籍,故托名于王洙也。《续资治通鉴长编》卷四六四哲宗元祐六年载刘挚曰:"(邓)忠臣有学问,能文,长于杂记。顷尝注杜诗,久留心晋史,故使注之。"金元好问编《中州集》乙集祝简小传谓简云王洙未曾注杜诗。又引吴激《东山集》之《赠李东美》诗引云:"邓忠臣,字慎思,余柳氏姨之夫,今世所注杜工部诗,乃慎思平生究竭心力而为之者。镂板家标题,遂以托名王源(当作"原")叔。翰林两王公前后记,初无一语及此注,而《后记》又言'如源叔之能文,止作记于后',则源叔不注杜诗,为可见矣。"梅新林指出:"世所传疑之'洙注',系由邓忠臣以王洙编校本十八卷诗为底本,然后加以笺注而成,同时又将每卷一分为二,成三十六卷。其中注释部分为邓忠臣所作,校勘部分则出于王洙之手。邓氏杜注当成书于元祐二年四月至六年八月十二日之间,在此后的约二十年中,被坊贾作伪,去邓氏之名,题于王洙,至政和初已流行于世。"邓小军进而认定托名王洙之《注杜诗》当刊刻于崇宁二、三年间(1103、1104)邓去世后至政和七年(1117)之前。此为杜诗第一部全注本,具有很高的文献价值和学术价值。惜邓注本已佚,其注则散见于宋刻杜集诸本中。《分门集注》与《黄氏补注》均于《宿花石戍》题下引"郑曰:邓慎思云在峡州,凤台子以谓此诗在潭、衡之间作。谓在巴峡非也。《十道志》:潭州湘潭县北二十里有锦石区,疑花石即锦石。"关于邓注杜诗问题,可详参梅新林《杜诗伪王注新考》(《杜甫研究学刊》1995 年第 2 期)和邓小军《邓忠臣〈注杜诗〉考》(《杜甫研究学刊》2002 年第 1 期)。

和杜诗　[宋] 邓忠臣撰

邓忠臣,生平事迹见上《注杜诗》介绍。

陈振孙《直斋书录解题》卷十七邓忠臣《玉池集》解题云:“尝和杜诗全帙,……今皆轶弗传,所存一二而已。”黄庭坚元丰元年作《奉和慎思寺丞太康传舍相逢并寄扶沟程太丞尉氏孙著作二十韵》云:“邓侯诗成锦绣段,浣花屑玉邀我赋。……诗穷净欲四壁立,奈何可当杜武库。”张耒《邓慎思学士挽词》云:“文成典午群疑泮,诗和少陵佳句新。”显然是指邓氏注杜和杜而言。其书已佚。

分类杜诗　[宋]何南仲撰

何南仲,四川人。进士。与张耒、邓忠臣、晁补之等唱和。

何氏著有《分类杜诗》,诸家书目均不载。已佚。李石(? —1181)《何南仲〈分类杜诗〉叙》云:“子美诗固多变,其变者必有说,善说诗者,固不患其变,而患其不合于理。理苟在焉,虽其变无害也。……吾友南仲取子美之诗句,分为十体,体以类聚,庶几得子美之变者也。”(《方舟集》卷十)

樗叟诗杜拾遗　疑[宋]何颉撰

清初抄本宋方深道辑《诸家老杜诗评》卷三载有《〈樗叟诗杜拾遗〉十一事》。《樗叟诗杜拾遗》,未见诸家著录。只是胡仔《苕溪渔隐丛话》后集卷七引《艺苑雌黄》提到《樗叟诗杜拾遗》。《杜甫卷》上编、郭绍虞撰《宋诗话考》、《宋诗话辑佚》均未收录。宋曰樗叟者,今知有五人:赵汝盥(1172—1230),字观之,寓休宁,自号樗叟。宋宁宗嘉定十三年(1220)进士,改京秩,终通判兴化军。陈宓有《通判赵公墓志铭》。年代后于方深道。王至卿，晚自号樗叟，婺源人，王炎族子。炎有《樗叟诗集序》，言其“好庄周书、李白歌诗”，不言其好杜、论杜。清王梓材、冯云濠辑《宋元学案补遗》卷七十一《岳麓诸儒学案补遗》别附《双溪讲友》云：“王至卿，号樗叟，双溪（王炎号）族子。少从双溪之父学，双溪与之友善，为序其诗集。”年代更后于方深道。吴珏，字樗叟，宣和中为光州固始令，与叶梦得相识。欧阳应求（1089—1164），字仲俊，自号樗叟，庐陵永和人。早举进士，以母老不行，建炎间，尝类试漕台，一出不合，即退居乡里，开门授徒，无进取意。容貌魁梧，颀然而长。喜吟诗，字画遒劲，虽造次不作行草。胡铨有《欧阳先生墓志铭》，周必大有《跋永和欧阳樗叟铭》。何颉，一名颉之，一作颀之，字斯举，自号樗叟，黄冈人。笃学善属文，曾从苏轼、黄庭坚游。张邦基《墨庄漫录》卷九云：“靖康初，韩子苍知黄州。颇访东坡遗迹，常登赤壁，而赋所谓栖鹘之危巢者，不复存矣，悼怅作诗而归。有何颉斯举者，犹及识东坡，因次韵献子苍云。”《广舆记》卷十四《湖广·黄州府》载：“寒碧堂，府城东门外，何氏兄弟建此候苏轼至。轼画竹石于壁间。”苏轼《记游定惠院》云：“入何氏、韩氏竹园。时何氏方作堂竹间，既辟地矣，遂置酒竹阴下。……予忽兴尽，乃径归。道过何氏小圃，乞其丛橘，移种雪堂之西。”《道山清话》云：“斯举，黄州人，少年识苏子瞻。……黄庭坚鲁直极推重之，尝与斯举简云。”《山谷别集》卷十六载黄庭坚《答何斯举书》四通，其三云：“寄惠苏公诗集，亦自有用处，要欲得一本厚纸者藏之名山耳。斯举者，观所谓‘色斯举矣，翔而后集’，已极古人去就之意，无可措言，欲作序者，但为之华藻耳。”又其四云：“令弟进学无恙。……观斯举诗句，多自得之。他日七八少年，皆当压倒老夫。”《后山诗注》卷一陈师道《次韵答学者四首》其二云：“黄尘投老得何郎，准拟明年共我长。”任渊注云：“后山自注云：黄州何郎兄弟。曾慥《诗选》云：何颉，字斯举，黄冈人。尝从苏、黄问学。”《张耒集》卷六十《李参军（处道）墓志铭》：“三女：嫁赵僎、何颉、陈任。”是何颉为李处道女婿。明凌迪知撰《万姓统谱》卷三十四作“何颉之”，称“东坡先生谪居齐安，斯举少年因侍教诲。”《宋元学案补遗》卷九十九《苏氏蜀学略补遗》将何颉列为“东坡门人”。据以上考证，此樗叟，疑为何颉。《诸家老杜诗评》所载十一条文字，多不见他书征引。如云：“严维云：‘柳塘春水漫，花坞夕阳迟。’杜子美云：‘繁枝容易纷纷落，嫩蕊商量细细开。’梅圣俞云：‘晚雨竹间霁，春禽花上飞。’蔡君谟云：‘风定落花深一寸，日迟啼鸟度千声。’四家所咏皆春日诗，各号警绝，然不无深浅，览者当自评之。”又云：“苏耽，郴人，汉时得道仙去。母谓：‘汝去，吾何养以？’耽曰：‘明年此郡人疫，吾家井傍有橘树，人摘一叶，并汲水一瓯，与之服食。’至明年果疫，由是□者皆愈，而母获利甚丰。老杜诗云：‘郴州颇凉冷，橘井尚凄清。’予大观初过郴州，橘井犹存，汲之清甘，但橘疑旧者已枯，今在者，后人植之尔。”又云：“元祐中，东京净因院有僧学诗，曾以老杜《春日忆李白》诗询于鲁直。鲁直曰：庾、鲍虽各能诗，然信止于清新，照止于俊逸，二家不能互兼所长。渭北地寒，故树有花少实；江东水乡，多唇（当作“蜃”）气，故云色驳杂。文体亦然，甫欲与白论此耳。”又云：“老杜《赠李八秘书》诗云：‘事殊迎代邸，喜异赏朱虚。’又云：‘风烟巫峡远，台观楚宫虚（一作除）。”‘除’字似寡理，盖二‘虚’字意不同，故得重押。乃知东坡送江公著诗两用‘耳’字，亦有祖述也。”详参张忠纲《关于〈樗叟诗杜拾遗〉》（《文学遗产》2002 年第 6 期）。

杜工部诗　［宋］华镇编

华镇（1051—?），字安仁，号云溪居士。宋越州会稽（今浙江绍兴)人。元丰二年(1079)进士。官至朝奉大夫,知漳州军事。好学博古,工于诗文。有《云溪居士集》、《扬子法言训解》、《书说》、《会稽录》等。《宋史翼》有传。

镇于大观二年(1108)大书《杜工部诗》一部,因韵为序,当为杜诗韵编最早者,惜已佚。《永乐大典》九百零五卷诗字韵《诸家诗目》著录。其《题杜工部诗后》云:"余喜读杜工部诗,渐老,目力不逮,大书一部,以便观览。旧集虽五言七言、古诗近体,各以类聚,然编次随岁月先后,长篇短阕,参错不论。今因韵数由少及多以为叙,亦自便之一端。元丰间,王文公在江宁,尝删工部、翰林、韩文公、欧阳文忠诗,以杜、李、欧、韩(应为杜、欧、韩、李)相次,通为一集,目曰《四选》。此中用丹晕其题首者,皆《四选》之所录。或一诗数章,止取一二,则晕其首句,以志王公之去取。"周采泉《杜集书录·内编·选本律注类一》按云:"华镇此选,当为宋代之早期选本,韵编杜诗恐亦以此为第一。又《题后》所称之'晕',即后人所称之圈。可见在北宋时已采用红圈标识,但不似后人之加密圈耳。"

注杜诗及文集　二十卷　[宋]鲍慎由撰

鲍慎由(?—1133前),一作鲍由,字钦止。宋处州龙泉(今属浙江)人。一说括苍(今浙江丽水)人。元祐初以任子试礼部铨第一,六年(1091)中进士。尝从王安石学,又亲炙苏轼,故其文汪洋闳肆,诗尤高妙清新。徽宗召对,除工部员外郎。以不合去,责监泗州转般仓。历河东、福建路常平,广西、淮南转运判官,复召为吏部考功员外郎。以言者罢,提点元封观。起知明州、海州,复奉祠。卒,年五十六。《宋史》有传。陈振孙《直斋书录解题》卷十七著录其《夷白堂小集》二十卷、《别集》三卷。《宋史·艺文志》则著录《鲍慎由文集》五十卷,又著录《鲍钦止集》二十卷。已佚。《全宋诗》录其诗七首。

鲍氏尝注杜甫诗,《续文献通考·经籍考·诗集部》著录:“《注杜诗及文集》二十卷,鲍慎由著。”吴若《杜工部集后记》云:“右杜集,建康府学所刻板也。……常今初得李端明本,以为善,又得抚属姚宽令威所传故吏部鲍钦止本,校足之。末得若本,以为无恨焉。”若序作于绍兴三年(1133)六月,时鲍氏已卒。元好问编《中州集》乙集祝简小传引祝氏《诗说》云:“予政和丁酉(1117)任洛州教官,是时括苍鲍慎由钦止出所《注杜诗》,说‘天王守太白’,‘守’读如‘狩于河阳’之‘狩’。‘高秋登寒山,南望马邑州’,马邑州在城州界。予检《唐书·志》,宝应元年徙马邑州于盐井城,钦止为有据矣。旧注马邑属雁门,与杜子美作诗处全无关涉。”所指当为此书,惜已佚。

杜诗标题　三卷　[宋]鲍氏撰

《宋史·艺文志》著录:“《杜诗标题》三卷,题鲍氏,不知名。”此“鲍氏”或为鲍慎由,抑或鲍彪?

杜工部草堂诗年谱　一卷　[宋]赵子栎撰

赵子栎(?—1137),字梦授,宋宗室。元祐六年(1091)进士。宣和四年(1122)官宗正少卿。靖康中,为汝州太守。绍兴中,迁宝文阁直学士,寻提举万寿观。《宋史》有传。

子栎撰有《杜工部草堂诗年谱》一卷,载蔡梦弼《杜工部草堂诗笺》卷首,题《杜工部草堂诗年谱》上卷,下卷则为鲁訔所撰年谱。《四库全书总目》著录。有《四库全书》本、清道光二年(1822)山阴杜春生校宋刻本(与鲁訔撰《杜工部年谱》合刊)、民国三年(1914)天津华新印刷局排印本。宋庄绰《鸡肋编》云:“宗室子栎,字梦授,宣和中,以进韩文、杜诗二谱,为本朝除从官之始。然必欲次叙作文岁月先后,颇多穿凿。"《四库全书总目·史部·传记类一》载:"《杜工部年谱》一卷,宋赵子栎撰。……子栎与鲁訔,均绍兴中人,然子栎撰此谱时,似未见訔谱。……其所援引亦简略,不及鲁谱之详,以其旧本而存之,以备参考焉尔。"赵谱舛误甚多,如定杜甫生年为唐玄宗开元元年,卒年为代宗大历六年等。或谓赵氏又有《杜诗注》,俟考。

注杜甫诗　二十卷　[宋]洪拟撰

洪拟(1071—1145),本姓弘,因避南唐讳,改今姓。字成季,一字逸叟,世称净智先生。宋镇江丹阳(今属江苏)人。绍圣元年(1094)进士,调忠正军节度推官。崇宁中,任国子博士,出提举利州路学事,改福建路。通判郓州,历提举京西北、湖南、河北东路学事。宣和中,为监察御史、殿中侍御史。累官吏部尚书。罢为徽猷阁直学士、提举江州太平观。起知温州,提举亳州明道宫。卒,谥文宪。《宋史》有传。著有《净智先生集》。

《宋史》本传谓其有"《注杜甫诗》二十卷"。《江南通志·艺文志》著录作《杜诗注解》二十卷。《(光绪)丹阳县志·艺文志》亦著录:"《杜诗注解》二十卷。"下注:"未见传本。"而《(民国)台州府志》著录作《杜诗注》三十卷,并云"久佚"。

任昌叔本杜诗　[宋]任昌叔编

任昌叔,生平事迹不详。周行己有《和任昌叔寄终南之什》:"少陵作者今卓尔,彭泽一觞意何已。诗工酒逸觉有神,此理浪传嗤俗子。却求举选科目间,仰看有道当汗颜。闻君欲往更愁绝,归心日夜急飞湍。"(《浮沚集》卷八)周行己,字恭叔,宋永嘉(今浙江温州)人。元祐六年(1091)进士,尝为太学博士,官至秘书省正字。与黄庭坚、晁补之游。陈振孙《直斋书录解题》著录其《浮沚先生集》十六卷、《后集》三卷。振孙祖母为行己之第三女。则任昌叔当为宋神宗时人。

赵次公注云："师民瞻所传任昌叔本。"意任昌叔本杜诗当为杜诗选本或注本，今不传。《黄氏补千家集注杜工部诗史》、《分门集注杜工部诗》、《王状元集百家注编年杜陵诗史》、《集千家注分类杜工部诗》均于《九日寄岑参》"吁嗟乎苍生"句下引赵次公曰："旧本作'呼'，任昌叔本作'乎'，极是，盖《诗》云'吁嗟乎驺虞'，取此三字用也。"《九家集注杜诗》于《黄河二首》其二"黄河南岸是吾蜀"句下引赵次公曰："黄河南岸，一作西岸。师民瞻所传任昌叔本取之，非是。盖河自西注东，正定是南北岸，其曲处而后有东西岸也。成都路虽在中国西南，以河言之，虽远而实南耳。"

补注杜工部集　[宋]薛苍舒撰

薛苍舒，一作仓舒。字梦符。宋河东（今山西永济）人。约生活在北宋末年，年代略早于赵次公。曾任翰林学士。

薛氏著有《补注杜工部集》。胡仔《苕溪渔隐丛话》后集卷八云："子美诗集，余所有者凡八家：……《补注杜工部集》，则学士薛梦符也。"《宋史·艺文志》著录："薛苍舒《杜诗刊误》一卷。"又："薛仓舒《杜诗补遗》五卷，《续注杜诗补遗》八卷。"周采泉《杜集书录·内编·全集校刊笺注类一》云："以上各书现均无传本，但其注疏文字，犹散见于《九家集注》、《千家注》中。……据《九家注》赵彦材常引薛梦符语，则薛早于赵。上列四书可能即是一书，后三者为《补注杜工部集》之附属部分。但《宋史·艺文志》，以《补遗》为苍（应为"仓"）舒作，而《刊误》作仓（应为"苍"）舒作。'苍'、'仓'同音之讹，当为一人，其书或各自单行欤？……又《刊误》，《郡斋读书志》列入文史类，今附录于此，疑其书当如蔡氏《正异》（指蔡兴宗《杜诗正异》），为全集之一部分。”其说大体近之。《分门集注》、《黄氏补注》、《分类杜诗》卷首“集注姓氏”云：“河东薛氏苍舒，《续注子美诗》；薛氏梦符，《广注子美诗》。”则将一人误作二人，后世多沿其误。参蔡锦芳《薛苍舒考论》（《杜甫研究学刊》1996 年第 4 期）。薛氏为宋代注杜重要一家，郭知达《九家集注杜诗》所收九家注，引薛注多达 157 条，仅次于赵次公、杜田和师尹，居第四位。《黄氏补注》引“苍舒曰”46 条；《分门集注》引“（薛）苍舒曰”55 条；二本又引“薛曰”22 条，当即苍舒。《黄氏补注》又引“梦符曰”121 条；《分门集注》又引“（薛）梦符曰”多达 189 条。薛注多注释杜诗疑难词语、典故、地名等，颇多讹误，故后世渐近湮没。

改注杜诗　三十卷　[宋]卞大亨注

卞大亨，字嘉甫。宋泰州（今属江苏）人。或曰海陵，海陵即泰州。北宋末年人。由乡举入太学，升上舍。靖康中，携二子走行在，丞相以遗逸荐，授怀宁簿。未几隐居象山，自号松隐居士。著有《松隐集》、《尚书类数》等。

大亨又有《改注杜诗》三十卷，已佚。《续文献通考·经籍考·诗集部》著录：“《改注杜诗》三十卷。卞大亨注。象山人。”《（嘉靖）宁波府志·艺文志》亦著录。彭叔夏《文苑英华辨证》卷八《避讳》云：“又有避家讳者，如杜甫《宴王使君宅》诗：‘留欢上夜关。’世谓子美不避家讳，诗中两押‘闲’字，麻沙传孙氏（觌）《杜诗押韵》作‘卜夜闲’、‘北斗闲’，今《文苑》亦作‘卜夜闲’，其实皆非也。或改作‘夜阑’，又不在韵。按《卞氏集注杜诗》及别本，自是‘留欢上夜关’，盖有投辖之意。”周采泉《杜集书录·内编·全集校刊笺注类二》认为《卞氏集注杜诗》即《改注杜诗》，为卞氏父子“同撰”。参见《卞氏集注杜诗》条。

集杜诗句 一卷 [宋]潘辟集

潘辟,字廓如。宋闽县(今福建闽侯)人。崇宁五年(1106)进士。历知汀州、韶州、广东运判,终朝散大夫。生平事迹见《淳熙三山志·人物类二》。有《集杜诗句》一卷,《宋史·艺文志七》著录。已佚。

杜集援证 [宋]庄季裕撰

庄季裕,名绰,以字行。宋太原清源(今山西清徐)人。生活于南北宋之交。尝摄襄阳尉,作倅临泾,又曾官于顺昌、澧州等地,建炎间知鄂州。绍兴元年(1131)官朝奉郎、通判建昌军。又曾任右朝请郎、充江南西路安抚制置使司参谋官。与米芾、晁补之交善。学有渊源,亦多识逸闻旧事,有《鸡肋编》三卷,其中涉及杜甫者有十六条。又有《杜集援证》等。《四库全书总目·子部·小说家类二》载:"绰博物洽闻,有《杜集援证》、《灸膏肓法》、《筮法新仪》行于世。"《(道光)福建通志·经籍志》亦著录。惜今不存。

李端明本杜诗 [宋]李光藏本

李光(1078—1159),字泰发,一字泰定,号转物居士,宋越州上虞(今属浙江)人。崇宁五年(1106)进士。师事刘安世,又与李纲定交。除太常博士,迁司封,以论事贬知阳朔县。高宗即位,擢秘书少监,除知江州。绍兴元年(1131),擢吏部侍郎,兼户部侍郎,迁吏部尚书。二年,除端明殿学士、江东安抚大使、知建康府、寿春滁濠庐和无为宣抚使。后历知湖、洪、台、温诸州,复擢吏部尚书,逾月,除参知政事。以面叱秦桧"盗弄国权,怀奸误国"落职奉祠。贬死南荒,卒年八十二。孝宗即位,追复资政殿学士，赐谥庄简。《宋史》有传。

吴若《杜工部集后记》云："右杜集，建康府学所刻板也。初教授刘亘常今，当兵火瓦砾之馀，便欲刻印文籍。得府帅端明李公行其言，继而枢密赵公不废其说。未几，赵公移帅江西，常今亦以病丐罢，属府倅吴公才德充，察推王闿伯言嗣成之。德充、伯言为求工外邑，付学正张巽、学录李鼎，要以必成。逾半年，教授寿朋、耆朋来，乃克成焉。盖方督府宣帅鼎来，百工奔走趋命不暇，刀板在手，夺去者屡矣。一集之微，更岁历十馀君子始就。呜呼，事业之难兴如此。常今初得李端明本，以为善，又得抚属姚宽令威所传故吏部鲍钦止本，校足之。末得若本，以为无恨焉。""府帅端明李公"、"李端明"，即指李光。惜李端明本杜诗今不存。

校定杜工部集　二十二卷　[宋]黄伯思编校

黄伯思(1079—1118)，字长睿，别字霄宾，自号云林子。宋邵武(今属福建)人。元符三年(1100)进士。调通州司户，丁内艰，不赴，服除，授河南府户曹参军。擢校书郎，迁秘书郎。天资敏悟，工诗善画，学问淹贯。好古文奇字，各体书法，皆至妙绝。著有《东观馀论》、《法帖刊误》等。《宋史》有传。

伯思编校有《校定杜工部集》，一作《校定杜子美集》，又作《重校正杜子美集》。二十二卷。陈振孙《直斋书录解题》卷十六载："《校定杜工部集》二十二卷，秘书郎黄伯思长睿所校。既正其差误，参岁考月，出处异同，古律相间，凡一千四百十七首(按:《文献通考·经籍考》作一千四百四十七首)。杂著二十九首，别为二卷。李丞相伯纪为序之。"李纲《重校正杜子美集序》云："故秘书郎黄长睿父，博雅好古，工于文辞，尤笃喜公之诗。乃用东坡之说，随年编纂，以古律相参，先后始末，皆有次第，然后子美之出处及少壮老成之作，灿然可观。盖自开元、天宝太平全盛之时，迄于至德、大历干戈乱离之际，子美之诗凡千四百四十馀篇，其忠义气节、羁旅艰难、悲愤无聊一见于诗。……长睿父官洛下，与名士大夫游，裒集诸家所藏，是正讹舛，又得逸诗数十篇参于卷中。及在秘阁，得御府定本，校雠益号精密，非世所行者之比。长睿父殁后十七年，余始见其亲校定集卷二十有二于其家。”伯思之子讱《〈东观馀论〉后记》云：“讱绍兴初寓居福唐，以先人秘书学士《校定杜子美集》二十二卷，椠本流传。”黄本杜集刊行于绍兴初，收诗尚多于王洙本，且异于王本的古律分编，当是最早的杜集编年本之一。惜已佚。但从严羽《沧浪诗话·考证》所云：“‘酒渴爱江清’一诗，《文苑英华》作畅当，而黄伯思注杜集，编作少陵诗，非也。”可以管窥一斑。伯思又有《杜子美诗笔次序辨》和《跋洛阳所得杜少陵诗后》两文。

东坡杜诗故事　旧题[宋]苏轼撰

该书宋人已辨其伪，即所谓“伪苏注”。其书名不一，或称《东坡杜诗事实》、《东坡杜甫事实》、《东坡老杜诗史》，简称《老杜事实》、《老杜诗史》，亦作《东坡事实》等。最早揭露“伪苏注”的是赵次公。宋本郭知达编《新刊校定集注杜诗》卷一《奉赠韦左丞丈二十二韵》“贱子请具陈”注引赵次公曰：“世有托名《东坡事实》，辄云：毛遂有言‘贱子一一具陈之’，以为浑语，却不引出何书。其全帙引，类皆如此。非特浼吾杜公，又浼苏公，而罔无识，真大雅之厄，学者之不幸也。”汪应辰《书少陵诗集正异》云：“闽中所刻《东坡杜甫事实》者，不知何人假托，皆凿空捏造，无一语有来处。”葛立方《韵语阳秋》卷十六云：“近时有妄人假东坡名，作《老杜事实》一编，无一事有据。”胡仔《苕溪渔隐丛话》后集卷八云：“若近世所刊《老杜事实》及李歜所注《诗史》

皆行于世，其语凿空，无可考据，吾所不取焉。”严羽《沧浪诗话·考证》云：“《杜集》注中‘坡曰’者，皆是托名假伪。”陈振孙《直斋书录解题》卷十九云：“世有称《东坡杜诗故事》者，随事造文，一一牵合，而皆不言其所自出，其辞气首末若出一口，盖妄人依托以欺乱流俗者。书坊辄剿入集注中，殊败人意。”至于作伪者何人，众说不一，或谓李歜，或谓王铚，但有人辨其非。朱熹《跋章国华所集注杜诗》则谓郑昂：“章国华过予山间，出所《集注杜诗》示予，其用力勤矣。然其所引《东坡事实》者，非苏公作；闻之长老，乃闽中郑昂尚明伪为之，所用事皆无根据，反用杜诗见句，增减为文，而傅其前人名字，托为其语，至有时世先后颠倒失次者。旧尝考之，知其决非苏公书也。”至有指郑昂即郑卬者，或辨其非。至于该书作伪的时间，汪应辰《书少陵诗集正异》已指摘蔡兴宗《重编少陵先生集并正异》征引“伪苏注”；《新刊校定集注杜诗》卷十八《巳上人茅斋》注引赵次公曰：“蔡伯世又以近传《东坡事实》所引王逸少诗为证。”而赵次公注杜诗大约成于宋高宗绍兴初年，蔡兴宗《重编少陵先生集并正异》尚早于赵注，故“伪苏注”成书，大约在北宋末年。《新刊校定集注杜诗》卷十八《巳上人茅斋》注又引赵次公曰：“又有所谓《杜陵句解》者，南中李歜所为也，且云闻于东坡。”李歜所注《诗史》及《杜陵句解》，与《老杜事实》是否为一书，尚难确定，但三者的关系显然是很密切的。《门类增广十注杜工部诗》、《王状元集百家注编年杜陵诗史》、《分门集注杜工部诗》、《黄氏补千家集注杜工部诗史》、《集千家注分类杜工部诗》等宋元杜集刻本都曾征引“伪苏注”，如《黄氏补注》引“苏（轼）曰”凡941条；而《分门集注》引“苏轼曰”73条、又引“苏曰”799条。其中除少量确属苏轼者外，大多是伪托的。“伪苏注”对后世产生了极为恶劣的影响。杨慎《升庵集》卷四十六《王嘉》云：“杜诗‘伪苏注'，至名家亦为所惑，且引用焉。噫!"如宋王楙《野客丛书》、蔡正孙《诗林广记》、范晞文《对床夜语》、所谓吕祖谦撰《诗律武库》，元董养性《杜诗选注》，明谢省《杜诗长古注解》、邵傅《杜律集解》、题邵宝撰《刻杜少陵先生诗分类集注》、颜廷榘《杜律意笺》、谢杰《杜律詹言》、范濂《杜律选住》、林兆珂《杜诗抄述注》，清张笃行《杜律注例》、吴景旭《历代诗话》、陈醇儒《书巢笺注杜工部七言律诗》、张远《杜诗会粹》、顾施祯《杜工部七言律诗疏解》、朱颙英《朱雪鸿批杜诗》等，都时引"伪苏注"。博雅如刘埙、张綖、焦竑、王嗣奭、金圣叹、仇兆鳌、惠栋、梁章钜、王韬等，亦偶为"伪苏注"所惑，不能辨别。清初钱曾《述古堂藏书目》尚载有《老杜诗史》十卷，《虞山钱遵王藏书目录汇编》卷七亦著录："《老杜诗史》，十卷(述《宋板书目》，十本)。"而梁章钜更亲见之，其《退庵随笔》卷二十一《学诗二》云："刘起潜《隐居通议》云：'家藏小册一本，字画甚古，题曰《东坡老杜诗史》。'……如此者凡十卷，乃知杜句皆有根本，非自作语言也。山谷云：'杜诗、韩文，无一字无来处，今人读书少，故谓韩、杜自作此语。'予初未以此说为然，今观此集，则此言信矣。"据此，则此书清中叶尚存，今则不见。关于"伪苏注"的情况，可参看莫砺锋《杜诗"伪苏注"研究》(《文学遗产》1999 年第 1 期)。

杜陵句解　[宋]李歜撰

李歜，生平不详。宋本郭知达《新刊校定集注杜诗》卷十八《巳上人茅斋》注引赵次公曰："又有所谓《杜陵句解》者，南中李歜所为也，且云闻于东坡。"参上《东坡杜诗故事》条。

注诗史　[宋]李歜注

李歜，生平不详。胡仔《苕溪渔隐丛话》前集卷十一云："余观《注诗史》是二曲李歜，述其自序云：'歜上书之明年，言狂意妄，圣天子不赐镬樵，全生弃逐岭表，东坡先生亦谪昌化，幸忝门下青毡，又于疑误处，授先生指南三千馀事，疏之编简，聊自记其忘遗尔。'然三千馀事，余尝细考之史传小说，殊不略见一事，宁尽出于异书邪？以此验之，必好事者伪撰以诳世，所谓李歜者，盖以诡名耳。其间又多载东坡语，如'草黄骐骥病'，则注云：'陈畯卧病，梁拘过门曰：霜经草黄，骐骥病矣，驽骀何以快駃。盖言君子不得时，小人自肆也。'……'意欲铲叠嶂'，则注云：'袁盎曰：诸侯欲铲连云叠嶂而造物，夫复如何。'……似此等语甚众，此聊举其一二言之，当亦是伪撰耳。近时又有笺注东坡诗句者，其集刊行，号曰《东坡锦绣段》者是也。亦随句撰事牵合，殊无根蒂，正与李歜《注诗史》同科，皆不可信也。"后集卷八又云："若近世所刊《老杜事实》及李歜所《注诗史》皆行于世，其语凿空，无可考据，吾所不取焉。"参上《东坡杜诗故事》条。

重编少陵先生集　二十卷　[宋]蔡兴宗编

蔡兴宗，字伯世，东莱(今山东莱州)人；或云蜀人，非。生活在北宋后期，年代略早于赵次公。蔡与江西派诗人颇有来往，韩驹有《赠蔡伯世》、《答蔡伯世食笋》等诗。饶节有《用蔡伯世韵作诗寄之兼简吕居仁兄弟十首》、《蔡伯世吕隆礼敦智李肃老求颂二首》等诗。

蔡氏有《重编少陵先生集》(一作《编杜甫诗》，或作《少陵诗集正异》)二十卷、《重编杜工部年谱》和《杜诗正异》，俨然是一个卓有成就的杜甫研究专家。赵次公注多引蔡说，特别是利用了蔡氏编年的成果。胡仔《苕溪渔隐丛话》后集卷八云："子美诗集，余所有者凡八家：……《重编少陵先生集》并《正异》，则东莱蔡兴宗也。"晁公武《郡斋读书志》著录有"蔡兴宗《编杜甫诗》二十卷”，并批评说：“近时有蔡兴宗者，再用年月编次之；而赵次公者，又以古律诗杂次第之，且为之注。两人颇以意改定其误字，人不善之。”汪应辰《书少陵诗集正异》云：“始余得洪州州学所刻《少陵诗集正异》者观之，中间多云：其说亦见卷首，或云他卷，或云年谱，殊不可晓，既而过进贤，偶县大夫言有蜀人蔡伯世重编杜诗，亟借之，乃得其全书。然后知《正异》者，特其书之一节耳，不可以孤行也。此书诠次先后，考索同异，亦已勤矣。世传杜诗，往往不同，前辈多兼存之，今皆定从某字，其自任盖不轻矣。诗以气格高妙、意义精造为主。属对之间，小有不谐，不足以累正气。今悉迁就偶对，至于古诗亦然，若止为偶对而已，似未能尽古人之意也。……闽中所刻《东坡杜甫事实》者，不知何人假托，皆凿空撰造，无一语有来处。如引王逸少诗云：‘湖上春风舞天棘’，此其伪谬之一也。今乃用此改‘天棘梦青丝’为‘舞青丝’。政使实有此证，犹未可轻改，况其不然者乎？余谓不若于杜集之后，附益以重编年谱、各卷叙说、目录、正异等，以存一家之说，使览者有考焉可也，未可以为定本。”对蔡氏轻改杜诗文字和征引“伪苏注”深致不满。书已不存，无从窥其全貌。但据汪文，可知所谓《杜诗正异》，“特其书之一节耳，不可以孤行”，故胡仔称为《重编少陵先生集》并《正异》；又据晁志所云，其书当是编年体的，而且早于赵次公注本。朱鹤龄、仇兆鳌等注杜大家，在杜诗编年上多有参考蔡氏者。如《瘦马行》，仇兆鳌题解即云：“此是乾元元年谪官华州后，追述其事。按：黄鹤以为至德二载为房琯罢相而作，则诗中所谓去年者，指至德元载也。蔡兴宗以为乾元元年公自伤贬官而作，则诗中所谓去年者，指至德二载也。今考至德元载，陈陶、青阪王师尽丧，区区病马又何足云。及二载收复长安，人情安堵，故道旁瘠马亦足感伤。况诗云‘去年奔波逐馀寇’，明是追言二载事。当从蔡说。”

(《杜诗详注》卷六)仇引蔡说"自伤贬官"云云,不见今传蔡撰《杜甫年谱》和《杜诗正异》佚文,当是蔡《编杜甫诗》中语。视此,则蔡编杜集,不是白文本,当有简要注释。《黄氏补注》与《分门集注》均于《兵车行》、《白马》、《黄草》、《陪王使君晦日泛江就黄家亭子二首》其一、《玄都坛歌寄元逸人》、《北征》、《青丝》等诗引"蔡(伯世)曰";而《分门集注》于《立秋后题》引"蔡伯世曰",《黄氏补注》未引及。

杜诗正异 [宋]蔡兴宗撰

蔡兴宗,生平事迹见上《重编少陵先生集》介绍。

《杜诗正异》,或作《杜少陵正异》、《少陵诗正异》。实为蔡氏《重编少陵先生集》之一部分。周紫芝《竹坡老人诗话》卷一谓:"东莱蔡伯世作《杜少陵正异》,甚有功,亦时有可疑者。"明杨士奇《文渊阁书目》卷二著录:"蔡宗伯《少陵诗正异》一部一册。"蔡宗伯,当为蔡兴宗字伯世之讹误。其书不存,而在《诗话总龟》后集卷十八"正讹门"辑有三十二条佚文,对杜诗字句的考订,多有可取之处。如对《陪李北海宴历下亭》诗中"海右此亭古,济南名士多"二句的考订:"济南实海右诸郡。旧集一作'海右',今从之。正文作'海内',非也。"所论颇为精到。又如:"'阴风西北来,惨淡随回纥。''纥'字从一作;'鹘',唐史:德宗朝始改名回鹘,正文非也。""阴风西北来,惨淡随回纥",是杜诗名篇《北征》中的两句,正文作"回鹘",一作"胡纥",蔡兴宗据唐史改为"回纥",可谓精确。据《新唐书·回鹘传》载:德宗贞元四年(788),回纥第四代可汗即合骨咄禄可汗与唐和亲,特遣使至长安,表请改"回纥"为"回鹘"。旧注多误。参上《重编少陵先生集》条。

重编杜工部年谱　[宋]蔡兴宗编

蔡兴宗，生平事迹见上《重编少陵先生集》介绍。

在《分门集注》、《黄氏补注》、《分类杜诗》卷首“集注杜工部诗姓氏”中，都列有“东莱蔡氏伯世撰《年谱》”。而《分门集注》卷首还载有蔡兴宗撰《重编杜工部年谱》。为杜甫作年谱者，今存以吕大防所撰为最早。但吕谱极简，且多疏误，如其所署甲子皆误。蔡谱对吕谱多所订正，且多发明。如“玄宗先天元年壬子”下云：“按唐史：明皇传位后始改元，而吕汲公所编年谱作‘睿宗先天元年癸丑’，皆误。”又“天宝五载丙戌”下云：“有《饮中八仙歌》，略曰：‘左相日兴费万钱，饮如长鲸吸百川，衔杯乐圣称避贤。’按唐史：是岁四月，李适之自左相罢政。七月，坐韦坚累，贬宜春太守。明年正月，自杀。适之尝赋诗云：‘避贤初罢相，乐圣且传（当作“衔”）杯。’集中误为‘称世贤’。”考证可谓精确，后世多遵从之。又如“天宝九载庚寅”下云：“时年三十九。是岁冬，进《三大礼赋》。进表曰：‘臣生陛下淳朴之俗，行四十载矣。’其赋曰：‘冬十有一月，天子将（杜赋作“既”）纳处士之议。’又曰：‘明年孟陬，将摅大礼。’又曰：‘壬辰，既格于道祖。’又曰：‘甲午，方有事于采坛。’按唐史：十载春正月壬辰，上朝献太清宫。癸巳，朝享太庙。甲午，合祀天地于南郊。而《新书》列传、《集记》、旧谱及赋题之下注文皆作十三年，非也。”蔡氏将杜赋与唐史结合起来考察，认定杜献《三大礼赋》在天宝九载冬，纠正了《新唐书》本传、王洙《杜工部集记》、吕谱及旧注的错误。蔡倡此说，即有呼应者，如赵次公、黄鹤都力主九载献赋。闻一多《少陵先生年谱会笺》取法蔡氏者颇多。

杜诗押韵　[宋]李元白撰

李元白，名齐，以字行。宋汀州宁化（今属福建）人。生活于北宋后期。徽宗时,曾进《大观升平词》,得初品官,即归故庐,笑傲泉石而终老焉。著有《杜诗集句》、《杜诗押韵》,均佚。《万姓统谱》谓其"博览强记,不能俯就举子业,乃大肆力于诗,出入少陵集中几逼真,记纂杜诗为《押韵》,又集其句为一编,皆行于世。"《杜诗押韵》,《(民国)福建通志·艺文志》著录。已佚。

杜诗集句 [宋]李元白编

李元白,生平事迹见上《杜诗押韵》条。《万姓统谱》谓其"博览强记,不能俯就举子业,乃大肆力于诗,出入少陵集中几逼真,记纂杜诗为《押韵》,又集其句为一编,皆行于世。"《续文献通考·经籍考·诗集部》著录:"《杜诗集句》一编,宁化李元白著。哲宗时人。"已佚。

杜诗传注 十八卷 [宋]鲁詹撰

鲁詹(1082—1133),字巨山。宋嘉兴(今属浙江)人,后徙海盐(今属浙江),郡望扶风。鲁訔兄。崇宁五年(1106)进士,授将仕郎、扬州天长尉。升通仕郎,迁文林郎,移苏州常熟丞,摄令。历亳州酂令,监裁造院,提举福建市舶、两浙市舶,迁福建转运判官,除直秘阁,主管临安府洞霄宫,召为度支员外郎,累官枢密院检详文字,终左朝奉大夫。生平事迹见张守《枢密院检详文字鲁公墓志铭》(《毗陵集》卷十二)。

鲁詹喜读杜诗,有《杜诗传注》十八卷。张守《枢密院检详文字鲁公墓志铭》云詹有"《杜诗传注》十八卷藏于家。"《嘉兴府志·经籍志》著录。钱仪吉《鲁詹传》亦载:"詹有《杜诗传注》十八卷,佚。"

杜工部诗注　[宋]师尹注

师尹(？—1152)，字民瞻。宋彭山(今属四川)人。政和八年(1118)以上舍擢第，调京兆府兵曹掾兼工曹，为夏县主簿，改监京兆府税，历延安府、凤翔府教授，监汉州税，辟成都府等路榷茶司干办公事、总领四川财赋所主管文字，官终夔州通判。曾注杜诗、苏诗，有文集二十卷。生平事迹详见魏了翁《朝奉大夫通判夔州累赠正奉大夫师君墓志铭》(《鹤山集》卷八七)。

师尹系宋代注杜名家，所著《杜工部诗注》已佚。但为郭知达《九家集注杜诗》之重要一家，引其注文多达336条，居第三位。师注于杜诗异文多所考定。赵次公注即将师本作为旧本正文的主要校本，并云："师民瞻所传任昌叔本。"魏了翁《墓志》即云："予幼读杜工部、苏文忠公诗，于师氏注释，明辩宏博，心窃好之。"《黄氏补注》与《分门集注》均于《奉赠韦左丞丈二十二韵》、《陪李北海宴历下亭》、《古柏行》、《棕拂子》、《水槛遣兴二首》其二、《奉寄高常侍》、《赠王二十四侍御契四十韵》、《宗武生日》、《南极》、《送孟十二仓曹赴东京选》、《题柏大兄弟山居屋壁二首》其一、《舍弟观赴蓝田取妻子三首》其一、《元日示宗武》、《移居公安敬赠卫大郎钧》、《小寒食舟中作》等诗引"尹曰"；而《分门集注》于《渡江》、《赠李白》(五古)引"尹曰"，《黄氏补注》未引及；《黄氏补注》于《柏学士茅屋》"白马却走身岩居"句下引"尹曰：光武临朝或有惰容……"，《分门集注》误作"日曰"；又《黄氏补注》于《月》("四更山吐月"首)引"尹曰"，《分门集注》则作"尹洙曰"。又《分门集注》于《忆郑南》"郑南伏毒寺"句下引"赵曰：旧本作'毒守'，难解。师民瞻本作'毒手'，无义。一本作'毒寺'，却似有义。盖寺名伏毒而在江心，故以到江心为潇洒也。"

少陵诗总目　[宋]阙名编

胡仔《苕溪渔隐丛话》前集曾三引其说，如卷八云："《少陵诗总目》云：'天棘梦青丝之句，最疑学者。'"卷十一引其说云："《八哀诗》维古风中最为大笔，崔德符尝论斯文可以表里雅颂，中古作者莫及也。两纪行诗，《发秦州》至《凤凰台》，《发同谷县》至《成都府》，合二十四首，皆以经行为先后，无复差舛。昔韩子苍尝论此诗笔力变化，当与太史公诸赞方驾，学者宜常讽诵之。"卷二十又引其说云："'泛爱容霜发，留欢上夜关'，而正文作'卜夜闲'，非也。不独先生诗中鲜有犯其先讳，兼于属对亦不工矣。"观此，该书殆为北宋人所作。已佚。公私书目均未著录。

李杜诗集　一卷　[宋]阙名编

《宋秘书省续编到四库阙书目》卷一著录。是书刊于南宋绍兴以前。李杜合集，当以此本为最早。已佚。

六十家注杜工部诗　[宋]阙名集注并校刻

《铁琴铜剑楼书影》著录，仅存残页。当为南宋初所刻。

十五家注杜工部诗　[宋]阙名集注并校刻

《铁琴铜剑楼书影》著录，仅存残页。当为南宋初所刻。

诗八珍　[宋]周紫芝编

周紫芝（1082—1155），字少隐，号竹坡居士，又号静观老人、蝇馆主人。宋宣城（今安徽宣州）人。绍兴十二年（1142）进士，时年六十一。十五年以右迪功郎为礼部、兵部架阁。十七年为详定一司敕令所删定官兼权实录院检讨。历枢密院编修官、右司员外郎，知兴国军。秩满定居九江。《宋史翼》有传。著有《太仓稊米集》、《竹坡诗话》。

紫芝对杜甫很是推崇，论及杜甫者有20多处。如《次韵庭藻读少陵集》三首之一云："李杜文章万丈高，就中诗律少陵豪。风流自是渠家事，奴仆从来可命骚。"《书岑参诗集后》则谓："杜少陵用胸中万卷之书，作妙绝古今之句。"曾搜集杜甫逸诗28首，多与员安宇所辑27首相同。又有《诗八珍》，选杜甫等八家诗编为一集。系唐宋八家诗辑本。周氏《诗八珍序》云："余年十二三岁时，已不喜为儿曹嬉戏事。闻先子与客论诗，常从傍窃听，往往终日不去。……逮今三四十年，不能仅窥作者门户，而心益嗜它人之作，略不少衰。绍兴元年春，避地山间，不能尽挈群书以行，携古今诸人诗，唯柳子厚、刘梦得、杜牧之、黄鲁直、杜子美、张文潜、陈无己、陈去非八家，皆适有之，非择而取也。使小儿辈抄为小集，日诵于山中，行坐卧必以相随，尝号为《诗八珍》。"此乃手抄本，已佚。

和杜诗　[宋]王珩撰

王珩，字彦楚。宋鄞县（今浙江宁波鄞州区）人。说之子。大观三年（1109）进士。历朝请大夫、户部员外郎，绍兴三年（1133）六月以尚书右司郎中升任宗正少卿。年八十卒。生平事迹见《宋元学案》卷六《鄞江家学》。著有《经传异同论》三卷、《臆说》五卷、《时政更张议》四卷。又有《和杜诗》，已佚。《（民国）鄞县通志·艺文志》著录。

杜诗辨证　一卷，一说二卷　[宋]洪兴祖撰

洪兴祖（1090—1155），字庆善，号练塘。宋镇江丹阳（今属江苏）人。登政和八年（1118）上舍第，为商水主簿，改湖州士

曹，除州学教授。召试，授秘书省正字。历太常博士、驾部郎官，应诏上疏，为时宰所恶，主管太平观。起知广德军，擢提点江东刑狱，知真州，徙饶州。以忤秦桧，编管昭州，卒。《宋史》有传。兴祖博学好古，著有《楚辞补注》、《老庄本旨》、《周易通义》等。《全宋诗》录其诗一首。

洪氏又有《杜诗辨证》(附《杜甫年谱》)，已佚。《郡斋读书志》卷五下赵希弁《附志》载："《杜诗辨证》一卷，右洪兴祖所纂也。《年谱》列于前。兴祖，字庆善，镇之丹阳人也。张釜刻于兴国。"而《宋史·艺文志》则著录："洪兴祖《杜诗辨证》二卷。"可能将《年谱》列为一卷。此书久佚，仅从宋人记载中可窥知一二：如姚宽《西溪丛语》卷上云："老杜《送孔巢父》：'几岁寄我空中书。'用史宗引小儿腾空觉脚下有波涛寄书事，乃蓬莱仙人也。洪庆善云：'空中书，乃雁足书。'非也。"龚颐正《芥隐笔记·作诗下字来历》云："洪氏《辨证》谓：'"急急能鸣雁，轻轻不下鸥。""能鸣"用《庄子》、"不下"用《列子》语，于此见其用出处下字之法。'"周必大《二老堂诗话·杜诗元日至人日》云："杜诗：'元日到人日，未有不阴时。'……洪兴祖引《东方朔占书》，谓岁后八日，一鸡、二犬、三豕、四羊、五牛、六马、七人、八谷，其日晴，则所主物育，阴则灾。天宝之乱，人物俱灾，故子美云尔。"

杜诗集句　[宋]丘砺集

丘砺(1090—1165)，字师说。宋朐山(今江苏连云港)人。政和八年(1118)进士。建炎初，知吴江县，因家常熟。入为国子监丞、御史台检法、大理寺丞、权户部郎，知筠、泰、建三州，除福建提举兼提刑，改转运判官。秦桧以孙求婚于砺女，砺不肯，力请祠归，屏居常熟。卒年七十六，官至朝请大夫。生平见明王鳌《姑苏志·人物志八》。著有《易议》。又有《杜诗集句》,已佚。《常熟县志·艺文志》著录。

类集杜甫诗史　三十卷　[宋]方醇道撰

方醇道,或作"方道醇",误。字温叟。宋兴化(今福建莆田)人。深道兄。著有《笔峰集》五卷、《类集杜甫诗史》三十卷,均佚。

《宋史·艺文志》著录:"方醇道《类集杜甫诗史》三十卷。"《(道光)福建通志·经籍志》著录同。《直斋书录解题》卷十九、《文献通考·经籍志》、《(乾隆)福建通志·艺文志》、《世善堂藏书目》则作《类集诗史》三十卷。方深道《诸家老杜诗评序》云:"先兄史君尝《类集老杜诗史》,仍取唐宋以来名士评公诗者,悉摭其语,另为卷帙,号曰《老杜诗评》,以附《诗史》之后,俾览者有所考证。"名称虽不同,实则为一书。又与弟深道辑《诸家老杜诗评》五卷,参见《诸家老杜诗评》条。

杜诗谱　[宋]李慥撰

李慥,宋广安军渠江(今四川渠县)人。政和七年(1117)上舍及第。绍兴间,曾知泰兴县。工诗。有《杜诗谱》。王象之《舆地纪胜·潼川府路·广安军》载:"李慥,渠江人。政和七年(1117)上舍及第。工于诗,作《杜诗谱》。"已佚。

杜少陵诗音义　[宋]郑印撰

郑印,宋长乐(今属福建)人。或谓即字尚明之郑昂,疑非。生平不详。撰有《杜少陵诗音义》,已佚。尚存《杜少陵诗音义序》与《跋杜子美诗并序》。观其《杜少陵诗音义序》谓作于绍兴元年(1131),当为南渡时人。印论杜颇有见地。如《跋杜子美诗并序》云:“余读李元宾《补遗传》及韩退之《题杜工部坟》诗,皆自《摭遗》所载,疑非二公所作。”其辨杜甫不卒于耒阳,而主“其卒在潭岳间秋冬之际”,虽承王得臣馀绪,但辩驳颇为有力。《杜少陵诗音义序》云:“读少陵诗,如驰骛晋楚之郊。以言其高,则邓林千岩,楩楠杞梓,扶疏摩云;以言其深,则溟波万顷,蛟龙鼋鼍,徜徉排空。拭眦极目,方且心骇神悸,莫知所以。若其甄别名状,实难为功。韩退之推其光焰万丈长,殆谓是矣。国家追复祖宗成宪,学者以声律相饬,少陵矩范,尤为时尚。于其淹贯群书,比类赋象,浑涵天成,奇文险句,厌人目力,读者未始不以搜寻训切为病。卬近因与二三友质问,爰就隐奥处著为《音义》。至夫人物地理、古今传志,咸极讨论,施之新学,不亦可乎!”《分门集注杜工部诗》、《黄氏补千家集注杜工部诗史》多征引此书。《黄氏补注》引“郑曰”凡 439 条;《分门集注》引“郑卬曰”48 条,引“郑曰”则多达 928 条,多为字义音训之类。

杜工部集 二十卷 [宋]吴若校刊

吴若,字季海(亦作“秀海”或“幼海”),荆溪(今属江苏宜兴)人,一作相州(今河南安阳)人。以上舍释褐,官修职郎。文学优赡,议论慷慨。娶张邦昌侄女。靖康元年(1126)因上书直言,批评朝政,而被遣出京城。陈亮《中兴遗传序》云:“其七曰直士,若陈东、欧阳澈、吴若。”是若在当时颇以直节称。后为建康府通判。《宋史·吕祉传》云:“(绍兴)三年,升直龙图阁、知建康府。祉到官,与通判府事吴若、安抚司准备差遣陈充共议,作《东南防守利便》三卷上之。”吕祉到任在绍兴三年(1133)九月。此前六月,建康府学校刊《杜工部集》二十卷成,若有《杜工部集后记》记其事云:“右杜集,建康府学所刻板也。初教授刘亘常今,当兵火瓦砾之馀,便欲刻印文籍。得府帅端明李公行其言，继而枢密赵公不废其说。未几，赵公移帅江西，常今亦以病丐罢，属府倅吴公才德充，察推王闾伯言嗣成之。德充、伯言为求工外邑，付学正张巽、学录李鼎，要以必成。逾半年，教授寿朋、耆朋来，乃克成焉。盖方督府宣帅鼎来，百工奔走趋命不暇，刀板在手，夺去者屡矣。一集之微，更岁历十馀君子始就。呜呼，事业之难兴如此。常今初得李端明本，以为善，又得抚属姚宽令威所传故吏部鲍钦止本，校足之。末得若本，以为无恨焉。凡称樊者，樊晃小集也；称晋者，开运二年官书也；称荆者，王介甫《四选》也；称宋者，宋景文也；称陈者，陈无己也；称刊及一作者，黄鲁直、晁以道诸本也。虽然，子美诗如五谷六牲，人皆知味，而鲜不为异馔所移者，故世之出异意、为异说以乱杜诗之真者甚多。此本虽未必皆得其真，然求不为异者也。他日有加是正者重刻之，此学者之所望也。"《后记》作于绍兴三年六月。据此，则所谓"吴若本"，实为数种杜集（包括王洙、王琪本）合校而成，其自称"若本"者，只是其中之一种耳，似宜称为"南宋建康府学刻本"。此本对后世影响很大。或谓赵次公注的底本即为"吴若注本"，而著名的钱谦益《钱注杜诗》也自称以所谓"吴若本"为底本，沿袭了"吴若本"的杜诗排列和编年次序，并对其做了一些删改。《钱注杜诗·略例》云："杜集之传于世者，惟吴若本最为近古，他本不及也。题下及行间细字，诸本所谓公自注者多在焉，而别注亦错出其间。余稍以意为区别：其类于自者，用朱字；别注则用白字。从《本草》之例。若其字句异同，则一以吴本为主，间用他本参伍焉。"钱氏所据之吴若本，今已不得见。而吴若后记，朱鹤龄《杜工部诗集辑注》、仇兆鳌《杜诗详注》均附录。而《宋本杜工部集》于 1957 年由商务印书馆影印问世，其书后有张元济跋，对于吴若本论之确凿。张氏将钱注本及其所附吴若后记，与《宋本杜工部集》相较，以为"若合符节，是必吴若刊本无疑义,吴记作于绍兴三年六月,当即刻于是时,两地雕版,异地同时。”因之,《钱注杜诗》虽是清人著述,对于杜诗校勘方面,亦极为重要。

诸家老杜诗评　五卷　[宋]方深道辑

方深道,或作“方道深”,误。字正夫。宋兴化(今福建莆田)人。徽宗宣和六年(1124)进士,官奉议郎,曾知政和、晋江县事。《四库全书总目》谓深道“晋江人,……知泉州”云云,系误。据《(道光)福建通志》载,方次彭有六子:晞道、原道、安道、辨道、醇道、深道。晞道为英宗治平四年(1067)进士,神宗熙宁间(1068—1077)曾知晋江县事。深道为次彭季子,高宗绍兴间(1131—1162)知泉州晋江县事,似未知泉州。其家曾知泉州者,据考只有次彭曾孙方铨。

深道与兄醇道辑有《诸家老杜诗评》五卷,又作《杜陵诗评》,是最早一部专论杜甫的诗话汇编。陈振孙《直斋书录解题》著录:“《诸家老杜诗评》五卷,续一卷,莆田方深道集。”方深道序云:“先兄史君尝《类集老杜诗史》,仍取唐宋以来名士评公诗者,悉摭其语,另为卷帙,号曰《老杜诗评》,以附《诗史》之后,俾览者有所考证。深道须次之暇,又于后来诸小说中,择其未经纂录者,自《洪驹父诗话》以下,凡八家,从而益之,因集成五卷。书之卷首,镂版以传于世云。”序中所谓“先兄史君”,即指方醇道。据方深道署衔“知泉州晋江县事”,可知该书初刻于绍兴年间。观书中只字未提阮阅《诗话总龟》和胡仔《苕溪渔隐丛话》,则很可能刻印于绍兴初年。《读书敏求记》著录云:“《诸家老杜诗评》五卷,方深(遗一“道”字)取其兄《类集老杜诗史》益以《洪驹父诗话》已下凡八家,编次成帙。牧翁《笺注》颇有采于此焉。”是书甚为罕见,刻本不传,仅抄本两种行世。一为国家图书馆藏明抄本，一册，只存前三卷。首为方深道序，分卷列目录，卷一为唐《本事诗》、郑处诲《明皇杂录》、郑棨《传信记》、刘禹锡《嘉话》、康骈《剧谈录》、梅圣俞《诗格》、欧阳文忠公《诗话》、范蜀公《东斋记事》、王荆公《钟山语录》、《王深父集》、宋敏求《春明退朝录》、沈存中《笔谈》、吕丞相《诗年谱》；卷二为东坡、山谷、僧文莹《湘山野录》、《唐宋诗话》、《洪驹父诗话》；卷三为《归叟诗文发源》、蔡约之《西清诗话》、《樗叟诗杜拾遗》。卷三颇多缺文。半页九行，行十六字。文字讹误甚多，至有颠倒错乱者。一为北京大学图书馆藏清初抄本，二册，封面题："诸家老杜诗评，宋方深道辑，五卷，钞本，茮微臧。"此本为近代著名藏书家李盛铎木犀轩藏书。"茮(椒)微"为李盛铎字。该抄本首为方深道序，文字与国家图书馆藏本稍异。卷一下有"木犀轩藏书"、"李盛铎印"两方钤记。前三卷目录，与国图藏本同；卷四为潘淳《诗话补遗》；卷五为僧惠洪《冷斋诗话》、《遯斋闲览》、黄朝英《缃素杂记》。据方深道序，可知该书前二卷基本上乃方醇道所辑，而后三卷多，即《洪驹父诗话》以下八家，乃为方深道增辑。北京大学藏本，虽于1956年已经《北京大学馆藏李氏书目》著录，但鲜为人知，华文轩编《古典文学研究资料汇编·杜甫卷》上编《唐宋之部》亦未收录。该书虽被《四库全书总目》讥为"皆汇集诸家评论杜诗之语，别无新义"，且引文偶有重复，但其成书较早。在专论杜甫的诗话中，流传至今的，当以方氏此本为最早，它比蔡梦弼《杜工部草堂诗话》还要早六七十年，保留了许多重要资料。全书辑录诸家评杜诗话二百馀条，其中六十馀条，不见于今存宋人著作，或与他书引文有较大出入。这部分资料，弥足珍贵。于中亦可见宋人对杜甫的评价，及杜甫在宋人心目中之地位。今人张忠纲将是书汇入其《杜甫诗话六种校注》，并作了校注，颇便查检。

杜诗事类注明 [宋]罗烈撰

罗烈,字子刚。宋长汀(今属福建)人。建炎二年(1128)进士。调同安尉。绍兴初再调兴宁令。又知庐陵县,迁宣教郎,卒。生平事迹见《(光绪)长汀县志·名宦传》。著有《博文新说》十卷、《古文类证》等。

罗氏又有《杜诗事类注明》。《(乾隆)汀州府志》著录:"罗烈《杜诗事类注明》。"未著卷数。《(光绪)长汀县志·名宦传》则谓:"烈著有……《注杜诗事迹》千馀条行世。"《(道光)福建通志·经籍志》著录则作《注杜诗事类》。已佚。

少陵诗谱论 [宋]鲍彪撰

鲍彪,字文虎。宋处州龙泉(今属浙江)人。处州亦称缙云郡,故又称缙云人。笃学守道,安于静退。建炎二年(1128)进士,处选调二十年。尝为常州州学教授,左宣教郎、太常博士,守尚书司封员外郎。绍兴三十年(1160),以左奉议郎守尚书司封员外郎致仕。生平事迹详《(民国)缙云县志·人物传》。《四库全书·史部·杂史类》著录《鲍氏战国策注》十卷,并云"彪此注成于绍兴丁卯",即绍兴十七年(1147)。

鲍氏尚有《少陵诗谱论》、《杜诗注》,惜不存。鲍彪系宋代注杜名家。胡仔《苕溪渔隐丛话》后集卷八载:"子美诗集,余所有者凡八家:……《少陵诗谱论》,则缙云鲍彪也。"《分门集注》、《黄氏补注》、《分类杜诗》卷首"集注杜工部诗姓氏"均云:"缙云鲍氏文虎,著《谱论》。"三本与《门类增广十注杜工部诗》等多采其说。《黄氏补注》于《赠李白》"李侯金闺彦"句下引"鲍文虎曰"一条,又引"鲍曰"凡86条;《分门集注》于《梅雨》、《绝句漫兴九首》其七、《春日江村五首》其四引"鲍文虎曰"三条,又引“鲍曰”96条。郭知达《九家集注杜诗》更把鲍彪作为九家之一,引其说多达57条。《能改斋漫录》亦屡引鲍说,可见其在当时影响之大。

杜诗注　[宋]鲍彪著

鲍彪,生平事迹见上《少陵诗谱论》条。

《杜诗注》,《(乾隆)浙江通志·经籍十二·集部五》著录:“《杜诗注》、《括苍汇纪》:宋鲍彪著。”同书《人物六·文苑五》亦著录。已佚。

注杜诗补遗正缪　[宋]杜田撰

杜田,字时可,一字汝耕。宋安岳(今属四川))人。以文章孝行举临江府教授。官终大邑县丞。生活于南北宋之交。

杜田为宋代注杜重要一家,有《注杜诗补遗正缪》。胡仔《苕溪渔隐丛话》后集卷八载:“子美诗集,余所有者凡八家:……《注杜诗补遗正缪集》,则城南杜田也。”而在前集卷六、卷九引作《老杜补遗》。《宋史·艺文志》著录:“杜田《注杜诗补遗正缪》十二卷。”据考,不止十二卷,至少有十四卷,当为杜诗全注本。《蜀中广记》著录作《杜诗补遗正谬注》。此书今不传,只散见于各家集注本中,赵次公注即屡引杜田之说。而以郭知达《九家集注杜诗》所引最多最详,约五百馀条,在九家注中仅次于赵次公,居第二位。赵次公、郭知达在引杜田之书时,或称《补遗》,或称《正谬》,故或疑为二书。杜田注曾引及薛苍舒注,而赵次公、师古又引及杜田注,是故杜田注当晚于薛氏而早于赵氏和师氏。故有学者考定杜田成书的时限约为政和三年(1113)至绍兴四年(1134),参聂巧平《杜田考论》(《杜甫研究学刊》1998年第4期)。《分门集注》、《黄氏补注》、《分类杜诗》

卷首“集注姓氏”均云:“城南杜氏修可,《续注子美诗》;杜氏名田,字时可,著《补遗》;杜氏定功。”稍早而托名王十朋编《王状元集百家注编年杜陵诗史》,已是分标三人注,此后蔡梦弼《杜工部草堂诗笺》等重要杜诗注本,莫不引及“修可”、“定功”之名。而据考,宋代实无此二人。乃是坊贾伪撰之人,将其名附会于杜田等人注文以欺世。详参聂巧平《杜田考论》和蔡锦芳《杜修可考》(《杜甫研究学刊》1997 年第 4 期)。《黄氏补注》于《王兵马使二角鹰》引“杜田云”一条,又引“(杜)田曰”凡 65 条;《分门集注》引“(杜)田曰”69 条,又引“(杜)时可曰”15 条。

古今绝句　三卷　[宋]吴说编

吴说,字傅朋,号练堂。宋钱塘(今浙江杭州)人。王令外甥。建炎三年(1129)为两浙路提举市舶公事,改福建路转运判官。绍兴中历知台州、信州、安丰军、盱眙军。善书,尤善游丝书,为高宗所激赏。或谓宋楷以说为第一。周紫芝有《吴傅朋郎中自出新意作游丝书妙绝一时士大夫皆赋诗为作数语书轴尾》、《傅朋为作游丝小轴报以长句》、《次韵何子楚题吴傅朋石渠大字》。《宋史翼》有传。

说有《古今绝句》三卷,选杜甫五、七言绝句 132 首。吴说跋云:“说少日,尝观山谷老人为同郡胡尚书(讳直儒)以砑绫笺写杜陵、临川绝句,错综间见,参以行草。亦概闻其绪言,谓古今绝句,造微入妙,无出二家之右。说近岁尝以所闻质诸当代诗匠,咸谓斯言可信不疑。今二集行于世者,凡一百二十卷,每欲检寻绝句,如披沙拣金,徒劳翻阅。暇日掇拾,自为一编。得杜陵五言、七言凡一百三十有二首,临川五言、六言、七言凡六百十有三首,目曰《古今绝句》。手写一本,锓木流传,以与天下后世有志于斯文者共之。”是书瞿镛《铁琴铜剑楼书目》著录。《铁琴铜剑楼藏书目录》云:"《古今绝句》三卷,宋刻本,宋吴说编。是书标目题《古今绝句》,所采止唐宋二人。曰《有唐绝句》,题'前左拾遗工部员外郎少陵杜子美';曰《本朝绝句》,题'大丞相荆国文公临川先生'。板心注'杜上'、'荆句上'、'荆句中'、'荆句下'等字,似分四卷,而以卷首目录、卷中、卷下核之,实三卷也。……每半叶十行,行十四字。……按吴说字傅朋,师礼之子,王逢原之外孙。而逢原妻为荆公夫人女弟。吴氏编此,是有意推崇荆公,而以杜陵配之也。书中警、殷、让、沟、廓字有阙笔,当为宁宗时刻本。"吴跋作于绍兴二十三年(1153)。则著录本为重刻本。《直斋书录解题》、《宋史·艺文志》、《文献通考·经籍志》均予著录。

编次杜工部诗　十八卷　[宋]鲁訔编撰

鲁訔(1099—1175),字季钦,一作季卿,自号冷斋。宋嘉兴(今属浙江)人,后徙海盐(今属浙江),郡望扶风。鲁詹季弟。绍兴五年(1135)进士。授左迪功郎、馀杭县主簿。历广德军、台州教授,知江山县。三十二年,擢太常丞。改吏部员外郎。乾道三年(1167)进太府少卿、兼权大理少卿。除直敷文阁、江西转运副使,徙浙东、福建提点刑狱公事。力请奉祠,主管台州崇道观,致仕,官至朝请郎。生平事迹详见周必大《直敷文阁致仕鲁公訔墓志铭》(《文忠集》卷三四)。著有《易说》二十卷、《论语解》十卷等。又有《编次杜工部诗》十八卷、《杜工部诗年谱》一卷。《全宋诗》录其诗三首,《全宋词补辑》录其词一首。

《编次杜工部诗》,又称《编注杜少陵诗》。已佚。周必大《直敷文阁致仕鲁公訔墓志铭》载:"《编注杜少陵诗》十八卷、又《年谱》一卷。"《分门集注杜工部诗》卷首"集注姓氏"云:"嘉兴鲁氏訔,《编注子美诗》一十八卷。"蔡梦弼《杜工部草堂诗笺》卷首载鲁訔于绍兴二十三年(1153)五月所撰《编次杜工部诗序》云:“骚人雅士,同知祖尚少陵,同欲模楷声韵,同苦其意律深严难读也。余谓少陵老人初不事艰涩索隐以病人,其平易处,有贱夫老妇所可道者。至其深纯宏远,千古不可追迹。其序事稳实,立意浑大,遇物为难状之景,纾情出不说之意,借古的确,感时深远。若江海浩渎,风云荡汩,蛟龙鼋鼍出没其间而变化莫测,风澄云霁,象纬回薄,错峙伟丽,细大无不可观。离而序之,次其先后,时危平,俗臧恶,山川夷险,风物明晦,公之所寓舒局,皆可概见,如陪公杖屦而游四方,数百年间,犹有面语,何患于难读耶!……余因旧集略加编次,古诗近体,一其后先,摘诸家之善,有考于当时事实及地理、岁月与古语之的然者,聊注其下。”《杜工部草堂诗笺》即依“鲁訔编次”。蔡梦弼《杜工部草堂诗笺跋》云:“梦弼因博求唐宋诸本杜诗十门,聚而阅之,三复参校,仍用嘉兴鲁氏编次先生用舍之行藏、作诗岁月之先后,以为定本。”所谓王十朋辑《王状元集百家注编年杜陵诗史》亦依“鲁訔编年并注”。二书都引有少量鲁注。据周采泉《杜集书录》载,鲁书尚有朝鲜翻刻本。元姚桐寿《乐郊私语》云:“《杜少陵集》自《游龙门》至《过洞庭》,诗目次第,为此州先正鲁訔季钦编定。大都一循少陵生平行迹,亦可见其诗法升降,亦随其年月少而壮,而老,愈入于细而化也。注脚多所补益,极为后学借资。”《黄氏补注》引“鲁曰”凡 82 条,《分门集注》引“鲁曰”87 条;二本俱于《丹青引》引“鲁曰:赠曹将军霸。”《相从歌》引“鲁曰:赠严二别驾。时方经崔旰之乱。”《短歌行》引“鲁曰:送祁录事归合州,因寄苏使君。”《客至》引“鲁曰:喜崔明府相过。”《愁》引“鲁曰:强戏为吴体。”《严公仲夏枉驾草堂携酒馔》引“鲁曰:得寒字。一云郑公枉驾携酒(《分门集注》无“酒”字)馔访水亭。”《不见》引“鲁曰:近无李白消息。”《鹦鹉》引“鲁曰:一云剪羽。”《寄杜位》

引"鲁曰:顷者与位同在故严尚书幕。"《有叹》引"鲁曰:传蜀官军自围普还。"《宋本杜工部集》等多作题注而不署名。但《分门集注》于《水会渡》引"鲁曰:一云水回渡。"《黄氏补注》未引及。而二本均于《戏作花卿歌》"成都猛将有花卿"句下引"鲁曰:花卿家在丹棱东馆镇,至今血食其乡,本朝封为忠应公。"提供了关于花惊定的生平材料,颇为珍贵。

杜工部诗年谱　一卷　[宋]鲁訔编撰

鲁訔,生平事迹见上《编次杜工部诗》介绍。此谱原载《分门集注杜工部诗》及《杜工部草堂诗笺》卷首。《四库全书总目》著录。有《四库全书》本、清道光二年(1822)山阴杜春生校宋刻本(与赵子栎撰《杜工部年谱》合刊)、民国三年(1914)天津华新印刷局排印本、1978年台北市影印本。《四库全书总目·史部·传记类一》载:"《杜工部诗年谱》一卷,宋鲁訔撰。……訔曾注杜诗,今存者惟此谱。篇首有訔《编次杜工部诗序》,末有王士祯跋,谓甫年谱创于吕汲公大防,訔以甫生于睿宗先天元年壬子,卒于大历五年庚戌,盖承吕谱之旧也。……近时滏阳张氏(指张溍)、吴江朱氏(指朱鹤龄)所注杜诗,其《年谱》大率仿此而推拓之,知密于赵子栎谱多矣。虽间有附会,又乌可以一眚掩乎?"

李杜韩柳押韵　二十四卷　[宋]李滨老撰

李滨老,字师武。宋怀州(今河南沁阳)人。邦彦后。绍兴中以右朝散郎监行在粮料院。馀不详。

滨老有《李杜韩柳押韵》二十四卷,已佚。孙觌《押韵序》云:"师武,宣和丞相少宰(即李邦彦)之子孙,好学强记。读杜子美古律诗十八卷,通念不遗一字。学《春秋》尤深于左氏,为文工于诗。……李师武得官建康,家居待还次,悉取杜工部、李翰林、韩吏部、柳仪曹四家诗,以礼部四声之次,集而录之,以类相从,号《李杜韩柳押韵》,凡二十四卷,以示余。余曰:诗自苏李更号,抵建安七子,晋宋鲍谢之作,至唐极矣。而李杜韩柳,胜妙独出,格力自天,凌跨百代,为古今绝唱。……师武摭取四家韵语,类聚群分,会而为一,不待旁搜博采,开卷了然,尽于一睹。如观武库之兵,宗庙之器,粲然毕陈于前矣。"孙序作于绍兴三十年(1160)五月,当为书成之日。如此,则此书当为杜诗分韵编纂最早者。周必大《二老堂诗话》云:"世言杜子美诗两押'闲'字,不避家讳,故《留夜宴》诗:'临欢卜夜闲';七言诗:'曾闪朱旗北斗闲'。虽俗传孙觌《杜诗押韵》,亦用二字,其实非也。"遂以为孙觌另有《杜诗押韵》一书,非也,实即孙氏作序而李滨老所撰之《李杜韩柳押韵》。周采泉《杜集书录》认为《杜诗押韵》为"宋孙觌撰,李吕原编。"恐非。李吕(1122—1198),字滨老,一字东老,又号澹轩。但吕为邵武(今属福建)人,与名滨老者籍贯不同。而周必大亲为李吕作《澹轩李君吕墓志铭》,未言吕作《杜诗押韵》事,在《二老堂诗话》中又谓"俗传孙觌《杜诗押韵》"。且孙序明言"名滨老,师武其字云",则《杜诗押韵》非李吕作明矣。

杜甫诗详说　二十八卷　[宋]师古撰

师古,字彦立,号义学。宋眉山(今属四川)人。官迪功郎。宋南渡时人,略早于赵次公。曾讲授于福建长溪县赤岸。

师古著有《杜甫诗详说》二十八卷。《分门集注》、《黄氏补注》、《分类杜诗》卷首"集注杜工部诗姓氏":"西蜀师氏"注云:"名古,著《详说》二十八卷。"《宋史·艺文志》著录:"《杜甫诗详说》二十八卷。"注云:"不知作者。"殆即是书。宋人杜诗注本和诗话多引其说。赵次公注即引及师古之说。蔡梦弼《杜工部草堂诗话》卷一引蜀人《师古诗话》三条。《竹庄诗话》卷十一引其所撰《师氏诗说》三条。意《师氏诗说》、《杜甫诗详说》、《师古诗话》,三者盖为一书而异名。书今不传。或疑为伪书,殆非。严羽《沧浪诗话·考证》云:"杜注中,'师曰'者,亦'坡曰'之类。但其间半伪半真,尤为淆乱惑人,此深可叹。然具眼者自默识之耳。"钱谦益《钱注杜诗·略例》云:"蜀人师古注尤可恨!'王翰卜邻',则造杜华母命华与翰卜邻之事;'焦遂五斗',则造焦遂口吃,醉后雄谭之事。流俗互相引据,疑误弘多。"师注伪撰故实,挟伪乱真,诚为学界一厄,但不尽然,亦有可取者。如《杜工部草堂诗话》卷一引《师古诗话》云:"子美《江村》诗云:'老妻画纸为棋局,稚子敲针为钓钩。'谓'妻比臣,夫比君,棋局,直道也。针本全直而敲曲之,言老臣以直道成帝业,而幼君坏其法。稚子,比幼君也。'此《天厨禁脔》之说也。或说老妻以比杨贵妃,稚子以比安禄山,盖禄山为贵妃养子。棋局,天下之喻也,贵妃欲以天下私禄山,故禄山得以邪曲,包藏祸心。此说似为得之。虽然,子美之意亦不如此。老妻、稚子,乃甫之妻子,甫肯以己妻子而托意于淫妇人与逆臣哉!理必不然。且如《进艇》诗云:'昼引老妻乘小艇,晴看稚子浴清江。'则又将何所比况乎?此皆村居与妻子适情以自乐,故形之诗咏,皆若托意于草木鸟兽之类,不宜区区肆穿凿也。"此条亦见《分门集注杜工部诗》卷七、《影宋王状元集百家注编年杜陵诗史》卷十二《江村》诗注;《黄氏补千家集注杜工部诗史》卷二十一、徐居仁编《集千家注分类杜工部诗》卷七所引,只少"故形之诗咏"以下数语。《黄氏补注》引"师古曰"凡200条,但几乎都是《汉书》颜师古注,只有《伤春五首》题下引"师古曰:时避寇在蜀作"(《分门集注》所引同),为宋代师古注;又引"师曰"多达873条。《分门集注》则明标宋代“师古曰”62条,又引“师曰”819条。

新定杜工部古诗近体诗先后并解　五十九卷　残存二十六卷　[宋]赵次公注

赵次公,字彦材。或云名彦材,字次公。宋嘉州龙游(今四川乐山)人。与邵溥、晁公武交游。曾任隆州司法参军。著有《解东坡诗》。今存《杜工部草堂记》。又《宋代蜀文辑存》收其文二篇及附传。孔凡礼辑撰《宋诗纪事续补》辑其诗二首。次公对杜诗甚有研究,对杜甫评价很高,其《杜工部草堂记》云:“杜陵野老,负王佐之才,有意当世,而骯髒不偶,胸中所蕴,一切写之以诗。其曰:‘许身一何愚,自比稷与契。’又曰:‘致君尧舜上,再使风俗淳。’此其素愿也。至其出处,每与孔孟合。”

宋晁公武《郡斋读书志》卷四上载:“蔡兴宗编杜甫诗二十卷,赵次公注杜诗五十九卷”,“近时有蔡兴宗者,再用年月编次之;而赵次公者,又以古律杂次第之,且为之注。两人颇以意改定其误字,人不善之。”后人有称《杜诗正误》或《杜诗证误》者,有称《赵次公注杜甫诗集》者。是书约成于高宗绍兴四年至十七年(1134—1151)之间。全本已佚,只残存二十六卷,计末帙七卷、成帙十一卷、已帙八卷(末帙、成帙、已帙,当是丁、戊、己三帙,系书贾涂改以泯其迹)。诗以编年为序,自《宴戎州杨使君东楼》始,至《聂耒阳书致酒肉疗饥荒江》止。每卷首行署“新定杜工部古诗近体诗先后并解”,次行署卷次,后有一段文字考述杜甫年岁及行迹,某月至某月所存之诗。次乃录本诗,诗题下皆注明“古诗”或“近体诗”,后间有“次公曰”一段文字,类似题解。诗正文后低一格标注,题“次公曰”云云。注释详明,广征博搜,引经据典,于字句出处之追寻考稽,用力尤勤。于每一首诗,逐句诠释,全诗之后,又有长言概论,最为详备。虽略显繁冗,但资料丰富翔实。此书为今存最早之杜集编年注本。杜诗旧注号称千家,就其详切而论,无逾此者,诸多宋人注本及后世注杜者,亦无不援引此书。《黄氏补注》于《游龙门奉先寺》引"赵次公曰"一条,又引"赵曰"凡2743条,如《奉赠韦左丞丈二十二韵》竟引"赵曰"多达十一次。而《分门集注》引"(赵)次公曰"288条,又引"赵曰"多达3310条。宋本《王状元集百家注编年杜陵诗史》与蔡梦弼《杜工部草堂诗笺》,其编次皆渊源于赵本。故清周春《杜诗双声叠韵谱括略》云:"杜之有注,自赵次公始也。"宋曾噩《新刊校定集注杜诗序》云:"惟蜀士赵次公为少陵忠臣。"为郭知达所集九家注中最重要的一家,引其注近五千条,雄踞第一位,远远超过其他八家。刘克庄《跋陈教授杜诗补注》云:"赵氏《杜诗》,几于无可恨矣。"该书残本今存有二:一为明抄本,今藏国家图书馆。半叶十二行,行二十一字,棉纸精抄十巨册,钤有"广运之宝"、"臣东阳印"、"青宫太傅"、"大学士章"等印。该本有1916年沈曾植跋云:"赵次公《杜诗注》五十九卷,独著录于晁氏《郡斋读书志》中,《直斋书录》无之,《宋史志》亦无之。虽其说散见于蔡梦弼、黄鹤、郭知达书中,而本书则明以来罕有见者。钱受之评宋代诸家注云:'赵次公以笺释文句为事,边幅单窘,少所发明,其失也短;蔡梦弼捃摭子传,失之杂;黄鹤考订史鉴,失之愚'云云,语若曾见次公书者。然检绛云书目,无之,而逸诗附录且沿旧本之误,书赵次公为赵次翁,则受之固未见也。次公此注,于岁月先后,字义援据,研究积年,用思精密,其说繁而不杀。诸家节取数语,往往失其本旨,后人据以纠驳,次公受枉多矣。要就全书论之,自当位蔡、黄两家之上。埋沉七百年,复见于世,沅叔(傅增湘)其亟图鼎镌,毋令黎氏《草堂》(指黎庶昌刻蔡梦弼《杜工部草堂诗笺》)专美也。"沈跋前尚有丰润张允亮记云:"乙亥冬至前四日,小饮沈无梦斋中,酒后过藏园,获观宋本《水经注》、《柳柳州外集》、《东坡前后集》及是书,皆孤本也。同观者至德周立之叔弢叔侄。"一为清康熙抄本,乃重抄明抄本,今藏成都杜甫草堂博物馆,为安徽省文史馆所赠,亦十巨册。此本末帙卷三末署"辛巳(康熙四十年,1701)仲春重抄",成帙卷十一末署"右杜诗先后解宣和原刻,共十本,丙寅(康熙二十五年,1686)孟春重抄",已帙卷八署"辛巳重抄"。封里有许承尧题记云:"赵解采入《千家注》为多。钱牧斋言:'《千家注》不可尽见,略具诸集注本中,大抵芜秽舛陋,中彼善于此者三家:赵次公、蔡梦弼、黄鹤也。'又言:'次公注以笺释文句为事,然少所发明。'是牧翁虽不满赵解,仍推为较善,且固未见赵解全书也。《四库提要》言:'宋以来注杜诸家,鲜有专本传世,遗文绪论,赖《千家注》以存。'是亦未见赵解全书也。今无意得此,虽残仍可贵。""次公蜀人,于蜀中地理最详,分析杜诗先后自可信。且为注杜最古之书,惜神龙但见尾耳。"末署"庚辰十月疑翁许承尧记"。此稀世珍本,惜为残帙。今人林继中广为辑佚,成《杜诗赵次公先后解辑校》一书,于1994年由上海古籍出版社出版,最大限度地恢复了赵注原貌。

改正王内翰注杜工部集　[宋]王宁祖撰

王宁祖,一作王祖宁,王洙孙,馀不详。

有《改正王内翰注杜工部集》,已佚。胡仔《苕溪渔隐丛话》后集卷八云:"子美诗集,余所有者凡八家:……《改正王内翰注杜工部集》,则王宁祖也。"元好问编《中州集》乙集祝简小传云:"近岁得浙本杜诗,是源(当作"原")叔(即王洙)之孙祖宁所传,前有序引,备言其大父源叔未尝注杜诗。"所谓"浙本杜诗",即《改正王内翰注杜工部集》。是书当为"改正"伪王洙注而撰。而所谓"伪王洙注",实为邓忠臣所注,参见邓忠臣《注杜诗》条。

少陵诗格 一卷 [宋]林越撰

林越,越,一作钺,或作樾。字伯文,一字国镇。宋处州龙泉(今属浙江)人。流寓青田(今属浙江);青田本括苍县地,故又称括苍人。绍兴二十一年(1151)进士,监行在诸司审计司。平生力学,尤深于汉史,著有《汉隽》十卷。

林氏又有《少陵诗格》一卷,已佚。杨士奇《文渊阁书目》著录作《杜少陵诗格》,叶盛《菉竹堂书目》著录作《杜陵诗格》。《四库全书总目·集部·诗文评类存目》云:"《少陵诗格》一卷(《永乐大典》本),宋林越撰。……是篇发明杜诗篇法,穿凿殊甚。如《秋兴八首》第一首为接项格,谓'江间波浪兼天涌'为巫峡之萧森,'塞上风云接地阴'为巫山之萧森,已牵合无理;第二首为交股格,三首曰开合格,四首曰双蹄格,五首曰续后格,六首曰首尾互换格,七首曰首尾相同格,八首曰单蹄格。随意支配,皆莫知其所自来。后又有《咏怀古迹》、《诸将》诸诗,亦间及他家。每首皆标立格名,种种杜撰,此真强作解事者也。"或以为伪书。

九品杜诗说正宗 [宋]庞谦孺撰

庞谦孺(1117—1167),字祐甫,自号白蘋老人。宋单州成武(今属山东)人,南渡后客居吴兴(今浙江湖州)。庞籍曾孙。绍兴十年(1140)以荫为将仕郎,次年监南岳庙。历海陵尉、两浙西路提点刑狱司干办公事、江南东路转运司干办公事、镇江府观察推官,乾道三年(1167)权监饶州景德镇。官终右文林郎。享年五十一。与韩元吉交往甚密。元吉有《祐甫墓志铭》(见《南涧甲乙稿》卷二二)。著有《白蘋集》,已佚。《全宋诗》录其诗三十四首。

谦孺又有《九品杜诗说正宗》。《永乐大典》八九六卷“诗字韵”引其《白蘋集》之《表侄赵鼎监税传老拙所定〈九品杜诗说正宗〉作诗告之》云:“平生竭力参诗句,久矣冥搜见机杼。岂惟蕴蓄彻遮栏,要使幽深尽呈露。……君才妙龄中科选,第恐此道非先务。诗分九品吾所创,妄与正宗辟行路。君今持此欲谁论,勿使群贤生谤怒。”已佚。从未见公私书目著录。

王状元集百家注编年杜陵诗史　三十二卷　题[宋]王十朋集注

虽题称“王状元”之名,实则伪托,当系坊刻本。清季振宜《季沧苇书目》著录,题作《王龟龄集注杜诗》。洪业《杜诗引得序》云:“原书不知何人所编。试就翻本(指刘世珩影印本)检阅,逐叶皆有伪苏之注,通儒如龟龄,何至为所欺。盖犹所谓《王状元集注东坡诗集》者,同为妄人所假托也。书中所载‘十朋曰’者,并不多,所言恐亦窃自他人,妄归王氏耳。然既托王状元之名,则书之编辑当在绍兴二十七年(1157)十朋以第一人进士及第后也。书中宋讳避及‘慎’字,而‘敦’、‘廓’不避,则其书原刻当在隆兴(1163—1164)、乾道(1165—1173)、淳熙(1174—1189)之间。唯诗注中或冠‘希曰’二字,皆是黄希之言;希书成于嘉定(1208—1224),其子鹤补注成书,序于宝庆二年(1226);故疑刘氏旧藏之本乃宝庆后伪王之本又经翻刻,偶有阙叶,遂盗取黄鹤补注本,删减其注,以为补足者也。……窃疑伪王集注编纂之法,乃取《六十家注》及《门类十注》等书,依鲁訔编年之目,而改编焉。”刘世珩影印本跋云:“《王状元集百家注编年杜陵诗史》,三十二卷,宋刻宋印。每半叶十三行,行二十四字。白口单边,口上有字数,鱼尾下作‘杜诗’,亦作‘寺’。一又作‘六十家杜诗’,一云‘千家注’、‘百家注’,口上又曰‘六十家注’，种种不同，皆坊本故态。首行作‘王状元集百家注编年杜陵诗史一卷’，次行‘前剑南节度参谋宣义郎检校尚书工部员外郎赐绯鱼袋杜甫子美撰’，三行‘嘉兴鲁訔编年并注’，四行‘永嘉王十朋龟龄集注’。与天禄琳琅所载《黄氏补千家注杜工部诗史》截然两书。彼则黄希、黄鹤补注，此则鲁訔、王十朋注；彼则三十六卷，此则三十二卷。……王书本鲁氏而成，黄注更后于王氏矣。凡诗之有关时事者，皆于题下注明，故谓之‘诗史’。所引前人注，均各标名，而作白文以别之。……此杜集虽宋时坊本，注有省减，然为世所希有，又经历代藏书家所宝贵，亟为影刊。”刘氏影宋本书首刻题记云：“贵池刘氏玉海堂景宋丛书之十，附札记，陶子麟刻，宣统辛亥（1911）闰六月上板，癸丑（1913）莫春竣工。”是本藏书钤记，有“季振宜字诜兮号沧苇”、“季振宜藏书”、“振宜”、“文石太史珍藏图书”、“乾学”、“徐健庵”、“商丘宋荦考藏善本”、“纬萧草堂藏书记”、“华夏”、“真赏”等，十九卷末有“湖北黄冈陶子麟刊”木记，三十二卷末有手书“泰兴季振宜沧苇氏珍藏”一行。另有“拙翁文府”楷书木记，刘世珩识云：“似日本人所钤，或曾流入海外者。”是书以编年为次，前有“目录“一卷，后次诗三十二卷，有诗1446首，而《江涨》一首重见于卷十二及卷三十。注释俱列句下，双行小字。是书今藏苏州市图书馆。该书流布不广。1981年江苏广陵古籍刻印社翻刻刘世珩1913年影宋本，封面署名《影宋编年杜陵诗史》，始得广为流传。该本线装十六册，末二册为“杜集札记”，实即校记，前有刘氏识语。又有日本吉川幸次郎编辑《杜诗又丛》本，1976年日本中文出版社景印。是书号称“集百家注”，而以伪王洙注、伪苏注、赵次公、王得臣、杜田、杜修可诸家为多，而独于师古尊称为“师先生”，引其注多且长，或疑此书与师古有关，恐成于师古门人之手。

草堂先生杜工部诗集　残存六卷　[宋]阙名编

该书为李一氓1964年在北京购得,现藏成都杜甫草堂博物馆。李氏跋云:"《草堂先生杜工部诗集》,宋本,半叶十行,行二十字,白文无注。书名不载公私纪录,为极罕见之本。或传清内库所藏,曾有人收得零页云。现残存第十四卷(一至十三叶)、第十六卷(一至五叶;十七至二十一叶)、第十七卷(全)、第十八卷(全)、第十九卷(一至二十二叶)、第二十卷(十一至十三叶),共六卷八十七叶而已。存书既无首卷,致无叙目可查,何人所辑,为卷几何,皆不得而详矣。是书体例甚奇。如十四卷分为五言八句、五言绝句、五言七言八句;十六卷分为七言长律、七言八句;十七卷分为七言八句、七言绝句;十八卷分为七言歌、七言行(应为"引");十九卷分为五言引(应为"行")、七言引(应为"行");二十卷分为叹、五言别。杜诗或依编年,或概分为古近体,或据内容分纪行、述怀等,从无作如此琐碎之分类者,盖坊本也。书中匡字缺笔(十六卷十九叶;十九卷一叶)、慎字缺笔(十八卷十五叶;十九卷十三叶。按:"慎"字亦有不缺笔者,如卷十九《丽人行》"慎莫近前丞相嗔","慎"字即不缺笔)。依缺笔,约可断为淳熙刊本;依纸质字体,约可断为建阳刊本。藏印有叶、罗两姓,非关重要;二十卷末有明人'孙氏家藏'白文印,亦不知为谁何也。成都杜甫纪念馆所藏杜诗,仅一宋本《草堂诗笺》。忽见此本于北京中国书店,急代收之。事为北京图书馆所悉,惊为异本,曾谋迫让。书原有错简,特为重装。"该书编辑体例与今存所见之杜集版本迥异,颇显杂乱,而正文下有少量校语,诗题下大多标注作年。计有诗381首,另有残诗3首,附录他人唱和诗7首。此本虽系残帙,但版刻较早,此前公私著录皆不载,鲜为人知而被世人视为稀世珍本,于杜集校勘颇有价值。李一氓重装本封面有“南宋草堂杜集残本 陈毅署签”十二大字,并盖有“陈毅之印”。扉页有朱德、何香凝、陈毅、康生、陈叔通、郭沫若、齐燕铭、阿英、李初梨、徐平羽等题词。朱德题云:“成都杜甫纪念馆得此书,可为所藏杜诗带头。”陈毅题云:“此本不见公私著录,‘匡’、‘慎’皆缺笔,真难见之孤本也。”郭沫若题曰:“《草堂先生杜工部诗集》,素所未见,殆是海内孤本,虽残卷,良可珍惜,藏之草堂,尤得其所,可谓草堂先生重归草堂矣。阅后题此。”陈叔通题曰:“老见异书犹眼明。”首页“草堂先生杜工部诗集卷之十四”一行下有两方钤记,一曰“郋园秘籍”,为叶德辉印;一曰“罗继祖读书记”,继祖乃罗振玉之孙。周采泉《杜集书录·内编·全集校刊笺注类二》载此本云“存二册”。并称《春游琐谈》第一集载“罗继祖叙述”云云,检《春游琐谈》第一集,未见。罗继祖《枫窗脞语·文物(下)》(中华书局1984年版)载“《草堂先生杜工部诗集》”条云:“吾家旧藏杜诗残本二册,题曰《草堂先生杜工部诗集》。存卷十四(不全)至二十(仅三页),中多蠹蚀,损字处极多。每页十行,行二十字,白口双阑,中缝下阑记字数(或在左或在右)。‘匡’、‘慎’两字缺笔,黄纸,字体类南宋建本,无注,惟注异同字作某某。末页左下角有‘孙氏家藏’白文方印。考杜集最古为北宋王洙编二十卷本,凡诗十八卷,文二卷,附补遗,……1957年已作《续古逸丛书》影印出版,取校此本,编排分卷皆异,同者惟无注及注异同字耳。此本不知共若干卷。据现存残本,卷十四为五律,十六为七律七绝,十八为七古,十九二十为五七古,惟五七古中又分歌行引,则与王本亦不同。且书名《草堂先生杜工部诗集》,遍检古今簿录,从无此名。北京图书馆拟编杜集目录,亦云未见。近人有选注杜诗者,有编杜年谱者,独杜集版本尚无人作专考。此本后经专家鉴定,断为南宋淳熙时刻本,今归成都杜甫草堂文管处矣。"罗振常《善本书所见录》卷四著录云:"《草堂先生杜工部诗集》,宋刊残本。单框,双鱼尾,线口,下有字数,半页十行,二十字,存十四、十六至二十五卷。"傅增湘《藏园群书经眼录·集部一·唐五代别集类》载:"《草堂先生杜工部诗集》二十卷(唐杜甫撰、白文无注):元刊本,半叶十行,行二十字,细黑口,左右双阑。版心双鱼尾,上鱼尾下记'杜'或'杜十九已'、'杜十四已'等,下鱼尾下记叶数,最下阴面记数字。按:此大库残叶,大字精善,各家目均未著录。(丁卯岁获之厂市)"记载各不相同。成都杜甫草堂纪念馆曾收得宋板杜诗一页,仅载《王兵马使二角鹰》"回风陷日孤光动"至"驱出六合枭鸾分",《忆昔二首》第一首及第二首至"百馀年间未灾"止。其题记云:"一九五七年前,由□□□(按:原空人名)赠宋板杜诗一页,不悉何书。一九六五年八月十六日,由李一氓大使代购宋板《草堂先生杜工部诗集》,其中第十五卷全缺,此页与该书板式全同,为第十五卷第七页,现将二书保存一处。一九六五年九月六日记。"

卞氏集注杜诗 [宋]卞圜注

卞圜,字养直,一作子东,又作子车。宋泰州(今属江苏)人。或曰海陵,海陵即泰州。因父大亨隐居明州象山(今属浙江),故又称象山人。楼钥《答杜仲高书》谓"四明卞倅养直圜"。楼钥为宋明州鄞县人。四明,即明州,今浙江宁波。圜性颖异,博极群书,入太学有声,人号"卞夫子"。绍兴三十年(1160)进士,授扬州倅。乾道中任昌化县令。著有《论语大意》二十卷。

宋彭叔夏《文苑英华辨证》卷八《避讳》云有《卞氏集注杜诗》;民国二十三年《浙江通志·经籍志》著录卞氏《杜诗注》,云"载《延祐四明志》";《延祐四明志》卷一载:"卞圜,字养直,注少陵集。”意二书当为一书,只是名不同而已。楼钥《答杜仲高书》云:“《留花门》诗:‘连云屯左辅,百里见积雪。’以赵次公之详且博,略不注释。四明旧有卞倅养直圜为注甚详,竟不得其书。尝与之论及此,亦止云意其偶有积雪耳。”周必大《二老堂诗话》云:“世言杜子美诗两押‘闲’字,不避家讳,故《留夜宴》诗:‘临欢卜夜闲’;七言诗:‘曾闪朱旗北斗闲’。虽俗传孙觌《杜诗押韵》,亦用二字,其实非也。卞圜杜诗本云‘留欢上夜关’,盖有投辖之意;‘卜’字似‘上’字,‘关’字似‘闲’字,而不知者或改作‘夜闲’,又不在韵。卞氏本妙不可言。”彭叔夏《文苑英华辨证》卷八《避讳》亦有同样说法。惜书已佚。或谓《卞氏集注杜诗》与其父大亨之《改注杜诗》为一书。参见《改注杜诗》条。

杜诗六帖　十八卷　[宋]陈应行编撰

陈应行,字季陵(一作陆),宋建安(今福建建瓯)人。淳熙二年(1175)状元。曾以迪功郎充泉州州学教授、奉议郎签书武安军节度判官厅公事。周紫芝有《次韵陈季陵阅猥稿见寄》、《次韵戴文举陈季陵见索故稿》。陈氏乾道七年(1171)序张孝祥《于湖词》,淳熙七年跋程大昌《演繁露》,八年跋程大昌《禹贡论》,九年跋《潜虚发微论》,参校范宁集解《春秋谷梁传》。据《宋史·艺文志二》载,陈氏尚著有《读史明辨》二十四卷、《读史明辨续集》五卷。另有《吟窗杂录》五十卷,旧题“状元陈应行编”,有绍兴五年(1135)浩然子序。学界认为是伪书。或云陈氏字浩然,号浩然子。温陵宋宜(一作谊)元丰五年(1082)二月二十三日所作《杜工部诗序》云:“今兹退休田里,始得陈君浩然授予子美诗一编,乃取其古诗近体,析而类之,使学者悦其易览,得以沿其波而讨其源也。予嘉陈君有志于诗,而惟子美之为嗜,则可谓笃于诗学者矣。因其请而为之序云。"但元丰五年(1082)距淳熙九年(1182)整百年,恐不可据,疑非一人。

陈氏编撰有《杜诗六帖》,十八卷。已佚。陈振孙《直斋书录解题》卷十四载:"《杜诗六帖》十八卷,建安陈应行季陵撰。用白氏门类,编类杜诗语。"是《杜诗六帖》乃仿白居易《六帖》而将杜诗分体分类编次之。

韵类诗史 [宋]陈造撰

陈造(1133—1203),字唐卿,自号江湖长翁,时人称为"淮南夫子"。宋高邮(今属江苏)人。淳熙二年(1175)进士。调繁昌尉,改平江府教授。寻知定海县,以荐通判房陵摄郡事。秩满授朝散郎、浙西路安抚司参议官,改淮南西路安抚司参议官。有《江湖长翁集》,陆游为作序。生平事迹见申屠駉《宋故淮南夫子陈公墓志铭》(《江湖长翁集》卷首)。《全宋词》录其词十首,《全宋诗》录其诗二十二卷,《全宋文》录其文亦二十二卷。造熟读杜诗,深有所悟。《吟诗自笑用前韵》云:"文字光腾万丈长,锦官老杜豫章黄。"咏及杜甫的诗有十馀首。《答陈梦锡书》云:"杜氏之古律,三百篇之正派。"

又以韵类编杜诗成《韵类诗史》,已佚。造《题〈韵类诗史〉》云:"学诗,三百篇其祖也,次《楚辞》。是二经,不于其辞于其意,意无有不道也。杜子美古律诗,实与之表里。予读子美诗能上口。来房州多暇,创以韵类之,庶使歌诵成书矣。编之多舛不伦,以予疾,意草草,亦吏笔缪乱,再整之。善是,则子孙责余老且倦矣,安知绝无似予者,抑安知无愈予者?……孙仲益称李师武诵子美古律诗十卷,不遗一字。前辈尊信如此,悠悠视之,何也?"是书殆类李师武《杜诗押韵》。

杜少陵诗集 [宋]林丰编

林丰,字稚春。宋福清(今属福建)人。曾从学于林光朝。与林亦之(1136—1185)同里,交谊甚厚。亦之有《奉题林稚春(丰)菊花枕子歌》、《奉酬稚春梅花行》、《答稚春所寄诗卷》、《代祭稚春》等诗文十来篇,又有祭稚春母文。

稚春编有《杜少陵诗集》,具体内容不详。林亦之有《戏题稚春杜少陵诗集》:"十年萧萧去武林,橐中唯有谪仙吟。君今失意还山窟,少陵诗集如明月。自怪平生每相似,穷愁嗜好亦如许。饭颗山头旧相逢,安得娟娟同处所。故人语我明年冬,或骑大马长安中。或倚书楼头如蓬,即见双剑终然同。我闻此语欢且剧,视君状貌如其笔。两目津津可终遁,此物应藏月鱼室。月鱼文字非时好,已问菟裘吾将老。绿烟亭下黄花时,两手抱取归柴扉。"

吕东莱注杜工部三大礼赋 [宋]吕祖谦注

吕祖谦(1137—1181),字伯恭。宋婺州金华(今属浙江)人,祖籍寿州(今安徽凤台)。隆兴元年(1163)进士,复中博学宏词科,累官著作郎兼国史院编修官。卒,年四十五,谥曰"成"。《宋史》有传。祖谦博学多识,与朱熹、张栻齐名,号称"东南三贤",开浙东学派先声。学者称东莱先生。曾奉命编纂《皇朝文鉴》。著有《吕东莱集》等。另,旧题吕祖谦撰《诗律武库》,其中涉及杜诗者有120馀条之多,但一般认为该书系伪托。

吕氏有《吕东莱注杜工部三大礼赋》,为现存杜文注释最早者。钱谦益《绛云楼书目》著录:"宋版《吕东莱注杜工部三大礼赋》。"钱曾《述古堂书目》亦著录:"《吕东莱注三大礼赋》,影宋抄。”其《读书敏求记》又云：“《杜工部进三大礼赋》十卷，东莱吕祖谦注。牧翁全录入《杜诗笺注》中，此则其原本也。”所谓“原本”，即钱谦益绛云楼所藏之影宋抄本，钱氏均据之辑入其《钱注杜诗》卷十九《三大礼赋》之后，而原本不传也。又据《铁琴铜剑楼书目》载：“《丽泽集》诗三十五卷，宋刊本，不著编者姓氏，亦无序跋。方虚谷谓吕成公所纂，盖因公有《丽泽集说》也。凡乐府一卷，文选一卷，陶靖节一卷，杜子美四卷。”

杜诗注释　[宋]黄钟撰

黄钟，字器之，号定斋。宋兴化军仙游（今属福建）人。乾道五年(1169)进士，待次德化尉，调漳州录事参军。生平事迹见《（同治）仙游县志·文苑传》。著有《定斋诗文》、《周礼集解》、《荀杨续注》、《唐宋类文》、《历代史要》、《何岩风土记》等书。

又有《杜诗注释》，已佚。《续文献通考·经籍考》、钱大昕《补元史艺文志》、《（乾隆）仙游县志·艺文志》、《（民国）福建通志·艺文志》均予著录。

集注杜诗　[宋]章国华集注

章国华，生平不详。有《集注杜诗》，已佚。朱熹《跋章国华所〈集注杜诗〉》云：“章国华过予山间，出所《集注杜诗》示予，其用力勤矣。然其所引《东坡事实》者，非苏公作；闻之长老，乃闽中郑昂尚明伪为之，所引事皆无根据，反用杜诗见句，增减为文，而傅其前人名字，托为其语，至有时世先后颠倒失次者。旧尝考之，知其决非苏公书也。况杜诗佳处，有在用事造语之外者，唯其虚心讽咏，乃能见之。国华更以予言求之，虽以读《三百篇》可也。”视此，则此书质量可知矣，宜其亡佚不存也。

集句杜诗 [宋]杨冠卿撰

杨冠卿(1139—1203 后),字梦锡。宋江陵(今湖北荆州)人。举进士,尝知广州,以事罢。善诗词,工四六。有《客亭类稿》,张孝祥为撰《跋杨梦锡〈客亭类稿〉后》。《全宋词》收其词 36 首,中有《卜算子·秋晚集杜句吊贾傅》一首。又有《读杜工部集》诗,盛赞杜甫的"平生忠义不忘君"。

杨氏又有《集句杜诗》,已佚。陆游嘉泰三年(1203)所作《杨梦锡〈集句杜诗〉序》云:"楚人杨梦锡,才高而深于诗,尤积勤杜诗。平日涵养,不离胸中,故其句法森然可喜。因以暇戏集杜句。梦锡之意,非为集句设也,本以成其诗耳。不然,火龙黼黻手,岂补缀百家衣者邪!予故为表出之,以告未深知梦锡者。"

集杜诗题坡老旧隐 [宋]陆处善集

陆处善,宋临江军(今江西樟树)人。有《集杜诗题坡老旧隐》,已佚。胡铨《跋陆处善集杜诗》云:"右临江陆处善《集杜诗题坡老旧隐》,所谓德有邻堂者也。近世媚道成俗,凡有位者,出一诗一文,则人争摹刻,竟有题跋;不问诗文美恶,位愈高,则题跋愈多。使骚人墨客,投闲置散,虽有屈宋李杜之文之诗,人谁著眼?岂复有赏吴江之枫落,爱秋水之霞飞,徒令月哦永什,与孤烟野草共尽,可胜惜哉!予故手书此以记意云耳。"

杜诗解 [宋]陈藻撰

陈藻(1148?—1223?),字元洁,号乐轩。宋长乐(今属福建)人,侨居福清(今属福建)。师林亦之,为林光朝再传弟子。与二林并称"城山三先生"。终身布衣,开门授徒,不足自给，乃浮游江湖，崎岖岭海，历尽艰难而不辍。后林亦之四十年而卒，年七十六。景定四年(1263)追赠迪功郎，谥文远。有《乐轩集》八卷、《论语解》。《全宋诗》、《全宋文》录其诗、文各三卷。

又有《杜诗解》。《续文献通考·经籍考·诗集部》于《乐轩集》下注云："(陈藻)福清人，得林光朝经学之传，遂成通儒，学者称为乐轩先生。所著又有《杜诗解》。"未注卷数。已佚。

续老杜诗评　五卷　[宋]方铨撰

方铨，一作方绖，误。字叔平，一作平叔，号真窖，宋兴化(今福建莆田)人。次彭曾孙，深道孙。淳熙二年(1175)进士，历宰怀安，迁湖南提刑司干办公事。朱熹知潭州时曾力荐于朝，称其"器资宏裕，识趋高明"。嘉泰初曾知漳州。三年(1203)十二月以朝散大夫、尚书司封郎中除吴郡提点刑狱。开禧元年(1205)四月，改除江西运判。后知泉州军州事，入为宗正寺丞，历吏部郎中，终直宝谟阁大理少卿。有《真窖集》。尚撰有《续老杜诗评》五卷，《宋史·艺文志》著录。《(乾隆)福建通志·艺文志》著录作《续编杜陵诗评》。已佚。

杜诗注　[宋]赵汝谈注

赵汝谈(?—1237)，字履常，号南塘。宋馀杭(今属浙江)人。宋太宗八世孙。淳熙十一年(1184)进士。调汀州教授，改广德军，添差江西安抚司干办公事。以上疏乞斩韩侂胄被斥。寻授安庆府教授，添差浙东安抚司干办公事。历太社令、湖北提举常平、知温州、江西提举常平。理宗即位，授江西转运判官，以言者罢，家居八年。后以礼部郎官召，改秘书少监兼权直学士院。历宗正少卿、权吏部侍郎，升侍读，以言去，提举崇禧观。起知婺州，召权礼部侍郎，改侍讲，权给事中，进权刑部尚书。卒谥文恪，一作文懿。《宋史》有传。著述甚丰，多不传。今存《南塘四六》一卷。《全宋诗》录其诗十五首，《全宋文》录其文四卷。

著有《杜诗注》。《宋史·赵汝谈传》云："所著有《易》、《书》、《诗》、《论语》、《孟子》、《周礼》、《礼记》、《荀子》、《庄子》、《通鉴》、《杜诗注》。"《续文献通考》、《嘉庆一统志》、《两浙名贤录》均予著录。已佚。

门类增广十注杜工部诗　二十五卷，残存六卷　[宋]阙名编

宋刻本。原书二十五卷，今残存六卷。瞿镛《铁琴铜剑楼藏书目录》云："《门类增广十注杜工部诗》六卷，宋刊残本。不著何人编辑。卷首题'前剑南节度参谋、宣义郎、检校尚书工部员外郎、赐绯鱼袋杜'一行。其书分类，每类分古、律体，后来徐居仁编《千家注杜诗》亦依之分类。原二十五卷，今存卷一、卷二纪行、述怀门；卷七，居室、邻里、题人居室、田圃门；卷八，皇族、世胄、宗族、外族、婚姻门；卷九，仙道、隐逸、释老、寺观门；卷十，四时门。凡六卷，自一、二两卷外，板心及每卷首行，皆为作伪者剜改，今为是正之如此。诸家之注，俱出宋人。坡云者，东坡有《老杜事实》，朱子谓闽人郑昂伪为之者也；赵云者，西蜀赵次公字彦材，著有《杜诗正误》者也；薛云者，河东薛苍舒有《续注杜诗》者也；又薛云者，薛梦符有《广注杜诗》者也；杜云者，城南杜修可有《续注杜诗》者也；杜田云者，字时可，有《诗注补遗》，举其名，以别于修可也；鲍云者，缙云鲍彪字文虎，著有《谱论》者也。又有新添、集注等目，新添者，各家成书以外之说，不专一人；集注者，采他书之注也。诗篇每首后，俱有切音。每半叶十二行，行大字二十二，小字

夹注三十。宋讳'殷'、'镜'、'徵'、'让'字有减笔。是书各家书目俱未著录,旧为吴中袁氏褧藏本(卷中有袁与之氏、袁褧印、袁尚之氏、袁季子、汝南袁褧诸朱印)。"据考,该书未标名之旧注,实即所谓的"王洙注";东坡注系伪注;薛苍舒,字梦符,实是一人;杜修可,宋无其人。可见,所谓"十家"云云,乃是书贾伪托。傅增湘《藏园群书经眼录·集部一·唐五代别集类》载:"《门类增广十注杜工部诗集》二十五卷(唐杜甫撰,宋王洙、赵次公等注,存卷二、卷七至九、十一、十二,共六卷):宋刊本,半叶十二行,行二十二字,注双行三十字,白口,左右双阑,版匡高五寸四分,阔三寸七分,精刊初印,字体瘦劲。注中标'赵云'、'杜云'、'坡云'、'新添'等字,皆阴文。(常熟瞿氏藏,乙卯岁阅。)"瞿氏所标残本卷次,是依徐居仁编《集千家注分类杜工部诗》,次序是不错的。但细检每卷诗次与所引注文,则更接近宋刻本《分门集注杜工部诗》。如卷五"寺观门"收两首《山寺》,前首首句为"野寺残僧少",后首首句为"野寺根石壁",与《分门集注杜工部诗》卷八的次序是相同的,而《集千家注分类杜工部诗》卷九次序是颠倒的。再如徐本《玉台观二首》,门类本与分门本则分列为两首《玉台观 滕王造》。所以傅氏据分门本为残本编次是对的。此书显系坊本,作伪者剜改而成卷一至六相连之六卷完书以欺世。今存国家图书馆,其体例依诗内容分类,因系残本,现存16门,门下分古今体,同体诗又大致以编年为序,存诗359首。此本行款、避讳皆与瞿氏所记同,又有"铁琴铜剑楼"和"汝南袁褧"等诸朱印,显系瞿氏旧藏。虽系残卷,因是宋刊本,故于校勘,颇具参考价值。

门类增广集注杜诗 二十五卷,残存一卷 [宋]阙

名编

天津图书馆编《(稿本)中国古籍善本书目·集部·别集类》著录:"《门类增广集注杜诗》二十五卷,唐杜甫撰,宋赵次公等注,宋刻本。十三行二十二字,小字双行三十字,白口,左右双边或四周单边。存一卷。"此书今藏国家图书馆。国家图书馆据元刻本徐居仁编《集千家注分类杜工部诗》将残存一卷勘正为卷八,实则当依宋刻本《分门集注杜工部诗》勘正为卷九。是卷有皇族、世胄、宗族、外族、婚姻五门,录诗68首,其中古诗18首,律诗50首。所辑注家有"旧注"、"薛云"、"又薛云"、"杜云"、"杜田云"、"鲍云"、"坡云"、"赵云"、"王云"、"集注"、"新添",计十一家。该卷与《门类增广十注杜工部诗》宋刻残本相应卷次在编纂、注释体例、集注内容和注文先后次序上,几乎完全相同。二者相校,只有九处异文,其中"又薛云"、"鲍云"二处,十注本有剜改痕迹;其馀七处"王曰",十注本均作"赵云"。是十注本较集注本仅少"王云"一家。二本皆系坊刻本,故有辗转抄袭、伪撰集注姓氏之弊。

新刊校定集注杜诗　三十六卷　[宋]郭知达编

郭知达,字充之。宋成都(今属四川)人。尝知富顺监。今存文一篇。孝宗淳熙间,编成《新刊校定集注杜诗》,初刻于淳熙八年(1181)。后曾噩重刻于广东漕司。曾噩(1167—1226),字子肃。宋福州闽县(今福建闽侯)人。绍熙四年(1193)进士,释褐尉瑞州,转监行在惠民局。改宣教郎知泉州晋江县。嘉定八年(1215),徙监左藏东库,在职二年,除军器监主簿,迁大理寺丞,摄司直,多所平反。求外补,出刺潮州,葺学宫,重建韩愈祠。以治最擢广东转运判官。噩七岁能属文,自少至老,未尝一日废卷。著有《义溪集》、《班史录》、《通鉴节要》、《诸子要语》、

《左氏辨疑》等书。生平事迹见陈宓《大理正广东运判曾君墓志铭》(《复斋先生龙图陈公文集》卷二二)。宝庆元年(1225),曾噩任广东转运判官时,重为校刻郭知达《新刊校定集注杜诗》,并为作序云:"噫!少陵之诗,其伟壮则如巨灵之擘太华,其精巧则如花神之刻群芳。其理诣深到,则《诗》、《书》、《庄》、《骚》之流裔也。及其词源倾倒,如长江大河,顺东而趋,势不可御,必极其所至而后已。"特别强调杜甫的"忠肝义胆",认为杜诗当"与《孝经》、《论语》、《孟子》并行"。

此书最大特点,是删去伪苏注。郭知达序云:"杜少陵诗世号'诗史',自笺注杂出,是非异同,多所抵牾。至有好事者掇其章句,穿凿附会,设为事实,托名东坡,刊镂以行,欺世售伪,有识之士所为深叹。因辑善本,得王文公(安石)、宋景文公(祁)、豫章先生(黄庭坚)、王源(原)叔(洙)、薛梦符(苍舒)、杜时可(田)、鲍文虎(彪)、师民瞻(尹)、赵彦材(次公)凡九家,属二三士友,各随是非而去取之。如假托名氏,撰造事实,皆删削不载。精其雠校,正其讹舛,大书锓版,置之郡斋,以公其传。庶几便于观览,绝去疑误。"此为蜀本。虽号称九家,而所引以赵次公为多,近五千条,每以赵注决疑。《天禄琳琅书目》云:"知达,《宋史》未载其人,而家于成都,系与彦材同乡里,故所辑之注,首王文公而终之以彦材,盖以彦材之注为尽善也。"其次引杜田注,多至五百馀条;引师尹注 336 条;引薛苍舒 157 条;引鲍彪 57 条。洪业疑郭本乃删削《门类增广十注杜工部诗》而成,其《杜诗引得序》云:"然则知达并无杜注九家为其蓝本也。此外注文时或冠有'增添'、'新添'等字样,且亦有标'集注'二字者。故窃谓《铁琴铜剑楼书目》所载之《十注杜诗》,今虽无其序文可读,实可疑其所收家数与《九家注》相差,仅在伪苏一家而已。窃疑当初先有王、宋、苏、黄诸儒集注,出于浅人之手,摭拾诗话、小说之属，真伪杂糅，雅鄙互见。继或加减为十家，或又有新添之本焉，分类之本焉。郭知达知苏注之当去，而所假手之二三士友，殆仅就十家注本而改编尔。故'坡云'之辞尚有刊落未尽者。"不仅如此，还有引及师古及他人之注者。宝庆元年(1225)，广东转运判官曾噩重为校刻郭本，其序云："观杜诗者，诚不可无注。然注杜诗者数十家，乃有牵合附会，颇失诗意，甚至窃借苏坡名字以行，勇于欺诞，夸博求异，挟伪乱真，此杜诗之罪人也。惟蜀士赵次公为少陵忠臣。今蜀本引赵注最详，好事者愿得之，亦未易致。既得之，所恨纸恶字缺，临卷太息，不满人意。兹摹蜀本，刊于南海漕台，会士友以正其脱误，见者必当刮目增明矣。"此本因刻于广东漕司，故旧称漕台本，或称羊城漕本。陈振孙《直斋书录解题》最早著录此本："《杜工部诗集注》三十六卷，蜀人郭知达所集九家注。世有称《东坡杜诗故事》者，随事造文，一一牵合，而皆不言其所自出，其辞气首末若出一口，盖妄人依托以欺乱流俗者。书坊辄剿入集注中，殊败人意。此本独削去之。福清曾噩子肃刻板五羊漕司，最为善本。"《天禄琳琅书目》称此本"字画端整，一秉唐人，而刻手印工，皆为上选。"钱曾《读书敏求记》誉为"开板洪爽，刻镂精工，乃宋本中之绝佳者。"《四库全书总目》赞其"别裁有法"。原刻久佚。曾噩覆刻传世者尚有两个残本：一本原藏陆心源皕宋楼，《皕宋楼藏书志》云："《新刊校定集注杜诗》残本六卷，宋刊本。存卷六、卷七、卷八、卷九、卷十、卷十一，凡六卷。……版心有字数及刻工姓名。《百宋一廛赋》所谓'《九家注杜》，宝庆漕锓。自有连城，蚀甚勿嫌'者，只存五十五叶。此本尚存六卷，可以压倒百宋矣。"后流落海外，归日本静嘉堂文库收藏。此本共三册，每册首尾皆加垫宋时藏经旧纸。第一册内封有手识文题曰："宋刊集注杜诗残本，乾隆辛亥馀月竹所吾进为醉经楼主人题。"文后有“吾进私印”白文方印,又有“汉广陵令扈孙孙”朱文方印。卷中有“曾藏当湖胡籛江家”、“胡惠墉”、“胡惠浮印”、“知不足斋主人所贻”、“黄锡蕃印”、“张燕昌印”、“史氏家传翰院收藏书画图章”、“归安陆树声叔桐父印”、“归安陆树声藏书画之记”等钤记。一本原藏瞿镛铁琴铜剑楼,存三十一卷,抄补五卷,现下落不明。《铁琴铜剑楼书目》云:“据《四库提要》有淳熙八年知达自序,宝庆元年曾噩重刊序,此本二序已佚。……原本缺卷十九、廿五、廿六、三十五、三十六,抄补全(每卷后结衔、姓名等同《琳琅书目》,不复)。……字体端劲,雕镂精善,尤宋本之最佳者。”上世纪三十年代,张元济曾借得瞿氏藏本制成铅皮版,因抗日战争爆发而未能付印。1982 年中华书局用这份铅皮版打样重新制版影印,以存宋本真迹。存版有缺页,则据清刻本抄补。由于旧版年久漫漶,部分字迹已模糊难辨。为了避免失真,在文字周围不加描修,另据清刻本抄补缺文,附于各卷之后,以便参阅。是本两函十六册,封里印有“中华书局影印南宋宝庆元年曾噩刊本,原书版匡高二三五毫米,宽三七五毫米。”依次载“影印说明”,郭知达序,曾噩序,目录一卷,诗三十六卷,分体编次,前十六卷为古诗,后二十卷为近体诗。同体诗以编年为序。共录杜诗 1434 首(其中古诗 412 首,近体诗 1022 首,不包括重《登高》1 首),他人唱和诗 13 首。半叶九行,行十六字,注小字双行亦十六字,左右双边,双鱼尾,版心上记字数,上鱼尾下记“注杜诗”卷次,下鱼尾上记叶数,最下记刻工姓名,计有上官生、士震、余太、吴文、岑友、范贵、莫衍、淇恩、黄申、黄仲、杨宜、叶正、万忠、杨茂、刘元、邓举、吴文彬、余中、刘文、郭淇、刘用、鲁时等数十人。每卷首尾各有“新刊校定集注杜诗”卷次一行,每卷末于书名、卷次后空一行署“宝庆乙酉广东漕司锓板”大字一行;后署校勘官衔名四行:“进士陈大信、潮州州学宾辛安中、承议郎前通判韶州军州事刘熔、朝议大夫广南东路转运判官曾噩同校勘。”避宋讳，卷中玄、弘、朗、贞、桢、征、树、桓、构、慎、敦、廓等字皆缺笔。上云清刻本，即指嘉庆翻刻本，书名《九家集注杜诗》。是本半叶九行，行二十一字，清讳避及“颙”、“琰”。首载清高宗题诗二首。洪业编《杜诗引得》本即以此本为依据。此外尚有明刻本、清四库全书本、台湾大通书局据文澜阁四库全书本影印《杜诗丛刊》本、上海古籍出版社1985年缩印《杜诗引得》本等。

门类杜诗　二十五卷　[宋]徐居仁编

徐居仁，名宅，以字行，宋东莱（今山东莱州）人。曾任六合县尹，馀无考。陈振孙《直斋书录解题》卷十九著录：“《门类杜诗》二十五卷，称东莱徐宅居仁编次，未详何人。”振孙将《门类杜诗》编在郭知达编《杜工部诗集注》（即《九家集注杜诗》）之后。郭知达序撰于淳熙八年（1181）八月，而今传宋刻本为曾噩于宝庆元年（1225）任广东转运判官时校刻。据此，则徐居仁当生活于公元1200年前后。

《门类杜诗》今已不存。洪业认为《分门集注杜工部诗》即参酌徐本改编而成。今天我们所看到的本子，是署为“东莱徐居仁编次、临川黄鹤补注”的《集千家注分类杜工部诗》二十五卷。此书乃后人以徐居仁《门类杜诗》为底本，编入黄鹤注及文天祥、谢枋得、刘辰翁等人评语而成。它的一个显著特点就是把全部杜诗分为七十二门。《黄氏补注》与《分门集注》均于《望岳》“岱宗夫如何”句下引“徐曰：按王原叔、吕居仁、王彦辅、鲁訔（《分门集注》下有“诸本”二字）并作‘夫’，独师本作‘天’字说。”但《分门集注》于《白水崔少府十九翁高斋三十韵》引“徐曰”，《黄氏补注》、《分类杜诗》均未引及。

分门集注杜工部诗　二十五卷　[宋]阙名编

宋刻本，原藏南海潘氏宝礼堂。《宝礼堂宋本书录》云：“《分门集注杜工部诗》二十五卷，二十八册。……以诗题之门类，分七十二门，曰月、曰星河、曰雨雪、曰云雷、曰四时、曰节序、曰千秋节、曰昼夜、曰梦、曰山岳、曰江河、曰陂池、曰溪潭、曰都邑、曰楼阁、曰登眺、曰亭榭、曰宫殿、曰宫词、曰省宇、曰陵庙、曰居室（上、下）、曰邻里、曰寄题、曰田圃、曰仙道、曰隐逸、曰释老、曰寺观、曰皇族、曰世胄、曰宗族、曰外族、曰婚姻、曰园林、曰果实、曰池沼、曰舟楫、曰梁桥、曰燕饮、曰纪行（上、下）、曰述怀（上、下）、曰疾病、曰怀古、曰古迹、曰时事（上、下）、曰边塞、曰将帅、曰军旅、曰文章、曰书画、曰音乐、曰器用、曰食物、曰投赠、曰简寄（上、中、下）、曰怀旧、曰寻访、曰酬答、曰惠贶、曰送别（上、下）、曰庆贺、曰伤悼、曰鸟、曰兽、曰虫、曰鱼、曰花、曰草、曰竹、曰木、曰杂赋。诗人吟咏，本以抒写怀抱，其命题与主意未必甚相联合，而必摘一二字以别其门类，俾各有所隶属，且有复沓，及甚琐细者，此真坊肆无聊之作。……版印绝精，亦南宋建阳佳刻也。版式，半叶十一行，行二十字，小注双行，行二十五六七字不等。左右双阑，版心白口双鱼尾，书名题‘杜诗’几、‘杜寺’几、‘杜’几、‘寺’几，上间记字数。宋讳玄、弦、眩、朗、殷、匡、筐、恒、贞、祯、桢、徵、惩、让、桓、完、构、慎、敦、炖、廓等字阙笔。”按避讳及“敦”、“廓”而“匀”字全不避，则是书当为宋宁宗时（1195—1224）所刻。洪业《杜诗引得序》辨其版本源流云：“顾‘集注姓氏’既云，‘永嘉王氏名十朋字龟龄《集注编年诗史》三十二卷’，而诸诗之注又辄与伪王本相同，且并其‘十朋曰’者亦有之，则《分门集注》殆以伪王集注为蓝本矣。唯以今二本相较，所载杜诗之出入，尚有可注意者。伪王本有杜诗一千四百四十六首，而其《江涨》一首重见于卷十二及卷三十。分门本有杜诗一千四百五十四首，而其《奉送崔都水翁下峡》一首及五言绝句《复愁》一首皆前后复见于异卷中。分门本较伪王本多载者，有《塞芦子》一首、《遣兴》三首、《江涨》一首、《长吟》一首、《楼上》一首、《又上后园山脚》一首，共八首。伪王本有，而分门本阙者，《秦州杂诗》中一首。由是观之，《分门集注》本虽为 伪王集注之支流，究非直接出于今所及见之伪王本也。……《分门集注》编者取伪王初刻本及《六十家注》之属参酌《门类杜诗》而改编焉。"是书又有民国十一年(1922)上海涵芬楼影印宋本十册，首有题记曰："上海涵芬楼借南海潘氏藏宋刊本影印，原书版匡高营造尺六寸七分，宽四寸二分。"《四部丛刊》及1974年台湾大通书局影印《杜诗丛刊》本，皆据此本。是本首载王洙、胡宗愈、王得臣、鲁訔、郑卬、王安石、宋宜、孙仅等人序，王琪后记，郑卬《跋子美诗并序》，孙何、欧阳修、王安石、张伯玉、杨蟠、韩愈等人诗，元稹《子美墓志铭》，宋祁《杜甫传》，李观《遗补传》。次"杜工部诗门类"，共72门，与徐居仁编《集千家注分类杜工部诗》门类数相等，但此本"千秋节"、"寄题"、"疾病"三门，与徐本"绝句"、"歌"、"行"三门，互不兼有。次载"集注杜工部诗姓氏"，共计150家，末为"邓氏忠臣字慎思"，字迹显系后人墨笔楷书所添加，当不计。馀149家，或称名，或称字，体例不一。更有一人两见或一人误为二人者，如赵次公与赵彦材、李希声与李(误作"季")錞、林敏修与林子来、薛苍舒与薛梦符等；将江端本误作汪端本；甚至将三国时的薛综也列为注家。而像杜修可、杜定功等，实则宋无其人。细检全书，只列其名而注中不曾引及一字者，竟多达五十馀家。实际引及者不到百家；其中以王洙、赵次公、鲍彪、苏轼、师古、王十朋、郑卬、杜修可、薛苍舒等人为多。而王洙注实为邓忠臣之托名；苏轼、王十朋注实是伪托;杜修可则无其人。次载吕大防、蔡兴宗、鲁訔三家《年谱》;次二十五卷目录。此书因系书贾坊刻本,故多疏漏舛误,然仍不失为杜集中重要的宋刊本,于研究杜诗分类,探索杜诗集注源流,乃至杜诗之校勘注释,颇具参考价值。又据傅增湘《藏园群书经眼录·集部一·唐五代别集类》载:"《分门集注杜工部诗》二十五卷(宋王洙、赵次公等注,存卷十四至十六,凡三卷),宋刊本,半叶十行,每行二十字,注双行二十五字,细黑口,左右双阑。存时事上、时事下(边塞、将相、军旅附。)文章、书画、音乐、器用、食物各门。写刻雅丽,为建本之至精者。宋讳徵、匡、贞、完缺笔,敦、郭不缺,当为光宗以前刊本。收藏钤有'辅叟图书'、'徐氏家藏图书'朱文大印,又'旧山楼秘籍'、'赵宗建读书记'、'非昔珍秘'朱文各印。(余藏)"果如傅氏所说,则是另一本,且刊刻早于潘氏所藏本,当在孝宗时,或许早于《门类增广十注杜工部诗》。因未见其书,难以遽定。

杜子美年谱　一卷　[宋]吴仁杰撰

吴仁杰,字斗南,一字南英,号蠹隐,又号蠹豪。宋洛阳(今属河南)人,寓居昆山(今属江苏)。淳熙进士。历罗田令,仕至国子学录。博洽经史,曾讲学于朱熹之门。《宋史翼》有传。著有《古易》十二卷、《两汉书刊误补遗》十卷、《陶渊明年谱》一卷。又有《杜子美年谱》一卷,一作《杜工部年谱》。《宋史翼》卷二十九、明张萱《内阁书目》著录。此谱明万历间尚存,今佚。

杜工部草堂诗笺　五十卷　[宋]蔡梦弼撰

蔡梦弼,字傅卿,宋建安(今福建建瓯)人。编撰有《杜工部草堂诗笺》五十卷,影响颇大。俞成《校正〈草堂诗笺〉跋》称其"生平高尚,不求闻达,潜心大学,识见超拔,尝注韩退之、柳子厚之文,了无留隐。至于少陵之诗,尤极精妙。”俞成,字符德,宋东阳(今山东青州)人。一说建安(今福建建瓯)人。专力文事,终身不仕,优游以终。著有《萤雪丛说》二卷。前有宁宗庆元六年(1200)自序。《四库全书总目·子部·杂家类存目四》云:“其书多言揣摩科举之学,而谆谆于假对之法,以为工巧,论皆迂鄙。”而俞成对杜诗学的最大贡献,就是帮助蔡梦弼校正《杜工部草堂诗笺》。对此,俞成《校正〈草堂诗笺〉跋》说之甚详。此跋作于开禧元年(1205),是一篇很有价值的历史文献。概而言之,大略有三:一是提供了有关蔡梦弼的珍贵生平资料;二是交代俞氏担任《草堂诗笺》“校雠之职”所起的作用;三是有关杜甫的评价及对杜诗文字的校正。应该说,俞氏对杜诗文字的考校,有些是很精当的。

《杜工部草堂诗笺》为一杜集编年集注本。蔡氏跋语云:“梦弼因博求唐宋诸本杜诗十门,聚而阅之,三复参校,仍用嘉兴鲁氏编次先生用舍之行藏,作诗岁月之先后,以为定本。每于逐句本文之下,先正其字之异同,次审其音之反切,方作诗之义以释之,复引经子史传记,以证其用事之所从出,离为五十卷,目曰《草堂诗笺》。凡校雠之例,题曰樊者,唐润州刺史樊晃小集本也;题曰晋者,晋开运二年官书本也;曰欧者,欧阳永叔本也;曰宋者,宋子京本也;王者,乃介甫也;苏者,乃子瞻也;陈者,乃无己也;黄者,乃鲁直也。刊云一作某字者,系王原叔、张文潜、蔡君谟、晁以道及唐之顾陶本也。又如宋次道、崔德符、鲍钦止,暨太原王禹玉、王深父、薛梦符、薛苍舒、蔡天启、蔡致远、蔡伯世皆为义说;其次如徐居仁、谢任伯、吕祖谦、高元之,暨天水赵子栎、赵次翁、杜修可、杜立之、师古、师民瞻亦为训解。复参以蜀石碑诸儒之定本,各因其实以条纪之。至于旧德硕儒,间有一二说者,亦两存之,以俟博识之决择。”俞成《校正草堂诗笺跋》亦云:"其始考异,其次辨音,又其次讲明作诗之义,又其次引援用事之所从出。凡遇题目,究竟本原;逮夫章句,穷极理致。非特定其年谱,又且集其诗评。参之众说,断以己意,警悟后学多矣。"据蔡、俞二跋,此书成于宋宁宗嘉泰四年(1204),而初刻于开禧(1205—1208)年间。《草堂诗笺》是宋代最重要的杜诗集注本之一。该书版本较多,流传至今的,有五十卷本、二十二卷本、四十卷附补遗十卷本三种。今存五十卷宋刻本,俱系残本:其一存卷一至二十(卷一至三,配清影宋抄本)、二十二至三十五、三十九至四十四、四十八至五十,计四十三卷,半页十一行,行十九字,小字双行二十五字,细黑口,左右双边或四周双边;又一部,存卷四至八、十四至二十、二十七、二十八、四十至四十四,计十九卷;又一部,存卷二十三至五十,计二十八卷,佚名校,有抄配;又一部,存卷二十六至五十,计二十五卷,白口,佚名批点;又一部,存卷一至二十二(卷一至十三半页十二行,行二十字;卷十四至二十二配另一宋刻本,半页十一行,行十九字),计二十二卷。另有瞿氏铁琴铜剑楼影宋抄本,存卷一至二十、二十二至二十三,计二十二卷,白口,四周双边;又有清抄本五十卷、外集一卷、诗话二卷、年谱二卷,半页十二行,行二十字,小字双行二十六字,无格,有钱泰吉跋,云:"《草堂诗笺》五十卷……惜缺卷二十九、卷三十,袁氏所藏闻亦有缺卷,他日寅昉得与漱六各补所缺,实为快事。"二十二卷本,今见者为光绪元年(1875)巴陵方功惠碧琳琅馆刻印本,方氏称所据底本为元刊本,乃失考,实为宋刊本。四十卷附补遗十卷本,以黎庶昌光绪十年(1884)所刻《古逸丛书》本流布最广。《续修四库全书》本即据此本影印。黎氏《重刻草堂诗笺跋》云:"予所收《草堂诗笺》,有南宋、高丽两本。宋本阙补遗、外集十一卷,今据以覆木者,前四十卷南宋本,后十一卷高丽本。两本俱多模糊,而高丽本刻尤粗率,然颇有校正宋本处。”此本题“覆麻沙本杜工部草堂诗笺，古逸丛书之二十三”，“遵义黎氏校刊”。书前载传序碑铭一卷，依次为宋祁《新唐书·杜工部传》、元稹《唐杜工部墓志铭》、孙仅《读杜工部诗集序》、王洙《杜工部诗旧集序》、王安石《杜工部诗后集序》、胡宗愈《成都草堂诗碑序》、鲁訔《编次杜工部诗序》、附蔡梦弼跋语；次四十卷及外集一卷目录；次载草堂诗话二卷、附杜氏谱系；次赵子栎、鲁訔所撰年谱二卷；次收四十卷诗；次补遗十卷及外集（酬唱附录，海陵卞圜集）；俞成跋；附高丽本翻刻人姓名；黎庶昌记；及《经籍访古志》、《复初斋文集》著录此书部分。三种版本中，以黎刻为最劣。傅增湘《校宋残本杜工部草堂诗笺跋》云：“取黎氏翻本勘之，卷第凌乱，注文脱失，不可胜计。兹举其最大者言之：宋刻原为五十卷，无所谓补遗也；黎刻本书四十卷后别出补遗十卷，于是鲁氏编年之意全失，此一异也。宋刻与黎刻自卷一至十九次第相符，下此则颠倒混淆。如卷二十各题，黎刻在卷二十五者九首，在《补遗》卷一者三十七首；宋刻卷二十一至二十四黎刻为《补遗》卷二至五，宋刻卷二十五至二十九黎刻为卷二十至二十四，此后逐卷参差，未可偻指，此二异也。宋刻每卷标题‘杜工部草堂诗笺’，‘嘉兴鲁訔编次，建安蔡梦弼会笺’；黎刻于书名或加‘增修’，或加‘集注’，或改题‘黄氏集千家注杜工部’，或题‘黄氏杜工部草堂诗笺’，其下或单题蔡氏，或单题鲁氏，或题‘临川黄鹤集注’（黎跋言为刻手删去）。歧见杂出，不可致诘，此三异也。黎刻卷七第十二叶、卷十第十叶、卷十二第七叶、第十叶，其注文视宋刻无一字相合，意必宋刻阙叶，不可复得，于是后人乃望文生训，向壁虚造，以弥其失，减叶数，并行款，强与下文衔接，此四异也。此外佚字夺文，订正者又数千焉。……据此推之，则十一行者为宋代之初刻，十二行者乃坊市之陋刻，凡卷第淆乱，注文脱失，标题错出，皆自此坊刻始,高丽本即从兹出。黎氏所见必十二行本,宜其凌杂谬妄,如出一辙也。”黎刻《补遗》十卷前有一行书牌记云:“蔡梦弼尝集工部诗四十卷而笺注之,取信海内已久。然其间犹有遗逸,观者不无沧海遗珠之憾。今得黄氏父子《集千家注诗史补遗》,计一十卷,意梓以传,非但有以备前编之遗阙,亦所以集《诗史》之大成欤!”洪业《杜诗引得序》驳之曰:“夫蔡氏《诗笺》成书在前,黄氏《补注》成书在后;嘉泰甲子、宝庆丙戌,相去二十二年;建安五十卷,临川三十六卷,本风马牛之不相及;何来黄补蔡遗,而蔡复为之校正?况蔡氏识语明云‘离为五十卷’,何其与书及目录自相抵牾?且就检十卷《补遗》之笺注,多是梦弼云云,全无叔似之语,可见此乃奸商既盗蔡氏之书,复盗黄氏之名耳。然其为术亦拙矣。”1919年上海文瑞楼覆麻沙本、日本吉川幸次郎编《杜诗又丛》本,都是据《古逸丛书》本刻印的。此外,尚有元刻本、明刻本多种。此本朝鲜多次刊刻,多为木版本,亦有写本,仅韩国即藏有十多种版本。

杜工部草堂诗话　二卷 [宋]蔡梦弼集录

蔡梦弼,生平事迹见上《杜工部草堂诗笺》介绍。

《杜工部草堂诗话》是专论杜甫诗话中流布较广的一种。据蔡梦弼《〈杜工部草堂诗笺〉跋》云,《草堂诗笺》成于嘉泰四年(1204),《杜工部草堂诗话》即附刻其中。《草堂诗笺》流传至今的,有五十卷本、四十卷附补遗十卷本、二十二卷本三种。今存五十卷宋刻本,俱系残本,均不载《诗话》二卷。四十卷附补遗十卷本,以黎庶昌光绪十年(1884)所刻《古逸丛书》本流布最广,附《诗话》二卷,1919年上海文瑞楼覆麻沙本、日本吉川幸次郎编《杜诗又丛》本,都是据《古逸丛书》本刻印的。二十二卷本,今见者为光绪元年(1875)巴陵方功惠碧琳琅馆刻印本,亦附《诗话》二卷，方氏称所据底本为元刊本，乃失考，实为宋刊本。另有清抄本《杜工部草堂诗笺》，五十卷，外集一卷，亦附《诗话》二卷，有钱泰吉跋。《草堂诗话》除上述几种版本外，尚有《四库全书》本，见集部诗文评类。《四库全书》本，以文渊阁本成书最早，校勘最精。还有道光壬午（二年，1822）刊本，为山阴杜氏藏板，知圣教斋雕本，半叶十行，行二十字。所见者为北京大学图书馆藏本，一函二册，上册为《杜工部年谱》二卷，卷上为赵子栎撰，卷下为鲁訔撰。前有周作人 1936 年题记云："今年偶从杭州得吾乡草藐桥杜氏所刻草堂年谱及诗话二册，特持赠耀辰兄，以备草堂文库中之一种耳。廿五年八月二十日，作人。"下有"知堂书记"钤记。下册为《杜工部草堂诗话》二卷，卷一下有"苦雨斋藏书印"、"徐祖正印"两方钤记。另有北京大学图书馆藏清抄本《杜工部草堂诗话》二卷，凡二册，半叶十一行，行十九字。卷一下有"王懿荣印"、"翰林供奉"两方钤记。瞿镛《铁琴铜剑楼藏书目录》载："《草堂诗话》二卷，旧抄本，宋蔡梦弼集录。梦弼注杜不传，惟传此本，世亦希有，此为曹通政寅藏书。"不知此本与北大抄本是否出同一版本。流传最广的当推丁福保辑、上海医学书局 1916 年印行的《历代诗话续编》本，1983 年中华书局又据此出版了点校本。《杜工部草堂诗话》所集录诸家评论杜诗之语，皆采自宋人诗话、语录、文集、说部，而所取惟葛立方《韵语阳秋》为多。《四库全书总目》称其"详赡"，认为远胜于方深道《诸家老杜诗评》，《四库全书简明目录》亦称其"颇足以资参考"。蔡梦弼自谓是书集录"名儒嘉话凡二百馀条"，但今存道光壬午刊本、方功惠碧琳琅馆刊本、黎庶昌《古逸丛书》本、丁福保《历代诗话续编》本，均系残本，只有八十馀条；而《四库全书》本、清抄本，则较以上诸本多出三十馀条。二本均不云有脱文，但仍不足二百条之数，不知何故？二本多出的三十馀条文字,很少有人注意到,一些研究杜诗的论著和文章,似乎都没有提及,而所引有为他书所未载者,弥足珍贵。今人张忠纲将是书汇入其《杜甫诗话六种校注》,且作了校注,颇便查检。

杜诗发微 一卷 [宋]杜旃撰

杜旃,字仲高,号癖斋。宋兰溪(今属浙江)人。陵仲子,与兄伯高、弟叔高、季高、幼高,俱博学工文,人称"金华五高"。兰溪,古属金华,故云。戴复古《杜仲高自鄂渚下仪真》诗云:"兄弟皆名士,文章动上台。"即指此。又《杜仲高高九万相会》诗云:"杜癖诗无敌,高髯画绝伦。"陈亮《复杜伯高书》云:"仲高之词,叔高之诗,皆入能品。"又与陆游、杨万里、辛弃疾、王炎、楼钥等交往。尝占湖漕举首。仲高癖杜,诗法老杜,古诗尤能得其浑灏委折之妙。著有《癖斋小集》、《杜诗发微》。

《杜诗发微》,一作《杜诗发挥》。已佚。《直斋书录解题》卷二二著录:"《杜诗发挥》一卷,金华杜旃仲高撰。"而明叶盛《菉竹堂书目》卷四《诗词集类》、《文渊阁书目》、清胡宗楙《金华经籍志》著录均作《杜诗发微》。据楼钥《答杜仲高书》云:"寄示新诗,快读降叹。《杜诗集注》等书恨未尽见。《发微》一编,诵之数过,卓乎高哉!贤父子真足以发少陵之微意,非浅识者所及。……《发微》如此者非一,末篇尤佳,叹诵不已。"王炎《与杜仲高书》亦云:"蒙放示《杜诗发微》,两日小愈,方得披玩,执事之于杜诗,如杜征南之于《左传》,颜秘监之于《班书》,用工既深,敬信亦笃。"则书名原作《杜诗发微》。周采泉《杜集书录·内编·辑评考订类三》云:"据楼书中所称,则此书应为《杜诗集注》,为旃父子(旃父名陵)所同撰。正如卞大亨、卞圜,黄希、黄鹤,以杜学世家也。至《发微》应为《集注》之一部分,正如蔡兴宗之《正异》,亦为全集之附录。后人以原书已佚,误以附录为别一书耳。"此说虽未尽的,但亦可参耳。

杜工部年谱　[宋]梁权道编

梁权道,生平无考。著有《杜工部年谱》。黄鹤注杜多引之,当为南宋中叶以前人。钱谦益《钱注杜诗·略例》云:"后之为年谱者,纪年系事,互相排缵,梁权道、黄鹤、鲁訔之徒,用以编次后先",仇兆鳌《杜诗详注》所作杜诗系年,时引梁氏之说,谓"梁权道编在某年"云云。惜今不传。

黄氏补千家集注杜工部诗史　三十六卷　[宋]黄希、黄鹤补注

黄希,字仲得,一字梦得,号师心。宋宜黄(今属江西)人。乾道二年(1166)进士。官终永新令,尝作春风堂于县治,杨万里为之作记。酷嗜杜诗,晚年作诗慕少陵句法,尝著《补注杜诗》。《(同治)宜黄县志·儒林传》有传。《宋诗纪事》辑其诗一首。黄鹤,字叔似,号牧隐。黄希之子。希著《补注杜诗》,未成而卒,鹤续成之,并撰年谱,即今流传之《黄氏补千家集注杜工部诗史》三十六卷。鹤有《北窗寓言集》,已佚。

晁公武《郡斋读书志》后赵希弁《附志》载:"《黄氏补千家集注杜工部诗史》三十六卷、外集二卷:右唐杜甫少陵之诗也。嘉定中,临川黄希梦得及其子鹤叔似所补也。外集上卷诗二十九首,下卷《祭远祖当阳君文》、《祭外祖祖母文》、《为阆州王史(使)君进论巴蜀安危表》、《东西两川说》,凡四篇,以《唐书》本传冠于前,而吕汲公年谱附于后云。""外集二卷",今传本俱不存;而"诗"二十九首,或是"文"之误,当即王洙《杜工部集记》所云"别录赋笔杂著二十九篇"。是本当为初刻。《天禄琳琅书

目》卷三著录云:"前载宋吴元集录'传序碑铭诗记',鹤自订甫《年谱辨疑》,并《集注杜诗姓氏》,有董居谊、吴文序。……杨万里曰:'梦得之学奄有古今,晚年作诗慕少陵句法,有《补注杜诗》,搜剔微隐,皆前人所未发。未成而卒,子鹤续成之,复为《年谱》,名曰《黄氏补注杜诗》。'是当日此书之成,已为名流所推重。其于诗之有关时事者,皆于题下注明,故谓之'诗史'。所引前人注皆各标名,而出于希、鹤父子之手者,亦书名别之。……松阳氏藏本,未详其人,内有红笔校正处,颇为精核。"袁克文《寒云手写所藏宋本提要》云:"《黄氏补千家注纪年杜工部诗史》三十六卷,宋刊,宋印,六册。……卷一次行标'前剑南节度参谋宣义郎检校尚书工部员外郎赐绯鱼袋杜甫撰',三行标'临川黄希梦得补注',四行标'临川黄鹤叔似补注'。半叶十一行,行十九字,注双行,行二十五字。线口,四周双阑,或左右双阑。鱼尾下标'杜诗'或'诗'。首宝庆二年丙戌(1226)富沙吴文跋,行书,半叶六行,行十五字。次宝庆二年董居谊序,行书,半叶六行,行十一字。次'传序碑铭',建安吴元景秀集录。次《集注姓氏》,次目录。宋讳或阙或不阙。无刻工姓名。藏印:'唫芬楼珍藏'、'浦祺之印'、'虞山毛晋'、'五砚楼袁氏考藏金石图书记'。《杜工部诗史》建本之绝精而罕见者,唯天禄藏有一部,惜经朱笔批抹圈点为可憎!纸色深黄,以宋黄罗纹纸为衣,得自满人景贤家。"潘宗周《宝礼堂宋本书录》著录:"每卷书名题《黄氏补千家集注杜工部诗史》,或于'注'字下增'纪年'二字,或以'诸儒'代'千家'二字,或省去'集'字。"《中国版刻图录》则云:"宋讳玄、朗、匡、筐、恒、祯、真、贞、徵、让、树、戎、桓、完、构、慎、敦等字缺笔,避讳至光宗嫌名止,确为南宋中叶所刊。"是书亦为宋刻著名杜集编年集注本,多采宋人注语,所列"集注姓氏"计有151家,较《分门集注杜工部诗》多出二人,即谢良佐与谢逸。共收杜诗1431首。黄鹤《年谱辨疑后序》云:“每诗再加考订,或因人以核其时,或搜地以校其迹,或摘句以辨其事,或即物以求其意。所谓千四百馀篇者,虽不敢谓尽知其详,亦庶几十得七八矣。”此书虽称补注,然其功力重在编年。全书以“年谱辨疑”为纲领,而于每诗题下考订作诗年月。其编年对后世影响极大,宋以后诸家注杜,多以黄氏编年为据。此书初刻于南宋中期,宋、元均有重刊本,然传世者甚少。今国家图书馆所藏宋刻本无《年谱辨疑》一卷,卷一配另一宋刻本。据叶绮莲《杜工部集关系书存佚考》载台湾“国立中央图书馆”著录一宋刻残本,存九卷八册,即目录一卷、卷四至七、卷十三、卷二十一至二十三,为宋嘉定壬午(1222)刊本。国家图书馆藏一元刊本,存卷一至二十九、三十二至三十六,有《年谱辨疑》一卷,而无《集注姓氏》。是书卷一首录《奉赠韦左丞丈三十韵》,“三十韵”,乃“二十二韵”之误。山东省博物馆藏有元至元二十四年(1287)詹光祖月崖书堂刻本,系1970年在山东省邹县(今邹城市)九龙山明鲁荒王朱檀墓出土,亦为稀世珍本。此本题《黄氏补千家注纪年杜工部诗史》,框高25.7厘米,宽19.6厘米,双栏,亦有上下单栏者,行格同宋刻,卷十七、三十二末有“武夷詹光祖至元丁亥重刊于月崖书堂”木记。此本较国图所藏宋刻本多《年谱辨疑》,而较国图所藏元刻本多《集注姓氏》。又有《四库全书》本,题作《补注杜诗》。又傅增湘《藏园群书经眼录·集部一·唐五代别集类》载一写本云:“旧写本,朱丝阑,九行二十一字。题‘临川黄希梦得补注’、‘临川黄鹤叔似补注’二行。卷中馆臣钩行改字甚多,粘有校签,盖四库馆抄书底本也。前有翰林院典籍厅关防。”《黄氏补注》载“鹤曰”共计1615条,载“希曰”共计676条。

侯氏少陵诗注 [宋]侯仲震撰

侯仲震,字伯修,号节斋。宋眉山(今属四川)人。绍熙元年(1190)进士。官至绵州太守。有《侯氏少陵诗注》,魏了翁特为作《侯氏少陵诗注序》云:"眉山侯伯修,予尝与之为寮,闻其雅善子美诗,为之笺释,而未之见,其子伯升始求予序所以作。阅其书,盖出乎诸家笺释之后,而兼善并能,蔽以己见,子美至是,若庶几无遗憾矣。"(《鹤山集》卷五五)晁瑮《宝文堂书目》著录《侯节斋杜诗解》,杨士奇《文渊阁书目》著录:"《杜诗节斋解》一部,十二册。"殆即此书。已佚。

杜诗补注 [宋]刘弥邵撰

刘弥邵(1165—1246),字寿翁,号习静。宋莆田(今属福建)人。名儒夙之子。中岁弃科举,闭门著书,有《易稿》、《汉考》、《读书日记》。又有《杜诗补注》,《(道光)福建通志·经籍志》著录。惜今不存。

杜诗注 [宋]洪咨夔注

洪咨夔(1176—1236),字舜俞,号平斋。宋临安於潜(今浙江临安西)人。嘉定二年(1209)进士,授如皋主簿,寻试为饶州教授。崔与之帅成都,授咨夔籍田令、通判成都府,寻知龙州。还朝历秘书郎,金部、考功、礼部员外郎,迁监察御史、殿中侍御史、中书舍人、吏部侍郎兼给事中,进刑部尚书,拜翰林学士、知制诰,加端明殿学士。卒,谥文忠。《宋史》有传。著有《春秋说》、《平斋文集》。又有《杜诗注》,《(康熙)於潜县志·艺文志》、《(乾隆)浙江通志》引《(成化)杭州府志》、《(光绪)杭州府志·艺文志》均予著录。不知卷数。已佚。

集杜诗 [宋]陈某集

真德秀《跋徐干陈君〈集杜诗〉》云："尹和靖论读书法，必欲耳顺心得，如诵己言。陈君之于杜诗，可谓耳顺心得矣。学者能用君此法以读吾圣人之经，则所谓取之左右逢其原者，不难到也。"(《西山文集》卷三六)惜书已佚。

诗史字韵 四十卷 [宋]徐某撰

宋魏了翁《古郫徐君〈诗史字韵〉序》云："今古郫徐君乃取杜少陵诗史，分韵摘句，为《韵学》(当为《字韵》)四十卷，其于唱酬，似不为无助矣。……君介余同官王季安请叙所以作，敢以是复之。"(《鹤山集》卷五二)是书不见公私书目著录，已佚。

杜诗解 [宋]陈正己撰

陈正己，字思立。宋仙游(今属福建)人。嘉定间五荐于乡，与王迈齐名。曾向朱熹问学，吕祖谦、陆九渊均有与陈正己书。著有《离骚解》、《杜诗解》。《(乾隆)仙游县志·艺文志》、《(道光)福建通志·经籍志》均予著录。已佚。

十二先生诗宗集韵 二十卷 [宋]裴良甫编

裴良甫，字师圣。宋绛县(今属山西)人。馀不详。有《十二先生诗宗集韵》，一作《诗宗集韵》。二十卷。已佚。《郡斋读书志》赵希弁《附志》、《四库全书总目》、《续通志》、《续文献通考》、清蒋光煦《东湖丛记》均著录。瞿镛《铁琴铜剑楼藏书目录》载："《十二先生诗宗集韵》二十卷。宋刊本。题绛人裴良甫编并序。十二先生者，谓杜文贞(甫)、李青莲(白)、高常侍(适)、韩文公(愈)、柳柳州(宗元)、孟贞曜(郊)、欧阳文忠(修)、曾文定(巩)、苏文忠(轼)、王荆公(安石)、黄文节(庭坚)、陈后山(师道)也。按《礼部韵》,每韵字下,分载其诗句,采摭颇详。古人押韵意匠可参观而得。书中遇宋讳,或易字,或减笔。每半叶十行,行二十三字。旧为明四明袁氏藏书(卷首有尚宝少卿袁氏忠彻印朱记)。”杨绍和《楹书隅录》亦著录此书,但未署著者,其云:“宋本《十二先生诗宗集韵》,二十卷,十六册。每半叶十行,行大小相间,十六字至二十三字不等。上平声改二十一殷为欣,二十六桓为欢,盖用宋《礼部韵》,标目避御讳也。有陈氏文重、松郡朱氏、朱氏秘籍、少司成印、熊祥阁印、经术堂印、遗可轩、文石史印各印记。”与瞿氏所藏殆非一本。

张即之书杜诗　[宋]张即之书

张即之(1186—1266),字温夫,自号樗寮道人。宋和州(今安徽和县)人。以父恩授承务郎。历监平江府粮料院、乌程丞,通判扬州,改镇江,又改嘉兴。历将作监簿,军器监丞,司农寺丞。以直秘阁致仕。著有《樗寮集》。《宋史》有传。

即之以能书闻天下,工行、楷,尤擅榜书,金人尤宝其翰墨。今存其书杜甫《紫宸殿退朝口号》、《赠献纳使起居田舍人澄》二首七律,为行楷大字,风格苍秀,大气盎然,自成一体,前人誉其“有乘风破浪气象”。是卷纸本,纵 34.7 厘米,横 1271.7 厘米。末署“淳祐十年(1250)八月下浣,樗寮时年六十五写。”卷后有翁方纲、吴荣光等人跋,杨能格、王堃、赵之谦等人题记。这是一件书法艺术珍品,对研究杜诗在宋代的传播以及南宋士人喜好杜诗的风尚,亦有一定参考价值。是卷藏上海博物馆,1964 年由北京文物出版社影印出版,1977 年香港书谱社再版,收入《书谱丛帖》第三辑(9)。

杜诗补注　[宋]陈禹锡注

陈禹锡,宋莆田(今属福建)人。郡博士。与刘克庄同时而年辈稍晚。宋胡仲弓《问陈禹锡太博病》云:"遣病无他嘱,加餐诵杜诗。"(《苇杭漫游稿》卷三)当即此人。

禹锡有《杜诗补注》,一名《史注诗史》。已佚。此书公私书目未见著录。刘克庄《跋陈教授〈杜诗补注〉》云:"杜氏《左传》、李氏《文选》、颜氏《班史》、赵氏《杜诗》,几于无可恨矣。然一说孤行,百家尽扫,则世俗随声接响之过。善观书者不然。郡博士陈君禹锡示余《杜诗补注》,单字半句,必穿穴其所本。又善原杜诗之意,赵注未善,不苟同矣;旧注已善,不轻废也。……若字字引出处,句句笺意义,殆类图像罔而雕虚空矣。予谓果欲律以经典,裁以义理,虽杜语意未安,亦盍商确,况赵氏。"(《后村先生大全集》卷一百)《再跋陈禹锡〈杜诗补注〉》云:"顷年读禹锡《杜诗补注》,凡余意有所未喻而未及与君商确者,后十馀年禹锡示余近本,视前编划削窜走十之七八,或尽改之。偶有一新意,得一新义,则又改之而未已。人皆疑君之说新而多变,余独贺君之学进而未止也。盖杜公歌不过唐事,他人引群书笺释,多不咏着题。禹锡专以新旧唐史为案,诗史为断,故自题其书曰《史注诗史》。此其所以尤异于诸家欤?然新旧史皆舛杂,或采摭小说杂记,不必皆实,前辈辨之甚详。而禹锡于三家书研寻补缀,必欲史与诗无一事不合,至于年月日时,亦下操作数,使之归吾说而后已。……然杜公所以光焰万丈,照耀古今,在于流离颠沛,不忘君父。禹锡于此等处,尤形容发越得出。使子美亲出来说,不过如是。"(同上卷一百六)观此,则知陈氏斟酌取舍旧注,而重在辨正赵次公注,以十馀年之功几经改易而终成此书,不惟长于以史证诗,尤能"善原杜诗之意",当为宋人注杜之善者,惜今不传。

杜诗注 [宋]高子凤注

高子凤,字仪甫,别号澹庵。宋华亭(今上海松江)人。约生活于宁宗时期。有《澹庵集》。尝注杜诗,有《杜诗注》,林希逸曾为序。已佚。《宋诗纪事》卷六十五载:"(高子凤)尝注杜诗,林竹溪(希逸)为序。"《(光绪)松江府志·艺文志》著录。

杜诗九发 [宋]吴泾撰

吴泾,号苹门。宋莆田(今属福建)人。约生活于理宗时。馀不详。有《杜诗九发》,已佚。李昴英《吴苹门〈杜诗九发〉序》云:"草堂诗名辈商评尽矣!反复备论为一书者盖鲜。莆田吴君泾思覃句中,意索言外,寻音响,溯脉络,举纲目,工部胸襟气象模写曲尽,皆前人所未到。馀味之隽永,深叹其用功之精。户掾余君得稿,维桑捐金锓梓。盖深于杜诗者谓是编不可无也。足未万里途,不读万卷书,莫读杜诗,信哉!"(《文溪集》卷三)郭绍虞《宋诗话考》下卷论此书云:"宋时论杜之诗话,大都汇萃旧说,求其自发胸臆,成为专著者,当以是书为嚆矢矣。"

杜诗章旨 六卷 [宋]江心宇撰

江心宇,字虚白,号天多。宋婺源(今属江西)人。咸淳中,著《杜诗章旨》,一作《杜诗章指》。六卷。已佚。《宋诗纪事补遗》、《(光绪)徽州府志·艺文志》著录。

集千家注分类杜工部诗 二十五卷 署[宋]徐居仁编次、黄鹤补注

徐居仁,生平简介见前《门类杜诗》条。陈振孙《直斋书录解题》卷十九著录:"《门类杜诗》二十五卷,称东莱徐宅居仁编次,未详何人。"《门类杜诗》今已不存。洪业认为《分门集注杜

工部诗》即参酌徐本改编而成。今天我们所看到的本子,是署为"东莱徐居仁编次、临川黄鹤补注"的《集千家注分类杜工部诗》二十五卷。此书乃后人以徐居仁《门类杜诗》为底本,编入黄鹤注及文天祥、谢枋得、刘辰翁等人评语而成。它的一个显著特点就是把全部杜诗分为七十二门。其注释,除黄氏父子及文、谢、刘等评语外,亦与《分门集注杜工部诗》相近。可知此书乃采撷诸家拼凑而成的坊刻本,然是书大行于元、明两代,版刻甚多,流布颇广,乃至日本国亦有覆刻本行世,可见当时影响之大。入清以后,杜诗研究更趋深入,分类一门渐不为人所重,此书之影响亦渐衰,故无重刻。据日本岛田翰《古文旧书考》卷二《宋椠本考》云:"御府储藏旧刊覆宋本,题《集千家注分类杜工部诗》,署东莱徐居仁编。其书虽不过残本十五卷,惟其体例则可考。据其所载注文,盖从《千家注》本所录出也。御府又收一通,盖元皇庆壬子(1312)刻本,而分卷二十五,亦题东莱徐居仁编次、临川黄鹤补注。而先大夫所获,则宋绍定辛卯(1231)婺州刻本。其分卷题署并与御府元本同。……秘府元皇庆壬子余志安勤有堂刻二十五卷本,所引彦辅以下增入极多,加迄刘辰翁,是宋末重雕时所搀入。皇庆刻本即据此,故刘辰翁名上题曰'时贤',是不啻失徐氏之旧,又已非黄氏之旧矣。……宋椠本缺首尾序跋,首有目录,次集注姓氏,目录末有'绍定辛卯赵氏素心斋镂刻施行'十三字。题'集千家注分类杜工部诗卷之一',次行'东莱徐居仁编次、临川黄鹤补注'二行联署,次行'纪行上'三字,又次行'古诗四十首'五字,又次行'北征'二字,以下记注文。左右双边,半板界长七寸一分,幅五寸五厘,十二行为半板,行则二十一字,小字双行二十五六字。楮墨极精,尤为可喜。秘府元椠凡七八通,其二十五卷本则一通而已。首有传序碑铭、诗门类目录、集注姓氏及年谱,体式略与宋本同。目录后记皇庆壬子勤有堂。卷尾有'皇庆壬子余子安刊于勤有堂'木记。"此是该书流传日本的情况。赵氏素心斋婺州翻刻本,刻于宋绍定四年(1231),则初刻当在嘉泰、嘉定(1201—1224)间。此本今国内不传。日本尚有北朝永和二年(明洪武九年,1376)京都法印永喜覆勤有堂本,原刊记、翻刻记均存,为日本刊五山板之最早杜集版本。国内今存最早刻本为元皇庆元年(1312)建安余氏勤有堂刻本,无文集;又有元叶氏广勤堂刻本,增附文集二卷,实即余氏勤有堂本之修补重印本;元积庆堂刻本,存二十三卷(卷一至五、八至二十五);元刻本,存十一卷(卷三至九、十八至十九、二十四至二十五),门类目录配皇庆元年建安余氏勤有堂刻本;元至正七年(1347)潘屏山圭山书院刻本;麻沙小字本,是本附录、年谱俱不载;又有明正德十四年(1519)汪谅金台书院刻本及嘉靖元年(1522)重修本;明正德十四年汪谅金台书院刻嘉靖元年重修公文纸印本(卷二、二十三至二十五、年谱配清抄本);明抄本,存十一卷(一至三、五至九、十一至十二、文集四);1974年台湾大通书局据元皇庆元年建安余氏勤有堂刊元末叶氏广勤堂印本影印《杜诗丛刊》本。该本首载"传序碑铭",所列姓氏、次序与《黄氏补千家集注杜工部诗史》全同,后有"广勤书堂新刊"木记;次总目录,次"集注姓氏",次"门类"目录,后有"三峰书舍"钟式木记、"广勤堂"炉式木记;次黄鹤撰"年谱",无鹤"后序";次诗二十五卷。是书所列"集注姓氏"共156家,较《黄氏补千家集注杜工部诗史》多出五人,又合赵次公与赵彦材、李希声与李錞、林敏修与林子来各为一人,实则多出八人,即杨蟠、洪兴祖、蔡梦弼、黄希、黄鹤、文天祥、谢枋得、刘辰翁;将汪端本改正作江端本;苏养直、张天觉、曾公衮三人均有名有字等,纠误颇多,均较《分门集注》与《黄氏补注》为胜。其杜诗门类,与《分门集注杜工部诗》相较,虽分类数相等,然其序次、门类标题却不尽相同。依次为:纪行、述怀、怀古、古迹、时事、边塞、将帅、军旅、宫殿、宫词、省宇、陵庙、居室、邻里、田圃、皇族、世胄、宗族、婚姻、外族、仙道、隐逸、释老、寺观、四时、节序、昼夜、梦、月、星河、雨雪、云雷、山岳、江河、陂池、溪潭、都邑、楼阁、眺望、亭榭、园林、果实、池沼、舟楫、梁桥、燕饮、文章、书画、音乐、器用、食物、鸟、兽、虫、鱼、花、草、竹、木、投赠、简寄、怀旧、寻访、酬答、惠贶、送别、庆贺、伤悼、杂赋、绝句、歌、行。无千秋节、寄题、疾病三类。

批点子美诗 [宋]谢枋得撰

谢枋得(1226—1289),字君直,号叠山。宋信州弋阳(今属江西)人。宝祐四年(1256)与文天祥同举进士。除抚州司户参军,即弃去。明年复出,试教官,中兼经科,除教授建宁府,未上,吴潜辟为宣抚司干办公事。寻应试建康,忤贾似道,谪居兴国军。后放归,以江东提刑、江西招谕使知信州。抗元兵败,乃变姓名,弃家入闽。宋亡不仕,强送至大都(今北京),绝食死。门人私谥文节。李源道撰《文节先生谢公神道碑》。《宋史》有传。枋得诗文俱佳,著有《叠山集》、《文章轨范》、《诗传注疏》等。

谢氏为宋末抗元义士,倡导志节,故对杜甫其人其诗甚为崇仰。《代上杜按察三首》其三云:“万物宁无吐气时,平生爱诵杜陵诗。”《重刊苏文忠公诗序》云:“唐人诵杜子美诗,必怜其忠。”《集千家注分类杜工部诗》卷首《集注杜工部诗姓氏》载:“广信谢氏枋得,字君直,《批点子美诗》。”广信,即信州。《批点子美诗》,不见诸家著录,亦未见传本。

集千家注批点杜工部诗集 二十卷 [宋]刘辰翁批

点,[元]高楚芳编辑

刘辰翁(1232—1297),字会孟,号须溪。宋吉州庐陵(今江西吉安)人。补太学生。景定三年(1262)进士。以亲老请为濂溪书院山长。后入江万里幕。咸淳元年(1265),为临安府教授。四年,入江东转运司幕。五年,为中书省架阁。宋亡,不仕。有《须溪集》。《新元史》有传。须溪善诗词,又喜批选旧籍,其评点唐宋名家集,尤为著名。今传《集千家注批点杜工部诗集》,流传颇广,影响颇大。其《读杜拾遗〈百忧集行〉有感》云:"我亦一饭不忘君,文人相轻所不及。伤哉白首杜拾遗,入蜀还秦劳辙迹。文章盖世亦何为,妻子相看百忧集。"又有《题刘玉田〈选杜诗〉》、《题宋同野〈编杜诗〉》二文。刘辰翁对杜诗的评论源于对杜诗的悉心体验,他的文学创作亦深受杜诗的影响。刘氏在评论、评点、学习杜诗上所作出的贡献,使他成为宋末杜诗研究的一大家。

高崇兰(1255—1308),字楚芳。吉州庐陵(今江西吉安)人。刘辰翁门人,为题辰翁墓。又编辑《集千家注批点杜工部诗集》二十卷,辰翁子将孙《高楚芳墓志铭》谓其"聚佳士,校杜诗注刻本如日课",即指此。

杨守敬《日本访书志》载:"《集千家注杜诗》二十卷、文集二卷,元椠元印本。首有元大德癸卯刘将孙序;次目录,前题'须溪先生刘会孟评点';次附录及各家序跋;又'须溪总论';次'年谱'。以下唯卷一题'会孟评点'(按:文集卷一亦有此题),馀卷并无之。据将孙序知此本为高楚芳所编,盖楚芳删次各家之注,而附以会孟之评点也。其诗亦分类(当作"年")编次,而与鲁訔、黄鹤本,皆不尽合。"刘将孙序云:"先君子须溪先生每浩叹学诗者各自为宗,无能读杜诗者,类尊丘垤而恶睹昆仑。平生屡看杜集,既选为《兴观》,他评泊尚多,批点皆各有意,非但谓其佳而已。高楚芳类萃刻之,复删旧注无稽者、泛滥者,特存精确必不可无者,求为序以传。……楚芳于是注,用力勤,去取当,校正审,贤他本草草藉吾家名以欺者甚远。"继宋人集注杜诗、编年杜诗、分类杜诗之后,刘辰翁实开评点杜诗之先,所评点极简要,多泛论空议,然亦不乏真知灼见,一语中的者。其注释,则多取蔡梦弼《草堂诗笺》、黄鹤《补注杜诗》,删繁就简,去伪存真,一改旧注冗繁复沓之弊,令人易读易解。所添宋人诗话笔记之材料,虽为数不多,亦为是书增色不少。是书元、明、清各代翻刻甚多,达三十馀种。有元大德七年(1303)原刻本,二十卷,无文集,首有"须溪先生刘会孟评点"一行,并有"须溪刘氏"、"将孙"等印,半页十一行,行二十二字;元至大元年(1308)云衢会文堂校刻本,诗集二十卷,文集二卷,附录一卷,目录末有"云衢会文堂戊申孟冬刊"木记,半页十四行,行二十四字;元刻八行本,二十卷,此本始附年谱,半页八行,行十八字;元至元三年(1337)重刻蜀大字本,二十卷,间有明配抄,半页八行,行十八字;元刻十二行本,半页十二行,行二十二字,涂抹满纸,显为坊刻本;元刻九行本,存十八卷,半页九行,行十八字,小字双行同;元刻建阳小字本,诗集二十卷,文集二卷,有年谱,附录志传序跋;元刻十三行本,半页十三行,行二十二字;元刻十四行本,二十卷,文集二卷,存卷一至十二,书首有陈恒安跋,半页十四行,行二十五字;元刻十行本,首有刘将孙序,次《杜工部年谱》一卷,目录一卷,诗二十卷,半页十行,行十六字,小字双行同;元明间刻本,书名《集千家注批点补遗杜工部诗集》,二十卷,附录、年谱各一卷,半页十行,行二十三字,书末有"书林后学詹以乐誊录"一行。明刻本更多,其中流传最广、影响较大的有玉几山人刊本、明易山人刊本、许自昌刊本、金鸾刊本、黄升刊本,以及1974年台湾大通书局据明嘉靖八年(1529)靖江王府刊本影印

《杜诗丛刊》本。清代主要有《四库全书》本等。此书流传日本、朝鲜，刻本亦很多。朝鲜刻本，书名多作《纂注分类杜诗》，二十五卷，分类与徐居仁编《集千家注分类杜工部诗》同，注释则略有删减。仅《韩国所藏中国汉籍总目》著录者，即多达六七十种，有木版本、丙子字本、甲寅字本、甲辰字本、戊申字本、己卯字本、训监字本、仿甲寅字体训练都监字本等，此外尚有朝鲜大铜活字印本，大都相当于我国明嘉靖、万历间刊本，且多为残本。刘辰翁批点本，流传刊刻情况比较复杂，其名称、卷数，亦不尽相同。约有《集千家注批点补遗杜工部诗集》、《须溪批点杜工部诗注》、《须溪评点选注杜工部集》、《集千家注杜工部诗集》、《重刊千家注杜诗全集》、《集千家注杜诗》、《纂注分类杜诗》、《刘须溪杜选》、《杜子美诗集》、《杜工部诗集》等名称。另有元元贞元年(1295)刻本《须溪批点选注杜工部诗》，二十二卷，系彭镜溪集注，有罗履泰序，卢纶后序。此本为彭镜溪所辑录之刘批，其书之校刻，距刘辰翁殁尚早一二年，与高楚芳本不是一个系统。

须溪批点选注杜工部诗　[宋]刘辰翁批点，彭镜溪集注

彭镜溪，生平事迹不详。该书简介见上《集千家注批点杜工部诗集》条。

文信公集杜诗　四卷　[宋]文天祥集

文天祥(1236—1283)，初名云孙，字天祥，以字贡于乡，改字履善，又字宋端，号文山。宋吉州吉水(今属江西)人。宝祐四年(1256)进士第一。后任军器监兼权直学士院，忤贾似道，被劾罢。起为湖南提刑，改知赣州。德祐元年(1275)，元军东

下,应诏勤王。次年,任右丞相兼枢密使,诣元军议和被拘,至镇江脱逃,泛海至温州。端宗即位,复任右丞相兼枢密使,都督诸路军马。后加少保,封信国公。故世称"文信公"。祥兴元年(1278)十二月,在五坡岭(今广东海丰北)被俘。坚拒元将张弘范诱降,被送至大都(今北京),囚禁三年,誓死不屈。在狱中作《集杜诗》二百首,借集杜诗以纪时事,而抒忧国之怀与亡国之痛,被誉为"诗史"。临刑作《正气歌》以明志。后谥忠烈。《宋史》有传。著作经后人辑为《文山先生全集》。文天祥为我国著名民族英雄,他的思想和创作深受杜甫的影响。他的学杜,不是形式上的追求,而是学杜诗的精髓,学杜甫的为人,学杜甫的爱国精神,学杜甫崇高的思想境界。

《集杜诗》作于元世祖至元十七年(1280),乃其被囚元大都狱中之次年。《四库全书总目·集部·别集类一七》著录云:"《文信公集杜诗》四卷,一名《文山诗史》。……诗凡二百篇,皆五言二韵,专集杜句而成。每篇之首,悉有标目次第,而题下叙次时事,于国家沦丧之由,生平阅历之境及忠臣义士之周旋患难者,一一详志其实,颠末粲然,不愧'诗史'之目。"文天祥《集杜诗·自序》云:"余坐幽燕狱中,无所为,诵杜诗稍习。诸所感兴,因其五言,集为绝句。久之,得二百首。凡吾意所欲言者,子美先为代言之。日玩之不置,但觉为吾诗,忘其为子美诗也。乃知子美非能自为诗。诗句自是人情性中语,烦子美道耳。子美于吾隔数百年,而其言语为吾用,非情性同哉!昔人评杜诗为'诗史',盖以其咏歌之辞,寓纪载之实,而抑扬褒贬之意,灿然于其中,虽谓之史可也。予所集杜诗,自余颠沛以来,世变人事,概见于此矣。是非有意于为诗者也,后之良史,尚庶几有考焉。"其后又有"壬午(1282)正月"自跋云:"是编作于前年,不自意流落馀生,至今不得死也。斯文固存,天将谁属?呜呼!非千载心,不足以语此。”此书版本不一,书名不同,卷数亦不同。明成化二十年(1484)温州刻本,题《宋少保右丞相文信国公集杜诗》,四卷;清初影抄成化温州刊本,题《文山集杜诗》,而版心中缝署《集杜诗史》,二卷,不著影抄人姓名。此本有李一氓跋语云:“杭州王氏九峰旧庐藏书散出,一九五六年夏得于都门。原刊本未见;见北京图书馆藏天顺二年(1458)江西吉州刊本,文珊(廷佩)印行,半叶十八行,行十六字,有永新刘定之(主静)序,李贤序及徐辅后序。盖文氏借刘氏抄本镌刻者。本书杨守址后序又谓有湖南刊本。予别见一本,有季振宜藏书印刻入板侧,拟似以元本(?)复刊者。各本均不易得,得影抄本亦足珍矣。此虽文集,然实杜诗。”又有王云五主编《四库全书珍本八集》本,不分卷,前有王伟序、刘定之序。又《铁琴铜剑楼藏书目录》卷二十一著录:“《文信公集杜句诗》,四卷,明刊本。宋文天祥撰并序,宗孙禾川文珊录刊。凡二百首,一名《文山诗史》,后附张庆之《集杜句咏丞相诗》一卷。有刘定之、张庆之、徐辅序。”

杜诗句解　[宋]刘应登撰

刘应登,字尧咨,号耘庐。宋安福(今属江西)人。景定间漕贡进士。宋社将危,隐居不仕。入元,曾刊《世说新语》。著有《耘庐集》、《诗经训注》等。《宋史翼》有传。

刘氏又有《杜诗句解》,已佚。《续文献通考·经籍考》、清倪灿《补宋史艺文志》、《(雍正)江西通志·人物志》均著录。

选杜诗　[宋]刘玉田选

刘玉田,字玉孙,号玉笥道人。宋末元初人。罗公升《沧洲集》有《送刘玉田道判归山》诗(见《宋百家诗存》卷四十)。与刘辰翁同时。有《选杜诗》。刘辰翁《题刘玉田〈选杜诗〉》云："天下能读杜诗者几人,而玉笥道人刘玉孙集妙句多悟解,如此,甚未易得也。予评唐宋诸家,类反覆作者深意,跋涉何限,吾儿独取其间或一二句可举者,录为《兴观集》。然概得其散碎简径选语,若上下极论,长篇大意,与诸作互见,不止此。盖此编与吾所选多出入。"(《须溪集》卷六)观此,《选杜诗》当非白文本,而有简要评语也。惜不存,无从窥其全貌。

编杜诗　[宋]宋同野编

宋同野,宋末元初人。生平不详。与刘辰翁同时。有《编杜诗》。刘辰翁《题宋同野〈编杜诗〉》云:"杜子美年四十五,自鄜陷贼半年;明年自拔,取拾遗,扈从还京;又明年,始外补;又明年,始弃官入秦。自是流落,辗转凡三迁。……同野宋君避逃兵间,手抄杜诗离乱者百七十馀首为一编。古今诗愁,亦未有其比。然十四五年所作,亦岂无开口而笑者,晚生后死,瞻望慨然。"(《须溪集》卷六)据此,则宋氏乃选杜甫离乱诗170馀首而成此编,亦是同病相怜,感同身受之所为作也。

杜诗句外　[宋]曾季辅撰

曾季辅,号北山子。宋新淦(今江西清江)人。生平事迹不详。与文天祥同时。著有《杜诗句外》,公私书目均未著录。已佚。文天祥《新淦曾季辅〈杜诗句外〉序》云:"杜诗旧本病于篇章之杂出,诸家注释,人为异同。淦北山子曾季辅平生嗜好于少陵最笃,编其诗,仿《文选》体,歌、行、律、绝,各为一门,而纷纷注释,自以意为去取。意之所合,列于本文下方,如《东莱诗纪》例,而总目之曰《少陵句外》。予受而读其凡,盖甚爱之。既录其副,则复慨然曰:世人为书,务出新说,以不蹈袭为高,然天下之能言众矣，出乎千载之上，生乎百世之下，至理则止矣。虚其心以观天下之善，凡为吾用，皆吾物也。是意也，东莱意也，而北山子得之。观舞剑而悟字法，因解牛而知养生，予也受教于北山子矣。”（《文山集》卷一三）据此可知，曾书乃斟酌诸家旧注，断以己意，分体编次，注于句下，故曰“句外”。

集杜诗　一卷　[宋]张庆之撰

张庆之，字子善，吴（今江苏苏州）人。其祖以武职入官，从建康徙吴。庆之少有志操，为举子业，逮长，弃不习。出入经史百氏，精思积年，拟《太玄》作《测灵》，又撰《孔孟衍语》。绝意仕进，好为山水之游，著《虎丘赋》，因号海峰野逸。仿五柳先生作《海峰遗民传》，以伯夷、蒋诩、陶潜、司空图自况。且谓沉冥似海，峻厉似峰，时人尚其狷介。初，文天祥知平江，庆之齿诸生之列，洎国亡，集杜诗，备述天祥平生大节，人多义之。有《海峰文编》三卷、《老子注》、《续胡曾咏史诗》等。《宋史翼》有传。

又有《集杜诗》一卷，《姑苏志·人物十三·儒林》著录。又《铁琴铜剑楼藏书目录》卷二十一著录：“《文信公集杜句诗》，四卷，明刊本。宋文天祥撰并序，宗孙禾川文珊录刊。凡二百首，一名《文山诗史》，后附张庆之《集杜句咏丞相诗》一卷。有刘定之、张庆之、徐辅序。”

注杜诗　[宋]吴渭撰

吴渭，字清翁，号潜斋。浦江（今属浙江）人。曾官义乌令。宋亡不仕，立月泉吟社，并辑其社中诸人诗为《月泉吟社诗》一卷。又有《注杜诗》，已佚。黄虞稷《千顷堂书目》著录。

二十家注杜甫集　二十卷　[宋]阙名集注并校刻

《述古堂藏书目》卷二著录:"《二十家注杜甫集》,二十卷,十本(宋板)。"《虞山钱遵王藏书目录汇编》卷七《集部·诗集》著录:"《二十家注杜诗》,二十卷(述诗集《二十家注杜甫集》,二十卷,十本,宋板。《宋板书目》作《二十家注杜甫诗集》,二十卷,十本)。"今已佚。

杜诗集注　一卷　[宋]阙名集注

陈揆《稽瑞楼书目》著录:"《杜诗集注》,一卷,宋刻残本,一册。"已佚。

杜诗独得　八卷　[宋]阙名撰

钱谦益《绛云楼书目》著录,列在元版各书之前,疑为宋刻。未见其它史志、书目著录。已佚。

续注子美诗　题[宋]杜修可撰

《分门集注》、《黄氏补注》、《分类杜诗》卷首"集注姓氏"云:"城南杜氏修可,《续注子美诗》。"据考,宋代实无其人。乃是坊贾以杜田注和赵次公注及其它一些注拼合出来的一个人物。详蔡锦芳《杜修可考》(《杜甫研究学刊》1997 年第 4 期)。

三、金元编

杜诗学 一卷 [金]元好问撰

元好问(1190—1257),字裕之,号遗山。金太原秀容(今山西忻州)人。七岁能诗,年二十下太行、过黄河,作《箕山》、《琴台》等诗,礼部尚书赵秉文见而称之,以为近代无此作,于是名震京师。宣宗兴定五年(1221)进士。历内乡令,正大中,为南阳令。天兴初,擢尚书省掾,顷之,除左司都事,转行尚书省左司员外郎。金亡不仕,惟以著作为己任。收集金二百四十九人之诗词,编成《中州集》,且各附小传以存史。其为文备众体,诗多兴亡之感,尤为奇崛。另著有《遗山集》、《续夷坚志》、《唐诗鼓吹》等。《金史》有传。时人郝经谓其诗"上薄风雅,中规李杜,粹然一出于正"(《遗山先生墓铭》)。徐世龙说他"诗祖李杜,律切精深而有豪放迈往之气"(《遗山先生集序》)。

明杨士奇《文渊阁书目》著录:"《杜诗学》,一部三册。"未标作者。清黄虞稷《千顷堂书目》著录:"金元好问《杜诗学》一卷。"其书已亡佚。元好问《杜诗学引》云:"录先君子所教与闻之师友之间者为一书,名曰《杜诗学》。子美之传志、年谱,及唐以来论子美者在焉。"则已佚的《杜诗学》应包括前人(唐、北宋以来)、时人(元好问之父、师、友等)对杜甫其人其诗的评价,及杜甫的生平资料。詹杭伦、沈时蓉《元好问的杜诗学》(《杜甫研究学刊》1990年4期)据以指出元好问的杜诗学,是以杜诗辑注之学为其根柢,以杜诗谱志之学为其线索,以唐、宋、金诸家论杜为其参照,确实是一部博综群言、体例完备的杜诗学专著。立足于元好问的时代,这样一部《杜诗学》可以说已涵盖了其中的重要元素。而“杜诗学”概念的明确提出,更成为杜诗学史上的一个重要的理性标记(参见许总《金元杜诗学探析》,见其《杜诗学发微》),其深远意义自是不言而喻。《杜诗学引》一文,也包含了深刻的杜诗学内容。其首曰:“杜诗注六七十家,发明隐奥,不可谓无功。至于凿空架虚,旁引曲证,鳞杂米盐,反为芜累者亦多矣。要之,蜀人赵次公作《证误》,所得颇多;托名于东坡者为最妄,非托名者之过,传之者过也。”宋人注杜,盛极一时,成就斐然,赵次公注乃其中最精者。但宋人好逞博炫奇,空虚杂乱之语充斥其间,尤其坊贾作伪,又为后人留下诸多麻烦,“伪苏注”是其中最为误人者。元好问了了数语,便将宋人注杜的功过优劣指点明白,显示出他对整个杜诗学的宏观把握。《杜诗学引》最为精到的阐释是对杜甫学者型诗歌的理解:“窃尝谓子美之妙,释氏所谓‘学至于无学’者耳。……故谓杜诗为无一字无来处亦可也,谓不从古人中来亦可也。”杜诗向以“无一字无来处”,集古今之大成著称,博取善学最是杜甫特色。杜甫“读书破万卷,下笔如有神”正可作为“学至于无学”的注脚。元好问在指出杜诗这个最主要的特长后,先用一系列的比喻赞美杜诗达到的高妙境界,又以药剂为喻,药能指名,合而为剂,则不复可名,杜诗化用古人亦已达此难分彼此的境界。又论杜诗用典之冥合无迹,一片天机:“前人论子美用故事,有著盐水中之喻,固善矣;但未知九方皋之相马,得天机于灭没存亡之间,物色牝牡,人所共知者为可略耳。”元好问还极力反对比兴附会之说,

《引》末云:“先东岩君有言,近世唯山谷最知子美,以为今人读杜诗,至谓草木虫鱼皆有比兴,如试世间商度隐语然者,此最学者之病。”好言比兴是整个杜诗学史上除之不尽的痼疾,元好问借黄庭坚之言表达了自己的观点。

杜甫游春 [金]阙名撰

金院本。元陶宗仪《辍耕录》卷二五著录。

重雕老杜诗史押韵 现存八卷 [元]阙名撰

元初刻本,仅湖南省图书馆藏有八卷残本,原卷数不明,卷次俱被书贾挖去。今存韵编杜诗者,当以此本为最古,实为罕见之孤本。半页十四行,行二十五字,白口,左右双边。共77页,分订上下两册,存49韵目,收1071字。书前有清著名藏书家黄丕烈题记云:“此《重雕老杜诗史押韵》二册,计八卷,共七十七叶,士礼居为之重装而复其旧名者也。初书友某于苕溪某书贾家乱书堆中获此,知为宋椠,因检出归余。首尾零乱,但存散片,于每卷前标题‘重雕老杜诗史’,下俱剜去,后亦如之,兹复旧名为‘押韵’者,因卷中版心间有‘押韵’字样,知是书旧名必如是,特欲去不全之卷第,故并此去之耳。此书世不经见,即自来藏书家鲜有著录者,虽非必不可少之书,然前人著述湮没不传,急当表白,而宋椠流传尤宜珍惜。窃谓《回溪史韵》仅系抄本,苟得残卷,亦且加诸题识,视为宝书,此书独不可援以为例乎!余固佞宋者,自不惜装潢之费,俾断珪残璧重若共球也。日来抱病,闲居不能观书,殊为愁闷,近始复元,适是书装成,遂为之开目于前,并志其缘起如此。”末署“嘉庆岁在己巳十月二十有八日复翁识”,“嘉庆已巳”,为嘉庆十四年(1809)。下钤阴文“黄丕烈印”、阳文“荛圃”二方印。有尾跋二则,分记各册所存韵目。黄丕烈断此书为宋刻，实误。中国善本书目编辑组在北京鉴定此书为元刻本。

杜诗举隅 十卷 [元]俞浙撰

俞浙，字季渊，号默翁。新昌(今属浙江)人。宋开庆二年(1259)进士，历官监察御史，奏三疏痛陈时病，皆未采纳。改除大理少卿，不就。宋亡，杜门讲学，宗师朱子，学者称致曲先生。著有《六经审问》、《离骚审问》、《韩文举隅》及《杜诗举隅》等。生平事迹见《宋元学案》卷四九。

《(乾隆)浙江通志·经籍十二·集部五》著录："《杜诗举隅》十卷:《成化新昌县志》:俞浙著。"明王圻《续文献通考·经籍考》、清钱大昕《补元史艺文志》亦著录。已佚。今存宋濂《杜诗举隅序》，其略云："会稽俞先生季渊，以卓绝之识，脱略众说，独法序《诗》者之意，各析章句，具举众义，于是粲然可观，有不假辞说而自明。呜呼！释子美诗者，至是可以无遗憾矣！抑予闻古之人注书，往往托之以自见，贤相逐而《离骚》解，权臣专而《衍义》作，何莫不由于斯。先生开庆己未进士，出典方州，入司六察，其冰檗之操，谅直之风，凛然闻于朝著。不幸宋社已屋，徘徊于残山剩水之间，无以寄其罔极之思。其意以为忠君之言，随寓而发者，唯子美之诗则然。于是假之以泄胸中之耿耿，久而成编，名之曰《杜诗举隅》。观其书，则其志之悲，从可知矣。先生既殁，其玄孙安塞丞钦，惧其湮灭无传，将锲诸梓，而来求序文甚力。予居金华，与先生为邻郡，及从黄文献公游，备闻先生之行事，可为世法，因不辞而为之书。"(《文宪集》卷五)由宋序"各析章句，具举众义"之言可知，此书之解析应颇细致，征引前人笺注亦较丰富。而俞浙生当宋元易代之际，无限江山沦落之悲，皆借注杜发之，故应对杜甫之忠君爱国思想多有感发。此书是在俞浙死后，由其玄孙俞钦刻印以行世，然流传不广，至清初已不易见。仇兆鳌《杜诗详注·凡例》云：“元时全注杜诗者，则有俞浙之《举隅》，……俱有辩论证据，今备采编中。”然只引两条，何焯《义门读书记》及齐翀《杜诗本义》征引则较多。

杜诗纂例　十卷　[元]申屠致远撰

申屠致远（？—1298），字大用，号忍斋。东平寿张（今山东阳谷）人。致远肄业于东平府学，元世祖南征时，荐为经略使知事，赞画军中机务。至元七年（1270），东平守崔斌聘为学官。十年，授太常太祝兼奉礼郎。后举为两浙都事，首言宋图籍宜运之京师，江南学田宜仍以赡学校，行省从之。转临安府经历。临安改杭州，迁总管府推官，断案严明，数白冤狱。西僧杨琏真伽于宋故宫作佛塔，欲取宋高宗所书九经石刻为基，致远力拒之。改寿昌府判官。二十年，拜江南行台监察御史，不惧权贵，秉公执事，擅名于当时。二十八年，丁父忧，起复江南行台都事，以终制辞。二十九年，授江东建康道肃政廉访司佥事，未至，移疾还。元贞元年（1295），纂修《世宗实录》，召为翰林待制，不赴。大德二年（1298），拜淮西江北道肃政廉访司佥事，行部至和州，得疾卒。《元史》有传。致远清修苦节，家无馀产，惟聚书万卷，名曰墨庄。著有《忍斋行稿》四十卷、《释奠通礼》三卷、《集验方》二十卷、《集古印章》三卷及《杜诗纂例》十卷。

《杜诗纂例》十卷，清黄虞稷《千顷堂书目》、倪灿《补辽金元艺文志》、钱大昕《补元史艺文志》等著录，已佚。《元文类》卷三五录虞集所作序，其略云：“申屠公以直节高义，在至元中为名御史，其所树立，固不止乎文字之末，然独好杜工部诗，讽诵之久，又取其一篇一联一句一字可以类相从者录之，以为纂例，其亦好之笃而求之详已乎！其子驷手其遗书以示集，俾序其故焉。

……或曰:诗家之妙,乃在于嗟叹咏歌之间,以得乎温柔敦厚于优游淫佚之表,今句比而字举,果其道乎?则应之曰:具波磔点画之文则可以成字,八法具而书之精妙著矣;未有失八法而可以为佳书者也。耳目鼻口之用,则可以成人百体,从而人之神明完矣;未有隳一体而可为全人者也。然则例之为说讵可废乎?尝有问于苏文忠曰:公之博洽可学乎?曰:可!吾尝读《汉书》矣,盖数过而始尽之,如治道、人物、地理、官制、兵法、货财之类,每一过专求一事,不待数过而事事精覈矣。参伍错综,八面受敌,沛然应之而莫御焉。文忠之学未始果出于此,要之读书之良法也。故观乎《杜诗纂例》而深有慨于予衷焉。善读书者,能如申屠公之于杜诗,即文忠公之于《汉书》也,愿学者推此说以为九读古书之法焉,其精博可胜言哉!然则申屠公岂止有功于杜诗而已乎?"由虞集序"取其一篇一联一句一字可以类相从者录之,以为纂例"之语,可推想是书应是诗格一类的著作。诗格类著作在元代甚为流行,主要通过分析前人诗歌,评点其艺术成就,从而讲解作诗的技巧和应遵守的法度。这是一种"重文轻道"的作法,故有人发出"诗家之妙,乃在于嗟叹咏歌之间,以得乎温柔敦厚于优游淫佚之表,今句比而字举,果其道乎"的质询,虞集却认为法不可废,并以苏轼读《汉书》之法作比,强调这种细致的讲解是理解杜诗的重要环节。

风髓集 [元]陈岩撰

陈岩(?—1299),字清隐,一字民瞻。青阳(今属安徽)人。宋末屡举进士不第,入元后遂不求仕进,隐居不出。时元世祖征求隐逸,乃汗漫江湖以避之。及老始归青阳,筑室于所居高阳河,日啸歌其内,出则遍览九华山之胜,诗以纪之,名《九华诗集》,《四库全书》收录。元大德三年(1299)卒。生平事迹见邵远平《元史类编》卷三六、曾廉《元书》卷九一上、席世臣《元诗选》癸集甲卷。

南宋淳祐中，陈岩尝辑杜甫诗句成《凤髓集》，已佚。明王圻《续文献通考·经籍考》、明彭大翼《山堂肆考》、清倪灿《补辽金元艺文志》等著录。周采泉云："岩有《九华诗集》，《四库》著录，《凤髓集》未收，想已久佚。其命名之义，盖本诸杜牧诗：'天外凤凰谁得髓，无人解合续弦胶。'故以题其集杜也。"(《杜集书录·外编·集杜和杜戏曲类》)今存元吴师道《陈氏〈凤髓集〉后题》，其略云："斯人乃能融液贯穿，排比联合，大篇短章，词从句顺，宛然天成，积至数百首之多，既免夫鸿鹄家鸡之嘲，而自谓得凤髓胶弦之妙，其用心不既专且勤乎！"(《礼部集》卷一七)

跋杜诗　[元]吴思齐撰

吴思齐(1238—1301)，字子善。永康丽水(今属浙江)人。陈亮外曾孙。少颖悟，由任子入官，监临安府新城税锁厅。试漕司，中举。上礼部，不利。后从常调为嘉兴县丞，会令以言去，摄县事，累迁饶州节制司准备差遣。后厌仕，请监南岳庙，流寓桐庐。宋亡誓不失身，与方凤、谢翱游，自号全归子。柯劭忞《新元史》有传，宋濂亦为作《吴思齐传》(《文宪集》卷十)。著有《俟命录》、《左氏传阙疑》等。

宋濂《吴思齐传》言其有《跋杜诗》。《(乾隆)浙江通志·经籍十二·集部五》著录。周采泉《杜集书录·内编·辑评考订类一》录作《杜诗跋》，并云："是书仅称《杜诗跋》，疑为读杜诗笔记之类。"

杜陵诗律　一卷　[元]杨载撰

杨载(1271—1323),字仲弘。蒲城(今属陕西)人。《元史》有传。少孤,博涉群书,以布衣召为翰林院编修官。延祐二年(1315)中进士。长于诗文,为赵孟頫推重,与虞集、范梈、揭傒斯并称为元代四大诗人。著有《杨仲弘集》。

《杜陵诗律》,一卷。明高儒《百川书志》、清黄虞稷《千顷堂书目》、阮元《天一阁书目》、倪灿《补辽金元艺文志》及《四库全书总目》等皆有著录。是书初为单刻本,《天一阁书目》集部"元书杜陵诗律一卷"条录之甚详,其云:"宋纸乌丝阑抄本,……是编元至治浦城杨载仲宏氏得之工部九世孙杜举,杜举得之甫门人吴成、邹遂、王恭,为篇四十有三,为格五十有一。仲宏以授邹县孟惟诚。孟因参校增注,复取仲宏集中律诗数篇,附刻于后,以见法不难守,而诗可传世,为不诬也。杨载自有序,其诗五首,京兆杜本跋。孟惟诚有序并识后,又莆人郑初题并序。"此单行本已亡佚,今有《丛书集成》本,乃据张懋贤编次、周履靖校刊的《夷门广牍》本影印,书名作《诗源撮要》。此集还被收入多种诗法合集,题名、序跋及具体条目、注释等都有变化。《诗法源流》中题《诗解》,《木天禁语》中题《杜陵诗律五十一格》,谢天瑞《诗法大成》中题《述杜工部律诗五十八格》,顾龙振《诗学指南》中题《杜律心法》,吴景旭《历代诗话》中题《律诗法》,史潜校刊《新编名贤诗法》中题《杨仲弘注杜少陵诗法》。各本序跋仅存杨载序及杜本跋,孟序并识后、郑题并序皆亡佚。各本所列诗格有三十九格、五十一格、五十八格等诸多不同。注释亦有繁简之别,或标吴成、邹遂、王恭之名,或不标。所录杜诗亦不尽相同,多为四十三首,亦有不足者。《天一阁书目》所言孟惟诚增补杨载诗五首各本皆无。此集多被认为是伪书,如仇兆鳌《杜诗详注·附编·诸家论杜》云:"按仲弘记忆此事,在元英宗至治壬戌年,上距代宗大历间,约计五百四十载,其世次应不止九代。且《诗法》所载杜律五十一首，注释议论皆肤浅寡识，未窥作者之意。况《宗武生日》诗言'诗是吾家事'，言'熟精《文选》理'，岂可云诗法不传于其子乎？此俱未可信也。"周采泉谓仇氏之辩尚未切中要害，又以所谓少陵门人吴成、邹遂、王恭三人名姓不见于唐人著作，且《全唐诗》无三人之诗等情由继加辩正（见《杜集书录·内编·其它杂著类三·伪书之属》）。另张健《元代诗法校考》（北京大学出版社 2001 年版）于是集有详细校考，可以参看。

杜工部诗范德机批选　六卷　[元]范梈撰

范梈（1272—1330），字亨父，一字德机，人称文白先生。元清江（今江西樟树）人。《元史》有传。梈早年丧父，家贫，受教于母熊氏，天资聪慧，过目不忘，耽于诗文，用力精深。人罕知者，独与虞集友善。年三十六游京师，始知名于诸公，荐为翰林院编修官，后历任海南海北道廉访司照磨、翰林应奉、福建闽海道知事。在闽期间，曾作歌诗一篇，述文绣局之弊。廉访使取以上闻，文绣局之良家绣工皆得罢遣。未几，移疾归。天历二年（1329），授湖南岭北道廉访司经历，以养亲辞，明年卒，年五十九。范梈居家能固穷守节，为官则廉正不阿，吴澄称为特立独行之士。能文工诗，与虞集、杨载、揭傒斯并称为元代四大诗人。有《范德机诗集》四卷及诗法著作《木天禁语》（《四库全书总目》谓系伪作）、《诗学禁脔》。

《杜工部诗范德机批选》，明《文渊阁书目》、《明史·经籍志》著录，书名作《杜诗范选》；清黄虞稷《千顷堂书目》著录，书名作《批选杜子美诗》；清卢文弨《补元史艺文志》著录，书名作《选杜子美诗》。是书首为虞集序，次为目录，次为正文，末有跋语。据虞序称，乃由范氏门人郑鼐为之编印，是书共收杜诗 311

首，书末跋语云乃是取"三百篇"之义。此跋未署名，当为郑鼒所作。以五言古诗、七言古诗、五言律诗、五言长律、七言律诗、七言长律及七言绝句之体类分为六卷，约略编年。所录之诗大半为无注之白文，行间有圈点。有注者亦极简略，大多为典故训释、背景介绍，多径用宋人旧注原文而不标出处。范氏此著，较有特色者是其编年，年月清楚者细列出，不清者则标注大致时期。其作法既有编年之效，又无牵强之弊，故为明张綖、胡震亨仿效。是书之批注虽简略，对后世却也有一定的影响，明人单复、张綖就对其颇为推崇。单复《读杜诗愚得》序称："余于是屏去诸家注，止取杜子诗，反复讽咏，似略见大意，亦未昭晰。既又得范德机氏分段批抹杜诗观之，恍若有得，则向所谓莫知而可疑者，始释然矣。"张綖《杜工部诗通》则以范批为底本。是书元、明间均有刻本，然刊刻年月不详，1974 年台湾大通书局据元刊本影印《杜诗丛刊》本。《韩国所藏中国汉籍总目》载韩国国立中央图书馆及延世大学藏有此书三种版本，其中两种有弘治辛酉（1501）安彭寿跋及嘉靖戊子（1528）蔡世英跋，当为其明刻本。

杜律演义　二卷　[元]张性撰

张性，字伯成。临川金溪（今属江西）人。元至正十年（1350）举人。曾撰《尚书补传》。卒后，其师曾子白之子曾昂夫为之作传，力赞其厄于困穷，而于性理、词艺、书经，莫不用力，所为文赡富而明畅，不以时废，不以俗存。

《杜律演义》，清阮元《天一阁书目》著录。明王圻《续文献通考》著录，书名作《杜律注》；明赵琦美《脉望馆书目》著录，书名作《杜律张注》；清黄虞稷《千顷堂书目》、清倪灿《补辽金元艺文志》著录，书名作《杜律衍义》。是书选杜诗七言律 151 首，分作山川、时序、居室、音乐、纪行、寻访送饯等二十一类,前、后两集。张氏注杜简洁晓畅,大抵先解释词语典故,而后串讲诗意。注解不纠缠于字句枝节,而注重从诗歌总体情境出发,阐释深沉内蕴,颇能助人领会杜诗真意。此集为第一个杜诗七律注本,对后之七律注本影响极大,明冯惟讷《杜律删注》、王维桢《杜律颇解》、薛益《杜工部七律分类集注》等皆出自是书。有宣德四年(1429)刊本,当是初刻本,今藏上海图书馆。又有明嘉靖十六年(1537)汝南王齐刊本,卷前录嘉靖丁酉(1537)王齐序、天顺丁丑(1457)黎近序、曾昂夫张性传附吴伯庆《哭张先生诗》,宣德四年(1429)吴巩《刊版告语》及目录。卷末有嘉靖丁酉曹亨跋、瀛州锦屏山人跋、浍皋吴梦麟跋。浙江省图书馆及台湾"中央图书馆"均藏有此本,然浙图本无曹、吴二人之跋。1974 年台湾大通书局据台本影印《杜诗丛刊》本。是书曾假托虞集之名大行于世,几使真事湮没。然《演义》卷前之序、传、诗、告语所言已明,《四库全书总目提要》及倪灿《补辽金元艺文志》等亦有辩正,著作权属张性无疑。

杜律虞注　托名[元]虞集撰

虞集(1272—1348),字伯生,号道园,又称邵庵先生。临川(今属江西)人。《元史》有传。幼从吴澄游。大德初以荐授大都路儒学教授。文宗朝累迁奎章阁侍书学士,纂修经世大典。一时大典册,咸出其手。卒谥文靖。著有《道园学古录》、《道园类稿》等。

《杜律虞注》,实为张性之《杜律演义》。是书传世甚多,版本亦有十几种,以体例计,有分类本,编年本;以卷数计,有一卷、二卷、四卷及不分卷本。还有与赵汸《杜工部五言律注》合刊本。书名又作《虞邵庵分类杜诗注》、《杜律七言注解》、《杜工部七言律诗》、《杜诗虞笺》、《虞伯生选杜律七言注》等。然所收诗篇及注释率与张性《杜律演义》大同小异。诸本序跋互有增减，唯杨士奇序均载，其云："伯生尝自比汉庭老吏，谓深于法律也。又尝取杜七言律为之注释，伯生学广而才高，味杜之言，究杜之心，盖得之深矣。……或疑此篇非出于虞，盖谓欧阳原功所撰墓碑不见录也。伯生以道学文章重当世，碑之所录，取其大而略其小，故录此未足以见伯生，然必伯生能为此也。"虞集，字伯生。杨序力主七言律注为集所撰，并以"取大略小"为虞集墓碑未载此注辩解，故刊行是书者必录此序，实是为作伪者张目。是书明、清间各地翻刻者有十馀种，朝鲜亦有多种刻本，是当时朝鲜最广泛流行的杜诗品评书。仅《韩国所藏中国汉籍总目》著录者，即多达七八十种。台湾大通书局《杜诗丛刊》收录明吴登籍校刊二卷本和明万历十六年(1588)新安吴怀保七松居藏四卷本。

韵编杜诗　十卷　[元]曾巽申撰

曾巽申(1282—1330)，字巽初，一字亦轩。永丰(今属江西)人。至元初著《卤簿图》、《郊祀礼乐图》以进，至大间授大乐署丞，延祐元年(1314)除翰林编修。复推广旧说，所绘《中道》、《外仗》二图并书十卷，为英宗赏，擢为应奉翰林，泰定初辞归。天历二年(1329)召为集贤照磨，明年卒。著有《超然集》、《明时类稿》、《补注元遗山诗》及《韵编杜诗》。生平事迹见虞集《曾巽初墓志铭》(《道园学古录》卷一九)、曾廉《元书》卷八八、《宋元学案补遗》卷九二、《(光绪)吉安府志·人物志·文苑上》。

《韵编杜诗》十卷。清黄虞稷《千顷堂书目》、倪灿《补辽金元艺文志》、钱大昕《补元史艺文志》、《(光绪)吉安府志·艺文志》等著录。已佚。

杜诗补遗 [元]李康辑

李康,字宁之。桐庐(今属浙江)人。元至正间布衣,柯劭忞《新元史》有传。康工诗文,琴棋书画无不冠绝一时,尤以孝闻,有"李孝子"之称。至正二年(1342),郡守遣使币聘之,不起。行省官至桐庐,命县令造请议事,康不得已往,极论当时得失,又欲荐之,以母老辞。著有《桐川诗派》、《梅月斋永言》、《看山清暇集》。

《杜诗补遗》,《(乾隆)浙江通志·经籍十二·集部五》引《(万历)严州府志》著录,已佚。

诗史宗要 [元]殷惟肖撰

殷惟肖,字起岩。元汝南(今属河南)人。为著名文学家杨维桢门人,与名士李孝光、张雨、段天祐为忘年诗友。

《诗史宗要》,已佚。今存杨维桢《诗史宗要序》(《东维子文集》卷七),其略云:"观其编什,首君臣,终朋友,一根极于伦理,表端分节,显要正讹,或有宗趣,炳然而日星列,沛然而江汉注,挈焉而领张,洞焉而钥启,千五百篇之大旨,博而约之于一帙之中。其忠君孝友之至情,鸱鸠、鹡鸰之馀韵,使习其读者,油然而有感。衰得此,弗觉病怀洒然,若能言吾之所欲言者。"据杨序,此书应为一全集分类本。末署"至正十三年(1353)",或此书即刻于此时。

杜诗补注 [元]陆昌二撰

陆昌二,元平湖(今属浙江)人。周采泉《杜集书录·外编·全集校刊笺注类存目》"杜诗补注"条云谓其为都巡检启桢孙,并云:"工诗,宗少陵句法。事迹详《(乾隆)平湖志》本传。"

又有按语云:"《(乾隆)浙江通志》误为宋人,并误陆为杨,但《(光绪)平湖志》中检不到陆昌二传,俟再考。"其实,《(乾隆)平湖志》中亦无陆昌二传。

《杜诗补注》,明《(天启)平湖志》、《平湖经籍志》著录,已佚。

夹注杜诗　[元]陈方撰

陈方,字子贞,自号孤篷倦客。元京口(今江苏镇江)人,以赴省试来吴,元帅王某招致宾席,因寓吴郡。提举龚琍以女妻之,与郑元祐、张雨、倪瓒游,晚主无锡华氏家塾,死张士诚难。其诗随事感发,锻炼精工,着有《孤篷倦客稿》及《夹注杜诗》。生平事迹见《吴中人物志》卷十、顾嗣立《元诗选》三集庚卷、《元诗纪事》卷二一。

《夹注杜诗》,《(同治)苏州府志·艺文志四·流寓书目》著录,已佚。《吴中人物志》卷十"陈方传",谓其"尝手抄杜诗一编,朱书小字夹注,其说某为对起对结,某为散起散结,或缘某句应某字,或由某意发某语,脉络有自来,枝叶有所传,方真知诗者也!"

曲江池杜甫游春　[元]范康撰

范康,字子安,一作子英。元杭州(今属浙江)人。约生活于元后期,作杂剧二种,今存《陈季卿悟道竹叶舟》,《曲江池杜甫游春》则已佚。另存散曲数支。《太和正音谱》称其词"如竹里鸣泉"。钟嗣成《录鬼簿》下谓其"明性理,善讲解,能词章,通音律"。钟氏还为其作吊词《凌波曲》云:"诗题雁塔写秋空,酒满觥船棹晚风,诗筹酒令闲吟咏。占文场,第一功,扫千军笔阵元戎。龙蛇梦,狐兔踪,半生来弹指声中。"

《曲江池杜甫游春》,杂剧。已佚。简名《杜甫游春》,又作《游曲江》。《录鬼簿》、《太和正音谱》均著录,《元曲选目》则误分作《曲江池》、《杜甫游春》两种。钟嗣成《录鬼簿》谓康"因王伯成有《李太白贬夜郎》,乃编《杜子美游曲江》。一下笔即新奇,盖天资卓异,人不可及也。"曲江池,唐时为春游胜地,杜甫写有多首曲江题材的诗,后世作者常借以渲染。

杜秀才曲江池 [元]阙名撰

戏文。《传奇汇考标目》别本,据李氏《海澄楼藏书目》补得元传奇,有此本,并注云:二册。未见其他著录。内容或与《曲江池杜甫游春》略同。已佚。

众僚友喜赏浣花溪 [元]阙名撰

杂剧,题目作《圣明君命玩春和景》,简名《浣花溪》。有脉望馆抄校本,《孤本元明杂剧》本据之校印。姚燮《今乐考证》著录,《也是园书目》、《曲录》亦著录。剧演贺知章等八人,给假郊外游春,同宴于杜甫浣花溪庄事。时、地、人皆与史实相龃龉,盖借杜甫《饮中八仙歌》所述,联想演绎而成。

集杜诗句 [元]黄则行撰

黄则行,清江(今江西樟树)人,元至正十六年(1356)进士。

《集杜诗句》已佚,胡行简《樗隐集》卷四《黄则行集杜诗句序》著录。序略云:"则行……闭门却扫,利达不入于心,辟一室以书史自娱,壶觞笾豆,列置左右,酒酣激烈,则取杜少陵诗长哦高咏,慷慨怀古,人莫测也。或问之,辄曰:吾所欲言者,少陵先言之矣。因摘其诗中语,集而成诗,凡若干首,不异其自赋也,远近多传诵之。从弟则建悼其兄之志不遂,欲托诗以自见也,率族人之好事者,捐金绣梓以传于世,征序其端。余惟少陵所遇之时,即则行所遇之时也。则行之学之志,盖希乎少陵也。少陵志不获展,感时抚事,形诸歌诗,以舒其忠愤之气,盖有不得已耳。则行借少陵语以发其性情,其志亦犹是也。但少陵羁旅万里,艰阻备尝,而则行栖迟丘壑,与湖山风月相周旋,其吟兴差可羡也。或谓坡仙无取于集句,盖有激而云,不可以评是集也。读是集者能无慨然于斯!"

杜诗类注 [元]刘霖撰

刘霖,字云章,一字雨苍。元安福(今属江西)人。尝从虞集学,集大嘉赏之,曰:"君所造,非我所能及。"至正十六年(1356),举于乡。时值兵乱,遂不求仕进,安福陷,避地泰和,以所学授人,学者从之。明初,征不就,日沉潜义理,晚卒于泰和。著有《云章集》、《太极图解》、《四书纂释》及《杜诗类注》。生平事迹见柯劭忞《新元史》卷二三六、《宋元学案》卷九二、《(光绪)吉安府志·人物志·儒林》。

《杜诗类注》,明王圻《续文献通考·经籍考》、清黄虞稷《千顷堂书目》、清钱大昕《补元史艺文志》、清倪灿《补辽金元艺文志》、《(光绪)吉安府志·艺文志》等著录。已佚。

杜诗诀 [元]曹理孙撰

曹理孙,字悦道。元瑞安(今属浙江)人。精敏好学,博涉经史,尤通尚书,谈性命道德之理,亦能粹然成章。擅古文,下笔辄就,得韩、欧家法。为人简重宽厚,郡守赵凤仪延至学宫,模范后进,立教严而有法。门人金健、曹瑾、郑昂等皆有声,年八十馀卒。著有《心远斋笔记》、《读书史要略类编》。生平事迹见《(嘉靖)瑞安县志·人物志·文学》。

《杜诗诀》,《(乾隆)浙江通志·经籍十二·集部五》、孙诒让《瑞安经籍目》著录。已佚。

选杜甫诗 六十卷 [元]余延寿选

余延寿,元人,生平不详。

元伊世珍《琅嬛记》引《胶葛》云:"余延寿《选杜甫诗》作六十卷,馀二十馀卷,不足存。欲畀宋无忌,有一俗官,将掩为己物。延寿不欲,遂临之以刃,与之。以隼麋之容,而被夷光之服,何益哉!而求如此也。其后有觉之者,仍入《杜集》中。"周采泉《杜集书录·内编·其它杂著类》云:"杜甫全集亦仅六十卷,选诗何以有此数?其馀二十卷何以不足存?又云'仍入《杜集》中',徜恍迷离,无从究诘,故不编入选本,附存于此。"

杜工部五言赵注 [元]赵汸撰

赵汸(1319—1369),字子常,号东山,学者称东山先生。元休宁(今属安徽)人。《明史》有传。幼聪慧,长而不事举子业,励志求道,遍访名师,师从黄楚望、黄泽等,潜心六经之学。与虞集交善,曾授馆于其家。后归乡奉母,筑东山精舍,隐居著述。至正末以辅元帅汪同起兵保乡井,授江南行枢密院都事。元末兵乱,奉母避居深山,人事几绝而著书不已。明初屡征不起,洪武二年(1369),召修元史,乃如京师,事毕还山,未几卒。汸通诸经而尤邃于《春秋》,有《春秋集传》、《春秋师说》、《春秋属辞》、《春秋左氏补传》、《春秋金锁匙》及《周易文诠》、《东山存稿》等。

《杜工部五言赵注》,以分类编次,有十六类,共注杜甫五言律诗261首。其注附于句下、篇末,简练切当,有言则长,无言则短,也有不少诗篇仅有圈点而无注释。所注典故词语、史实背景，多径引原出处，亦偶引旧注，皆标出人名，有黄鹤、叶梦得、张子韶、方回等，而以刘辰翁最多。而其自注则常有深中诗旨之解，后世征引者颇多。赵注是杜诗学史上第一个五律注本，且其征引、批注简明切当，不乏深警之见，故深得后人推重。自明以来，此集版刻甚夥，版本有十馀种之多。有一卷本、二卷本、三卷本、四卷本、不分卷本；书名又有《杜诗类选》、《杜工部五言律诗》、《杜律五言注释》、《杜诗赵注》、《杜五言律注》等。日本亦有庆安四年（清顺治八年，1651）翻刻本，名《杜工部五言律诗》。《韩国所藏中国汉籍总目》载韩国雅丹文库与精神文化研究院藏有此书三种版本，名均作《类选杜诗五言律》，其中之一有正德甲戌（1514）会稽董玘序。1974年台湾大通书局据明万历十六年（1588）新安吴怀保七松居藏本影印《杜诗丛刊》本。另有清查弘道、金集补注与伪虞注合刊本。

杜诗类编　三卷　［元］傅若川撰

傅若川，字次舟。元新喻（今江西新馀）人。元代著名诗人傅若金（字与砺）弟。生卒年不详，然据《四库全书总目》别集类二〇《傅与砺诗文集》提要记载，元至正间若川为其兄汇刻《清江集》，明洪武中又为其兄刻印文集，则其应生活于元末明初。

《杜诗类编》三卷，清黄虞稷《千顷堂书目》、倪灿《补辽金元艺文志》、钱大昕《补元史艺文志》著录，徐乾学《传是楼书目》则录作《杜解类编》。黄虞稷《千顷堂书目》云："类辑杨仲弘、揭曼硕、范德机所解杜诗。"杨仲弘，即杨载，传有《杜陵诗律》，当是伪书。揭曼硕，即揭傒斯，揭氏之注杜，未见各家著录。范德机，即范梈，范氏有《杜工部诗批选》，较简略。周采泉言傅氏此集有元至元间（1335—1340）刊本，并云："此书取材贫乏若此，其

无足观明矣。仅为三卷,疑亦为律注。清初尚存,不知尚能得其踪迹否?”(见《杜集书录·内编·选本律注类一》)

杜甫诗注 [元]熊钊撰

熊钊,字伯几,一作伯玑,又作伯昭。进贤(今属江西)人。元至正四年(1344)以《春秋》领乡荐,授崇仁学官,迁进贤。以破徐寿辉功,授临江路知事,迁江西儒学副提举。明洪武初,召校书会同馆。著有《几亭文集》、《学庸私录》、《论孟类编》、《春秋启钥》、《五经纂要》等。胡俨为其门人。《四库全书总目·集部·别集类二十三》著录胡俨《颐庵文选》,解题云俨“文章则得法于熊钊,钊学于虞集”。熊钊为《颐庵文选》作序,末署“洪武甲戌三月七日”,即洪武二十七年(1394)。生平事迹见《(雍正)江西通志·人物志二》,将其列为元人。

又有《杜甫诗注》,清黄虞稷《千顷堂书目》著录。已佚。

杜工部诗选注 七卷 [元]董养性撰

董养性,名益,自号高闲云叟。江西乐安人。所撰《杜工部诗选注》卷前自序末署“岁在丁未十一月日临川之高闲云叟董益养性叙”。丁未当为元至正二十七年(1367)。《(同治)乐安县志·人物志·文苑》董养性小传云:“董养性,流坑人,居家孝友,学贯经史。洪武间应通经名儒,征授剑州知州,赴任几八千里,惟一僮自随。居官简静,惟修廨舍与学校,暇则哦诗缀文以自乐。所著有《书易题断》、《李杜诗注》,其生平诗文名曰《高闲云集》,藏于家。”则其应生活于元末明初间。《高闲云集》为《四库全书总目》著录,然将此董养性与清初山东乐陵撰《周易订疑》之董养性混为一人;后之书目,如周采泉《杜集书录》等又将注杜诗之董益与董养性录作两人,均误。

《杜工部诗选注》，晁瑮《宝文堂书目》著录为“杜诗董养性注”，未言卷数。而高儒《百川书志》、黄虞稷《千顷堂书目》著录为“董养性《杜诗选注》四卷”。阮元《天一阁书目》著录为“《杜诗选注》七卷，临川董益辑”。因国内早已不见原本，且《天一阁书目》录作董益辑，周采泉遂视为两书，且皆置于《杜集书录·内编·选本律注类一》。实误。我们得见一日本藏本，分七卷，卷前有董氏自序，此本卷数、序言与《天一阁书目》所录相同。共收杜诗916首，另卷三附王维、岑参、严武七律各1首。以先分体再分类的体例编排，卷一为五古，131首；卷二五律，351首；卷三七律，85首；卷四七古，134首；卷五五排，35首；卷六七排4首，五绝23首；卷七七绝53首。共有天文、地理、人物、时令、花木、禽兽、宫室、书画、人事、器用十类，视各卷内容而有不同。卷一首行题“杜工部诗选注卷之一”，次行题“临川高闲云叟董养性选注”，卷二首行题“杜工部诗董养性选注卷之二”，次行与卷一同，卷三至卷七则无次行，首行格式同卷二。目录列于各卷前，惟卷六、七之目录合列。卷一、二、四因篇幅较长，皆分为上、下。各卷体例稍有不一。此书半页九行，行十九字，注释置于诗后，为小字双行，低正文一格，行十八字。诗题下间有注，或注明作诗时地，或释诗题，或引杜甫自注，或引史传旧注。诗后注则大抵先训释字句，注明典故，继而串讲诗意，挖掘作者之情性。董氏解杜、注杜简约洗炼，纲目清晰，便于理解诗意。其引前人注多以“旧注”标出，或径自指明出处，而以己意出之时常有精警深刻处，如《遣兴三首》其一注云：“盖谓与其有功而残民，不若无功而安众”；《前出塞九首》其八注云：“此篇所以愧天下后世为臣子争功者也”。董养性此集所录杜诗占杜诗总数的三分之二，名篇佳制自是包罗殆尽，其注释既便初学者领会诗意，又不乏独到之见，其在元代杜诗学史上的地位不言而喻。惜今只存此海外孤本。

杜诗补注　二十五卷　[元]阙名撰

清陈揆《稽瑞楼书目》著录:“《杜诗补注》二十五卷,元刻本有缺,二十五册。”已佚。

四、明代编

杜少陵先生诗集注抄　原卷数不详　阙名编

今仅残存第十五卷四十八首五言律诗。木活字本,半页九行,行十五字。此书极为罕见,亦未见著录,疑为元明间本。诗题后有题解。诗正文顶格,注释文字附诗后,统低一格。注释文字首标"赋也"、"赋而比也"等字样,次释词语,后阐诗意,中以○号间之。无甚新意,而错讹颇多。如《故武卫将军挽词三首》题解:"武卫将军之名起于卫。"引黄鹤注而将"魏"误为"卫";《冬日有怀李白》题解:"按:白本传:天宝初,白至长安。公在齐州怀之也。"时地并误;《送元二适江左》题解,误谓"元二"为元结,盖沿旧注。

杜工部诗集　五十卷　[明]阙名编

缪荃孙《艺风藏书记》著录:"《杜工部诗集》五十卷。杜诗分五十卷者止《草堂诗笺》本,而投赠诗另为一卷。此本亦分五十卷,每卷前一行标某年某地所作,均与草堂本同,无注,无投赠诗。字画工整,似是明初刻本,各家书目未见著录。集前序、传,后跋,均为书贾挖去,想以之充宋、元椠者。"

读杜诗愚得　十八卷　[明]单复撰

单复,一名复亨,字阳元,剡源(今浙江嵊州)人。明洪武四年(1371)举怀才抱德科,授汉阳知县。一说为汉阳河泊官。博通典籍,尤善诗歌,平生最爱杜诗,著有《读杜诗愚得》。生平事迹见《(光绪)剡源乡志·人物传二》。

《读杜诗愚得》,书名亦作《读杜愚得》。卷前有单复自序、凡例、杜子世系考、元稹《唐杜工部墓志铭》、《新唐书》杜甫本传、重定杜子年谱诗史目录,有的版本卷首录有杨士奇序或黄淮序,言及此书刊刻始末。单复注杜诗,一般先引旧注,次训释词语、典故,次简述时代背景,然后分段串讲诗意,末注以赋、比、兴之体。是书大抵以千家注为底本,所引宋人注皆标明姓名,以王洙、黄希、黄鹤、蔡梦弼、赵次公等为多,另如刘辰翁、薛苍舒、师古、郑昂、杜修可、《碧溪诗话》、《苕溪渔隐丛话》、《古今诗话》及欧阳修、黄庭坚、杨万里、曾巩、沈括、司马光等相关评语,也都收入。由此可见,单复对旧注自是下了一番博览广收、鉴别去取的工夫,对冗杂的旧注进行了有效的清理。可惜的是,仍未汰尽伪苏注。本书收诗亦甚全,共收杜诗1454首,包括《虢国夫人》这样的存疑之作也收入。同时,还在相关的杜诗之后,录入李邕、贾至、王维、岑参、严武、元结等人的诗,这也为更好地理解杜诗提供了方便。《读杜诗愚得》较为充分地吸收了已有的注杜成果,可说是开仇注之先河,故明代就有“集大成”之誉(杨祜《刻〈杜律单注〉序》)。单复此书又是明代第一部杜集注本,故影响较大,不但其注释多为后之注杜者引用,其体例也为后人袭用。比如单复多于诗歌注释末标以“赋也”、“比也”、“兴也”,或“赋而比也”、“兴兼赋也”等语,本是仿朱熹《诗集传》体例为之,后成为明人注杜常例。《读杜诗愚得》将年谱与目录并在一起,起于杜甫生年,止于其卒年,每年先言重要时事,次言杜甫行迹,再列杜诗题目。单谱在参照宋谱的基础上重新编订的,可称后出转精,并且开创了以诗系年的新体例,所以在明代很有影响,张綖《杜诗通》、周甸《杜释会通》、邵傅《杜律集解》皆参用此谱。是书主要版本有明宣德九年(1434)江阴朱氏(善继、善庆两兄弟)刊本、明天顺元年(1457)朱熊(熊为善庆之子)翻刻本、明弘治十四年(1501)朱氏修补本、朝鲜铜活字本(题为《读杜偶得》),1974年台湾大通书局据宣德本影印《杜诗丛刊》本,然缺杨士奇序及黄淮序,单复序亦缺篇末二十七字及所署年月。1999年齐鲁书社据北京大学图书馆藏明天顺元年朱熊梅月轩刻明弘治十四年重修本影印《四库全书存目丛书》本。

读杜偶得　十五卷　[明]单复撰

单复,生平事迹见前《读杜诗愚得》介绍。

《读杜偶得》,书名亦作《读杜诗偶得》。该书为单复《读杜诗愚得》之朝鲜铜活字本,书名、卷数等皆与原刻有异。刊行时间当在明中叶。《韩国所藏中国汉籍总目》载延世大学藏有《读杜诗偶得》乙亥字本。参见前《读杜诗愚得》条。

杜律单注　十卷　[明]单复撰

单复,生平事迹见前《读杜诗愚得》介绍。

此书乃明人陈明选辑单复《读杜诗愚得》之杜诗五七律149首而成。各卷首行题"杜律单注"卷次,次行署"鹊湖陈明辑"。署"钱塘杨祜校",或署"东阳蒋瑜校",或署"海虞施雨校"。注释悉同于单注,唯书眉辑有评语,多不标姓名,偶有标"刘云"者,乃是录刘辰翁批语。卷前录单复《读杜诗愚得》自序,无目录。《成都杜甫纪念馆馆藏杜集书目》著录为嘉靖十一年(1532)濮州景姚堂刻本。有的版本前有杨祜《刻〈杜律单注〉

序》，其略云："国初剡单复氏参伍错综，以意逆志，撰《读杜愚得》凡若干言，独为集大成云。嘉靖中，历下陈佥宪明，采其注五七言律者，汇为十卷，以式后学，中丞天水胡公见而韪之，命刻于濮之景姚堂。刻之二年，而江陵李子炯为濮守，贻书祐曰：是不可不序。乃追论其所由刻如此。"末署"嘉靖十一年江西按察司佥事钱塘杨祐序"。

杜诗三百篇注　[明]黄淮集，范观撰

黄淮（1367—1449，或谓1366年生），字宗豫。明永嘉（今属浙江）人。洪武三十年（1397）进士，授中书舍人。成祖朱棣立，命入直文渊阁，升翰林编修，累进右春坊大学士。辅太子监国，为汉王高煦所谮，系诏狱十年。仁宗洪熙初复官，授武英殿大学士，累加少保、户部尚书兼大学士。宣德二年（1427）以疾乞休。英宗时再入朝，卒谥文简。《明史》有传。淮历五帝，受三朝宠遇，与台阁派三杨及解缙等关系密切。其论诗以温柔敦厚为教，强调本乎性情之正，与"台阁派"同，这在他所作的《读〈杜诗愚得〉序》与《〈杜律虞注〉后序》中有鲜明的反映。著有《黄文简公介庵集》、《省愆集》。

范观（1363—1426），字以光，别号一斋。明乐清（今属浙江）人。少警敏，年十一丧母，执丧如成人。事父无违，礼事继母如所生，抚诸弟一以诚。学博文畅，尤工于诗。好游山水，与雅士、高僧偕游于雁荡山，数月不归，又号雁荡山樵。采访使通政赵公以文学举，辞不就，又号文峰遗老。著有《一斋集》四卷、《注杜诗三百篇》、《考订历代纪年图》，藏于家。生平事迹见黄淮《一斋范处士墓碣铭》（《黄文简公介庵集》卷六）。

《杜诗三百篇注》，《（光绪）乐清县志·经籍志》著录，题作"黄淮集，范观著"。据黄淮《黄文简公介庵集》卷六（黄淮集曾

重编,卷六即原卷之十)《一斋范处士墓碣铭》,范观著有《一斋集》、《注杜诗三百篇》、《考订历代纪年图》,藏于家。黄淮或为之刊刻注杜一书,故《(光绪)乐清县志·经籍志》著录如上。清孙诒让《温州经籍志》亦著录是集,并小字注"《黄介庵集》卷十",乃是言其所据,周采泉遂误认为是集载于《黄介庵集》卷十(见《杜集书录·内编·其它杂著类》)。

李杜诗解　三卷　[明]赖进德撰

赖进德,万安(今属江西)人。明洪武二十三年(1390)举人,授湖广宝庆知事,升凤翔推官。著有《草庐集》、《李杜诗解》。生平事迹见《(光绪)吉安府志·人物志·庶官二》。

《李杜诗解》三卷,黄虞稷《千顷堂书目》、《(同治)万安县志·经籍志》、《(光绪)吉安府志·艺文志》著录。

李杜诗抄　[明]朱权辑刻

朱权(1378—1448),朱元璋第十七子,封宁王,初就藩大宁,永乐元年(1403)徙封南昌,卒谥献,史称宁献王。少时自称大明奇士,中年后号臞仙、涵虚子、丹丘先生。《明史》有传。权虽为皇子,但因宗室内部矛盾,在政治上颇受排挤,于是托志学道,潜心著述,对诗词戏曲等都很有研究。著有《太和正音谱》、《汉唐秘史》、《采芝吟》等书数十种,并创作杂剧十二种。其诗话《西江诗法》共录诗话二十五则,其中有关杜甫的八则。其家又富秘本,多所刊布。

《李杜诗抄》,解放初北京天祥商场《古旧书店书目》第二期著录。已佚。

杜诗集注　[明]李应吉撰

李应吉,字维祯,馀姚(今属浙江)人。永乐三年(1405)举人,补鸡泽教谕,乞便养,改定海。遭丧,改萧县,又改栾城,坐事谪章丘训导。尚书刘中敷、侍郎魏骥荐其文行可显用,不报,终金坛教谕。应吉虽一直沉沦下僚,然颇富识见,又敢于言事,故所至多有善政。著有《和顺英华录》五卷、《先天图说》、《忍斋集》、《集韵诗》、《杜诗集注》等。生平事迹见《(光绪)馀姚县志·列传七》。

《杜诗集注》,《(乾隆)浙江通志·经籍十二·集部》引《(弘治)绍兴府志》著录。《(民国)浙江通志稿·艺文志》(未刊本)亦著录。

杜诗风绪笺　六卷　[明]黄养正撰

黄养正,名蒙,以字行,温州(今属浙江)人。《明史》有传。永乐中以善书授中书舍人,官至太常少卿。时宫殿房匾碑刻多其所书。正统中从驾北上,死于土木堡之变。著有《杜诗风绪笺》六卷。

《杜诗风绪笺》,清祁理孙《弈庆藏书楼书目》著录。

和李杜诗　十二卷　[明]张楷撰

张楷(1395—1460),字式之,慈溪(今属浙江)人。永乐二十二年(1424)进士,宣德初拜兵部主事,有能名,旋擢江西监察御史,理冤摘奸,谳狱明恕。正统五年(1440)迁陕西按察佥事,进副使,督屯田水利有成绩。十二年召拜右佥都御史,平邓茂七、叶宗留之乱,凯还,被诬罢官。天顺元年(1457)复职致仕。楷学识广博,自经史、诸子,至天文、医卜、释老之书,靡不涉猎。工古文,擅书法,尤耽于诗,生平未尝一日废吟咏,其诗名闻海内,日本、朝鲜使尝市其《和唐诗》以归。著作甚丰,有《四书糠秕》、《大明律解》、《南台稿》、《和选诗》等二十馀种。其《和李杜诗》十三卷，今存《和杜诗》二卷。生平事迹见万斯同《明史》（列传之部）卷二百十三、李贤《南京都察院右佥都御史张公楷神道碑》（焦竑《献征录》卷六十四）、曹溶《明人小传》卷一、过庭训《本朝分省人物考》卷四十七、《（光绪）慈溪县志·列传三·明一》等。

《和李杜诗》，《（光绪）慈溪县志·艺文志》著录，并录张氏自序略云："余和李翰林古乐府二百五十馀篇，杜少陵律诗二百五十首。既脱稿，海虞刘以则来京，因出示之。以则请为余绣梓以行，遂与之归。锓刻既毕，以书来报，并书此以弁其端。"知是集有和杜甫律诗250首。天顺三年（1459）刘以则刻本。《和李诗》已佚，《和杜诗》尚存二卷。

杜诗长古注解　二卷　［明］谢省撰

谢省（1404？—1477），字世修，号愚得，晚自称台南逸老，黄岩（今属浙江）人。景泰五年（1454）进士，授南京车驾主事，转兵部员外郎，迁宝庆知府。在官三年，颇有治绩。尝书真德秀"四事十害"为僚属戒，又条民隐十四事请于上官，次第行之。春秋时行郊野，振饥穷，教耕织，会计储积可支五年，乃建社学，选学官，给以饩食。于公暇则诣社学，课业讲文，又撮取朱文公家礼并作《十勿诗》，俾民诵，习之不察者一裁以法，至黜县令二人，籍其赃以代民赋，境内肃然。年五十四归乡，宝庆人立去思碑于学宫。既归，囊空如洗，而不问产业，独矻矻于祀先合族、训幼睦邻之事，时复以逍遥登高赋诗为乐，里俗化之。居隐桃溪者二十年，学者称桃溪先生。既卒，门人私谥曰贞肃先生，从祀太平乡贤祠。省早岁以诗名，晚益精通群书而尤邃于礼，著有《行礼或问》、《杜诗长古注解》。生平事迹见万斯同《明史》(列传之部)卷二百十五、曹溶《明人小传》卷一、《(万历)黄岩县志·人物志下·廉节》、朱彝尊《明诗综》卷二十一等。

《杜诗长古注解》共选杜诗五、七言长古142首,其注大抵先释词语、典故,后串讲诗意,两者之间以圆圈隔之,所录旧注多标其姓名,或加"旧注"字样,允称眉目清楚且详尽平易。谢省认为不能把杜甫当作一般的诗人看待,其自序谓子美"负经济之学",若"任以枢柄之职,则其建立功业必有异于人者",因此他特别注重发掘杜诗中的"忠君忧民之心,经邦靖难之计",如《兵车行》注末云:"吁!为人君而读此诗,必恻然兴感而不以穷兵黩武为心也。"《忆昔二首》其一:"吁!为人君而读是诗,必思所以用人而制治于未危,救患于既乱可也。"这些注解突现出杜甫忧心国事,穷亦兼善天下的伟大情怀,而这正是杜甫深为后世景仰的主要原因。同时,这种情怀在杜之长古中表现得最为突出,杜甫律诗选本甚多,古诗选本则独谢省此集,这或为其原因所在。仇注于其时有引及,称赤城谢氏。是书有明弘治五年(1492)王弼、程应韶刻本,卷前有谢省自序,卷末有省侄谢铎题记及王弼跋。

和杜诗　一卷　[明]李贤撰

李贤(1408—1466),字原德,邓州(今河南邓州市)人。宣德八年(1433)进士,授吏部主事,历郎中,擢兵部右侍郎,改户部,旋改吏部,进尚书,入直文渊阁,终少保兼太子太保,华盖殿大学士,卒赠太师,谥文达。有《古穰正续集》、《天顺日录》、《和陶诗》二卷、《和杜诗》一卷、《读易记》一卷、《读诗记》一卷、《南阳李氏族谱》若干卷、《体验录》一卷等。

《和杜诗》一卷,王士禛《居易录》卷二十一称,明程敏《篁墩集》所撰《行状》中著录。已佚。

和杜诗　三卷　[明]赵琏撰

赵琏,字仕瑛,明缙云(今属浙江)人。颖悟勤学,弱冠能文,下笔辄数千言。正统十二年(1447)举人。授监察御史,发奸摘伏如神,尝署都台事,百僚震慑,寻升荆州知州。著有《复庵集》及《和杜诗》三卷。生平事迹见《(光绪)处州府志·经籍》。

《和杜诗》,《(光绪)处州府志·书目》著录。

和杜诗　一卷　[明]郁文博撰

郁文博,上海人,以字行。景泰五年(1454)进士,擢御史,有直声。历湖广副使,抚蛮寇,活三十万众。居官清介,一钱尺布不妄取,家甚贫,而清操不减。致仕后归居万卷楼,年七十九仍校评群籍,手不释卷,曾校刊补刻陶宗仪《说郛》一百二十卷。有《和杜诗》一卷。生平事迹见《(同治)上海县志》卷十八、何出光等辑《兰台法鉴录》。

《和杜诗》,今人冯氏伏跗室藏《天一阁现存书目》著录。

和杜诗　四卷　[明]万翼撰,童轩评

万翼,翼,一作"翚",又误作"叶"。字毖之。明眉州(今四川眉山)人。吏部尚书安子,天顺元年(1457)进士。官至南京兵部右侍郎。著有《和杜诗》四卷,今《明文海》卷二六一存童轩所作《和杜诗序》,谓其"登丁丑进士,拜户部主事,四转而有今官"。万安以谄事贵妃而得宠信,在其授意下子翼及孙弘璧皆弱冠即登第,且官运亨通。然安死后,翼及子弘璧俱早卒,安竟无后。童序则称翼"学博才敏,雅好吟事,当其酒酣兴发、健笔

纵横,虽一日数十韵而无难者。……今毖之不数月间乃能追和其诗数百馀首,至于公牒游从,举无废事,虽其天才踔绝,岂亦有神以助之与?”不免阿谀之嫌。

明高儒《百川书志》卷二十著录:“《和杜诗》四卷,皇明南京兵部右侍郎眉山万叶(当为翼)取少陵五七律、排、绝体和之,太常卿鄱阳童轩评点之。”童氏《和杜诗序》云:“(万翼)间于退食之暇,常取宋人周伯弼所选《唐诗三体》、元人杨士弘所选《唐诗正音》,历次其韵而和之,业已梓行于世矣。兹复取伯生虞公所注杜律暨韦布士董益所注杜选排律、五七言绝句总若干首,不数月间尽和其韵。殆若出其时,履其地,亲聆其謦欬而熟睹其眉宇者,其体裁、其兴象、其风格,虽不尽求其似,而其豪迈浑雄者,自无不似。虽不力求其工,而其清淡闲雅者,又自无有不工。”

杜诗集吟 二卷 [明]杨光溥撰

杨光溥,明青州沂水(今属山东)人。成化五年(1469)进士,授刑部主事,历员外郎中,累官至山西按察司副使。弘治二年(1489),与王进、胡汉、杨文卿同集《宝贤堂集古法帖》。著有《剪灯琐话》、《沂州文集》、《素封亭稿》、《梅花集咏》及《杜诗集吟》。生平事迹见《万姓统谱》卷四一。

《杜诗集吟》,刻本。所集杜句,皆为五言。卷端有秦宠序、葛振孙序,均未记时日。郑庆笃等编《杜集书目提要》著录。

李杜诗句图 [明]伊乘撰

伊乘,字德载,吴县(今江苏苏州)人。明成化十四年(1478)进士,授南京刑部主事,进员外郎,擢四川佥事。乘居官严明,持法甚平,数使冤狱得白。秩满,乞终养归里,父殁,遂不复出,卒年七十六。平生嗜学,至老不倦,所著诗文有古人风。

著有《六书考》、《音韵指掌》、《广隽》、《学古次第》、《史学撮要》、《皇明风雅》、《佥事集》及《李杜诗句图》等。生平事迹见曹溶《明人小传》卷二、《(同治)苏州府志·人物六》、朱彝尊《明诗综》卷二十五。

《李杜诗句图》,清黄虞稷《千顷堂书目》、《(同治)上江两县志·艺文志》、《(同治)苏州府志·艺文志》著录。《(民国)吴县志·艺文志》亦著录,然未载著者。已佚。

杜律抄　二卷　[明]邵宝抄

邵宝(1460—1527),字国贤,号全斋,学者称二泉先生,无锡(今属江苏)人。《明史》有传。成化二十年(1484)进士,历许州知州、户部员外郎、江西提学副使、右副都御史、户部左侍郎、南京礼部尚书等职,卒赠太子太保,谥文庄。其人守道力行,尝曰:"我愿为真士大夫,不愿为假道学。"任职江西期间,修白鹿洞书院学舍,深得学者之心。正德中,以忤刘瑾被勒致仕,瑾诛后,重得升迁。邵宝受知于李东阳,诗文典重和雅,以东阳为宗。又家富藏书,勤于观览,著述甚丰,《四库全书总目》著录其《左觽》、《学史》、《简端录》、《大儒奏议》、《慧山记》、《漕政举要》、《容春堂集》七种著作。又有《杜律抄》二卷,旧藏天一阁,已佚。今尚传其《分类集注杜诗》一书,或以为是伪作。

阮元《天一阁书目》著录:"《杜律抄》二卷,刊本,明无锡邵宝抄,姚九功校。"晁瑮《宝文堂书目》著录作"《邵二泉七言杜律抄》"。钱谦益《绛云楼书目》作《邵二泉抄杜七言律》,钱曾《述古堂书目》作《抄杜七言律》。黄虞稷《千顷堂书目》作《杜诗解》。已佚。

杜诗七言律　二卷　[明]邵宝撰

邵宝，生平事迹见上《杜律抄》介绍。

今日本东洋文库藏有明嘉靖三十年(1551)刊本，二册，题“邵宝集注，姚九功校。”杨慎《升庵诗话》卷六“东阁官梅”条云：“近日邵文庄宝，乃手抄其注(指伪苏注)入《杜诗七言律》刻行，岂不误后学耶？伪苏注之谬，宋世洪容斋、严沧浪、刘须溪父子，马端临《经籍考》，皆力辨其谬，而文章巨公如邵文庄者，乃独信之，其尺有所短乎？”此本应是坊刻伪书。邵宝有《杜律抄》一书，录杜甫七律，《天一阁书目》著录，不言其有注。坊贾遂杂取诸家注，其中亦含伪苏注，刻成此本，并托邵宝之名以炫利。经杨慎指斥后，书渐不传。

分类集注杜诗　二十三卷　[明]邵宝撰

邵宝，生平事迹见上《杜律抄》介绍。

《分类集注杜诗》二十三卷，编次上先分体，后分类，诗体以五古、七古、歌行、五绝、七绝、五律、七律为序，五言排律、七言排律分别附于五古、七古之后，亦有古、律参互者；每体之中再按内容分类，共有纪行、述怀、怀古、时事等五十三类，大抵仿徐居仁《集千家注分类杜工部诗》之例，然其分类颇有紊乱混杂之处。是书共收杜诗1449首，另因将严武、郭受赠杜甫诗各一首误作杜诗而一并收入。其注释体例较为周详，诗题后有题解，简言作诗时地，略陈时代背景，或简介题中人物；正文句下注明难字读音或诗句异文；注释置于篇后，低一格另起行，先标示“赋”、“比”、“兴”体例，继逐一笺释诗中典故词语，最后串讲诗篇大意。其注释融会千家注，而以己意出之，故不标名姓。是书有明万历二十年(1592)三吴周子文校刊本，卷前有王穉登序及周子文序，周序末署“万历壬辰之秋九月既望”，则此书应即初刻于万历二十年。1974年台湾大通书局据此本影印《杜诗丛刊》本，扉页误标为“万历二十三年”。丁丙《善本书室藏书志》著录此初刻本，名作《杜少陵先生分类诗注》；日本《宫内省图书寮汉籍善本书目》亦录此初刻本，名作《杜少陵先生诗分类集注》。又《韩国所藏中国汉籍总目》载韩国精神文化研究院、高丽大学、雅丹文库、延世大学均有此周子文校刊本，然皆为残本，名作《刻杜少陵先生诗分类集注》。丁丙录其为二十卷，梁一成《杜工部关系书目》云：“南京国学图书馆藏本为二十卷，缺末三卷，为丁氏八千卷楼旧藏，见于《善本书室藏书志》。”则丁丙所藏为残本。又日本《宫内省图书寮汉籍善本书目》言卷前有王穉登序及邵宝自序，今见版本及其它书目均无自序之说，邵宝《容春堂集》中亦无此自序，不知此日本书目有何依据。韩国高丽大学所藏之残本又有万历五年(1577)闰月望日新都汪道昆序，亦不见于他本。此书版本较多，另有清康熙五十八年(1719)新安洪士桂重刻本，此本首载周序，次为过栋序，然文字与王序悉同，再次为洪氏序；又有清金陵读书堂刻本，版式与洪氏本同，刊行年月不详；日本后西天皇明历二年(清顺治十三年,1656)京都衣棚通据万历二十年刊本重刊本，由日人鹈饲信之等训点；后西天皇宽文二年(康熙元年,1662)吉田大郎兵卫又摘其绝句部分刊《刻杜少陵先生诗集注绝句》二卷，后大坂河内屋德兵卫又曾覆刊；韩国光海、仁祖年间训监字本，名作《杜少陵先生诗集抄》。此书之真伪，颇受人怀疑，洪业、程千帆及日本学者森槐南等均曾撰文以辩其为赝品。洪业在《杜诗引得序》中列举此书之数条弊端，认为邵宝是一代巨儒，不至如此浅陋，并云：“况书之出版乃在宝卒后六十五年，所载宝序又不见于宝集中，业故疑其出于伪托也。”周采泉《杜集书录·内编·全集校刊笺注类三》则云：“窃疑此书出于周氏及过栋之手，王穉登之序亦为校刻者所托名者。”然洪业又云：“虽然，其所为全诗讲解，亦煞费苦心，照应弥缝，时亦灿然成篇，便于初学，故历久而人不知其伪。”清初张缙彦亦谓：“古今注杜者，有赵氏、虞氏数十家，独邵氏二泉颇简实有据。”(《杜诗分类全集序》)故此书即使为伪作，仍不失为明人注杜之重要版本。且曾流播域外，影响甚大，后世多有征引。

杜少陵七律分类　二卷　［明］过栋、邵勋同撰

过栋，字汝器，号最木。明无锡(今属江苏)人。与同乡邵勋合撰《杜少陵七律分类》，又曾笺校邵宝《分类集注杜诗》。

邵勋，字彬侯。明无锡(今属江苏)人。庠生，与同乡过栋合撰《杜少陵七律分类》，又曾校万虞恺所刊《李杜诗集》。

《杜少陵七律分类》，二卷，清王闻远《孝慈楼书目》著录。未见。

杜诗质疑　［明］周旋撰

周旋，字克敬，浙江慈溪人。明成化二十三年(1487)进士，除南京户科给事转北京兵科给事。时北虏猖獗，旋陈方略，咸中时宜。知州刘逊为宗藩所陷，言者皆系狱，旋上章申救得释。又奏开南旺旧湖，使漕河皆赖其利。又奏罢皇室侵夺之各营牧地。在科九年，屡上疏，论事剀切。后出为广东参议，计平苏孟剀之乱。旋性好学，虽仕途倥偬而手不释卷。著有《西溪小稿》、《东湖十咏》、《广西通志》及《杜诗质疑》等。生平事迹见万斯同《明史》(列传之部)卷二百四十七、曹溶《明人小传》卷二、《(光绪)慈溪县志》卷二十七《列传四》、朱彝尊《明诗综》卷二十五等。

《杜诗质疑》，清黄虞稷《千顷堂书目》、《(光绪)慈溪县志·艺文志》著录。已佚。

四节记·杜子美曲江记　［明］沈采撰

沈采，字练川。明嘉定（今属上海）人。生平不详，约生活于明成化前后。工作曲，吕天成《曲品》称其“名重五陵，才倾万斛”。著有传奇《千金记》、《四节记》、《裴度香山还带记》、《临潼记》等。

《四节记》，《八能奏锦》又题作《四游记》。乃敷演四名人在春夏秋冬四节之故事，一人一节一景，春为《杜子美曲江记》，夏为《谢安石东山记》，秋为《苏子瞻赤壁记》，冬为《陶秀实邮亭记》。清黄文旸《曲海总目提要》（人民文学出版社 1958 年版）卷十七著录此剧，并云：“因少陵《曲江》诗，有‘典衣’、‘尽醉’之句，故标其事而增饰成之也。剧云，天宝十三载，杜甫奏赋三篇，授集贤院待制，迁左拾遗。与礼部贺知章、翰林李白，共诣曲江游乐。甫与黄四娘旧好，四娘居曲江头万花村，三人因就饮花下。寻避安禄山之乱，甫依节度使严武于蜀。四娘亦他徙，依杜韦娘以居。甫在蜀时，知章、白亦同流寓，相与造甫，登台览古。严武亦来访，报李猪儿已刺禄山。于是甫与贺、李，同归京师。四娘亦偕杜韦娘，返曲江旧宅。甫寻夙好，复与贺、李诣饮，用相欢庆云。”今已无全本传世，仅散见于《醉怡情》等书，《明清传奇钩沉》辑有佚曲一支。吕天成《曲品·旧传奇》著录，并云：“此作以寿镇江杨相公。初出时甚奇。”“一记分四截，是此始。”故其在戏曲发展史上有特殊地位。

杜子美酤酒游春　［明］王九思撰

王九思（1468—1551），字敬夫，号渼陂，鄠县（今陕西户县）人。《明史》有传。弘治九年（1496）进士，由庶吉士授检讨。正德初，依附宦官刘瑾，官至吏部郎中。瑾败，贬寿州同知，旋勒令致仕。九思与李梦阳、何景明等并称"前七子",著有《渼陂集》。诗文之外,尤长于散曲、杂剧。

《杜子美酤酒游春》,杂剧,《今乐考证》著录。收入《盛明杂剧》二集。远山堂《剧品》作简名《酤酒游春》,《读书楼目录》作《曲江春》。剧写诗人杜甫闲居长安,质典朝服到曲江池饮酒游玩,遇诗人岑参,岑请杜同去鄠县渼陂庄游赏。最后以使臣宣杜甫入朝加官,杜甫力辞不就作结。剧本反映了失意文人的隐逸思想。钱谦益《列朝诗集小传》丙集王九思小传云:"敬夫之再谪以及永锢,皆长沙秉国时,盛年屏弃,无所发怒,作为歌谣及《杜甫春游》杂剧,力诋西涯。流传腾涌,关陇之士,杂然和之。嘉靖初,纂修实录,议起敬夫,有言于朝者曰:'游春记,李林甫固指西涯,杨国忠得非石斋,贾婆婆得非南邬耶?'吏部闻之,缩舌而止。"则此剧当时被视作影射李东阳等的剧作。

杜陵花 [明]阙名撰

传奇。《今乐考证》、《曲考》、《曲海目》、《曲录》皆著录。已佚,本事不详,疑与杜甫有关。

杜少陵集 十卷 [明]张潜编,宋灏校刻

张潜(1472—1526),字用昭,自号东谷。岷州(今甘肃岷县)人。少颖秀,八九岁能日记数千言,口占诗对如流,稍长为文有奇语。从李东阳受《尚书》,为李激赏。弘治九年(1496)进士,授户部山西司主事,以廉而能为尚书所称,秩满三年,吏部考绩上上,擢员外郎。以丁父忧归,起改礼部仪制司员外郎,后擢精膳司郎中。正德四年(1509)升广平府知府,逾五年,起擢山东左参政,明年,以谮罢官西归。晚定居华州,常与武功康海游,纵情山水以终。曾编《杜少陵集》十卷。生平事迹见王九思《山

东布政司左参政张公潜墓志铭》(焦竑《献征录》卷九十五)、曹溶《明人小传》卷三、过庭训《本朝分省人物考》卷一百三、朱彝尊《明诗综》卷四十四等。

宋灏,字孟清,山西博士,广平府判官。

《杜少陵集》,成都杜甫草堂今存其残本,为明正德七年(1512)刻本,半页十行,行二十字或二十一字。单边,白口,无鱼尾。版心上端题卷数,下端题页数。卷前王云凤序,半页七行,行十四字。其云:"广平太守张侯用昭,以子美集刻者虽多,然或以所历之地为类,或以所命之题为类,观者卒难得其各体之全;其释事、释文、补遗、补注诸书,收擥纷哤,未易寻省。乃以诗体分为八,为子美作者附录诗后,文又附其后,尽去其注为卷十,每卷各著其目于首。判府宋君孟清实订讹焉。子美集斯明白矣。"(此序又见黄宗羲《明文海》卷二四五,文字稍有不同。)张潜正德四年任广平知府,在任五年,此集正成于其广平任上。王序所言"以所历之地为类"编次,实差近编年,而张潜编定杜诗,既厌编年,复厌分类,独尚分体,是编前八卷按分体录杜诗,卷一、卷二为五古,卷三七古,卷四绝句,卷五、卷六五律,卷七五排、卷八七律、七排,卷九附录他人"为子美作者",共十五首。卷十录杜甫之文。其编次毫不以时之先后为意,如五古,起于《北征》,而他集多列为第一首的《游龙门奉先寺》一诗,则列于第九十首。此集为白文无注本,校订甚精,邵章《四库简明目录标注》引缪艺风语云:"此本最不易见,殊处甚多。"然误此本为宋吴若本。傅增湘《藏园群书经眼录》亦著录此书,傅氏按语云:"此书罕见,字体疏古,颇有雅致。"

杜诗辩体 [明]潘援撰

潘援,字匡善,号东厓。景宁(今属浙江)人。《(民国)长乐县志·列传一》潘援本传谓其于弘治十三年(1500)以举人署长乐教谕事。能均视诸生,绝无厚薄低昂之态。睹其风仪,聆其议论者,乐于亲近,如在春风和气中。器识完粹,笃于经学。《(乾隆)泉州府志·名宦二》潘援传则谓其正德五年(1510)教授泉州,性洁而介,有文誉,教诸生,随材成就,濯新振发,直欲趋乎道而后已。历升国子监丞,为祭酒所重,升中书舍人,以老致仕。著有《东厓集》。

《杜诗辩体》,周采泉《杜集书录·内编·辑评考订类三》谓:浙江图书馆藏抄本《重修浙江通志稿·著述》第四十六册著录,未见。

和杜集　一卷　[明]何晋撰

何晋,字石川,龙游(今属浙江)人。明弘治十七年(1504)举人,官通判。著有《虫技集》、《寓蒲集》、《和杜集》等。

《和杜集》一卷,清黄虞稷《千顷堂书目》著录,《(乾隆)浙江通志·经籍十·集部三》据《万历龙游县志》亦著录。已佚。

杜诗便览　[明]钱贵撰

钱贵(1472—1530),字元抑,长洲(今江苏苏州)人。《明史》有传。五代吴越武肃王之后。弘治十一年(1498)举人,正德十六年(1521)选太常寺典簿。贵性端直,嘉靖初论劾中官萧敬贪饕不法,又集王振、曹吉祥、刘瑾事,著《三患传》上之。大礼议起,因明职掌笾豆之数,乘间论列,会议礼者皆得罪,遂乞归,进鸿胪寺丞致仕。其学务综博,尤属意于性命之学,归乡后益集诸生讲明其说。著有《易通》、《读史例馀》、《骚经标注》、《太常都编》、《吴越纪馀》。

《杜诗便览》,《(同治)苏州府志·艺文志》、《(民国)吴县志·艺文志》著录。文征明《甫田集》卷三十《明故鸿胪寺寺丞致仕钱君墓志铭》录作《杜律便览》。

杜诗类集 [明]姚鸣凤撰

姚鸣凤,字景阳,莆田(今属福建)人。正德十二年(1517)进士,授南京太常博士,拜南京浙江道御史。后以事罢归,惟图书数簏。归乡闭门读书,以经术课诸子侄。著有《杜诗类集》。生平事迹见何出光《兰台法鉴录》卷十四、《(光绪)莆田县志》卷十九。

《天一阁书目》著录:"《杜诗类集》二册,刊本,明闽人姚鸣凤集,戴金序称:是编姚侍御、李父台、史少云分门析句,撮其警语类萃成帙。"当是摘句一类。

杜律训解 二卷 [明]张孚敬撰

张孚敬(1475—1539),原名璁,字秉用,号罗峰,永嘉(今属浙江)人。《明史》有传。正德十六年(1521)进士,以迎合世宗朱厚熜尊生父兴献王为皇帝事,得帝欢心,不次擢用。嘉靖十年(1532),以名犯御讳,请更,乃赐名孚敬,字茂恭。为人廉明果敢,然心性偏狭,先后历南京刑部主事、兵部左侍郎、礼部尚书、吏部尚书等职,官至大学士,卒谥文忠。有《喻对录》、《奏对录》、《保和冠服图》、《张文忠公集》。

《杜律训解》二卷,明代颇为风行,今已佚。明赵琦美《脉望馆书目》著录:"张罗峰《杜律释》。"晁瑮《宝文堂书目》著录:"《杜诗释义》,张罗峰注。"不著卷数。黄虞稷《千顷堂书目》著录:"张璁《杜律训解》,二卷。"书已佚,但尚有张氏《杜律训解序》、《再识》及《进〈杜律训解〉疏》存于《张文忠公集》中,故应以《杜律训解》为是。据自序及《再识》,此书是以元张性《杜律演义》为底本的杜甫七言律注本。其进呈疏曰:“臣窃谓古诗自三百篇以后,其存忠君爱国之心者,惟唐杜甫之诗,而甫诗之尤精者,惟七言律诗。臣昔年于书院中,尝因注家多失其意,愚不自揣,略为训解,近托梓刻,以便抄誊。”则此应作于张氏中进士之前,明代应有刻本。张氏注解仇注有引,邵傅《杜律集解》所引更多,其《凡例》云:“罗峰统合诸家,考证详实,而注义略陈。”可见明人颇重此书。

杜律选注　二卷　[明]萧鸣凤撰

萧鸣凤(1480—1534),字子雝,山阴(今浙江绍兴)人。《明史》有传。正德九年(1514)进士,授监察御史,督学南畿,与前御史陈选并称“陈泰山,萧北斗”。嘉靖初,迁河南副使,仍督学政,调湖广兵备副使,改广东提学副使。一生三督学政,廉无私,然性刚狠,学者称静庵先生。著有《静庵诗录》、《文录》、《萧鸣凤文集》十五卷等。编有《海钓遗风集》四卷。

所著《杜律选注》二卷,清黄虞稷《千顷堂书目》著录。明徐象梅《两浙名贤录》、《(乾隆)浙江通志·人物五·儒林中》录作《杜诗注》。

批点杜诗　[明]郑善夫批点

郑善夫(1485—1523),字继之。明闽县(今福建闽侯)人。弘治十八年(1505)进士。连遭内外艰,正德六年(1511)始为户部主事。以嬖幸用事,愤而告归。起礼部主事,进员外郎。武宗将南巡,偕同列切谏,杖于廷,明年力请得归。嘉靖改元,用荐起南京刑部郎中,未上,改吏部。行抵建宁,便道游武夷九曲,风雪绝粮,得病卒。《明史》有传。有《郑少谷集》。善夫作诗,力摹少陵。他充分肯定,并积极继承杜诗“善陈时事”的现实主义精神，也极力赞扬杜诗所取得的伟大成就，其《叶古厓集序》云："杜诗浑涵渊澄，千汇万状，兼古今而有之，他人不足，彼乃有馀。又善陈时事，精深至千言不少衰。世之学者，劬情毕生，往往只得其一肢半体，杜亦难哉！"但他对杜甫也有严厉的批评。

《焦氏笔乘》卷三"评杜诗"条云："余家有郑善夫《批点杜诗》，其指摘疵纇，不遗馀力，然实子美之知己。馀子议论虽多，直观场之见耳。尝记其数则：一云：'诗之妙处，正在不必说到尽，不必写到真。而其欲说欲写者，自宛然可想，虽可想而又不可道，斯得风人之义。杜公往往要到真处尽处，所以失之。'一云：'长篇沉著顿挫，指事陈情，有根节骨格，此杜老独擅之能，唐人皆出其下。然诗正不以此为贵，但可以为难而已。宋人学之，往往以文为诗，雅道大坏，由杜老起之也。'一云：'杜陵只欲脱去唐人工丽之体，而独占高古，盖意在自成一家，不肯随场作剧也。如孟诗云"当杯已入手，歌伎莫停声"，便自风度，视"玉佩仍当歌"，不啻霄壤矣。此诗终以兴致为宗，而气格反为病也。'善夫之诗，本出子美，而其持论如此，正子瞻所谓'知其所长而又知其敝'者也。"郑善夫的确不是肆意妄批者，但他论诗宗明前七子，强调"比兴"、"兴致"，据此批评杜甫，亦不免苛刻。然焦氏所云《批点杜诗》一书未见传本。

杜工部诗通　十六卷　［明］张綖撰

张綖（1487—1543），字世文，高邮（今属江苏）人。幼即聪慧能诗，稍长论学，为王阳明所称。正德八年（1513）举人，授武昌通判，专督郡赋。令有系民催赋者，綖使放归，十邑之民感惠而争纳赋，政声茂著，擢光州知州。时岁凶民饥，请上官赈之，得谷数万石，民活者甚众。尤加意学校，生徒德之。述职如京师，光州民众皆望其复来。以湖南藩臬之谮，辞官归乡，隐于高邮武安湖,湖亦称南湖,綖故自号南湖居士。建草堂,储诗书数千卷,昼夜苦读不已,直至目坏而犹令人诵而听之。綖为诗文操笔立就,尤工于长短句,著有《南湖诗集》、《诗馀图谱》及《杜工部诗通》、《杜律本义》。生平事迹见曹溶《明人小传》卷二、《(道光)高邮州志·政事》、钱谦益《列朝诗集小传》丙集、朱彝尊《明诗综》卷三十七、《明词综》卷三等。

《杜工部诗通》十六卷,卷前有江西布政使侯一元序、一元弟侯一麟小序、綖子张守中题记,卷末有张鸣鸾跋,均为隆庆壬申作,是知此书初刻于隆庆六年(1572)。据张守中题记,此书乃以元范梈《批选杜诗》为底本,然所选杜诗较范批311首外尚多三十馀首;范批本编次上先分体后编年,此书不分体,只据作年编次。各卷首标以"某某年间所作",然后逐首注其作年,难以确断作年者,则不注年月,酌情列于相应位置。其态度通达而审慎,对前人编年之错误,多有辨正。其注解先于每首诗题后作简要题解,次于诗后解释典故、字词,串讲诗意,间或分析章法句法,偶有标"赋也"、"比也"、"兴也"者。长诗则分段落,以"节"标之。《四库全书总目·集部·别集类存目一》著录此书,书名作《杜诗通》,谓其"颇能去诗家钩棘穿凿之说,而其失又在于浅近。"然其所论亦不乏独会于心,颇足观览处,故后世注杜者多有征引。1974年台湾大通书局据明隆庆六年刊本影印《杜诗丛刊》本。

杜律本义　四卷　[明]张綖撰

张綖,生平事迹见上《杜工部诗通》介绍。

《杜律本义》四卷,是书以张性《杜律演义》为底本,共收录杜七言律诗151首,篇目、总数亦与张本相同。惟《杜律演义》分类编次,是书则为编年本。卷前张綖《杜律本义引》曰:"杜少陵虽称诗史,而沉郁顿挫,感人于言意之表,是其自负。说者乃谓其句句字字咸有意藏焉,则牵合傅会而非其本意者多矣。夫释诗之病,舛误者其失易知,牵会者其失难辨,将使初学之士惑焉,此予于杜律所以僭为之本义也。"则张綖此注,意在纠正旧注之穿凿附会,以恢复杜诗本意,故其所释杜律简明平直,虽然能使其文意连畅,然于杜诗之深刻内涵少有挖掘,故《四库全书总目·集部·别集类存目一》谓其"大抵顺文演意",与《杜工部诗通》"均不能窥杜之藩篱也。"所言虽无错误,却不免苛刻,其实是未解张綖之特殊用心。两书体例一致,笺释亦大致相同,《杜律本义》应早成书。据是书卷末张綖子张守中《杜律本义后序》所记,知其初刻于嘉靖十九年(1540),后版毁于光州,隆庆六年(1572)张守中又将此书与《杜工部诗通》一并刻于浙江温州官署。卷前有张綖《杜律本义引》,卷末又有綖弟张绘跋。1974年台湾大通书局据之影印《杜诗丛刊》本,附于《杜工部诗通》后。

少陵纯音 十卷 [明]南大吉撰

南大吉(1487—1571),字元善,号瑞泉,渭南(今属陕西)人。正德六年(1511)进士,历官户部主事、员外郎、郎中、绍兴知府。幼颖异知学,稍长治《礼》,兼通《易》。初以古文鸣世,入仕尚友讲学,探讨日邃,为群僚所推。与人和而有容,当官任事则毅然有执,所至多有善政。绍兴知府任上建书院、修水利、决冤狱,后以事罢归,绍兴士民垂涕若失父母。归构书院以教四方来学之士。著有《瑞泉集》、《绍兴志》、《渭南县志》。生平事迹见《绍兴府知府南大吉传》(焦竑《献征录》卷八十五)、曹溶《明人小传》卷二、过庭训《本朝分省人物考》卷一百零四、朱彝尊《明诗综》卷三十四、黄宗羲《明儒学案》卷二十九。

《少陵纯音》十卷，黄虞稷《千顷堂书目》著录。已佚。

杜诗选　六卷　[明]杨慎批选

杨慎(1488—1559)，字用修，号升庵，新都(今属四川)人。《明史》有传。正德六年(1511)举进士第一，授翰林修撰。世宗立，充经筵日讲官。大礼议起，慎因极谏，被下诏狱，廷杖，削籍，遣戍云南永昌卫。年近七十始还蜀。天启中，追谥文宪。杨慎少即聪慧异常，十一岁能诗，受业于李东阳门下。后因贬谪云南，日多闲暇，于书无所不览，其记诵之博，著作之富，明代推为第一，"计平生所叙录不下二百馀种"(《四库全书总目》)。有《杨升庵集》八十一卷。其《升庵诗话》、《丹铅总录》等著作中有许多杜诗学内容，涉及字句典故考证、旧注版本辨正、理解评价杜诗，甚而如何认识杜甫的某些观点等多个方面，其间精见卓识不胜枚举。

《杜诗选》六卷，为明闵映璧所刻《李杜诗选》之杜诗编，《四库全书总目》著录，并谓"杜甫诗凡二百四十馀首，前后无序跋。多载刘辰翁及慎评。"而今传之天启乌程闵映璧朱墨套印本，则卷首有闵氏草书《杜诗选》序；次为目录，共选诗二百六十四首，略为编年。序跋及收诗情况均与《四库全书总目·集部·总集类存目二》所记有异。是本各卷首及版心题"杜诗选"，半页八行，行十八字，行间有圈点，又有双圈、单圈之别。书眉及句下有刘辰翁评及杨慎批注，刘评较多，杨慎之批注，有与《升庵诗话》重复者，然较《升庵诗话》简略。闵序谓"我朝杨太史用修阅而批骘之，才致所关，俱经拈出，偶一寓目，辄欲搔首问天，是少陵之神得诗以传，诗之神复得用修以传。"给予杨批极高评价。1974年台湾大通书局据天启闵氏刻本影印《杜诗丛刊》本。

杜诗选　八卷　[明]闵映璧集评

闵映璧，字朝山，明吴兴(今浙江湖州)人。曾刊刻《李杜诗选》。

所录以刘辰翁、杨慎两家批语为多。无序跋。闵其伋刊刻，有万历、崇祯间朱墨套印本，今藏上海图书馆。半页八行，行十八字。

李杜全集　八十四卷　[明]鲍松编

鲍松，明人。生活于正德前后。

《李杜全集》八十四卷，包括《李翰林集》三十卷，《杜工部集》五十卷、《外集》一卷、《文集》二卷、宋赵子栎撰《年谱》一卷。明正德八年(1513)自刻本。半页十行，行二十字，白口，四周单边。现藏上海华东师范大学图书馆。一本有清丁耀亢跋，藏上海图书馆；一本有清赵烈文批，藏山东省图书馆。

杜工部诗　八卷　[明]许宗鲁编刻，陈如纶同辑

许宗鲁，字东侯，一字伯诚，号少华，又称思玄道人、青霞道人。明咸宁(今陕西西安)人。正德十二年(1517)进士，改庶吉士。历监察御史、湖广按察佥事副使、太仆少卿、副都御史等职。能诗工书，著有《少华》、《陵下》、《辽海》、《归田》等集。好刻书。生平事迹见万斯同《明史》卷三八八、曹溶《明人小传》卷二、朱彝尊《明诗综》卷三六等。

《杜工部诗》，有嘉靖五年(1526)刻本，白文无注，清阮元《天一阁书目》著录。今成都杜甫草堂博物馆藏有此刻残本，仅存一、六两卷。半页十二行，行二十二字，白口单边，版心下有“净芳亭”三字。卷前有许氏自序，其略云：“余读杜子美诗，见其有三变焉：盖初作多精丽，中作多雄浑，而晚作特放逸也。岂

血气之所为邪？然其用字以饰辞，陈事以载故，则终始有不异者。乃东都以前，齐鲁、吴越、赵卫、梁宋诸作，亡失不存，兹又斯文之遗憾矣！予刻是编，类析其体，而取次于编年，选辞辨格者，庶有所宗云尔。”其编次分体又编年。后邵勋编《唐李杜诗集》，杜集即翻刻此本。

拟杜诗　四卷　［明］陈大濩撰

陈大濩，字则殷，明长乐（今属福建）人。正德十六年（1521）进士。先授上虞知县，抑巨室，伸单弱，豪贵毁诸上官，寻调光山。故事，光山民调役他县，饥年亦不免。大濩抗词争曰："天降灾于下邑，奈何又重之以虐？孳民之道也。"台使无以难，寝其役用，荐行取入京。奸人中以上虞事，诸同征者率补御史、给事，而大濩得隰州知州。复为巡盐御史所劾。然大濩甫至，已捐四门榷税，廉声大起。吏部为格御史章，迁思恩府同知。俄归，行李萧然。以教授里中儿自给，先后邑令数造请不能得也。抗倭名臣朱纨巡视闽中，愿一见，竟辞谢，纨叹息去。著有《诗经义》四卷、《春秋管见》、《四书□义》四卷、《双溪集》、《双拙稿》四卷、《拟陶诗》四卷。生平事迹见《（民国）长乐县志·列传四》、曹溶《明人小传》卷二十四、朱彝尊《明诗综》卷三十七、陈田《明诗纪事》戊签卷十四。

又有《拟杜诗》四卷，清黄虞稷《千顷堂书目》著录。《（民国）长乐县志·艺文志》、《（民国）福建通志·艺文志》亦著录。

杜律心解　［明］刘瑄撰

刘瑄，明太仓（今属江苏）人。嘉靖时人，尝为诸暨尉，以谗罢。著有《杜律心解》。

《杜律心解》，王世贞《弇州四部稿》卷六十六《刘诸暨杜律心解序》著录，并云："余束发游学士大夫，遇关中王先生允宁为杜氏近体，抗眉掀鼻，鼓掌击节，若起其人于九京而与之下上，既赏其美，又贺其遇，然至读所谓解，盖精得夫开阖节辏照映之一端，正倒插之二法。而余里中老人刘诸暨间与为杜，甚乃捻鼻酸楚，读不能篇，而时呜咽赞一语，涕洟滂淫下，或愤厉用壮，挥如意，击唾壶尽缺。既间出其书读之，往往纵吾偏至之锋，以抉其所繇发之秘。吾意至，而彼志来，而不务为刻凿，以求工于昔人之名称杜者，庶几孟氏所谓矣夫。杜氏之去《三百篇》固近，至于生贫贱而食肮脏，终始孰祸难大要雅颂之和平，不胜其变风之愮激。今王先生用丈显廊庙，而老人困诸生久，释褐仅得一尉，以谗罢，贫病且死，其于所从逆而入可知也。老人之尊杜氏诗，极以为古无匹者，而不能不有所弹射，间为之雌黄窜易。虽以余不自量，亦窃骇其狂，然竟无以难之也。老人名瑄，其称诸暨，则尝为其邑尉云。"已佚。

杜工部诗选　六卷　［明］王寅撰

王寅，字仲房，一字亮卿，小字淮孺，自号十岳山人，歙县（今属安徽）人。约生活于明弘治、嘉靖间。少即负气，以高才为诸生祭酒，弃去不顾。北走大梁，问诗于李梦阳，不遇。从少林僧扁囤习兵杖，得其术十之五六，归而尽破其产，辞家远游，遍历天下名山，冀求不死之药。又喜王霸大略，与人谈不可一世，历参胡宗宪、戚继光等幕，然皆未究其用。中年习禅，事古峰禅师。年八十馀卒。寅实一振奇人也，生平感慨，一泄于诗，著有《十岳山人集》四卷、《王仲房集》四卷。钟惺为刻其集，今不传。曾辑新安诗曰《秀运集》，并撰《杜工部诗选》六卷。生平事迹见王兆云《皇明词林人物考》卷十一、曹溶《明人小传》卷三、朱彝尊《明诗综》卷四十九、钱谦益《列朝诗集小传》丁集中等。

《杜工部诗选》六卷,署“大明新安淮孺王寅选,左华闵朝山校刊”。半页九行,行十六字。白口,左右双边。白文,多无注,间有小字双行注,亦极简略。共收杜诗662首,其中卷一收乐府15首,五古54首;卷二,七古84首;卷三,五律251首;卷四,七律116首;卷五,五排53首,七排3首;卷六,五绝9首,七绝77首。是书系明刊本,虽注文无多,然版本传世极罕。

杜律解 [明]徐楚撰

徐楚,字世望,号青溪,明严州淳安(今属浙江)人。嘉靖七年(1528)进士,授工部主事,转郎中,除辰州守,升广西副使,复补云南屯田副使,官终四川布政司参政。楚明敏有才干,所至颇有政绩,末以忤当要免归,年九十一卒。《四库全书》收录其所编《清溪诗集》。另著有《吾溪集》、《蜀皐小志》。生平事迹见曹溶《明人小传》卷三、《(光绪)淳安县志·人物志一·循吏》、朱彝尊《明诗综》卷四十二。

《杜律解》,《(乾隆)浙江通志·经籍十二·集部五》引《(万历)严州府志》著录。未见。

杜少陵诗注 [明]邵濬撰

邵濬,字怀源,号象峰,太平(今属浙江)人。嘉靖七年(1528)举人。任崖州知州,岁饥,不待民请既发仓赈济,州民生为立祠。旋改知河池州,逼近南丹、那地、东兰三土州,孚以威信皆欣然奉约束。升德府长史,缉古贤王言行可为法者,名《训志录》进之,王嘉纳。后乞归扫墓,王赠诗相别。著有《陈伯玉诗注》。生平事迹见《(嘉庆)太平县志·仕进》、《(光绪)台州府志·经籍志》、《(民国)浙江通志·经籍志》。

又有《杜少陵诗注》,《(乾隆)浙江通志·经籍十二·集部五》引《太平县志》著录,《(嘉庆)太平县志·艺文志》作《杜诗注解》。

杜律　[明]陈如纶选

陈如纶(1499—1552),字德宣,号午江,太仓人。嘉靖十一年(1535)进士。知侯官县,摘奸发伏,一县神之。官至福建布政使参议。所至以清介著。致仕卒。有《冰玉堂缀逸稿》十卷、《兰舟漫稿》一卷。曾与许宗鲁同辑《杜工部诗》八卷。生平事迹见朱彝尊、王昶《明词综》卷三。

《杜律》,有嘉靖十四年(1535)刻本,白口,半页十行,行二十字,版心下方有"紫微精舍"四字。前有陈氏自序云:"杜少陵诗足嗣风雅正响,凡注家谓其句有攸据,意有攸寓,旁质曲证,匪泛即凿,俾读者心目徽纆,莫不了了也。然杜虽思闲而绪密,语迩而旨函,所以言旨者唯此理耳。以意逆志,以我观理,则人已同题,古今一揆,随其所见各有得矣,讵资注?乃因杜律虞赵本抄得五言二百四十首,七言一百五十章,厥注皆削焉。於乎!天下之学敝于注诂,岂唯杜哉!岂唯杜哉!予懵亦罔敢议也。嘉靖乙未(1535)九月望日。"可知,此本为杜律五言赵注和七言伪虞注的白文本。今上海图书馆藏有此本,周采泉称"写刻极精,确为嘉椠"(《杜集书录·内编·选本律注类一》)。

杜律注解　二卷　[明]黄光升撰

黄光升,字明举,号葵峰,自称懋明子,晋江(今属福建)人。明嘉靖八年(1529)进士,授长兴令,入为刑科给事中。丁内艰,服除,补兵科,出为浙江佥事,三年进佥议。历迁广东副使、四川考政、广东按察使、四川右布政,寻转左。所至颇有善政,在浙时,兴修水利;在粤时,平海寇,整夷市,肃边防。辖蜀藩,编定全省徭籍,进副都御史,仍抚四川。拜兵部侍郎,总制楚、蜀、黔三省,讨叛苗,抚降二十八寨。召入工部,寻进南京户部尚书,复自南京召入为刑部尚书,因与相国高拱不相能,谢职归养。闭门著书,年八十一卒。著有《四书纪闻》、《读易私记》、《读书愚管》、《读诗蠡测》、《春秋采义》、《历代纪要》、《昭代典则》、《陶集注解》、《泉郡志》。生平事迹见雷礼《国朝列卿记》卷五六、一一○、曹溶《明人小传》卷四、《(乾隆)晋江县志·人物志一·列传》、朱彝尊《明诗综》卷六七等。

《杜律注解》只收杜甫七言律122首,分上、下两卷,无目录,编次不分类别,不按年月,殊无伦次。其注解皆在篇末,大多先言作诗时地,然后串讲诗意。对唐之名物、典章、史实多有解释,而于阐发诗歌深意,揭明杜甫心迹处尤有会心之言。是书撰于黄任两浙布政使时,万历四年(1576)由上元(今属南京市)县令林朝介刻印于金陵,是为初刊本,已不传。万历十一年夏镗翻刻于洮阳公署,此重刻本亦极为难得。卷前有方沆《刻杜律注解序》,卷上末录光升子乔栋之识语,后有夏镗跋。

杜律七言五言注　四卷　[明]韦杰撰

韦杰,字谦甫,号南明。《(光绪)重修安徽通志·艺文志》作"章杰",误。建平(今安徽郎溪)人。嘉靖十三年(1534)由选贡授无极县令。以执法触权阉,谪改永平教授,迁北雍学录、永州司理。逾年引退,杜门著书,有《诗经明辨》十卷、《北游草》二卷。生平事迹见《(乾隆)广德州志》卷二一。

又有《杜律七言五言注》各二卷,门人霍韬序并刻印行世。《(乾隆)广德州志》、《(光绪)广德州志》著录。已佚。

浣花溪午日吟　[明]许潮撰

许潮，字时泉，靖州（今湖南靖县）人。师同乡名臣宋以方，博洽多闻。嘉靖十三年（1534）举人，曾任河南新安县令。著有《易解》、《史学续貂》等，又工乐府，著有杂剧《武陵春》、等。生平事迹见《（光绪）靖州乡土志》卷一。

《浣花溪午日吟》，清黄文旸《曲海总目提要》第七卷著录。收入《盛明杂剧》二集。取材于杜甫《饮中八仙歌》，以严武于端午日邀请诸公子游草堂敷衍剧情，故名《午日吟》。然杜诗中无此事，应是附会之作。

唐李杜诗集　十六卷　［明］邵勋编，万虞恺汇刻

邵勋，生平事迹见前《杜少陵七律分类》条介绍。

万虞恺（1505—1588），字懋卿，号枫潭。明南昌（今属江西）人。嘉靖十七年（1538）进士，授无锡知县，擢南京兵科给事中，出为山东参议，历福建副使、湖广按察司副使、山西左布政使、右副都御史，官至刑部右侍郎。所至著政绩，敦朴有行义，不务虚名，人推为长者。生平事迹见王锡爵《刑部右侍郎枫潭万公虞恺墓志铭》（《国朝献征录》卷四六）、曹溶《明人小传》卷三、朱彝尊《明诗综》卷四二等。

《唐李杜诗集》十六卷。有嘉靖二十一年（1542）无锡知县万氏刻本，1974 年台湾大通书局据之影印《杜诗丛刊》本。卷前有李濂《唐李白诗序》、许宗鲁《刻杜工部诗序》，次列《新唐书·李白传》、刘全白撰《唐翰林李君碣记》、《新唐书·杜甫传》、元稹撰《杜工部墓系铭》。卷前有总目录，前八卷为李白集，共录赋 8 篇，诗 964 首；后八卷为杜甫集，共收赋 6 篇，诗 1451 首。诗按分体、编年排列，各体又分若干类。书末有邵勋《刻李杜诗后序》及万虞恺《刻李杜诗集序》。清末民初藏书家邓邦述曾购藏此本，并有题记二则，壬戌（1922）十一月记云："《李杜诗》十

六卷，据邵氏后序，知为无锡宰万氏刻本，乃合正德李濂所刊李集、嘉靖许宗鲁所刊杜集而合刻之者，故前载李、许两序。明人好刻古籍，固为可尚，但以同时之人翻刻其所雕之本，已形浅陋，而许刻杜诗，既分体又分类，乃至《秋兴》、《咏古》诸作，忽而入于宫词，忽而入于时令，忽而入于陵庙，忽而入于怀古，割裂支离，则又陋之陋者。宗鲁在嘉靖时颇能刻书，而好用古字，由此观之，殆真乡里之陋儒矣。万氏不知表章古籍，顾取此刻翻之，其不足垂可知。"然邓氏所购者为曹彬侯手校本，彬侯，名炎，常熟藏书家。书中曹氏手录白居易《读李杜诗集因题诗后》及贯休（实为齐己）《读李白集》二诗，又于卷十三首叶钤其藏印，并时有校勘，以小字旁注，故邓氏甲子（1924）三月记又以"可珍"称之。

杜律颇解　四卷　［明］王维桢撰

王维桢（1507—1555），字允宁，号槐野，华州（今陕西华县）人。《明史》有传。嘉靖十四年（1535）进士，擢庶吉士，累官南京国子祭酒。为人恃才放旷，常使酒谩骂。其文好司马迁，诗好杜甫，终身服膺效法李梦阳。有诗文集《王氏存笥稿》二十卷。

世传其《杜律颇解》四卷，末附《李律颇解》一卷，有明嘉靖三十七年（1588）刊本。首载嘉靖戊午（1588）冬朱茹《刻杜律颇解序》，次张光孝《杜律颇解序》，次"杜律颇解目录"与"李律七言颇解目录"。末有王维桢《李律颇解序》、朱茹《李律颇解跋》。是书收杜甫七律151首，分类编次，其类别、次序、篇目、收诗数与伪虞注，即张性《杜律演义》完全相同。其注释甚为简略，细考之，大率由《杜律演义》削减而来。书末所附《李律颇解》，只收《寄崔侍御》、《登金陵凤凰台》、《鹦鹉洲》、《题东溪幽居》等8首诗，注释只寥寥数语，殊无可观。总之，此书不似王维桢所为，应是他人借王之声名，取张性注，略加削饰而成。

杜律意注 四卷 [明]赵统撰

赵统，字伯一。明临潼(今属陕西西安)人。博学好古，于书无所不窥。嘉靖十四年(1535)进士，知临汾县，迁蒲州守，入为户部郎中。性憨直，中飞语罢归。严生某诬以杀人，太守某与统有睚眦，遂系逮。二十五年，家赀悉散尽，异冤也。年七十五，始白其枉，获释归。垂老手不释卷，著有《骊山集》十二卷、《杜律意注》二卷。生平事迹见《(乾隆)临潼县志·人物》、陈田《明诗纪事》戊集卷十九。

《杜律意注》二卷，是书为《四库全书存目丛书》收录，乃据陕西省图书馆藏清刻本影印。《四库全书总目·集部·别集类存目一》谓其为二卷，《四库全书存目丛书》亦录二卷。然据"凡例"所云，是书应是四卷，共收杜甫七律151首，分为32类。今所录只前二卷，收七言杜律74首，分为纪行、述怀、怀古、寺观、四时等13类。卷前有赵氏自叙及"凡例"六条；次为分韵，即按韵分列诗目；次为拗体，又分一句二句、三句四句、五句六句、七句八句、句里换字五类，分论杜律拗体诸般情形。《四库全书总目》对是书评价甚低，其云："是编诠释杜甫七言律诗首论拗体，谓为杜之粗律。是全然不解声调者，所诠释亦皆臆度，不甚得作者之意。《凡例》称所见杜诗惟虞注二卷。故虽颇有所校正，而漫无考证。如《崔氏东山草堂》诗以'芹'字为出韵，是未知唐韵'殷'字附'真'不附'文'，至宋贾昌朝乃移之。许观《东斋纪事》、王应麟《玉海》皆可考也。"虽不免苛刻，亦是入木三分之见。如《咏怀古迹五首》其三云："月夜，或当作夜月，刊本误倒耳。以公之细律，必'夜月'方为切对。如'江东日暮云'，亦恐是'暮日'误倒刊云。"《江村》注云："《江村》，通篇是愁怨，但公之善作旁观若适意者然。然其意乃寄言外,首二句言江自抱村而村事颇幽,'幽',言阒寂无可为者。三句是悲己之羁孤不如燕之自如也。四句言己之孤独无与,不如鸥之有群得依倚也。……五六句言妻之休事,儿之废学,徒以棋钓嬉戏遣长日耳。言妻子无所事,正以见己之无事。而又有病,正须药物而求之不得。即太白'苦乏大药资'之谓也。"确有漫无考证,率意臆测之弊。

评选李杜诗 [明]汪旦撰

汪旦,字仲昭,晋江(今属福建)人。嘉靖元年(1522)举人,嘉靖十四年进士。知金溪县,计破县天竺寺僧淫乱奸状,得寺院窖金数万两,有镌湘吴州县字者,则皆僧行剽鄱阳中解京库帑也。事闻,调繁吴江,寻擢贵州道御史。后以言事忤当道归,卒于家。除诗文集外,还著有《黄庭经注》、《道德经注》。生平事迹见何出光《兰台法鉴录》卷十六、《(乾隆)泉州府志·明循绩四》。

《评选李杜诗》,《(乾隆)泉州府志·艺文志》、《(民国)福建通志·艺文志》著录。未见。

杜律七言注 [明]沈啓撰

沈啓,字子由,号江村,吴江(今江苏苏州)人。嘉靖十七年(1538)进士,授南京工部主事,三年调北京刑部主事,历员外郎中,出为绍兴知府,官至湖南按察使副使。沈氏有吏才,在官多有善政,既归,绝口不言官事,筑室仙人山,以著述自娱。博览群籍,凡阴阳、律历、水利之学等,靡不研究。著有《家居稿》、《南北稿》、《西台净稿》、《越吟稿》、《楚吟稿》、《鸡窠岭稿》、《吴江水利考》、《南厂志》、《南船记》、《牧越议略》。生平事迹见王世贞《湖广按察副使沈公啓传》(见焦竑《献征录》卷八八)、王兆云《皇明词林人物考》卷十二、曹溶《明人小传》卷三、过庭训《本朝分省人物考》卷二三、朱彝尊《明诗综》卷四二。

《杜律七言注》二卷,《(同治)苏州府志·艺文志》著录为二十卷,恐系二卷之误。未见。

杜律五言补注　[明]汪瑗撰

汪瑗(？—1565),字玉卿,新安(今安徽歙县)人。诸生,博雅工诗,与王世贞、李攀龙友善。《四库全书总目》楚辞类存目著录其《楚辞集解》、《楚辞考异》、《楚辞蒙引》三书。焦竑所作《楚辞集解》序云:"君既逝之五十年,子文英欲梓行之,以公同好,而属余为弁。"末署"万历乙卯春日",即万历四十三年(1615),则汪瑗当逝于嘉靖四十四年(1565)。另著有《巽麓草堂诗集》。生平事迹见《(乾隆)歙县志·诗林》。

据瑗子汪文英《楚辞集解》跋,汪瑗还有《李杜律注》一书,传世之《杜律五言补注》当是其中一部分。有新安汪文英刊本,首载万历四十二年(1614)潘之恒序,次为目录,再次为汪文英记。据此记可知,是书始刻于万历四十一年,刻成于次年。1974年台湾大通书局据此本影印《杜诗丛刊》本。书名"补注",当为赵汸《杜工部五言赵注》之补充。然赵著仅收杜诗五律261首,汪氏此著则录杜全部五律622首,数量超赵著一倍有馀,且注释详明,规模更非赵著可比。是书编次大略以作年先后为序,注释大体以一句或两句一注,篇末总括诗旨。于典故一般不引出处,而直释典义。于句法章法、转承照应处,论之甚详。征引旧注广博,诸如刘辰翁、司马光、张子韶、赵章泉等人之语尽为引用,《石林诗话》、《蔡宽夫诗话》、《鹤林玉露》、《梦溪笔谈》等诗话、笔记之评论亦时常采用。于赵汸注亦多征引,一般不照录原文,而是加以剪裁。汪瑗此著独用功于杜之五律，且其注解详明切当，对前人注颇多辨正之功，是明代一部较有成就的杜诗注本。

杜律删注　二卷　[明]冯惟讷撰

冯惟讷(1512—1572)，字汝言，号少洲。临朐(今属山东)人。《明史》有传。嘉靖十七年(1538)进士，知宜兴县。坐蜚语，改知魏县。稍迁知蒲州，州多强宗大姓，其政情法兼尽，众咸感服。调扬州府同知，以父丧归。服除，起松江督赋，迁南京户部郎。寻丁内艰，服阙，复补兵部车驾郎，出为陕西按察佥事，备兵陇右，凡五年，边境清谧，四民安业。改河南右参议，迁浙江督学副使。浙士浮靡，到任即与诸生约正文件，敦德行，教化大行。擢山西参政按察使，进陕西右布政，清屯田万馀顷，事闻，赐金币，调江西左布政。核上供磁器浮费，令民亩出一钱雇役，民大感悦，肖像祠之。入觐评骘官属，与太宰廷辩不少依违。事竣，以光禄卿致仕。爱海浮山之胜，筑室其中，专以著述为事。与兄惟健、弟惟敏，及从兄惟重，享声名于齐鲁间。辑《古诗纪》一百五十六卷，与《昭明文选》分辔并驰，均为艺苑所珍。其《风雅广逸》十卷，实前集之别行本。诗文集名《光禄集》，凡十卷，王世贞称其有远致。另有《楚辞旁注》、《选诗约注》、《文献通考纂要》等著作。

《杜诗删注》，书名又作《杜律虞注删》。黄虞稷《千顷堂书目》著录，未言卷数及体例。《成都杜甫纪念馆馆藏杜集书目》著录："《杜工部七言律诗》二卷〔元〕临川虞集伯生注〔明〕临朐冯惟讷汝言删。"则是书乃冯惟讷直接删存伪虞注而成。有明万历四十三年(1615)刻本，卷首有嘉靖十五年(1536)自序，卷末有万历四十三年惟讷孙冯珣跋。

杜释会通　七卷　[明]周甸撰

周甸,字惟治,号亭山,海宁(今属浙江)人。少孤,母孙氏抚教之。长涉经史百家,补弟子员,递举有司皆不合,乃从王文成游,十年得其宗旨。嘉靖十九年(1540)由副榜入国子监,后以子周启祥官至广州知州,赠刑部主事。甸为人至孝,尝为大母吮痈,凡三发三吮。母病,帅诸姬侍起卧三年,出二幸姬以惩怠者。年七十六卒。著有《性学统宗》、《地理纂要》、《唐诗选脉》等。生平事迹见《(民国)海宁州志稿·人物志·孝友》。

《杜释会通》七卷,传世极罕,现仅藏于北京大学图书馆,为海内孤本。明、清二代仅《(康熙)海宁县志》与钱泰吉《海昌备志》予以著录,其它公私书目均未见著录。是书首载周甸同邑吴遵《刻杜释会通序》,据吴序知此书乃周甸卒后由子周启祥刻印,序末署"隆庆辛未孟夏",则此书应即初刻于隆庆五年(1571)。次为周甸《杜释会通引》,署"嘉靖壬戌夏",则此书撰成时间当即嘉靖四十一年(1562)。又录元稹《唐杜工部墓志铭》及《新唐书·杜甫传》。行间及书眉有后人所录王士禄评语。卷前有总目录,共收杜诗822首。卷一首标"开元十四年,公年十五,省亲兖州",下双行小字云:"公父闲为兖州司马,此后年谱一依单阳元所定。"周甸是书虽是据单复年谱编次杜诗,但并非如《读杜诗愚得》逐首编年,逐年编次,亦不陈时事,而是于一个时期的诗作前标注年代及杜甫行迹,有类范椁《杜工部诗批选》。然单谱谬误之处亦有承袭处。是集名《杜释会通》,意即会通诸家注释,故对前人注征引甚多,尤以刘辰翁、赵汸、单复三家为最,王洙、赵次公、蔡梦弼、黄鹤、默翁(俞浙)、伪虞注等亦间引及,皆标以姓氏。周甸虽是博采众家,但征引并不繁杂;时附己意,且不乏新见,故其注释尚称简明切当,仇兆鳌《杜诗详注》、杨伦《杜诗镜铨》均予征引。其弊则在于好言比兴。

杜律测旨 二卷 [明]赵大纲撰

赵大纲,字万举,自号春台子,滨州(今属山东)人。才高学富,文章盖东省,明嘉靖十年(1531)乡试,以亚元得中举人,嘉靖二十年擢进士第,初授滁州知州,后历户部员外郎、淮安知府、河南兵备、山西雁门关副使、江西布政司、左参政等职。隆庆六年(1572)以后去世。有《赵大纲诗集》、《方略摘要》等著作。生平事迹见《(咸丰)滨州志·人物志·文学》、《(康熙)滨州志·选举志·进士》。

《杜律测旨》,有嘉靖二十九年(1550)初刻本和嘉靖三十四年重刻本,但传本仍罕。重刻本卷前有杨上林《读〈杜律测旨〉序》、潘埙序、李元序、赵大纲《〈杜律测旨〉引》。书后有庄莅民《刻〈杜律测旨〉》、黄学准跋、何宗曾跋及林光祖《重刻〈杜律测旨〉跋》。分上、下两卷,无目录,只收杜甫七言律诗,计150首。赵氏引言:"《杜律测旨》者,测其旨意大略如此也。"故其注文甚简洁,不注典故出处,只简释诗意。解诗多从"裨补风化"出发,强调杜甫忠君爱国的思想和有裨世教的道德风范。如释《进艇》,谓其为始怀君臣之忧,终安于父子、夫妇之乐,人纪经矣;释《玉台观》,谓其为高山之观道流淫秽,不欲往从,讽刺严矣;释《张氏隐居》,谓其为识金银之气而不贪,可以达不爱不求之原矣;释《雨不绝》,谓其为小人误国,其忧时之念豫矣。其中有发人未发,深中诗旨者,也有求之过深,失于穿凿者。是书对后世影响颇大,邵傅《杜律集解》多采赵说,仇兆鳌《杜诗详注》、浦起龙《读杜心解》亦多征引。

杜律意笺 二卷 [明]颜廷榘撰

颜廷榘(1513? —1605?),字范卿,明永春(今属福建)人。

嘉靖三十七年(1558)贡生,授九江府通判,以忤当道调太宁都司断事,迁岷王府长史,宾主甚相得。廷榘以诗翰得名,在九江任上游赏庐山、鄱阳湖诸胜,吟咏唱叹,因有"白司马"之称。年七十馀,纵游燕蓟吴越间,每题诗纪胜,名重海内。年九十三卒。著述甚丰,有《楚游草》、《燕南寓稿》、《丛桂堂集》等传世。生平事迹见《(乾隆)永春州志·人物志一·宦业》。

颜廷榘一生服膺杜甫,竭其心力著成《杜律意笺》一书,年八十五始成。颜氏呈书稿于岷王朱运昌,并求序。朱运昌命永春令陈见龙梓之,是为初刻,此本未能流传,康熙六年(1667)廷榘孙尧揆为之重刻。卷前有朱运昌《杜律意笺叙》和颜廷榘《上杜律意笺状》,卷末有万历三十一年(1603)何乔远跋与康熙六年尧揆小识。1974年台湾大通书局据此影印《杜诗丛刊》本,因原本缺颜尧揆小识,误标为明刊本。是书共收杜之七律151首,其注解,于解释字句同时串讲诗意,最末征引典故。何乔远跋谓其笺"先取得杜公一章大指之所在,而不贵以博洽自见,其义约而理明。"评价甚当。其笺解不囿于成见,多出己意。书眉有评语,据何氏跋,知其为朱运昌语。朱评甚简,中多批驳旧注语,尤以虞注为最。颜、朱二人确认虞注为伪作,批之不遗馀力。对刘辰翁之评语,二人则时加征引。

李杜诗选　十二卷　[明]顾明编,史秉直评释

顾明、史秉直,生平均不详。

《李杜诗选》十二卷,包括《李诗选》六卷、《杜诗选》六卷。有嘉靖三十七年(1558)金澜刻本。今藏重庆市图书馆。

评杜诗抄　[明]李攀龙撰

李攀龙(1514—1570),字于鳞,号沧溟,世为历城(今山东

济南)人。《明史》有传。嘉靖十九年(1540),举乡试第二,二十三年赐同进士出身,试政吏部文选司。二十四年,以疾归,益发愤为古学。二十五年,入京师充顺天乡试同考官,简拔多奇士。二十六年,授刑部广东司主事,历员外郎、山西司郎中。三十二年,出为顺德知府,满三岁擢按察副使,视陕西学政,其乡人东阿殷学为巡抚,以檄致攀龙,使属文。攀龙不怿曰:"副使其属,学政非其属也。且文可檄致耶?"会关、陕地裂,后数动摇,心悸,念母老,上疏乞归。归则构一楼鲍山、华不注间,曰白雪楼,居之。郡守以上诣谒,辄谢病,造诣数四,终不一见,亦无所报,以是得简亢声,家居将十年。隆庆初(1567),用荐起浙江按察副使。二年迁参政,奉表入贺,道迁河南按察使。攀龙至是摧亢为和,宾客亦稍稍进。无何,以母丧归,哀毁致暴疾而卒。著有《沧溟集》、《古今诗删》等。李攀龙为明后七子领袖,曾左右文坛,煊赫一时,但其论杜言论并不多,一部评杜著作也已失传。他秉承"前七子"文学复古主张,认为文自西汉,诗自盛唐以下,俱无足观。其《选唐诗序》云:"唐无五言古诗,而有其古诗。……七言古诗,唯杜子美不失初唐气格,而纵横有之。……七言律体,诸家所难,王维、李颀颇臻其妙,即子美篇什虽众,隤焉自放矣。"对杜甫七古较为肯定,却对贡献最大的七律表示不满,其诗学观点颇有偏隘处。

《评杜诗抄》,此书几不为诸家书目著录,《(乾隆)山东通志·艺文志》载:"《评杜诗抄》李攀龙撰,海宁沈珩《耿严文选》云:'癸丑予在长安,同年天雄孙雪崖郁豪于诗,见其枕中一帙甚秘,则于鳞《评杜诗抄》,天雄孔使君得之书林,发箧梓之。此本人所未见,予从雪崖匄有之。诗仅三百首。点次切密,评骘字极质约,无浮文,真先雅风格。按所最赏心处大较奇淡险远、清真幽朴为多。视世所裒杜诗瑰玮壮丽者悬别。始叹古人劘心嗜古，心得难以告人，岂皮相所知？顾于鳞诗未造极，其亦诎于年命邪？'"可见，历来得见此书者不多。

杜律杂著 [明]钟一元著

钟一元，字太初，明秀水（今属浙江）人。嘉靖三十二年（1553）进士。初知福宁州，值倭警，预拓外城为保障。丁内艰，着墨衰御敌，福民涕泣挽留，立石颂绩。后守池州，会景府宫眷还阙，所至驿骚，一元一意为民节省，力抗内竖。复守宁国，有惠政，转四川副使。以祖母年高，上疏乞归，结庐郭外，泉石觞咏。一元性纯朴，素介直，非我同志，即谢弗与，里人皆高其谊。生平事迹见《（万历）嘉兴府志》卷十八。

《杜律杂著》，《（乾隆）浙江通志·经籍十二·集部五》引《（万历）秀水县志》著录。未见。

杜诗注 [明]赵建郁撰

赵建郁，字本学，号虚舟，晋江（今属福建）人。何乔远《杜注七言律序》称"赵虚舟名本学"（《明文海》卷二七一），周采泉《杜集书录》因将赵建郁、赵本学录为二人（见《内编·选本律注类一》"注杜声律"条与《外编·全集校刊笺注类存目》"杜诗注"条）。《（乾隆）泉州府志·明文苑一》有赵建郁传，除名、字有颠倒龃龉之外，其他生平事迹与何序所言完全相同，是二者实为一人。其为明嘉靖间布衣，为宋宗室裔，蔡文庄高弟。通《周易》，知兵法，谓升平日久，世罕知兵，因即《易》演为阵法。又汇集《韬钤》内外篇凡七册，解引《孙子》书凡三册，稿就封识，以俟其人。抗倭名将俞大猷尝从受学。何序又云："已宦京师，见当道已为刻其《韬钤》诸书，而叹曰：'世亦知有此人耶？'比者，吾友黄懋弢得虚舟所为《注杜声律》，出而示余。懋弢既好其注，盖论考虚舟平生,而始大惊以服,以为何得斯人泯然吾世,吾党当相与表章之。"可见,其不显于世,然学识卓越,深为知者叹服。著有《引解孙子书》三册、《读武经总要》十卷、《阵法》、《周易说》、《学庸说》、《参同契释》等。

《杜诗注》,《(乾隆)泉州府志·艺文志》著录,已佚。今存何乔远序,载《明文海》卷二七一,名作《杜注七言律》,序内又称为《注杜声律》。何序谓是书"盖依杜公年谱,按其出处,考究既精,阐发复确,深叹其坏于刘须溪之评,再坏于虞伯生之注,以为杜公厄亡之一会。余近见敖陶孙评谓'工部如周公制作,后世无能拟议'。今观虚舟所注,当与敖公千载之下并为杜门知已已。"则此本乃依编年之序,注释杜甫七律。赵氏堪称奇人高士,其注应颇有可观之处。

分类杜诗　[明]徐棉撰

徐棉,字子瞻,闽县(今属福建)人。明嘉靖间贡生,以易学名家,除茂名教喻,迁永宁知县。子徐熥、徐𤊹皆有才名。徐𤊹《红雨楼题跋》卷下有《分类杜诗》跋,其末云:"今先君殁已十载,不无手泽之感。万历庚子三月朔日徐惟起书。"万历庚子,即万历二十八年(1600)。则徐棉应卒于万历庚寅,即万历十八年(1590)。著有《徐令集》。生平事迹见钱谦益《列朝诗集小传》丁集上。

《分类杜诗》,《(民国)福建通志·艺文志》著录。子徐𤊹《红雨楼题跋》云:"世传杜诗,不下数百本,笺注者十之七,编年者十之三,分类者十之一。此例分类无注,简而易览,先君子少时所披诵者,藏余家将六十年。"当为分类白文本。已佚。

杜诗注解　十二卷　[明]赵志撰

赵志，字竟成，嘉定（今属上海）人。明诸生，约生活于嘉靖间。馀不详。

《杜诗注解》十二卷，《（光绪）嘉定县志·艺文志》著录，并节录赵氏自序云："因蔡梦弼、顾僖注本，先会大旨，次释时事，句梳字栉，考证异同，历六载始成。"此本底本选择既佳，笺释内容又较全面，其中应颇有可观处。惜已佚。

譔杜律虞注 ［明］曾应翔撰

曾应翔，字牧庵，南丰（今属江西）人。明嘉靖间布衣，早孤，育于祖母，博览群籍，长而不喜举子业，日与邑之友人宴会往来，诗赋则出人之上。嘉靖癸卯中秋之夕，卿云见，东南郡守王度表奏称贺，应翔作《卿云赋》，大为度赏，由是益知名。生平事迹见《（同治）南丰县志·人物》。

《譔杜律虞注》，《（民国）南丰县志·艺文志》著录。"譔"或为"选"字之误。已佚。

杜诗注 ［明］李尧撰

李尧，字陶滨，南丰（今属江西）人。明嘉靖间在世。博综群书，过目成诵，著述甚丰，而己不自炫，故名不显。业师邓侃斋卒，无子，尧为之心丧三年，春秋祭扫，终其身。所著有《邵子皇极解》、《河洛衍义》、《通书释》、《祛惑编》、《遐观录》、《宋忠义补遗》、《宗祠条规》、《女训》、《和梅花百咏》。生平事迹见《（同治）南丰县志·人物》。

《杜诗注》，《（民国）南丰县志·艺文志》著录。已佚。

杜诗集韵 四卷 ［明］张三畏撰

张三畏，疑号溪山子，陕西人。嘉靖前后在世。馀不详。

《杜诗集韵》四卷，今国家图书馆有藏本，为嘉靖张氏溪山草堂刻本。前有张氏自序曰："溪山畏曰：昔予在成童，承父师命，得□读李杜诗。乙未岁，与一岩子韵集为唐十家，而子美诗尤莫能释手。山馆面墙，因取其近体长咏者，复以韵录之，久而盈积几案。因分为卷，凡四卷，非直便于检阅，亦小子日程之一事也。爰命诸枣，傅我同志。乃若随兴陈致，各仍其故，以及历履叙次，则他诸刊本固无弗善矣。"据此序，书当成于嘉靖乙未年(1535)，或稍后。此书白文无注，共收杜诗1030首，以韵编次。卷一上平声，一东韵54首、二冬韵8首、三江韵2首、四支韵76首、五微韵47首、六鱼韵26首、七虞韵33首；卷二上平声，八齐韵27首、九佳韵原无、十灰韵55首、十一真韵80首、十二文韵37首、十三元韵46首、十四寒韵32首、十五删韵25首；卷三下平声，一先韵74首、二萧韵22首、三肴韵3首、四豪韵20首、五歌韵35首、六麻韵33首、七阳韵70首；卷四下平声，八庚韵71首、九青韵23首、十蒸韵8首、十一尤韵75首、十二侵韵38首、十三覃韵3首、十四盐韵7首、十五咸韵原无。此书之编纂，实为便于检阅，当为工具书一类。

杜工部诗　二十卷　[明]阙名编

杜工部诗，二十卷，附文二卷。傅增湘《藏园群书经眼录》著录："明刊本，似正、嘉间。九行十七字，字大行疏，殊为古雅。"

杜诗五律集解　[明]黄乔栋撰

黄乔栋，字以藩，明晋江(今属福建)人。约生活于嘉靖、万历间，刑部尚书黄光升子。以荫入宫，授南中军府都事，转治中，擢云南临安守。为人端方清廉，矿场例金及土司馈赠皆谢绝。

念父年春秋高，凡四陈情，终得归，入门行李萧然。侍父未尝暑离，父殁，终身庐墓，贫薄人不堪。著书自适，至老不倦，有《三礼辑义》、《十三经传习录》、《读书管见》、《老子解》、《诗经名物考》、《希豳集咏》、《无益子集》。生平事迹见曹溶《明人小传》卷三、《(乾隆)泉州府志·明循绩八》、朱彝尊《明诗综》卷四九、陈田《明诗纪事》已集卷十八。

《杜诗五律集解》，《(乾隆)泉州府志·艺文志》、《(民国)福建通志·艺文志》著录。

次杜五言 一卷 [明]刘爱撰

刘爱，字仁夫，明朝邑(今属陕西大荔)人。诸生，隆庆五年(1571)任平谷县知县。著有《莞山漫稿》二卷、《圣山集》一卷，曾编《平谷县志》。

又有《次杜五言》一卷，黄虞稷《千顷堂书目》著录。已佚。

杜诗全集注 [明]苏希栻撰

苏希栻(1531—1620)，字于钦，号阜山，南安(今属福建)人。博涉群书，总角能文，十五试有司辄高等，十八为诸生，嗣试第一。然屡困场屋，年四十始成举人，万历二年(1574)中进士。授许州知州，询疾苦，锄豪右，奖俊士，停不急之征，却公使横索。素以强明自任，兼习法令，文移皆出己手，吏莫从舞文。然为论劾，计莅任十月，遂报罢。归而甘贫守寂，课督子孙，与里中黄凤翔、詹仰庇诸公联社赋诗、酌酒敲棋。孝友敦睦，施政于家，修族谱，置义仓，葺桥筑坝，栽树防洪。郡邑廉其名，屡邀之，竟不得一晤。林居四十馀载，手不释卷，至老犹能作蝇头小楷。年九十而终。著有《汉魏诗注》、《选诗集解》、《文选摘注》、《庄子注抄》、《骚赋类萃》、《管班存质》、《庾生汇草》、《拾存零草》、《雪峰志咏汇录》。生平事迹见《(乾隆)泉州府志·明循绩九》。

《杜诗全集注》,《(乾隆)泉州府志·艺文志》、《(道光)福建通志·经籍志》著录,已佚。

杜诗选注　六卷　[明]苏希栻撰

苏希栻,生平事迹见上《杜诗全集注》介绍。

《杜诗选注》六卷,《(乾隆)泉州府志·艺文志》、《(道光)福建通志·经籍志》著录,已佚。

选子美献吉于鳞诗　[明]沈懋孝辑

沈懋孝(1537—?),字幼真,号晴峰,学者称长水先生。明平湖(今属浙江)人。隆庆二年(1568)进士,选庶吉士,授编修,进修撰,万历二年(1574)分考礼闱,十年副考南畿,迁南司业,谪两淮盐运司判官,稍迁太仆丞,寻归。家藏书万卷,平生纂辑甚多,有《长水先生文抄》,共七种二十四卷。曾辑《选子美献吉于鳞诗》。生平事迹见《祭沈少司成》(李维桢《大泌山房集》卷一一五),《(乾隆)浙江通志·人物志·文苑》亦有传,然谓其为嘉靖四十一年(1562)进士,不知何据。

李梦阳,字献吉,庆阳(今属甘肃)人。李攀龙,字于鳞,历城(今山东济南)人。书已佚,《明文海》卷二六六存其《选子美献吉于鳞诗叙言三首》,其略云:"北地(李梦阳)希少陵者也,沉至蓄藏,有之似之。其浓淡细钜,轻重之变,似小不及耳,然去之不远,可谓善铸矣。历下(李攀龙)希青莲者也,亟称其七言绝,唐三百年一人,融而昌之为七言律,往往登峰造极,自命以古所未睹。由今视之,亦飘飘而凌云焉,何其拔也!二君各有师,北地显用其摹,历下密会其巧,两能两信,故当不同。"周采泉《杜集书录·外编·选本律注类存目》著录,并云:"是书选录李梦阳、李攀龙两家诗，与杜诗汇抄成帙，原为自课之资，不能列入著作之林。”

唐诗类选 [明]刘逴撰

刘逴，字翁高，自号石孔山人。鄢陵（今属湖北）人。博学有志操，以贡生谒选，作《北征赋》数千言，名动京师，与王祖嫡、方九功等友善。隆庆二年（1568），神宗初出阁读书，祖嫡等力荐逴伴读东宫，张居正疑其与高拱有亲，不用。逴就吏部，考授略阳主簿。既之官，称引古义，不肯以下吏自待。居四十日，弃归，优游林壑，闭门著述。所著有《石孔山人集略》、《石孔山人年谱》、《石孔山人六稿》、《传知录》、《家教录》等，并编有《唐诗类选》三十卷。生平事迹见《（民国）鄢陵县志·人物志·文苑》、王兆云《皇明词林人物考》卷十一。

《唐诗类选》三十卷，《（民国）鄢陵县志·经籍志》著录。其中杜诗部分为仇兆鳌《杜诗详注》征引，《凡例》“历代注杜”条称“楚中刘逴之《类选》”，并于《又呈窦使君》、《将赴成都草堂途中有作先寄严郑公五首》之四、《八阵图》、《上巳日徐司录林园宴集》诗注四引“刘逴曰”。周采泉《杜集书录·外编·选本律注类存目》误为《杜诗类选》。

杜诗内外编 [明]张应文撰

张应文，字茂实，嘉定（今属上海）人。约生活于明隆庆前后。八九岁即善属文，长益力学，能书，擅画兰竹，旁及星学、阴阳家言，莫不通晓。父宦南都，会有倭警，应文代父条上十三事，陈御倭之见，见者叹曰：不惟事合机宜，文亦晁、董之流也。然屡试不中，以诸生终。《四库全书总目》著录其《清秘藏》二卷、《张氏藏书》四卷，另著有《罗钟斋兰谱》二卷、《国香集》一卷、《巢居小稿》一卷、《焚香略》一卷、《天台游纪》一卷、《雁荡游纪》一卷等。生平事迹见曹溶《明人小传》卷三、《(光绪)嘉定县志·人物志四·文学》、朱彝尊《明诗综》卷五十。

曾辑《杜诗内外编》，《(光绪)嘉定县志·艺文志》著录。

杜律一得　二卷[明]温纯撰

温纯(1539—1607)，字景文，三原(今属陕西)人。《明史》有传。嘉靖四十四年(1565)进士。由光寿知县征为户科给事中，官至左都御史。曾倡罢矿税，为人清白刚毅，时称名臣。卒谥恭毅。有《温恭毅公集》。

《杜律一得》，有万历间刊本。孙殿起《贩书偶记》著录："《杜律一得》二卷，明关中温纯解，万历甲辰(1604)刊。"《明儒言行录续编》卷二著录书名作《杜诗一得》。《明史》本传及《艺文志》及其它公私书目皆未著录，想见其传本之罕。

杜律选注　六卷　[明]范濂撰

范濂(1540—1611 后)，初名廷启，字叔子，号空明子，松江华亭(今属上海)人，万州知州廷言弟。万历间诸生，日诵万言，名与兄埒。见其时文士多以鞶帨相高，作《文机十论》矫之。又著《一家言》，一时推为赤帜。寻上书学使者，请削博士弟子籍，服山人服，隐佘山，泛览群籍，以作者自命，著《空明子》、《据目抄》两书。尝因讥切时事，为抚军所逮，既免，署所居为"一寒斋"，以诗酒自娱，年七十馀卒。生平事迹见《(嘉庆)松江府志》卷五四。

《杜律选注》六卷，有书林种德堂熊冲宇刻本，首载钱龙锡《杜律选注题词》，次为范濂《杜律选注引》，末署万历辛亥，则是集当成于万历三十九年(1611)。范引认为杜律虽五言宗赵汸注,七言宗虞集注,但赵注逸其大半,而虞注多繁琐纰缪,"乃广搜博采,自千家注而外,如单复《愚得》、周甸《会通》、张綖《杜通》、徐常吉注释,合刘须溪批点,以及诸名贤诗评诗话,细加检校,须合理趣,方入品骘。且求不简不烦,有裨便览,于赵则补其全,于虞则汰其缪。"引后列《杜律选注书目》,包括"公自注"在内,共计注本、诗话34种,注本中有已佚的徐常吉注和国内久不见原本的《董养性选注》。次为总目录,以分类编次,共六卷,卷一朝省、天文,卷二天文、地理、咏物、舟楫,卷三游览、登眺、纪行、隐释,卷四怀古、感旧、宗族,卷五送赠、简寄、燕酬,卷六闲适。每一类中,先五律,后七律。计收五律562首,七律148首。范氏此本属集注性质,但有注文甚简者,也有一字无注者,然大部可称"不简不烦"。引前人注一般不标姓名,多以己意删裁后出之。辩驳旧注之谬或径用原注处,则标出姓名,阐述自己见解时标以"愚按"。是书成于范氏晚年,乃是其竭一生心力所为,中间颇有可观处,然此本流传极少,不易得见。

杜律　四卷　[明]孙矿撰

孙矿(1542—1631),字文融,号月峰,馀姚(今属浙江)人。《明史》有传。明万历二年(1574)会元,授兵部主事,历吏部考功文选郎中、左佥都御史、刑部、兵部侍郎,万历二十二年,代顾养谦经略朝鲜,以功加右都御史。还,迁南京兵部尚书加太子太保。后被劾乞归,三十七年致仕。有《孙月峰评经》、《今文选》、《广离骚》、《月峰先生集》。

《杜律》一书乃孙矿早年批选,卷前孙氏自序署"庚子",知此书刻于万历二十八年(1600)。四卷依次为杜律五言卷一、七言卷一、五言卷二、七言卷二,目录分置于五言卷一、五言卷二前。诗依类别编次,而不标出类别名称,只据分类本顺序排列。共收五律245首,七律142首。诗正文间有圈点,批解置于篇末,甚为简略,大多是对杜律之章法、句法,起承照应、用典手法等艺术技巧的评解,中间颇有细微独到之处。是书未见著录,只此一刻,传本极罕。

杜律詹言　二卷　[明]谢杰撰

谢杰(?—1604),字汉甫,号绎梅,又号天灵山人,白云漫史。长乐(今属福建)人。《明史》有传。万历二年(1574)进士,除行人,出使琉球,以却使者之馈,琉球人为立却金亭。擢光禄寺丞,两京太常少卿,累迁顺天府尹。以右副都御史巡抚南赣,有属吏被荐者贿之,杰曰:贿而后荐,干戈之盗;荐而后贿,衣冠之盗。传为名言。进南京刑部右侍郎,二十五年,召为刑部左侍郎,擢户部尚书。三十二年,卒于官,赠太子少保。《明史艺文志及补编》著录其《使琉球录》、《顺天府志》、《天灵山人集》三书。

另有注杜著作《杜律詹言》传世,《千顷堂书目》则误录为《杜律笺言》。谢杰有自序谈及书之命名云:"书成,命之曰《詹言》,园吏不云乎:'大言闲闲,小言詹詹',余之詹詹,余言亦识小之义也。"盖以《庄子》语意自谦。是书卷前有谢杰自序,末署:"万历丙申菊月之吉白云漫史谢杰汉甫书于龙山精舍。"后又有"门生张应泰、金士衡敬梓"字样,知其由谢杰门生刻于万历二十四年(1596)。序后为谢氏所撰《少陵纪》,乃参照新、旧《唐书》杜甫本传及杜诗重新写定之杜甫传记。正文分上、下两卷,共收杜七言律151首,上卷69首,下卷82首。无目录,分类编次,有纪行、述怀、怀古、时序、送别等三十类。其注解置于篇末,一般先训释词语、典故,注明杜甫行迹,作诗时地,此部分较为简略,多为删存旧注而成,典故亦不引原出处。后另起行高一格以“詹言曰”开头,串讲诗句,阐释诗旨,尚可称平白晓畅,切中肯綮。然大多紧扣原句逐一翻译,虽间有深化点染,亦不免稍嫌呆板。惟于老杜字法甚为关注,每以“细玩”、“可玩”标出,常有独到之见。书眉又辑有评语,为注文之补充。是书简明切当,不乏创见,惜其只有此初刻,传本甚为罕见。

杜律注评　二卷　[明]陈与郊撰

陈与郊(1544—1611),字广野,号玉阳仙史,又号禺阳、隅园、高漫卿等。海宁(今属浙江)人。万历二年(1574)进士,官至太常寺少卿。著有《檀弓辑注》、《方言类聚》、《广修辞指南》、《隅园集》、《文选章句》及杂剧《昭君出塞》等。生平事迹见《四库全书总目》卷二四、《曲录》卷三、《大泌山房集》卷七八。

《杜律注评》二卷,《四库全书总目·集部·别集类存目一》著录,其云:“是编因元张性《杜律演义》,略施评点。每首皆有旁批注文,亦时有涂乙,大致皆刘辰翁之绪论也。”已佚。

杜诗抄述注　十六卷　[明]林兆珂注

林兆珂(?—约1621),字孟鸣,莆阳(今福建莆田)人。万历二年(1574)进士,授蒙城知县,改封教授,升国子监助教,转博士监丞,居其位七年,董其昌、范允临皆其所取士。升刑部主事,历员外郎中,为大司寇,注律例二十卷。出为廉州太守,丁内外艰,补衡州,又补安庆,十年三典大郡,而归之日囊无馀赀。所至礼敬名宿,奖拔寒俊,然性谅直,辛丑(1601)后乞归。兆珂笃于友谊,有故人郑某无嗣,兆珂为营葬,岁时必率其子姓祭扫。所著书成,恒令布衣人撰序,曰:古云名誉不闻,朋友之过,吾将以树其名也。故一时文史士多归之。家居二十载,读书缀文不辍,著有《林伯子诗抄》、《毛诗多识编》、《考工记述注》、《檀工述注》、《宙合编》、《李诗抄述注》等。生平事迹见《(乾隆)兴化府莆田县志·人物志·文苑》、陈田《明诗纪事》庚集卷十一。

又有《杜诗抄述注》十六卷,是书共收杜诗610首,分体编次,五古四卷,七古三卷,五律四卷,七律三卷,五排、五绝、七绝二卷。《四库全书总目·集部·别集类存目一》著录此书云:"兆珂官西曹时,即手纂是帙,及守衡州,遂刊刻之。谓甫尝游衡,刻甫诗于衡,所以为衡重也。自叙以为博撷群书,增释未备,时或附以己见,分体选注,成十六卷。然甫诗全集凡一千四百馀首,巨制名章往往不录,而于《杜鹃行》、《虢国夫人》二诗,向因黄鹤、陈浩然二本误入者,反并登选,其《秦州杂诗二十首》,则仅录八首,《游何将军山林十首》,则仅录六首,竟以'其一'、'其二'标写次第,似原诗止有此数,尤不可解。至注中援引事实,多不注出典,此又明代著述之通病,非独兆珂一人矣。"所言甚恰切。然其援引旧注尚称切当,笺释串讲亦算简明,利于初学。此集只此初刻本,卷前有林兆珂自序、柯寿恺序,均无年月。

杜工部分类诗 十卷,赋一卷 [明]李齐芳辑

李齐芳,字子繁,一作子蕃,号墙村,又号青霞外史,广陵(今江苏扬州)人。曾官参军,刻书多种。

所辑《杜工部分类诗》十卷,有万历二年(1574)刻本,王重民《中国善本书提要》著录。万历二年(1574)刻本,今南京图书馆、北京大学图书馆、上海图书馆皆有藏本。白文无注,半页九行,行十八字。卷前有李齐芳序、潘应诏序,卷后有舒度后叙、李茂年跋、李茂才跋。卷内题:"广陵李齐芳、侄茂年、茂才分类,同里潘应诏、舒度、冯春同阅。"北大藏本有方功惠题记,其略云:"此本盖仿王十朋《苏诗分类》例,区为六十八门,名目繁杂,

重叠琐碎,又删去各注,不刻文集,只选赋七首,毫无体例,殊觉厌观。殆无识之辈,藉以传名耶?"其所分类别实较宋人为简,然编次上亦难免支离割裂。如《秦州杂诗》、《秋兴八首》便是一题而分属数类,潘序引李齐芳之言曰:"《秦州》非止纪秦也,《秋兴》非尽咏秋也。其感赋不同,而时地偶值,故总识之。余今剖析其类,俾合有所统,分有所属,岂必括数首于一目,并他意于强同,始符作者之意哉?"实予人强词夺理之感。此书未见有重刻本、翻刻本,可见确不为世所重。

唐二家诗抄　十二卷　[明]梅鼎祚编

梅鼎祚(1549—1616),字禹金。明宣城(今安徽宣州)人。诗文博雅,尝受知于王世贞、汤显祖,申时行荐于朝,辞不赴,唯以古学自任,隐于书带园,构天逸阁以藏书,日夜披览著述其中,享盛名于天启、崇祯间。著有《梅禹金集》、《才鬼记》、《历代文纪》、《汉魏八代诗乘》等。生平事迹见曹溶《明人小传》卷四、过庭训《本朝分省人物考》卷三八、朱彝尊《明诗综》卷六二、陈田《明诗纪事》庚集卷八。

《唐二家诗抄》十二卷,包括《李诗抄》四卷、《杜诗抄》八卷。有万历七年(1579)鹿裘石室精印本。《萃芬阁珍藏善本书目》著录:"此书共十册,万历白绵纸印。前有巴郡蹇达撰序,后有千秋乡人梅鼎祚序,末有万历己卯元熙仲弢序。"今日本公文书馆有藏本,亦为十二卷。又有梅鼎祚编、屠隆集评《合刻李杜二家抄评》十二卷,系明万历十七年(1589)刻本,《中国丛书综录》著录;梅鼎祚编、屠隆集评《唐二家诗抄评林》十二卷,系明余绍崖刻本。亦皆《李诗选评》四卷、《杜诗选评》八卷。

李杜约选　八卷　[明]梅鼎祚撰

梅鼎祚，生平事迹见上《唐二家诗抄》介绍。

《李杜约选》八卷，清盛宣怀《愚斋藏书目录》著录。《（嘉庆）宁国府志》亦著录，然作十卷。

李杜或问 ［明］黄淳撰

黄淳，字鸣谷，新会（今属广东）人。举隆庆元年（1567）乡荐，登万历八年（1580）进士，授宁海令。为官方正廉明，以忤当道得罪，谢病归。三十馀年，辟洞鸣山，构定帆亭，醉咏其中，不知老之将至。闾里饥辄白当事发赈，人皆赖之。晚自称六柳先生，以为出处大有类于陶渊明。曾与修县志，诗文自出机杼，琐录俚谣，尤匪夷所思。年八十五卒。著有《鸣山定帆亭集》十卷、《厓山志》四卷。生平事迹见《（康熙）新会县志·人物》。

《李杜或问》，《（光绪）广州府志·艺文志》著录，已佚。

李杜诗选 八卷 ［明］李廷机撰

李廷机，字尔张，号九我。晋江（今属福建）人。《明史》有传。万历十一年（1583）会试第一，以进士第二授翰林编修，累迁祭酒、南京吏部右侍郎、礼部左侍郎。官至礼部尚书兼东阁大学士，入参机务，卒谥文节。著述甚丰，《（乾隆）泉州府志》著录其《四书口义》、《四书臆说》、《易经纂注》、《易答问》、《诗经文林贯旨》、《春秋讲章》、《性理删》、《汉唐宋名臣录》、《家礼》等十八种。

《李杜诗选》，《（乾隆）泉州府志·艺文志》著录。今日本国会图书馆藏万历十九年（1591）书林熊咸初刊本，四册，其中《李诗评选》四卷，《杜诗评选》四卷，署“（明）何烓编撰，李廷机考证”，为“新刻翰林考证京本”。日本尊经阁文库又有此刻藏本，只一册，或为残本，与《（乾隆）泉州府志·艺文志》著录当非一本。

杜七言律注　二卷　[明]徐常吉撰

徐常吉,一作长吉,字士彰,武进(今属江苏)人。嘉靖四十三年(1564)乡荐,万历初署上海教喻,登万历十一年(1583)进士,上海署教喻登第自常吉始。擢南京户科给事中,以清廉闻,迁浙江按察司佥事,未仕卒。有《事词类奇》、《六经类聚》。生平事迹见《(光绪)武进阳湖县志·人物志·文学》。

《杜七言律注》二卷,黄虞稷《千顷堂书目》著录。书名又作《注杜律》、《注杜诗》。是书在明代颇为风行,其时诸藏书家颇多著录,范濂《杜律选注》、谢杰《杜律詹言》都有征引,已佚。

批点杜工部七言律　[明]郭正域撰

郭正域(1554—1612),字美命,号明龙,江夏(今湖北武汉)人。《明史》有传。万历十一年(1583)进士,选庶吉士。二十二年充东宫讲官,二十五年授编修,次年出为南京祭酒。三十年征拜詹事,复为东宫讲官,擢礼部右侍郎,掌翰林院。逾年还部,摄尚书事。正域博通载籍,有经济大略,且正直自守,不屈附权臣,因为首辅沈一贯衔恨,以"妖书"牵连入狱。狱解归乡,十年乃卒。追赠礼部尚书、太子太保,谥文毅。著有《皇明典礼志》、《武昌江夏府县志》、《离黄草》及《批点考工记》等。

《批点杜工部七言律》,是编为《韩文杜律》之杜律部分,收杜诗七律151首,大致以作年编次。《四库全书总目·集部·总集类存目三》谓《韩文杜律》乃"选录韩愈文一卷,杜甫七言律诗一卷,各为之评点。""所评杜诗,欲矫'七子'摹拟之弊,遂动以肥浊为诟病,是公安之骖乘,而竟陵之先鞭也。"正域博通经籍,是书虽极简略,所言未为尽当,但立意甚高。卷前郭氏自序云:

"约而言之,其匠心竭力处,上薄骚选,仿佛风雅;而其率易懈怠处,亦滥觞宋人,比于学究。愚不揣薄劣,谬为拈出。"则郭氏于杜之七言律,既赞其美,又摘其病,态度坦诚而用语尖锐。其批语置于句旁及书眉,或以"善叙事"、"具体"、"清空一气如话"、"自然壮丽"等语颂之,或以"无味"、"凑句"、"蠢而嫩"、"兴尽"等语贬之。其中重复较多,可见郭氏于好诗、劣诗自有几个固定标准。诗句优者,予以圈点,劣者句旁加以竖画。因其不媚于大家,故不论褒贬,皆少泛泛之言,而多深警之语。卷末闵齐伋识语盛赞正域敢于指摘杜诗之"白璧微瑕",并谓"先生而前,在宋唯刘须溪时寄此意。"故而刊刻此集时,并录刘辰翁评语,以黛笔别之。是书有万历间刊朱墨套印本;万历四十五年(1617)闵齐伋刊《杜诗韩文》三色套印本;崇祯间闵氏重刊三色套印本;1974 年台湾大通书局据崇祯刊本影印《杜诗丛刊》本;1999 年齐鲁书社据故宫博物院图书馆藏明闵齐伋刻朱墨套印本影印《四库全书存目丛书》本,书名作《韩文杜律》。

杜诗类韵　[明]鲁点撰

鲁点,一作鲁典,字子舆,南漳(今属湖北)人。万历十一年(1583)进士,除广州推官,以判案忤时,奉母归,起补休宁县,升户部郎中。万历二十八年典云南乡试,万历三十二年督漕徐州,卒。《四库全书总目》著录其所撰《齐云山志》及所编《黄楼集》。另著有《澹斋草》。生平事迹见《(民国)南漳县志·人物一》。

《杜诗类韵》,《(民国)南漳县志·艺文志》、民国《湖北通志·艺文志》著录,已佚。

李杜诗解　[明]高节成撰

高节成，字元洲，号宾峰，南丰（今属江西）人。明万历十一年（1583）举人，仕湖广武冈州判。为官正直，不和流俗，而沉酣诗酒，专事著述，为世推重。生平事迹见《（同治）南丰县志·人物》。

著有《李杜诗解》，《（民国）南丰县志·艺文志》著录，已佚。

杜诗注 ［明］郑日强撰

郑日强，字邦寅，缙云（今属浙江）人。仁孝温恭，幼聪颖，父诱之学，翻阅即能记诵。喜读《汉书》，工书法。弱冠补弟子员，丁母艰，哀毁骨立，水浆不入口者数日，父慰之乃稍解。万历十一年（1583）选贡，为大司成所重，以父稀年告归。父丧，泣血，如丧母。服阕，授崇仁丞，书“素位”二字于署，誓饮崇一勺水，甚负清望。摄东乡、乐安两县，益虔饬如在崇时。台使列之荐剡，竟以瘁卒于官。仅图书数卷，无以为殓，卖诸媳衣始得葬。治下之民皆巷哭。著有《易经家说》、《四书镜》、《南华臆稿》、《哦松草》。生平事迹见《（光绪）缙云县志·人物志·宦绩》。

著有《杜诗注》，《（乾隆）浙江通志·经籍十二·集部五》据《缙云县志》著录，已佚。

杜诗注解 ［明］李光缙撰

李光缙，字宗谦，学者称衷一先生。晋江（今属福建）人。万历十三年（1585）解元。日研经史，潜心大业。取四书、《易传》玩索讨论而手笔之。为人端方，座师之子开府闽中，未尝至其门；征修郡志，同事欲立其父传，固辞。著作甚多，尤喜序述忠义节烈事。其文悉呕心而出，不轻下一语。卒年七十五，李维桢为撰《墓志》。著有《景壁集》、《四书要旨》、《中庸臆说》、《四书千百年眼》、《易经潜解》、《南华肤解》、《读史偶见》、《独照醒言》、《苏文抄评》等。生平事迹见李清馥《闽中理学渊源考》卷七十、《(乾隆)泉州府志·人物列传·明列传九》。

又有《杜诗注解》,《(乾隆)泉州府志·艺文志》著录,已佚。

和杜诗　[明]曾仕鉴撰

曾仕鉴,字人倩,南海(今属广东)人。少慷慨有大志,十岁解赋诗,十五通经史,十九补邑诸生。万历十三年(1585)举于乡,二十年授内阁制敕房中书舍人。仕鉴胸怀韬略,时有倭警,著《兵略》上之,经略宋应昌得之惊喜,疏请加仕鉴职衔,充赞画,与俱东征,上不许。宁夏平,仕鉴奉使论两广,复命纂修玉牒、实训、实录。其官侍从,留意民瘼,曾疏止锦衣千户采珠之请,又疏修屯政,酌古适今,凿凿可法。迁户部主事,乘便南迁,遂不复出。著有《两粤镇乘》、《顺德图经》、《洞庭集》、《罗浮稿》、《庆历集》、《公车集》等。生平事迹见曹溶《明人小传》卷三、《(康熙)南海县志》卷十一、朱彝尊《明诗综》卷五五、陈田《明诗纪事》庚集卷十四下。

又有《和杜诗》,清黄虞稷《千顷堂书目》著录,已佚。

杜律心解　[明]龚道立撰

龚道立,字应身,一作应升。武进(今属江苏)人。明万历十四年(1586)进士。由兵部郎知建宁府,历河南按察副使、江西布政司参议、湖广按察使。道立清廉好学,江西任上,与邹元标根究性命之学,剖析疑义,吏治悉本于经术。归乡十五年,杜门著书,与弟道高聚讲不倦。年七十三卒。著有《四书说约》、《陶白斋诗文稿》、《考槃录》等。生平事迹见《(乾隆)江南通志·人物志·宦绩四》、《(乾隆)江南通志·名宦二》、《(光绪)武进阳湖县志·人物志·文学》。

又有《杜诗心解》,《(光绪)武进阳湖县志·艺文·辑注类》著录,并云"存",或今尚有传本存世。

杜诗搜髓 二卷 [明]李文华撰

李文华,字光甫,明蓝山(今属湖南)人。生平不详,《(同治)桂阳直隶州志·明代举人表(副榜)》录为万历戊子科(十六年,1588)举人。《(光绪)湖南通志》列为清初人,则其清初尚存。《(同治)桂阳直隶州志·艺文志》著录其《拊甄吟》七卷。

著有《杜诗搜髓》二卷,《(同治)桂阳直隶州志·艺文志》、《(光绪)湖南通志·艺文志》著录,已佚。

批选杜工部诗 四卷 [明]郝敬撰

郝敬(1558—1639),字仲舆,号楚望,京山(今属湖北)人。《明史》有传。万历十七年(1589)进士。知缙云、永嘉,累迁户科给事中。因弹劾重臣,以浮躁降宜兴县丞,移知江阴县,考下下,再降,遂挂冠归,杜门著书。五经之外,《仪礼》、《周礼》、《论语》、《孟子》等皆著为解。另著有《谈经》、《史记琐琐》、《山草堂集》等。

《批选杜工部诗》四卷,载于郝敬《山草堂集·外编》,有天启六年(1626)山草堂刻本。前有郝敬天启六年《批选杜诗题辞》,次为目录。共选杜诗513首,其中卷一为五古,85首;卷二七古,87首;卷三五律,235首;卷四,七律86首,五排7首,七绝13首。诗正文大字,诗旁有圈点,题下、句下及诗后间有批注,皆小字双行,栏上多有眉批。其批语极简略,但亦有深刻之见,如评《诸将五首》云:"此讽天宝以来诸将,以诗当纪传,议论时事,……五首纵横开合,宛是一章奏议,一篇训诰。"但亦有荒谬绝伦处,如谓《偪侧行》是因肃宗惩牛李党争而作,则似毫无历史概念。周采泉谓:“但所选各诗,颇具手眼,所圈点处亦颇得要旨。晚明钟、谭一派似颇受此影响。”(《杜集书录·内编·选本律注类一》)此书传世极罕,徐乾学《传是楼书目》著录,今南京图书馆及中国科学院图书馆有藏本。

杜诗卮言 [明]郑明选撰

郑明选,字侯升,号春寰,归安(今属浙江)人。万历十七年(1589)进士,知安仁县,升南京刑科给事中。日本侵朝鲜,朝鲜请救,朝议纷然,明选陈救朝鲜之说五,固中国之说五,又条上六议备倭,为留都根本计。又具疏请罢孝丰矿役,疏入不报,移疾归。结庐横山之阳,饮酒赋诗以终。著有《鸣缶集》《郑侯升集》等。《四库全书总目·子部三十六·杂家类存目三》著录其《秕言》四卷,并云:“是编皆考证之文,而舛陋特甚。”生平事迹见曹溶《明人小传》卷三、朱彝尊《明诗综》卷五六、陈田《明诗纪事》庚集卷十六、钱谦益《列朝诗集小传》丁卷下。

仇兆鳌《杜诗详注·凡例》“历代注杜”条云:“郑侯升之《卮言》,杨德周之《类注》,俱有辩论证据,今备采编中。”并于《巳上人茅斋》诗注引“郑侯升《秕言》曰”一条,又于《寄韩谏议注》诗注引“郑侯升曰”一条。或《秕言》、《卮言》为一书?未见其他书目著录,已佚。

杜诗摘抄 [明]张懋忠撰

张懋忠,字圣标,一字念堂。明肥乡(今属河北)人。万历十七年(1589)武进士,累官都督。能诗,五言尤为清挺,与郭登、张元凯并为明武将之称诗者,其诗学少陵。著有《元声》、《式道》等集。生平事迹详陈田《明诗记事》庚集卷二四。

所著《杜诗摘抄》，有明作雅堂刻本，《中国书店目录》卷十八著录。未见。

李杜诗意 [明]李延大撰

李延大，字四馀，生卒无考，为李渤之后。乐昌（今属广东）城南玉井人。万历二十年（1592）进士，官柳州推官，兴水利，除弊政，办学校，减赋税，赈贫民，声名远震。旋调工部主事，上书斥宦官马谦侵夺公物，擢为吏部稽勋郎中，奏请任用贤能，为时人所称。不久辞官返乡，散财赠族人，建学校，修路桥，兴水利。后补任湖广江防道，未就任而病卒，卒祀先贤。著有《修齐人鉴》、《皇明定纪》、《岭表人文》、《通意轩表》、《粤政略》、《四书人物志》、《吴中六草》、《考古录》等。生平事迹见《（雍正）广东通志·人物志三》、《（民国）乐昌县续志·文学传》。

又有《李杜诗意》，《（民国）乐昌县续志·艺文志》著录。已佚。

杜律评解 [明]张光纪撰

张光纪，河间（今属河北）人。万历二十三年（1595）进士，曾任阳信县令。《（乾隆）河间县志》卷五《补遗》录《薇花堂稿》云："明河间进士张光纪令阳信县，有《晋中草》一卷，自叙云：曾以诗贾祸，未知何所指。朱检讨竹垞撰《明诗综》百卷，富于汇罗，未尝载光纪作，今观其五言如：'暮云出塞冷，新月浴霜明'；'泉飞丹嶂雨，树老碧潭龙'；'宦迹羊肠后，归心雁影前'；'寒芳篱菊前，秋意暮山多'；'云深鸿语乱，篱近菊香分'；'归梦和云黯，乡书与雁迟'；'山风传鸟语，池影受花枝'；'月璧名娼佩，云帆大贾舟'。七言如：'秋声断续云中犬，夜色萧疏月下山'；'近酒疏嶂沉晚翠，穿帘细雨点秋衣'；'榆关木尽开燕赵，雁塞天空近斗牛'。其词旨清雅,不减李学士。"

著有《杜律评解》,《(民国)河北通志稿·艺文志》著录,已佚。

集杜诗　五卷　[明]南师仲撰

南师仲,字子兴,南轩子,室名玄象山房。渭南(今属陕西)人,万历二十三年(1595)三甲进士,官至南京礼部尚书。与诗人梅国桢常有唱和,著有《玄麓堂集》五十卷、《增定关中文献志》八十卷、《长安京城图》一卷。生平事迹见《(雍正)陕西通志·人物九·儒林》。

又有《集杜诗》五卷,黄虞稷《千顷堂书目》著录,《(雍正)陕西通志·经籍志二》亦著录。今存汤宾尹《春居集杜序》,略云:"诗如弈,杜如弈谱,……玄象山房集杜诗颂而存之……。"(《归庵集》卷二)则是书又名《春居集杜》。已佚。

杜工部诗　八卷附录一卷　[明]郑朴辑

郑朴,字思纯。明遂州(今四川遂宁)人。生活于万历前后。曾编辑《扬子云集》六卷,其序署"万历乙未九月朔",即万历二十三年(1595)。又重刊宋吕大临撰《别本考古图》十卷。以上二书《四库全书总目》均著录。

著有《杜工部诗》八卷、附录一卷,有明万历三十年(1602)郑朴刻本。卷前有郑朴《刻杜工部诗叙》,其云:"呜呼!昌黎氏慎许可,于文章而独称李杜。微之月旦李杜,乃曰:山东李白虽奇文见称,尚不能历杜之藩翰。则诗人以来,未如子美者也。辞家率准绳之有以矣。余即不能掺觚觅句,而私心向往,以意逆志,知其情不忘君,语善规时,于'诗史'之称无忝焉。然微言隐衷,罔可殚矣。于是类综纬订,靡寘一字好丑。虽诸笺注削不以录,亦以昭子美之全而恐说诗之固也。若庶几释诮河伯而悬风的人,则余是刻非虚也已。万历三十年二月望日遂州郑朴思纯甫题。”次为《杜工部集附录》,收宋祁《杜工部传》及元稹《杜工部墓志铭》。次为杜诗正文,白文无注,分体编次。半页十一行,行二十字,白口,左右双边。天津图书馆、山东省图书馆、山东大学图书馆都有藏本。

杜臆 十卷 [明]王嗣奭撰

王嗣奭(1566—1648),字右仲,又字于越,别号鄞塘田叟、遥集居士、偶翁、拙修老人、艰贞居士等。鄞县(今属浙江)人。嘉靖间都御史王应鹏从孙。万历二十八年(1600)乡试中举。历浙江黄岩、宣平、龙泉教谕,天启五年(1625)擢宿迁(今属江苏)知县,后被劾迁建州(今属福建)经历,崇祯元年(1628)补永福(今福建永泰)知县,六年迁涪州(今重庆涪陵)知州,後因事与上官意见相左,被遣置会稽(今浙江绍兴)。清兵南下,誓作明遗民,拒不薙发,其民族气节,为时所重。嗣奭工文能诗,有《密娱斋诗集》、《夷困文编》、《泠然草文编》等传世;又勤于治学,除《杜臆》外,尚有《左右镜山》、《窥天》、《管天》诸笔记及《管天笔记外编》等。生平事迹见曹溶《明人小传》卷三、朱彝尊《明诗综》卷五八、陈田《明诗纪事》庚集卷十九。

据王氏《杜臆原始》知其自四十二岁丁父忧起即研读杜诗,历三十七年,年八十而成《杜臆》,而是书之撰写“始于崇祯甲申(1644)九月之望,竣于乙酉(1645)端二日”,前后不到四个月,可以想见其深厚功底与不知疲倦的热忱。稿成后付次孙孙旦缮清,分装为五册,每册扉页有王嗣奭手写书名及册数,以仁、义、礼、智、信为序。每册后又有附补一卷,乃缮写竣事后又有所补充、修订者,皆嗣奭手笔。此稿为王氏后人珍藏六十六年而不为人知,至仇兆鳌《杜诗详注》大量征引始声名显露,此前既未经引用,亦不见于各家书目。二十世纪五十年代,郭石麒于王嗣奭故乡浙江鄞县收得《杜臆》原稿,后归上海图书馆收藏。1962年,为纪念杜甫诞辰1250周年,中华书局上海编辑所将此稿及王氏另一稿本《管天笔记外编》一并影印出版,并请顾廷龙撰写了前言。次年,又单独将《杜臆》整理标点后排印出版。排印本合为一册,将稿本各册后附补之内容,分别置于有关各题之内;又因稿本未录杜诗原文,排印本于每题之下均注明中华书局上海编辑所1962年版《杜诗镜铨》的卷数页数,以便查检原诗。卷前有刘开扬所撰《前言》、《杜臆原始》、《杜诗笺选旧序》,卷末附录顾氏《影印本杜臆前言》和王嗣奭生平资料三则。1983年,上海古籍出版社又据此排印本重印,并改正了若干错字、标点错误及前言、附录中的个别字句。《杜臆》共评解杜诗1268首,卷前有总目录,大致以作年先后为次。王嗣奭注杜本孟子"以意逆志"说,他从"诵其诗,论其世,而逆以意"的角度来解诗,从而收到"向来积疑,多所披豁,前人谬迷,多所驳正"(《杜臆原始》)的效果。《杜臆》的确称得上阐幽发微、鞭辟入里,胜见迭出,其解诗之深刻透辟少有人及。仇兆鳌就对其极为推崇,在《杜诗详注·凡例》"历代注杜"中云:"宋元以来,注家不下数百,……其最有发明者,莫如王嗣奭之《杜臆》。"此言殆不为过。王嗣奭解杜最大的缺点是好言比兴,且不乏其例。所引前人注,以刘辰翁、钟惺最多,它如张性《杜律演义》、张綖《杜工部诗通》等也有引及,其对旧注或是而取之,或非而驳之,大多颇为切当。然其未汰伪苏注,实是一大失误。尽管《杜臆》有这些缺点,但其成绩还是主要的,甚至可以说是空前的。

杜诗通　四十卷　[明]胡震亨撰

胡震亨(1569—1645?),字君慁,一字孝辕,号赤城山人,晚年又号遁叟,海盐(今属浙江)人。万历二十五年(1597)举人,历故城教谕、合肥知县、德州知州、定州知州、兵部职方员外郎等职,以病乞归,著书自娱。震亨家富藏书,而手不释卷,秘册僻本,日夕搜讨,所获既多,故著述繁富,有《海盐图经》、《续文选》、《靖康咨鉴录》、《赤城山人稿》、《读书杂录》、《唐音统籤》、《李杜诗通》等行世。《唐音统籤》有一千零三十三卷,以天干编次,其中《唐音癸籤》已点校整理,流布甚广。生平事迹见曹溶《明人小传》卷三、朱彝尊《明诗综》卷五八、陈田《明诗纪事》庚集卷十八。

《杜诗通》四十卷为胡震亨《李杜诗通》之杜诗编,是书卷前有秀水朱大启《叙》、大启子朱茂时庚寅岁(顺治七年,1650)《跋》、震亨子胡夏客所撰识语。由夏客之识语可知,胡震亨编纂《唐音统签》始于天启五年(1625),成于崇祯八年(1635),共阅十载。自崇祯九年至崇祯十五年(1642),历六年又完成《李杜诗通》。其时正值明、清易代,震亨亦已七十四高龄,书未及刻印,震亨已卒于兵燹。直至书成后八年,即顺治七年(1650),方由朱茂时刻印刊行,是为初刻本。洪业《杜诗引得序》因所见本无版刻序跋年月,由刻工断之为万历末或启、祯间刻本,实误;其它书目也有著录为明刊本者,亦误。识语后为总目录,与它本不同,目录在篇目前还有卷目,其卷目为:五言古诗十二卷(序论年谱列前卷)、七言古诗六卷、五言律诗十一卷、五言排律五卷、七言律诗四卷排律同后卷、五言绝句七言绝句二卷逸句联句附末卷。全书共录诗 1447 首。卷一首载胡震亨删改新、旧《唐书》重作之杜甫传记,篇末小字附注依次为元稹《唐故检校工部员外郎杜君墓系铭》、《新唐书·杜甫传赞》及胡震亨自叙;次为杜甫年谱,大致采用元高楚芳编《集千家注杜工部诗》所附年谱而略加增改,时有考辨,较高本年谱为详。此书之编次,先分体,再分类,一类之中,再约略编年。其注释则在删存前人注的基础上阐发已见,所引旧注既有高楚芳千家注本所辑赵次公、鲁訔、蔡梦弼、黄鹤、刘辰翁等宋人注,亦有张性、郑继之、胡应麟、钟惺、谭元春等元、明人的评解,所引皆标出姓氏,以刘、郑两家为最多。已之注解以"遁叟云"出之。诗正文顶栏上多标以"神品"、"妙品"、"能品"、"具品"及"删"字样,后三者多,而前两者少,可见震亨评诗之严。诗句佳妙者,圈点之;拙劣者,则于句旁画一竖线,又见其评诗之细。胡震亨也敢于突破前人的成见,如被杨万里推为杜律第一的《九日蓝田崔氏庄》,他却视之为杜律之最劣者(卷二十五)。卷三十《秋日荆南述怀三十韵》之评语指出:"琯之罢相遭贬,虽由陈涛之败,实以建诸王分守之议,为肃宗所忌而致。"并联系诗句详细解说其前后经过,所言详实可信,屡为后人征引。故震亨之评多是自出机杼,不但无人云亦云之弊,而且往往多新颖深刻之见。总之,胡震亨《杜诗通》注解简明切当,不乏新见,是明代杜诗全注本里的一部极为重要的著作,周采泉更推为明人注杜之首选(参见《杜集书录·内编·全集校刊笺注类三》"杜诗通四十卷"条)。

杜集约 [明]黄琦撰

黄琦,字玱闻,饶平(今属福建)人。万历二十八年(1600)举人,再上春官不第,遂构室山巅,读书其中,以攻读勤苦,年四十即病卒。与父黄河清俱祀乡贤。生平事迹附见《(顺治)潮州府志·人物志·黄教授传》。

《杜集约》,《(顺治)潮州府志·人物志·黄教授传》,即琦父黄河清传,后附黄琦传,言其著有《杜集约》一书,且所注"与虞、赵解颇有异同",惜其已佚。

杜工部诗分体全集　六十六卷　[明]刘世教编校

刘世教，字少彝，一作孝彝，海盐（今属浙江）人。聪颖绝世，为人豪爽，于书无所不窥，落笔每有奇语。自视门第高，才情超逸，不屑自苦，日饰容止服御，斥买书籍鼎彝，又慕义声，好倾囊急人难，坐此故业渐削。万历二十八年（1600）举北闱，数下第，家益贫，不得已谒选，授闽清令，清虽僻小，世教以清节自历，谢请托、黜豪强、决淹狱，名声大振，至借摄侯官、尤溪二邑。以公务繁重，积劳成疾，又逢水灾，强起视事，不数日卒，年五十三。生平事迹见曹溶《明人小传》卷三、朱彝尊《明诗综》卷五八、陈田《明诗纪事》庚集卷十九。

《杜工部诗分体全集》，为刘氏《合刻李杜分体全集》之杜诗部分，有万历四十年（1612）刻本。前有李维桢序、刘氏自序及凡例。杜诗部分前有万历壬子（1612）姚士麟序，次为王洙、孙仅、王安石、胡宗愈、鲁訔、王琪、王彦辅、郑卬序跋及蔡梦弼跋；次为黄鹤撰杜甫年谱。新、旧《唐书》杜甫传、李观遗补杜子美传、元稹杜工部墓系铭。此集为白文无注本，编次上先分体，再编年。卷一至卷二为赋表，卷三至卷十八为五古，卷十九至卷二十六为七古，卷二十七至卷四十六为五律，卷四十七至卷五十一为七律，卷五十二至卷五十九为排律，卷六十为五绝，卷六十一至卷六十二为七绝，卷六十三至卷六十六为杂文。是集校记均置于各首之末，仇注于异文多有取于此者。今浙江大学图书馆藏有吕留良朱批本，重庆市图书馆藏有汪琬手校本。日本国会图书馆亦有藏本。

杜诗注释　[明]蔡宗禹撰

蔡宗禹，字宝元，号震湖，明漳浦（今属福建）人。秉性刚介，明敏过人，万历间贡入太学，大司成叶向高称为天下士，一时名震京师。万历二十九年(1601)登进士第，授镇江理刑。持法平允，以忤郡丞，为其所陷，被劾去官。后丞败，事白，起授丽水令，升刑部湖广司主事。以老乞归，讲学湖西书院，以力行为宗。凡所甄陶，皆成佳士。居丧不作佛事，传为家法。年七十馀卒。著作甚富，有《程朱要言》、《续毛诗释》、《史记一家言》、《桂丛轩语录》等。生平事迹见《(康熙)漳浦县志》卷十五，《(乾隆)福建通志·文苑》、李清馥《闽中理学渊源考》卷八十二。

《杜诗注释》，《(乾隆)福建通志·文苑》、李清馥《闽中理学渊源考》卷八十二蔡宗禹小传均著录。已佚。《(康熙)漳浦县志》卷十五亦著录，书名又作《杜诗句释》。

杜诗分类全集　五卷　[明]傅振商撰

傅振商，字君雨，号星垣，汝阳(今河南汝南)人。万历三十五年(1607)进士，选庶吉士，改监察御史，巡按直隶兼四府督学，后由大理寺丞转本寺右少卿，迁太常寺卿，以右副都御史巡抚南赣，迁南京兵部右侍郎。崇祯时，进南京兵部尚书。年六十八卒，赠太子太保，谥庄毅。著有《爱鼎堂集》、《风雅元音》、《缉玉录》、《古论元箸》、《秦蜀幽胜录》、《四家诗选》等。生平事迹见何出光《兰台法鉴录》卷二十、《(康熙)汝阳县志》卷九下、《(雍正)河南通志·人物四》。

《杜诗分类全集》五卷，傅氏此集无论收诗总数、篇目次第，还是分类方式、门类名称，都与邵宝《分类集注杜诗》完全相同，邵宝将严武、郭受赠杜甫诗误作杜诗，此本亦袭之。邵本又以徐居仁本为底本，故《四库全书总目》谓傅氏此集从千家注本脱胎，其实此集是傅氏将邵本注释删去而成。据卷前傅氏自序知其本意乃欲使读者不纠缠于繁杂旧注，而直接从原诗中体会少陵之真性情，故其只保留杜诗白文、“公自注”及邵注之题解，有些题解还予以删减。序末署“万历岁次癸丑孟冬”，即万历四十一年（1613），《杜诗分类全集》应即编刻于此年。此初刻本传世极罕，国家图书馆尚有藏本，有残破。马同俨、姜炳炘《杜诗版本目录》著录此本，名作《杜诗分类》。《韩国所藏中国汉籍总目》著录奎章阁藏傅振商辑《杜诗分类》，有周光夑跋及万历戊午（1618）傅氏序，不知为何版本。是书虽无甚足取处，但因是净本，故亦有重刻本。又因此集成于傅振商在河北真定（今河北正定），巡按直隶兼四府督学时，故后之重刻者大多为真定人。顺治八年（1651），真定守杜滨因初刻残缺，予以修补重刻，卷前有傅振商序、梁清标序及梁清宽跋，书末有周光夑跋。梁氏兄弟皆为真定人。成都杜甫草堂藏有此本。此重刻本与初刻本版式基本相同，半页十行，行二十字，四周双边。1974 年，台湾大通书局据王鸣盛手批之顺治八年本影印，收入《杜诗丛刊》第二辑。王鸣盛为清著名史学家、经学家，其评点既颇有独到之处，手迹更为艺林爱重，故有其特殊价值在。然因卷前仅录傅振商原序，而无梁氏序跋，故扉页误标为明刊本。又有顺治十六年张缙彦、谷应泰校订高士重刻本，首录谷序、张序、傅序及梁氏兄弟序跋。张缙彦亦为真定人，据其序可知，张氏由梁清标授得此书，携至西湖，遇谷应泰，谷遂嘱高士刊刻。此刻与前两刻版式不同，半页十二行，行二十五字。南京图书馆有此刻藏本。

杜注水中盐　五卷　［明］杨德周撰

杨德周（1572—1648），字南仲，又字孚（一作浮）先、齐庄，人称次庄先生。鄞县（今属浙江）人。万历四十年（1612）举人，官金华教授。崇祯间历古田知县、高唐知州职。鲁王监国时以尚宝卿召，不赴，卒于家。曾问学于黄道周。与《杜臆》作者王嗣奭并称“王杨”;又与王嗣奭、葛世振同为“汐社三老”。著有《铜马编》、《澹圃芋纪》、《金华杂识》、《舆识随笔》等。生平事迹见全祖望《续甬上耆旧诗》、《(乾隆)鄞县志》卷十六。

《杜注水中盐》,有清初刻本,计四册,今藏国家图书馆。卷前依次有张拱机《杨次庄先生注杜水晶盐序》,《旧唐书·杜甫传》,谢杰《少陵纪》、《唐诗纪事》、《珊瑚钩诗话》、《艺海洄酌》等著作中有关杜甫的评论,唐龙撰《杜子祠记》,来斯行撰《槎庵小乘》。该书不录原诗,只按诗题选录张表臣、杨慎、张綖、邵宝、钱谦益等诸家评论,并附以己见。有的诗题下有题解,标注作年,皆用小字。共选诗380首。《四库全书总目·集部·别集类存目一》著录有杨德周撰《杜诗解》八卷,并云:“是编裒诗家之论杜者为第一编,盖即蔡梦弼《草堂诗话》之意,推而广之,然分类不免于琐屑。其最不检者,如八卷补注例第一条云:‘韩昌黎曰:人各有能有不能,抑而行之,必发狂疾。故杜云:束带发狂欲大叫。如此注那得不补云云。是杜诗乃用韩语,天下宁有是事?他如杨慎辨槎字一条,既全载于订讹字中,又复见于正讹例中。如斯之类,亦往往失之嗜博也。”《四库全书总目》、《续文献通考·经籍考》、《(民国)鄞县通志·文献志·艺文志》皆著录此书为《杜诗解》八卷。《鄞县通志》又云:“此书分类注释,详于故实,兼采前人评语。”其“备注”栏又云:“全祖望谓所注杜诗曰《水中盐》,盖即《杜诗解》之异名。”仇兆鳌《杜诗详注·凡例》云:“杨德周之《类注》,俱有辩论证据,今备采编中。”王嗣奭《杜臆原始》则云:“友人杨南仲究心老杜,方著《水中盐》。”或谓《水中盐》当为《水晶盐》。此书书名众说纷纭,卷数亦有五卷、八卷之别,全祖望认为实即一书。然检国图本《杜注水中盐》既非分类编次,更无《四库全书总目》所引文字及订讹、正讹之例;但卷首为裒集诸家论杜之语,又相符合。二书之关系,实难确定，姑存疑。《四库全书存目丛书》亦未收录《杜注水中盐》或《杜诗解》，是未寻得此书耶？

李杜诗评 [明]王象春撰

王象春(1578—1632)，字季木，新城(今山东桓台)人。万历三十八年(1610)进士，除上林苑典簿，迁南京大理评事，历工部员外，改兵部，终南京吏部考功郎中。其人刚直敢言，以诗自负。象春乃清初文坛领袖王士禛从祖，其诗集曾由王士禛评点。著有《王考功集》、《问山亭集》、《齐音》、《济南百咏》。生平事迹见万斯同《明史》卷三四八、王鸿绪《明史稿》卷二二八、曹溶《明人小传》卷四、钱谦益《列朝诗集小传》丁集下、朱彝尊《静志居诗话》卷十七。

又有《李杜诗评》，王士禛《分甘馀话》卷三著录，已佚。

杜诗衍 [明]陈龙正撰

陈龙正(1585—约1645)，字惕龙，号几亭、龙致、发蛟，嘉善(今浙江嘉兴)人。《明史》有传。师事高攀龙。崇祯六年(1633)进士，授中书舍人。数上疏言事，秉公直言。十七年左迁南京国子监丞。福王立，用为祠祭员外郎，不就。以病卒，私谥文洁。著有《几亭集》等。

又有《杜诗衍》，《槜李往哲遗书续编》著录，已佚。

笺杜陵诗 [明]董斯张撰

董斯张(1586—1628)，字遐周，号借庵，乌程(今浙江吴兴)人。万历间监生。少负俊才，耽于读书，泛览百家，博学善文，尤精于词，与周永年、茅维为词友。病体支离，又拙于生计，英年早逝。著有《吹景录》、《静啸斋词》、《广博物志》、《吴兴艺文补》

等。曾增订《唐诗品汇》。生平事迹见曹溶《明人小传》卷四、陈田《明诗纪事》庚集卷八、朱彝尊《明诗综》卷六五、《明词综》卷五。

《笺杜陵诗》,附载《吹景集》卷六,无单刻本。其笺注不录本文,共二十馀则,与黄庭坚《杜诗笺》体例相同。周采泉称“虽所笺仅二十馀则,然援据赅博,推见至隐,明代人读杜札记,应以此为上乘矣。”(见《杜集书录·内编·选本律注类一》)

和杜诗 [明]冯元飏撰

冯元飏(1586—1644),字尔赓,一字言仲,别号留仙。浙江慈溪人。《明史》有传。崇祯元年(1628)进士,授工部都水司主事。因上疏力抗中官张彝宪总理户工二部事忤帝,遂请告归。寻起礼部主事,进员外郎郎中,迁苏松兵备参议。以事谪山东监运司判官,十一年摄济宁兵备事,十四年迁天津兵备副使,十月擢右佥都御史,代李继贞巡抚天津兼督辽饷。次年以衰老乞休,诏遣李希沆代,未至而京城陷,元扬由海道归乡,是秋九月卒。著有《奏疏》十二卷、《韵律》、《小渔山集》、《痴券》、《和和陶诗》。

又有《和杜诗》,《(光绪)慈溪县志·艺文志》著录,已佚。

淑少陵初言 [明]刘格撰

刘格,字念劬,“雪苑六子”刘伯愚之父。家饶有馀财,郡西南有田十万亩。少以文学为邑令姚体乾所知。是时文体诡异,格独笃好先正,尝延浙中名士宋凤翔至家读书,教其子伯愚及甥吴伯裔、伯胤,崇雅黜浮,其后皆以古学名世。宋中后起能习龙门、扶风、昌黎、柳州诸家言,格之力为多。亦好为诗,所著有《淑少陵初言》数卷。生平事迹见《商丘县志·文苑传》。

《淑少陵初言》,《商丘县志·文苑传》著录,已佚。

杜诗胥抄 十五卷并《馀论》一卷 [明]卢世㴶撰

卢世㴶(1588—1653),字德水,又字紫房,晚称南村病叟。祖籍涞水(今属河北),明初其祖徙德州(今属山东),遂定居此地。天启五年(1625),进士及第,官户部主事,未几省母归,起补礼部,改监察御史,督漕运。时久旱河竭,盗贼纵横,世㴶疏数十陈漕运之弊,报竣,移疾归。甲申之变,曾与乡人对抗李自成义军,至斩其牧守。明亡,清廷以原官征诣京师,世㴶以病辞。年六十六卒于家。世㴶性嗜酒,喜读书。著有《尊水园集略》。生平事迹见田雯《卢南村公传》(《古欢堂集》卷三三)、王铁山《墓志铭》(《尊水园集略》卷首)。

《杜诗胥抄》只录杜诗白文和原注,取杜诗"乞米烦佳客,抄诗听小胥"(《赠李八秘书别三十韵》)之意,名之曰"胥抄",乃以胥史自谦。其以蔡梦弼《草堂诗笺》为底本,于分体中又依蔡本编次。共录杜诗881首,附高适诗1首,末卷摘录杜甫诗句若干则,为前所未选者。卷后有《知己赠言》与《大凡》。崇祯四年(1631)由其友王瑞符、门人王元礼资助刻印。崇祯七年,卢氏又撰成《馀论》一卷,遂续刻之与前书并行。《知己赠言》为其友人刘荣嗣、陈以闻、李行志、钱希忠、王瑞符、沈嘉、周承芳、程泰、钱谦益为此书所作序、记及赠诗。《大凡》简述该书编撰始末、体例,并总论杜甫之生平性情及杜诗概貌。《馀论》分论各体杜诗,依次为论五言古诗、论七言古诗、论五言律诗、论七言律诗、论五七言排律、论五七言绝句、论摘录。《胥抄》虽无注释,但亦是卢世㴶数十年精心研治杜诗之结晶,殆欲以所抄之"净本"使少陵精神更出。《大凡》、《馀论》又能发人所未发,且阐幽抉髓,胜见迭出,是一部少有的极富新意的杜诗研究著作。清初文坛领袖王士禛《戏仿元遗山论诗绝句三十二首》云："苦为《南华》寻向郭，前唯山谷后钱卢。"将卢世㴶与黄庭坚、钱谦益并列，可见对此书评价之高。

读杜私言 [明]卢世㴶撰

卢世㴶，生平事迹见上《杜诗胥抄》介绍。

《读杜私言》，又名《读杜微言》，乃《杜诗胥抄》之《大凡》与《馀论》总名，有崇祯七年(1634)尊水园刻本、宣统三年(1911)藏湖楼重刻本。

杜诗捃 四卷 [明]唐元竑撰

唐元竑(1590—1647)，字远生，乌程(今浙江湖州)人。万历四十年(1612)年二十三举于乡。为人至孝，母病，刲左臂肉以进。及卒，号恸几至灭性。丙子(1636)，父以荐举蒙谴，元竑兼程抵都，刺血书陈情，为首揆所阻，难达上听，日跪长安门痛哭，上闻之恻然，从部议戍边。甲申变起，往普静寺哭临。丁亥(1647)十月十一日，欲自溺以殉国，为人救免，遂绝食，至十九日卒。著有《易通》、《南华三铨》。生平事迹见《(乾隆)乌程县志·人物》。

《杜诗捃》四卷，据卷前唐元竑自序知是书为其读杜诗时随手所作札记，以言前人之所未及或辩驳旧注之误。据评诗次第，知其以千家注为底本，约选诗五百首左右，约略编年，卷四末评解文赋。因其所评非全篇，故不录原文，仅标篇名，或径引诗句予以评论，亦有数诗同评，或专论某一问题者，颇类诗话。是书所论杜诗虽只有五百首左右，然涉及范围甚广，几遍于杜甫其人其诗研究的各个方面，且时有真知灼见。如辩巳上人非晚唐齐己；《新唐书》所记严武欲杀杜甫事，及以李白《蜀道难》诗为叹房琯、杜甫受危于严武说皆为虚妄等，此类对旧注的辩正，甚有见地。元竑又反对比兴附会之解，态度客观公允，但亦偶有偏执荒谬处，又有诗谶之说，故《四库全书总目·集部·别集类二》这样评价《杜诗捃》：“元竑所论，虽未必全得杜意，而刊除附会，涵咏性情，颇能会于意言之外。其中如‘白鸥没浩荡’句，必抑苏轼而申宋敏求；‘宛马总肥秦苜蓿’句，正用汉武帝离宫种苜蓿事，而执误本‘春苜蓿’字，以为不对‘汉嫖姚’。又往往喜言诗谶，尤属不经。然大旨合者为多，胜旧注之穿凿远矣。”此集未曾刊刻，今存世者除四库全书本外，尚有数种旧抄本。北京国家图书馆藏有文津阁抄本；浙江图书馆藏有文澜阁抄配本，其卷一为文澜阁原本，卷二至卷四则据文津阁本抄配而成；台湾图书馆藏有旧抄本，无序跋，行款与四库本同，1974年台湾大通书局据以影印《杜诗丛刊》本。

辽警集杜　［明］杨定国撰

杨定国，号希于。明频阳（今陕西富平）人。由文庠就武，中万历四十三年（1615）武进士。历武职，俱有战功，官至副总兵都督。常在西陲，时名王巨敌，闻之莫不丧胆。后镇守朔方，军威颇振。礼部侍郎郭正域有《贺杨将军晋封贰师序》，陕西布政司张鹤鸣有《赠杨将军移镇朔方序》。杨定国文武兼备，著有《铩翮草诗集》。生平事迹见《（光绪）富平县志·人物志·名宦》。

又有《辽警集杜》，《成都杜甫纪念馆馆藏杜集书目》著录，有1956年梁伯言手抄本，一册。

虞本杜律订注　二卷　［明］汪慰撰

汪慰，字慰心，明新安（今安徽歙县）人。曾官江西南昌照磨。著有《虞本杜律订注》二卷。周采泉《杜集书录·外编·选本律注类存目》"杜诗订注一卷"条又录婺源汪慰,字善之。颇疑二者实为一人。

孙殿起《贩书偶记续编》著录:"《虞本杜律订注》二卷,明新安汪慰撰,无刻书年月,约万历间精刊。"是书当出自伪虞注,并有所订正。周采泉《杜集书录·外编·选本律注类存目》又著录《杜诗订注》一书,亦为汪慰撰,然为婺源人。明祁承㸁《澹生堂藏书目》著录作《杜律订注》二卷,《(光绪)婺源县志》著录作《杜诗订注》一卷。颇疑二者实为一人,书亦是一书。

杜诗轮输攻　[明]傅汝祚撰

傅汝祚,字子延,号槛亭,临朐(今属山东)人。明万历诸生。为人正直,才高学优而连试不利。遂绝意仕进,隐居乡里。益肆力于学,自置圆枕,倦极就寐,不可得转侧即寤,寤即复读矣。后以子国官京师,累赠奉政大夫,户部云南司郎中。著有《四书示掌》、《左传芟》、《马班荟萃》、《资治通鉴领要》等。生平事迹见《(光绪)临朐县志·先正上》。

又有《杜诗输攻》,《(光绪)临朐县志》、《(宣统)山东通志·艺文志》著录,已佚。

杜诗肆考　十卷　[明]沈求撰

沈求,字与可,上海人。明诸生,约万历前后人。秉性耿介,慎取予,不妄交游,隐居梅花源,以吟咏为乐。卒私谥贞愍先生。祀乡贤。与子白并称"两世之隐,百世之芳"。

著有《杜诗肆考》,《(光绪)松江府志·艺文志》、《(民国)上海县志·艺文志》著录,已佚。

杜诗双声叠韵表　不分卷　[明]宋鸿撰

宋鸿,字子渐,仁和(今浙江杭州)人。万历诸生。

著有《杜诗双声叠韵表》,郭绍虞《中国诗歌中的双声叠韵》一文引及。周采泉谓:“研究杜诗双声叠韵之专著,似以此为最早。”(见《杜集书录·内编·其它杂著类》)

集杜　[明]金道合撰

金道合,字洞观。明潜山(今属安徽)人。嗜古博学,弱冠即驰声艺苑,后以明经训馀姚,与葛寅亮、倪元璐(1593—1644)友善。移谕楚行,与邑令争雪诸生冤不合,即告归。著有《弋谈》、《瑶草山房全集》。生平事迹见《(乾隆)江南通志·人物志·文苑三》、《(乾隆)江南通志·艺文志·集部二》。

金道合所著《瑶草山房全集》共八十馀卷,其中含《越吟》、《楚吟》、《南草》、《北草》、《集杜》诸集。《(乾隆)江南通志·人物志·文苑三》、《(乾隆)江南通志·艺文志·集部二》均著录。已佚。

杜邵诗选　十四卷　[明]郑鄤选

郑鄤(1594—1639),字谦止,号峚阳,武进(今属江苏)人。明天启二年(1622)进士,改庶吉士。供职都察院,以忤魏忠贤削职为民。后客居南京,仿老伶工,点定剧曲,编《选曲》。崇祯中,温体仁以杖母不孝诬陷之,磔于市。著有《峚阳草堂诗集》、《峚阳草堂说书》等。生平事迹见《天山自订年谱》、清汤狷石《郑鄤事迹》、《四库全书总目》卷三四。

又有《杜邵诗选》,沈复灿《鸣野山房书目》(即祁理孙《奕庆藏书楼书目》)著录,其注云:“杜子美六卷,邵尧夫八卷。”邵尧夫名雍,为宋理学大儒,有《击壤集》。已佚。

杜集注　[明]倪元瓒撰

倪元瓒(1594？—1650？),字献汝,上虞(今属浙江)人。倪涷子,崇祯名臣元璐弟。年十三试辄冠军,其学以事亲守身为本。名在复社,而不挂党籍。崇祯十四年(1641),越中奇荒,条议上当事,备言赈济事。又鬻产修学宫,乡里咸推其行。应举明经不出,当事以贤良方正荐,辞。元璐殉国难,元瓒哀国痛兄,目肿声喑,犹故作好容以慰母。福王立,拜兵部员外郎,不赴。明亡,惟以奉母侍养为务。母逝,作小儿号,形貌焦黑,至不可识。庐墓三年,又逾年而卒。著有《理学儒传》、《春秋五传》等。生平事迹附见《(光绪)上虞县志校续·人物》倪涷传。

又有《杜集注》,《(光绪)上虞县志·艺文志》引《王氏备稿》著录,已佚。

李杜诗选　[明]池显方选

池显方,字直夫,号玉屏,同安(今属福建)人。明天启四年(1624)应天举人,以母老不赴春官。喜山水,曾游武夷、秦淮、泰岱;又参禅乐道,结庐玉屏端山,日与香炉经卷为伴;亦工诗文,所作空灵飘忽,不可方物,时与钟惺、谭元春唱和。海内名辈,如董其昌、黄道周等皆乐与交。尤与同邑蔡复一称莫逆,复一经略颠黔,一字未妥,邮筒往返讨论。著有《晃岩集》二十二卷、《南参集》、《玉屏集》、《澹远诗集》。生平事迹见《(民国)同安县志·人物志·文苑》、朱彝尊《明诗综》卷六六。

又有《李杜诗选》,《(乾隆)泉州府志·艺文志》、《(道光)福建通志·经籍志》著录,已佚。

杜诗制碧　六卷　[明]黄文焕撰

黄文焕,字维章,号坤五,永福(今福建永泰)人。天启五年(1625)进士,文章淹博,历知番禺、海阳、山阳三县,崇祯擢翰林院编修。后坐钩党与黄道周同下诏狱,事雪,侨寓南京以终。著作甚丰,有《诗经考》、《陶诗析义》、《楚辞听直》、《赭留集》、《毛诗笺》、《庄子注》等。生平事迹见李清馥《闽中理学渊源考》卷四八、《(乾隆)福建通志·人物志一》、陈田《明诗纪事》辛集卷十八。

又有《杜诗制碧》,周采泉《杜集书录·内编·辑评考订类一》作"《杜诗掣碧》",并谓"此书名《掣碧》,系取杜诗'或看翡翠兰苕上,试掣鲸鱼碧海中'之意。《(民国)福建通志·艺文志》作'《制碧》',误。"然《(道光)福建通志·经籍志》亦作"《杜诗制碧》",而《(乾隆)江南通志·人物志·流寓一》黄文焕小传则作《杜诗掣碧》。《闽中理学渊源考》卷四八、《(乾隆)福建通志·人物志一》、《(乾隆)福建通志·艺文志一》、《(乾隆)永福县志》卷八,均言黄文焕有"杜诗注",未录具体书名。光绪二年(1876)黄倬昭重刻《陶诗析义》跋中云:"当时诸书皆锓版,明季吾乡遭倭患,板尽毁,今欲求完好旧本不多觏。"可见光绪初年,此书已难见完貌。清顾宸《辟疆园杜诗注解》、吴瞻泰《杜诗提要》时引黄维章(文焕字)语,但未言书名,或即出自此书。

杜律解　[明]龚方中撰

龚方中,字仲和,明嘉定(今属上海)人。龚锡爵仲子,国子生,能诗好事,为人有气节。与李长蘅等交好。周顺昌被逮,方中醵金助之。生平事迹附见《(光绪)嘉定县志·人物志一·宦迹》龚锡爵传及钱谦益《列朝诗集小传》丁集下郑胤骥传。

著有《杜律解》,《(光绪)嘉定县志·艺文志》著录,已佚。

李杜志林 [明]陈懋仁撰

陈懋仁,字无功,别号藕居士。明嘉兴(今属浙江)人。万历中由掾吏官泉州府经历。性嗜古,不以簿书废铅椠,所记泉南事,多故牒所未备,足迹几遍海内,晚归著述凡二十馀种。李维桢尝赞曰:予周览天下五十馀年,仅得槜李陈无功一人。与袁宏道、钟惺、谭元春等友善。著有《藕居士诗话》、《石经草堂集》、《文章缘起注》、《续缘起》、《泉南杂志》、《异鱼赞注》、《析酲漫录》、《年号韵编》、《庶物异名疏》等。生平事迹见《(康熙)嘉兴府志·人物志一·艺林》、《(乾隆)浙江通志·人物六·文苑二》、《槜李诗系》卷十七。

又有《李杜志林》,黄虞稷《千顷堂书目》、《(光绪)嘉兴府志·艺文志》著录,已佚。

杜诗注 [明]董养河撰

董养河,字叔会,闽县(今属福建)人。崇祯五年(1632)特赐进士,官工部司务。与黄道周友善,黄以钩党下狱,养河亦被逮。狱中与黄道周、叶廷秀唱和,成《西曹秋思》。狱解,以原职升户部主事,迁员外郎,卒。著有《罗溪阁韵语》等。生平事迹见《(乾隆)福建通志·人物志一》、钱谦益《列朝诗集小传》丁集下。

又有《杜诗注》,《(道光)福建通志·经籍志》、《(民国)闽侯县志·艺文志》著录。已佚。

杜工部七言律诗分类集注 二卷 [明]薛益撰

薛益，字虞卿，长洲(今江苏苏州)人。明崇祯间曾以贡生官泸州(今属四川)训导。精于佛学，专习净业宗，又工书善诗，书学钟、王、旭、素，年登耄耋，犹能于灯下作蝇头小楷，颇著声名于乡里间，林云凤《薛虞卿先生杜律七言集注序》云："先生里居之宅，则长洲江令公所赠，兼有诗期玉堂，弃官杜门，则开府张公，隆式庐之典，署其门曰：'盛世醇儒'。"著有《薛虞卿诗集》等。

《杜工部七言律诗分类集注》二卷，主要承袭伪虞注，即张性《杜律演义》。有崇祯十四年(1641)刻本，卷前依次为徐如翰序、林云凤序、薛益《集注杜律歌》、杨士奇《杜律虞注序》、白云漫史(即谢杰)《少陵纪略》、《杜律心解题词》、白云漫史《杜律虞注叙略》、薛益跋、修默居士《杜律心解凡例》。《杜律心解题词》录《遁哉闲览》、王安石、元稹、宋祁杜诗话四则。据薛益跋，知此书成于崇祯十三年，次年由社友程圣谟刻印。是书虽名《集注》，然薛益跋又云："用是只管笺杜，一秉于虞，误则竭博稽之力，正则任习气之口，"则其主要是承袭伪虞注。其收杜七律凡151首，上下两卷，分纪行、述怀、怀古等三十二类，卷数、门类数及诗歌编次，悉同于伪虞注。注解先沿明人注诗通例，标出赋、比、兴体例，馀亦与伪虞注大致相同，惟于其误处，予以辨正，如《观造竹桥》一诗改虞注"合欢"为"合观"；又稍采它注以补虞注之简略，故较虞注为详，然无甚发明。是本传世极罕，国内仅吉林省图书馆有藏本。美国国会图书馆亦有藏本，日本宫内厅书陵部、公文书馆及东洋文库皆有藏本。日本又有后光明天皇庆安四年(顺治八年，1651)中村市兵卫据崇祯刊本覆刊本。

杜律集解　六卷　［明］邵傅撰

邵傅,字梦弼,三山(今福建侯官)人。《(乾隆)福州府志》云其为崇祯间贡生,王府教授。陈学乐《刻杜工部七言律诗集解序》云:"余社友博士邵君梦弼,乃翁符台卿鳌峰公","梦弼君少小侍游宦邸,业易待举,暇受内翰高廷礼所编《唐诗正声》于符卿,长游艺百家,独赏少陵氏作,口诵心惟,若神与游。"

《杜律集解》六卷,收杜甫五言律387首,并录高适《赠杜二拾遗》一首,分四卷;七言律137首,分上、下两卷。由邵傅同里陈学乐为之校刊,初刻于万历十六年(1588)。此初刻本国内已无传本,今日本国会图书馆、公文书馆尚有藏本。今福建省图书馆则有明末邵明伟刊本,五律卷前有陈学乐《刻杜工部五言律诗集解序》、邵傅《刻杜律五言集解引》,均署"万历戊子"(1588),次五言集解目录;七律卷前有陈学乐《刻杜工部七言律诗集解序》、七言集解目录、邵傅《集杜律七言注解序》及《集解凡例》七则,二序均作于万历丁亥(1587);七律卷末有方起莘跋。陈学乐《刻杜工部五言律诗集解序》记邵傅语云:"吾于七言律也,承先符卿之橐籥,采诸名家之琼藻,自青衿至皓首,乃尔卒业。"五言律则因陈氏相请,"几八月而稿就"。成书的一慢一快,正可看出邵傅钻研时日之久与功力之高。是书编次用编年法,依单复《读杜诗愚得》之新定年谱,然亦有商榷处,如七律两卷目录中,最后几首诗题下,都有双行小字,言其当在位置,应是不同于单注处。书名集解,即是博采众家,诸如千家注、伪虞注、单复注、张罗峰注、赵大纲注及傅父邵符卿注等皆有征引。傅用融会贯通之法,故注解中多不标前人姓名,然径引原注文处,则标之。其体例大略是集解附于句下及篇末,单字只词下亦偶有注音、释义。因重在阐发诗旨,词语、典故之训释皆极简要。邵傅《杜律集解》吸收了当时杜律研究的主要成果,因其对诸家评骘沉玩甚久,故对旧注之评驳多有精到之见,所出注解简明平实,成为一部比较完备的杜律著作,故颇得重视,尤为日人喜好,日本刻本有十馀种之多。今成都杜甫草堂博物馆藏有二种,一为宽文十三年(1673)日本油屋市郎右卫门刊本,七律集解陈学乐序后有1954年贺昌群跋;一为元禄九年(1696)日本神雒书肆美浓屋彦兵卫刊本,此本七律卷前尚有"杜工部年谱",卷末有宇都宫跋,篇末、书眉还有宇都宫为补正邵注而辑录之朱鹤龄《杜诗辑注》、张远《杜诗会粹》、顾宸《杜诗注解》有关注解。叶绮莲《杜工部集关系书存佚考》谓台湾"国立中央图书馆"藏有日本贞亨二年(1685)刊本及元禄九年刊本,宇都宫标注。1974年台湾大通书局据贞亨二年刊本影印《杜诗丛刊》本,然误标为元禄九年刊本。此外,北京国家图书馆藏有日本贞亨三年江户刻本,此本为马同俨、姜炳炘《杜诗版本目录》著录。以上日本刻本均无邵傅《刻杜律五言集解引》。尚有五律、七律单刻本多种。

忘机杜诗选 [明]宋咸辑

宋咸,初名斌,字二完,后字尔恒,别号觉非。明平湖(今属浙江)乍浦人。与李天植(明崇祯六年举人)友好。工举子业,好诗,潜心易学,著有《易说》。性倜傥,不拘小节。工临池,笔力遒劲,又善弈。家贫薄,游金陵,上湖湘,有卜居半山之志,不果而卒。著有《觉非草》、《金陵游草》。生平事迹见沈季友《槜李诗系》卷二十一。

又有《忘机杜诗选》,《槜李诗系》卷二十一宋咸小传著录。《(乾隆)浙江通志·经籍十二·集部五》亦据《槜李诗系》著录。

杜律注解 [明]黄润中撰

黄润中,字嗣雨,号静谷,晋江(今属福建)人。崇祯十年

(1637)进士,授刑部主事,转礼部祠祭员外郎。出为河南督学,甄拔奇士,强半列仕籍。唐王时,擢广东惠潮兵备道,廉正爱民,潮民户诗祝之,称为黄佛。以病告归,著书自娱。著有《易义注解》、《诗义注解》、《禹贡注解》、《金刚经注解》、《火火篇》。生平事迹见《(乾隆)泉州府志·明循绩十》。

又有《杜律注解》,《(乾隆)泉州府志·艺文志》、《(道光)福建通志·经籍志》著录。已佚。

杜诗注 [明]李实撰

李实,字如石,遂宁(今属四川)人。崇祯十六年(1643)进士。为人方正清洁,于书无所不读。令苏州长洲县,每遇征输,但以至诚劝谕,不加敲扑,而国课不缺,民怀其德。遂寓于苏市,隐居三十年,著述甚富。子仙根以鼎甲历官户部侍郎,衣粗食,澹如未有禄养者,年八十卒。生平事迹见《(嘉庆)四川通志·人物志》。周采泉《杜集书录》误以李实为宋宣和间人。

著有《杜诗注》,《(嘉庆)四川通志·经籍志·集部》著录,已佚。李实于朱鹤龄《杜工部诗集辑注》卷一列名参校,朱注中征引李实注四条。其详可参蔡锦芳《李实乃明末清初的杜诗注家》(《杜诗版本及作品研究》,上海大学出版社2007年版)。

杜律解易 二卷 [明]沃起凤撰

沃起凤,字彦仲,明山阳(今属安徽)人。其先以武功显,至其父士彦折节读书,遂成名儒。起凤与其兄起龙皆有名于诸生中,每试,兄弟各冠一军,一以敏,一以工,士林交称之,同选崇祯十七年(1644)恩贡生。会丁变乱,避迹田间,耽情吟咏。所著《史论》二十篇,论断精严,多发前人所未发。另有《礼记汇解》

四十卷。生平事迹附见《(乾隆)淮安府志·文苑》沃士彦传及《(同治)重修山阳县志·选举》。

又有《杜诗解易》,《(乾隆)淮安府志·艺文志》著录。《(同治)重修山阳县志·艺文志》亦著录,然误为起凤兄起龙撰。已佚。

集杜 二卷 [明]李元植撰

李元植,明末嘉定(今属上海)人,诸生。尝集杜吊邑中殉节诸人,又为和陶诗以自况,历游京师、齐鲁、闽浙、楚豫等地,归老蒲塘。有《挺生遗稿》二卷。生平附见《(光绪)嘉定县志卷·艺文志四》"挺生遗稿二卷"条。

《集杜》二卷,为吊邑中殉节诸人而作。《(光绪)嘉定县志·艺文志四·集部上·别集类》著录。已佚。

李杜诗正声 [明]萧思伦撰

萧思伦,字彝子,泾县(今属安徽)人。明崇祯时在世。剧有学识,为国事濒危,著《千秋尚友录》十二卷,录四十九人,皆排大难于倾覆,挽宗社于危疑之辈,人服其论。生平事迹见《(嘉庆)泾县志·人物志·孝友》。

又有《李杜正声》,《(嘉庆)泾县志·艺文志》著录,同志萧思伦本传则称是集"说诗之法别有悟会"。已佚。

读杜小言 [明]李腾蛟撰

李腾蛟,字力负,别号咸斋,宁都(今属江西)人。明诸生。鼎革后,入翠微山讲《易》,后别居三巘峰,以经学教授。著有《半庐文稿》、《周易胜言》。生平事迹见徐鼒《小腆纪传补遗》卷四。

又有《读杜小言》,已佚。今存李腾蛟《读杜小言序》,其云:“三百一十篇而下,诗之可以怨者,楚屈子、唐杜甫而已。乃学士家于屈平独推为词赋之祖,且推其忠;若甫则仅目为诗人之雄,甫勿乃少殁乎?唐以诗名一代,天宝之际,君臣将相,戏浪笑傲,黜雅颂之徽音,崇郑卫之淫乐,海内人士,翕然向风。倡予和女,多效闺中燕昵。迨至范阳一变,二十四郡几无一人,何其靡也。以妾妇多而丈夫少耳!少陵野老毅然一男子,身遭安史之乱,悲家伤国,怀友念君,对城郭而唏嘘,过山川而咏叹。或增感于荒陵残阙,或寄托于戍子征夫。哀绪危情,不至呕出心肝不止,其于屈子行吟泽畔,无以异也。小雅怨诽不乱,屈大夫不得独擅千古矣!间尝取而读之,如秋江夜月,风肃冰寒,驾扁舟,凌万顷,凄然箫声,自远而至。又如坐塞外,听胡笳,令人魂销肌栗。人知骚为变风,孰知杜为变骚?余阅其诗,得若干首,虽不足近少陵,而近尽也。今日之乱,甚于安史,而余才不逮少陵,虽欲怨而不可得。乃世卒无有能怨者,少陵其绝唱乎?”(豫章丛书本《半庐文稿》卷二)就其序所言,身处明清异代之际的李腾蛟十分看重杜诗反映乱世危情的现实内容和忧时爱国的精神内涵,认为其忠爱思想直承《诗经》,可以与屈原比肩。其注杜亦是有感于“今日之乱,甚于安史”,故欲借阐释杜诗以抒心中之“怨”。则其注释应侧重于诗意阐扬。

杜诗话　[明]刘廷銮撰

刘廷銮,字得舆,贵池(今属安徽)人。淹雅该博,尤好词赋,为时所称。晚以贡入京,考授州同。著有《五石瓠》等。生平事迹见朝鲜人阙名编《皇明遗民传稿》卷六。

又有《杜诗话》,朝鲜人阙名编《皇明遗民传稿》卷六《刘廷銮传》著录此书。已佚。

集杜诗 一卷 [明]万荆撰

万荆,字子荆,南昌(今属江西)人。明诸生,总角即有才名,读书城中,坐右不置书,惟字帖、琴画及诸玩器而已,日揣摩之。明亡,闻西江缙绅亦有陷没者,愤而裹足不至城。游于山野,逍遥自乐。荆善音乐,每友人宴集,辄奏雅调,声韵脆润,悲壮动人。生平事迹见《(光绪)南昌县志·人物志九》。

著有《集杜诗》,《(光绪)南昌县志·艺文志》著录。已佚。

杜诗外传 [明]郑汝荐撰

郑汝荐,字一鹗,号叹庵。明末泾县(今属安徽)人。早年留意书画,三十读《朱子语录》,遂专志濂洛关闽之学。师青阳施天柱,为所深器,更字陋如。五十后,学问益进,讲业水西书院,从游者甚众。以疾终,遗命勿作佛事。著有《南国杂咏》、《山庄漫赋》等。生平事迹见《(嘉庆)泾县志·人物志·懿行》。

又有《杜诗外传》,《(乾隆)江南通志·艺文志》、《(光绪)重修安徽通志·艺文志》著录。已佚。

杜诗蠡测 二卷 [明]范逸撰

范逸,初名述,字亦绪,松江(今属上海)人。生活于明末清初,不乐仕进,毕生致力于诗,有《芥轩诗存》等。生平事迹见《(咸丰)黄渡镇志》。

又有《杜诗蠡测》二卷,《(咸丰)黄渡镇志》著录。《(光绪)嘉定县志·艺文志》亦著录,书名作《杜诗蠡得》。已佚。

杜律集注 [明]黄中理撰

黄中理,字纯卿,人称东愚先生,济宁(今属山东)人。明诸生,为人端方,穷研程朱理学,有疑义未彻,至自掌其面。晚年教授生徒,一以朱子为准。有友赠以句云:“穷年兀兀,心源尚友程朱;丰采稜稜,卓见不淫佛老。”疾革呼孙维祺,授以《大学》诚意章,曰:“为圣贤当从此下手。”遂卒。著有《倔强编》、《偶觉录》、《陋室放言》等。生平事迹见《(道光)济宁直隶州志·人物志》。

又有《杜律集注》,《(道光)济宁直隶州志·艺文志》著录。已佚。

杜诗集注 八卷 [明]郑壬撰

郑壬,字有林,人称双松先生,明昆山(今属江苏)人。宋龙图学士大中十世孙,南宋时徙昆山,世以医为业,至壬祖子华精儒术。壬谨言笑,事母孝,母年高不能行,作板舆,与家人舁之往来者数年,母意甚适,殆殁,治丧不作佛事,敛、含、葬、祭一依朱子礼。兄亡,无后,事寡嫂如母,嫁孤女不异己出。重修世谱,建葺祠堂,必循礼制。读书务探义理,尤喜谈史,诗宗少陵,学行表于一乡。著有《双松草堂集》十卷。生平事迹见《(光绪)昆新两县续修合志·卓行》、张大复《梅花草堂集》卷四。

又有《杜诗集注》,《(同治)苏州府志·艺文志》、《(光绪)昆新合志·艺文志》著录。已佚。

杜诗纲目 [明]全大镛撰

全大镛,字声远,一字硕人,鄞县(今浙江宁波鄞州区)人。全元立曾孙,《(民国)鄞县通志·文献志甲编·人物·人物类表第二·仕绩甲》全元立传末只称其“盛德笃行”,其馀鄞县方志均无其传。

著有《杜诗纲目》,全祖望《续甬上耆旧诗》、《(民国)鄞县通志·艺文志》著录。已佚。

杜诗汇解　[明]全大镛撰

全大镛,生平事迹见上《杜诗纲目》介绍。

周采泉谓《(民国)鄞县通志·艺文志》著录(见《杜集书录·外编·全集校刊笺注类存目》)。检《艺文志》只录大镛《杜诗纲目》一书。仇兆鳌《杜诗详注·凡例》"近人注杜"条则有"四明全大镛之《汇解》"之语,并于《题张氏隐居二首》之二、《对雨书怀走邀许主簿》、《秋尽》诗注三引"全大镛注"。未知二者是否为一书。

杜诗绪笺　六卷　[明]程元初撰

程元初,字全元,歙县(今属安徽)人。馀不详。《(民国)歙县志·艺文志》著录其《周易韵叶》二卷、《诗经韵叶》四卷、《诗经音释》一卷、《五经词赋叶韵统宗》二十四卷、《律古词曲赋叶韵》十二卷、《历代二十一传》残本十二卷、《季周传》十二卷。

又有《杜诗绪笺》六卷,明祁承㸁《澹生堂藏书目》著录。日本《尊经阁文库汉籍分类目录》亦著录,书名作《杜工部七言律风绪笺》(见台湾《书目季刊》1970年夏季号叶绮莲《杜工部关系书存佚考》)。

杜诗渊源　[明]张著撰

张著,明人,生平不详。

著有《杜诗渊源》,《(光绪)山西通志·艺文志》引旧志著录。已佚。

类体少陵诗　十七卷　[明]吴集撰

吴集,明人,生平不详。

著有《类体少陵诗》,明李如一《李氏得月楼书目》著录。已佚。

杜少陵诗　十卷　[明]张文栋撰

张文栋,明人,生平不详。

著有《杜少陵诗》,周采泉《杜集书录·内编·全集校刊笺注类三》著录。上海图书馆藏,明刻本,半页十行,行二十字或二十一字,白口,四周单边,无鱼尾。有清乾隆进士王昶跋。

杜诗七律注　[明]李国梁撰

李国梁,明人,生平不详。

著有《杜诗七律注》,仇兆鳌《杜诗详注》进呈本《凡例》著录,并云:"惜未寓目",可见清初其传本已罕见。

篆书杜律　[明]朱岱书

朱岱,明宗室。生平事迹不详。

有《篆书杜律》,徐乾学《传是楼书目》著录。已佚。

新刊杜工部七言律诗　二卷　阙名注,[明]曾应祥校

今日本东京大学东洋文化研究所藏有明静德堂刊本,共二册。

杜诗选　六卷　[明]凌氏刻

明吴兴凌氏朱墨套印本,共三册。日本爱知大学附属图书

馆霞山文库有藏本。

杜浣花集 阙名编

明杨士奇《文渊阁书目》著录:"《杜浣花集》一部一册,阙。"

杜律摘旨 阙名撰

明晁瑮《宝文堂书目》著录,或疑此即赵大纲《杜律测旨》。

杜学诗抄 阙名撰

明晁瑮《宝文堂书目》著录。

李杜律集 阙名撰

明晁瑮《宝文堂书目》著录为"苏刻"。已佚。

李杜白文 阙名撰

明晁瑮《宝文堂书目》著录为"无锡刻",明周弘祖《古今书刻》著录为"常州府"刻。

李杜千家诗 阙名撰

明周弘祖《古今书刻》著录为"雅州"刻。已佚。

杜少陵文集 十卷 阙名编

明高儒《百川书志》著录,并注云:"工部员外郎杜甫子美撰,凡三十二篇。按《通考》云:杂著二十九篇。"

杜诗诸家评 阙名编

明赵琦美《脉望馆书目》著录:“《杜诗诸家评》,一本。”

杜歌行　阙名编

明赵琦美《脉望馆书目》著录:“《杜歌行》,一本。”

杜诗详注　三十一卷　阙名撰

清金星轺《文瑞楼藏书目录》著录。已佚。

李杜合集　四十七卷　阙名编

清金星轺《文瑞楼藏书目录》著录:“《李杜合集》,李二十五卷,杜二十二卷。”已佚。

纂杜律　一卷　阙名撰

清宋定国、谢星缠《国史经籍志补》转录徐健庵(乾学)《传是楼书目》著录。已佚。

杜诗摘句分韵　二卷　阙名集

盛宣怀《愚斋图书馆藏书目录》(抄本)著录:“《杜诗摘句分韵》二卷,稿本,二本。”已佚。

杜诗释　一卷　阙名撰

马同俨、姜炳炘《杜诗版本目录》著录:“《杜诗释》,阙名注,明刻本,存一卷,前后残缺。半页十行,行二十字,白口,四周单边。”“书名依版心上方题作《杜诗释》。”今国家图书馆有藏本。

五、清代编

读杜小笺、二笺　五卷　［清］钱谦益笺

钱谦益（1582—1664），字受之，号牧斋，晚年自称蒙叟、虞乡老民、东涧遗老、牧斋老人、绛云老人等，世称牧翁、虞山先生。常熟（今属江苏）人。明万历三十八年（1610）中探花，历任翰林院编修、太子中允、詹事、礼部右侍郎、翰林院侍读学士等职。因遭温体仁诬陷革职后归里，南明福王立，起为礼部尚书。顺治二年（1645）降清，任礼部右侍郎管秘书院事，充修《明史》副总裁。六个月后即南归，不复出仕。晚年与郑成功暗通声气，秘密进行反清复明活动。钱谦益为明末清初的文坛领袖，与吴伟业、龚鼎孳合称“江左三大家”。钱谦益注杜始于崇祯六年（1633），时钱之好友卢世㴶成《杜诗胥抄》，请钱为之作序，钱便将平日所得集成《读杜小笺》寄与卢。卷前自识有“注诗之难，陆放翁言之详矣。放翁尚不敢注苏，予敢注杜哉”之语，并对学杜、评杜之流弊大加挞伐。次年又撰成《读杜二笺》，卷末附《注杜诗略例》进一步抨击了杜诗旧注之谬。崇祯十六年，钱谦益门生瞿式耜将《读杜小笺》、《读杜二笺》合刻于《初学集》末，是为小、二笺之初刻。撰成《读杜小笺》、《读杜二笺》后，钱谦益尚无意注全本杜诗，但亦以为缺憾。直至顺治十二年，钱遇到吴江朱鹤龄（字长孺），方起意使朱氏为其补足全书。钱谦益当时未见朱氏

之成书便为之作序，至康熙元年(1662)阅朱氏书稿后，方有大出所料之感。其时，钱谦益并未即刻与朱鹤龄反目，要两刻其书，而是将朱氏书中自认为不妥之处标出，希望朱鹤龄能遵其意改之，朱氏对此却十分反感，认为乃钱谦益门人所为，便只敷衍了事，稍作改易。即刻书样呈于钱谦益。钱氏愈加恼怒，坚辞署名其上，二人反目，钱方生使其族孙钱曾（字遵王）别刊所著之念。《钱注杜诗》二十卷，至其死后，方于康熙六年由季振宜刊刻行世。钱谦益的著作还有《初学集》、《有学集》、《投笔集》等。生平事迹见《清史列传·贰臣传乙》、《清史稿·文苑传一》、金鹤翀《钱牧斋先生年谱》。

《读杜小笺》三卷、《二笺》二卷，由钱谦益门人瞿式耜合刻于崇祯十六年(1643)之《初学集》。《读杜小笺》卷前有钱谦益《读杜小笺自识》，称其注杜乃应程嘉燧、卢世㴶所请。末署“癸酉(1633)腊月虞乡老民钱谦益上。”《二笺》卷前有钱氏《读杜二笺自识》云：“读杜小笺既成，续有所得，取次书之，复得二卷。”末署“甲戌(1634)九月，谦益记”。《小笺》笺诗60首，《二笺》笺诗35首。均不录全诗，而只录所笺释之诗句。《二笺》所笺之诗多与《小笺》重复，乃《小笺》之补笺。是书乃钱谦益笺注杜诗之初稿，为《钱注杜诗》之雏形。又有合刻之单行本，为宣统三年(1911)国学扶轮社印行，书名《读杜小、二笺》。《二笺》卷末附《注杜诗略例》。此书今尚存清康熙惠氏红豆斋抄本，书名作《读杜诗寄卢小笺》，三卷。因是书乃因《杜诗胥钞》的作者卢世㴶所请而作，故后人常将二书合刻，有明崇祯毛氏汲古阁刻本，书名署“钱卢两先生读杜合刻二种”。半页十二行，行二十至二十六字，白口，左右双边。其中钱谦益《读杜诗寄卢小笺》三卷、《二笺》一卷，卢世㴶《读杜私言》一卷。

钱注杜诗　二十卷　［清］钱谦益笺注

钱谦益，生平事迹见上《读杜小笺、二笺》介绍。

钱氏素嗜杜诗，“年四五十即随笔记录”，成《读杜小笺》三卷、《读杜二笺》二卷，崇祯十六年(1643)，由其门人瞿式耜合刻于《初学集》后。朱鹤龄辑注《杜集》，钱谦益授以《小笺》、《二笺》及九家注、吴若本《杜集》，“欲其将笺本稍稍补葺，勿令为未成之书可耳。不谓其学问繁富，心思周折，成书之后，绝非吾本来面目。”(《与遵王书》，《钱牧斋先生尺牍》卷二)于是，钱、朱互相诋諆，遂决意各刻其书。钱氏增益《小笺》、《二笺》为全本《杜工部集笺注》，后经族孙钱曾补充纂订，于康熙六年(1667)由泰兴季振宜为之刻印。是书共收杜诗1472首，编次与《九家集注杜诗》略同，诗分古、近两体，约略编年。卷一至卷八为古诗，共415首；卷九至卷十八为近体诗，计1009首；卷十八后又附录48首，其中他集互见者4首、吴若本逸诗7首、《草堂诗笺》逸诗拾遗37首。卷十九、二十为文赋，共32首。钱氏素精史学，杜诗又向有“诗史”之称，故钱笺杜诗，侧重以史证诗，力求通过对历史事实之钩稽考核，进一步阐明杜诗之内容大旨。《冬日洛城北谒玄元皇帝庙》、《洗兵马》、《入朝》、《诸将》诸笺，钱氏自诩为“凿开鸿蒙，手洗日月”者，实为独创之见。其对杜诗人名地理、典章文物的笺注，亦多翔实独到之处。钱氏熟谙唐史，所论大都史料详备，阐释精当。是书又以吴若本加以诠订，纠正了旧注的诸多偏颇错误之处，故影响极大。此书乾隆时虽遭禁毁，然仍暗中流布，其受人重视，可见一斑。然钱氏某些笺释，因过于深求，不免有穿凿附会之弊。又因钱氏有降清一节，不免有人对其心怀成见，对其书过于苛求，是故后人对是书亦多讥毁之言。该书版本较多，其中变化亦较大。康熙六年(1667)季振宜静思堂初刻本，书名作《钱牧斋先生笺注杜工部集》，卷前有钱谦益自序、季振宜序,次附录志传集序,依次为元稹《墓系铭》、《旧唐书·杜甫传》、樊晃序、孙仅序、王洙序、王琪后记、胡宗愈序、吴若后记,次为注杜诗略例,次为唱酬题咏,次为诸家诗话,次为总目录,各卷目有收诗数。二十卷末附《少陵先生年谱》。除此初刻本之外,重要的版本还有:宣统三年(1911)上海国学扶轮社铅印本;宣统二年(1910)上海寄青霞馆铅印本;宣统三年上海时中书局石印本,书名作《诸名家评定本钱牧斋笺注杜诗》,书眉辑有清初查慎行、邵长蘅、吴农祥、李因笃诸家评;民国四年(1915)广益书局据何焯(实为潘耒)批点排印本;民国二十四年上海世界书局据时中书局石印本排印本,书名作《杜诗钱注》;1958 年中华书局上海编辑所据季氏静思堂原刻断句铅印本,书名作《钱注杜诗》,此为较通行之整理本。此本卷前依次有季振宜序、钱谦益自序,注杜诗略例,次列总目录,书末依次附录:志传集序、少陵先生年谱、诸家诗话、唱酬题咏;1979 年上海古籍出版社重印此本。1974 年,台湾大通书局据静思堂刊本影印《杜诗丛刊》本,封面书名作《钱牧斋先生笺注杜诗》。又有上海古籍出版社版《续修四库全书》本,北京出版社版《四库禁毁书丛刊》本,亦皆据静思堂刊本影印。

补杜诗笺 [清]钱谦益撰

钱谦益,生平事迹见上《读杜小笺、二笺》介绍。

丁白《宝书阁书录》著录,称“钱蒙老梁簃园手录”,当是钱谦益笺注杜诗时之补笺手稿。

投笔集 一卷,又作二卷 [清]钱谦益撰

钱谦益,生平事迹见上《读杜小笺、二笺》介绍。

《投笔集》,一卷,抄本,亦有二卷本。该书抄本众多,来源

各异，亦收入《牧斋初学集诗注》本。刊本则有光绪三十二年排印《国粹丛书》第二辑本，又有宣统二年上海神州国光社排印本，署为钱曾笺注，名作《投笔集注》，二卷。此集共收诗 108 首，记录了钱谦益对复明运动由希望到绝望的心路历程，从中我们也可以看到从顺治十六年（1659）到康熙三年（1663）郑成功复明运动高涨与衰竭的整个过程。特别是《金陵秋兴》组诗与《后秋兴》十三叠，完全模拟杜甫《秋兴八首》，深得杜诗慷慨悲壮，沉郁雄健之真髓，所以陈寅恪在《柳如是别传》中称赞："《投笔集》诸诗摹拟少陵，入其堂奥，自不待言。且此集牧斋诸诗中颇多军国之关键，为其所身预者，与少陵之诗仅为得诸远道传闻及追忆故国平居者有异。故就此点而论，《投笔》一集实为明清之诗史，较杜陵尤胜一筹，乃三百年来之绝大著作也。"

爱吟轩注杜工部集　二十卷　[清]汪枢注

汪枢，字伯机，号石子，室名爱吟轩。明末清初鄞县（今浙江宁波鄞州区）人，《（乾隆）浙江通志》将其归为明人，列于王嗣奭之后。汪枢生于世禄之家，大父镗，曾官礼部尚书。伯机家多赐书，复嗜读。为人性萧散，工诗，不乐仕进，治别业曰"泡园"，赋《园居诗》六十首，闽人徐兴公极称之。晚年合其前后诗为《存俟篇》行世。《爱吟轩注杜工部集》前有佚名短跋云"其对钱谦益称后学，盖与钱氏同时之晚辈耳。"生平见《（乾隆）浙江通志·人物志六·文苑三》、《甬上耆旧诗》卷二四、朱彝尊《静志居诗话》卷十八。

《爱吟轩注杜工部集》二十卷，康熙间汪枢爱吟轩稿本。四册，半页十二行，行二十四字，无格，无边框。下口书"爱吟轩"三字，书前扉页有"爱吟轩注杜工部集稿本"字样。有佚名短跋云："清初汪枢辑撰，其对钱谦益自称后学，盖与钱氏同时之晚辈耳。书中于'胡'、'虏'等字多空阙不书,盖清初入关时之忌避也。其注约取众说而衷于己意,亦读杜之善本也。所引废翁董采之评解甚精,今董书亦不见传本矣。"卷首过录酬唱题咏,附录元稹《墓系铭》、《文苑传》、《读杜提纲》及钱谦益笺杜序。此稿本目录以一至二十别之,十九至二十为文集,后有废翁董采撰"评选杜诗序"。稿本小字楷书,有眉批旁注,朱笔圈识,卷端钤有"南武王瀚珍藏"、"红梨村庄"朱印。此本现藏成都杜甫草堂博物馆。《中国书店三十年所收善本书目》著录,然署为"选注杜工部集十五卷",卷数、书名与成都杜甫草堂博物馆所藏均不同,下注"爱吟轩抄本,四册。"

杜诗笺注　十八卷　[清]王载注

王载,明末清初常熟(今属江苏)人。生平事迹不详。著有《明列朝诗》一百卷、《杜诗笺注》十八卷、《明八大家文抄》四十卷。

《杜诗笺注》十八卷,《(乾隆)江南通志·艺文志》著录,已佚。

杜诗注证谬　[清]陆钺撰

陆钺(1587—1654后),字仲威,号巽庵。常熟(今属江苏)人。性好读书,少羸疾,弃举子业,与钱谦益等联社吟咏,与兄铣齐名,人谓之"大小陆"。顺治十一年(1654)尚在世。著有《穿山志》、《杜诗注证谬》、《钟嵘诗品注释》、《纪年诗集》、《纪年文集》、《诗馀》共若干卷。又工于传奇,著《曲谭》四卷,填词家多宗其说。间取弋、昆二调中《三国》、《水浒》数十部,撰次而补缀之,都为一大部,谓之《连锦汉中》、《翦绡水浒》,览者皆叹赏,以为可匹马东篱(致远)、汤义仍(显祖)。年五十五,忽盲废,犹与吴梅村言乐府甚悉。从其兄游粤西,赋诗百篇,号《南行三集》。晚年贫病,闭门谢客。黄与坚《穿山志序》称陆钺"殁数年,诗文稿尽失"。生平见陈瑚撰《陆钺传》(《离忧集》卷上)、王应奎辑《海虞诗苑》卷三。

《杜诗注证谬》,陈瑚《离忧集》卷上《陆钺传》著录。黄与坚《穿山志序》称陆钺"殁数年,诗文稿尽失"(《太仓州志》),则此书已佚。

秋兴八首偶论　一卷　[清]贾开宗撰

贾开宗(1595—1661),字静子,自号野鹿居士,又号遡园。先世太原人,明初始徙商丘(今属河南)人。少落拓不羁,十四岁从其师学,慕司马相如之为人,好击剑鼓琴,嗜远游,为师所讥诮,即日除弟子籍,更去与里中少年伍,间读书为文词,干谒当世,年二十馀举茂才第一。益负才,不事生人产业,破家葬其妻,日共邑人张渭等约汗漫游,尝效阮籍大醉六十日。白昼射箭,中夜击鼓。尝于上元夜率其徒,服龙衣,驾鹿车,疾驰百馀里,漏下三鼓,抵睢阳。时睢阳巨族司马氏,张银瓢容酒数斗,约能胜饮者持瓢去,群少皆醉卧窘甚。贾开宗忽叱咤登阶,举满一饮,即掷瓢付奴持之,不通姓名,坐宾骇散。后孙传庭为商丘令,重之,为复田舍。崇祯十二年(1639)底,与同里侯方域、吴伯裔、吴伯胤、徐作霖、刘伯愚等组织"雪苑社",广结名流雅士,因而有"雪苑六子"之称(此为雪苑前六子)。崇祯十五年三月,李自成破归德府,雪苑社友皆死难,仅侯方域、贾开宗得脱。开宗乃举家至淮阴,欲倚东平伯刘泽清为用,泽清奏除其为翰林院孔目掌书记,开宗察其有异趣,不就职,以白衣从军。又往来大司马史可法军,多所计画。久之,劝刘泽清连三藩,通左良玉以图恢复,泽清不听。顺治二年(1645)四月,清兵入淮,破扬州,五月,刘泽清浮海去,旋降清被杀,开宗乃于顺治三年携家归里。入清后,开宗凡七应举不第,作长歌云:“自从廿载落拓馀,不信天上有奎宿。”遂大悟,潜心学问十馀年,于星象、占纬、兵食、图籍,各有论说,天下以纯儒称之。顺治八年八月,与同里侯方域、徐作肃、徐邻唐、徐世琛、宋荦等重修“雪苑六子社”(此为雪苑后六子)。顺治十六年,永城知县程孔思聘请开宗纂修《永城县志》。撰有《遡园诗集》一卷、《文集》四卷、《秋兴八首偶论》一卷、《遡园语商》一卷、《贾静子诗说》一卷,均收入《遡园全集》。生平事迹见《国朝耆献类征》初编卷四二三侯方域《贾生传》(亦见《壮悔堂文集》卷五)、《碑传集补》卷四四徐作肃《贾静子墓志铭》(亦见《偶更堂集》卷下)、抱阳生《甲申朝事小纪初编》卷八《贾开宗纪》等。

《秋兴八首偶论》一卷,有清初刻《遡园全集》本。单行则有贾开宗玄孙贾洪信康熙八年(1669)重刊本。该本前有何絜序。卷前题“睢阳贾开宗静子甫论”,“男发秀启夕甫述”,是知此编原是贾氏向其子及后生辈讲授《秋兴八首》之记录,后由其子发秀整理而成。是书先解题意,后逐首分论。其论以阐释诗意、论析章法为主,兼及词语、典故注释。注重探本溯源,究明杜诗继承前人而有所创新之处。最后有一长篇“总论”,详析八首前后之章法结构。贾氏引据详博,阐释透彻,议论中肯,时有新见。八首中偶有其子发秀补述。书后附录贾发秀著《推论杜律一则》,是专论杜诗《登兖州城楼》的。是书单行重刻本传世极罕,亦未见公私书目著录。连引据繁博的叶嘉莹《杜甫秋兴八首集说》都未能搜录,故极有进一步研究的必要。

杜律细　一卷　[清]萧云从撰

萧云从(1596—1673),字尺木,号默思,又号石人、江梅、无闷道人、于湖渔人、东海萧生、梦履、梅主人、梅石道人等，五十五岁后别号钟山老人。芜湖（今属安徽）人。崇祯己卯、壬午科副榜。崇祯十一年（1638）与其弟云倩参加复社。清兵南下时避地高淳，入清不仕，闭门读书、漫游及创作诗文书画度日。萧云从是清初著名画家，“姑熟画派”的始祖。所绘《闭门拒客图》、《西台恸哭图》、《岩壑幽居图》以及《九歌》、《天问》诸图，均为传世名作。著有《易存》、《杜律细》。诗文集有《梅花堂遗稿》，未刊失传。他与遗民诗人汤燕生朝夕相处，诗文唱和，黄钺辑二人诗为《萧汤二老遗诗合编》（见《黄勤敏公全集》）。另有《韵通》一书，为抄本，现藏国家图书馆。生平见《（乾隆）芜湖县志·人物志》、胡艺《萧云从年谱》（《美术研究》1960 年第 1 期）。

《杜律细》一卷，除《四库全书总目》在《易存》提要中附带提及外，未见任何著录。《（康熙）芜湖县志·人物志》称其“所为书往往秘不示人，多致散失”，故此书极有可能并未刊刻，而一直以抄本的形式辗转流传。至近人傅增湘《藏园群书经眼录》始有著录。其作者署为“清钟山梅下萧云从尺木笺读”。有张九如、朱有章、张秀璧序，又自序、后跋各一首。凡杜诗之拗体各句皆考订为叶音，卷中朱○者仄作平，朱●者平作仄。傅增湘所见为刘喜海抄本，有刘氏跋云：“道光元年（1821）夏日，假得大兴朱氏椒花吟馆藏旧抄本，过录于都门黄华坊寓斋之嘉荫簃。东武刘喜海志。”“大兴朱氏”，即朱筠。傅氏按语云：“王渔洋先生云：‘萧尺木尝作《杜律细》一卷，以为杜律无拗体，穿凿可笑，而援据甚博。’即是书也。沅叔记。（戊辰）”此过录的萧尺木《杜律细》抄本，亦是得之于朱筠。傅氏死后，藏书捐入北京图书馆，而《杜律细》则不知所终。该书成书的具体时间已不可确考，《藏园群书经眼录》所著录的《杜律细》抄本，署名为“清钟山梅下萧云从尺木笺读"，考其年五十五后方别号钟山老人，则《杜律细》的成书，至早应在清顺治八年(1651)之后(据胡艺《萧云从年谱》，《美术研究》1960年第1期)。王士禛在《池北偶谈》卷十二中对《杜律细》进行了彻底的否定与批判，其云："芜湖萧尺木(云从)以画擅名江左，尝作《杜律细》一卷，以为杜律无拗体，穿凿可笑，而援据甚博。"受其影响，《杜律细》遂渐不为学界所重。不过成书于康熙元年(1662)的陈醇儒《书巢笺注杜工部七言律》卷三《院中晚晴怀西郭茅舍》引"萧尺木曰：风自西来则晴，杜五言《雨晴》，首二句'天际秋云薄，从西万里风'，则不但'钟鼓报晴'也，其与'楼台衔暮影'，同一西向尔，则'怀西郭'之义也。"又卷四《咏怀古迹五首》其四"寺中古庙巢水鹤，岁时伏腊走村翁"，引"萧尺木曰：'翁'，《说文》从羽公声，老称也。言颈白而体短如鸟也。雁之白颈者曰翁，白头翁、信天翁，皆鸟名，借对水鹤甚巧。"又卷四《覃山人隐居》引"萧尺木曰：此皆《北山移文》之意，讽刺慨叹，宛在目前，而虞伯生以为嘉美之词，则失之矣。"可见《杜律细》不仅是对吴体拗句的叶音考辨，也有对杜诗思想内容与艺术手法的分析及对旧注的辨析。因为此书对杜诗"凡吴体拗句，俱强使协于平仄"，对于本不合格律的拗体，强使之协律的努力就显得确实是枉费心机。是书的价值在于，它提醒后来的注杜者彻底放弃以叶音注杜的路径，这无疑促进了人们对音注杜诗拗律认识的进一步深化。也正是从这一点来说，《杜律细》的失败，在杜诗学史上具有不可替代的警示意义。今人孙微有《萧云从〈杜律细〉研究》一文(载《古籍整理研究学刊》2005年第3期)，可以参看。

杜诗执鞭录　十七卷　《附录》二卷　《杜工部年谱》一卷　[清]徐树丕撰

徐树丕(1596—1683,一说1595生),字武子,号墙东。长洲(今江苏苏州)人。明季诸生,屡试不利,益博览群籍。善楷书,兼工八分。崇祯二年(1629)前后入复社。国变后,隐居不出。顺治二年(1645)避居龙池山一云寺,自号活埋庵道人(僧苍雪《南来堂诗集》卷一)。九年,纂成《中兴纲目》,周之屿为序,姚宗典为书后(《缘督庐日记钞》丁巳)。又有《识小录》四卷、《埋庵集》、《杜诗执鞭录》十七卷、《纶旅宝鉴》等。《传经堂藏书目》卷四尚著录其有《评点搜玉小集》、《评点国秀集》、《评点中兴间气集》、《评点极玄集》。生平事迹详见徐鼒《小腆纪传》、《识小录跋》。

《杜诗执鞭录》十七卷,稿本,有姜垓、翁同龢、翁之缮跋。《(民国)吴县志·艺文志》著录,并注云:"《道光府志》作《杜诗注》"。此书为白文本杜诗全集,分体编纂。王颂蔚《古书经眼录》著录:"《杜诗执鞭录》十七卷,稿本,长洲墙东徐树丕著。是书凡五册,分十七卷。一、二卷,五言古诗;三卷,七言古诗;四、五卷,五言律诗;六卷,七言律诗;七卷,五言排律;八卷,七言排律;九卷,五言绝句;十卷,七言绝句;十一卷,五、七言摘句;十二卷,《杜必简诗集》,子美之祖审言诗也;十三卷,《鹤林玉露》论杜诗;十四卷,志传及虞乡老民所订《年谱》,并杨升庵《丹铅总录》'李太白游历山处'一条,又附松陵朱鹤龄长孺《秋日读书寓园成杜诗辨注述怀一百韵》律诗,又附陈眉公《书杜诗后》一则,伫石山人姜垓跋一篇;原注:第十五卷无之。然玩首尾并不阙,当是墙东缮稿时脱误也。十六卷,《读杜小笺》;十七卷,《读杜二笺》,后有墙东隶书跋语一首;最后附《丹铅总录》论杜诗。是书皆系墙东手写,每半叶十行,行二十字。"各种著录之间有所差异,参之姜垓跋云:"吾友徐武子诵读之暇,独取杜集手书数十通,服膺不倦。"则该书写本,或不仅一种。又据王颂蔚《古书经眼录》所著录，十四卷中收录钱谦益所撰《年谱》、及朱鹤龄《秋日读书寓园成杜诗辨注述怀一百韵》诗，十六、七卷收录的《读杜小、二笺》，则该稿本的成书时间，应与钱、朱二注同时稍后。

李杜苏诗选　[清]魏柏祥选

魏柏祥，字元昌，号拙庵。柏乡（今属河北）人。大学士魏裔介之父。明天启元年（1621）恩贡。鼎革后，隐居不仕，筑朴园柳庄，觞咏其中，手不释卷，年五十七卒，祀乡贤。著有《〈选〉诗选》四卷（顺治十六年刊本）、《四书日录》、《读史綮言》、《柏乡县志稿》、《李杜苏诗选》。生平见徐世昌《大清畿辅书征》卷三八。

《李杜苏诗选》，徐世昌《大清畿辅书征》卷三八著录。已佚。

说杜　一卷　[清]陶开虞撰

陶开虞，字尔禅，一字月峤。南通州（今江苏南通）人。一说合肥（今属安徽）人。岁贡生，天启七年（1627）举人。康熙十五年（1676），以贡生到北京就试。三十二年，用各种字体书诗成卷，范国禄为作题词。工诗文，嗜饮，丐索者，咸置酒招之。著有《溯洄吟》、《唐诗说约》二卷、《说杜》一卷、《回文诗》一卷、《拟乐府》一卷。又编有《诗筏》八卷。生平事迹见阮元《广陵诗事》卷五、《通州直隶州志》卷十三。

《说杜》一卷，仇兆鳌《杜诗详注·凡例》中"近人注杜"称陶开虞"别有论著"。其书《附编·诸家论杜》引录陶氏《说杜》，不知是否为全帙。杨伦《杜诗镜铨·附录三》亦收录，乃由《杜诗详注》所引节录。阮元《广陵诗事》卷五云："通州陶开虞,字尔禅,著有《说杜》一卷,言杜诗兴会所及,往往在有心无心间,往者一切强符深揣,即梦中叹息、病里呻吟,必曰关系朝政,反令少陵邻于险薄,不可不置辩也。"是书一名《少陵说》,《成都杜甫草堂收藏杜诗书目》著录。称其为"手抄本,七册,见《诗筏》。"《诗筏》,陶开虞编,八卷。蒋寅《清诗话考》著录有顺治刊本,藏于日本尊经阁文库(《清诗话考》42页,中华书局2005年版)。

评杜诗 一卷 [清]郑同甸评

郑同甸,安徽太平(今属黄山市黄山区)人。陈淑圣之妻。施闰章《蠖斋诗话》云:"太平县陈淑圣妻郑氏,能诗,有才辨。其初盖铁工女。邻有老学究授馆,女喜闻读书声,遂往受学。及将笄,通晓书籍。尝与其夫论诗文,夫不能答,诟曰:'郑声淫。'郑应声曰:'陈绝粮。'……先君子在广陵见其寄夫诗:'北雁南来愁欲往,东流西去系人思。一秋橘绿橙黄日,几度天涯梦里时。'"

《评杜诗》一卷,单士厘《清闺秀艺文略》著录。施闰章《蠖斋诗话》称:"其手评杜诗一册,予儿时尝见之,后为友人攫去。"

李杜诗钞 [清]范光文编

范光文(1600—1672),字潞公,一字甬憨,号友仲。鄞县(今浙江宁波鄞州区)人。范钦(1505—1585)曾孙。顺治六年(1649)进士,授礼部主事,除吏部文选司。八年,为陕西乡试正考官。尝值诸曹乏人,身综四司事,案无滞牍。兢慎自持,始终一节。以劲直不获乎上,罢官归。徜徉湖曲。曾为"天一阁"增购前所未有之书。康熙十二年(1673),黄宗羲到鄞县,光文破例允许其登阁,读所未见之书,并取流通不广之书籍,抄为书目。后五年,黄宗羲作《天一阁藏书记》。光文著有《试秦诗纪》二卷、《潞公诗选》二卷、《越吟》三卷、《七松游》一卷。生平事迹见《鄞县通志人物编·文学》。

《李杜诗钞》抄本,一册。钤有"光文"朱文圆印,"风雅軿"白文长方印。原无书名。冯贞群《鄞范氏天一阁书目内编·范氏家著》、骆兆平《新编天一阁书目·天一阁遗存书目·集部·总集类》(中华书局1996年7月版)著录。

少陵诗选 六卷 [清]叶承宗选

叶承宗(1602—1648),字奕绳。历城(今山东济南)人。承宗少嗜古,能文章,读书虽元旦不废。七上春官不第,益奋力于学问。明天启七年(1627)举进士。崇祯十三年(1640),知县宋祖法属辑县志,县新遭兵燹,文献阙如。承宗汇罗佚闻,取刘敕旧编更正,补缀成十六卷,时以为佳史。入清,登顺治三年(1646)进士,授临川县知县。值岁不祲,发廪赈饥,所活甚众。五年冬,赣镇金声桓叛乱,攻抚州,承宗甫策防御,而守将吴某已应敌,城遂破。承宗被执,逼授伪官,不屈,系于狱。承宗仰天叹曰:"死得所矣。"至夜自尽,年四十七。《山左诗抄》称其"闭门著书,里闬罕睹其面,一时学者翕然宗之,如迁社、郢社皆推盟主焉。工南北词曲,号濼湄啸史。《濼函集》第十卷皆杂曲也。"《(乾隆)历城县志·艺文考四》著录其有《濼函集》十卷、《少陵诗选》六卷、《记珠》卷不详。《濼函集》包括《四啸》:《十三娘笑掷神奸首》、《猪八戒幻结天仙偶》、《金玉奴棒打薄情郎》、《羊角哀死报知心友》;《后四啸》:《狂柳郎风流烂醉》、《莽桓温英雄惧内》、《穷马周旅邸奇缘》、《痴崔郊翠屏嘉会》共八种;北曲有《狗咬吕洞宾》、《沈景娘花里言诗》、《黑旋风寿张乔坐衙》三种;南曲有《百花洲》、《芙蓉剑》二种。而今存只有杂剧《孔方兄》、《贾阆仙》、《十三娘》、《狗咬吕洞宾》四种。生平见《(乾隆)历城县志·列传七·忠烈》。

《少陵诗选》六卷,《(乾隆)历城县志·艺文考四》著录。叶承宗自序云:"杜少陵冠冕当代,驾轶古今,遂使诗坛月旦,莫赞一词,至推为'姬公制作,不可拟议'。而近世王圣俞氏乃拟以'铁树花开,风骨严秀,空王狮吼,法力沉雄'。是则然矣,若犹未也。然则少陵亦何道而几此?将无库发当阳武绳,膳部家学,有渊源欤?许身稷契,媲技杨曹,祈向有正鹄欤?壎篪青莲,桴鼓摩诘,丽泽有沾溉欤?其或州有九,历其七;岳有五,游其三。山川映发,其灵襟欤?一饭必念黎元,在险不忘君父,忠爱激勃,其元音欤?抑亦登高则吹台来万里之风,履险则衡岳阻经旬之水,其豪襟逸气,有以抒写其天籁欤?义激则房琯可捄,意忤则严武可瞋,其浩气正性,有以披沥其孤韵欤?自非然者,则少陵又何道而几此?乃少陵则固尝自言之矣,曰:'读书破万卷,下笔如有神。'盖惟博综群籍,傍揽众长,优游而求,厌饫而得,左无不宜,右无不有。是故岱华、洞庭可以扬其钜丽矣,而铁堂、石龛亦可以歌其险仄;宛马、苍鹰可以写其神骏矣,而萤火、白燕亦可以体其形容;翠管银罂可以诩其恩泽矣,而残杯冷炙亦可以况其酸辛;曲江典衣可以抒其豪爽矣,而羌村秉烛亦可以绘其惊喜;《洗兵》、《出塞》可以发其奋扬矣,而《垂老》、《新婚》亦可以道其戚苦;长安丽质可以赞其锦裀矣,而出谷佳人亦可以怜其翠袖。良由性耽佳句,语必惊人,文足洽神,句堪愈病,光焰万丈,衣被群英,岂偶然哉!以故唐人选唐,李杜不与。沿及近代,厥有选家,大抵意主风格者,挹其雄劲而略其俊逸;爱存韵度者,撷其新奇而弃其沉浑。余小子欣赏珍抄,意无畸属,删三之一,都为六卷。嗟夫!

作家匪易，尚论良难。一少陵也，或信以为史，或尊以为圣，乃亦有摘其句累，惜其意尽，讥其无韵之言未工，至有直目为吾家莽夫子者。人各有心，吾从所好。余惟如金铸贾岛、丝绣平原，朝夕手一编而已。”（载《濼函》卷六，顺治十七年叶承祧友声堂刻本）此序《乾隆历城县志》卷二十二《艺文考四·集部三》引《濼函集》著录，文字略有出入。叶承宗在序中探讨了杜甫之所以取得如此辉煌成就的原因，并从家学、立志、交游、遭际等方面共同造就了伟大诗人及其诗歌。另外，他还反对选家们“意主风格者，挹其雄劲而略其俊逸；爱存韵度者，撷其新奇而弃其沉浑”那样的偏颇，而主张选杜诗要做到各种风格兼备，即所谓“意无畸属”。可惜此书已佚，难窥概貌。

杜工部诗集辑注　二十三卷　［清］朱鹤龄辑注

朱鹤龄（1606—1683），字长孺，自号愚庵。吴江松陵（今属江苏）人。明末诸生，入清后绝意仕进，屏居著述，晨夕不辍。与盩厔李中孚（颙）、馀姚黄太冲（宗羲）、昆山顾宁人（炎武）并称海内“四大布衣”。他与当时著名学者钱谦益、顾炎武过从甚密，在经、史、子、集各方面都颇有造诣，长于笺疏之学。顾炎武对其著作及为人都非常推许。钱谦益则赞他“诗道之端庄，经学之渊博，一时文士罕有其偶”，并两度聘他入府作家塾教师，又向当时著名藏书家毛晋推荐他入馆，使他得以尽览绛云楼、汲古阁两处的丰富藏书。同时，朱鹤龄也有一定的创作实践，曾与顾炎武等一起参加明遗民组织的惊隐诗社。其诗文集《愚庵小集》，当时名流多有褒奖。朱鹤龄一生著述甚丰，有《尚书埤传》、《禹贡长笺》、《诗经通义》、《春秋集说》、《读左日抄》、《李义山诗集笺注》、《愚庵诗文集》等传世。生平详《清史稿·儒林传一》。

《杜工部诗集辑注》卷前有朱氏自识云："愚素好读杜，得蔡梦弼草堂本点校之，会粹群书，参伍众说，名为辑注。乙未（顺治十二年）馆（钱谦益）先生家塾，出以就正。先生见而许可，遂检所笺吴若本及九家注，命之合抄，益广搜罗，详加考核，朝夕质疑，寸笺指授，丹铅点定，手泽如新。卒业请序，箧藏而已。壬寅（康熙元年）复馆先生家，更录呈求益。先生谓所见颇有不同，不若两行其书。"是知顺治十二年（1655）《杜诗辑注》已成初稿，本欲与钱谦益稿合为一书，后因二人观点相左，遂各刻其书。朱注文集后所附"杜诗补注"屡引顾炎武《日知录》中的"杜诗注"，《日知录》初刻于康熙十一年（1672），是知朱注最后刻印完竣当在康熙十一年或稍后。是书今传康熙间金陵叶永茹万卷楼刻本，卷前有钱谦益序及手简、朱鹤龄识语及自序；次为附录杜集旧序、跋、记，依次为樊晃序、王洙序、王琪后记、胡宗愈序、王安石序、李纲序、吴若后记、郭知达序、蔡梦弼跋、元稹《唐检校工部员外郎杜君墓系铭》；附录后又列"编注杜集姓氏"，即宋诸家注杜诗者，共二十四人，各注明所撰书名；之后又依次为杜工部年谱、辑注杜诗凡例、《旧唐书》杜甫本传。是书无总目，诗目分置各卷前，二十卷后有"失编一首"，即《晚秋长沙蔡五侍御饮筵送殷六参军归澧觐省》。之后有沈寿民后序。又文集二卷，文集后附"杜诗补注"五十馀条。又集外诗一卷。共收诗 1457 首，文赋 32 首。是书各卷前均列参订者两人，各卷均不同，多达四十馀人，中多名流大家，朱氏欲以此示其书编订精审。朱注不以考据为务，于考证史实处多依钱说，然朱注训释字句却较钱注详备，并参诸家之长，而去芜正谬，对清初注杜之影响甚大，实与钱注并称于世。仇兆鳌评曰："近人注杜，如钱谦益、朱鹤龄两家，互有同异。钱于《唐书》年月、释典道藏，参考精详；朱于经史典故及地理职官，考据分明。其删汰猥杂，皆有廓清之功。"

(《杜诗详注·凡例》)今人蔡锦芳《朱鹤龄〈辑注杜工部集〉研究》(《杜甫研究学刊》1990 年第 1 期)认为此书“是一个集大成的善本,它上承总结宋代杜诗学的蔡梦弼《草堂诗笺》,近补别开生面的钱牧斋《杜诗笺注》,下惠博采众说的仇兆鳌《杜诗详注》,远启最精简的杨伦《杜诗镜铨》,使杜诗学史上下贯通,一脉相承。”是书除康熙间金陵叶永茹万卷楼刻本外,尚有清乾隆间金陵三多斋翻刻本,书名题《杜诗笺注》,乃是抽去钱谦益序,将沈寿民后序移前,并利用一部分原刻重印而成。朱注因有钱序,乾隆时被列为禁书,此翻刻本便是坊贾为回避禁网而为。另有 1976 年日本吉川幸次郎编辑《杜诗又丛》本,乃据叶永茹万卷楼刻本影印。

傅青主手批杜诗 [清]傅山批

傅山(1607—1684,或谓 1605、1606 生,卒于 1685 后),初名鼎臣,字青竹,一字仁仲,改字青主。别号甚多,如公之它(一作公它)、朱衣道人、啬庐、真山、浊翁、石道人、随厉、六持、丹崖翁、浊堂老人、青阳庵主、不夜庵老人、傅侨山、侨黄山、侨黄老人、侨黄之人、酒道人、酒肉道人、太原高士等,或径称居士,以喜苦酒,故称老檗禅。以受道法于龙池还阳真人,故一名真山,或署侨黄真山、五峰道人、龙池道人、龙池闻道下士、观化翁、大笑下士等等。阳曲(今属山西)人。傅山是明清之际思想家,博通经史诸子和佛道之学,兼工诗文、书画、金石,又精医学。少有异禀,过目且成诵。明诸生,明亡不仕,隐于黄冠。穿朱衣,住土穴,养母,天下初定,始称稍出。康熙十七年(1678),年七十馀,举博学鸿词,强征至京,至后坚卧城西崇文门外园教寺,以死拒绝应试。次年,特放中书舍人,仍托老病辞归。文章书画有盛名,善画山水墨竹。家居以医为主。在哲学上自言:“老夫学老庄者也，于世间诸仁义事实薄道之，既强言之，亦不能工。”（《霜红龛集》卷十七）公开以“异端”自命。用佛学解释《庄子》，用训诂诠注《墨子》和《公孙龙子》等，提倡“经子不分”，打破儒家正统之见，开清代子学研究的风气。他反对宋明人注经的态度和方法：“只在注脚中讨分晓，此之谓钻故纸，此之谓蠹鱼。”指摘道学家为“奴儒”，为“风痹死尸”。著有《荀子评注》、《淮南子评注》、《左锦》、《管子批》、《二十一史批》、《性史》以及医学著作《傅青主女科》和《傅青主男科》等。今存《霜红龛集》四十卷。事迹详见《清史稿·隐逸传二》、《清史列传·文苑传二》、《国朝耆献类征》卷四七三、《国朝先正事略》卷四六、全祖望《阳曲傅先生事略》（《鲒埼亭集》卷二六）、丁宝铨有《傅山年谱》、郭鋐《征君傅山先生传》、嵇曾筠《明处士傅山传》等。今人所撰傅山传记有郝树侯《傅山传》（山西人民出版社 1981 年版）、魏宗禹《傅山评传》（南京大学出版社 1995 年版）、侯文正《傅山传》（山西古籍出版社 2002 年版）。

《傅青主手批杜诗》，现藏上海图书馆，系据胡震亨《杜诗通》（清顺治七年朱茂时刻本），墨批在书眉或句旁，无傅山题识及署名。卷前有翁同龢题识云：“庚寅（1890）夏，得此本于西苑朝房，谛审，知为青主先生评点。纸张绝脆，乃付潢匠褙之。壬辰（1892）秋日，排比旧籍，以畀斌孙。一笏斋中何减霜红龛耶？瓶叟记。”有“常熟翁同龢印信长寿”、“紫芝白龟之室”两印。卷末跋云：“杜诗四十卷，通体点定，傅青主先生笔也。纸断烂，乃裱褙藏之。戊子（疑为戊戌（1898）之误）十二月翁同龢记。”周采泉曾怀疑此本及翁氏跋之真伪（见《杜集书录·内编·辑评考订类二》）。该本批语计 170 馀处，多系评语，且多标“神品”、“妙品”、“能品”等评骘，不首首有评语。刘纬毅主编《山西文献总目》（山西人民出版社 1998 年 3 月版)卷十三《晋人批校》著录。

杜诗摘句 [清]傅山摘

傅山,生平事迹见上《傅青主手批杜诗》介绍。

国家图书馆藏傅山手书《广韵批注》共存其批注八千馀条,五万馀言,多系杜诗摘句。末存咸丰六年(1856)六月祁寯藻跋云:"《广韵》凡五卷,青主先生分注杜诗句于韵之上下方。每卷皆有名印,并有傅眉印,别纸数条亦有名印。……若仿其例分韵抄之,便成《杜诗摘句》一书,可存傅氏读书之法,亦可见先辈随手录记悉有条理。"

杜诗点评 [清]傅山点评

傅山,生平事迹见上《傅青主手批杜诗》介绍。

《杜诗点评》,侯文正《傅山传》(山西古籍出版社 2002 年版)载录。

续编杜诗 [清]傅山编

傅山,生平事迹见上《傅青主手批杜诗》介绍。

《续编杜诗》,侯文正《傅山传》(山西古籍出版社 2002 年版)载录。

辟疆园杜诗注解 十七卷 [清]顾宸撰

顾宸(1607—1674),字修远,号荃宜。无锡(今属江苏)人。顾嘉舜之子,因其所居名辟疆园,故人称顾辟疆。少受知于郑鄤及艾南英。明崇祯十年(1637)在无锡结听社,与钱陆灿、华时亨、黄家舒、唐德亮等并称"听社十七子"。十一年,参与声讨阮大铖之《留都防乱公揭》。十二年中乡举,名声日盛,

"上公车,主坛坫,称海内文章玉尺"(黄家舒《辟疆园杜诗注解·七言律序》),"操文场选柄数十年"(《无锡金匮县志》卷二二),"性喜引进后学,凡经识拔者,率取声誉"(吴德旋《初月楼闻见续录》卷九),"负一世人伦冰镜之目"(毕忠吉《辟疆园杜诗注解·五言律序》),所司主管考试与选拔人才之职。清顺治七年(1650),顾宸与太仓吴伟业、长洲宋实颖、尤侗、吴江计东、昆山徐乾学、武进邹祗谟等会浙江毛奇龄、陆圻、朱彝尊等在嘉兴举十郡大社。在明末清初的这些党社活动中,顾宸不仅躬逢其盛,而且是积极的参与者,可谓交游遍海内。顾宸入清后的仕履情况难以确考,似乎仍做过地方官吏。其晚年因官场失意,又加之藏书毁于火,遂颓唐悲观而死。所剩残籍,悉流入富豪之家。顾宸是个藏书家,在当时的藏书家中,以藏宋版书多闻名一时。黄家舒称其藏书之富"几与《四部》、《七录》、《宛委》、《嫏嬛》等"。顾宸好学深思,珍本秘册,鲜所不窥。补辑宋文三十卷,皆吕祖谦《宋文鉴》所未及。顾宸所为诗文亦丰蔚典赡。据记载,每辟疆园新本出,一悬书林,不胫而遍海内。《无锡金匮县志》即著录其《辟疆园文集》四卷和《宋文选》三十卷,侯方域《壮悔堂集》即存有《辟疆园文集序》。顾宸另外尚辑有《元文选》、《明文选》,均已佚。现存《辟疆园杜诗注解》十七卷。生平散见《无锡金匮县志·文苑传》、《锡山书目考》、顾光旭《梁溪诗钞》、吴德旋《初月楼闻见续录》。

顾宸于杜诗用力尤深,顺治十八年(1661)即完成杜诗全注,其友山东海阳李赞元为其刻印七律部分,山东济宁李壮为其刻印五律部分,其馀诸体,虽谋继刻而未成,故行世之书仅五律七律注。今传康熙二年(1663)吴门书林刊《辟疆园杜诗注解》十七卷,其中七律五卷,收诗151首;五律十二卷,收诗627首。

《七律注解》前有顺治辛丑(1661)李赞元序、严沆序、黄家舒序。下列五卷总目录,目录前署"辟疆园杜诗注解","梁溪顾宸修远著,侄采骥天闲、男采麟天石较"。每卷次下均署"觀阳李赞元望石甫阅,梁溪顾宸修远甫著,同里黄家舒汉臣评"。《五律注解》前有康熙癸卯(1663)李壮序、毕致中序及《杜子美年谱》。次十二卷总目录,目录前署"觀阳李赞元望石、禹航严沆颢亭、淮阴陆求可咸一全订"。每卷下署"梁溪顾宸修远甫著"及评者二人,计有李壮、毕忠吉、王养晦、程康庄、王士禛、刘壮国、毛漪秀、丁泰、周建鼎、陈泰和、张一鹄、李粹白、张熙岳、丘元武、李琯、钱陆灿十六人。每页版心上署"杜诗注解",中署诗体卷次,下署"辟疆园"。此本注解为杜甫全部律诗注本中较详备的一种。每诗题后有解题,时、地可考者皆一一注明,间或解释题意与命题之由。题解文字统低诗题一格。诗正文顶格,注解文字统低一格置于篇末。先注释名物、词语、典故,一般均征引出处,难字偶有注音;次释诗意,兼析章法、句法,指明承接照应关系。其注解,着意穷源追本,钩稽隐微,所论多中诗旨。注中屡引前人注,而于旧注之谬误处时有辨正。注后间录其友人评语,五律多李壮、毕忠吉评,七律多李赞元、黄家舒评,其评颇有见地。顾注虽因详备准确受人称颂,然亦不免繁碎穿凿之处。正如仇兆鳌《杜诗详注·凡例》所云:"顾宸之《律注》,穷极苦心,而不无意见穿凿。"顾注对后世影响颇大,诸家注本多所征引。纪昀之父纪容舒之《杜律详解》,实为顾注之节钞本,书中较精核者多钞自顾注而不标明。是书徐乾学《传是楼书目》、《扬州吴氏测海楼书目》、孙殿起《贩书偶记》均予著录。孙微《顾宸及其〈辟疆园杜诗注解〉》(《杜甫研究学刊》2002年第1期)一文,对此本考论甚详,可以参看。

杜诗注解　十二卷　[清]顾宏撰

顾宏,生平不详。周采泉《杜集书录·内编·全集校刊笺注类四》称:"顾宏,字伯厚,昆山人,清初布衣。"

《杜诗注解》十二卷,《清史稿·艺文志四》著录,未见。疑即顾宸《辟疆园杜诗注解》之《五律注解》十二卷。"顾宏"乃"顾宸"之误。周采泉《杜集书录》称:"此本向未见各家著录,亦未见有援引者。《清史稿·艺文志》录清人注杜评杜之作共二十二种,遗漏者不少,而独列此书于吴见思之后,江浩然之前,且具体说明为十二卷本,则当时必亲见是书。《清史稿·艺文志》为朱少滨先生(师辙)所属稿,惜当日未曾亲叩之。现查各地公私藏家书目,均未见此书,不知尚能踪迹否?……又查《光绪昆新两县续修合志》,不仅《艺文志》未录此书,《人物传》及《选举志》中亦无顾宏其人,或里籍有误,暂存于康熙朝末,容续考。"周采泉指出《清史稿·艺文志》的编者肯定曾亲见是书,言外之意是说,该本可能目前已经散佚。不过《清史稿·艺文志》收录的22种杜集文献全部都是常见的注本,除了顾宏的《杜诗注解》一书之外,目前全部都能见到。民国时期的《清史稿·艺文志》的编纂者尚能得见的杜诗通行注本,如今竟然在所有的公私著录中都找不到任何蛛丝马迹,实在令人生疑。故该书既有可能是《清史稿·艺文志》的编者在著录的时候发生了错误,将"顾宸"讹为"顾宏"。顾宸《辟疆园杜诗注解》的卷数是十七卷,《清史稿·艺文志》著录的顾宏《杜诗注解》为十二卷,这是因为顾宸《辟疆园杜诗注解》分为《七律注解》五卷和《五律注解》十二卷两个部分,《清史稿·艺文志》的编者很可能是对《辟疆园杜诗注解》著录的时候没有著录完全,只著录了其《五律注解》部分的十二卷,而将《七律注解》五卷遗漏了。

杜诗解颐　[清]左国材撰

左国材，字子厚，光斗(1575—1625)季子。桐城(今属安徽)人。明末，列名《留都防乱公揭》，声讨阮大铖。明亡不仕，隐龙眠山。著有《易学》、《诗学》、《杜诗解颐》并杂著若干卷。生平见《钦定大清一统志·安庆府二》、《(乾隆)江南通志·人物志·隐逸二》。

《杜诗解颐》，《(光绪)安徽通志·艺文志》著录。周采泉云："书名《解颐》，盖本诸'匡鼎解诗，令人解颐'，则此书当为说诗之作。"(《杜集书录·内编·辑评考订类一》)已佚。

杜诗笺注　[清]郑旼笺注

郑旼(1607—1682后，一说1633—1683，后说参见汪世清、汪聪《渐江资料集》，安徽人民出版社1964年版，以及马彬《浅谈新安画派》，《艺苑撷英》第二十期，上海人民美术出版社1983年版)，原名旻，字慕倩，号遗苏。歙县(今属安徽)郑村人。明清易代之后更名，寓无君之痛。嗜画兰，有印曰"郑所南后身"。嗜理学，喜藏书，工书画篆刻，善山水。尝手辑《杜诗笺注》。极推尊渐江，以愤世成疾卒。康熙十二年(1673)游黄山，作《九龙潭图》。二十一年临程孟阳《登台图》，时年七十六。著有《拜经斋》、《致道堂》、《正已居》诸集。生平事迹见李濬之《清画家诗史》。

《杜诗笺注》，《(民国)歙县志·艺文志》著录。已佚。

书巢笺注杜工部七言律诗　四卷　[清]陈醇儒撰

陈醇儒，字蔚宗，号书巢。姑孰(今安徽当涂)人。当涂县庠生。清初著名书画家，长于山水，工汉隶八分。曾建育婴堂。

康熙十二年(1673),与端肇震、喻尔训等同纂《太平府志》四十卷传世。喜研读杜诗,沉酣多年,曾笺注全部杜诗,有《书巢笺注杜工部七言律诗》四卷行世。

是书简称"书巢杜律注"。该书扉页右上题"姑孰陈蔚宗纂",中题"杜诗笺注",左下署"金陵两衡堂梓",书眉横书"温陵许双峒批释"。卷前依次为王泽溥序、许岩光(字双峒)序、胡季瀛序、陈醇儒自序、唐良序、醇儒弟醇士跋,"则言"九则。次分卷目录。各卷首页,第一行书"书巢笺注杜工部七言律诗"卷次,二、三行署"温陵许岩光双峒批释"、"姑孰陈醇儒蔚宗集注"、"弟醇士汉良校定",书口题"书巢杜律注"。目次前及卷末又题作"唐杜文贞公七言律诗"。因陈醇儒自序末署"康熙岁次壬寅中秋姑孰陈醇儒蔚宗氏题于书巢小阁",诸家书目遂多误以壬寅为康熙六十一年(1722)之壬寅,实应为康熙元年(1662)之壬寅,胡季瀛序即直署"康熙元年菊月东海胡季瀛序并书"。由陈氏自序可知,顺治十八年(1661)醇儒撰成此书,次年,即康熙元年,由其友许岩光删削修改,并为之捐资刻印。是书共收杜诗七律151首,按作年先后编次。诗题后多半有题解,注明杜甫行踪及该诗作年或题意。笺注置于诗末,乃择诸家注之善者以己意出之,不径录原注,亦不标姓名,唯引钱谦益注每标"钱笺"、"钱牧斋曰"。其注侧重就律诗之章法结构、起承转合、前后照应关系细加笺释,疏解诗意,尤注意阐发其言外之旨。诗中之使事用典,因诸注详备出处,故较少注释,但对诸注之穿凿曲解处,则多所驳正。笺注后,另起段落,或辑录该诗之异解可供参考者,或集其同时代人之评语,多至四十馀人。诸评虽偶有所见,然以附和赞许陈氏笺注之语为多。一题数首之组诗,逐首笺释后,再统解该题之命意、结构、诸首间之承接关系。是书流传极少,似仅此康熙元年刻本。坊间书目有作《杜文贞律诗选》

者,仅题"温陵许双峒评"。

李杜诗选 二卷 [清]游艺选

游艺,字子六,号岱峰。建阳崇化里(今福建建阳市书坊乡)人。宋儒游酢之后。少孤,事母孝。虽家境贫寒,不忘攻读。曾到本乡普觉寺拜师求学,手不释卷,卓有成效。他同明末进士方以智、清初江南布政使法若真、徽州府通判林云铭等名流官宦交游甚密。崇祯末年,政局动荡,尚书熊明遇从江西南昌回建阳祖籍避难,游艺因有机会向熊学习天文知识。当时西方文化科学知识正输入中国,游艺专心致志,刻苦钻研,吸取师传的中西科技成果,撰成通俗读物《天经或问》一书,很有独特见解,后被收入《四库全书》,并流传日本,多次印行。游艺精天官之学,为清初著名算学家。亦长于诗作,在普觉寺读书时,写《苍霞吟》一诗,描绘家乡苍山壮丽景色,抒发自己青春抱负。生平喜好诗律,经长期钻研撰成《诗法入门》一书传世。所著还有《历象成书》、《奇门超接》、《万法归宗》等。明礼部尚书黄道周对其潜隐著述的志向十分赞赏,在普觉禅寺题"此中世外"匾额。清顺治初年,三藩之一的耿精忠驻闽,钦慕游艺才华,再三派人聘他入仕,游艺都以母丧未葬而推辞。生平事迹见《(民国)福建通志·列传》。

《李杜诗选》二卷,刻印时间不详,为李杜合刻选本,上卷为"青莲诗选",下卷为"少陵诗选"。卷次下署"闽潭游艺子六原辑,宝山朱绵生民初重订。"半页八行,行二十字。诗旁时加圈点,偶有小字评语。多白文,注极少,注文小字双行,附于题下或诗后。下卷选杜诗五古25首,七古9首,五律19首,七律12首,五排4首,七排1首,五绝7首,七绝5首,共计82首。该书印制粗略,批注虽少,错谬颇多。如七古《饮中八仙歌》"汝阳三斗”旁注云:“王维”;五律《题玄武禅师屋壁》首句“何年顾虎头”旁注云:“望之字虎头”之类,皆系谬误显著者。其他错印错解者亦不乏见,实无足观。《成都杜甫纪念馆馆藏杜集目录》著录此书,名为《杜集》,二卷。与《李集》合刻,称《李杜合集》。署“建宁游艺子六原辑,宝山朱春生东发重订”。为乾隆时刻本,二册。版式为:“半页八行,行二十字,小字双行,字数相同,双边,单鱼尾,版心刻书名、卷次、页数,巾箱本。”另据马同俨、姜炳炘所编《杜诗版本目录》中“待访书目”载,日本《内阁文库汉籍分类目录》著录该书,书名为《李杜法(诗)精选》,二卷,为日本文化三年(1806)刻本。

唱经堂杜诗解　四卷　[清]金圣叹批解

金圣叹(1608—1661),明亡后改名人瑞,圣叹乃其自号。一说名喟,字圣叹。一说本姓张名采,字若采,后以应试更名金人瑞。吴县(今属江苏)人。自幼于“稗官野史,无所不窥”,独不喜“四书五经”的枯燥乏味,尝自谓“自古至今,止我一人是大材”,其放诞不羁,溢于言表。初补长洲博士弟子员和吴县庠生,因恃才傲物,讥讽考官,游戏科场,被学使革去功名。后于其居贯华堂(又名唱经堂)招徒讲经。入清后,绝意仕进,以读书著述为务,曾以《离骚》、《庄子》、《史记》、杜诗、《水浒传》与《西厢记》合称“六才子书”,并以批点《水浒传》、《西厢记》著称于世。顺治十八年(1661),以哭庙案被斩。著有《唱经堂杜诗解》四卷、《贯华堂评选杜诗》二卷及所批《第五才子书》(《水浒传》)、《第六才子书》(《西厢记》)、《唐才子书》(《唐诗选批》),有单刻本行世,又有上海锦文堂石印本《金圣叹全集》八卷。又能诗,著有《沉吟楼诗选》一卷。生平事迹见廖燕《金圣叹先生传》(《碑传集补》卷四四)、蔡冠洛《清代七百名人传》。

金圣叹少年时即醉心杜诗，壮年已着手批解。圣叹从兄、是书辑刻者金昌在《奉送蜀州柏二别驾》诗后写道："余廿年前，读此诗解。"时圣叹约三十五岁左右。《辛丑纪闻》云："亥（己亥，顺治十六年）、子（庚子，顺治十七年）间，方从事于杜诗，未卒业而难作。"所云不确。亥、子二年实为圣叹集中批解杜诗之年。金昌《叙第四才子书》亦云："不数年所批殆已过半，以为计日可奏成事也，而竟不果。悲夫！临命寄一绝，有'且喜唐诗略分解，庄骚马杜待何如'句，余感之，欲尽刻遗稿，首以杜诗从事，已刻若干首，公之同好矣。兹漷上归，多方蒐缉，补刻又若干首，而后第四才子之面目略备，读者直作全牛观可乎！"是知圣叹评解杜诗未竣其事，今传世之《唱经堂杜诗解》四卷，是由其亲友汇辑刻印之未竟遗稿。先刻之若干首，当是《杜诗解》目录中一至四卷所列之150首。补刻之若干首，当即四卷目录后所标识之"补刻四十二首"，实则45首，其中《遣闷戏呈路十九》、《秋兴八首》、《重泛郑监前湖》题下均标"别批"，诗重出，评解不同，故实收诗185首。是编卷前有顺治十六年金昌撰《才子书小引》、《叙第四才子书》、《唱经堂内外书》总目、《杜诗解》目录。诗编次不分体，约略编年。每首诗先于题后解题，律诗多以四句为一解，详加解说，古体诗则不拘于四句一解。金氏评解杜诗不重典故注释、史实引证，而是灵活地于题解、诗中夹注、夹批、分解、总评等项中串讲杜诗之思想内容与艺术手法，并时时揉杂佛道禅理。其精到之见，新奇之论，每每可见，常能发人深省，使人较深刻地把握杜诗之精神实质和艺术特色，可谓别开生面。然其解评，亦时有穿凿附会、庸俗无聊者，其对前人评骘亦多偏狭苛刻之论。但此书一扫宋人以来注杜之陈腐习气，影响还是很大的，如徐增《而庵说唐诗》、张羽《杜还》、陈式《问斋杜意》、佚名《杜诗言志》、吴见思《杜诗论文》等，都受其一定影响。仇注亦时有引及金氏之语。是书版本较多，除金昌康熙初年刻《圣叹外书》本外，尚有宣统二年(1910)读易堂刻本；宣统二年邓实辑《风雨楼丛书·贯华堂才子书汇稿》排印本，系依读易堂原版重刊；民国八年(1919)上海震华书局石印本，书名作《才子杜诗解》，系据《唱经堂杜诗解》四卷本翻印，有王大错序；民国间上海锦文堂石印《金圣叹全集·外书》本；民国二十五年(1936)上海中央书店铅印本，虞山沈亚公校订，书名作《圣叹批选杜诗》；1957 年台北新陆书局排印本，书名作《杜诗欣赏》；1957 年香港东南书局天南逸叟校订本；1972 年台湾时代书局《国学丛书》本；1974 年台湾大通书局据宣统二年顺德邓氏依读易堂原版重刊本影印《杜诗丛刊》本；1983 年 9 月成都古籍书店排印本，书名作《金圣叹选批杜诗——四才子书》；1984 年上海古籍出版社出版钟来因整理本，书名作《杜诗解》。另有清张氏味古斋乌丝栏钞本。赵时揖所辑《贯华堂评选杜诗》二卷，收诗 61 首，均为《唱经堂杜诗解》所有者，评解亦全同，虽是编刻印似早于《唱经堂杜诗解》，但今仅见乾隆二十四年(1759)桐阴书屋刊本。至于席树馨校录《杜诗通元》二卷，乃节抄《唱经堂杜诗解》。

贯华堂评选杜诗　二卷　[清]金圣叹撰，赵时揖辑

金圣叹，生平事迹见上《唱经堂杜诗解》介绍。

赵时揖，字声伯，号晴园，钱塘(今杭州)人。乾隆时人，馀不详。

是书有乾隆二十四年(1759)桐阴书屋刻本，扉页双行并题“吴门金圣叹原评”，“西泠赵声伯重订”，书口题“杜少陵诗选”，版心上题“第四才子书”、下署“贯华堂真本”。卷前首为赵时揖序；次为“贯华堂评选杜诗总识”，题“晴园赵时揖拜手”；又次为目录，分上、下两卷，收诗 61 首，均为《唱经堂杜诗解》所有

者，评解亦全同。下卷末附刻许庶庵"说杜诗"五则并赵时揖附记。赵时揖序云："今岁客游吴门，询其故友，从邵悟非（名然）、兰雪（名点）昆季暨长文（名昌）诸公处搜求遗稿，零星收辑得若干篇，惧其久而湮也，亟授之梓，天下于是得读第四才子之书矣。"从序中语气来看，似乎赵时揖刻《贯华堂评选杜诗》的时间要早于《唱经堂杜诗解》，然赵之原刻仅见于书目著录，除乾隆新刊本外，未见原刻本。浙江图书馆藏有另一乾隆二十四年桐阴书屋刻本，"贯华堂评选杜诗总识"十则和"说杜诗"五则并附卷末。

沉吟楼借杜诗　［清］金圣叹撰

金圣叹，生平事迹见上《唱经堂杜诗解》介绍。

《沉吟楼借杜诗》，见《唱经堂集》，无单刻本。《中国丛书综录》著录为一卷，顺治十六年（1659）刻本。沉吟楼，为金圣叹室名。金昌《叙第四才子书》云："唱经于舞象之年便醉心斯集，因有《沉吟楼借杜诗》。"舞象之年是十五岁，看来金圣叹是将《沉吟楼借杜诗》作为其批解杜诗的第一步准备。周采泉《杜集书录·外编·集杜和杜戏曲类》谓："此所谓'借杜'，即系集杜，有时即用杜诗原题，令人有'莫辨楮叶'之妙。"其实《沉吟楼借杜诗》并不全是集杜之作，如其中《燕子》、《闻笛》、《今春》等，都是金圣叹模仿相关杜诗自拟的新题，这些诗歌在格调、遣词、语气等方面模仿杜诗，但又善于生发新意，借杜诗以讽世警世，抒发金氏个人情怀。

李杜诗汇注　［清］马世俊撰

马世俊（1609—1666），字章民，号甸丞，《（乾隆）江南通志》作字甸臣。溧阳（今属江苏）人。幼年丧母，生活清贫，八岁能诗文而读书屡试第一，远近闻名，少以制举业与同县陈名夏、宋之绳齐名。又与其兄世杰同以文学驰名江左，时称“二马”。明崇祯九年（1636），在故乡与芮长恤、吴颖等结十三子社（《（嘉庆）溧阳县志》卷十三）。曾游历杭州、金陵，后入闽。前后乡试七次才于顺治十四年（1657）中举，十八年以一甲第一名及第，廷试对策称：“王者天下为家，不宜示（满汉）同异。”言论侃侃。授修撰，官至侍讲。性朴素，释褐，策蹇驴，一老苍头携宫袍随后，士林传为佳话。在史馆朝夕一编，宴会送迎，多谢绝。康熙五年（1666）卒于官，其子马宥扶榇还乡，随身物品萧然，唯图书数卷而已。世俊博览经史，兼工书画，鉴赏家称其书法如王羲之，绘画如王维，可见功力之深。所著有《理学渊源录》、《李杜诗汇注》、《匡庵诗集》六卷、《文集》十一卷、《华阳游志》、《马世俊佚稿》等，生平事迹见《大清一统志》卷六三、《（乾隆）江南通志·人物志·文苑二》、《清史列传·文苑传一》顾大申传附。

《李杜诗汇注》，《（乾隆）江南通志·艺文志》著录。已佚。蒋超《马太史匡庵前集·叙》云：“甸臣之诗……诸体无所不备，而得力尤在少陵、太白。所注李、杜二集，凡数易稿，其书憾未梓也。”可见该书为稿本，并未曾付梓。

杜陵谱系　三卷　［清］吴景旭编

吴景旭（1611—1695），字又旦，一字旦生，号仁山。归安（今浙江湖州）人。入清弃诸生。早岁流离艰苦，晚年田园旷适，无噍杀之音、不乐之事。乱后卜筑于南山堂，在郡城莲花庄，原为赵孟頫别业旧址。东南名流一时屡集游宴，遂成东南胜地，因以名集。著有《南山堂自订诗》八卷、《乐府》一卷、《词》一卷、《续订诗》五卷、《三订诗》四卷。又有《历代诗话》八十卷。生平事迹见《清诗纪事初编》卷二。

吴氏有《历代诗话》八十卷，其中己集十二卷全是有关杜甫的，包括《杜诗》九卷、《杜陵谱系》三卷；《杜陵谱系》又含《杜陵世系》、《杜陵年谱》、《杜陵正传》各一卷。年谱分三栏，上为帝王纪年，中为大事记，下为杜甫生平事迹。有《吴兴丛书》本，另有1960年中华书局上海编辑所据吴兴刘氏嘉业堂刊本出版《历代诗话》本。

杜陵七歌一卷 ［清］杜濬撰

杜濬(1611—1687)，本名绍先，字于皇，号茶村，湖北黄岗人。明崇祯时副贡生，明亡后绝意仕进，以诗酒自娱，有茶癖。流寓南京鸡鸣山四十馀年，家贫至不能举火。因耻居官绅之列，坚决拒绝申请免征"房号银"。又致书友人孙枝蔚，劝其勿仕清廷，"毋作两截人"；钱谦益来访，闭门拒不接见。老而益贫，贫而益狂。身后萧条，竟无以入殓，卒后数年，江宁知府陈鹏年才将其葬于钟山。其诗学杜甫，遒宕清逸中时有气势，五律尤佳，深为吴伟业推许。著有《变雅堂文集》。

《杜陵七歌》一卷，无单行本，附见杜濬《变雅堂文集》，清康熙刻本，中国科学院图书馆藏，《四库禁毁书丛刊》收录该本。《杜陵七歌》是模仿杜甫《同谷七歌》所作一组七言古诗，题目分别是《一杯叹》、《片席行》、《萧生可贺行》、《谢梦行与吴公》、《醉歌行呈高公》、《宴徐氏水亭谈次酌酒与曹公歌》、《衡水梨歌柬谢赵子》。诗前有杜濬序曰："《七歌》各一题，以其为旬朔间先后所作，故辑合成卷，谓之《七歌》，非敢上同于子美先生也。癸亥新秋日钟离杜濬茶星识。"癸亥，即康熙二十二年(1683)，可知《杜陵七歌》作于其晚年。诗后有汪异三、汪我武二人之评。汪异三评曰："七言古诗推少陵先生第一，今茶村先生岂可置第二？世有具眼，细读此七歌自知之，无俟赘谈也。"汪我武评曰："淡处益见其味，厚放处益见其法严，激切处益见其闲雅。无穷赞叹，如以一毫置于泰山耳。"

杜诗编年　十八卷　[清]李长祥、杨大鲲编

李长祥(1612—1679)，字子发，号研斋，晚号石井道士。达州(今属四川)人。明崇祯十六年(1643)进士，选庶吉士。明清交替之际抗清志士。福王立，改监察御史，巡浙江盐政。鲁王监国，加右佥都御史，督师西行。鲁王江上之师溃败后，长祥集残部结寨上虞东山继续抗清，鲁王监国五年(1648)晋兵部尚书，舟山兵败后被清所执。释放后，乃居山阴涧谷中，寻游钱塘，当道不安，置之江宁，总督马阳礼疑之，长祥乃乘间脱身。由吴门渡秦邮，走河北，遍历宣府、大同，复南下百粤，与屈大均处者久之。晚年隐居毗陵(今江苏常州)，筑读易堂以终老。著有《易经参伍错综图》(已佚)、《天问阁集》，与杨大鲲同撰《杜诗编年》十八卷。生平事迹详见《清史稿·遗逸一》、全祖望《前侍郎达州李公研斋行状》、徐鼒《小腆纪传》卷四七、《南疆绎史》，今人周采泉撰有《李长祥年谱》。

杨大鲲，字陶云，一字九抟、晓屏。毗陵(今江苏常州)人。明修撰廷鉴子。顺治十四年(1657)举人，十六年(1659)进士，改庶吉士，迁新建丞，擢九江知府，官至山东按察使。晚年亦归居毗陵。好学强记，才气傥荡。其父廷鉴为崇祯癸未(1643)状元，与李长祥同科，故为同门友。李长祥被执出狱后即曾寄居其家，杨大鲲遂与长祥合撰《杜诗编年》十八卷。事迹详《(光绪)武进阳湖县志·列传》、张惟骧《清代毗陵名人小传稿》卷一。

《杜诗编年》十八卷，由李、杨二人编于毗陵，有清初梧桐阁刻本。卷前载杨大鲲序、李长祥叙及凡例四则，次列总目录。李

叙云："近移毗陵，简儿辈所藏书，得予旧阅剡溪单氏本间弃存原评语。陶云杨氏好古方深，与余朝夕，书成读之。"杨序云："先生（指李长祥）于家严为同门友，予得左右之，以观其评阅诸书，因得其《杜诗编年》旧本，暇涉一过。"是知此编乃是整理李氏早年所阅单复《读杜诗愚得》之评点批注而成。故其录诗序次、卷次悉据单本，以突出诗之编次系年。据该书叙云："自开元十五年至大历五年，上下四十四年，凡诗一千一百八十一首（应作"题"），以卷一《望岳》始，卷十八《过洞庭湖》终。"实际收录杜诗1445首，大多为白文，或仅有圈点，间有简略之评语，多为阐发杜诗立意，而罕事词章训诂，与历代注杜之作风格不同。关于该本的刊刻时间，孙殿起《贩书偶记》称其"无刊刻年月，约崇祯间梧桐阁刊"。周采泉已辨其非，其云："此刻当始于清顺治末，成于康熙初。书中十五卷以前玄烨等字均不避。十五卷，玄字改用墨丁，但'胡'、'虏'等字均不避。故知其为清初刻本，孙殿起以为崇祯刻，失考。"（《杜集书录·内编·全集校刊笺注类四》）周采泉另有《李长祥〈杜诗编年〉简介》一文（载《文史博议》，广东人民出版社1986年版），可以参看。

杜诗举隅　［清］方文撰

方文（1612—1669），字尔止，号嵞山。又名一耒，字明农，别号淮西、忍冬。桐城（今属安徽）人。明诸生，入清不仕，隐居金陵。明季以工诗著称，三十年间以诗名家，其诗朴老真至洒脱，有少陵之风。著有《嵞山集》十二卷、《续集》四卷、《又续集》五卷。另有《杜诗举隅》。生平事迹见朱书《方嵞山先生传》、郑方坤《国朝名家诗钞小传》。

《杜诗举隅》，近人汪汝燮《江苏书征初稿》（载《江苏省立图书馆第四年刊》）著录。

杜诗益 [清]彭大寿撰

彭大寿(1612—1691),字松友,号鲁冈,晚号莲花居士。孝感(今属湖北)人。贡生。幼端谨,及长,究心正学,博采先儒语录,参考经传,寒暑注释不辍,订辑成书。又辑朱子《家礼》与邱浚所裁定者,斟酌时宜,取可通行曰《通礼》。尝馆于云梦,遂家焉。远近问业者踵至。当事欲见之,以老辞。年七十九卒。无子,门人为卜葬建祠置墓田,墓在云梦县南四十里许家村。著有《鲁冈或问》、《杜诗益》等。生平事迹见《钦定大清一统志·汉阳府二》、《湖广通志·乡贤志》。

《杜诗益》,《(民国)湖北通志·艺文志十四·集部六》著录。已佚。

杜子美诗注 [清]顾炎武注

顾炎武(1613—1682),本名继绅,更名绛,字忠清。清兵南下后改名炎武,字宁人,号亭林。昆山(今属江苏)人。明末清初的著名思想家、民族志士、开一代风气的学者、杰出诗人。少年时曾参加复社,弘光朝以贡生荐授兵部司农,致力于反清复明活动。失败后北上鲁、冀、晋、秦,联络志士,图谋恢复。晚年潜心著述,拒绝清政府的征辟。著有《亭林诗文集》等。生平事迹见《清史稿·儒林传二》、全祖望《亭林先生神道表》、吴应奎《顾亭林先生年谱》。

《杜子美诗注》,见《日知录》卷二十七,未有单刻本。仇兆鳌《杜诗详注·凡例》云:"卢世潅之《胥抄》、申涵光之《说杜》、顾炎武、计东、陶开虞、潘鸿、慈水姜氏,别有论著,亦足见生际盛时,好古攻诗者之众也。"顾炎武在《杜子美诗注》中的考证体现出"引据浩繁"的特点,但其中也存在疏失与舛误。顾炎武将博学的见闻与严谨精详的考证相结合，有许多旧注未发之覆，如考《喜闻官军已临贼境二十韵》“家家卖钗钏，准拟献香醪”云：“《南史·庾杲之传》：杲之尝兼主客郎，对魏使。使问杲之曰：‘百姓那得家家题名帖卖宅？’答曰：‘朝廷既欲扫荡京洛，克复神州，所以家家卖宅耳。’”此典字面虽有些不合，然却正切合唐军收复西京长安前百姓的心理，正是杜甫诗意之所本。又如《夔府书怀》诗：“苍生可察眉”，顾炎武指出其原出《列子》：“晋困苦盗，有郄雍者，能视盗之貌，察其眉睫之间而得其情。”这些出典的考证大都为首次考出，很见功力，故全为仇兆鳌《杜诗详注》所采用，而仇氏却并未注明所本。另外，顾炎武拘泥于宋以来“杜诗无一字无来处”说，做了一些繁琐无谓的考证。如释《蜀相》“三顾频繁天下计”及《入衡州》“频繁命屡及”之“频繁”，引《蜀志·费祎传》、《晋书·刑法志》、《山涛传》、《文选》、庾亮《让中书令表》、潘尼《赠张正治》、陆云《夏府君诔》、《答兄平原书》等，虽然确实做到了“引据浩繁”，却于诗意的理解殊无关碍，就显得没有什么必要。

问斋杜意　[清]陈式撰

陈式（1613—？），字二如，号问斋。桐城（今属安徽）人。幼而小慧，强记好学。康熙元年（1662）恩贡入太学，次年闱试不第，时年已过五十，遂决意弃舍举子业，亦绝口不言仕进，退而著书。他一生仅做过府署幕僚，或讲学授徒。夙嗜杜诗，日咀月咏，寝食都捐。居恒讷讷不出口，一言及杜诗，则掀髯手臆，辩论纵横，闻者莫不勃然兴，肃然敬。撰有《问斋杜意》二十卷。

《问斋杜意》二十卷，全名《陈问斋先生杜诗说意》，简称《杜意》。命名之由，据陈式《读杜漫述》云：“注杜而谓之为意者何？

书言志,孔子言思,孟子言意。大约诗之为诗,志定而后有意,意定而后运之以思,三者合而后诗成。至曰:以意逆志,是为得之,则千古以来读诗之第一妙法也。”“予盖自今而后,乃以己之意还为杜之意,几几乎为得矣。”又云:“注杜大旨则谓注意,止可发明诗人之意,不可过执己见,一执己见,则凿矣。”全书二十卷,诗以编年为次,大体依许自昌《集千家注杜工部诗集》为序。卷前有徐秉义序、邵以发序、康熙二十二年张英序、方畿序、方孝标序、潘江序、姚文燚序、康熙二十一年陈焯以诗代序、吴子云序、陈式自序。次列陈式自撰《读杜漫述》四十八则,内容包括注杜凡例和论杜琐语,可补陈氏自序之不足。次列总目录,每卷不另列目。每卷次下署“桐山陈式问斋甫笺注”。诗正文大字顶格,夹注双行小字。避讳“胡”、“匈奴”等字,遇之均缺。陈式解意于诗后低一格,统署“问斋曰”。陈氏评语,不以细琐考证为务,只以概述诗旨、传达诗意为主,颇类诗话,亦偶有长篇大论者。陈氏虽自诩“予是编从不暗袭人片语只字”(全书仅二三处提及刘辰翁评语),但却大量援引其友朋、乡里及生徒评语,所录者多达七十馀人,然其评语多空泛之论,或仅为揄扬陈氏之词。陈氏《杜意》在清初诸多杜诗评注本中可谓别具一格,但流传甚罕,稍后之仇兆鳌《杜诗详注》竟未予征引。究其原因,可能与为该书作序的方孝标以戴名世《南山集》文字狱案剿尸有关。是书诸家书目著录多云“清康熙二十一年陈氏侧怀堂刻本”,但观前徐秉义序作于康熙二十三年,刊刻当为稍后。《贩书偶记》卷十三著录:“《问斋杜意》二十卷、《温(当为“漫”之误)述》一卷,桐山陈式撰,康熙间刊。”允称审慎。该书尚有一清初钞本,不分卷,佚名批校,书名题《杜意》。

次杜草　一卷　[清]许之渐撰

许之渐(1613—?),字仪吉,号青屿,常州(今属江苏)人。顺治十二年(1655)进士,官监察御史,有直声,康熙初,出名为李祖白《天学传概》作序,受杨光先劾西洋教士汤若望案波连,罢官归里。与吴历(字渔山)为忘年交,往还甚密。寓居嘉定西隐寺,法名济霈,曾与侯汸(1614—1677)(汸,字记原,一字秬园,嘉定人。明崇祯壬午(1642)顺天副榜,未贡,入清,弃诸生。究心经术,学者称潜确先生)相互唱和。著有《击壤纪年笺》、《客瞟草》一卷、《次杜草》一卷。生平事迹见《(光绪)嘉定县志·艺文志》。

《次杜草》一卷,《(光绪)嘉定县志·艺文志》著录,疑为和杜之作,已佚。

杜还七言律　二卷　删存一卷　[清]张羽撰

张羽,字葛民,号响阁主人。新安(今安徽歙县)人。清初布衣。所著《杜还七言律》首载周亮工(1612—1672)《读张葛民先生注杜》,则其应为明末清初人。

《杜还七言律》二卷,署"新安张羽葛民撰",为清康熙时张氏响阁刻本,选注七言律126首。首载《杜工部家世》,次周亮工《读张葛民先生注杜》(此文亦载周亮工《赖古堂集》卷二十,题为《与某》),次列《杜还读约》及《自述》三篇。首页有"从前未见之书"、"绝不寄人篱下"木戳红记两方。集首印有"五言即出,全集嗣出"字样。现藏南京图书馆,成都杜甫草堂博物馆另藏有据南京图书馆藏本钞本一册。周亮工在《与某》中云:"足下所注《杜诗约本》,一味求切求实,不事钩深索隐。仆每见誉人著书者,辄曰:似郭注《庄》。盲人缘此,遂欲与作者对垒。若足下此注,不过因世人不见杜老真面目,直以杜还杜耳。但《约本》之名,不甚惬鄙意,欲更之曰《杜还》。老杜被学者挦剥殆尽,又被注者摘索无遗,不得不褴褛筚路,逃之无何有之乡。直遇足下,始得咏'生还偶然遂'也。勿论自来诗文书画,直当以笔还笔、墨还墨;而注古人者,更当以古人还古人,得一还字,杜诗从此无事矣。仆昨谓朱振公使君,安得聚半岁粮,闭此君于深山老屋中,俾早成此书,使杜老'直从巴峡穿巫峡',使我辈从羌村邻人后,早作墙头观耶!振公亦失笑。"可见该本初名《杜诗约本》,后由周亮工改为今名。

杜诗阐　三十三卷　[清]卢元昌撰

卢元昌(1616—1693后),字文子,号观堂。华亭(今上海松江)人。明诸生,为几社名士。崇祯十五年(1642)与彭宾、王广心、顾大申等在华亭举赠言社。康熙七年(1668),与顾景显、周茂源、董含、董俞等会沈麟洞茎草堂。十九年游武林还,作《年谱引》,自述家世。二十五年同里曹重召其作和会,有诗与吴绮等唱和。三十年与张彦之、钱穀等以高年作冬会。著有《半林诗集》三卷、《杜诗阐》三十三卷、《左传分国纂略》十六卷、《明纪本末》、《半林词》、《稀馀留稿》、《东柯鼓离草》、《思美庐删存诗》等,编有《唐宋八大家文选》。生平事迹见《国朝诗人征略》初编卷五、张慧剑《明清江苏文人年表》。

《杜诗阐》,又名《思美庐杜诗阐全集》。《清文献通考》、《四库全书总目》、《清史稿·艺文志四》、《(嘉庆)松江府志·艺文志》均予著录。有康熙二十五年(1686)书林刊本,是本首页题"康熙二十五年卢文子著 思美庐杜诗阐全集 书林王万育、孙敬南梓行"。卷前有鲁超序、卢元昌康熙二十一年自序。各卷分列目录,各卷次下署"华亭卢元昌文子代述",并标明作诗时、地。诗正文顶格,注文小字双行。诗以编年为次,共收诗1447首。卢氏注杜,始于康熙四年,成于康熙二十一年,经历十八个寒暑。自序云："以意逆志，既又发其言中之意，意中之言，使当年幽衷苦调，曲传纸上。而又旁罗博采，凡注家所未及者，约千有馀条，名之曰《杜诗阐》。盖自乙巳至壬戌，凡十八年矣，何朝夕，何寒暑，不手是编！"故颇多新见。是书句下有注有批，诗题下偶有说明。诗后释诗为文，有类串讲，最后加以评论。诗后总评有长达千馀言者。其注、释、评，均出以己语，概不据引前人旧注。其所阐发，确有发人所未发者，故颇为注杜者推重。仇兆鳌《杜诗详注·凡例》云："若卢元昌之《杜阐》，征引时事，间有前人所未言。"仇注征引卢氏颇多，但与原书互勘，大致均非原文，或经仇氏窜改，至有面目全非者。卢注之失，诚如《四库全书总目》所评："其注如四书讲章，其评亦如时文批语，说诗不当如是，说杜诗尤不当如是也。"是书又有1974年台湾大通书局据康熙二十五年书林刊本影印《杜诗丛刊》本，1999年齐鲁书社据吉林省图书馆藏清康熙刻本影印《四库全书存目丛书》本，上海古籍出版社据清康熙刻本影印《续修四库全书》本。

杜律注例　四卷　［清］张笃行撰

张笃行，字諟绅，号石只。一作字石如，误。又号四艺山人，章丘(今属山东)人。汝蕴之孙。顺治二年(1645)举人，三年进士，官河南郏县知县，迁礼部主事，历员外郎，迁福建按察司佥事。工琴，善诗、书、画。南京博物院现藏有张笃行所画着色《山水钓台图》，为金陵派画法。《清史艺文志及补编》著录其有《九石居遗稿》。《(道光)章丘县志·艺文志》著录其《一弦琴谱》、《杜诗张注》。其中《杜诗张注》疑即《贩书偶记》著录的《杜律注例》。生平见《(康熙)章丘县志·选举志》、《山左诗续抄》、《清画家诗史》、《榆园画志》、《国朝画识》及《明清进士题名碑录》等。

《杜律注例》四卷，前有作者《题词》云："杜工部云：'晚节渐于诗律细'，又云：'诗律群公问'，岂非作律难，注律更难哉！古人云：'句向夜深得，心从天外归'，又云：'数篇吟可老，一字买堪贫'，此意唯可为知者道。顺治己亥荷月，四艺山人书于韭花堂中。"书后有张笃行玄孙道存跋文曰："是编予童时即得见之，不解读也。久藏箧中，迄今二十馀年，始知先高祖一生精力苦心具见于此。幸逢盛世，诗学昌明，四方相与力追风雅。则是编也，或不宜私之一家云。乾隆己卯季夏月中浣，元孙道存谨书。"据此可知，此书原刊于顺治己亥（十六年，1659），重刊于乾隆己卯（二十四年，1759）。因现所能见者多为乾隆二十四年重刊本，而原刻十分罕见，故有学者认为张道存所称"童时即得见之"之本，实系笃行稿本，其生前并未刻印。如郑庆笃等编《杜集书目提要》云："《贩书偶记》谓顺治己亥（1659）刻，是据四艺山人题词之年而定，现有'杜集书目'数种，亦均沿袭此说。实则刻于乾隆间。"其实此书在笃行生前即已刻印，只是由于系家刻本，流布未广，才致后人生此疑窦。《北京图书馆杜集书目》即著录此书为顺治己亥（1659）家刻本。是书卷前为四艺山人题词，次为"杜律注例"，依次分题、诗、句、字、心法、性法、命法、立格、造句、对法、审韵、八病十二项。每项又分若干类，多少不一。如"立格"一项，又分无极、太极、两仪、四象四格。其中无极格包括一字血脉、一意、句相照应、牙锁、比兴、藏头等格；太极格包括一字贯篇、一字造意、字相连序、接项、归题、单抛等格；两仪格包括二字贯穿、二句立意、先问后答、纤腰、续腰、交股等格；四象格包括双抛、双蹄、三字栋梁、钩锁连环、内剥、外剥等格。"造句"一项，则详分为二十九种造句法。此非注解凡例，而是就诗艺方面分论诗之作法，皆举杜诗为例。"注例"之后为选诗总目录，共录杜诗七律 82 首，编次以年代先后为序。正文之注散置于句下，随文释义，引据不标出处，采前人注亦不标姓名。诗末另文就诗之起承转合、照应衔接，疏解全诗之篇章结构，并标明何格。全书颇嫌繁琐，而殊少新意。偶有辩驳旧注之谬者，尚有可取。山东图书馆尚藏有一稿本，书名作《杜诗七言律注例》。

测杜少陵诗 一卷 [清]沈起撰

沈起(1617—1687)，字仲方。秀水(今浙江嘉兴)人。明末诸生。天资颖俊，笔力劲爽，与金圣叹相善，故熏染亦深。尝评点《会真记》，终夜不眠，以求作者之意，颇多奇解，与金圣叹《六才子书》所批风格相近。明亡，入沙门以终，卒年七十一。朱彝尊《静志居诗话》称，起尝拟撰《明书》，绝笔于成化之设东厂。而曾王孙作起《墓志》，述其所撰书又有《测杜少陵诗》一卷、《今国语》八卷(一说九卷)、《宗门近录》二卷及《明史》，然其书多不传。门人曾安世(曾王孙之子)编其诗文为《学园集》二卷、《续编》六卷。另有《墨庵经学》五种，《四库全书总目·经部·五经总义类存目》著录。生平事迹见《四库全书总目·集部三四·别集类存目八》。

《测杜少陵诗》一卷，已佚。《四库全书总目·集部三四·别集类存目八》沈起《学园集》提要称曾王孙所撰沈起《墓志》中述及此书。

杜诗笺注 [清]王玉麟注

王玉麟，字伯玉。天津人。《大清畿辅书征》作字孟游，号致柔，沧州(今属河北)人。明副贡，顺治十六年(1659)任开封府林县知县，康熙八年(1669)任山西潞安府知府。王玉麟为经学家，著有《周易三正》。

又有《杜诗笺注》,《(民国)河北通志稿·艺文志》、徐世昌《大清畿辅书征》著录。已佚。

杜遇 [清]戴廷栻撰

戴廷栻(1618—1691),字枫仲,一字维吉,又字补岩,号符公、啬庐子。祖籍代州(今山西代县),明朝初迁居祁县(今属山西)戴家堡村。曾祖戴宾为直隶大名府通判,祖父戴光启,历任陕西按察使、河南右布政使等。父戴运昌,任河南尉氏知县、户部员外郎,颇有政声。廷栻少应童子试,三试皆第一。受知于督学使袁继咸,补博士弟子员,屡擢高等。崇祯末,为廖国遴荐举于朝,甲申三月鼎革,遂寝。明亡后,隐居于祁县麓台山,不仕清廷。建丹枫阁,交结顾炎武、傅山等,以"反清复明"为目的,一时名满天下。好学不倦,丹枫阁藏版天下共知。当时人将丹枫阁与南方如皋冒辟疆之水绘园并称。康熙十七年(1678),开博学鸿词科。十八年,廷栻被强征至京师应试,临行赋诗自哀云:"读书甚爱陶弘景,人事殊悲庾子山。"后任闻喜司训,并署曲沃教谕。光绪间榆次常赞春在《半可集》的序言中指出:"先生晚年,见同志日稀,近则仅有青主,于是欲西南结关陇同志,又无故而出,惧触时忌,微官自晦,其中殆具无限苦心乎!"道出其晚年仕清的隐情。卒后私谥文毅。有《半可集》传世。另有《补岩集》、《枫林一枝》、《岁寒集》、《杜遇》等,多已散佚。尚编有《晋四人诗》六卷、《王大史集》(与傅山合编)等。事迹详见张英撰《戴公墓志铭》(见《半可集》)、傅山《戴先生传》附。

《杜遇》,卷不详,书名取《庄子》"知其解者,旦暮遇之"之意,又称《丹枫阁钞杜诗》,已佚。戴廷栻《半可集》中载有此书《小叙》云:"余旧游燕,于陈百史架见李空同手批杜诗,草草过之,其后每读杜诗,以不及手录为恨。因索解于公他先生(傅山),先生拈一章,即一章上口,曰第如此,正自不必索解,若得一解,当失一解,难一番,即易一番。因人作解,不惟空同之解不可得,即复工部,正当奈何。余即退觅善本,日乙而读之,始觉失一解乃得一解,易一番愈难一番。方其难也,若与杜近;以为易也,复与杜远。至于有得,若我信杜;忽复失之,若杜疑我。先生所云神遇果安在哉?其解犹在乎难易得失之间,复问之先生,先生曰:第读,正自当解。余且读且疑,久而始信。以我喻杜,不若以杜喻我,以杜喻杜,不若使我忘我,犹□梗概。空同所解诸体固当,至谓五言古少逊汉魏,七言绝不及太白、龙标,斯言也,犹痴黠各半之解也。余以为不必以汉魏之诗论子美之五言古,亦不必以子美之七言绝与太白、龙标论。遂钞集,朝夕怡悦,所遇于杜者凡若干首,谓之《杜遇》。庄生之言曰:'知其解者,旦暮遇之。'昭馀戴生之所遇于杜者如此。若夫其解之知与否?吾犹不敢自信也。"张英《戴公墓志铭》称《杜遇》为"枫仲编杜诗,青主批点"。傅山《霜红龛文补遗》卷二有《丹枫阁钞杜诗小叙》曰:"杜诗隽止此耶?不也,丹枫阁钞止此耳。丹枫阁之隽杜诗止此耶?不也,其始读而钞者止此耳。然则此丹枫阁之读杜诗初地耳,初地实与十地不远,而存此者,存其用功于杜诗也。故牛头见四祖一案,参说甚多,吾独取其不别下注脚者一案,曰:'牛头未见四祖时,何故百鸟衔花?'曰:'未见四祖。'曰:'既见四祖时,百鸟何故不衔花?'曰:'既见四祖。'此钞正百鸟衔花时事,若遂谪以不必百鸟衔花,则亦终无见四祖时。其初难知,百鸟惊飞去矣。"(参劳伯林点校《霜红龛文》,岳麓书社 1986 年 5 月版)傅山另有《杜遇馀论》,可以参看。另《霜红龛集》卷二十四《书札》载傅山《与戴枫仲》云:"杜诗越看越轻,弄手眼不得。不同他小集,不经多多少少人评论者。若急图成书,恐遗后悔,慎重为是。非颠倒数十百过不可,是以迟迟耳。曾妄以一时见解加之者，数日后又觉失言，往往如此，且从容何如？草复。”此文与戴廷栻《小叙》对读，可证二人在成《杜遇》一书的过程中确实常互相切磋验证。此书为戴廷栻丹枫阁刻本，丹枫阁三间四层，为戴廷栻明亡后在其家乡祁县所建。据戴廷栻《丹枫阁记》载，丹枫阁建成于“庚子九月”，即顺治十七年(1660)九月，则此书当成于顺治末康熙初。刘霈《霜红龛集备存小引》(咸丰三年刊《霜红龛集备存》本)称此书“板存丹枫阁，再传尽毁之”。则是书刻成后不久，藏板就已被毁。

杜遇馀论　[清]傅山撰

傅山，生平事迹见上《傅青主手批杜诗》介绍。

《杜遇馀论》，当是为戴廷栻《杜遇》所作补论，共九则。其云：“既谓之遇，不必贪多。此老每于才名之间，必三致意焉。吾虽遇之，以此未必遇也，庶几遇之凡人家眷者。此以单点点之，但炤有黑圈者，再抄一本来，好略加一二批语。良以此公诗何不可选？若欲见博，自有全集在。”又云：“譬如以杜为迦文佛，人想要做杜，断无钞袭杜字句而能为杜者，即如僧学得经文中偈言即可为佛耶？凡所内之领会，外之见闻，机缘之触磕，莫非佛，莫非杜，莫非可以作佛作杜者，靠学问不得，无学问不得，无知见不得，靠知见不得。如《楞严》之狂魔，由于凌率超越，而此中之狂魔，全非超越之病，与不劣易知足魔同耳。法本法无法，法尚应舍，何况非法？非法非非法，如此知，如此见，如此信。解不生法相，一切诗文之妙，与求作佛者界境最相似。”又云：“高手画画作写意，人无眼鼻而神情举止生动可爱，写影人从尔庄点刻画，便有几分死人气矣，诗文之妙亦尔若。一七八尺体面大汉，但看其背后岂不伟？然掉过脸来，糊糊模模，眼不成眼，鼻不成鼻，则拙塑匠一泥人耳。微七八尺，即十丈何为？”又云：

"韩文公五言极力锻炼,诵之易见其义。杜先生五言,全不是锻炼,放手写去,粗朴萧散,极有令人不著意处,而却难尽见其义,然予人神。解不在字句中,此处正是才之所关,文公必不能也。"又云:"曾有人谓我曰:君诗不合古法。我曰:我亦不曾作诗,亦不知古法。即使知之,亦不用。呜呼!古是个甚?若如此言,杜老是头一个不知法《三百篇》底。看宋叶氏论《八哀诗》,真令人喷饭。吾尝谓古文古书之不可测处,囫囵教宋儒胡乱闹坏也。然本不可坏,解者至今在,终不随不解者瞎圪塔去。近来觉得毕竟是刘须溪、杨用修、钟伯敬们好些,他原慧他原慧董浔阳亦不甚差。"又云:"风云雷电,林薄晦冥,惊骇膈臆,莲苏问:文章家有此气象否?余曰:《史记》中寻之,时有之也。至于杜工部五言七言古中,正自多尔。眉曰:五言排律中尤多。余颔之。文记事体,不得全无面目;诗写胸臆间事,得以叱咤斜挈耳。然此亦仅见之工部,他词客皆不能也。七言古,中晚唐如卢仝、马异,亦自命雄奇矣,却如风云晦冥处、其所以然处不无撑拳努肚之意,而本非天地阴阳之轇轕也。若有老先生见吾此说,又要摘我说诗不得性情之正,吾亦知之,吾亦知之,因论文章中有此一要气势耳,岂非专云诗俱当尔耶!"又云:"具只眼人说杜工部不会点景,我说尔错抬举他了,他那会那个来,只不会点景。"又云:"我老盲摸揣只觉好,却又不醒得。听著又有说不好底,我又不醒得,奈何奈何!"又云:"句有专学老杜者,却未必合;有不学老杜,惬合。此是何故?只是才情气味在字句模拟之外,而内之所怀,外之所遇,直下拈出者便是。此义不但与外人说不得,即里边之外人,愈说不得。"见《霜红龛集》卷三十、《霜红龛全集》卷二十三。傅山论杜诗往往涉及禅理,为其对杜诗的兴感体悟,有些令人费解。周采泉《杜集书录》将《杜遇馀论》之名误作《杜还馀论》。

说杜 一卷 [清]申涵光撰

申涵光(1619—1677),字和孟,又作孚孟、孚盟,号凫盟,又号聪山,晚号卧樗老人。永年(今属河北)人。父佳胤,前明忠臣。涵光闻父殉难,悲恸欲绝者再,扶病往迎父柩。顺治九年(1652)诏恤故明死节诸臣,诸司上佳胤名,或误列为自缢死,事中格。涵光徒跣行千里抵京师,为其父疏白其事。后归家奉母读书,亲教两弟,累荐不就。与殷岳、张盖称"广平三君"。其诗以少陵为宗,而兼采高岑王孟之长,河朔诗派实自涵光开之。顺治十八年恩贡,康熙十六年(1677)卒。因享年与少陵同庚,人或疑为其后身云。有《文集》四卷、《聪山诗集》八卷、《荆园小语》、《说杜》一卷。事迹详见《清史稿·文苑传一》、魏裔介《申凫盟传》、申涵煜、申涵盼编《申凫盟先生年谱略》。

魏裔介《申凫盟传》称其有"《说杜》一卷"。《清史稿·文苑传》、徐世昌《大清畿辅书征》亦著录,其中《大清畿辅书征》卷三十载王崇简序曰:"闲居习懒,恒以书籍取适。虽释卷茫然,殊自怡悦。夏秋微疾,或以为戒,遂束书不观,然亦忽忽不乐。凫盟自永年寄《说杜》一帙,时秋仲日夕矣。披槭亟览,不能辄止,继之以烛,不知疾之去身也。窃以子美生平之自知与其所不知而人不能知之者,举为拈出,不独删除前人穿凿之注、影响之论,并不依傍苛刻,使一部杜诗爽豁振动,读者心目顿易。昔蔡中郎得《论衡》秘玩以为宝,时人疑得异书,搜求帐中,攫之而去。中郎属曰:"惟我尔共之,勿广也。"予尝笑其狭,将劝凫盟公之于人,必有秘为异书者。他日倘遇其人,将问之曰:将无得吾凫盟之《说杜》乎?"(此序亦见王崇简《青箱堂文集》卷三)王序未署时间,据申涵煜、申涵盼编《申凫盟先生年谱略》(康熙十六年刻本)载,康熙六年丁未夏"《说杜》成,路妹婿泽农刻于吴门”。则该书成于康熙六年(1667)夏秋之际,为苏州刻本。此书已佚,但申氏论杜多为注家所采。仇兆鳌《杜诗详注》即征引申氏论杜之语50馀次,其《凡例》云:“卢世漼之《胥抄》、申涵光之《说杜》、顾炎武、计东、陶开虞、潘鸿、慈水姜氏,别有论著,亦足见生际盛时,好古攻诗者之众也。”另外,张溍《读书堂杜诗注解》、杨伦《杜诗镜铨》等书也多引申涵光论杜语。孙微撰有《申涵光〈说杜〉一卷辑佚》一文(载《杜甫研究学刊》2005年第4期),可以参看。

怀园集杜诗　八卷　[清]车万育撰

车万育(1632—1705),字与三,一说字双亭,号鹤田,又号云崖。邵阳(今属湖南)人。少家贫,与兄万备、万有每燃松读书,皆刻苦过人。康熙二年(1663)乡试中举,三年与兄万备同登进士第,选庶吉士,改户科给事中,转兵科掌印。平生任谏官三十年,正直不苟,敢论朝政得失,声震天下。罢官后,值三藩乱起,奉母侨居金陵,卜筑怀园,颇有林亭之胜。又与曹禾、汪懋麟、曹贞吉、丁炜等名士游。康熙南巡,特召见万育,问以治河方略,不日病逝。所撰《声律启蒙》一书,为清代家喻户晓之启蒙读物,至今仍在流行。尚有《读馀集》、《怀园集》、《萤照堂法书》十卷等。

又有《怀园集杜诗》八卷,康熙二十八年(1689)刻本,三册。半页八行,行十八字,双边,单鱼尾,版心刻书名、卷次、页数。署“南楚车万育集”。卷首有车万育序、何采序、吴嵩序、熊赐履序。该书共十六卷,前八卷集李诗,后八卷集杜诗。《成都杜甫纪念馆馆藏杜集目录》著录。《(光绪)黄州府志·艺文志》著录:“《集杜诗》八卷”,“前有金陵何采省斋序”,当即此本。罗时进《〈全唐诗〉编校者叙录》(见《唐代文学研究(第四辑)》,广西师范大学出版社 1993 年版)称此书书名作《怀庭集杜诗》,并加按语云:"此书旧题《李杜诗集合选》。"

李杜诗合选 十六卷 [清]车万育编

车万育,生平事迹见上《怀园集杜诗》介绍。

《李杜诗合选》十六卷,康熙二十七年(1688)刻本,六册。《梁氏饮冰室藏书目录·集部·总集类》著录。罗时进《〈全唐诗〉编校者叙录》称此书旧题《李杜诗集合选》,或即此书,参"怀园集杜诗"。

杜诗解意七言律 四卷 [清]朱瀚、李燧撰

朱瀚(1620—1678),字霍临,号南询。上海人。诸生,屡试不第,遂致力于古学,博通经史,善诗词。诗、古文汪洋浩瀚,动笔千言,一题或成数百首,而法律仍极精细。曾评《左传》、《史记》,笺《庄子》、《离骚》及唐宋文。侨居嘉定(今属上海市)之江桥,以经学授徒东林僧社二十馀年,门下多以古学知名。晚从方外游,悟《楞严》妙旨。作《中庸悬谈》、《周易玩词》。有与李燧合撰《杜诗解意七言律》四卷行世,另有《寒香集》。生平事迹详张承先《南翔镇志·流寓传》。

李燧,字先五,号陶庄,嘉定(今属上海市)南翔镇人。与兄焕结社槎溪,同人唱和成帙,梓以行世。前辈张忍庵、陆菊隐称其诗清和妍雅。陆陇其有序,载《三鱼堂集》。著有《陶庄诗草》,与朱瀚合撰《杜诗七言律解意》四卷。生平事迹附见《南翔镇志·李焕传》。

《杜诗解意七言律》四卷,有康熙十四年(1675)苍雪楼刻本。该本卷前有康熙十四年朱瀚自序、李燧序,次列"七言律总例",分初联、颔联、腹联、结联论述律诗起承转合之章法结构。

次“杜诗辨赝”，谓“伪体在所必汰”。次列诗四卷、(七律)辨赝、排律辨赝总目录。每卷首行题“杜诗解意”，次行署“七言律”卷次及该卷收诗数，三、四行署“上海朱瀚南询、嘉定李燧陶庄全述”。版心上署“杜诗解意”，中署“七言律”、页数，下署“苍雪楼”。共收杜诗七律133首，后附“七言律辨赝”，共18首；“七言排律辨赝”，共5首。诗之编次约略以时间先后为序。其解诗以阐绎诗意为主，兼论作法。诠释词语、典故极简略，然于某句某语，往往征引前人诗句以示杜诗之所本。所解颇为细致，阐隐发微，多能道出作者之意，对旧注之辩驳，亦多言之有据。仇兆鳌《杜诗详注》征引同时人著作，尤以王嗣奭、朱瀚两家为多，可见此书价值。是书另有一全钞本，体例与刻本有异。钞本书名作《杜诗七言律解意》，不分卷。卷前有朱瀚康熙十四年所撰《杜诗七言律解意小引》，文字与刻本自序全不同，而叙述成书过程尤详。卷前无李燧序，亦无“杜诗辨赝”一则，更无总目录或分卷目录。行间、眉端有朱、墨、绿三色圈点、批注及评语，偶有缺文。评语中多处引及仇注，则钞本当出于刻本之后。据《南翔镇志》载录，此书尚有清凤翥楼精校本，刻年不详。《南翔镇志·艺文志·书目》著录书名作《杜诗解意辨赝》。该书《(同治)上海县志·艺文志》、《贩书偶记续编》等均予著录。

读书堂杜工部诗集注解　二十卷　《文集注解》二卷

[清]张溍撰

张溍(1621—1678)，字上若，一作尚若。直隶磁州(今河北磁县)人。自幼聪敏，年十三补博士弟子员，顺治九年(1652)进士及第，选翰林院庶吉士。张溍淡于仕宦，性至孝，闻母病，即乞归里，家居二十馀年，不复出仕。不事交游，晓起即静坐书斋，讨究古诗文辞，手不停披，恒深夜不寐，以著述自娱，尤嗜杜诗。

《左传》、《史记》、《庄子》、《离骚》、前后《汉书》皆批注数过。穷究身心性命之理，与孙奇逢笔札往复，论学无虚日。荟萃古人格言懿行，训诲弟子，复集其父张镜心遗书，订为《云隐堂集》三十卷。著有《读书堂集》十卷、《读书堂杜工部诗注解》二十二卷、文集注解二卷，《澹宁集》十卷等。事迹见耿介撰《待赠文林郎翰林院编修张公溍暨孺人刘氏墓表》、《张尚若传》（均见《碑传集》卷四三）。

是书为清康熙三十七年（1698）张氏读书堂刻本。《四库全书总目》、《清史稿·艺文志四》均予著录。此本首页题"滏阳张上若先生遗书 杜诗注解 读书堂藏板"。次列"文集注解"二卷目录，录文赋二十八篇。"文集注解"后为"杜工部编年诗史谱目"，简述杜甫生平，诗、文篇目亦系于年下。次列康熙三十七年宋荦序、康熙三十六年张榕端所辑"先大夫批注杜集卷末遗笔"六则及榕端附记，次录王洙序、王安石序、胡宗愈序、蔡梦弼跋、杜氏世系考、元稹《唐杜工部墓志铭》、《新唐书·杜甫传》。次列"诗集注解"二十卷总目录，不分体，编年排列，共收诗1453首。诗目之上有划单圈、双圈、三圈者，组诗则于诗题下标出"一、二、三"等该诗首数。每卷后署"滏阳张溍上若评注"、"男榕端朴园、椰璟子孚、桥恒子久校订"。诗正文大字顶格，小字双行夹注，行间有圈点。张溍注杜，始于顺治六年（1649），迄于康熙十二年（1673），历二十四载，五易其稿，可见其用功之勤。是书以许自昌刻《集千家注杜工部诗集》为底本，稍删削其冗杂者，凡标以"原注"者，皆千家注之原注。采明、清诸注皆标姓名，计有邵宝、胡震亨、顾宸等人，而尤以钱谦益、朱鹤龄二家为多。溍自评注不标姓名，或于句下，或置篇末，尤著意于杜诗艺术性之评析，言简意赅，颇为恰切。是书对后世影响颇大。道光间所刊范辇云《岁寒堂读杜》二十卷，即据张注略作改动而成。

咸丰时顾淳庆之《杜诗注解节钞》亦此书之节选。洪业《杜诗引得序》谓德国人萨克译杜诗为德文,即据此本。杨伦《杜诗镜铨》所收杜甫文赋即照录张本。康熙三十七年读书堂刻本是为初刻,1974年台湾大通书局《杜诗丛刊》本即据此本影印,书名题"读书堂杜诗集(附)文集注解",而著者误署"清张潜评注"。1999年齐鲁书社亦据辽宁大学图书馆、北京大学图书馆所藏此本影印《四库全书存目丛书》本。后张溍玄孙张璇重加校订,张溍六世孙张鑁于道光二十一年(1841)重刊。重刊本较初刻本多阎若璩序、道光二年(1822)张璇识语、道光二十一年(1841)张鑁《重刻读书堂杜诗注解序》。

杜诗论文　五十六卷　[清]吴见思撰

吴见思(1621—1680),字齐贤。武进(今江苏常州)人。出身江南名门世家,其祖父吴中行,曾任大学士。其父吴襄,曾任南平令、沧州知州,为官清廉鲠直。吴见思由明入清,绝弃功名,一生布衣。吴氏幼承家学,颖智异常,潜心著述,颇多独到之处。龚鼎孳曾说:"吾尝与吴子齐贤尊酒论文,见其一目十行,过即成诵,胸藏慧珠,才擅武库,拈毫作赋,俄顷千言,生平著作,实具史材。"(《杜诗论文序》)清代著名词学家万树也称:"吴齐贤先生为吾郡名宿,多读书论古,能自出手眼,识解独高。与吴门金圣叹齐名,亦相雅善。"(《史记论文序》)可见吴氏曾得到龚鼎孳、万树、金圣叹等文坛名人的器重与推崇。其著述甚丰,但因吴氏一生"闭户著书,不赴铨选"(龚鼎孳《杜诗论文序》),困窘清贫,故著作多未刊行,致颇多散佚,著有《史记论文》一百三十卷、《杜诗论文》五十六卷、《杜诗论事》。生平事迹见张惟骧《毗陵名人疑年录》卷一、《(光绪)武进阳湖县志》、张慧剑《明清江苏文人年表》。

《杜诗论文》五十六卷,《四库全书总目》、《清史稿·艺文志四》均予著录。有康熙十一年(1672)常州岱渊堂刻本。卷前有龚鼎孳、吴兴祚康熙十一年序、陈玉璂序、董元恺序、潘眉序、吴见思序言,并有各氏钤章。次为“凡例”若干则,包括总论、章法、句法、字法、馀论五部分。次为五十六卷总目录,以作诗时、地为别,大致依高楚芳编《集千家注》本编次,共录杜诗1448首,以《游龙门奉先寺》始,《过洞庭湖》终。每卷首行署“杜诗论文”卷次,二至四行署“吴兴祚伯成定、武进吴见思齐贤注、宜兴潘眉元白评、武进董元恺舜民参”,只有卷二、十二、二十二、三十二、四十二、五十二署“武进吴九思道贤参”。书尾有“康熙壬子年三月常州岱渊堂梓”牌记,并有“岱渊堂印”钤章。每页版心上署“杜诗论文”,下署作诗之地、卷次、页数。诗正文大字顶格,诗后解说小字,统低二格,旁有圈点,题下注小字双行,眉目清晰。书中凡遇“胡”、“胡虏”、“胡奴”、“胡羯”等字者,均空阙,盖避忌讳也。据该书“凡例”云,《杜诗论事》析正前人旧注,注释杜诗典故;《杜诗论文》则逐首串解诗意,段分句析,以论文法,尽删旧注。《四库全书总目·别集类存目一》云:“据其‘凡例’,盖拟举杜诗典故别为一书,名曰《杜诗论事》。故此编但诠释作意,谓之《杜诗论文》。夫笺注典故,所以明文义也。论事自论事,论文自论文,是已两无据矣。而所论之文,又皆敷衍。”是书诚有此弊,然其不旁引曲证,不故作深求,又自有简明平顺、条贯通达之佳处,且其解评时有发明,亦自成一家。后仇注多援引其说,称为“吴论”。是书又有宝翰楼刊本,1974年台湾大通书局《杜诗丛刊》本即据之影印,书名页署“杜诗论文 吴郡宝翰楼”,实即常州岱渊堂刻本之重印本,除卷首潘眉序移至陈玉璂序前、总目录移至“凡例”前之外,馀均同岱渊堂刻本。又有天德堂刻本,书名页署“吴兴祚先生评定 杜诗论文 天德堂藏板”。

又有1999年齐鲁书社据中央民族大学图书馆藏康熙十一年常州岱渊堂刻本影印《四库全书存目丛书》本。今人许总有《论吴见思〈杜诗论文〉的特色及其对杜诗学的贡献》(见《草堂》1983年第1期)一文,对此本考论甚详,可以参看。

杜诗论事　卷不详　[清]吴见思撰

吴见思,生平事迹见上《杜诗论文》介绍。

《杜诗论事》,《(光绪)武进阳湖县志·艺文志》著录,云"佚"。吴见思《杜诗论文》之《凡例·总论》云:"千家之注,或自成一家,或各宗一说,莫不以人握隋珠,家藏荆玉。然其中舛谬亦多,是者存之,非者去之,未备者补之,共补一万馀事,参古今之讨论,另著《杜诗论事》一编。"可见他专门将对史事的考证,写成一部史料性的著作《杜诗论事》。吴氏在《杜诗论文》中多有"详见《论事》"语,即指此书,亦可见《杜诗论事》与《杜诗论文》本是相辅相成的杜诗研究的姊妹篇。可参"杜诗论文"。

杜工部诗选　四卷　[清]李邺嗣选

李邺嗣(1622—1680),本名文胤,以字行,号杲堂。鄞县(今浙江宁波鄞州区)人。明诸生。与徐振奇、王玉书、邱子章、林时跃、徐凤垣、高斗权、钱光绣、高宇泰,并称为"南湖九子"。父棡为崇祯九年(1636)进士,礼部仪制司主事,入清家居,为谢之宾告密,死于狱。李邺嗣亦被缚置定海马厩中七十日。事解后遂绝意仕进,寄窜草石,常在僧寮野庙,结忘年之契。尝仿元好问《中州集》之例,以诗为经,以传为纬,集《甬上耆旧诗》,凡四十人,诗三千馀首,搜集残帙,心力俱枯。平生以著书为能事,尝问作文法于黄宗羲。著有《汉语》、《南朝续世说》、《杲堂诗钞》七卷、《文钞》六卷、《文续钞》五卷。生平事迹见《清史列传·文苑传一》、黄宗羲《李杲堂先生墓志铭》。

又有《杜工部诗选》,为其门生万斯备手录(万斯备,字允诚,一字又庵,为李邺嗣婿。“万氏八龙”之一。善书法,精篆刻,又工诗,著有《深省堂集》),无传本。《(民国)鄞县通志·艺文志》著录。

杜诗说　十二卷　[清]黄生撰

黄生(1622—1696后),原名琯,又名起溟,字扶孟,自以为钟灵秀于黄山白岳,故就己姓而号白山,又号虎耳山人。歙县(今属安徽)潭渡人。明末诸生,入清后,只在蒋超督学府中任二年幕僚,即隐居不仕。所交皆当时知名之士,如王炜、龚贤、屈大均等。江天一抗清兵败被杀,黄生率先倡导集资抚恤其家。康熙三十一年(1692),客扬州,同年还歙。黄生博学广艺,诗笔雄骏,工于书画,尤精小学,著述颇丰。所著《一木堂诗稿》十二卷、《一木堂文稿》十八卷,乾隆间遭禁毁。又有《唐诗摘钞》四卷、《诗麈》、《三礼会籥》、《三传会籥》、《叶书》、《内稿》、《外稿》等,亦佚而不传。惟其《字诂》一卷、《义府》二卷,赖戴震访求,列入《四库全书》。曾订阅同乡洪仲所著《苦竹轩杜诗评律》,另有《杜诗说》十二卷行世。生平事迹见《清史列传·儒林传下一》、《(光绪)重修安徽通志·人物志·隐逸》、《(民国)续修歙县志·人物志·儒林》。

《杜诗说》十二卷,有康熙三十五年(1696)一木堂刻本。书名页署“杜诗说 一木堂梓”。卷前有黄生康熙三十五年自序,次为“凡例”三则,简述该书撰刻过程及友朋资助情事;次为“杜诗概说”十四则,论读杜注杜方法和杜诗评价;次罗列订刻姓氏,计有六十馀人。各卷分列目录,每卷首行署“杜工部诗说”卷次,二行署“天都后学黄生说”。诗正文大字顶格,诗旁偶有圈点批语;题下注小字双行;解说文字附诗后,小字双行,统低一格。是书卷目编次,甚为错杂,分体之后再行编年。卷一、卷二为五古,选诗97首;卷三为七言杂体,又称“歌行杂体”,选诗25首。五律、七律又以诗之优劣分为甲集、乙集。卷四、卷五为五律甲集,选诗98首;卷六、卷七为五律乙集,选诗123首;卷八为七律甲集,选诗48首;卷九为七律乙集,选诗40首;卷十为绝句,计五绝5首,七绝23首;卷十一为五排,计18首(此卷目录误刊之卷末)。以上十一卷共选诗477首。卷十一之后,又重出卷十一,标“诸体”二字,并注明:“诸诗皆不在选列,故但录其评释辨证诸说为一卷,以附编末。”又选出古体诗25题;卷十二,又选出近体诗174题。这两卷选诗皆不录原文,且所录诗多为以前诸卷所已选者,实则为以后补录,所录评语则多采其友人吴瞻泰、汪几希、曹次山诸人。黄生自称出入杜诗三十馀年,又耗费六年之心血而成此编。他在自序中批评前人说诗“不能通知作者之志,其为论评注释,非求之太深,则失之过浅。疏之而反以滞,抉之而反以翳,支离错迕,纷乱胶固,而不中窾会。”黄生主张解诗应“以意逆志”,注杜者应深悉其生平,综贯其全集,融会一诗之大旨,而后评其一字一句,方能不失其真精神,故其考证论评颇多精妙之说。因其深通小学,于字词之解,尤多灼见。但亦有失之片面处。诚如《四库全书总目》所云:“此书以杜甫诗分体注释,于句法、字法皆逐一为之剖别。大旨谓前人注杜求之太深,皆出于私臆,故著此以辟其谬,其说未尝不是。然分章别段,一如评点时文之式,又不免失之太浅。中如谓《行经昭陵》诗非禄山乱后所作。《寄裴施州》诗据《文苑英华》本增‘遥忆书楼碧映池’七字于末。虽亦间有考证,然视其《字诂》、《义府》相去不止上下床矣。盖深于小学而疏于诗法者也。”是书《四库全书总目》、《清史稿·艺文志四》均予著录,但世传甚稀,尚未见翻刻本。1994年5月黄山书社出版徐定祥点校本，与上本稍有不同，收为《安徽古籍丛书》之一，方广其传。又有1999年齐鲁书社据中国人民大学图书馆藏康熙三十五年一木堂刻本影印《四库全书存目丛书》本。黄氏说杜影响甚大，仇兆鳌《杜诗详注》引黄说多至三百馀条。

纂杜诗略　一卷　[清]林时对编

林时对(1623—1713)，字殿飏，号茧翁，一号茧庵，又自署明州野史拾遗氏。鄞县(今浙江宁波鄞州区)人。明崇祯十三年(1640)进士，时年十八岁，释褐官行人司行人。鲁王监国，召为兵科给事中，累迁都御史、总兵。王之仁请塞东钱湖，力持不可(此即"划江之役")。马士英、阮大铖在方国安军中，疏请诛之。诸镇积怒，国安纠为东林遗孽，遂归，转徙山海间。国变后，杜门不出，卒年九十一。著有《留补堂集》、《荷锸丛谈》。事迹详见全祖望《明太常寺卿晋秩右副都御史茧庵林公逸事状》及《续甬上耆旧诗》卷二五小传。

《纂杜诗略》一卷，《(民国)鄞县通志·艺文志》著录："仅知其所纂皆历代杜诗评语，或为集评一类。"今已不传。仇兆鳌《杜诗详注》于《戏简郑广文兼呈苏司业》、《同谷七歌》其四、《入奏行》、《小寒食舟中作》诗注引林时对论杜四条，署"四明林时对"，所据或为此书。蒋寅《清诗话考》云："林氏编有《杜诗选》二卷，评略(应为诗略)一卷或即诗选所附评论也。"

杜诗选　二卷　[清]林时对选

林时对，生平事迹见上《纂杜诗略》介绍。

《杜诗选》二卷，一册，《(民国)鄞县通志·艺文志》著录。周采泉称此书旧藏张之铭古驩室(见《杜集书录·内编·选本律注类二》)。李灵年、杨忠主编《清人别集总目》(安徽教育出版社2000年版)据《浙江省图书馆特藏书目甲编、乙编》著录有林时对《留补堂文集》三卷、《诗集》不分卷附《忠义殉国十二传》一卷、《杜诗选》二卷,为抄本。

诗史　四卷　[清]林时对撰

林时对,生平事迹见上《纂杜诗略》介绍。

《诗史》四卷,《(民国)鄞县通志·艺文志》于《纂杜诗略》条下著录。周采泉《杜集书录·内编·选本律注类二》曰:"《诗史》内容不详,未敢必其为有关杜诗之作,故不列目。"

苦竹轩杜诗评律　六卷　[清]洪仲撰

洪仲,一名舫,字方舟,自署邗上羁人,室名苦竹轩。歙县(今属安徽)洪源人。与黄生、屈大均、韩畕友善,常研讨杜诗。著有《苦竹轩诗》、《唐诗二字解》、《苦竹轩杜诗评律》。生平详见《(民国)歙县志·遗逸传》。

《苦竹轩杜诗评律》六卷,初刻于康熙八年(1669),今已不存。今所见者为洪仲族侄洪力行于康熙二十四年(1685)据原刻重印本。该本卷前依次为黄生康熙八年秋撰《苦竹轩杜诗评律叙》、顺治九年洪仲撰《旧题选杜》、康熙二十四年洪力行所作重印此书题跋。该书只收杜诗五、七言律,每卷分列目录,各卷目录末均标明收诗数,全书共收五律205首,七律76首。每卷首页首行题"苦竹轩杜诗评律"卷次,二、三行分署"天都洪仲选编"、"同学黄生订阅"。诗中"胡"字皆空缺。行间有圈点及旁批,书眉亦偶有批注。洪氏评解则置于诗后。其评解大抵先简要总括诗意或标诗格,次则逐联解析,句意亦稍作疏通,尤重分析篇章结构。其于旧注之失当处,偶有驳正。多引黄生评解,亦间引亡友韩畕评语。成都杜甫草堂所藏洪力行康熙二十四年重印本,乃李一氓于1957年夏在安徽屯溪市上购得,书尾有李氏题跋云:"右《杜诗评律》六卷,徽州洪仲撰,清康熙刻本。……此书世不多见,想当时即流传有限。"该书又有康熙三十六年洪力行重印本,此本前有康熙三十二年何焯《杜诗评律叙》,洪舫《旧题选杜》,康熙三十六年洪力行《后记》,云:"伯父博极群书,而最鄙训诂。兹所选五、七言杜律,不钩深,不撦异,第就本文玩味,疏通其旨趣,指点其章程,眉目分明,首尾联贯,俾读者了然得解于章句之中,自超然会心于章句之外。"此本无黄生《叙》。各卷首题"天都洪舫方舟氏评,侄力行待臣氏重订"。行间有圈点,书眉有批语。是书《(光绪)安徽通志·艺文志》著录,未著卷数。《贩书偶记续编》著录:"《杜诗评律》二卷,洪仲撰,黄生阅,顺治间刊。"恐误。

杜诗独断　[清]倪会宣撰

倪会宣,字尔犹。上虞(今属浙江)人。元璐(1593—1644)子。明诸生,明亡不仕。著有《恒园集》。

又有《杜诗独断》,《(光绪)上虞县志·艺文志》著录。已佚。

杜诗解　[清]李赞元撰

李赞元(1624—1678),初名立,字望石,号公弼,登第后改今名。海阳(今属山东)人。顺治十二年(1655)进士,改庶吉士。十三年,授山东道御史。十四年,巡按湖北。十六年,巡视两淮盐政。康熙八年(1669),授户科给事中。十一年五月,授兵部督捕理事官。十二年,迁右通政,再迁大理寺卿,左副都御史。十三年,迁兵部督捕右侍郎。十七年卒。他在顺治十六年巡视两淮盐政期间曾为顾宸刻印了《辟疆园杜诗七言律注解》。著有《信心斋疏稿》四卷、《两淮奏议》四卷等。生平见李桓《国朝耆献类征》、张维屏《国朝诗人征略初编》。

《杜诗解》,《(光绪)山东通志·艺文志》著录。今人周采泉怀疑此书即顾宸《辟疆园杜诗注解》。因李赞元曾为顾宸《辟疆园杜诗七言律注解》作序,后人遂将顾注误为李赞元所著(见《杜集书录·内编·其它杂著类》)。

杜诗博议　[清]潘柽章撰

潘柽章(1626—1663),字圣木,号力田,潘耒兄。江南吴江(今属江苏)人。柽章生有异禀,颖悟绝人,年十五补桐乡弟子员。乱后隐居韭溪,不仕,肆力于学,综贯百家。已乃专精史事,与友人吴炎所见略同,遂同学。著《国史考异》,顾炎武推其精审。又仿《史记》体例著《明史记》,书未成,遭庄廷鑨《明史》案牵连,被株连论死。在钱谦益与朱鹤龄的注杜之争中,潘柽章作为中间调停人,使两行其书。遗稿多散佚,著有《杜诗博议》、《松陵文献》、《星名考》、《壬林韭溪集》等。其《杜诗博议》已佚,朱鹤龄《杜工部诗辑注》对该书多有征引。生平事迹见顾炎武《书吴潘二子事》、戴笠《潘力田传》。

《杜诗博议》,柽章友人戴笠《潘力田传》著录。《(光绪)苏州府志·艺文志》著录云:"《乾隆志》此下(指吴炎、潘柽章撰《今乐府》)有潘柽章《国史考异》、《杜诗博议》,因前志奉例,禁不著录。"潘柽章因牵连于庄廷鑨《明史》案,与吴炎同磔于杭州弼教坊,其所著书,亦因之而被禁废,故《杜诗博议》鲜见著录。朱鹤龄《杜工部诗辑注》、仇兆鳌《杜诗详注》对该书多有征引。钮琇《觚賸》卷一"力田遗时"条载:"潘柽章著作甚富,悉于被系时遗亡。间有留之故人家者,因其罹法甚酷,辄废匿之。如《杜诗博议》一书,引据考证,纠讹辟舛,可谓少陵功臣。朱长孺笺诗,多所采取,竟讳而不著其姓氏矣。"此书仅因为朱注所征引而得以部分被保存,仇注称其"发挥独畅"(《杜诗详注·凡例》),而此后该书竟被嫁名于明王道俊、宋杜田等,被搞的扑朔迷离,直至当代,方真相大白。今人蔡锦芳《〈杜诗博议〉质疑》(《杜甫研究学刊》1989年第2期)、孙微《〈杜诗博议〉辑考》(《杜诗学研究论稿》,齐鲁书社2008年版)对该本考论甚详,可以参看。

杜诗笺释 [清]王宗撰

王宗,字秩宗。广平(今河北永年)人。博学能诗,顺治甲午(1654)以拔贡生官江南宿松县丞。湖广兵变,有守城功。著有《左传一得》、《杜诗笺释》、《敦好堂诗稿》、《江南课俊稿》。生平事迹见徐世昌《大清畿辅书征》卷三一。

《杜诗笺释》,《(民国)河北通志稿·艺文志》、徐世昌《大清畿辅书征》卷三一著录。已佚。

李杜诗选 [清]黄士光选

黄士光,字旦上,号韬父。宜黄(今属江西)人。顺治十一年(1654)拔贡,将北上,会母疾,躬亲汤药,坚不忍离。家徒四壁,惟读书自娱。工诗古文词,善诸家书法,与临川李来泰、傅占衡为文字交。所著有《李杜诗选》、《青松阁文集》、《字义辨正录》。生平事迹见《抚州府志》卷六十。

《李杜诗选》,《(同治)宜黄县志》、《(光绪)抚州府志·艺文志》著录。已佚。

杜诗旁训 [清]张彦士撰

张彦士,字龙弼。定陶(今属山东)人。顺治十二年(1655)以岁贡为黄县训导。康熙十八年(1679),监司举博学鸿词,未赴,升贵州赤水卫经历。时逾七旬,以疾乞归,闭户著书,优游林下十馀年。彦士肆力经史,家藏书甚富,丹黄所及,重复稠叠,研精覃思,微文奥旨,靡不抉摘。旁及天文、地志、音律、术数之学,虽专门无以过之。卒年八十六,乡人私谥曰文康先生。著有《读史譽疑》、《孝经注解》、《忠经注解》、《小学汇解》、《杜诗旁训》等,诗集、文稿藏于家。另有《张氏藏书目录》。生平事迹见《(光绪)山东通志·艺文志》。

《杜诗旁训》,《(光绪)山东通志·艺文志》著录,已佚。

杜诗纂注　[清]姜志珏撰

姜志珏,字公符。丹阳(今属江苏)人。明崇祯癸酉(1633)副榜,清顺治十四年(1657)岁贡,谒选,廷试第一,授沭阳县教谕。

著有《杜诗纂注》,《(光绪)丹阳县志·艺文志》著录。已佚。

杜律五言集　四卷　[清]沈汉撰

沈汉,字天河,号书樵。东海(今江苏连云港)人,自名居室曰"听秋阁"。顺治十五年(1658)在北京应清会试,中进士。所著有《听秋阁诗集》、《卧园文集》、《杜律五言集》四卷。《(光绪)淮安府志·艺文志》著录《杜律校评》一卷。生平见《(光绪)盐城县志》、张慧剑《明清江苏文人年表》。

《杜律五言集》四卷,前有沈汉《杜律五言序》云:"七言律旧有虞注、张注,皆考核甚精,已堪行世。至五言律,虽有赵注,芟薙至尽,十不得四焉。每阅是篇,辄以挂漏过多、去取无当为恨,因不揣谫陋，遂手五言全帙并录之，订其鲁豕，别其门目，仿虞伯生编次七言律体，复遍搜古今名人之品骘，详加校雠，有于片言只字发挥领略者，悉汇辑而寿之梓，庶稍补赵氏之阙乎！”序后有杜律五言集评二十则。后分四卷，每卷六类，共二十四类，如朝省、宴游、闲适、述怀之类。卷前目录不标篇名，只标各卷每类收诗数，共收录杜诗五律609首。诗句下双行辑前人评语，但不标姓名。每类诗后均有沈汉对该类诗之简短评论。是书扉页书名为《杜律五言集》，下署“听秋阁藏板”。听秋阁乃沈汉居室名，是知乃沈氏自刻。沈汉自序写于顺治十八年(1661)，书当刻于是年。此书流传甚少，公私书目未见著录。《(光绪)淮安府志·艺文志》著录沈汉《杜律校评》一书，未知与此书是否为同一书？俟考。

杜律校评　一卷　[清]沈汉撰

沈汉，生平事迹见上《杜律五言集》介绍。

《杜律校评》一卷，《(光绪)淮安府志·艺文志》著录，并云“行世”。沈汉有《杜律五言集》四卷尚存，此书或为《杜律五言集》之别称。参见“杜律五言集”。

杜诗注　[清]朱昇撰

朱昇，字子旦，号方庵，一号耐庵。海宁(今属浙江)人。顺治十六年(1659)进士。授山东东昌府推官。时有于七之狱，案连数郡，朱昇悉心研鞫，矜释甚众。因裁缺，康熙十年(1671)改任四川峨嵋知县，有治绩，旋引疾归，《府志》入《循吏传》。著有《蜀中草》一卷、《杜诗注》。事迹见《国朝杭郡诗辑》卷一、《(民国)海宁州志稿·人物志·文苑》与《艺文志·典籍六》。

《杜诗注》，《(光绪)杭州府志·艺文十》、《(民国)海宁州志稿·艺文志·典籍六》、《(民国)浙江通志》(稿本)著录,称该书"见吴氏《备考》",并引李氏良年曰:"方庵(朱昇号)尝注杜诗,于诸家纰缪,多所是正。"已佚。

杜诗录最　五卷　[清]刘佑编

刘佑,字伯启。鄢陵(今属河南)人。顺治十六年(1659)进士,授临洮府同知。赋性明敏,才识练达,潜心学问。诗文稿若干卷,温陵周廷鑨序,梓以行世。有《燕游诗稿》、《省侍草》、《轁庵诗草》、《学益堂诗稿》十四卷、《学益堂文稿》六卷、《杜诗录最》五卷、《选诗钞》三卷。生平事迹见《(民国)鄢陵县志·人物志·文苑》。

《杜诗录最》五卷,《(民国)鄢陵县志·经籍志》著录,已佚。

杜诗分韵　[清]王士禄、黄大宗编

王士禄(1626—1673),字子底,号西樵山人。山东新城(今山东桓台)人。顺治十二年(1655)进士,选莱州教授,迁国子监助教,擢吏部主事。康熙二年(1663),以吏部考功员外郎典试河南,以事下狱。久之得雪,免归。居数年,起原官。母丧,以毁卒,年四十八。乡人私谥节孝先生。自少能文章,工吟咏,以诗法授诸弟,与弟王士禛称"二王"。著有《表馀堂诗存》二卷、《十笏堂诗选》九卷等。孙枝蔚称其诗"取法少陵,稍出入于康乐、东坡之间"(见王士禛《考功集序》)。王士禄的论杜言论并未有专门的刻本传世,乾隆时张甄陶《杜诗详注集成》据其手批本大量收录,即所谓"西樵评",此后杨伦《杜诗镜铨》和卢坤所辑五家评本《杜工部集》均予以收录。其中朱墨笔渔洋评语,间或有标以"西樵曰"者,可见西樵与乃弟评杜语多有混杂之处。对此,翁方纲曾详加考核辨证,他在《石洲诗话》中,特专辟一卷为

"渔洋评杜摘记",逐条加以核实,并特别指出:"渔洋幼学诗于西樵,或有传录踵讹者,尚不止此。今姑就张刻记出。其西樵评本,直抹杜诗处极多,不能悉举正矣。学者勿惑焉。"事迹详见《清史稿·文苑传一》。

黄大宗,毛奇龄在《杜诗分韵序》中称黄大宗为王士禄门人,与士禄合撰《杜诗分韵》一书。清初著名词人吴绮《林蕙堂全集》卷三有《黄大宗催妆诗序》,盛称其诗赋。另徐釚《词苑丛谈》卷九载:"庚戌秋,山阳黄大宗客西湖,九日为登高会。"则其为山阳(今江苏淮安)人,然不知二人所记是否即此黄大宗?

王士禄、黄大宗编《杜诗分韵》已佚。毛奇龄《〈杜诗分韵〉序》云:"辑诗家有分时、分体、分类、分韵四则。杜诗本分时者,近有刻分体名《杜诗通》,而至于分类、分韵,逮今无之。此西樵《分韵》之所为作也。古文无尽韵者,有之,《易》是也;诗无无尽韵者,有之,《颂》之《桓》与《般》是也。是故汉以前文,间杂韵句,而东方先生作《据地歌》,后汉灵帝中平中,京都谣辞即诗,而反无韵焉。自魏李左校始著《声类》,齐中郎周颙作《四声韵谱》,而其后沈约、陆法言、孙愐辈,各起为韵学,而诗准于韵。故三唐用韵较昔尤备,况甫精声律,其为押合,尤为三唐前后所观而模之者乎!西樵,沈、陆之良者也。其书法工擅一时,凡六书四体已极根柢,而韵则起收呼嗡,变化通转,辄能析豪系而定幼眇,故与其及门黄大宗者,判甫集而声区之。尝曰:韵本严也,而甫能以博为严;韵本肆也,而甫能以拘为肆。旨哉言乎!独予有未辩者。今之为韵,不既分'佳'与'麻'耶?'佳'无'嘉'音,而唐刘禹锡《送蕲州李郎中赴任》诗以'佳'间'麻',而公乘亿《赋得秋菊有佳色》则'佳'倡而'麻'随之,今少陵《柴门》一章,其为'佳'、'麻'者且五组也,是岂'佳'即同'嘉',抑唐韵本'佳'、'麻'通欤?且唐韵'真'、'文'与'殷'分有三韵,而今即并'殷'于'文',夫不并则已尔,并即'殷'韵当在'真'而不当在'文',是何也?则以唐人之系'殷'于'真'者,李山甫赋《秋》、戴叔伦咏《江干》、陆鲁望《怀润卿博士》诸律皆是也。少陵虽无律,而于《崔氏东山草堂》拗体与《赠王二十四侍御》长律,亦且杂'斤'之与'勤',则是'真'、'文'二韵在今与唐韵绝然不同,而第勿视之而不之察也。至若'东'韵,原与'蒸'通,故"翘翘车乘"之诗,'弓'、'朋'一押,而后乃不然;然而'东'转为'屋','蒸'转为'职',皆入韵也,今未知'东'之与'蒸'在唐韵能通与否?而集中《别赞上人》诗,以'职'通'屋',《三川观水涨》诗,以'屋'通'职',其他若《南池》,若《客堂》,若《天边行》、《桃竹杖引》,其通'屋'与'职'不更仆也。韵之可疑者甚夥,而吾之欲质于是集者,不止此数。而以吾所疑质甫所是,西樵、大宗,必有起而剖晰之者,吾敢以细莛撞洪钟哉!"(见《西河合集·序》卷七)杜濬《〈杜诗分韵〉序》云:"自有杜诗以来,流传天地间者,不知几千亿计,学者细绎成书亦非一种,有编年,有分类,有分体,有专刻五言近体及排体,独分韵无有,有之,自黄子大宗始。……盖杜诗诸美备臻,而其落韵之妙,尤不可以不深味。夫其哑韵能使之响,浮韵能使之沉,粗韵能使之细,板韵能使之活,庸韵能使之新,险韵能使之稳,俗韵能使之雅,游韵能使之坚确,昏暗之韵能使之明白,泛滥之韵能使之有根据。是固有绝异之禀,有极博之学,然后别有炉鞴,非他氏可几者。学者诚能由编年以观其阅历先后、甘苦深浅以及世变升降、关系感切之全局,由分体以观其兼工独到、精微浩渺之极致;由五七近体以观其既醇且肆,亦工亦淡,然工非近人之工,淡非今人之淡之绝诣;而又必好学深思,由黄子所辑是诗,逐韵以尽变,得其推门落臼,各得其所之原委,则其于少陵也,遂升堂入室可也,是黄子之功也。或曰:不忧割裂乎?不知杜诗犹精金然,有钜镒于此,分寸而割之,其所贵未尝少减也,是在学者善观之而已。”(《变雅堂集》卷三)由序可知,该书将杜诗分韵编排,似为方便学者查检的工具书。

杜诗三评 [清]阮旻锡撰

阮旻锡(1627—1706),名一作文锡。一说原名吴锡。字畴生,号梦庵。同安(今属福建厦门)人。父伯宗,世袭千户,裔世居海上。幼孤,泛海学贾以养母。母没,躬负土石,与父合葬鹭门。甲申(1644)国变,旻锡方弱冠,慨然谢举子业,师事曾樱,传性理学,患难与共。顺治八年(1651)清兵攻破厦门时,曾樱自尽殉节,旻锡冒死“出其尸”,葬于金门。顺治十二年(明永历九年),郑成功在厦门设储贤馆、育胄馆,以阮旻锡等充之(夏琳《闽海纪要》卷上)。明亡后,弃家行遁,奔走四方,留滞燕云二十馀载,览遍名山大川。约于康熙十年(1671)入武夷,遁于佛门,入天心寺为茶僧,释名超全,自称轮山遗衲。年八十卒。著有《四书测》、《谈道录》、《读易阙疑》、《续佛法金汤》、《唐人雅音集》、《粤滇纪略》、《海上闻见录》、《唐七言律式》、《杜诗三评》、《梦庵长短句》、《清源会诗篇》、《同和东坡韵诗》、《幔亭游稿》、《燕山纪游》、《慧庵唱和》、《轮山诗稿》、《韵选》、《夕阳寮诗稿》、《金刚经说》。生平事迹见《(民国)同安县志·独行传》。

《杜诗三评》,《(道光)福建通志·经籍志》、《(道光)厦门县志》、《(民国)同安县志·艺文志》亦著录,名作《杜诗三律》。已佚。

戒庵集杜 [清]张晋撰

张晋(1629—1659),字康侯,号戒庵、黍谷。狄道(今甘肃临洮)人。顺治八年(1651)举人,次年联捷成进士,十三年由刑部观政出宰丹徒(今镇江),有政声。十四年充乡试同考官,因牵连“江南科场案”被押解回京,入狱年馀后被处死,年仅三十一岁。其诗颇学李白,兼及李贺之体。著有《张康侯诗草》十一卷、《史见》。据李九如等《甘肃文献录》(稿本,藏甘肃省图书馆)载,尚有《九经解》、《十三经辨疑》。郭汉儒《陇右文献录》(抄本,藏甘肃省图书馆)著录其《医经》一卷。生平事迹见《国朝诗人征略二编》卷一、《(乾隆)狄道州志》。

又有《戒庵集杜》一书,见于《张康侯诗草》中。《张康侯诗草》,又名《戒庵诗草》,其版本系统比较复杂,其详可参赵逵夫《张晋诗的传本与著录考述》一文(载《社科纵横》1992 年第 2 期)。据《四库全书总目·集部·别集类存目九》载,《张康侯诗草》第十卷为《集杜》,第十一卷为《集唐》,亦皆为五言律。据后跋云,尚有七律集句,未经编入云。这个本子和《(乾隆)狄道州志·艺术》著录的有些出入,后者除《集杜》外,还多出“《琵琶十七变》一出”。《(乾隆)狄道州志》卷九称张晋“诗才如云蒸泉涌,尝于狱中集杜作《琵琶十七变》,抑扬顿挫,感动人心,闻之者无不怜其才而悲其遇也。”孙枝蔚《挽张康侯》诗曰:“狱中诗更好,读罢断人肠。”“何曾明罪迹,能不悔词场。”(《溉堂集·前集》卷四)《集杜》尚有单行本,名《戒庵集杜》,《成都杜甫纪念馆馆藏杜集目录》著录,称其为乾隆间陕西得树斋单刻本,一册。集杜诗五律二十二首及集杜各体诗为“胡笳十七变”,附刻其弟张谦著《得树斋诗草》及张晋《律陶》于后,封面有李一氓跋语。“胡笳十七变”,疑即“琵琶十七变”。另成都杜甫草堂《增补一九五九年馆藏杜诗书目》著录有张谦《集杜诗及琵琶十七变》,疑即《戒庵集杜》。至于著者误为张谦,可能是因张晋《戒庵集杜》后附其弟张谦《得树斋诗草》(一作《得树斋诗钞》),故将著者讹误为“张谦”。张谦(1641—?),字牧公,狄道(今甘肃临洮)人,张晋弟,贡生。著有《得树斋诗钞》、《葭露斋诗》。生平见《狄道新志》、《二南遗音》、徐世昌《晚晴簃诗汇》卷五十三小传。今人赵逵夫有《清初甘肃诗人张谦》(载《庆阳师专学报》1986年第2期)。今存《得树斋诗钞》抄本、《得树斋诗草》刻本,在书后均附张晋《律陶》、《集杜》、《琵琶十七变》,刻本封面"得树斋诗草"下,小字双行注"戒庵律陶集杜琵琶十七变附",乃是张谦诗集与张晋三种集句的合集。又赵逵夫《张晋诗的传本与著录考述》一文云:"张晋死十年之后,剑门何振集杜作《补十八变》为《琵琶十七变》之续,以表示对张晋的哀悼,其中说:'何处埋尔骨,凄凉信不通。呜呼已十年,故里亦高桐。不意清诗久零落,白蘋愁杀白头翁。'"因何振生平考证未得,附录于此,不另列目。

杜诗说略 一卷 [清]卢震撰

卢震(1628—1704),字亨一。奉天(今辽宁沈阳)人,隶镶白旗汉军。先世江西乐平籍,后迁湖广景陵(今湖北天门)。清顺治八年(1651)补博士弟子员。九年,顺治皇帝特试授内弘文院编修。从军参画平定李定国。旋京,加光禄寺少卿衔录西曹事。康熙皇帝登极,擢内弘文院侍读学士,进内秘书院学士,纂修太宗、世祖实录副总裁。康熙八年(1669)秋,授湖南巡抚,抚湘五年。后吴三桂反,乱兵犯长沙,震以失陷封疆罪下狱四年,后特释归家。闲居十年,起用管理船厂,任事七年,以衰老告归。康熙四十二年腊月十六日卒于家。震学本经史,诗则学杜。著有《悦安堂集》、《抚偏檄草》、《抚偏疏草》、《杜诗说略》等。其子卢询,曾官云南楚雄。陈士骥《楚雄郡伯卢公询去思碑》云:"太先生亨一公,树帜词林,嘉谟谠论,显烁人耳目。及巡抚湖南,清德著于当时,丰功垂于奕世。迄今读长沙诸奏疏与《悦安堂诗草》，忠孝至情溢于言外，未尝不慨然想见其为人。"（《碑传集》卷九六）卢震生平详见陈奕禧《春蔼堂集》卷一五《卢中丞行状》。

《杜诗说略》一卷，成于康熙八年至十二年（1669—1673）卢震任湖南巡抚期间。前有王封溁序，末署"赐同进士出身、通奉大夫、经筵讲官、礼部左侍郎兼翰林院学士加一级、前吏部右侍郎、内阁学士、日讲起居注官、旧治年家眷侍生王封溁顿首拜撰"。下有"王封溁印"、"慎庵"两方钤记。据王封溁序署衔，王于康熙三十六年由礼部右侍郎转为礼部左侍郎，死于康熙四十二年，则是书当刊于康熙三十六年至四十二年（1697—1703）间。周采泉编《杜集书录·内编·辑评考订类一》谓此书为"明崇祯四年（1631）刻"，显误。"目次"前署"景陵卢震亨一著，胞弟豫顺如，男讷慎於、询舜徒、睿拙存，侄诩钦文、诗大雅校"。正文不录杜原诗，只分类评论。目次为正派、变法、渊源、元气、胎骨、体裁、品格、章法、声律、诗眼、诗情、诗典、诗史、诗病、浅深、虚实、生熟、平奇、雅俗、大家、扫除、游涉、参悟、神化等二十四则。评论尚称简明扼要，有的见解亦较深刻。如《变法》一则云："古文之变，莫备于《离骚》、《九歌》；杜诗之变，莫备于《秋兴》八律、《北征》、秦中诸诗。……盖不变则笔无光芒，如土木神像，虽具生面而无气，故下笔即旧；不正则文无根据，如泛驾破辕之牛马，虽有其气而无步骤，故成章不知所裁。此二者相合而不离之道也。故曰：变法，即在正派之内。"论述诗歌内容和形式的关系，不无可取之处。是书藏清华大学图书馆，二册一函。《贩书偶记》卷十三著录。

杜诗笺　卷不详　［清］姜宸英撰

姜宸英（1628—1699），字西溟，号湛园，又号苇间。慈溪

(今属浙江)人。擅长诗古文,精书法,行草尤入妙。与朱彝尊、严绳孙号称江南三布衣。以诸生预修《明史》及《一统志》,《明史·刑法志》即出其手,揭露了明代厂卫之害。康熙三十六年(1697)举进士,年已七十,以殿试第三人授编修。三十八年,任顺天府乡试副主考,因正主考李殿撰有情弊累及,下狱,死于狱中。著有《湛园文稿》、《苇间诗集》等,后人辑有《姜先生全集》。事迹详见《清史稿·文苑传一》。

又有《杜诗笺》,《(光绪)慈溪县志·艺文志》引《亦有生斋集》作《杜诗拾注》。仇兆鳌《杜诗详注·凡例》云:"卢世潅之《胥抄》、申涵光之《说杜》、顾炎武、计东、陶开虞、潘鸿、慈水姜氏,别有论著,亦足见生际盛时,好古攻诗者之众也。"慈水姜氏,即指姜宸英。《杜诗详注》中引姜宸英所论杜诗数条,称"慈水姜氏"或"姜氏《杜笺》"。姜宸英另于《湛园札记》卷四专论杜诗,见解精辟,考证翔实,于杜诗确有心得。今人周采泉通过对勘仇注所引与《湛园札记》后指出,仇注尚有引姜氏之论而未注明者十数条(见《杜集书录·附录三》)。

杜诗绪论　[清]蒋楛撰

蒋楛(1628—1694后),字荆名,号天涯布衣。吴县(今江苏苏州)人。明遗民。楛七岁失恃,育于外家,性喜吟咏。明末丧乱,乃流寓江淮三十馀年,与山阳丘如升友善。曾名列朱鹤龄《杜工部诗集辑注》参校者之一。著有《天涯诗钞》四卷、《读史》一卷、《诗馀钞》一卷,有康熙三十三年丘如升刻本。生平事迹见丘如升《天涯诗钞序》及蒋楛《天涯诗钞自序》。

又有《杜诗绪论》,《精思轩藏书记》著录。已佚。

杜稿编年　[清]杜首昌编

杜首昌(1628—1697后),字湘草。山阳(今江苏淮安)人。其别墅名绾秀园,中有挥麈亭、如如室、天心水面亭等几十所楼台亭馆,为西湖十园之最。明遗民,崇祯十七年(1644)曾倾资相助福王,入清不仕。清王晫《今世说》称其"书法文词卓绝一时,单车过武林,忽传方伯监司联车到门,并谢不见,士论高之。"曾与周亮工等游。康熙四年(1665),柳敬亭过淮安,持箑(扇子)向其求诗索书,杜作《柳敬亭持箑索书口占赠之》七绝一首。九年,与江宁白梦鼐、如皋冒禾书、宜兴陈维岳、江西曾傅燦等集北京,于黑窑厂作重九(《定山堂诗集》卷三二)。二十五年旅杭州,与毛奇龄、洪升会,同泛湖(《山阳诗征》卷一六)。三十年旅闽,与徐钒会。著有《绾秀园诗选》一卷、《词选》一卷。生平事迹见徐钒《南州草堂集》卷十四。

又有《杜稿编年》,徐钒《南州草堂集》卷十四著录,已佚。杜首昌尚有《杜陵选诗》,《精思轩藏书记》著录,不知二者是否为一书?

杜陵选诗 [清]杜首昌选

杜首昌,生平事迹见上《杜稿编年》介绍。

《杜陵选诗》,《精思轩藏书记》著录。"选诗"或为"诗选"之误。已佚。

闵宾连集杜 不分卷 [清]闵麟嗣撰

闵麟嗣(1628—1704),字宾连,又字檀林,号橄庵,徽州(今安徽歙县)人。明末移家江都,为扬州府学生,入清弃之。与魏禧、王猷定、吴嘉纪、雷士俊诸移民友善。著有《古国都今郡县合考》一卷、《周末列国有今郡县考》一卷、《黄山志定本》七卷、《黄山松石谱》一卷、《闵宾连悟雪诗草辑佚》等。

又有《闵宾连集杜》，不分卷，清刊本，一册，《安徽文献书目》（安徽人民出版社1961年版）著录，称藏于安徽省博物馆。

朱竹垞先生杜诗评本　二十四卷　［清］朱彝尊评点

朱彝尊（1629—1709），字锡鬯，号竹垞，晚号小长芦钓鱼师，又号金风亭长。行十，时称朱十。秀水（今浙江嘉兴）人。康熙十八年（1679）举博学鸿词科，授翰林院检讨，预修《明史》。二十年，充日讲起居官。典试江南，称得士，入值南书房。三十一年罢官归里，殚心著述。彝尊博通群籍，综贯经史，工诗词古文。词尊姜夔，为浙西词派的开创者。诗与王士禛齐名，时有“南朱北王”之称。又与姜宸英、严绳孙称“江南三布衣”。著有《曝书亭集》、《经义考》、《日下旧闻》等，辑有《词综》、《明诗综》等。生平事迹见《清史列传·文苑传二》、《清史稿·文苑传一》、陈廷敬《竹垞朱公墓志铭》、杨谦《朱竹垞先生年谱》。

又有《朱竹垞先生杜诗评本》二十四卷。是书为道光十一年（1831）阳湖庄鲁駉刻本，长白岳良题签，望云轩藏板。卷首有朱彝尊康熙四年（1665）原跋、道光十一年岳良跋、庄鲁駉序。据庄序云：“丙戌（道光六年，1826）游皖城，偶过书肆，见败帙中有是编，乃秀水朱竹垞先生手批本，购归读之，觉体会入微，别有心得”，遂“手录付梓”。次列二十四卷诗总目录。诗分体排列，一至六卷为五古，计263首；七至九卷为七古，计141首；十至十五卷为五律，计630首；十六、十七卷为七律，计151首；十八至二十一卷为五排，计127首；二十二卷为七排，计8首；二十三卷为五绝，计31首；二十四卷为七绝，计107首。共收诗1458首。诗多白文，旁有圈点，批语较少，且极简略。眉批居多，诗旁间有少许评语。其评简短扼要，仇兆鳌《杜诗详注》曾略引数节，刘濬《杜诗集评》所引颇多。该书《扬州吴氏测海楼书目》著录。

李杜诗选 [清]屈大均选

屈大均(1630—1696),字介子,一字骚馀,又字翁山,号泠君、菜圃。番禺(今属广东广州)人。早年受业于陈邦彦门下,深受其思想的熏陶。南明桂王永历元年(1647),从其师陈邦彦起义。其后,为避免清廷的迫害,永历四年出家为僧,法名今种,字一灵。并将居所命名为“死庵”,以示誓死不臣服清廷之意。后出游大江南北,积极参与反清活动,至山阴,与祁理孙、班孙兄弟及其客魏耕等谋划联络郑成功舟师沿海路进攻南京。郑败后事泄,被清廷追捕,归里隐居,蓄发还俗。复游陕西、山西,结识顾炎武、王弘、李因笃等人,康熙七年(1668),出雁门关,次年归广东。十二年,平西王吴三桂以蓄发复衣冠为号揭竿反清,屈大均赴桂参与其事,被委为广西按察司副司,监督孙延龄军。未久,他因洞悉吴三桂称帝野心,谢病归。晚年移志于对广东文献、方物、掌故的收集编纂,编成《广东文集》、《广东文选》、《广东新语》、《皇明四朝成仁录》。大均工诗,与陈恭尹、梁佩兰称“岭南三大家”,还著有《道援堂集》、《翁山诗外》、《翁山文外》、《道援堂词》、《翁山易外》、《翁山文钞》等。生平事迹见《清史列传·文苑传一》、《清史稿·文苑一》、汪宗衍《屈翁山先生年谱》、曹溶《明人小传》卷五、朱彝尊《明诗综》卷八二、陈伯陶《胜朝粤东遗民录》、徐鼒《小腆纪传》卷五五、陈田《明诗纪事》辛集卷十一。

又有《李杜诗选》,萧一山《清代学者著述表》著录。已佚。

杜律评语 [清]李因笃撰

李因笃(1631—1692),字天生,更字孔德,号子德,又号中南山人。富平(今属陕西)人。明诸生。博学强记,性朴直,尚气节，名重于时，人尊为“关西夫子”，与朝邑李楷、郿县李柏并称“关中三李”。康熙十八年（1679）举博学鸿词科，授翰林院检讨，未逾月，以母病辞归。他与顾炎武、朱彝尊、毛奇龄等人也都有较为密切的交往，在清初学界占据相当重要的地位。尝游京师，仿杜甫作《秋兴诗》八首，见者多击节，长律则得少陵家法。著有《受祺堂诗》三十五卷、《文》四卷、《续》四卷。生平事迹见《清史列传·儒林传上一》、《清史稿·儒林传一》李颙附传、《关中丛书·关中三李年谱》等。

又有《杜律评语》，周采泉《杜集书录·内编·辑评考订类二》著录，并引无名氏杜诗批校本《题记》云：“李氏有《杜律评语》，安溪李文贞公（光地）极赏之，欲刊刻而未果，惜流传甚少。”成都杜甫草堂曾将此书列入1959年第二次《征集书目》，书名作《杜诗评》。迄今未见。李因笃之论杜语散见于杨伦《杜诗镜铨》、刘濬辑《杜诗集评》、时中书局石印本《诸名家评定本钱牧斋笺注杜诗》、朱彝尊《曝书亭集》卷三十三等书，仇兆鳌《杜诗详注》亦于《郑驸马宅宴洞中》诗注引“李天生曰”一条，可以参看。

杜少陵诗选　二卷　［清］吴兴祚辑

吴兴祚（1632—1697），字伯成，号留村。原籍山阴（今浙江绍兴），入汉军正红旗。以贡生官江西萍乡知县，历山西大宁知县，迁忻州知州。康熙二年（1663），降补无锡知县，迁行人司行人，仍留任。十五年擢福建按察使，历福建巡抚，以平耿精忠之叛，进兵部尚书。二十一年迁两广总督，除尚之信及其馀孽之祸。二十八年以事降副都统，镇大同右卫。旋谪沙克所坐台，三十六年卒。吴兴祚风致俊爽，喜与文士游，一时名士，多共唱酬。颇能沾溉寒士，故人望归之。其诗吐属清雅，气度萧散，有《留村诗钞》一卷。另撰有《宋元诗声律选》、《史迁句解》、《粤东舆图》等书。生平事迹见《清史稿·列传四七》、鲁曾煜《两广总督吴公兴祚传》。

又有《杜少陵诗选》二卷,有民国十一年(1922)上海中华新教育社石印本,一册。题潘元宾订。首载年谱。选诗古近体兼收,编年不分体。有圈点,有眉批、旁批,无注释,共选诗200首左右。

李杜诗选 四卷 [清]闵奕仕选

闵奕仕,字义行。天都(今安徽歙县)人。生平事迹不详。所著《李杜诗选》,为康熙二十年(1681)写本,则著者应为康熙时人。另著有《载云舫诗畊》,为抄本,不分卷,现藏浙江省图书馆,孙琴安《唐诗选本六百种提要》著录。

《李杜诗选》四卷,有康熙二十年写本,旧藏李氏墨海楼,现藏浙江省图书馆。周采泉《杜集书录·外编·选本律注类存目》著录,并云:"是书系精抄本,字迹娟秀,旁加朱色套圈,悦人心目,闵氏间有批语。"

杜诗会粹 二十四卷 [清]张远撰

张远(1632—?),字迩可,号梅庄,又号云峤。萧山(今属浙江杭州)人。于毛奇龄为同里后进。潦倒诸生三十年,康熙二十一年(1682)五十一岁,方以贡生赴廷试,十二年后始选缙云县教谕。朱彝尊《曝书亭集》有诗《送远之桂林》,即送张远也。其诗格得法于毛奇龄,故风格相似,著有《张迩可集》(含《云峤集》一卷、《蕉园集》一卷、《梅庄诗文集》二卷)以及《杜诗会粹》二十四卷、《昭明文选会笺》、《李太白诗笺》、《诗韵存古》、《北曲司南》、《易经本义发明》、《诗经析疑》等。与侯官张远同时同姓名,同以诗文著称。生平事迹见邓之诚《清诗纪事初编》卷七、钱仲联主编《清诗纪事》康熙朝卷。

《杜诗会粹》,有康熙二十七年(1688)有文堂刊本。是本首页署“萧山张逖可注、甬上仇沧柱选 杜诗会粹笺注 有文堂梓行”。卷前有王掞康熙二十四年序、张远康熙二十七年自叙,次列“凡例”数则、杜甫世系、《旧唐书·杜甫传》、年谱、元稹《墓志铭并序》,又列校阅姓氏,凡二十三人,而以顾宸为首。全书二十四卷,计诗二十三卷,赋一卷。收诗 1432 首,附他人唱酬诗 11 首,赋 6 篇。卷前无总目,各卷分列目录,各卷端先标出作诗时地,次列诗目。诗正文大字顶格,注文小字双行。诗以编年为序,正如其“凡例”所云:“诗集必尚编年,使人知其居何地,值何时,历何职,其情其事,瞭若指掌。”其编年“悉从《草堂诗会笺》,间有不合,稍为订正。”是书“名曰‘《会粹》’,盖取兼综诸书之义,其原则本《尔雅·序》。”(自序语)虽曰“兼综诸书”,实以钱笺、朱注为主。其编纂特点,则在于长篇分段,略述大意于各段之后,最后对全诗稍作总说及简评,使读者一览了然,眉目清晰。是书一出,颇得时誉。毛奇龄赞“此书出,诗说为一正矣。”(《西河诗话》卷六“子规夜啼山竹裂”条)仇注征引颇多,并在《杜诗详注·凡例》中云:“张远之《会粹》,搜寻故实,能补旧注所未见。”而《四库全书总目》则谓:“是书采诸家之注而成,故曰《会粹》。其分析段落,训释文意,颇便初学,然不免寻行数墨。诗依年谱编次,与诸本互有异同,考核亦未为详审。”是书《四库全书总目》、《清史稿·艺文志四》、《贩书偶记续编》均予著录。又有 1999 年齐鲁书社据北京大学图书馆藏清康熙刻本影印《四库全书存目丛书》本。

杜工部七言律诗注　五卷　[清]陈之壎撰

陈之壎，字伯吹，又字孟朴，号朴庵。海宁(今属浙江)人。诸生。约生活于清顺治、康熙时期。曾著《杜律详注》十卷，《(民国)海宁州志稿·艺文志》著录，其中只《杜工部七言律诗注》五卷刊行，另有《朴庵诗集》。

《(民国)海宁州志稿·艺文志·典籍六》著录云："陈之壎《杜律详注》十卷，见《渤海著录》，云存。所著《七律注》五卷，已刊行；其《五律注》五卷，写本藏于家。"《清史稿·艺文志四》著录："《杜工部诗注》五卷，陈之壎撰。"殆即刊行之陈之壎《杜工部七言律诗注》五卷。该本为康熙二十二年(1683)刻印。卷前有康熙二十二年陈之壎表侄沈珩"杜律陈注序"，次列"凡例"十一则，次列五卷总目录，收杜诗全部七律，计151首。书后有其侄陈訏跋。每卷首行署"杜工部七言律诗"、卷次，次行署"海宁陈之壎朴庵注"。版心署"杜工部诗"，下署卷次，旁标"七言律"，最下为页数。诗正文顶格，注释文字附诗后，统低一格。题下注、诗中注，均小字双行。释文多以己语出之，绝少直引他人语，只有几处注引"黄维章曰"。诠释文字，尚称简洁，但多分析诗法结构，少有新见，而颇多疏误。如释《蜀相》有云："祠前有孔明手植大柏，围数丈，公诗'霜皮溜雨四十围，黛色参天二千尺'是也。"按"霜皮"二句乃《古柏行》中语，《古柏行》乃咏夔州孔明庙前老柏，移于成都武侯祠前则大疏误矣。又如将《诸将五首》以意定第一、三、四首作于广德年间，第二首作于至德初，最后一首为永泰元年秋至云安作。将一完整之组诗割裂至此，殊为不妥。而最谬者，是谓《示獠奴阿段》之"阿段"为杜甫"稚子"，并谓"獠奴，当是阿段小名。"据《北史》卷九五云："獠者，盖南蛮之别种，自汉中达于邛、笮、川洞之间，所在皆有。种类甚多，散居山谷，略无氏族之别。又无名字，所生男女，唯以长幼次第呼之。其丈夫称阿謩、阿段，妇人阿夷、阿等之类，皆语之次第称谓也。”据此可知，阿段乃獠人，为杜甫仆人，故称“獠奴阿段”，非杜甫稚子明矣。陈氏弗考，又好为异解以标新，故致谬误如此。是书又有近人张宗祥铁如意馆钞本，系据旧钞本录出。张氏题识云：“此书据其侄陈訏跋云：‘世父评杜向有全帙，散佚止存近体，祗斋三兄不忍湮没，因令来雝、丹声两侄校正付梓。’是已刻行，且近体均全。书首沈珩序亦云：‘所注五七律，不落窠臼，不堕穿穴’云云，尤可证明。今所存仅七律五卷，知其所佚多矣。且刊本久不可见，此五卷亦出旧钞也。”后查弘道、金集补注《赵虞选注杜律》曾引及陈氏之语。

读杜慎言 [清]赵沺撰

赵沺（1632—1674），字天来。清平湖（今属浙江）人。康熙庠生。与陆埜、陆棻、沈皞日、陆世栻、陆来章、沈隆岘称“当湖七子”（沈季友《槜李诗系》卷二九）。朱彝尊《经义考》卷九四著录其《禹贡新书》，佚。尚有《红豆词》。生平事迹见叶燮《己畦文集》卷十八。周采泉《杜集书录》误将其名作“赵佃”，蒋寅《清诗话考》误将其名作“赵田”。

又有《读杜慎言》，《（光绪）平湖县志·艺文志》著录，已佚。

杜诗心解 [清]郑光时撰

郑光时，字易庄。歙县（今属安徽）郑村人。清顺治、康熙时人。邑诸生。著有《杜诗心解》、《嘘云稿》、《蜗角摅怀稿》。生平事迹见《（民国）歙县志·人物志·诗林》。

《杜诗心解》，《（民国）歙县志·人物志·诗林》著录。已佚。

病馀集杜诗 一卷 [清]王延祚撰

王延祚，字绵国。萧山（今属浙江杭州）人。王余高之父。

著有《病馀集杜诗》一卷，清施再盛《世善堂书目》著录。已佚。

退庵集杜诗　一卷　［清］王余高撰

王余高，字自牧，号退庵。萧山（今属浙江杭州）人。为张远《杜诗会粹》校阅人之一。著有《退庵集杜诗》一卷、《退庵北征集杜诗》一卷。生平散见《（民国）萧山县志稿·文苑传》、毛奇龄《王自牧集杜诗序》、赵时揖《贯华堂评选杜诗总识》。

《退庵集杜诗》一卷，已佚。毛奇龄《王自牧集杜诗序》云："向予孤游无所遣也，曾创为翻诗之法，取前人诗一章，磔其字，押起字中之可为韵者，平陂而就之，辐辏相程，已连者勿再连，已偶者勿再偶也。不然则又取前人长律，划句上下，上者吾与应，下者吾与呼也。顾卒未尝为集诗者，以从来善遣心者，多集前人诗，穷偶极俪，阖扇辘轳，各极其妙。不惟不能效也，即效之，必不能与肩并，因屏绝勿为。及读自牧所集诗，则叹从来集诗者逊之远矣。自牧遭逢类杜甫，故喜集杜甫诗。当其目有所接，意有所感，友朋有所况，临山川、道途、园林、楼台有所览观，吾所欲言，杜甫已言之矣。特虑其言之单也，从而复之，其已复者，又从而更复之。就其意而得其句，句在意间，就其句而亦得其意，则意并在句外，岂无时与地与人与往来眺望之相符者乎？不必时与地与人与往来眺望之相符，而以彼媲此，以此俪彼。不知者叹杜陵该博，人所应有，不必不有，而不知其纂裁之妙。譬之匠者，杂梗楠杞梓为器，渥沐砥礲，并不闻求器者之仍归工于山与泽也；红女倚绣床，抽青黄而妃紫绿，串鞶而五组之间，或规矩圆方，纴图织字，穷天地之能，极知虑之巧，而犹谓躬桑之妇能经营，茧缫之御以可以嬗誉，则非理也。第自牧虽远游，宜亦不必有所遣，而前人以遣心而为之，今人不必有所遣而更上之。倘他日者，予所创翻诗法幸传人间，则世岂无相勿更上如集诗者，然则予亦何遣矣。”（载《西河合集·序》卷三）

退庵北征集杜诗　一卷　［清］王余高撰

王余高，生平事迹见上《退庵集杜诗》介绍。

《退庵北征集杜诗》一卷，《萧山县志稿·文苑传》著录。疑即《退庵集杜诗》。参上《退庵集杜诗》条。

杜诗注驳　［清］袁佑撰

袁佑（1633—1698），字杜少，号霁轩。直隶东明（今属山东）人。康熙十一年（1672）拔贡，授中书舍人。十八年举博学鸿词，擢翰林院编修。乞养，归辟小园奉母。后迁中允，康熙三十五年充浙江乡试正考官，称得士。后二年卒，年六十六。性至孝，母殁，居丧尽礼，服除，终不食肉。《国朝诗别裁》录其诗。著有《謦闻偶记》一卷、《圃说》五卷、《袁氏族谱》一卷、《予省集》五卷、《史馀集》五卷、《补史集》四卷、《霁轩集》二卷、《诗礼疑义》、《左氏（一作“史”）后议》、《老子别注》、《离骚荀扬文中子补注》、《庄子注论》、《杜诗注驳》。生平见《清史列传·文苑传一》、《国朝耆献类征初编》卷一一八、《国朝先正事略》卷三九、《大清畿辅先哲传》卷二十、徐世昌《大清畿辅书征》卷三二。

《杜诗注驳》，徐世昌《大清畿辅书征》卷三十二著录。已佚。

集杜诗　一卷［清］陈光龙撰

陈光龙，周采泉《杜集书录》误作“陈龙光”。字义臣。黄陂（今属湖北武汉）人。清顺治十六年（1659）进士，任南阳府推官。有狱,坐大辟者七人,光龙廉雪其冤,改平乐知县。吴三桂叛,粤帅孙延龄谋应之。光龙密上书巡抚马雄镇,雄镇疑惧,不敢先发,孙遂举兵反,进逼平乐。光龙坚守孤城四十馀日,外援不至,守弁聂禄开门降,光龙乘间怀印奔梧州。久之,擢梧州府同知。事平,以父疾乞归。有《集杜诗》一卷。生平事迹见《(民国)湖北通志·人物志十六·列传六》。

《集杜诗》一卷,《(宣统)湖北通志·艺文志》著录。已佚。

集杜诗 [清]方式玉撰

方式玉,字玉如。歙县(今属安徽)岩镇人。颖敏善诗,尤长于画。顺治中,以贡生授鹿城训导。时鹿城雅乐尽缺,式玉至,举其废坠,悉如阙里。且复精研考究,绘刻为图,以存古制。所著有《涉江草》、《醉翁石照诗》。生平见《(乾隆)江南通志·人物志·文苑三》、《(民国)歙县志·人物志·方技》。

《中国人名大辞典》著录其有《集杜诗》120首。已佚。

集杜诗 [清]毛彰撰

毛彰,字焕文,一字阇斋。清鄞县(今浙江宁波鄞州区)人。顺治时监生。著有《集杜诗》、《和杜诗》、《阇斋近稿》。

《集杜诗》,《(民国)鄞县通志·艺文志》著录。已佚。

和杜诗 [清]毛彰撰

毛彰,生平事迹见上《集杜诗》介绍。

《和杜诗》,《(民国)鄞县通志·艺文志》著录。已佚。

杜诗臆评 [清]王维坤撰

王维坤(1633—?),字幼舆,又字又愚,号鹭知。直隶长垣

(今属河南)人,元熺子。顺治十八年(1661)进士,官梓潼知县,引退归里。隐邑西青冈,自称青冈农父。生平嗜书,尤爱山水,所历山川风土皆纪以诗文。诗学杜甫,著有《搜弃集》(又名《葛卧楼搜弃集》)十二卷、《渐细斋诗集》十卷、《杜诗臆评》。事迹见《(咸丰)大名府志·列传》、《大清畿辅书征》卷三二。

《杜诗臆评》,徐世昌《大清畿辅书征》卷三十二著录。邵长蘅《杜诗臆评序》云:"古今注杜诗者亡虑数百家,其弊大约有二:好博者谓杜诗用字必有依据,捃摭子传稗史,务为泛滥;至无可援证,则伪撰故事以实之,其弊也窒塞而难通。钩新者谓杜诗一字一句皆有寄托,乃穿凿其单辞片语,傅会时事而曲为之说,其弊也支离而多妄。盖杜诗之亡久矣!杜诗未尝亡也,其真亡也?故愚以谓必尽焚杜注,然后取杜诗读之,随其人之性情所近,与其才分之偏全、浅深、工拙,而皆可以有得。长垣王又愚先生起家进士,令梓潼,遭乱弃官,流离滇黔,阅十馀年而后归。方其自秦入蜀,闚剑阁,下潼江,又以事数往来花溪锦水,其游迹适与子美合。及弃官以后,系怀君父,眷念乡邦,以至拾橡随狙,饥寒奔走之困,亦略相同。故其评杜也,不摭实,不凿空,情境偶会,辄随手笺注,久之成帙,自题曰《杜诗臆评》。其于古今注家不知谁如,要之,无二者之弊。余谓注杜如先生,则杜不亡,惜也止于七律也。序之以告世之读杜者。"(《青门簏稿》卷七)由序可知,王维坤《杜诗臆评》是一杜诗七律评本,可惜已佚。

渔洋杜诗话　一卷　[清]王士禛撰,翁方纲辑

王士禛(1634—1711),小字豫孙,字子真,又字贻上,号阮亭,自号渔洋山人。死后因避清世宗胤禛讳,追改名士正。乾隆四十二年(1777),又改名士祯,补谥文简。原籍山东诸城,祖上迁居新城(今山东桓台),遂为新城人。顺治十五年(1658)进

士。次年,授扬州府推官。康熙三年(1664)入为礼部主事,十五年由户部郎中改为翰林院侍讲,入值南书房,后官至刑部尚书。四十三年罢官归里。士禛为一代宗匠,早岁在济南、扬州、南京所作《秋柳诗》、《冶春绝句》、《秦淮杂诗》等,名扬海内,又受知于当时诗坛领袖钱谦益。后学殖日富,声威日高,主盟诗坛数十年。诗与朱彝尊齐名,时称"南朱北王"。论诗主"神韵说",影响颇大。士禛著作宏富,版本繁多。有《带经堂全集》九十二卷、《渔洋山人精华录》十卷、《渔洋诗话》三卷、《五代诗话》十二卷、《池北偶谈》二十六卷、《居易录》三十四卷、《香祖笔记》十二卷、《古夫于亭杂录》六卷、《分甘馀话》四卷等,编选有《古诗选》三十二卷、《唐贤三昧集》三卷、《唐人万首绝句选》七卷、《十种唐诗选》十七卷等。

翁方纲,生平事迹见后《杜诗附记》介绍。

渔洋有关杜甫的论述颇多,翁方纲为渔洋再传弟子,辑有《渔洋杜诗话》一卷,有乾隆三十二年(1767)大兴翁氏刻本,一册。全书凡一百四十七条,其中总论九条,论古体三十六条,论近体十七条,杂论二十条,论学人三十二条,评论家七条,语资二十六条。书端有翁方纲序云:"爰读先生遗书,次其谈杜者,得百十馀条,录而志之。"书末有翁氏跋语,记是书于丁亥(乾隆三十二年)付梓。翁氏所辑颇多遗漏。另张宗柟辑《带经堂诗话》第三十卷辑有《带经堂评杜》一卷,亦颇为简略。今人张忠纲据渔洋传世作品及他人所引渔洋有关言论重加辑录,共得二百四十馀条,加以校注,成《新编渔洋杜诗话》六卷(收入《杜甫诗话六种校注》,齐鲁书社2002年9月版),可以参看。

带经堂评杜　一卷　[清]王士禛撰,张宗柟纂集

王士禛,生平事迹见上《渔洋杜诗话》介绍。

张宗柟(1704—1765),字如栋,别号含广,晚号花津圃人,海盐(今属浙江)人。累应乡试不第,五十后弃举业,肆力于著述。著有《吟庐小稿》、《度香词》。

张宗柟是王士禛的崇拜者,他纂集王士禛散见于各书的论诗之语而成《带经堂诗话》三十卷,而《带经堂评杜》一卷,即见于《带经堂诗话》卷三十《外纪门二·评杜类》,并附识曰:"山人(指王士禛)评杜惜未睹其全,只就传本录存,中间有击赏其至者,有直斥其非者,著语无多,必中肯綮,手眼故不犹人也。《谭龙录》所言,适见其诬尔。"共辑录八十二条,皆极简略。

杜工部诗钞 [清]宋荦撰

宋荦(1634—1713,《清史列传》谓卒于康熙五十三年,1714),字牧仲,号漫堂,又号西陂、绵津山人。商丘(今属河南)人。康熙三年(1664)授黄州通判,历官山东按察使、江苏布政使、江西和江苏巡抚,累擢吏部尚书加太子少师。荦博学多识,能诗善画,精赏鉴,喜收藏。曾选有《杜工部诗抄》,为康熙间抄本,今存。其对杜诗的批语亦见卢坤"五家评本"。著有《西陂类稿》、《筠廊偶笔》、《沧浪小志》、《漫堂墨品》、《绵津山人诗稿》、《漫堂说诗》及《江左十五子诗选》等。生平见《清史列传》卷九《清史稿》卷二七四、汤右曾《光禄大夫太子少师吏部尚书宋公荦墓志铭》、顾栋高《宋漫堂传》及《西陂类稿》卷四七自订《漫堂年谱》。

《杜工部诗抄》为康熙年间钞本,署"商邱宋荦牧仲钞",有"荦"、"牧仲"钤印,无序跋,批语及圈点皆朱笔。是书不分卷,计六册,一至三册为古诗,计292首,四至六册为近体诗,计489首,共选诗781首。诗多白文,少评语,旁加圈点。评语多为眉批,间有旁批,偶尔亦于诗后附评。评语多为"邵子湘(长蘅)

云”,宋荦本人语反而很少。卢坤“五家评本”所采邵、宋二家评语,多与此本同。宋荦论诗主尊杜甫,其评语多简练概括,不事穿凿。如《洗兵马》眉批云:“此诗以‘中兴’字为主,望重致太宗之盛也。前半归功诸将,后半深望相臣。通篇只‘鹤禁’二语微示书法,前后铺陈畅丽,词旨显白,何至如笺解之钩穴乎?肃宗于上皇自不能无罪,必欲处处以杜诗傅会,则失诗解矣。此非论史之过,乃说诗之谬也。”此乃驳钱谦益解该诗之牵强附会处。又如《诸将五首》眉批云:“自禄山背叛,天下军兴,久而未定,公作五诗以讽刺诸将也。五诗意各有所指,括尽当时用兵以来事情。”以下逐首揭示提要,可谓言简而意赅。

杜诗笺 十二卷 [清]汤启祚撰

汤启祚(1635—1710),字迪宗,一字滋人。宝应(今属江苏)人。诸生。卒年七十六。著有《春秋不传》十二卷、《杜诗笺》十二卷、《删塍文稿》二十卷、《删塍诗稿》二十四卷、《删塍诗文续稿》十六卷。生平见《重修宝应县志·文苑传》、张惟骧《疑年录汇编》卷九。

《杜诗笺》十二卷,系旧抄本,无序跋,无凡例。卷前有“总目”,分列每卷诗体、收诗数。各卷分列目录,分体后又以编年为序,计收五古258首,七古143首,五律629首,七律151首,五排131首,附联句1首,七排6首,五绝31首,七绝107首。共笺全部杜诗1457首。每卷次下署“宝应汤启祚滋人氏著”。诗正文后即汤氏之笺语,统低一格,均标“笺曰”。是编的一大特点,即笺语通篇以四字为句,连缀成文,撮述全诗大意,间或评论。如《闻官军收河南河北》,汤氏笺曰:“蓟北之复,望眼几穿。剑外忽闻,喜极先痛。还看妻子,随卷诗书。即想还乡,放歌纵酒。巴巫穿出,襄洛经过。预拟程途,无非志喜。"每篇笺语详略不等,最略者仅四句,最详者如《秋日夔府咏怀》,原诗五言100韵,200句,1000字。而汤氏之概括复述则长达318句,1272字,堪称巨制。虽不无警语,但形式板滞,且时有曲解原意处。是书未曾刊梓,《贩书偶记续编》著录。以作者生卒年考之,此笺当成于康熙四十八年(1710)以前,比仇注略早。又有台湾大通书局1974年据旧抄本影印之《杜诗丛刊》本。

邵长蘅评杜诗钞 [清]邵长蘅撰

邵长蘅(1637—1704),一名衡,字子湘,别号青门山人。武进(今江苏常州)人。顺治诸生,入太学试,拔第一,授州同,不就。后客宋荦幕最久。长蘅束发即能诗,弱冠则以古文词鸣,才华赡敏,得名公卿间甚盛,一时名士如施闰章、王士禛、陈维崧、朱彝尊、姜宸英、宋荦等均与之交。其诗以七古、七律见胜,取材广泛,格高气遒。咏明季乐府,颇有事实。其古文继承唐顺之、归有光的传统,取法于唐宋八大家,有苍秀简洁、合乎法度的特点,纪沧桑间事,亦足资参考。撰有《青门簏稿》十六卷、《青门旅稿》六卷、《青门剩稿》八卷,总名曰《邵子湘全集》。此外尚有《删补施注苏诗》、《古诗钞》、《古乐府钞》、《明四家诗钞》、《明十家文钞》等。另有《邵长蘅评杜诗钞》抄本,其论杜诗语又见于卢坤五家评本《杜工部集》中。事迹见《清史列传·文苑传二》、《清史稿·文苑传一》冯景传附、陈玉琪《邵山人长蘅传》、宋荦《青门山人墓志铭》、《(光绪)武进阳湖县志·人物传》、李元度《国朝先正事略·文苑传》。

《邵长蘅评杜诗钞》为抄本,上下二册,约二百页。白文录诗,偶有眉批,且多集中于上册前半部分,下册无一批语。眉批亦极简略,郑庆笃等编《杜集书目提要》著录。另《杜甫研究学刊》1996年第1、3期分别刊登了沈时蓉《韩菼批校〈钱笺杜诗〉辑考》之文,该文对四川师范大学图书馆藏善本"长洲有怀堂韩菼朱墨笔批校"的康熙原刻本《钱笺杜诗》作了较为详细的介绍。沈氏在辑录了全部批语之后指出,此批校本中的硃墨笔批语并非出自韩菼手笔,其中硃批当系引自申涵光《说杜》,墨批则是邵长蘅的批语。则所谓"韩菼批校本",实应为韩菼过录申涵光、邵长蘅论杜的批校本。这是邵长蘅论杜评语的较早过录本,可以参看。

杜诗提要　十四卷　[清]吴瞻泰撰

吴瞻泰,字东岩,号艮斋。歙县(今属安徽)人。清顺、康间诸生。少即留心经史,思为世用,入省闱十五终不遇,乃遨游齐鲁、燕冀及江汉、吴楚、闽越诸地。康熙三十五年(1696),授经扬州,后至京师,五十四年(1715)南归,方苞为之撰《送吴东岩序》。与同里黄生、汪洪度友善。所作诗文冲夷简澹,不假修饰,妙合自然。与书无所不窥,而独癖嗜杜,于注家无所不究,积数十年,丹铅弗辍,屡经削稿,然后成《杜诗提要》十四卷。其著述还有《陶诗汇注》四卷、《循陔堂自订诗集》二十六卷、《紫阳书院志附讲义》五卷等。生平事迹见《国朝诗别裁》小传、方苞《送吴东岩序》(《望溪集》卷七)。

《杜诗提要》,初名《杜诗则》,成稿当在康熙三十五年(1696)之前。吴氏《评杜诗略例》云:"初以《杜诗则》名书,丙子(康熙三十五年)秋,持以质吾师田山疆先生,先生曰:'子不闻韩子之言曰:记事者必提其要,纂言者必钩其元(玄)。子之评杜,兼斯二者,而简帙不烦,片言析理,予以提要,易子书名,更有当焉。'遂从之。"又书中屡引仇注,仇兆鳌《杜诗详注》初刻于康熙四十二年(1703),是书最后定稿当在其后。又据吴氏《略例》所云:"友人罗东万挺素嗜杜,一见兹编,袖归示其弟需材抡、子立人本仁、友朔本倩,缮录副本,日夕吟诵,遂代授剞氏焉。"则罗挺刻本当为初刻,时约康熙末。是本扉页右上署"新安吴东岩评选",中署书名"杜诗提要",左下署"山雨楼藏板"。卷首有汪洪度序、吴瞻泰自序;次《旧唐书·杜甫传》,并引《新唐书》本传及钱笺加注辨正;次"评杜诗略例"十则,次列十四卷总目录。分体编次,而各体之序次则大略依单复《读杜诗愚得》编年之次:一至四卷为五古,计104首;五、六卷为七古,计50首;七至十卷为五律,计180首;十一、十二两卷为七律,计72首;卷十三为排律,计五排32首,七排2首;卷十四为绝句,计五绝7首,七绝30首。共计选诗477首。每卷首行署书名、卷次,次行署"歙 吴瞻泰 东岩 评选",卷末有校字者姓名,多为吴氏弟侄辈。全书末有罗挺后序,中云:"先生著述甚富,于杜诗研讨尤力,积久成书,大指在示学者即法以通其意,殆于浣花诗叟有微契者。"吴氏论杜,专重诗法。《略例》所云:"此集一以论法为归。"《自序》亦云:"子美作诗之法可学者也。吾特抉剔其章法、句法、字法,使学者执要以求,以与史法相证,则有从入之门,而亦可渐窥其堂奥。"故其评注方式,诗旁有圈点,句下有简评,诗后有详评。长篇之诗则分段讲解,句剖段析,概述诗意,并论及章法、句法、字法。旁采宋元以来诸家评释,如黄鹤、单复、朱鹤龄、吴见思、张溍、张远等人,而尤以钱笺为多。并时引友人黄生、汪洪度、王棠、其弟瞻淇之说。"其隐晦者笺之,讹误者析之,止求达意而止,弗敢博取以为辨。"故其评论无多新见,但简明平易,无穿凿附会之弊,后之注杜者多所征引。《杜诗提要》的缺陷在于用评八股文的方法解析杜诗,显得机械呆板。张甄陶《杜诗详注集成》蒋士铨序云:"歙人吴瞻泰之《杜诗提要》,又专以帖括八比之法曲为解说,假使浣花复生,恐未许为知己也。”(《忠雅堂文集》卷二)对其以八股之法解杜诗表示了不满。是书尚有乾隆间刻本,较前本多一歙人江春于乾隆二十六年(1761)所撰之序;又有嘉庆二十五年(1820)在兹堂刻本;1974年台湾大通书局据康熙间罗挺山雨楼刊本影印《杜诗丛刊》本,而误署为“清乾隆间罗挺刊”。又有钞本一种,书名《杜诗典要》,仅存五言古诗二卷,与《杜诗提要》卷一至卷四选注者大同小异。另有《杜诗明镜》一书,内容、卷次、板式与《杜诗提要》全同,而书版作“折桂友竹山房梓”。首页版心改“杜诗提要”为“杜诗明镜”,馀则剜去“提要”二字,仅存“杜诗”,当系书贾作伪,另立书名,以售其奸。是书《清史稿·艺文志四》、清《扬州吴氏测海楼书目》、《(民国)歙县志·艺文志》(但著录为“八卷”)、《贩书偶记》等均予著录。

杜诗顾注辑要五言律　十二卷　[清]龙科宝辑

龙科宝,字子重,号咄莽。永新(今属江西)人。幼承母教,下笔空灵淡宕,名流为之折服。康熙八年(1669)举人。工书法,楷仿欧阳。慷慨好义,因捐资致家道中落,弗少悔。晚为上虞县令,多善政,越二年,以老病乞归。杜门著书,家徒四壁,怡然也,卒年八十七。著有《杜诗顾注辑要五言律》、《龙溪草堂初、二刻》,陈鹏年为之序。生平见《(同治)永新县志·人物志》。

《杜诗顾注辑要五言律》十二卷,为清康熙六十年(1721)王若鳌刻本。半页八行,行十六字,白口,四周单边。此书为顾宸《辟疆园杜诗注解》的删节本,所辑均为五律。《(光绪)吉安府志·艺文志》著录,书名作《杜诗辑注》。胡可先《杜集善本目录》(《杜甫诗学引论·附录二》)称北京大学藏有此书。

杜诗详注 二十五卷 [清]仇兆鳌撰

仇兆鳌(1638—1717),原名从鱼,字沧柱,晚号知几子、章溪老叟,人称甬上先生,或称仇少宰。鄞县(今浙江宁波鄞州区)人。六岁入私塾,先后从学于骆宝权、陆可前等,二十二岁在横泾等地开馆课童。清康熙八年(1669)在杭州城南云居山上方寺开馆教学,十四年预乡荐。二十四年(1685)中进士,选庶吉士,散馆授编修。然一直未获重用。三十三年冬,乞假还乡为其亡父迁葬。四十三年,仇氏已六十七岁,以呈进所撰《杜诗详注》而受知康熙帝,遂命总裁纂修《方舆程考》,四十四年,升授翰林院检讨。不数年即历经侍讲学士、侍读学士、内阁学士、礼部侍郎、吏部侍郎、翰林学士等职。五十年以疾乞休,五十六年卒于家,葬于鄞县东九曲河。仇兆鳌少从黄宗羲游,论学以蕺山为宗。及贵,李光地、陈廷敬、张玉书皆在内廷,相与讲贯,益以理学自任。所著除《杜诗详注》二十五卷、附编二卷外,尚有《通鉴论断》、《四书约说》、《纲鉴会纂全编》、《天童寺志》、《参同契集注》、《悟真编集注》等。生平事迹详《国朝耆献类征》初编卷六二小传、仇氏自编《尚友堂年谱》。

《杜诗详注》,又名《杜少陵集详注》,是一部篇帙浩繁、资料繁富、带有集注集评性质的杜诗注本。仇氏殚二十馀年之精力,广搜博取,潜心研讨,数次增补而成此书。对此书成书过程,仇氏“自识”述之甚明:“注杜,始于己巳岁(康熙二十八年,1689),迨乙亥(康熙三十四年,1695)还乡,数经考订。癸未(康熙四十二年,1703)春日,刊本告竣。甲申(康熙四十三年,1704)冬,仍上金台,复得数家新注,如前辈吴志伊、阎百史(诗)、年友张石虹、同乡张迩可,各有发明。辛卯(康熙五十年,1711),致政南归,舟次辑成,聊补前书之疏略,时年七十有四矣。”是书诗文分列,卷一至卷二十三为诗,凡1439首;卷二十四为杜赋详注,共

10篇;卷二十五为杜文集注,共18篇。诗之编年以朱鹤龄所编《年谱》为依据,略有损益。其注诗体例,每首诗题之下有解题,诗正文后,先串解字句,释其大意,后辑录各家评论。其于词语注释,务求出处由来,广征博引,尽力搜集前人及当世注家之见解,援引所及不下百家,而以赵次公、黄鹤、王嗣奭、钱谦益、朱鹤龄诸家为最多。诗之长篇则分段注解,至诗末总述。如遇词语有歧义者,间或加"附考",列举诸说之异同,以广见闻。此书资料极为丰富,不愧"详注"之名。《四库全书总目·集部·别集类二》评论此书云:"援据繁富,而无千家诸注伪撰故实之陋习,核其大局,可资考证者为多。"仇注是一部集前人之大成的杜集著述,其占有资料之丰富完备,为其他诸本所不及。其引证之书,仅释典道藏即多达一二百种。唐宋以来所有杜诗注本及各种诗话,几至搜罗无遗。其中有些资料,仅赖是书征引而得以保存。其分段注解、章句分析亦周详深细,多中诗的。是书不足之处,亦十分明显。因囿于杜诗"无一字无来处"之说,征引杜诗用语之出处,力求详尽,不免有繁琐冗沓之弊,穿凿附会之处亦时有之。其援引他书,误记错漏、舛谬疏略之处颇多。又因尊杜太过,所引诸家评论,"凡与杜为敌者,概削不存。"律诗失调之句,必改易平仄以迁就之,甚至径改文字,有失偏狭和武断。施鸿保《读杜诗说》评仇注云:"初读之,觉援引繁博,考证详晰,胜于前所见钱、朱两家。读之既久,乃觉穿凿附会、冗赘处甚多。且分章画句,务仿朱子注《诗经》之例,裁配虽匀,而浑灏流转之气转致扞格;训释字句,又多儱侗不晰语,诗意并为之晦。间附评论,亦未尽允,甚有若全未解者。盖先生本工时文,殆以说时文之法说杜诗也。"是书《四库全书总目》、《清史稿·艺文志四》、《续文献通考》、《郘亭知见传本书目》等均予著录,版本甚多:据仇兆鳌康熙三十二年(1693)《进书表》云:"仅以所注诗赋二十四卷,并连谱序传文,缮写完编,装潢成帙。""谨奉表随进以闻"。今上海图书馆藏有《杜诗详注》二十四卷(有卷首一卷,存二十三卷)写本,宣纸黑格,恭楷缮写,黄绫书面装帧,金笺题签,原为潘氏滂喜斋旧藏,据说即为进呈前所录副本。刊本则有康熙四十二年(1703)初刻本,二十五卷;康熙五十二年(1713)增补重刻本,此本较初刻本多附编两卷,上卷为《诸家咏杜》和《逸杜》,下卷为《杜诗补注》和《诸家论杜》;《四库全书》写本,二十五卷,附编二卷,无年谱及《杜氏世系》,无"凡例",亦无元稹《墓系铭》及史传;清芸生堂重刻本;清武林贡院前三馀堂刻本,书名作《杜少陵全集笺注》;清道光中江西大文堂刻本,书名作《杜少陵全集详注》,目录作三十一卷,而二十六卷后实未分卷,只有"诸家论杜"和"诸家咏杜",而无"诸家集杜";民国四年(1915)上海扫叶山房石印本;民国十年(1921)上海扫叶山房影印康熙刻本;民国十九年(1930)上海商务印书馆铅印"万有文库"本,书名作《杜少陵集详注》;民国二十五年(1936)万有文库重印本;1955 年北京文学古籍刊行社据商务印书馆万有文库本纸型重印本;1956 年台北健康书局"国学基本丛书"影印本;1962 台北广文书局影印清王夫之等人手批本;1979 年中华书局重排标点排印本。以上诸本以中华书局本最为完善,系据康熙五十二年增补重刻本加以整理、标点,并把原来连排的注文,加上注码,移到每诗或每段之后,每码另起行,醒目易检。又把《逸杜附录》置于二十三卷之末,把《杜诗补注》连同诗后、卷后增加的注文,分别移至每诗相应的位置,以便检阅。这个新排印本还纠正了明显的误字,改回了清朝的避讳字。开首有"出版说明",接下即仇兆鳌原序、《旧唐书·文苑》本传、《新唐书》本传、《杜氏世系》、《杜工部年谱》、"杜诗凡例"二十则,总目录。正文后有"附编",包括元稹《杜员外墓系铭》、樊晃等二十一家序、跋、记等，"诸家咏杜"、"诸家论杜"，仇氏康熙三十二年之《进书表》。书末为"校勘记"和"篇目索引"。

杜律诗话　二卷　[清]陈廷敬撰

陈廷敬(1640—1712)，初名敬，字子端，号悦岩、午亭。泽州(今山西晋城)人。清顺治十五年(1658)进士，选庶吉士，授检讨。康熙十四年(1675)擢内阁学士，兼礼部侍郎。四十二年拜文渊阁大学士，兼吏部尚书。五十一年卒，谥文贞。初著《尊闻堂集》八十卷，晚年手自删订《午亭文编》五十卷，盖以所居午亭山庄为名也。《四库全书总目·集部·别集类二六》评云："廷敬论诗宗杜甫，不为流连光景之词。"事迹见《清史列传·文苑传二》、蔡冠洛《清代七百名人传》。

《杜律诗话》二卷，载《午亭文编》第四十九、五十卷，只选杜诗七律，上卷选 27 首，下卷选 28 首，共 55 首，多系名篇。多录全诗，有的不录全诗，但录有关诗句。注释文字附于诗后。作者于诸家之说，多所辩驳，独抒己见，颇具新意。如释《示獠奴阿段》诗之"曾惊陶侃胡奴异，怪尔常穿虎豹群"二句云："陶侃之奴，伪苏注及刘敬叔《异苑》，其不可信，人皆知之。然其事卒不知所出。愚旧有臆解：陶侃或是陶岘。岘，彭泽之孙，浮游江湖，与孟彦深、孟云卿、焦遂共载，人号水仙。有昆仑奴名摩诃，善泅水，后岘投剑西塞江水，命奴取，久之，奴支体磔裂，浮于水上。岘流涕回棹，赋诗自叙，不复游江湖。岘既公同时人，其友又公之友，异事新闻，故公用之耳。陶奴入水，卒死蛟龙；公奴入山，宜防虎豹，事相类。'侃'、'岘'音相近。但岘事僻，人因改作侃也。"他如释《诸将》、《秋兴》等诗，辨疑驳难，分析章法，多出己意。故是书颇为当时所推重，仇兆鳌《杜诗详注》大量采录陈氏之说，达 26 首，几占陈氏之书的一半。是书有康熙间刊刻之《午亭文编》载录本，据林佶《午亭文编·后序》中称“剞劂之工亦将竣”，署年为康熙戊子(1708)，则刊成当在此后不久。又有日本正德三年(即康熙五十二年，1713)京都翻刻本。詹杭伦《和刻本〈杜律诗话〉叙论》一文(《杜甫研究学刊》1995年第1期)对此书日本刻本的考论甚详，可以参看。

批注杜诗辑注　[清]蒋金式批

蒋金式(1641—1722)，字玉度，号弱六。清阳湖(今江苏常州)人。康熙二十三年(1684)举人，考授内阁中书，康熙四十四年任怀宁教谕，年已六十馀。诸生知其宿学，讲业无虚日。县试初仅数百人，后乃逾倍。工诗古文。辞归后益事著述，无间寒暑。赵申乔与同学，临没，以必得金式文志墓为嘱。著有《翠缕居说骚》、《菰米山房诗集》二卷。生平事迹见张惟骧《清代毗陵名人小传稿》卷二、杨椿《孟邻堂文钞》卷十三。

《批注杜诗辑注》，周采泉《杜集书录·内编·辑评考订类二》著录。是书以朱鹤龄《杜工部诗集辑注》为底本，以墨笔细批。上题“毗陵蒋弱六先生原本，名金式，字玉度”。第二行题“后学杨伦西河参定”。有宗舜年跋曰：“西禾纂《杜诗镜铨·叙例》云：‘凡西樵、阮亭兄弟、李子德、邵子湘、蒋弱六、何义门、俞犀月、张惕庵诸家评本，未经刊布者，悉行载入。’此书首题蒋氏评，西禾参定。所录诸家评语，旁午错综，细书弥满，复有损益，则黏纸以继之。先辈读书，用力深至，殆非后生所及。其辑《镜铨》，即以此为底本，而小有删易。《镜铨》所录，此本多有之；此本所录，则《镜铨》不尽也。卷首标题，似当时即拟以此本付刊，《镜铨》又后来之更名耳。甲寅七月十一日舜年跋记。”甲寅，当为雍正十二年(1734)。此本现藏浙江大学图书馆。今人蔡锦芳、张运平《蒋金式及其批〈杜工部诗集辑注〉研究》(《杜甫研究学刊》2007年第3期),对该本考论甚详,可以参看。

杜诗编次 [清]蒋金式编

蒋金式,生平事迹见上《批注杜诗辑注》介绍。

《杜诗编次》,《(光绪)武进阳湖县志·艺文志》、张惟骧《清代毗陵书目》著录,均注“已佚”。周采泉《杜集书录》以为该书很可能即蒋氏所批《杜工部诗集辑注》。

杜工部诗集集解 四十卷 附录一卷 [清]周篆撰

周篆(1642—1705,或谓卒于1706),字籀书,号草亭。松江(今属上海)人,后徙南浔、华亭、吴江,最后侨居丹徒(今江苏镇江)。不乐仕进,一生布衣。私淑顾炎武,曾以文字请益于顾,顾以务本导之,遂博究经史。雅好游历,尝北至燕赵,南到夜郎、滇沔、南粤,遍游名山大川,考察天文、舆地、河渠、盐铁、兵农、礼乐等有用之学。邓之诚在《清诗纪事初编》中称周篆“父子皆客游于外,不慕荣利,苦志危行,必有超乎寻常者,惜记载不详。”著有《杜工部诗集集解》四十卷,于康熙二十三年(1685)开始写作,三十四年成书,历时十二年。未能刊刻,仅有抄本传世。另有《蜀汉书》八十卷、《草亭诗文集》等。王士禛谓其诗“取法唐人,而以沉郁顿挫出之”。生平事迹见周濂、周勉编《草亭先生年谱》一卷(嘉庆刊本)、袁景略《国朝松陵诗征》、邓之诚《清诗纪事初编》卷一小传。

《杜工部诗集集解》四十卷、附录一卷,为清抄本,未见刊行。是本卷前有周篆撰《杜工部集序》、《杜工部传》、《杜工部年谱》、《集解杜工部集凡例》。附录志传集序,计有元稹《杜君墓系铭》、《旧唐书·杜甫传》及樊晃、孙仅、王洙、王琪、胡宗愈、王安石、李纲、吴若、郭知达、蔡梦弼等人序跋。次列周篆《杜诗逸解》，总论评解杜诗之原则。又有惠栋乾隆十七年（1752）十月所书之跋语。各卷分列目录，每卷次下署"周篆集解"。诗以编年为次，四十卷末附伪托诗《送灵州李判官》等二十六首，又附误收诗《哭长孙侍御》等四首。是书以解为主，兼有注评。注评或置于句下，或置诗后。律诗及长篇歌行俱分段落，段落或两句、数句不等，评解置于段落之后。其"凡例"云："凡注中所引，苟非出自僻书，俱不载其引自何人。若独出己见，阐发诗旨，虽单词只句，必标'某曰'二字，以别于刍荛焉。"故其书并不罗列他书他人之注评之语。其所引录者，多为黄鹤、钱谦益、朱鹤龄等人，亦偶有引其友人顾小谢语者。该书评解，尚称简明扼要，别具一格。仇兆鳌《杜诗详注·凡例》称"吴江周篆之《新注》"，多有引及。惠栋跋语云："本朝注杜者数十家，牧斋（钱谦益）而下，籀书（周篆字）次之，沧柱（仇兆鳌字）以高头说约之法解诗，为最下矣。"未免揄扬失实。该书《（光绪）青浦县志·艺文志》著录，但传世极罕。今存传钞本，仅见于国家图书馆善本部，可谓海内孤本矣。王学太撰有《周篆和他的〈杜工部诗集集解〉》一文（见《学林漫录》十二集，中华书局1988年版），对此本考论甚详，可以参看。

乐句　四卷　［清］俞玚撰

俞玚（1644—1694），字犀月，号旅农。清吴江（今属江苏）人。曾寄居汪氏华及堂，与徐崧、沈进、周篔、俞南史、顾文渊并称"汪氏六客"。康熙十七年（1678）同吴江王锡阐、俞南史、上海李延昰会浙江金堡（《遍行堂集》）。二十七年与长洲徐昂发（大临），吴县金侃、惠周惕及顾嗣协、顾嗣立集阊门，观竞渡（《寒厅诗话》）。三十二年与金侃助顾嗣立辑订《元诗选》。玚能诗，沈德潜《国朝诗别裁集》卷一四录其《田居》五古一首，称

“犀月精心猎古，秀野顾太史(嗣立)选元诗诗集，两人共商榷者也。评点《文选》、杜诗，流传吴下。诗稿无从寻觅，故所收止此。”玚亦能填词，蒋景祁《瑶华集》卷二二录其《东风第一枝》一首。可见其诗词已多散佚。俞玚为清初杜诗研究专家，朱鹤龄《杜工部诗集辑注》曾列名为参校。著有《旅农诗略》六卷、《乐句》四卷、《杜诗律》七卷、《胥台集》。生平事迹见沈德潜《国朝诗别裁集》卷一四、张慧剑《明清江苏文人年表》。

《乐句》四卷，孙殿起《贩书偶记续编》卷十三著录：“康熙丙午(1666)刊。”《中国社科院图书馆藏中文古籍善本书目·集部·别集类》亦有著录，称“元虞集注，清俞玚删补”，为康熙友琴堂刻本，二册一函。卷前有徐嗣旦序、韩洽序、俞玚题辞、虞集注原序、杨士奇序、《唐书》杜甫本传、俞玚所撰凡例，署“友琴堂纂辑”。该书系据伪虞集注《杜工部七言律诗》删补而成，分述怀、怀古、纪行、将相、宫省、居室、宗族、隐逸、方外、天时、山水、花鸟、音乐、燕饮、寻访、简寄、送别、杂赋十八类。

杜诗律　七卷　[清]俞玚原评，张学仁参定

俞玚，生平事迹见上《乐句》介绍。

张学仁，字也愚，别字冶虞，号寄槎。清丹徒(今属江苏镇江)人。年二十二以词赋受知于沈初学使，旋食饩。尝游天台，拓其诗境。嘉庆十二年(1807)举人，选教谕，以母老告养，馆扬州。积二十馀年之力，搜罗本郡遗稿六百五十七家，选定为《京江耆旧集》十三卷，于嘉庆二十三年刊行。又增订《杜诗律》七卷，为其辑俞玚杜诗评语而成。曾与吴朴庄、应让、鲍文逵、顾鹤庆、钱之鼎、王豫联七子诗社，辑《京江七子诗钞》行世。性纯厚，诗初学中晚唐，既趋博厚，晚年专论法律。母享寿九十馀，服阙，授安徽宣城训导，卒于官。尚著有《青苔馆集》。生平事迹

详《(光绪)丹徒县志·文苑传》。

《杜诗律》七卷,有清道光十六年(1836)怀风草阁刊本。六册。署"无锡俞玚犀月原评,丹徒张学仁冶虞参定"。卷首有张学仁自序及"凡例"。选诗570首。句旁及题上皆加圈以为标识。张学仁《青苔馆诗钞自序》云:"适得俞犀月注杜诗本,不笺故实,专论法律,每一诗,必求其脉络贯通,首尾呼应,而又气必浑灏,骨必苍坚,神韵必超远,始为上乘。"

杜诗评注　[清]魏麐徵撰

魏麐徵(1644—1713),字苍石。清溧阳(今属江苏)人,避寇徙济宁(今属山东)。康熙六年(1667)进士,由中书督军储有功,出为登州同知,官至兖州、杭州知府,所至有声。因事罢官,后又起为延安知府,不果,改邵武知府,推升监司,不就,谢病归,年七十卒。著有《濂洛风雅选》、《杜诗评注》、《石屋诗抄》等。生平见《济宁直隶州志·人物志》。

《杜诗评注》,《济宁直隶州志·人物志》著录,称"《杜诗评注》,驳正钱笺","著述尚多,皆散佚,《杜诗评注》墨迹存十之六七,济人共宝之。"可见魏麐徵《杜诗评注》一书在其死后不久就已残缺不全,虽然"济人共宝之",但这部"驳正钱笺"的杜诗注本最终还是未能流传下来。

杜诗插句　[清]唐仲济撰

唐仲济,会同(今海南琼海)人。约为顺治、康熙时人。性孝友,读书不希仕进。周急恤困,终身不倦。著有《杜诗插句》。生平见《湖南通志·国朝人物二十四》。

《杜诗插句》,《(光绪)湖南通志·艺文志》、《(民国)湖南通志·艺文志十四·集部六》著录。已佚。

杜诗注解 [清]陈学夔注

陈学夔,字解人,一字解庵。清侯官(今福建闽侯)人。康熙八年(1669)举人。耿精忠叛乱,抗节匿橘园洲三年,不受逆职。寻丁父艰,庐墓侧,适诏征博学宏词,少司寇任克溥首荐学夔,谓"昔长安卖赋,洛阳之纸顿贵;今全节骂贼,睢阳之舌犹存。"时服未阕,郡县逼迫,匍匐赴京,吁乞终丧,得请归。二十四年(1685)授山东宁阳令,兴利除弊,巡抚钱珏疏荐授兵部主事督理大通桥仓务,又督广东钞关。清慎精明,不渝素守。以迁葬假归,七年不入城市。著有《榕城景物略》、《性理全书》、《倦庵录》、《甲午以后集》、《杜诗注解》等书。生平见《(乾隆)福建通志·选举志》、《(民国)闽侯县志·儒行四下》。

《杜诗注解》,《(道光)福建通志·经籍志》、《(民国)闽侯县志·艺文志》著录。已佚。

批杜诗 [清]魏荔彤批

魏荔彤,字赓虞,一字淡菴,号念庭,一作念荔。清直隶柏乡(今属河北)人,魏裔介(1616—1686)之子。年十二补诸生,以资入为内阁中书,历官凤阳同知、漳州知府、江苏常镇道台、江苏按察使。居官能守家法,有惠爱声。后忤大吏去官。明天文,通医学,嗜古学,勤著述。著有《大易通解》十卷附录一卷、《怀舫集》三十六卷、《四书通解》、《朱子四书全义》、《性理遵训录》、《道德经注》、《南华经注》、《鬼谷子阴符经注》、《灵枢经通解》、《素问通解》、《张医圣全书注解本义》、《心经注解》、《批楚辞》、《批杜诗》。生平见徐世昌《大清畿辅书征》卷三八。

《批杜诗》,《(民国)河北通志稿·艺文志》著录。已佚。

李杜诗选 ［清］王樟选

王樟，字礼南，号墙东。宝应（今属江苏）人。倜傥自憙，勇于有为。尝赴都，期一官，自效不得，归筑小园于东郊。与刘师恕（康熙三十九年进士，《清史稿》有传）、乔漋觞咏以终。著有《李杜诗选》、《徐庾赋选》、《文选揭要》等，今均不传。

《李杜诗选》，《（道光）宝应县志·艺文志·书目》著录。已佚。

读杜随笔 二卷 ［清］陈订撰

陈订（1649—1732 后），字言扬，号宋斋，又号焕吾。清海宁（今属浙江）人。康熙间贡生，官淳安教谕。一说官温州教谕。陈訏为陈之壎之侄，黄宗羲门人，又与查慎行同里友善，工诗善文，精理学，并传勾股法。为文峭厉澹宕，诗喜韩愈、苏轼而归于少陵。著有《时用集》正续二编、《宋十五家诗选》十六卷、《勾股引蒙》五卷、《勾股述》二卷、《读杜随笔》二卷等。生平见《国朝耆献类征》卷二五二、《（民国）海宁州志稿·文苑传》、《晚晴簃诗汇》卷三九。

《读杜随笔》二卷，有清雍正十年（1732）松柏堂刻本。卷首载雍正十年吴炯跋、陈訏"弁言"，次列总目录。是书分上、下卷，每卷又分两小卷。每卷首行署"读杜随笔"卷次，次行署"海昌陈訏"。每页版心上署书名，中署卷次，下署页数。诗之编排略依年代先后为序，共收杜诗 260 馀首，古今体皆有，大多为杜诗名篇。每诗先录原文，后加述论，不注释典故、字句，只大略阐释诗意，论诗作法，议论前人注杜得失等。多参考王嗣奭、钱谦益、朱鹤龄、仇兆鳌、浦起龙诸家，偶有新见。是书《（光绪）杭州府志·艺文志》、《（民国）海宁州志稿·艺文志》、清陈敬璋《海宁渤海陈氏著录》均予著录。未见复刻本，故世所鲜见。

和杜哀吟　一卷　[清]方迈撰

方迈，字子向，一字日斯。为诸生，有才名。清闽县人。康熙三十二年(1693)成进士，知萧山县，调兰溪。不善事，罢归。在萧山曾与毛奇龄往复问难。著有《九经衍义》一百卷、《经义考异》七卷、《四书讲义》六卷、《春秋补传》十二卷、《吕晚村驳义》一卷、《五灯摘谬》一卷、《文集》二卷、《诗集》一卷、《考证资治通鉴前编》十八卷、《古今通韵辑要》六卷。《中国古籍善本书目》著录其《方日斯先生诗稿》不分卷、《方日斯先生文稿》二卷、《和杜哀吟》一卷。生平事迹见《(民国)闽侯县志·儒林传》。

《和杜哀吟》一卷，《中国古籍善本书目·集部·清别集类》著录，称有康熙方氏即石仓刻本。现藏国家图书馆。

杜诗抄　[清]严虞惇批点

严虞惇(1650—1713)，字宝成，号思庵，别署无辙道人、草草亭主人、珠藏道者、石城玄揆、井庵揆头陀、亮一道人等。清常熟(今属江苏)人。幼能背诵九经、三史。康熙二十六年(1687)入京，馆徐乾学家，助纂《明史》。三十六年(1693)，以一甲二名进士及第，授编修。既官翰林，馆阁文字多出其手。四十八年(1709)顺天乡试，以子侄皆得中式，有嫌镌秩，夺职归。再起官太仆寺少卿。五十二年典鄂试，顾陈垿从往校文(《敬亭文稿》)。年六十四卒于官。著有《严太仆先生集》十二卷、《读诗质疑》二〇卷(一作《诗经质疑》三十一卷)、《文献通考详节》二十四卷、《思庵闲笔》、《杜诗抄》不分卷。生平事迹见《清史列传·文苑传二》、《清史稿·文苑传一》、杨绳武《诰授中宪大夫太仆寺少卿严先生虞惇墓表》、《国朝诗人征略初编》卷一七、张惟骧《疑年录汇编》卷十。

《杜诗抄》，不分卷，清初抄本。半页九行，行二十四字，无格。郑庆笃等编《杜集书目提要》著录。

集杜梅花诗　[清]张潮撰

张潮(1650—?)，字山来，号心斋、三在道人，一说别署心斋居士。清江都(今属江苏)人，歙县(今属安徽)籍。康熙初岁贡，入赀授翰林院孔目。好学能文，交游甚广，著述丰富。有《联庄》一卷、《联骚》一卷、《饮中八仙令》、《集杜梅花诗》等。张潮工于词，有《花影词》传世。尚著有《幽梦影》、《花鸟春秋》、《补花底拾遗》等。另辑有《虞初新志》二十卷，并编《昭代丛书》一百五十卷、《檀几丛书》五十卷。生平事迹见《(乾隆)歙县志》卷一二、《(民国)歙县志》卷七。

《集杜梅花诗》，一册，为清诒清堂刻本，署"心斋张潮山来集"，集杜梅花诗百韵。《成都杜甫纪念馆馆藏杜集目录》著录。

饮中八仙令　[清]张潮撰

张潮，生平事迹见上《集杜梅花诗》介绍。

《饮中八仙令》，《(乾隆)歙县志》卷一二著录。是以杜甫《饮中八仙歌》制成的酒令。见《檀几丛书馀集》(上海古籍出版社 1992 年版)卷下。令云："逢口则饮，逢钩便转，顺行起令"，"口穿破者不算"，"如有二钩，则以后钩为主，凡可钩者，俱从俗用钩"，"遇酒字者一巨杯"，"凡二十二句，正酒共三十七杯又三大杯，在座宾朋未必尽记此诗，不妨以片纸写每句首一字，共二十二字，存监令处，以免错误。"另外，《笔记小说大观》所收清俞墩培辑《酒令丛抄》卷二亦载有《饮中八仙令》云："将歌顺数，一人一字，遇'口'字一杯，遇'酒'字一大杯，遇'水''酉'偏旁、'杯''觞''饮''斗'等字半杯，遇钩剔所向为左右转，遇转不转者罚一杯。"即是将杜诗《饮中八仙歌》作为酒令,具体为:"知口一杯章骑口一杯,钩左转马似乘船口一杯,剔右转,眼花落口一杯,水半杯井水水半杯,钩左转底剔右转眠。汝水半杯阳钩左转三斗斗半杯始口一杯朝天,道逢麯车口一杯流水半杯,剔右转涎水半杯,恨不移钩左转封向口一杯酒一大杯泉水半杯。左相日兴口一杯费万钱剔右转,饮半杯如口一杯长鲸口一杯,钩左转吸口一杯百川,衔杯半杯乐圣口一杯称避口一杯贤。宗之潇水半杯洒水半杯,剔右转美少年,举觞半杯,钩左转白眼剔右转望青钩左转天,皎如口一杯玉树口一杯临三口三杯风剔右转前钩左转。苏晋长斋绣佛前,醉酉半杯中往往爱逃剔右转禅二口二杯。李钩左转白斗半杯酒一大杯诗口一杯百篇,长剔右转安市上酒一大杯家钩左转眠剔右转。天子钩左转呼口一杯来不上船口一杯,剔右转,自称钩左转臣是酒一大杯中仙。张剔右转旭三杯半杯草圣口一杯传钩左转,脱口一杯,剔右转帽钩左转露二口二杯顶王公前,挥毫口一杯,剔右转落口一杯,水半杯纸如口一杯云烟。焦遂钩左转五斗半杯方卓然,高二口二杯谈口一杯雄辩口一杯惊口一杯四筵。"与张潮此令相仿。

杜诗抄　[清]查慎行评注

查慎行(1650—1727),初名嗣琏,字夏重,号他山。后更今名,字悔馀,号初白,又号查田。清海宁(今属浙江)人。少受学于黄宗羲,治经邃于《易》。性喜作诗,游览所至,辄有吟咏,名闻禁中。黄宗羲比之为陆游。康熙四十二年(1703),以举人特赐进士,授编修。五十二年,乞休归。雍正五年(1727),二弟嗣庭以诽谤罪入狱,慎行坐家长失教罪,被捕入京,世宗知其端谨,特放归,未几卒。所著有《敬业堂集》五十卷、《周易玩辞集解》十卷、《易说》一卷等。另有《初白庵诗评》三卷行世。生平事迹见《清史稿·文苑传一》、《清史列传·文苑传二》、方苞《翰林院编修查君墓志铭》、全祖望《初白查先生墓表》、沈廷芳《查先生慎行行状》、陈敬璋《查他山先生年谱》等。

又有《杜诗抄》，不分卷，为清手抄本，五册，书端有朱墨批注。郑庆笃等编《杜集书目提要》著录。

初白庵诗评　三卷　［清］查慎行撰

查慎行，生平事迹见上《杜诗抄》介绍。

《初白庵诗评》，一作《查初白十二种诗评》。有清乾隆二十四年（1777）萧嘉植等校刻本，三册，卷上评杜少陵。署海宁查慎行撰，海盐张载华辑。又有乾隆四十二年张氏涉园观乐堂刻本，与许昂霄《词综偶评》一卷合刻。近代又有六艺书局据原刻影印本。刘濬《杜诗集评·凡例》云："初白先生评阅杜诗凡五本，濬所见者不知何年阅本，但与海盐刻张本既多异同，且有张本所无者，故仍概载。"所谓"五本"，当即包括此本。

知本堂读杜诗　二十四卷　［清］汪灏撰

汪灏，字紫沧。清休宁（今属安徽）人。康熙四十一年（1702）献赋召入内廷。次年赐进士，授翰林院编修，总武英殿纂修事，与诗人查慎行同为随从词臣。曾以侍读督山西学政，素以清节著闻。后因累于戴名世《南山集》案被镌秩，以纂书有功得免死，事见全祖望《江浙两大狱记》。著有《知本堂集》、《随銮纪恩》、《知本堂读杜诗》（道光重刻本名《树人堂读杜诗》）二十五卷等。生平见《（光绪）徽州府志·文苑传》。

《知本堂读杜诗》，有康熙家刻本。卷前汪灏自序述其名书之由云："知本堂者何？今天子（指康熙皇帝）御书赐灏额也。

读杜诗而系之知本堂者何？灏之读杜，授自先大人，读于里居，读于山巅水涯，读于舟车旅次，读于直庐禁省，读于扈从沙塞内外之间，而总归之知本堂者，慕君恩爰以名集，匪直杜也。不笺且注，而只'读'之者何？杜陵去今九百馀年矣，名贤宿学，注之笺之者，既详且精，灏于数者俱不能，且惧穿凿附会，失作者之心，聊读之云尔。灏以书生，献赋行在所，蒙召试宫廷，屡试称旨，因得与科名，备史馆，兢兢勤职，业曰读书，以仰答主眷。私衷窃欲于世所共尊众好之书之诗，以次渐读，而读杜为之先。"此本因灏累于戴名世《南山集》案，其后罕传。清代注杜者，除齐翀《杜诗本义》引及外，他家均未征引。直至道光十二年(1832)，方有银城麦浪园刻本，易名为《树人堂读杜诗》。此本卷首无汪氏自序，依次载元稹《杜君墓系铭》，《旧唐书·杜甫传》，樊晃、孙仅、王洙、王琪、胡宗愈、吴若等序记，次列"读杜凡例"十则，其一云："杜诗字画，悉照《钦定全唐诗》内杜诗，暨宁波仇少宰(指仇兆鳌)进呈定本。"又云："读杜，必须编年。""是书悉照旧编(指仇注)，而中间或有不合，则稍移易之。"次列总目录，并"合年谱于诗目中，庶读者瞭然，易于贯徹。"故先列时、地，包括年号年代、杜甫年庚、行止，后依次列出诗目。前二十三卷为正集，共收诗1407首，"读法不同处，题上加圈以别之。"卷二十四为附录，录别本增入或他集互见者计48首。并附表赋九篇。每卷首行署"树人堂读杜诗"卷次，二行署"休宁汪灏紫沧辑"，三行署"银城胡履亨和轩读"。诗正文大字顶格，题注、题解、句下注及诗后评解均小字双行。此书体例，与诸家标新立异者颇多。凡自以为新见者，均特予标出，分别名之曰："另眼"、"参榷"、"着意"、"暗题"等。其"凡例"云："与旧解全不相袭者，曰另眼；全诗中偶有数语别解者，曰参榷；解亦犹人，而逐字体会虚神者，曰着意。""诗题下，偶用'暗题'，非敢蛇足，俱从本诗中涵咏而得。""暗题"实类"解题"。汪氏论诗,颇受金圣叹影响。核其内容,可取者多,不繁征博取,多以己语出之,颇为简约明晰,亦是杜诗注本中之较佳者。此书《清史稿·艺文志四》、丁丙《八千卷楼书目》著录为"《知本堂读杜》二十四卷"。《贩书偶记续编》著录为"《树人堂读杜诗》二十四卷、文一卷,清休宁汪灏辑,银城胡履亨读,道光壬辰银城麦浪园刊。"

复村集杜诗　一卷　[清]王材任撰

王材任(1652—1739),字子重,号西涧。清黄冈(今属湖北)人。康熙十八年(1679)进士,由中书官至佥都御史。性清介,执法平允,弹劾不避权贵,四十三年罢去。移居江苏常熟虞山之西硐,因自号西硐老人。晚岁坎坷,仍悠然自得,无一牢骚语,亦不仰求与之交好而秉政煊赫之鄂尔泰,耿介清贫可知。材任为泽弘仲子,居常熟后,王应奎曾听其述京中旧事,《柳南随笔》有所记载。卒于常熟,年八十七。著有《尊道堂诗钞》八卷,《别集》六卷,其中包括《望云集》二卷、《南沙集》四卷、《剑外集》二卷、《叠韵诗》三卷、《集杜诗》一卷,余有《西涧诗钞》等。生平事迹见《海虞诗苑》卷十四、《(民国)湖北通志·人物志三十·文学传三》。

《复村集杜诗》一卷,有清抄本,又名《尊道堂集杜诗》,卷首有朱日濬序。《成都杜甫纪念馆馆藏杜集目录》、《(民国)湖北通志·艺文志》、《北京图书馆善本书目》均予著录。

杜工部七言律诗疏解　二卷　[清]顾施祯撰

顾施祯,字适园。清吴江(今属江苏)人。顾有孝(1619—1689)从子。康熙时人,殁于北京。馀不详。著有《杜工部七言律诗疏解》二卷,纂《昭明文选六臣汇注疏解》十九卷。

《杜工部七言律诗疏解》二卷,有清康熙二十五年(1686)吴江顾氏心耕堂刻本。该本前有康熙二十五年二月顾施祯自序。各卷分列目录,每卷首页均有“吴江顾施祯适园辑”、“甬东仇兆鳌沧柱鉴定”字样。是书为杜甫七言律诗注疏本,共收诗147首。每首诗正文之后,均有“年地”、“典故”、“疏意”、“直解”四项。“年地”,说明诗之作年及地点;“典故”,略注出处,多征引前人诗文;“疏意”,略论诗旨,分析起承转合之章法结构;“直解”,则绎诗为文,敷衍串解,并时时参之己见,颇为详尽。其书体例极为明晰,疏解通俗晓畅,直“使樵夫牧竖共晓”。此编虽新见不多,讲解却极透彻,眉目条贯,极便初学。是书又有雍正十一年(1733)吴江顾氏心耕堂重刻本,对前刻本“订其舛讹,正其字画,付诸剞劂,以公海内。”书末附顾施祯嫡孙顾施达(署名疑误)跋语。因避雍正名讳,“顾施祯”改为“顾施正”,馀则全同初刻本。此书《(同治)苏州府志·艺文志》著录,书名作《杜律疏解汇注》;《清史稿·艺文志四》著录则作《杜工部诗疏解》。

读杜管窥　一卷　[清]张世炜撰

张世炜(1653—1724),字焕文(一作之),号雪窗,室名秀野山房。清吴江(今属江苏)人。一生未仕,家酷贫,以医为业。晚年肆力于学,著述甚富。有《读杜管窥》一卷,见其《秀野山房全集》。周廷谔称其尚著有《雪窗杜注》、《历朝诗选》、《唐人真赏集》、《松陵诗约》、《辑注读素问钞》、《雪窗文钞》,稿本藏于家。生平事迹见周廷谔撰《唐湖征士张雪窗先生行状》(见《秀野山房附集》)。

《读杜管窥》一卷,稿本,《中国古籍善本书目》著录。南京图书馆藏有此本。周采泉《杜集书录·内编·辑评考订类一》

称，是书有康熙二十三年(1684)刊本，载《秀野山房全集》中。

雪窗杜注 ［清］张世炜撰

张世炜，生平事迹见上《读杜管窥》介绍。

清周廷谔《唐湖征士张雪窗先生行状》称，张世炜撰有《雪窗杜注》。张世炜号雪窗，有《雪窗文钞》。《雪窗杜注》，或即《读杜管窥》。

杜律通解 四卷 ［清］李文炜撰

李文炜(1653？—1725后)，字雪岩。清慈水(今浙江慈溪)人。顺、康间幕僚。李为甬东名士，博学多识，尤长于风雅，毕生未宦，或坐馆于帷幕，或隐居于湖山。尝作吴兴寓公，康熙四十年(1701)，客馆于涿鹿知府赵恕庵家。四十八年，赵恕庵领郡筠州，仍延雪岩课诸子。五十一年，纂辑前人评论，删繁补略，合成解说，撰成《杜律通解》四卷。生平见《国朝书画家笔录》卷四。

《杜律通解》四卷，《清史稿·艺文志四》著录，但误作《杜诗通解》。是书撰成于康熙五十一年(1712)，雍正三年(1725)湖郡潘尚文镌刻。书名页署“慈水李雪岩先生笺注 杜律通解 各体嗣出”。但除杜律外，其馀各体诗未见梓行。是编卷前有李基和康熙五十一年序，湖州知府曹抡彬雍正三年序，李氏康熙六十年自序，并有“李基和印”、“梅崖”、“曹抡彬印”、“李文炜印”、“雪岩”等篆文钤章。次列“订正诸子姓氏”，计有赵世显、李基和、姜宸英等八人，“受业校阅”及“参考”姓氏若干人。次门人赵弘训撰“凡例”十则。次列四卷总目录。诗分体编年，卷一、二为五律，选诗120首；卷三、四为七律，选诗80首，共计200首。每卷首行署“杜律通解”卷次，下署“慈水李雪岩氏笺释 锦州赵世锡恕庵氏考订及门赵弘训伊言氏分校”。诗正文顶格，旁加圈批；诗后通解统低一格。该书为一课读杜律选本，重在内容串解，故注释极简，所附诸家评语亦“取其大合诗情诗理、简捷切要者登之，其他穿凿支蔓评解概不收辑”。因是书大致以顾宸《辟疆园杜诗注解》和黄生《杜诗说》为底本，故所引评语以顾宸、黄生为最多。他如毕忠吉、严灏亭、黄维章、王翰孺、毛文涛、赵永公、秦留仙、李璁佩、顾圣犹、丘慎清等人，均系自顾注转引者。李氏于杜律串解颇为通达易晓，有便初学，但往往以时文作法说诗，无多发明。是书《中国善本古籍书目》著录有康熙六十年自刻本，又有乾隆七年(1742)萃华堂刻本及其他清刻本传世。

杜韩诗句集韵　三卷　[清]汪文柏辑

汪文柏(1653后—?)，字季青，号柯庭，一作柯廷，又号筤溪。清桐乡(今属浙江)人，休宁(今属安徽)籍。《四库全书总目》则谓嘉兴(今属浙江)人。善画墨兰，尤工诗。监生，康熙中官北城兵马司指挥使。与兄汪文桂、汪森号“汪氏三子”。汪氏之先，富于藏书刻书，文柏多所通习，为学有本。其年方少，结交皆老苍，品骘风雅，气足夺人。海内称诗者，相与订交。魏禧称其诗奥兀多风，黄宗羲以为槎枒排戛，朱彝尊谓其诗“匪仅开宋、元窔奥，直欲造唐人之室，而哜其胾”(《汪司城诗序》)。筑有古香楼，收藏书法名画，暇辄焚香啜茗，摩挲不厌。又筑摛藻堂别业，读书其中。著有《柯庭馀习》、《柯庭文薮》、《柯庭乐府》、《杜韩诗句集韵》、《古香楼吟稿》、《古香斋书画题跋》等，辑有《汪柯庭汇刻宾朋诗》。生平事迹散见《全清词抄》卷六、《清诗纪事》康熙朝卷、《(光绪)桐乡县志·艺文志》。

《杜韩诗句集韵》三卷，《杜集书目提要》误为“二卷”。该书编成于康熙三十五年(1696),有康熙四十六年(1707)洞庭麟庆堂刻本。书名页署"杜韩集韵 洞庭麟庆堂藏板"。卷前有汪氏康熙三十五年自叙云:"《杜韩集韵》者,闲窗无事,取少陵、昌黎诗句,编入四声,备巾箱展玩者也。余少而学吟,浏览唐百家诗集,断以两家为指归。盖其格律天纵,不主故常,诸家卒莫出其范围。""吾辑杜、韩韵以为鹄,世有解人从此悟入,句法、章法渐可得矣。"次目录,目录二行署"古香楼订本"五字。集韵分上、中、下三卷,卷上又分上、下两小卷,卷中、卷下又各分上、中、下三小卷,实为八卷。故《扬州吴氏测海楼书目》卷五载录此书云:"《杜韩集韵》八卷,练江汪文柏辑,康熙丙戌刊。"卷上为上平声韵,卷中为下平声韵,卷下之上为上声韵,卷下之中为去声韵,卷下之下为入声韵。每小卷首行署"杜韩诗句集韵"卷次,二行署"练江汪文柏柯庭辑"。版心上刊"杜韩集韵"、卷次、页码,下刊刻工姓名;卷终刻"男兆鲸、兆鳌较字";书尾有"康熙岁次丙戌(1706)中秋日开雕、丁亥(1707)立夏日告竣"牌记。是书把杜甫、韩愈诗句按平水韵摘出,编于字下,惜其所列诗句不标出诗题,颇不便检阅。是书《四库全书总目·子部·类书类存目三》著录,1999年齐鲁书社《四库全书存目丛书》即据此本影印。又有光绪八年(1882)姑苏来青阁刻本。

杜诗直解　五卷　[清]范廷谋撰

范廷谋(1659—1728后),字周路,号省庵。清四明(今浙江宁波)人。一生游宦,历官闽、滇、鄂、湘等地,雍正三年(1725),任台湾知府。著有《西征日记诗》一卷,有雍正二年稼石堂刻本。生平事迹详《(民国)鄞县通志·仕绩传》。

范廷谋平生酷嗜杜诗,殚心苦思,历时三十馀年,于雍正六年(1728)撰成《杜诗直解》,时已七十岁。是书初名《杜诗醒疑》，刊刻时改为今名。今有雍正六年范氏稼石堂刻本，卷前有雍正六年景考祥所撰“弁言”、范氏自序、李昌裔跋。次列《旧唐书·杜甫传》、范氏自订《杜工部年谱》。卷末有其侄范从律跋语。该书为一杜律选本，有五律三卷，选诗308首；七律二卷，选诗136首。共计444首。目录分列各体卷次之前。每卷首行署书名卷次，次行署“四明范廷谋省庵注释”。每页版心上署“杜诗直解”，中署卷次、页数，下署“稼石堂”。注释体例，诗正文大字顶格，诗题和诗句下或有注文，小字双行。评解附诗后，大字单行，统低一格。正如范氏自序所云：“每首则追溯作诗之意，复就其章法、句法、字法，一一抉剔无遗，加以评论。”“若一题至五首、八首、十首，则提出全诗纲领，并前后照应，脉络贯通，再加总评于后。务期意法兼到，不背作者本旨。”有时注释过于简明，则失之疏浅，然后之注家援引颇多。是书《清史稿·艺文志四》、清《扬州吴氏测海楼书目》、《（民国）鄞县通志·艺文志》均予著录。

杜诗参 ［清］伊予先撰

伊予先（1659—1731），字介耳，号简斋，宁化（今属福建）人。康熙三十五年（1696）举人，知湖广桂东县。著有《杜诗参》。生平事迹见雷鋐所撰墓表（载《经笥堂文钞》卷下）、《（民国）福建通志·循吏传》。

《杜诗参》，《（道光）福建通志·经籍志》、《（民国）福建通志·艺文志》著录，称“宰桂存稿”，则书成于伊氏知桂东县时。

义门读书记·杜工部集 六卷 ［清］何焯撰

何焯（1661—1702），字屺瞻，号义门先生，晚号茶仙。清长洲（今江苏苏州）人。康熙四十一年（1702）由直隶巡抚李光地举荐，召入南书房，明年赐举人，试礼部下第，复赐进士，改翰林院庶吉士，仍直南书房，命侍皇八子府，兼武英殿纂修。焯聪慧过人，博学强识，通经史百家之学，又长于考订。其所居名赉砚斋，藏书数万卷，遇宋元旧椠，必手加雠校，参稽互证，名重吴中。有《义门读书记》共十八种，其中有《杜工部集》六卷。生平事迹见《清史稿·文苑传一》、沈彤《翰林院编修何先生焯行状》、方楘如《翰林院编修赠侍读学士义门何先生墓志铭》。

《义门读书记》是何焯读书时有所感发，随手笔录的心得笔记，共十八种，《杜工部集》为其中之一。是书以钱谦益笺注杜诗为底本，其编次一仍钱本，而评论所及，约占杜诗十分之八。其论述极广泛，正如序中所言："其大在知人论世，而细不遗草木虫鱼。"不存目录，亦不录杜诗原文，诗题或诗句之下即评点文字，多则数十句，少则二三字，信笔记写，不拘格式。虽言简，却时有见解，于理解杜诗颇有助益。《义门读书记》全书，当是何焯谢世后，由他人搜集整理，刊刻成书，乾隆十六年(1751)初刻。又有光绪六年(1880)重修本，苕溪吴氏藏板，半页十四行，行二十二字，左右双栏，小黑口，单鱼尾，是本流传较广。1987年中华书局出版崔高维点校本。

陶杜诗集注 [清]刘志圻撰

刘志圻(1664—1702)，字禹甸。清颍州(今安徽阜阳)人。康熙三十七年(1698)由凤阳府学拔贡(见《(乾隆)江南通志·选举志·荐举二》)。著有《周易春秋性理史》。

又有《陶杜诗集注》，一名《集陶杜诗》，《(光绪)重修安徽通志·艺文志》著录。已佚。

杜诗集注　十五卷　[清]胡庆豫辑

胡庆豫，字雝来，号东坪。清平湖（今属浙江）人。岁贡生。少日攻今古文，游江西时，与常州邵长蘅、南昌彭元叔交，始学为诗。著有《东坪集》八卷，《四库全书总目》著录。

又有《杜诗集注》十八卷，未刊，《（光绪）平湖县志·经籍》著录，称"是书分类编次，小注旁采各家，总注分从仇本节略。续诗系作十五卷。周儒亦有《杜诗集注》十八卷，同见路《志》，未识异同否？"近人陆惟鍌《平湖经籍志》引《续槜李诗征》、陆奎勋《东坪胡公传》亦作十五卷。

分类杜诗选　[清]蔡璇允选

蔡璇允，一名璇孕，字彦正，名又作璿胤、璿允、璿孕。清晋江（今属福建）人。顺治间贡生，官晋江县教谕。著有《萃园秘集》。

又有《分类杜诗选》，《（道光）福建通志·经籍志》、《（民国）福建通志·艺文志》著录。已佚。

杜诗详解　[清]沈三秀撰

沈三秀，字石塘。清归安（今浙江湖州）人。清初布衣，与同里沈懋华（字芝冈，号蓉卿，雍正元年进士，官御史）并有诗名。尝客商丘宋荦幕，归里与姚鏖结花月社，郑遵佶续《湖州诗录》，得其全集传之。有《客游草》二卷、《西坡酬唱集》、《求志堂诗文全集》、《杜诗详解》。其诗《两浙輶轩录》采录颇多。生平事迹见《（同治）湖州府志·人物传·文学三》。

《杜诗详解》，《（同治）湖州府志·艺文略》著录。已佚。

赏音阁杜诗问津　残存二卷　[清]龚书宸评注

龚书宸，字云来，号紫峰，汉阳（今属湖北武汉）人。诸生。酷好杜诗，著有《赏音阁杜诗问津》、《蔗味集》。生平不详，徐世昌《晚晴簃诗汇》卷六十四收其诗一首，并有小传。据同卷前后诗人曹奕霞、彭湘怀等人的生平推断，龚书宸约为康熙间人。

《赏音阁杜诗问津》，书名一作《杜诗问津》。《（民国）湖北通志·艺文志十四·集部六》引《汉阳志》著录，称“书宸酷好杜诗，能于拂水、德水外，别俱一解。”拂水，即拂水山庄，钱谦益晚年归常熟所居室名。德水，为卢世漼字。现存清抄本，不知卷数，仅存一、六两卷。半页八行，行二十四字，小字双行同，无格。河南省图书馆藏有该本。

李杜诗纬　十一卷　［清］应时撰

应时，字泗源。清慈溪（今属浙江）人。生平事迹不详。著有《李杜诗纬》十一卷、《古诗纬》、《唐诗纬》。《（光绪）慈溪县志》无传，仅在《艺文三·国朝一》中对其著述有简要介绍，列名于沈谦之后。据其《李杜诗纬叙》署“康熙戊午岁（十七年，1678）孟秋”，则其为康熙间人。

丁谷云，字龙友。清归安（今浙江湖州）人。据《李杜诗纬辩疑序》末署“康熙戊午孟秋既望门人归安丁谷云龙友氏拜撰”，则其为应时门人，生平事迹不详。应时《李杜诗纬》中多附有其评语。

《李杜诗纬》十一卷，孙殿起《贩书偶记续编》卷十九著录：“清慈溪应时删定，归安丁谷云辨疑，康熙戊午刊，李集四卷，杜集七卷。”《（光绪）慈溪县志·艺文三·国朝一》录其《李杜诗纬》自序，下注“坦园藏本”。周采泉称，坦园，为王定祥别号。其书首列应时《李杜诗纬叙》，次为丁谷云《李杜诗纬辩疑序》，以下为丁谷云编《李杜诗纬凡例》，共十条。凡例后有《李杜诗纬总论》,收应时编写的《散论》九则。以下依次为目次、传记、诗歌。詹锳《李白集版本源流考》(《李白全集校注汇释集评》,百花文艺出版社1996年版)称成都杜甫草堂藏有此书,为康熙十七年(1678)刻本,与《贩书偶记续编》著录一致。该本版式为半叶九行,行二十字,小字双行,白口,四周双边。版口有"诗纬"二字,版心注"杜诗卷某"。孙琴安《唐诗选本六百种提要》(陕西人民教育出版社1987年版)亦著录此书,称有康熙四十一年(1702)刻本,现藏清华大学图书馆。

杜诗解 [清]刘霦撰

刘霦,字左瑛。清南丰(今属江西)人。康熙四十四年(1705)举人。

著有《杜诗解》,《(民国)南丰县志·艺文志》著录。已佚。

杜诗说 三十六卷(一作二十八卷) [清]卢生甫撰

卢生甫,字仲山。清平湖(今属浙江)人。四岁丧母,即解承志。康熙四十五年(1706)进士,授山东定陶知县。时值羽书旁午,纤毫不以累民。寻擢知州。五十九年摄广东临高县,戢奸剔弊,海岛风教为之肃清。再举卓异,内升刑部郎中,进解律例,称旨出,知贵州遵义府,有惠政。时值清丈,躬自履勘。岁馀以劳卒,年六十七。生平端谨清慎,家无储蓄,萧然若处士。著有《孝经注》、《左传八评》、《汉书评林》、《读律著疑》、《东湖乘》等。生平事迹见《(光绪)平湖县志·列传二》。

又有《杜诗说》三十六卷,抄本,《(光绪)平湖县志》卷二十三《经籍》著录:"路《志》,未刊。《自序》:夔州后诗错误甚多,峡中地少文人,当时傅(传)写失真,余剔釐正之。"陆惟鍌《平湖经籍志》著录，并注云："见同邑孙氏映雪庐藏，稿本未刊。"孙殿起《贩书偶记》著录云："《杜诗说》二十八卷，约嘉庆间抄本。墨格，板心有'诒谷堂'三字。"项士元《浙人著述经眼录续编》（浙江图书馆藏稿本）著录云："《杜诗说》二十八卷，乾、嘉间抄本。"周采泉称《平湖经籍志》卷三录有卢生甫自序云："忆其始事，以至于成书，与之虚与委蛇者二十年于兹矣。而又得良友以正之，非必求甚解，亦庶几逆少陵之意而已。因诠次卷帙，颜曰《杜诗说》，以俟他日付梓。"末署"康熙壬寅（1722）临高署中"。则是书成于康熙六十一年（1722）。蒋寅《清诗话考》称："（卢生甫）半生心血尤在《杜诗说》一编。民国二十五年夏，陆惟鍌于北平某书肆见其稿，驰书购之，已为人先得去。今不知存佚。"

集杜诗　[清]叶亮撰

叶亮，字敬六。清慈溪（今属浙江）人，一说仁和（今浙江杭州）人。康熙四十八年（1709）进士，官定陶知县。

著有《集杜诗》，《（光绪）慈溪县志·艺文志》著录。已佚。

杜诗补注汇　[清]沈元沧撰

沈元沧（1666—1733），字麟洲，号东隅，又号晚闻翁。清仁和（今浙江杭州）人。康熙四十四年（1705）、五十六年两中副榜，六十年以教习授广东文昌知县。在职四年，有绩。后以事被累劾免，编管宁夏，扶病而归，不逾年卒，年六十八。乾隆间以子廷芳贵，赠翰林院庶吉士、编修、参议，阶至朝议大夫。元沧著有《滋兰堂诗集》二十卷（一作十卷）、《文集》六卷、《礼记类编》三十卷及《云旅词》、《念旧词》、《奇姓编》、《充安斋杂著》、《今雨轩诗话》、《杜诗补注汇》、《黎岐杂记》、《平黎议》等。事迹详见《清史列传·文苑传二》、顾栋高所撰《墓志铭》（《万卷楼文稿》

卷七)、沈彤所撰《赠山东布政使司参议沈公墓表》(《果堂集》卷十)、储大文所撰《墓表》(《存砚楼文集》卷十五)、郑方坤《国朝名家诗钞》卷四小传。

《杜诗补注汇》,《(光绪)杭州府志·艺文十》著录,然署"仁和沈名沧辑"。钱泰吉《海昌备志》亦著录。一名《杜诗补注》,成都杜甫草堂1959年《第二次征集书目》著录,称有乾隆十七年(1752)写刻《滋兰堂全集》本。

杜诗五古选录 [清]王澍选

王澍(1668—1743,或谓1739年卒),字若林,一作篛林,号虚舟,又号竹云,自署二泉寓客、听松庵、良常山人、恭寿老人,因常款署"良常王澍",世遂称"王良常"。室名双藤书屋。清金坛(今属江苏)人,后徙无锡。康熙五十一年(1712)进士,改翰林院庶吉士,散馆授编修,充《三朝国史》、《治河方略》、《御纂春秋》三馆纂修官,六十年,考选户科给事中。以善书法,特命充五经篆文馆总裁官,累迁户科掌印给事中,改吏部员外郎。澍精鉴赏,通金石,尤善书法,名播海内。著作甚多,有《虚舟文集》、《竹云题跋》、《古今法帖考》、《淳化秘阁法帖考正》、《禹贡谱》、《大学困学录》、《中庸困学录》、《大学本文》、《大学古本文》、《中庸本文》、《集朱子读书法》、《朱子白鹿洞规条目》、《论书賸语》、《杜诗五古选录》等。生平事迹见《清史稿·艺术二》、《清史列传·文苑传二》等。

《杜诗五古选录》为康熙间王澍手写本,共手抄杜诗五古138首。系白文本,无注评。前有无锡华湛恩记云:"《杜诗五古》,邑先贤王良常先生手笔也。书法精良,诚堪称不愧出名家手也。"是书又有1974年台湾大通书局据康熙间手稿本影印《杜诗丛刊》本。

杜工部诗评 十八卷 [清]屈复撰

屈复(1668—1739后,一说1670生),字见心,号金粟,晚号悔翁。清蒲城(今属陕西)人。十九岁时童子试第一名。不久出游晋、豫、苏、浙各地,又历经闽、粤等处,并四至京师。乾隆元年(1736)曾被举博学鸿词科,不肯应试。七十二岁时尚在北京蒲城会馆撰书,终生未归故乡。屈复熟悉历代兴亡史实,自负有经世才略,曾说:"随行一卷书黄石,烂在腹中三十年。"(邓之诚《清诗纪事初编》卷八)屈复诗的风格浑劲朴真,悲凉郁勃,现存五七言近体和古体2200多首。内容大多咏史记事,旅游酬答,在不少作品里表现了他的故国兴亡感慨。著有《弱水集》二十二卷、《楚辞新注》九卷、《杜工部诗评》十八卷、《唐诗成法》八卷、《玉溪生诗意》(又名《李义山诗笺注》)八卷,皆为乾隆刊本,后曾被列为禁书。尚著有《南华通》。生平事迹见《清史列传·文苑传二》、刘绍攽《关中人文后传》。

《杜工部诗评》十八卷,钱仲联主编《中国文学家大辞典(清代卷)》著录,但未见传本。周采泉《杜集书录·内编·辑评考订类二》著录有屈复《批杜诗》,谓是"余重耀过批在时中书局石印《钱笺》本上",并引余氏题云:"戊午五月,得抄评杜诗于豫章,为屈悔翁评本,向未见锓版,可珍也。惜原书破损,雨窗多暇,遂过录屈评于此帙。"余氏所云"屈评",当系《杜工部诗评》耶?上海古籍出版社1998年版《中国古籍善本书目·集部》著录清杭世骏抄本《杜工部集》十八卷,谓"杭世骏录清王士禛、屈复批",并有叶德辉跋。

钞杜诗 一卷 [清]黄之隽撰

黄之隽(1668—1748),初名兆森,字若木、石牧,号唐堂,晚号石翁、老牧。清华亭(今上海松江)人,原籍安徽休宁。康熙四十九年(1710),以同里范缵荐,到北京馆浙江陈元龙(乾斋)家(《(嘉庆)松江府志》卷五八)。次年,随陈元龙幕游桂林。五十七年,自桂林还里,构唐堂,以陈元龙召,至北京。康熙六十年进士,改翰林院庶吉士。雍正元年(1723),授编修,充日讲起居注官,奉命提督福建学政,旋迁中允。乾隆元年(1736),荐举博学鸿词,不就,罢归。为官清正,囊无馀赀,归里时唯有书万卷。著有杂剧《四才子》,包括《郁轮袍》、《扬州梦》、《饮中仙》、《蓝桥驿》;传奇《忠孝福》。还有《唐堂集》五十卷、《补遗》二卷、《续集》八卷、《冬录》一卷、《唐堂词》二卷、《补遗》一卷,又有《香屑集》十八卷、《左氏二传参同》十五卷、《唐堂外集》。生平事迹见《清史列传·文苑传二》、《国朝耆献类征》卷一二五、《国朝诗人征略》卷二二等。

《钞杜诗》,为康熙三十一年(1692)手抄本。黄之隽《钞杜诗序》云:"岁壬申夏钞杜诗,帙成矣,有见于杜之大,念学者之非不居然杜哉,而孰则谁杜视之也?"(见《唐堂集》)

饮中仙 杂剧 四折 [清]黄之隽撰

黄之隽,生平事迹见上《钞杜诗》介绍。

杂剧《饮中仙》出自杜甫《饮中八仙歌》,写"酒颠"张旭与李白等聚集被封为八仙之事。《饮中仙》与《郁轮袍》、《扬州梦》、《蓝桥驿》四种杂剧合称《四才子(奇书)》,作于康熙四十三年(1704)或稍早,由陈元龙于康熙五十五年刊刻,后这四种杂剧又与《忠孝福》传奇合为《唐堂乐府》六卷。

读杜志忘 十二卷 [清]龚缨撰

龚缨,字无濯,一字孝水。本江宁(今江苏南京)人,因假馆于成氏之家久之,遂籍大名(今属河北)。康熙时人,学问赅博,为当时所重。康熙二十五年(1686),与方苞、方舟、戴名世、张自超等在南京订交(《方望溪年谱》)。三十八年,客湘南,序《湘南三客吟》(《东村诗钞序》)。乾隆元年(1736),被举博学鸿词科,未与试。著有《周易象义》六十四卷、《读杜志忘》十二卷。生平见《(民国)大名县志·著述门》、徐世昌《大清畿辅书征》卷三三。

《读杜志忘》十二卷,《(民国)大名县志》称"是书集古今注杜诸家,按年编次,先文意,次典故,剖析详明,援引该博,最称善本。"朱鸣序略云:"是书折衷诸家,有因有创,有删有订。要以神气贯通,情景不隔,俨揖杜陵老人晤言一室,而快吐其胸臆之所注者然。盖先生心细如发,眼明于镜,故能印合千古,显微阐幽,不翅暗室一灯,直觉从前笺释俱可尽废。"徐世昌《大清畿辅书征》卷三三著录。已佚。

杜诗选　[清]李文炤选

李文炤(1672—1735),字元朗,一字朗轩,号恒斋。清善化(今湖南长沙)人。年十四补博士弟子员,学士姚以可极赏之。康熙五十二年(1713)举人,两试进士不第,遂绝意仕进。选穀城教谕,不赴。杜门洒扫,以著述为务。任岳麓书院山长,门下人才甚众。著有《李氏成书》、《春秋集传》十卷、《太极解拾遗》一卷、《大学讲义》一卷、《正蒙集解》九卷、《学庸讲义》一卷、《岳麓书院学规》一卷、《近思录集解》十四卷等。生平事迹见《国朝耆献类征》载周正撰《墓志铭》、李元度撰《传》、李芳华撰《行状》。

又有《杜诗选》,今人萧一山《清代学者著述表》著录。已佚。

杜诗偶评　四卷　[清]沈德潜撰

沈德潜(1673—1769),字确士,号归愚。清长洲(今江苏苏州)人。乾隆元年(1736)举博学宏词,试未入选。四年始成进士,时已六十七岁,乾隆皇帝以“江南老名士”称之,授编修,迁内阁学士,擢礼部侍郎,后以老告归。乾隆皇帝南巡,加尚书衔。还乡后,曾在苏州紫阳书院主讲,以诗文启迪后世,颇获声誉。三十四年卒于里第。谥文悫,赠太子太师。四十三年,因受文字狱牵连,被剖棺戮尸。德潜为诗主严格律,著述甚多,有《杜诗偶评》四卷、《竹啸轩诗钞》、《归愚诗文钞》、《古诗源》、《西湖志纂》、《说诗晬语》等。沈德潜潜心诗学,很有造诣,为清代格调派的代表人物。他编选的《五朝诗别裁》、《古诗源》等广泛流传,影响很大。他治学严谨,历时三十年而编成《唐诗别裁集》,后又经四十五年的修订补充才重刻刊行。所选诗作,着重分析源流,指陈各家得失,为研究诗词发展的重要著作。生平事迹见《清史稿·列传九二》、钱陈群《赠太子太师大宗伯沈文悫公德潜神道碑》以及《自订年谱》。

《杜诗偶评》四卷,有乾隆十二年(1747)潘承松赋闲草堂初刻本。扉页右上署“沈归愚先生点定”,中署“杜诗偶评”,左下署“赋闲草堂藏板”。卷前有沈德潜乾隆十二年自序,中述成书经过云:“予少喜杜诗,而未能即通其义,尝虚心顺理,密咏恬吟以求之,不逞泛滥,不蹈凿空,尤不敢束缚驰骤,惟于情境偶会傍通证入处,随手笺释,日月既久,渐次贯穿。”“全集一千四百馀篇,今录三百馀篇,皆聚精会神、可续风雅者,学者深潜而熟复之,以次遍览全集,虽颓然自放之作,皆成大家。知杜诗本无可选,并不藉评,则此本为得鱼得兔之筌蹄可也。同邑潘子森千,予忘年友也,素嗜杜与予同癖,任剞劂之资,并为发凡起例,不欲使此本之湮没也。"次列潘承松撰"凡例"十则。各卷分列目录，分体编年为次，卷一五言古诗，计59首；卷二七言古诗，计70首；卷三五言律诗，计110首；卷四七言律诗58首，五言长律19首，五言绝句4首，七言绝句9首。共计选诗349首。每卷首行署书名卷次，次行署"长洲沈德潜确士纂，后学潘承松森千校阅。"诗正文大字顶格，评点文字置于行间、诗末，题上、诗旁有圈点，题下、诗后注评小字双行。是书重选而不重评，评论简略，而颇精到。沈氏后编《唐诗别裁集》，即以此选为基础。此书影响颇大，后之传刻本甚多。有乾隆十七年苏州扫叶山庄重刻本；嘉庆八年(1803)番禺桂阿石室刻本；民国间交通书馆石印本。日本对此书颇为推重，曾多次翻刻。道光间，顾湘(字翠岚，号东岩)据沈氏原刻，过录汪琬、王士禄、王士禛三家批点，成《杜诗偶评汇批》一书，周采泉《杜集书录·内编·辑评考订类二》著录云："是书系据沈氏《杜诗偶评》原刻，过录汪琬等三家批，曾藏四明张寿镛约园。"并引张氏《约园杂著三编》卷一《跋》云："首录《小石山房(顾湘室名)读书记》，第三行题汪尧峰、王西樵、王渔洋三先生批点。甲申(道光四年，1824)东岩手录。汪批蓝色，西樵黄色，渔洋紫色。既分写于书眉，又分写于书身。"又有台北广文书局1976年影印日本京都文求堂刻《杜诗评钞》四卷本。该本封面右署"清·沈德潜纂、大家合评"，中署"杜诗评钞"、其上有"文学丛书"四字。扉页中署"杜诗平钞"，右署"清沈德潜确士撰、大家合评"，左署"京都文求堂藏板"。该本不仅书名与《杜诗偶评》不同，内容亦有很大差异。卷前无沈德潜自序与潘承松所撰"凡例"。前二卷是一位未署名的杜诗研究者针对沈德潜选诗和评诗之得失所作的评语，后二卷则是过录多家评语，计有王得臣、刘辰翁、方回、范梈、赵汸、杨慎、谢榛、钟惺、王慎中、王嗣奭、李因笃、卢世漼、顾宸、张溍、朱瀚、宋荦、吴瞻泰、黄生、仇兆鳌、王士禄、王士禛、何焯、邵长蘅、浦起龙、蒋金式、杨伦等三十馀家。今人詹杭伦《〈杜诗评钞〉读后记》(《杜甫研究学刊》1998年第4期)一文对该本评论甚详,可以参看。

杜诗评钞　四卷　[清]沈德潜撰,大家合评

沈德潜,生平事迹见上《杜诗偶评》介绍。

《杜诗评钞》四卷,有台北广文书局1976年影印日本京都文求堂刻本。参见上《杜诗偶评》条。

杜诗注　四卷　[清]汪后来注

汪后来(1678—1747后),字白岸,号鹿冈。清番禺(今属广州市)人,祖籍安徽歙县。汪氏文武双全,康熙四十一年(1702)武举人,官千总。曾倡办汾江诗社,远近名士纷至沓来。晚年闭门读书、纵游山水。能诗工画,师法新安画派渐江。有水墨设色纸本立轴《秋山图》存世,作于乾隆五年(1740)。著有《王右丞诗笺》。

又有《杜诗注》四卷,吴道镕《广东文征作者考》著录。已佚。

杜文贞诗集　十五卷　[清]陈光绪选

陈光绪,字尔宾,号用拙居主人。清光泽(今属福建)人。《福建通志·职官八》称其为福建光泽人,举人,曾任古田县教谕。《福建通志·选举九》又载其为福建邵武府人,康熙五十九年(1720)举人。光泽为邵武府属县,故实为同一人。

著有《杜文贞诗集》十五卷,为雍正二年(1724)手抄本,十五册。卷首有用拙居主人自序及用拙居主人注杜凡例。共选诗

899首，附逸诗二首，赋、赞各一篇。诗分体编次。全书俱用朱墨圈点。《成都杜甫纪念馆馆藏杜集目录》著录。而《中国古籍善本书目·集部》著录为《杜文贞公诗集》十八卷，亦系稿本，云藏天一阁文物保管所。

读杜心解　六卷　[清]浦起龙撰

浦起龙(1679—1761后)，字二田，一字起潜，号孩禅，自署东山外史，晚号三山伧父(叟)，学者称山伧先生，颜其居曰“宁我斋”。清无锡(今属江苏)上福乡(今厚桥乡)前涧村人。幼时口讷，好读书。康熙三十七年(1698)中秀才，翌年乡试落第。此后屡试不中，困顿场屋三十馀年，靠在乡坐馆为生。由于科场受挫，他对八股文渐感厌倦，转而欣赏杜甫诗作，潜心研究。康熙六十年夏，积十多年的研究成果，开始撰写《读杜心解》，于雍正二年(1724)写成。七年中举，次年中进士(《四库全书总目》误为雍正二年)，三年后授扬州府学教授，但因父病故未能赴任。十二年，应邀赴云南昆明担任五华书院山长(即院长)。乾隆二年(1737)回到家乡无锡，四年出任苏州府学教授，主紫阳书院。清代著名学者王昶、钱大昕，经史学家王鸣盛为诸生时均受业其门下。十年，因年老辞职回家，着手校勘、研究唐刘知幾的《史通》，并写作《史通通释》，历时七年，五易其稿，八次修改而成。十五年，应无锡知县王镐邀请，与同邑华希闵、顾栋高等共修《无锡县志》。起龙肆力于古，于书靡不窥，从学者质问经史，辄举某书某卷某页以告，检之无弗合，四方来学者日众。卒祀惠山尊贤祠。撰有《读杜心解》六卷、《史通通释》二十卷、《三山老人不是集》一卷、《酿蜜集》四卷、《古文眉诠》七十九卷。生平见《国朝耆献类征》卷二五三、《清诗纪事》雍正朝卷、《明清江苏文人年表》。

《读杜心解》凡六卷，分体编排：卷一五古，分子卷六；卷二七古，分子卷三；卷三五律，分子卷六；卷四七律，分子卷二；卷五排律，分子卷五，五排四子卷，七排一子卷；卷六绝句，分子卷二，上卷为五绝，下卷为七绝。实为二十四卷，共收诗1458首。而文赋及他人唱酬诗则散附于有关各诗之后。是书有雍正二年至三年(1724—1725)浦氏宁我斋刻本。中华书局1961年即据该本出版标点铅印本，共三册，书名由陈毅题署。书前有王志庚撰“点校说明”，末云：“我们用以重印的底本是雍正间浦氏宁我斋自刊本。原书分段处以符号标识，现在都空一格以求醒目，并把句下的注释按顺序移在每首诗之后。卷首的《编年诗目谱》，原书在每题之下注明卷次，现在改注为页数。”次列浦氏所撰“发凡”，说明作书之由及体例；次载旧、新《唐书》杜甫本传，并为之订正；次载元稹撰《杜君墓系铭》、“杜氏世系表略”；次列“少陵编年诗目谱”，将全部杜诗依年次排列；次为“读杜提纲”，实即此书之纲领，论虽简略而颇有见地。再次为“读杜心解目录”，分体中又复编年，所谓“寓编年于分体之中也。”原刻本分列子目于各卷之间，点校本则将其总列于卷前，全书之末又附“篇目索引”，极便检索。浦起龙于注杜颇为自负，其“发凡”叙名书之由云：“吾读杜十年，索杜于杜，弗得；索杜于百氏诠释之杜，愈益弗得。既乃摄吾之心印杜之心，吾之心闷闷然而往，杜之心活活然而来，邂逅于无何有之乡，而吾之解出焉。”“吾还杜以诗，吾还杜之诗以心，吾敢谓信心之非师心与，第悬吾解焉，请自今与天下万世之心乎杜者洁斋相见，命曰《读杜心解》。”又曰：“杜未有解，杜自不亡；杜未有解，解犹可不作。吾尝谓杜之祸一烈于宋人之注，再烈于近世之解。《心解》之所为，不得已于作也。”浦氏强调还杜以诗，体察诗人之心，以注为副，以解为主；又注重历史背景和杜甫生平经历之考核，以史证诗但不作繁琐之考证,故能纠正前人之疏舛,颇多新见。注释尚称简明扼要,向为杜诗之重要注本,乾隆时《御选唐宋诗醇》多采其语。但是书体例驳杂,殊失繁碎,故在清代颇遭讥评。《四库全书总目》即云:"自昔注杜诗者,或分体、或编年。起龙是编,则于分体之中又各自编年,殊为繁碎。如《江头五咏》,以二首编入五言古诗,三首编入五言律诗,尤割裂失伦。其赋及杂文,旧本皆系卷末,起龙亦散附各诗之后。……自有别集以来,无此编次法也。其间考订年月,印证时事,颇能正诸家之疏舛,而句下之注,漏略特甚。篇末之解,缴绕亦多。又诠释之中,每参以评语,近于点论时文,弥为杂糅,与所撰《史通通释》评与注释夹杂成文者,同一有乖体例。殆好学深思之士,而不善用所长者欤?"洪业《杜诗引得序》则云:"起龙书中注解评论,与钱、朱、卢、仇辈立异之处甚多,虽未必处处的确可依,要是熟于考证者心得之作,未可嫌其编次体例之怪,而遽轻其书也。"堪为公允之论。是书尚有雍正十年(1732)静寄东轩刻本、道光间苏州文渊堂刻本、道光间重庆善成堂刻本、1974 年台湾大通书局据 1961 年中华书局点校本影印《杜诗丛刊》本。亦有稿本传世。又有 1999 年齐鲁书社据辽宁大学图书馆藏清雍正二年至三年浦氏宁我斋刻本影印《四库全书存目丛书》本。《四库全书总目》、《清史稿·艺文志四》均予著录。

杜工部诗集句　四卷　[清]王霖撰

王霖(1679—1754),字雨丰,一字雨枫,号弇山。山阴(今浙江绍兴)东中坊人。康熙四十四年(1705)举人,康熙四十八年(1709)考授内阁中书舍人,后应乾隆元年(1736)博学鸿词科,被累罢归。曾应聘纂修《浙江通志》。著有《弇山诗抄》二十二卷、《弇山集杜诗钞》四卷、《弇山集陆诗钞》四卷、《伏枕吟》

一卷。生平见徐世昌《晚晴簃诗汇》卷五六、傅汝桂编、王蘅补注《山阴王弇山先生年谱》(民国间朱丝栏抄本,《北京图书馆藏珍本年谱丛刊》,北京图书馆出版社1998年版)。

《弇山集杜诗钞》四卷,为乾隆二十三年(1758)刻本。卷前有乾隆戊寅(1758)余峥、胡浚序、丁鹤、厉鹗、许景仁序,万光泰、胡国楷题词。厉鹗序亦见《樊榭山房文集》卷二,与刻本序文字小有出入。厉鹗《王雨枫集杜诗序》云:"东坡谓学杜者唯得其皮骨,集杜而无精神,弊亦如之。集杜古句,驱使贯穿,犹可以奔放致力。至五律则对属欲精,章程欲变,又须有灏气流衍其中,必具少陵之诗律与少陵之情境而后为之,乃如自运。俗士思以百家衣体挦撦少陵而有之,读赵东山评注有不汗下者乎?山阴王君雨枫集杜五律诗多至三百馀首,雨枫才气豪健,弱冠即举乡试,用经冠其曹。屡上礼部,见摈于有司,马烦车殆,几同少陵残杯冷炙之恨。年逾五十,始以词学被荐,论者谓与少陵献《三大礼赋》试集贤院何异?乃少陵遂因献赋得官,其《赠集贤崔国辅于休烈二学士》也有曰:'谬称三赋在,难述二公恩。'感激知己,不忘衡鉴之重如此!雨枫摅文散藻,有声摩空,不幸斥落,且遘微累,如孟归唐故事。其别举主也,则曰:'谬称三赋在,刻画竟谁传?'其自伤生理也,则曰:'新诗句句好,莫使众人传。'嗟乎!士只为其可传者耳。使少陵即不献赋得官,其诗岂有能没之者哉!而雨枫终有不释然者,诚悼时之已迈,而惜命之多穷也。少陵流转饥困,在救房琯被谪以后,虽暂称遭遇,终归不偶。雨枫生盛际,沦弃而归,有秦望、会稽之山可游眺,有镜中之田可耕,优游闾巷,歌咏太平,其乐固未可量,然则人生之幸不幸亦复何常,而《集杜》一编讵足以尽雨枫耶?若其对属之精,章程之变,即有如少陵之'晚节渐于诗律细'者,识者具见之,不复多赘云。"是书集杜全部是五言律诗,共计667首,是王霖一生集杜的总结集。《山阴王弇山先生年谱》载,王霖康熙己卯(1699)二十一岁始集杜,迄于七十岁。四十一岁前每年集杜数首不等,四十二岁集杜32首,五十四岁集杜57首,五十八岁集杜124首,次年集杜126首。乾隆辛未(1751),年七十三,手编《弇山集杜诗钞》四卷。可见该书成于是年。又《年谱》载,是书乾隆二十三年秋刊刻,由沈星若捐资校刻,板存金阊。此书又名《杜工部诗集句》,清望江倪模《江上云林阁书目》著录。

杜诗集解 [清]蒋肇撰

蒋肇,字明五,一字石塘,芾季弟。清全州(今属广西)人。康熙四十二年(1703)进士,官翰林院检讨、侍讲学士。著有《退食琐谈》、《林下闲话》、《杜诗集解》、《书法指南》,诗有《近光》、《蛩鸣》、《归真》三集。生平见《(光绪)广西通志·艺文略上三·子部》。

《杜诗集解》,《(光绪)广西通志·艺文略上三·子部》著录。已佚。

集杜诗词 二卷 [清]徐鹏撰

徐鹏,字鸣九。清江宁(今江苏南京)人。本业儒,后成武进士。周采泉称其为顺治时武进士(《杜集书录·外编·集杜和杜戏曲类》),考《同治上江两县志·科贡》,徐鹏乃康熙四十二年(1703)癸未科武进士,则其应为康熙时人。诗、古文、小令皆擅场,兼工书。为人谦抑方洁,士林咸重之。兵部将选为守备,以两兄没、亲老,辞不赴。终父母之世,而鹏年已老矣。衣粗食淡,举止怡然。素善酒饮,可四五十器不改矩步。著有《虚白斋集》三十卷。生平事迹见《同治上江两县志·耆旧中》。

又有《集杜诗词》二卷,《同治上江两县志·艺文中》著录。已佚。

评选少陵集 [清]温睿临撰

温睿临,字邻翼,一字令贻,号哂园。清乌程(今浙江湖州)人。温体仁族孙。康熙四十四年(1705)举人,以诗古文雄于时。官内阁中书。性伉直,好面议人过,与万斯年交最善。以赴礼闱游京师,京师士大夫皆敬重之。会开《明史》局,徐元文延万主任编纂,因常相过从,多所参论。著有《哂园文集》、《南疆逸史》、《山响楼集》。尚有《吾征录》、《均役全书》、《游西山吟稿》若干卷,均不传。生平事迹见《湖州府志·人物传·文学三》。

又有《评选少陵集》一册,卷前载温涛序,《(民国)南浔志》著录。已佚。

杜诗集注 [清]姜文灿撰

姜文灿,字我英。清丹阳(今属江苏)人。康熙四十四年(1705)贡生。著有《诗经正解》三十卷,《四库全书总目》著录。

又有《杜诗集注》,《(光绪)丹阳县志·艺文志》、《(民国)丹阳县志·艺文志》均著录。已佚。

杜诗偶识 [清]徐禄宜撰

徐禄宜,字天益。清武康(今浙江德清)人。康熙四十七年(1708)恩贡。生性敏捷,不外露。悉心濂、洛、关、闽诸书,有所得,为文以纪其要,以明道为主,虽浅近平淡,而义蕴自深。遇有学者,恒虚衷诚意与论是非。选太平训导,造就多士。为学至老不倦,卒年八十七。著有《存辩录》、《四子书义》等书。生平事迹见《(同治)湖州府志·人物传·文学三》。

又有《杜诗偶识》,《(同治)湖州府志·艺文略》著录。已佚。

杜诗纂注 四卷 [清]管凤苞撰

管凤苞,字翔高,号桐南。清海宁(今属浙江)人。康熙四十八年(1709)进士,授高阳知县。有善政,以事罢归。里居键户,益肆力于经书,其学以四子为纲领,以诸经为条目。卒年八十六。著有《读经笔记》三十六卷、《续笔记》二十卷、《三礼纂要》二十卷、《平昌家乘略》一卷、《塞外纪行草》二卷、《慎馀堂文集》十卷等。生平事迹见《(民国)海宁州志稿·人物志·文苑》。

又有《杜诗纂注》四卷,《(光绪)杭州府志·艺文十》、《(民国)海宁县志稿·艺文志·典籍九》著录。《(民国)海宁县志稿》称此书"写本,纂虞山本及参以他书。前有《读杜例言》十馀则。有武水周氏翼洙序。"

杜诗分体 [清]曾用璜撰

曾用璜,初名世琮,字蟠岩,一字虹受。清湘潭(今属湖南)人。少孤,母娄氏贤明。用璜敦厚好学,居父丧,邻县寇至,守柩不去,贼哀而去之。康熙三十五年(1696)中乡举第二,越十三年,中康熙四十八年进士,用为内阁中书,典论广东,馈遗一无所受。监北新仓,洁己勤事,兵士感悦。著有《唐诗选》、《广丽句集》等。生平事迹见《(光绪)湘潭县志》卷八。

又有《杜诗分体》,《(光绪)湖南通志·艺文志》、《(民国)湖南通志·艺文志十四·集部六》著录。已佚。

少陵诗注 [清]郑宏庆注

郑宏庆,字裕庵。清南宫(今属河北)人,御史维孜孙。康熙五十年(1711)举人,官河间教谕。严考课,敦士习,声重一时,好读书,暮年犹手不释卷,兴至辄托诸诗以见志。注少陵诗,凡三易稿。采辑本邑事迹,分类编集,续前明邢子愿邑志,简严有法。年六十九致仕。著有《南宫续志》。生平事迹见徐世昌《大清畿辅书征》卷三七。

又有《少陵诗注》,徐世昌《大清畿辅书征》卷三七著录,称郑宏庆"注少陵诗,凡三易稿。"已佚。

青城说杜 [清]吴冯栻撰

吴冯栻,疑号青城。清晋陵(今江苏常州)人。康熙五十年(1711)举人,六十年进士,榜名吴栻,授检讨。著有《自勖录》四卷、《青城诗钞》四卷。

又有《青城说杜》,封面署"青城说杜"四字,作者自序前有"康熙镌宝荆堂藏板"字样,据此,是书当刻于康熙年间。作者自序有缺行缺字,中云:"说者何?取其详也。杜陵为诗家鼻祖,有目皆能知其妙,何用说为?然吾见人所自以为知者,皆知其所知,非吾所谓知也。夫李杜齐名旧矣,但李由天分,杜尽人工,亦犹元晦之于子静,故公有句云:'晚岁渐于诗律细。'此其自评确语。"序后列选诗目录,不分卷,共66首,计五古17首,七古11首,五律12首,七律7首,五绝2首,七绝17首。诗旁加圈点,注文附诗后,低一格,亦加圈点。该书于杜诗解说颇详,注文不释词语,不注典故出处,亦绝少引用他人评语,而重在阐发诗意,往往先简括诗旨,后加以串讲。作者论杜诗强调一个"细"字,认为"惟细则沉,沉则静,静则深,深则坚,坚则老,老则精,精则微,微则远,远则不可方物,窅渺离奇",故于诗意领会颇深,时有精见。是书传世极罕,马同俨、姜炳炘所编《杜诗版本目录》列为"待访"书目,孙殿起《贩书偶记》著录此书云:"《青城说杜》,无卷数,晋陵吴冯栻撰,道光癸巳宝荆堂刊。"癸巳,为道光十三年(1833)。但此书初刻于康熙年间,孙氏所见或为道光重刻,或将康熙五十二年(1713)之癸巳,误为道光十三年之癸巳。惜未见他本,不可臆断。

杜诗选　[清]郭应元选

郭应元,清永春(今属福建)人,一说晋江(今属福建)人。康熙五十二年(1713)举人,六十年进士。官邵武教授。著有《蓼洲诗文集》。

又有《杜诗选》,《(道光)福建通志·经籍志》、《(民国)福建通志·艺文志》著录。已佚。

读杜臆解　[清]褚菊书撰

褚菊书,字荣九。清秀水(今浙江嘉兴)人。康熙五十二年(1713)举人,雍正七年(1729)任宝山县知县,十三年任上海县知县,乾隆元年(1736)举博学鸿词。著有《易象数臆解》、《投笔斋集》等。

又有《读杜臆解》,《乾隆征士记》、朱克敬《暝庵杂识》均著录。已佚。

杜诗注　十卷　[清]陈克鬯注

陈克鬯,初名克觉,字震修,号云怡、坐闲主人。清海宁(今属浙江)人。康熙间诸生。著有《古文百篇选评》二卷、《云怡诗文集》等。生平见《(民国)海宁州志稿·艺文志·典籍十二》。

又有《杜诗注》十卷,陈敬璋《渤海陈氏著录》著录云:"存,写本。"《(光绪)杭州府志·艺文十》、《(民国)海宁州志稿·艺文志·典籍十二》亦著录,钱泰吉《海昌备志·艺文志》载作者自序略云:"乙未(1715),坐闲主人属批杜集,选而注之,阅五年而后成。"则成书于康熙五十八年(1719)。

集杜各体诗　[清]程琦撰

程琦,字再韩。清桐乡(今属浙江)人。康熙庠生,才气奔放,作长律援笔立就。性喜杜,有《芳峻诗稿》。生平事迹见《(光绪)桐乡县志·艺文志》。

又有《集杜各体诗》,《(光绪)桐乡县志·艺文志》著录,已佚。

赵虞选注杜律　六卷　[元]赵汸、托名虞集撰　[清]查弘道、金集补

赵汸、虞集生平介绍见前。

查弘道,字书云,号亦山。清休宁(今属安徽)人。康熙时邑庠岁贡,著有《东山诗钞》,与金集补《赵虞选注杜律》六卷。

金集,字凤坡。清桐乡(今属浙江)人。康熙时人,不详仕履,与查弘道补《赵虞选注杜律》六卷。另著有《梧冈馀稿》,分为《初学吟》、《川上吟》、《练江吟》、《海东吟》四集。生平事迹见《(光绪)桐乡县志·艺文志》。

《赵虞选注杜律》六卷,为康熙五十六年(1717)敦本堂刻本。卷前有查弘道《重刻赵子常杜五言律诗序》、金集《刻虞赵二注序》。是书又有嘉庆十四年(1809)澄江水心斋据敦本堂本

翻刻本、同治十二年(1873)刻本。此书于赵、虞二注补正较多,征引颇广,所引清代注家有钱谦益、卢元昌、陈之壎、金圣叹等人。北京大学图书馆又藏有查弘道《杜律笺注》六卷,康熙刻本,未署金集之名,疑即此书。

北征集杜诗 [清]邓铚撰

邓铚,清合肥(今属安徽)人。生活于康熙时期。

著有《北征集杜诗》一卷,康熙刻本,现藏南京图书馆。

读杜心知 [清]王鹤江撰

王鹤江,字岷始。清华亭(今上海松江)人,一说泾县(今属安徽)人。康熙五十八年(1719)充贡生。生平见《(光绪)金山县志》。

著有《读杜心知》,《(光绪)松江府续志·艺文志》、安徽《泾县志·艺文志》均著录,已佚。

杜诗汇笺 [清]杨治衢撰

杨治衢,清云梦(今属湖北)人,康熙五十九年(1720)举人,与夏力恕同榜(见《湖广通志》卷三六《选举》)。著有《毛诗施嬉集》。

又有《杜诗汇笺》,《(民国)湖北通志·艺文志十四·集部六》引《云梦志》著录,已佚。

杜诗集注 [清]梅瑾辑

梅瑾,字叶鸣。清安顺(今属贵州)人。梅廷桢长子。康熙末人。任博平知县。性迟钝,而为学刻苦,久乃豁悟,诗古文皆工。生平事迹见《(民国)贵州通志·人物志五·文学上》梅廷桢传附。

辑有《杜诗集注》,《(民国)贵州通志·艺文志十八》著录,已佚。

杜诗筏喻　[清]杨世清撰

杨世清,清嘉定(今属上海)南翔人。国子生,负才游秦中,佐某中丞幕。生平事迹附见《(嘉庆)南翔镇志·杨志达传》。

著有《杜诗筏喻》,《(嘉庆)南翔镇志·艺文志》著录,已佚。

杜诗谱释　二卷　[清]毛张健撰

毛张健,字今培,号鹤汀。清太仓(今属江苏)人。康熙贡生,官安徽祁门县训导。著有《卧茨集》三卷、《杜诗谱释》二卷、《鹤汀集》、《唐体肤诠》、《唐体馀编》等。

《杜诗谱释》二卷,无刻书年月,前有毛氏自序,云"庚寅初春",以其所撰《唐诗肤诠》刻于康熙己丑(四十八年,1709)推测,此"庚寅"当为康熙四十九年(1710)。序后有目录,共收杜诗七律149首。每卷下署"太仓毛张健今培编"。诗正文大字,注文小字双行。该书完全以八股时文作法评点分析杜诗,着重标识作诗格法,诗旁均标以圈点、三角等符号,以明其起伏承接之迹。作者自云:"诗旁圈点,盖以明指其起伏承应之迹,故尖、圆各依其类。如前用○起,后即以○应;前用△破,后即以△承。其外尚有暗联络、小映带处,则另以 、之双单记之。于是全篇之脉络,反股之主宾的然迸露。乍阅虽似眩目,然细心寻绎之,其中条理井然,可一览而知也。"而于诸家之笺释,则不复详载。作者每于诗句下以双行小字标识其起伏承接之迹,而重点诗篇则于全诗之后以双行小字详论该诗作法,如《诸将五首》、《秋兴八首》、《咏怀古迹五首》之类。有的诗篇,偶尔加以题解。作者虽拘守诗格作法,但亦主张有新变。故其评点亦偶有可取之处,如评《返照》诗"白帝城西过雨痕"句云:"痕字甚新,使人意想而得其妙,只一字可括'鸣雨既过渐细微,映空摇扬如丝飞'二句。"可见其味诗之深。

杜诗言志 [清]佚名撰

是书原是清代一部尚未刊行的手稿的钞本,向未见各藏书家著录。钞本未署作者姓名,亦未标撰成年月。1957 年扬州古旧书店从泰州市南门高桥书商沈本渊(世德)处购得。钞本系用"斑关"纸(竹纸中之最细者)钞成,长 25 厘米,宽 17、5 厘米,装成四册,每册三卷,共十二卷。每卷首页均盖有"沈世德印"钤记。1963 年扬州广陵古籍刻印社雕版刊行,扉页首行题"据(清)康熙佚名著者稿本校刊",线装八册。而周采泉《杜集书录》、《〈杜诗言志〉的评价和作者的探索》(《书林》1980 年 3 期),则断为乾隆间高安陈远新撰,亦嫌证据不足。上海古籍出版社影印《续修四库全书》本即据扬州广陵古籍刻印社校刻本。1983 年 7 月江苏人民出版社印行由谭佛雏、李坦整理校点之铅印本,署"(清)佚名著",始广为流布。该本首列"《杜诗言志》总目",次列"出版说明",次作者自序及"例言"六则,次十二卷目录。十二卷后有"校勘记",系据商务印书馆《四部丛刊》影印宋本《分门集注杜工部诗》、《古逸丛书》影印《杜工部草堂诗笺》参校。书末附录佛雏、李坦所撰《关于〈杜诗言志〉》一文,对《杜诗言志》的作者及成书年代作了考证,对该书在思想分析、艺术分析上的得失予以评论,并对校点的体例作了说明。此书共选杜诗 215 题,327 首,计五古 85 首,七古 32 首,五律 124 首,七律 66 首,五排 17 首,七排 3 首,而绝句一首未选。诗的排列大体以黄鹤编年为次。诗正文后，详加解说，重在知人论世以探诗人意旨。自序云："说诗者必以意逆志。然古人之志，又各有在。苟不知其人之生平若何，与其所遭之时世若何，而漫欲以茫然之心，逆古人未明之志，是亦卒不可得矣。故欲知古人之志，又必须先论古人之世。"故其"诠释杜诗，惟以发明寓意为主"，"至于直述其事，意尽言下者，自可勿为多释。"其解说虽重在阐意，但亦揭示诗法。长诗则分段论析，篇末再作总论。说诗虽有见解，然颇多偏、凿、疏之失。

杜诗疏义　[清]王家瓒撰

王家瓒，字端臣，周采泉《杜集书录》误作字"瑞臣"。一字缄斋。清长洲（今江苏苏州）人。少岁多读书，工晋唐人楷法。承先人志，不为科第计。家有瘠田数亩，悉让两弟。父故名医，年既老，倦于治病。端臣继其业，卖药为活。务济人，不计利，一如其父。远道常带星往还，得少值，奉其父母。见者识其药囊，称"小王孝子"，别于"老王孝子"。年六十六卒。事迹详见《国朝耆献类征初编·孝友八》沈德潜撰传。

著有《杜诗疏义》，《（同治）苏州府志·艺文志》著录。已佚。

杜律注　[清]秦汝霖注

秦汝霖，字臣溥。清镇江（今属江苏）人。生活于康熙时期。性疏宕，不事家人生产，惟读书饮酒而已。所著《古处堂诗集》多名句可传，尝自书于斗室有云："多情惟酒伴，馀事作诗人。"有《杜律注》及《五经音韵》、《四书音释》、《古处堂诗集》。汝霖妻卜于汝霖死后，食贫苦节，抚二孤明材、明极，俱能孝养其母。门人顾心才而夭，遗诗百馀首，深得汝霖之传。生平事迹见

《(光绪)丹徒县志·儒林传》。

《杜律注》,《(光绪)丹徒县志》卷四十六《书目》著录。已佚。

少陵诗话纂　[清]胡捷辑

胡捷,字象三。祖籍浙江会稽(今浙江绍兴),康熙初,因其父为河西务关掾,移居天津,遂居于津。室名读书舫,一名读书轩。康熙诸生。工诗善画,查为仁(号莲坡)《莲坡诗话》云:"象三幼有神童名,十岁能诗文,与余共砚席者三十年。其诗清润和婉,时出性灵。"年四十三卒。著有《读书舫诗文抄》二卷、《读书轩集》等。

又有《少陵诗话纂》,《(民国)河北通志稿·艺文志》著录。已佚。

李杜集旁注　[清]杨淮注

杨淮,字青岑。清丹徒(今江苏镇江)人。生活于康熙时期。资性敏笃,少家贫,力学读书,恒经夜不倦。未冠游庠,旋食饩,授书月华山下。以经学、性学为本,古文次之,时艺又次之。文法韩、苏。乡试十三荐不举,怡如也。年四十贡成均,六十八授昭文训导,教如平日。弟子先后数百,感其教,俱能励行。昭文博士王家相、言本忠尤所赏识。时汪志伊巡粮常熟,董教增主讲虞山,皆与莫逆,推为老宿,年七十七卒于官所。著有《读易一隅》、《史论集评》、《李杜集旁注》,藏于家。又孝义素著,凡叔伯兄弟辈仰食之,无难色。又尝睦族修牒、焚券赈贫。不喜闻誉,或有感谢者,辄以不知辞。生平事迹详《(光绪)丹徒县志·儒林传》。

《李杜集旁注》,《(光绪)丹徒县志》卷四十六《书目》著录。

已佚。

杜诗恒言解义　四卷　[清]羊光埩撰

羊光埩，字馀眉，号耐轩。清海宁（今属浙江）人。生活于康熙时期。

著有《杜诗恒言解义》四卷，《（民国）海宁州志稿·艺文志·典籍十》著录，并引《胜览》云："《恒言解义》者，合讲章、传奇体，读之如听平话，娓娓动人，且颇有发明处。"《（光绪）杭州府志·艺文十》亦著录，《（民国）浙江通志稿·艺文志》作《杜诗恒言解蒙》。已佚。

杜诗集解　[清]富中琰撰

富中琰，一作中炎。字韬上，号鲜生。清晋江（今属福建）人。康熙监生，官至辽阳知州。著有《枭羹集》一卷（康熙十六年刻本）、《韵法指南》。

又有《杜诗集解》，《（道光）福建通志·经籍志》著录。《（乾隆）泉州府志·艺文志》著录，书名作《杜诗全集注解》。已佚。

杜诗注订伪　[清]沈世德撰

沈世德，字晋公。清乌程（今浙江湖州）人，康熙时诸生，庠姓邱。隐居湖滨，诗文宗仰杜韩，馀不屑也。品诣孤介，厄穷以老。著有《左史韩柳文印》。生平见《（同治）湖州府志·人物传·文学三》。

又有《杜诗注订伪》，《（同治）湖州府志·艺文志》著录。已佚。周采泉《杜集书录·内编·辑注考订类三》将书名误作《杜诗订伪》。

杜诗注 [清]王贻谷注

王贻谷，字武绳，号耕云。清长兴(今属浙江)人，康熙布衣。

著有《杜诗注》，《(民国)福建通志·艺文志》、《(民国)湖州府志·艺文略》著录。已佚。

杜诗浅说 [清]方正孺撰

方正孺，字玫士，号寓安。清桐城(今属安徽)人。康熙廪贡生，读书日记数千言，所为诗古文词，雄俊绝伦。游京师，名公卿皆折节与交。尝客于红兰主人，有《应教诗》成帙，后倦游而归，益博研书史，著有《义史题衣录》、《管见录》、《百结悬鹑庄集》。生平见《(道光)桐城县志·人物志·文苑》。

又有《杜诗浅说》，《(道光)续修桐城县志·艺文志》、《(光绪)重修安徽通志·艺文志》均著录。已佚。

杜诗考证 十卷 [清]马霳撰

马霳，字千仞，号髳山。清桐城(今属安徽)人。编修教思次子。康熙时诸生。幼颖悟，八岁能诗，继与兄霄齐名，有声庠序。赋性清直，久困不得志，处之怡然。精篆隶，工镌印章，苍劲入古。有所寄托，辄见于诗歌，其蜀游诗尤为世所称。著有《髳山诗文集》十卷。以子官赠内阁中书舍人。生平见《(道光)桐城县志·人物志·文苑》。

又有《杜诗考证》十卷，《(道光)桐城县志·人物志·文苑》、《(光绪)重修安徽通志·艺文志》均著录。已佚。

杜律近思 五卷 [清]张涵撰

张涵，字浴青。清苕东（今属浙江湖州）人。生活于康熙时期。

著有《杜律近思》五卷，傅增湘《藏园群书经眼录》著录，署“清苕东张涵浴青撰”，系稿本，有康熙六十年（1721）张涵自序、南洵董浩序。《古书流通处旧书目》亦著录。

杜诗订注　十卷　[清]汪济民撰

汪济民，清歙县（今属安徽）人。《（乾隆）江南通志·人物志·列女》称：“汪济民妻潘氏，歙县人，早寡，守节，尝刲股疗姑疾。”并称其为康熙间人。

著有《杜诗订注》十卷，《（光绪）徽州府志·艺文志》著录。已佚。

和杜吟　[清]董孙篇撰

董孙篇，字夏序，号逸田。清鄞县（今浙江宁波鄞州区）人。约生活于康熙、雍正时。

著有《和杜吟》，《（民国）鄞县通志·艺文志》著录。已佚。

红萼轩杜诗汇二种　六卷　[清]孔传铎撰

孔传铎（？—1735），字牖民，号振路。清曲阜（今属山东）人。康熙间赐二品冠服，雍正元年（1723）袭衍圣公。工诗，著有《申椒》、《盟鸥》二集，为未袭封时所作。亦善词，著有《红萼词》二卷。生平事迹见《清史稿·儒林传四》、张维屏《国朝诗人征略》卷一三、《晚晴簃诗汇》卷五〇、《全清词钞》卷九。

又有《红萼轩杜诗汇二种》六卷，抄本，约成于雍正初年，版式为半页十行，行二十一字，无格。计有《杜诗分体》四卷，《杜诗分韵》二卷。《中国古籍善本书目》著录。现藏湖北省图书馆。

杜少陵诗抄　四卷　[清]孔传铎撰

孔传铎,生平事迹见上《红萼轩杜诗汇二种》介绍。

《杜少陵诗抄》四卷,《成都杜甫纪念馆馆藏杜集目录》著录:"孔传铎藏精抄本二册。"孔传铎另有《红萼轩杜诗汇二种》,其中《杜诗分体》为四卷,不知二者是否为同一书。

杜文贞诗增注　二十卷、末一卷　[清]夏力恕撰

夏力恕,字观川,晚号澴农,自称菜根老人。清孝感(今属湖北)人。世代以文章传家,且闻名遐迩。力恕少年聪慧,无书不读,尤长于诗。康熙六十年(1721)进士,改庶吉士,授编修。雍正元年(1723)任顺天乡试同考官,次年任陕西正考官。旋即告请归里,奉养双亲,为人至孝。受聘于湖北督抚,主修《湖广通志》。后主讲于江汉书院。乾隆元年(1736)举鸿博,十二年举经学,皆固辞不就。年六十五无疾而终。他是清代中期著名的文学家、史学家与理学家。其学务在穷理,随事体验,以求自得。著有《易说》二卷、《四书札记》二卷、《菜根堂札记》十二卷、《古文》四卷、《菜根精舍诗集》十卷、《杜文贞诗增注》二十卷、《读杜笔记》一卷等。其《读杜笔记》是与《杜文贞诗增注》相辅相成之作,与《菜根堂论文》合订刊行,又收入夏力恕《澴农遗书》第七。生平事迹见《(光绪)孝感县志·人物志·理学传》、程大中撰《夏先生力恕传》(《碑传集》卷四八)。

《杜文贞诗增注》,简称《杜诗增注》,凡二十卷。有乾隆十四年(1749)古泉精舍刻本。卷前有夏氏《杜文贞诗自序》;次列全书总目录,每卷首或卷末列该卷目收诗数及累计收诗数,前二

十卷收诗1409首,末一卷录杜甫逸诗48首。总计1457首。诗题下均注明诗体。每卷首行署"杜文贞诗增注"卷次,次行署"孝昌夏力恕观川"。次列该卷诗作时、地,诗之序次悉依朱鹤龄本。此书注疏少而笺意多,但就全诗作串解或评点,往往侧重一点各作发挥,或长或短,或详或略,不拘一格,言简意赅。其《自序》云:"余读少陵诗,根柢出入老佛,而孔孟次之;语言俎豆《文选》,而六经次之。"可谓新颖之论,颇有不同于时者。是书《贩书偶记续编》著录,又有清精钞袖珍本。

读杜笔记　一卷　[清]夏力恕撰

夏力恕,生平事迹见上《杜文贞诗增注》介绍。

《读杜笔记》一卷,首页署"读杜笔记弌卷　刘作章题"。卷前首行署"读杜笔记　澴农遗书第七"。次行署"孝感夏力恕撰"。次列夏氏自识云:"古人语言行事,苟非择而学之,未得其长,先堕其短矣。虚心别白,期于揣其本而不掩其真,岂无呵护苦衷,僭逾之罪,则又奚逃!顷年有《读杜笔记》若干卷,姑检二十馀则,书付儿辈。风尘偃息之暇,略悉梗概,斯亦穷理论世之一助云尔。甲戌立夏前五日菜根老人识。"甲戌,为乾隆十九年(1754),则是书之成较《杜文贞诗增注》晚五年,当为夏氏暮年之作。此书为读书笔记性质,不录原诗,直书心得体会,不拘一格,不泥诗句,大致偏重在考证史实、阐发诗旨,而不在评骘文字。每则长短不等,少则数百字,多者如《八哀诗》、《秋兴八首》等则长达数千言。其所论解,多有精见,但亦时有穿凿附会、过于深求之弊。全书选论杜诗26题,61首,多为名篇。卷末有"六世孙正乾校字"七字。是书世鲜传本,几不见注家援引。

杜诗金针　七卷　[清]张汝霖撰

张汝霖，字达夫，疑号梅村。清永定（今属福建）人。约为雍正、乾隆时人。“客宦河东垂二十年”（周文杰《杜诗金针序》）。

著有《杜诗金针》七卷，为乾隆时张氏手稿本，署“闽永定梅村张汝霖编述”，十四册。前有自序及乾隆九年（1744）杭州周文杰序，有杜工部年谱及各体总论。末附诸家论杜。诗分歌、行、古、引、律排列，律诗又分上四下四，上二下六，上六下二，上一下七，上七下一、通章一气等法。另分唱和、寄答、奉酬、追酬、变体等，变体又分偷春格、藏春格、扇对格、孤雁入群格、拗体、西汉柏梁体截等。注则多采仇兆鳌《杜诗详注》。

杜诗集说　二十卷、附卷末一卷　［清］江浩然撰

江浩然（？—1750），字万原，号孟亭。清嘉兴（今属浙江）人。康熙时诸生。少壮时欲以功名自奋，屡试不遇，弃举子业，一生未仕，客游幕府，授馆各地，门下士甚多。客居济南最久，诸贵人争延之。浩然家贫好读书，工诗，广搜博采，转益多师，而最爱朱彝尊诗，尝注《曝书亭集》，世推该洽。江氏积学种文，耽于吟咏，其诗“抒词寄意，皆极深刻”（法式善《梧门诗话》）。著有《北田文略》一卷、《北田诗臆》一卷、《丛残小语》一卷、《江湖客词》一卷、《韵府群玉补遗》、《曝书亭诗笺注》、《鸳湖櫂歌笺注》等。江氏尤嗜杜诗，平生寝食，少陵奉为衣钵，口不绝吟，手不停披，屡易寒暑，至其临终，始成《杜诗集说》二十卷。生平事迹见郑方坤《国朝名家诗钞小传》。

《杜诗集说》，凡二十卷，又附卷末一卷。是编脱稿于乾隆十三年（1748），四十三年（1778）始得刊行，有嘉兴江氏惇裕堂刻本。卷前有乾隆四十三年冯浩序，次录旧序，计有樊晃、王洙、王琪、胡宗愈、王安石、李纲、吴若、郭知达、蔡梦弼、元稹等人；

《旧唐书·杜甫传》,附《新唐书·杜甫传赞》;次附朱鹤龄所订《杜工部年谱》;江壎撰"例言";次列全书总目录,各卷不另立目。卷序次第,悉依朱鹤龄本。每卷首行署书名、卷次,次行署"嘉兴江浩然孟亭氏纂辑",三行署"男壎声先校",后标该卷作诗时、地。此书系杜诗集注集评本,荟辑众说,间陈己见。其"例言"云:"兹编合众论以参稽,期去非而存是,偶或附以己见,用备取资。标题'集说',亦不敢掠美前人云尔。"又云:"每篇于字疏句释之后,即继以各家论说,分载逐段之下,俾全诗首尾贯彻,脉络分明。其总论全诗大旨者,统列各诗之后。差觉了如指掌,取便披吟。"其所辑诸家论说,自宋元以来不下三四十家,而尤以仇注为多。其援引前人评注,甚为简当,总以阐明诗意为主。是本扉页右题"沈椒园、秦果亭两先生鉴定",中题书名"杜诗集说",左题"嘉兴江浩然孟亭编辑　惇裕堂藏板"。《贩书偶记续编》著录此本。又有本立堂刻本,或谓该本亦乾隆四十三年刊。但该本较惇裕堂本多一张九钺序,末署"乾隆癸卯(四十八年,1783)中秋湘潭张九钺书",当为重刻本。是书《清史稿·艺文志四》著录。

纂订杜少陵集笺注　[清]陈长镇辑

陈长镇(？—1750),字宗五,号延溪。清武陵(今湖南常德)人。尝于雍正元年(1723)举孝廉方正,不就。乾隆元年(1736)举博学鸿词,以与举主陈树萓有同姓嫌,报罢。乾隆三年举人,十三年二甲进士,改翰林院庶吉士,充武英殿纂修官。通籍后,念母弥甚,告归。十四年冬十一月望后二日,因晓夜冒雨雪行致疾,近里门知母逝,恸毁呕血,遂至不起,数月而卒。长镇淹洽能文章,慷慨负经济才。家多藏书,翻研迨遍。世有"通儒"、"词人"、"饶经济"、"崇气谊"之品目。著有《白云山房集》。另有《纂订杜少陵集笺注》八册、《纂订李义山集笺注》二册、《纂订庾子山集笺注》六册。生平事迹见《清史列传·文苑传二》、彭维新撰《陈长镇传》。

《纂订杜少陵集笺注》,八册,《(光绪)湖南通志·艺文志》、《(民国)湖南通志·艺文志十四·集部六》著录。已佚。

注杜诗 [清]郑方坤注

郑方坤,字则厚,号荔乡。清侯官(今福建闽侯)人,寄籍建安(今福建建瓯)。雍正元年(1723)进士,历任邯郸知县,景州、河间同知,登州、沂州、武定、兖州知府,权兖沂曹济道等官职。著有《经稗》六卷、《蔗尾诗集》十五卷、《文集》二卷、《五代诗话》十卷、《全闽诗话》十二卷、《注杜诗》、《杜诗宣和谱》等。生平事迹见《清史列传·文苑传二》、《清史稿·文苑一·丁炜传》附传。

《注杜诗》,《(民国)福建通志·艺文志》著录。已佚。《四库全书总目》于《全闽诗话》提要谓方坤尚有"杜笺评本",不知是否即为《注杜诗》。

杜诗宣和谱 一卷 [清]郑方坤撰

郑方坤,生平事迹见上《注杜诗》介绍。

《杜诗宣和谱》一卷,《(道光)福建通志·经籍志》、《(民国)建瓯县志·艺文志》著录。郑方坤《自序》云:"少日读杜诗皆能上口,忆曾侍先大夫花间杂咏,酒以次行。客有举《宣和谱》征令者,随所遇牌色,拈唐人诗一句。余时所阄得者为《五巧合谱》云:'油瓶盖'者,漫应声曰:'一片花飞减却春。'继得'断幺',则曰:'南海明珠久寂寥。'最后得'大四对',则曰:'天下朋友皆胶漆。'于是客座皆称善。客冬久滞历亭,适编纂杜笺竟,偶案头有此谱,因仿前例,每一名色,各缀五七言诗一句,大抵吏散庭空,灯下酒边之所作。昔李翱著《五木经》,房千里序《骰子选格》,色飞眉舞,有味乎其言之馀,今者更邀浣草诗老于三十二扇、二百二十七点中,参伍错综,断章取义,一以寄闲情,一以理旧业,消兹膂晷,代彼萱苏,准古较今,不尤愈乎?"(《(民国)建瓯县志·艺文志》)

杜诗注 [清]杨廷英注

杨廷英,字耆侣,清新建(今属江西)人。康熙五十三年(1714)举人,雍正十一年(1733)进士,应乾隆博学鸿词科,任尉氏县令。著有《诗集》。

又有《杜诗注》,《(同治)南昌府志·艺文志》、《(民国)南昌县志·艺文志》著录。已佚。

李杜诗解 [清]罗国器撰

罗国器,字剑耀。清南海(今属广东佛山)人。《(雍正)广东通志·选举志五》称其为雍正四年(1726)举人。《(光绪)广州府志·列传二十六》称其为解元。曾重修《西樵志》未竟,马符录因其旧本葺为六卷。著有《名媛识归》。

又有《李杜诗解》,《(光绪)广州府志·艺文略七》著录。已佚。

杜诗详注 八卷 [清]管汝锡撰

管汝锡,字幼安,一字又安,号又庵。清海宁(今属浙江)人,寄籍桐乡。雍正二年(1724)补科举人。明达豪爽,有经济才。与人恳挚,或就论曲直,以理晓谕,无贤愚悉悦服。于是亲族里党间,化竞平争,阴受其福。生平事迹见《(民国)海宁州志稿·人物志·义行》。

著有《杜诗详注》八卷，一作十六卷，为稿本。钱泰吉《海昌备志》、管凤苞《平昌家乘》、《（民国）海宁州志稿·艺文志·典籍十》著录，并有管庭芬按云："是书因患虞山《笺注》之失，仿查氏《补注苏诗》例，思订正之。引书至千一百馀种，单行密楷，遍注于上下左方，间参评语则以朱笔别之。今遗稿尚存于家。"《（光绪）杭州府志·艺文十》亦著录，然书名作《杜诗评注》。

杜诗选注 ［清］李芳华撰

李芳华，字实庵。清善化（今湖南长沙）人。雍正七年（1729）举人。著有《纲鉴集义》、等。生平事迹详《（光绪）湖南通志》卷一七六。

又有《杜诗选注》，《（民国）湖南通志·艺文志十四·集部六》著录，并引李文炤序曰："诗以道性情，《三百篇》后，惟杜诗压千古。岂仅以才力过人，亦其性情足以永之耳。自注杜者百喙争鸣，任情臆度，甚至以浅狭之衷，挽古人而从之。使忠孝至情，反为怨怼之横议。是非以解之，实诬之耳！吾弟实庵，有感于此，为注一编，腴词绮语，悉从删削。惟有关于人伦、物理、国政、民风者，则取之，不啻如陶渊明之自选其诗，而杜诗之真出矣。"序中对"忠孝"的提倡，对"怨怼"的指斥，似乎是针对钱注而发。已佚。

草堂诗话 ［清］程自迩撰

程自迩，字扶九，号近斋。平阴（今属山东）人。贡生，雍正九年（1731）知福建永福县，十年改官漳浦、长泰县。生平见郑丰稔等纂《民国长泰县新志·秩官上》。著有《岁华录》。

又有《草堂诗话》,《(民国)山东通志·艺文志》据《泰安府志》著录。已佚。

读杜随笔 [清]张为仪撰

张为仪,字耳仪,号存中。清海宁(今属浙江)人。雍正十一年(1733)进士,官编修。充《一统志》馆、《三礼》馆纂修,后视学滇南,卒于途。著有《读杜随笔》一卷、《续》一卷、《寓庸堂集》。生平事迹见《(民国)海宁州志稿·艺文志·典籍十》。

《读杜随笔》一卷、《续》一卷,钱泰吉《海昌备志》、《(民国)海宁州志稿·艺文志·典籍十》著录云:"写本,有自序。"《(光绪)杭州府志·艺文十》亦著录,然作者误署"张为宜"。是书前有自序及杭州周文杰序,现藏成都杜甫草堂博物馆。

杜诗编年 [清]周思仁编

周思仁,字恕三,号忍庵。清邵阳(今属湖南)人。雍正十二年(1734)拔贡。有《楚词诂》、《德馨斋诗文钞》、《诗话类长》等。生平见《邵阳府志·文学传》。

又有《杜诗编年》,《(光绪)湖南通志·艺文志》、《(民国)湖南通志·艺文志十四·集部六》、《(道光)宝庆府志·艺文志》著录。已佚。

一草堂说诗 一卷 [清]酸尼瓜尔嘉·额尔登谔撰

酸尼瓜尔嘉·额尔登谔,字恩胥,号废村,满洲人。雍正间与卓奇图(悟庵)、峻德(慎斋)、保禄(雨村)、胡星阿(紫峰)、伊麟(梦得)同官户部笔帖式,更迭唱和,有"农曹七子"之目。工诗善画,与卓悟庵交契,笔墨亦相亚。悟庵殁,哭以诗,有"天妒奇才遇竟难”句，人谓其自为写意。著有《废村诗稿》。

又有《一草堂说诗》一卷，国家图书馆藏稿本一册，无序跋，似为残本。蒋寅《清诗话考》著录云：“此书又名‘诗圣心源’，皆说杜诗，计有《望岳》、《短歌行赠王司郎直》、《题张氏隐居二首》、《空囊》、《月》、《春日怀李白》、《奉酬李都督表丈早春作》、《客夜》、《发潭州》、《收京三首》、《江村》、《九日蓝田崔氏庄》、《狂夫》、《蜀相》、《咏怀古迹五首》等二十二首、诗下先列小字注典故，颇略；而后讲章法大意，极详。其说诗字斟句酌，前后贯穿，至为细腻。一诗或说至数百千言，为古人书中罕见。如五律《空囊》即说至一千一百字，他可想见，谓当今鉴赏辞典之先声可也。《空囊》诗说后有小字商榷语五行，署‘男观永识’，笔迹不同于正文，疑为其子读父稿本所识也。”

纤批杜诗　[清]袁之升撰

袁之升，字吉南。章丘（今属山东）人。清初诸生。县志称其晚年精于易学，预知殁期。著有《变卦说》。

又有《纤批杜诗》，《（光绪）山东通志·艺文志》著录。已佚。

杜诗集解　[清]沈炳巽撰

沈炳巽，字绎旃，号权斋。清归安（今浙江湖州）人。清代史学家沈炳震（1679—1737）从弟，诸生。炳巽为精研《水经注》的地理学家，著有《水经注集释订伪》四十卷，是书据嘉靖间黄省曾所刊《水经注》本，而以己意校定之，多所厘正。《碑传集》称该书“凡从前篇简脱漏、文字踳驳、首尾颠踬、句读转易者，一一正之，复还道元之旧。”工诗古文词，著有《权斋文稿》一卷、《权斋老人笔记》四卷、辑《续唐诗话》一百卷、《全宋诗话》一百卷。生平事迹详《清史稿·文苑传二》、《清史列传·文苑传二》。

又有《杜诗集解》,三卷,存一卷,稿本,刘承干跋。半页十一行,行二十五字。周子美《嘉业堂钞校本目录》卷四著录。是书旧藏无暇堂,后藏吴兴刘氏嘉业堂,1937年《文澜学报》第二卷《浙江省文献展览会专刊》亦曾著录。《中国古籍善本书目·集部·唐五代别集类》著录,未标卷数。现藏复旦大学图书馆。

杜诗心解 [清]缪曰芑撰

缪曰芑(1684—1756),字武子,号笠湖。清吴县(今属江苏)人。彤子。康熙五十六年(1717)举人,雍正元年(1723)进士,官编修。康熙五十六年,据临川晏氏本校刊景宋本《李太白集》三十卷成,为世所珍。乾隆三年(1738),与兄曰藻序戴瀚所著《探梅集》。著有《白石亭稿》、《半学庵稿》、《李集考异》、《杜诗心解》等。生平事迹见陈宏谋《培远堂偶存稿》卷九《编修缪笠湖传》、戴瀚《编年诗賸》(《金陵丛书》本)卷十、十一及《吴县志》(1933年排印本)。

《杜诗心解》,《(同治)苏州府志·艺文志一》著录。未署撰者之名,列入吴县著述中。郑庆笃等《杜集书目提要》云:"按是书当即浦起龙《读杜心解》,因浦起龙曾官苏州府教授。"此论实误。《杜诗心解》与《读杜心解》书名有别,此书当为缪曰芑所撰。已佚。《清诗别裁集》卷二十七收录缪曰芑《书杜少陵诗后》云:"稷契成虚愿,诗篇轶众群。吐辞皆信史,每饭不忘君。汗马怀诸将,龙池望五云。千秋惟白也,可与共论文。"

杜律详解 [清]纪容舒撰

纪容舒(1684—1764),字迟叟,号竹厓。清献县(今属河北)人,纪昀之父。康熙五十二年(1713)举人,官至姚安知府。博闻强记,尤精于考订、音韵之学。撰有《唐韵考》五卷、《玉台新咏考异》。

又有《杜律详解》八卷,不见刻本,只见传钞本。钞本书前、卷端均未署撰者名氏,只据卷前纪昀题识,知为其父容舒所撰也。纪昀在题识中说明该编成书于乾隆十九年(1754),末署"壬辰(乾隆三十七年,1722)人日男昀识。"此书实为顾宸《辟疆园杜诗注解》之节钞本,将顾注十七卷合为八卷,其中五律六卷,解诗433首;七律二卷,解诗124首。其选诗序次悉依顾本。各卷分列目录,而疏解附于诗后,多就顾注删繁就简,稍参己意,然较精核者皆顾注也。实以纪昀故而录于四库存目也。《钦定皇朝文献通考》、《四库全书总目》均予著录,书名作《杜律疏》;而《清史稿·艺文志四》著录书名误作《杜诗疏》。有1999年齐鲁书社据北京图书馆分馆藏清钞本影印《四库全书存目丛书》本。

廌青山人集杜 [清]李锴撰

李锴(1686—1755),字眉山,一字铁君,号蝶巢,又号廌青、焦明子、后髯生、樵明子、幽求子、豸青仙人等。清辽东铁岭(今属辽宁)人,自署襄平(今辽宁辽阳)人。汉军正黄旗籍。家世贵盛,一门高官。康熙四十一年(1702),议绝漠屯极边,锴自请兴屯黑河,逾年归。再使南河,赐七品冠带。尽以先世产业让于两兄,移家潞河,潜心经史凡六七年。尝游盘山,乐其风土,乃筑室盘山廌青峰下,耽于吟咏,罕入城市。乾隆元年(1736),举孝廉方正,亲诣有司力辞。荐试博学鸿词,报罢。十五年,诏举经学,众大臣荐之,以老病辞。著有《原易》三卷、《春秋通义》十八卷、《尚史》一〇七卷、《睫(一作"蝶")巢集》六卷、《后集》三卷、《含中集》五卷、《李铁君先生文钞》二卷、《鹰青山人集杜》一卷、《焦明诗文删》等。生平事迹见《清史稿·文苑传二》、《清史列传·文苑传二》、陈梓《李眉山生圹志》、陈景元《李眉山先生传》、方苞《二山人传》。

《鹰青山人集杜》一卷,《八旗艺文编目四·集类·别集五》著录。《中国古籍善本书目·集部·清别集类》著录,为清乾隆石观保刻本,北京国家图书馆藏有此本。

杜诗集注 [清]陈世佶撰

陈世佶(1686—1749),字士常,号纯斋。清海宁(今属浙江)人。康熙五十二年(1713)举人。藏书万卷,丹黄殆遍。得善本必手录一过。著有《经说纂录》(写本)、《通志堂经解纂》十卷、《左传事类赋》一卷、《载道编》、《读书录》二卷、《游艺录》一卷、《少广补遗发明》一卷、《勾股演法》一卷、《杜诗集注》、《诗苑英华》、《历朝诗咀华》三卷、《种书田稿》一卷、《贻安堂集》等。生平见《(民国)海宁州志稿·人物志·文苑》、《海盐县志·人物·文苑》。

《杜诗集注》,陈敬璋《渤海陈氏著录》著录,下注"阙"。《(民国)海宁州志稿·艺文志·典籍九》亦著录。已佚。

杜诗笺注 [清]沈闾撰

沈闾,字师闵。清震泽(今江苏吴江)人。与沈彤(1688—1752)为同时人。沈彤作于雍正十二年(1734)的《沈师闵韩文论述序》云:"师闵名不出乡邦"(《果堂集》卷五),另于《赠沈师闵序》中曰:"吾兄师闵读古书四十年,于左、屈、司马、杜、韩之所为用力尤多,沈潜反复,至于千周。"(《果堂集》卷六)沈闾乾隆时曾预修《大清一统志》。著有《韩文论述》。

另有《杜诗笺注》,《(光绪)苏州府志·艺文志》著录。已佚。

杜诗评点　十八卷　附《杜诗遗珠》二卷　[清]张雍敬撰

张雍敬,初名珩,字珩珮,号简庵。清秀水(今浙江嘉兴)人。世居新塍白鹤滩,筑有灵鹊轩,以布衣读书、著述终身。与梅文鼎(1633—1721)、王寅旭友善。博学多才,诗风豪俊,有《闲留集》、《环愁草》等诗集。又善填曲,金石书画,靡不精晓,尤精天文历算。著有《定历玉衡》十八卷。朱彝尊作序谓书中"博综历法五十六家,正古今历术之谬四十四",备致推重。又著有《宣城游学记》,系与当时自然科学家梅文鼎研究天文学的心得,潘耒为之序,甚有学术价值。此书抗日战争中被日伪劫掠下落不明,近年天文学界犹在追寻其踪迹。还著有《盖天算法》、《闲道编》、《恒星考》、《春秋长历考》、《西术推步法》、《弦矢立成》等。关于经学的著作有《书经参注》、《左传平》、《春秋义》等。尚著有《三分案》、《千秋恨》、《再生缘》、《昭君怨》、《碧桃花》、《尘寰梦》、《仙筵投李》、《贾郎续梦》八种杂剧,及传奇《祝英台》、《醉高歌》、《十二奇踪记》,还有《鸡冠花谱》一卷等,只有《醉高歌》尚存,馀皆佚。生平见《碑传集》卷一三二《梅文鼎传》附、《国朝书画家笔录》卷二、《国朝画识》卷五。

又有《杜诗评点》十八卷,附《杜诗遗珠》二卷,四册,系雍正十二年(1734)杨岐昌钞本,有"杨岐昌印"、"岐昌"、"弘周"钤章。无序跋,亦不列目录。此书系依钱笺杜诗选评,故分十八卷,前八卷为古体诗,选诗130首;后十卷为近体诗,选诗218首。诗正文大字,诗句旁加朱墨圈点,圈有单圈、双圈。原注与释文均以双行小字置于相应诗句之下。题解文字则大字单行，偶有眉批，多标异体字，如《高都护骢马行》栏上有“蹄古作蹏”之类。第八卷末附有作者简短识语：“右一卷之八卷，选古诗一百三十首。诗之有靖节、子美，犹四子之有《孔丛》、《家语》；《尚书》、《春秋》之有左、国、公、穀，非他书之比，故于文体亦须校正。兹特改其尤甚者，其馀俗字、破体可推此而正之。古体原稿圈点详备，复用朱者，盖参之鄙见。近体因原稿所无而补之，未审其有合否也。”附《杜诗遗珠》二卷，上卷录诗30首（与前重者2首），下卷24首，共54首。白文无注，仅有圈点。

艺兰书屋精选杜诗评注 ［清］邓献璋撰

邓献璋，字方侯，一字砚堂、念堂。清祁阳（今属湖南）人。博览群书，为文峭拔有奇气，以廪生由湖南巡抚钟保荐举，应乾隆元年（1736）博学鸿词试，报罢，留京师，后直武英殿。后授四川渠县令。著有《藕花书屋稿》、《三经解》、《古今人鉴》、《古今名贤遗韵》、《艺兰书屋诗古文时艺》、《华麓堂杂著》等。生平见李富孙《鹤征后录》卷十一。

又有《艺兰书屋精选杜诗评注》十一卷，书名亦简称《杜诗精华》，版心署“砚堂杜选评注”，乾嘉间兴立堂刻本，二册。是书由华亭张仕遇、归安吴大受、山阳阮学浩鉴定，献璋弟献璟、献璪编次，献璋子学孔、奇龄、奇倬、奇鉴等校字，门人尹登龙、李学虞、胡山瑶、廖万华等录梓。卷前有作者自叙、凡例七则。诗旁加圈点，注释文字低一格，附诗后，亦加圈点。是书只收杜诗五律，共计377首。作者以读《史记》之法解杜诗，文字简赅，不事穿凿，但个人见解极少。《成都杜甫纪念馆馆藏杜集书目》著录。

杜诗约编　[清]盛元珍编

盛元珍，字宝岩，号仲圭。清海虞（今江苏常熟）人。岁贡生，雍正初举孝廉方正，官蒙城训导，兼主讲钟山书院。后应聘掌教于甘肃兰山书院，人称"南方夫子"，以年老归，卒于家。著有《兰山课业约编》、《古文选》等。其《兰山课业约编·诗赋约编》中有《杜诗约编》。

《兰山课业约编》为盛元珍掌教甘肃兰山书院时所辑，分《经训约编》、《诗赋约编》等。《经训约编》成书于乾隆五年（1740），《诗赋约编》成书于乾隆六年，包括古赋、律赋、古诗、应制诗、唐诗、李白诗、杜甫诗等。《杜诗约编》，书内署《皋兰课业·诗赋约编·杜甫》。前有两《唐书》杜甫传论赞、韩愈《调张籍》诗。无序跋目录，共收诗271首，分古、近体，计古诗77首，近体194首（其中五律117首，七律40首，五排37首）。诗正文大字，半页10行，行25字，诗旁加圈点，且有小字评语，题下、句下、诗后亦间有评语，个别诗尚有眉批。评语皆极简略，绝少新见。

杜工部集　[清]杭世骏抄

杭世骏（1695—1772），字大宗，号堇浦，晚号秦亭老民。清仁和（今浙江杭州）人。博闻强记，于经史词章之学，无所不贯。雍正二年（1724）举人，乾隆元年（1736）召试博学鸿词，授翰林院编修，校勘武英殿《十三经》、《二十四史》，纂修《三礼义疏》。三十一年，主讲扬州安定书院，继主广东粤秀书院。有《礼例》、《续礼记集说》、《石经考异》、《史记考异》、《经史质疑》、《续方言》、《榕城诗话》、《道古堂诗文集》等多种著述。生平事迹见《清史列传·文苑传二》、应澧《杭大宗墓志铭》、龚自珍《杭大宗逸事状》、汪曾唯《杭堇浦轶事》等。

又有《杜工部集》十八卷，系杭世骏抄本，并录清王士禛、屈复批。有叶德辉、叶启发跋。半页十五行，行二十字，无格。《中国古籍善本书目·集部·唐五代别集类》著录。现藏湖南省图书馆。

杜诗选 [清]宋在诗选

宋在诗(1695—1777)，字雅伯，号宜亭，别号野柏，晚年更号文坦。安邑(今山西运城)人。宋鉴之父。十岁能属文，应童子试，举康熙五十六年(1717)乡试，六十年成进士。雍正元年(1723)，由翰林院庶吉士授吏部文选司主事。二年，迁考功员外郎、稽勋司郎中。四年，提督四川学政。十一年，迁大理寺右寺正。乾隆元年(1736)，官鸿胪寺少卿，寻丁母忧，服阕，移疾不出。著有《怀古堂文集》四卷、《诗集》二卷、《论语赘言》二卷、《说孟》一卷、《说左》一卷、《读诗遵朱近思录》一卷、《见闻琐录》三卷、《四书要义》、《左传便览》、《先儒实行纪略》、《宋氏历代传人录》、《消闲随笔》、《消暑偶录》、《晚年琐录》等。生平事迹见自编《忆往编》(《北京图书馆藏珍本年谱丛刊》，北京图书馆出版社1998年版)。

宋在诗自编《忆往编》中称："二十五年庚辰(1760)选杜诗。"下注云："取其载道合于《三百篇》之旨者。"可见该选本的选诗宗旨。《忆往编》中收录了翁方纲所撰《墓表》，称此书未刊。其后《(光绪)山西通志·艺文志》予以著录。周采泉称是书载入《怀古堂全集》，但有目未刊(《杜集书录·外编·选本律注类存目》)。

杜诗读本 [清]陈浩选

陈浩(1696—?)，字紫澜，号未斋，又号生香。直隶昌平(今属北京)人。雍正二年(1724)进士,选庶吉士,授翰林院编修,迁少詹事。乾隆六年典试福建,十八年视学湖北,二十二年辞官归乡。先后主讲河南大梁书院十馀年,后移席宛南,卒年八十七。著有《生香书屋集》十二卷。

又有《杜诗读本》四卷,孔广陶《三十有三万卷堂书目略》著录,称有吴氏筠清馆诸家印藏,"陈学士生香书屋抄评本一函五本",包括《宋诗读本》一卷,并注云:"书法酷类何义门再校。"存佚不明。

笺注杜诗　[清]梁诗正注

梁诗正(1697—1763),字养正,一字养仲,号芗林,室名味初斋、清勤堂、青乳斋、古鲸书屋。清钱塘(今浙江杭州)人。雍正八年(1730)进士,授编修。乾隆时历任礼、刑、户、吏部侍郎,户、兵、吏、工部尚书。晚年官至东阁大学士,执掌翰林院。加太子太傅,卒谥文庄。曾受命纂《唐宋诗醇》,充任《文献通考》馆总裁。常随乾隆皇帝出巡,重要文稿多出其手。著有《钱录》十六卷、《矢音集》十卷、与人共编《钦定叶韵汇辑》五十八卷、《西湖志纂》十二卷、《西清古鉴》四十卷。生平事迹见《清史稿·列传九十》、杭世骏《大学士文庄梁公墓志铭》、王昶《太子太保东阁大学士梁文庄公诗正行状》。

又有《笺注杜诗》二十卷,《扬州吴氏测海楼书目》著录,称是书为季振宜校,梁诗正手注。

杜诗选读　[清]何化南、朱煜撰

何化南,字念棠,一作念堂,号憩亭。清建城(今江西高安)人。约为雍、乾时人。邑诸生,工制艺及诗,晚好方外游,年九十馀卒。著有《憩亭制艺》、《憩亭诗抄》、《唐诗话》等。又与朱煜合撰《杜诗选读》六卷。

朱煜，字志韬，号省斋。清建城（今江西高安）人。约为雍、乾时人。

《杜诗选读》六卷，有乾隆二十四年（1759）逸园刻本。该本卷前有何化南所撰"弁言"，朱煜所撰"凡例"九则，次载"杜工部本传"，自云"从朱鹤龄定本"节选，但错讹甚多，如云杜甫"永泰二年卒于来（当为"耒"之误）阳"，杜甫"子武宗"之类。各卷分列目录，诗分体编年：卷一五古，计44首；卷二七古，计24首；卷三五律，计62首；卷四七律，计64首；卷五排律，计五排20首，七排4首；卷六绝句，计五绝10首，七绝11首。共选杜诗239首，附他人唱和诗6首。每卷诗前皆列诸家论各体诗作法，阐述杜诗渊源。诗正文大字，诗旁标以圈点。诗后分析文字小字双行，均低一格。词语注释、典故出处，均以小字标于诗上栏中。是书乃为家塾课读之用，注释解说悉依仇兆鳌《杜诗详注》而略加删削，但于仇注所引诸家之说皆略去姓氏，以便阅读。惟"至议论高卓、动关体要者，仍于本注下另标'某氏曰'，以示胥钞之意。"诗旁圈点一以沈德潜选本为宗。每卷诗前所列诸家论各体诗作法，除照录仇注所引外，惟增以沈德潜之评语。全书盖无一已见，有仇注、沈选在，于此书不读可也。是书又有道光二年（1822）刻本。

杜工部诗选初学读本　八卷　［清］孙人龙撰

孙人龙，字端人，号约亭，一说字约亭，号端人。又号颐斋。清乌程（今浙江湖州）人。雍正八年（1730）进士，明年，奉使西陲，授编修。十三年视学滇中，任云南学政，凡六载，以振兴文教为已任。乾隆九年（1744）视学粤中，任肇高学政，秩满入都，充《文献通考》纂修官、甲辰会试同考官，所取皆知名士。二十二年乞归,都人咸祖帐赠以诗,人争羡之。曾参与编纂《唐宋诗醇》。著有《四书遵注讲义》、《约亭未定稿》、《颐斋未定稿》、《杜工部诗选初学读本》、《陶公诗评注初学读本》等。生平事迹见《(同治)湖州府志·人物传·文学三》。

《杜工部诗选初学读本》八卷,有乾隆十二年(1747)五华书屋刻本。卷首有《御制杜子美诗序》,次列"总目",列各卷分体收诗数;次各卷"目次"。目次前有孙氏乾隆十二年自记云:"余幼读工部诗,窃见向来评注几数百家,手自纂辑,不啻数四。然引证猥杂,扬抑纷繁。窃谓随其所见,均不如密咏恬吟,熟读深思,而自得其旨趣。厥后得长洲何义门先生所手批,简当精切,尝携置行箧中,以便展玩。兹试事既竣,乃于公馀复理旧业,特加选择以为读本。季弟文龙、儿子元礼遂编校付梓,盖谓有裨于初学云。时乾隆丁卯百花生日壬申,苕上孙人龙记于端溪试院。"卷六目次前孙氏又记云:"工部诗合计诸本,凡一千四百四十七首,既从义门先生所选古今体五百有馀首,定为读本矣。顾有全篇未完美,而瑜与瑕不相掩者,向所诵法,不能割爱,且辑录评注,亦可使初学知所别择,故为续编如左。端午日甲午端人又记。"据此可知,此选本前五卷是以何焯之批选者为底本,故所有批语,亦往往承袭何氏语;诗分体编年为序,计收各体诗 502 首。卷六以下称为"补编",系由孙人龙选评,亦分体编年排列,计收各体诗 411 首。全书共选杜诗 913 首。各卷首行署书名、卷次,二行署"苕上孙人龙端人辑评,弟文龙岳钟、子元礼仪三编校"。诗间夹有小字评语及圈点,题下、句下亦有评语,小字双行。是书只评不注,评语不拘一格,内容多样。孙氏评语虽不及何焯精警,但持论尚属平允,明白浅近。此书《(光绪)归安县志·艺文志》、《贩书偶记续编》著录。

杜工部五七古 ［清］刘大櫆选注

刘大櫆(1698—1779),字才甫,一字耕南,号海峰。清桐城(今属安徽)人。累举不第,年逾六十,乃得黟县教谕。提倡古文,为桐城派重要作家之一,著有《海峰文集》、《海峰诗集》、《历朝诗约选》等。生平事迹见《清史稿·文苑传二》、吴定《刘先生大櫆墓志铭》、姚鼐《刘海峰先生传》。

又有《杜工部五七古》,为清同治十一年(1872)悟云氏抄本,一册,浙江省图书馆藏。郑庆笃等编《杜集书目提要》著录。

杜律启蒙 十二卷 ［清］边连宝撰

边连宝(1700—1773),字赵珍,后改字肇畛,号随园,晚号茗禅居士。清任丘(今属河北)人。康熙五十八年(1719)补博士弟子员,雍正十三年(1735)贡成均,廷试第一。乾隆元年(1736)荐试博学鸿词科,不中。十四年复荐经学,辞不赴。遂绝意进取,益肆力于古学。晚耽禅悦,卒年七十四。边连宝一生著述颇丰,在清代文学与学术上具有重要的地位,时人把他与纪晓岚、刘炳、戈岱、李中简、边继祖、戈涛并称为"瀛州七子",又把他与江南才子袁枚并称"南北两随园"。有诗集《随园诗草》八卷,《古文》四卷,《古文病馀草》八卷,《三字无双谱乐府》一卷,《评注管子腋》二卷,《五言正味集》六卷,《杜律启蒙》十二卷,《考订苏诗施注》十卷、《禅家公案》一卷、《长语》等。生平事迹见《清史稿·文苑传一》、《清史列传·文苑传一》、《国朝诗人征略》卷二七。

《杜律启蒙》十二卷,有乾隆四十二年(1777)初刻本,是本扉页署"杜律启蒙乾隆丁酉初刻"。卷前有戈涛叙,次列"校对"姓氏,多为边氏弟子、弟侄辈,共十五人;次边氏撰"凡例"十六则;元稹《杜工部墓系铭》、年谱(依顾宸本,而稍参仇本)、仇兆鳌《杜诗详注序》。不列目录。每卷首行上署书名,下署"任邱边连宝集注";二行署分体卷次。前九卷为五律,计 627 首;后三卷为七律,计 151 首。编次悉依顾宸《辟疆园杜诗注解》。正如"凡例"云:"兹集次序,悉依顾本。其甚舛者,但注于下,曰此当入某年,顾误入某年应改正而已,馀则悉从其旧。"诗正文大字顶格,诗旁有圈点,注解小字双行。其注释疏解,较之顾本简明扼要,各有侧重,有详有略。其"凡例"云:"兹编注事从略,注意从详,注时事稍详,注古事倍略。""总注在前,详注在后,先挈纲领,后疏脉络。""易解则不为词费,难解则不厌文繁,总以明白洞达为主。"时引前人评语,尤以仇兆鳌、浦起龙为多,偶有发挥,参以作诗体会,不乏精见。是本《贩书偶记》著录。此书又有道光十四年(1834)墨稼斋重刻本、齐鲁书社 2005 年韩成武等人标点整理本、中华书局 2007 年刘崇德等编《边随园集》本。

读杜窃馀　五卷　[清]劳孝舆撰

劳孝舆(1701? —1750?),字臣举,一字巨峰,号阮斋。清南海(今属广东佛山)人。少欲迹遍海内,交天下士,即随父游琼南。甫弱冠,出岭渡河,游江淮间。补诸生,受知于督学惠士奇。与何梦瑶、吴世忠、罗天尺、苏珥、陈世和、陈海六、吴秋有"惠门八子"之目。曾与罗天尺等预修《广东通志》,发凡体例等,多出其手。雍正八年(1730),诏修《一统志》,其参与《粤乘》。十三年成拔贡。乾隆元年(1736),以巡抚杨永斌荐,应博学鸿词试,未遇。继以拔贡廷试第五,出贵州以知县用。先后历官锦屏、镇远、清镇、龙泉、清溪、毕节诸县。所至多惠政,卒于官，年五十。著有《春秋诗话》五卷、《阮斋诗钞》六卷、《文钞》四卷、《西江源流说》一卷。生平事迹详《清史稿·文苑传二》、《清史列传·文苑传二》、吴历逵《七先生传》。

又有《读杜窃馀》五卷，《(光绪)广州府志·艺文略七》著录。《清代诗征》亦著录，书名作《读杜识馀》。已佚。

李杜韩柳诗选　四卷　[清]颜懋侨选

颜懋侨(1701—1752)，字幼客，号痴仲，肇维仲子，曲阜(今属山东)人。自幼博学强记，有诗名。乾隆三年(1738)因陪祀赐恩贡，五年充万善殿教习。七年冬，召试瀛台，天阴欲雪。赋《望云思雪》诗、《纪恩》诗、《奉和御制落叶》诗进呈，悉称旨。期满，授观城教谕，论修孔子庙，严祀事，簿正颁肉之格理，学地及膳士田之侵于民者还其旧。以忧归。著有《江干幼客诗集》、《蕉园集》、《西华行卷》、《履月轩稿》、《雪浪山房稿》、《石镜斋集》、《玉磬山房集》《十客楼稿》、《半江楼稿》、《十客楼未刻诗》、《半江楼未刻诗》、《蕉园集拾遗》，另著有《摭史》、《浙中日记》、《十三省形胜摘要》、《九边形胜厄塞要害》、《天文管窥》、《霞城笔记》、《秋庄小识》、《樵夫湖偶录》、《苕溪渔隐》、《诗话》等专著及《李商隐诗选》、《履月轩诗选》、《四唐诗选》、《李杜韩柳诗选》、《奈园录》诸书。又辑《直省九边形势阨塞要害》一书未成，卒。生平事迹见牛运震所撰《墓志铭》(《空山堂文集》卷七)。

《李杜韩柳诗选》四卷，《(光绪)山东通志·艺文志》著录。已佚。

杜诗义法　二卷　[清]乔亿撰

乔亿(1702—1788)，字慕韩，号剑溪，别署实亶居士。清宝应(今属江苏)人。莱孙,崇修子。少以诗名江淮间,与沈起元、方观承、沈德潜交善。为人美须髯,善谈论。乾隆中以国学生再试不售,辄弃置仕进,专肆力于诗。乾隆二十九年(1764)客游山西太原,为猗氏书院山长。卒年八十七岁。工五言诗,古体直追汉魏,近体宗法盛唐,不屑作大历以后语。著有《小独秀斋诗》二卷、《小独秀斋近草》一卷、《素履堂稿》一卷、《窥园吟稿》二卷、《三晋游草》一卷、《夕秀轩遗草》一卷、《惜余存稿》一卷、《剑溪说诗》三卷、《杜诗义法》二卷、《剑溪文略》二卷、《燕石碎编》一卷、《大历诗略》六卷、《古诗略》、《艺林杂录》、《元祐党籍传略》、《兰言集》等。生平事迹见《清史列传·文苑传一》、《重修宝应县志·文苑传》、朱彬《乔剑溪先生墓表》、《广陵诗事》。

《杜诗义法》分上、下二卷,共论及杜诗约二百首。上卷选论五言古诗一百二十多首;下卷选论七言歌行五十馀首,五言排律十六首。无目录。其编次,分体后大致以编年为序。是书体例,不录全诗,诗题之后,只就有关诗句略作论析评解,重在阐释杜诗艺术,作诗义法,并注意与其他诗家相比较。尤为可贵者,敢于对名家成说提出异议,独抒己意,时有精见。是书《贩书偶记》卷十三著录,云"乾隆间精刊"。但今见刻本无刊刻年月,无序跋。每卷首行署"杜诗义法"卷次,二行署"宝应乔亿著"。卷末附"校订姓氏",均系乔氏之学生或儿孙辈。另有一钞本,卷首录有引自乔亿《剑溪文略》之《书元稹李杜优劣论后》一文代序,次列"校订姓氏",次录《重修宝应县志·文苑传》乔亿小传及曹锡宝、丘谨寄答乔亿诗各一首。

集杜诗　二卷　[清]齐召南撰

齐召南(1703—1768),字次风,号琼台,晚号息园。天台(今属浙江)人。幼称神童。雍正七年(1729)副贡生,乾隆元年

(1736)召试博学鸿词,改庶吉士,授检讨。迁内阁学士兼礼部侍郎,以博学能识为高宗知。十四年夏堕马,乞归养。后因族子牵累,削职放归,旋卒。精舆地之学,著《水道提纲》二十卷行世。天才敏捷,为诗文援笔立就,与同时浙省名家厉鹗、杭世骏鼎足齐名。著有《宝纶堂文钞》八卷、《宝纶堂诗钞》六卷、《宝纶堂外集》十二卷、《宝纶堂续集》十八卷、《琼台文稿》二卷、《赐宴堂齐(集?)》、《万卷楼诗钞》一卷、《和陶百咏》一卷、《天音集》二卷、《瑞竹堂诗》。生平事迹见《清史稿·列传九二》、《清史列传·文苑传四》、袁枚《原任礼部侍郎齐公召南墓志铭》、秦瀛《礼部侍郎天台齐公墓表》。

又有《集杜诗》,见《宝纶堂外集》(《台州书目》作《宝纶堂集古录》)卷七、卷八,未有单刻本,《台州经籍志》卷三十三著录,称"有成邦幹、刘颂年、郭传璞序,金文田、齐毓川后序,宣统三年扫叶山房石印本。"

集杜诗钞 [清]齐图南撰

齐图南,字培风,号鲲池,天台(今属浙江)人。齐召南之弟。才思清逸,诗文古今体兼善,累荐不售。所著有《野见集》十六卷、《鸣鹤堂诗汇编》十一卷、《皆梦斋时文之卷》、《杂著》一卷、《木屑集》一卷、《遗珍集》。生平事迹见《三台诗录》。

又有《集杜诗钞》,周采泉《杜集书录》误将作者署为其兄"齐召南"。《台州经籍志》卷三十三著录,并引《天台诗存》云:"尤喜集句,尝集葩经文为《韵谱辨异歌》,自然成诵。至作《集杜诗钞》,序集台华句作《遗珍集序》,《集唐宋八大家文》,俱极工巧。"未见。

曹孺岩集杜诗册 [清]曹培亨撰

曹培亨，字汝咸，一作汝成，号孺岩。清嘉兴（今属浙江）人。廪膳生，乾隆三年（1738）举孝廉。绩学砥行，聚书松风堂，日事铅椠，以著述自娱。工书精篆隶。著有《松风堂集》、《闲斋集句偶存》。

另有《曹孺岩集杜诗册》，有钱泰吉跋。已佚，钱泰吉《跋曹孺岩先生集杜诗册》云："自来集杜诗者，文信公最著。盖蒙难抗节，慷慨悲歌，与少陵忠君爱国之心异代同揆，信可谓诗史矣。然惟五言集句二百首，不及他体。近时梁山舟（梁同书）学士，各体皆备，《频罗庵集》脍炙人口，不以书法掩也。乡先哲乾隆戊午（三年，1738）孝廉曹孺岩先生，绩学砥行，工韵语，精篆隶，尤喜集杜老诗，惜多散佚。今惟庚辰岁（乾隆二十五年，1760）所集五言律五十六首，门人汪慎斋钥秋、白大经所录仅存。元孙茅芗茂才成熙合先曾祖文端公、张瓜田徵君、诸草庐宫赞、凌保釐广文题赠诗幅，装成跋尾，奉以乞题。先生《松风亭全集》未得请观，今读此集杜诸篇，想见于草堂之诗，用力深挚，非偶尔缀辑者可比也。信公少时即力追杜诗，以变南宋凡陋之习。先生身际盛世，与信公所遭不同，而用心则一。倘使梁学士见之，亦当乐步后尘。泰吉与茅芗尊甫希傅翁同为县学生，今见茅芗能继家学，窃喜先世文字之友，于累传后风流未坠，知孺岩先生所蕴积者远矣。"（《甘泉乡人馀稿》卷一）可见该书共集杜诗五律56首，为其门人整理装订成册。

杜诗集注 [清]查景撰

查景，字士瞻，号望斋。清海宁（今属浙江）人。康熙、乾隆时人。著有《济荒》一册、《唐诗宗》、《杜诗集注》、《韩诗选》、《杂著》十卷、《弃馀诗草》二卷等。《弃馀诗草》，沈廷芳

(1702—1772)为之序。生平见《(民国)海宁州志稿·艺文志·典籍十三》。

《杜诗集注》,《(乾隆)浙江通志·艺文志》、《(民国)海宁州志稿·艺文志·典籍十三》、《(光绪)杭州府志·艺文十》著录。已佚。

陶杜诗选　二卷　[清]查岐昌选

查岐昌,字药师,又字石友,号岩门山樵。清海宁(今属浙江)人。查慎行(1650—1727)之孙。县诸生,后官崇明县令。工诗文,书法甚佳。富藏书,藏书室名得树楼。著有《岩门诗文集》、《岩门诗话》、《巢经阁读古记》、《吴趋集》、《江山集》等。与纂《(乾隆)归德府志》。生平事迹见王昶《湖海诗传》卷十九。

又有《陶杜诗选》二卷,手抄本,有黄丕烈跋。清封文权《读有用书斋古籍目录》著录。郑伟章称此书见《荛识》卷十(《文献家通考》294页,中华书局1999年版)。蒋寅《清诗话考》称,该书"稿本今存台湾中央图书馆"(《清诗话考》151页,中华书局2005年版)。

杜诗推　[清]王永熙撰

王永熙(?—1786),字小史。清清河(今江苏淮阴)人。乾隆六年(1741)拔贡,授高要知县。年七十馀卒。著有《杜诗推》、《淮山草堂诗钞》八卷、《替查集》、《绿荫堂诗》。生平见丁晏《山阳诗征》卷十九。

《杜诗推》,《(光绪)淮安府志·艺文志》著录。已佚。

杜诗指掌　[清]申居郧撰

申居郧，字锡勋，号西岩，涵光从孙。清永年（今属河北）人。乾隆六年（1741）拔贡，以国子生校书西清，期满，议叙授连州别驾，历署理瑶阳山、曲江关榷等，寻以忧归，闭门著述。少有文名，工诗。著有《弄珠集》三十二卷、《西岩赘语》一卷、《西岩诗稿》二卷、《岭南诗稿》一卷、《杜诗指掌》，辑有《申氏拾遗集》二卷。生平见徐世昌《大清畿辅书征》卷三一。

《杜诗指掌》，已佚。李逢光《杜诗指掌序》云："所著有《杜诗指掌》一编。评点笺释，别具手眼，一扫蓁芜，绝无穿凿附会之失。匪惟神契少陵，深得诗家三昧。"徐世昌《大清畿辅书征》卷三一著录。

杜律启蒙 ［清］吴峻撰

吴峻，字一峰，鼐子。清无锡（今属江苏）人。乾隆初副贡，资禀绝人，博通律吕、勾股之学，工诗及书画，诗兼众体，上溯汉魏，迄于三唐，无不窥其堂奥，尤以风格音调擅场。五律近王、孟。尝偕宁远知府入蜀，诗益奇，其友鲍汀辄取其句图之。著有《寄淮草》、《游蜀草》各二卷，《梁豁诗话》四卷。今存《杜律启蒙》稿本。生平见《（光绪）无锡金匮县志·文苑传》。

《杜律启蒙》，乾隆戊辰（乾隆十三年，1748）稿本，不分卷。共选杜诗七律五十首。周采泉《杜集书录·内编·选本律注类二》著录，谓藏安徽省博物馆，并录吴峻自序云："集中如《秋兴》八首，直接变风，《诸将》五章，并近变雅，故以之压卷。其馀去其拗体，择其谐音，共得五十首，以类相次。评解既讫，题曰《启蒙》。……乾隆戊辰仲夏望日，吴峻书于敬和堂。"

杜诗详注集成 四十四卷、卷首一卷 ［清］张甄陶撰

张甄陶（1713—1780），字希周，一字惕庵。清福清（今属福

建)人。乾隆十年(1745)进士,改庶吉士,散馆授编修,历任广东鹤山、香山、新会、高要、揭阳五县知县,有政声。以丁忧去官,服除,授云南昆明知县,因事罢官,专心著述。曾先后主讲云南五华书院、贵州贵山书院,晚年病归,主讲福建鳌峰书院。著作颇富,有《学实政录》四卷、《四书翼注论文》三十卷、《周易传义拾遗》十五卷、《尚书蔡传拾遗》十二卷、《诗经朱传拾遗》十八卷、《礼记陈氏集说删补》四十七卷、《春秋三传定说》五十卷、《松翠堂文集》三十卷、《惕庵杂录》十六卷、《澳门图说》、《澳门形势论》、《制驭澳夷论》等。生平事迹见《清史稿·循吏传二》、孟超然《赐进士出身敕授文林郎广东新会县知县前翰林院编修张公甄陶墓志铭》(《碑传集》卷一〇六)。

又有《杜诗详注集成》四十四卷,卷首一卷。系乾隆三十八年(1773)传抄本,计十六册,为贵山书院藏书,现藏中国科学院图书馆。封里署书名"杜诗详注集成",右书"甬上仇沧柱氏详注原本,济南王士祜西樵氏全选定本,王贻上阮亭氏精选读本",左书"安溪李光地厚庵氏原评,长洲何焯屺瞻氏详评,各名家先辈偶评附录"。卷首扉页署乾隆十三年三月初十日清高宗为杜甫祠堂所书"荩臣诗史"四字,背面简述事情原委(文中将任城南池误为济南府城南),次列清高宗御制咏杜诗十一首。次为巡漕御史沈廷芳撰《请赐唐臣杜甫祠额札子》与《谢赐唐臣杜甫祠额札子》,张甄陶乾隆三十八年自序,凡例十一则。次则依仇注列新、旧《唐书》杜甫本传、杜氏世系、杜文贞公年谱。该书系以仇兆鳌《杜诗详注》为原本增删而成。张氏自述编撰过程云:"取仇沧柱先生《详注》,删其繁复,尽录李(李光地)、何(何焯)二公及国朝诸名公前辈评论于上方,其圈点、选次甲乙一依西樵(王士禄号,书中误为王士祜。而马同俨、姜炳炘《杜诗版本目录》则误王士禄为王贻上,意王士禛、王贻上为二人，实则一人）、阮亭（王士禛号）二先生之旧，间有不惬，亦时附己见，以听读书人之论定。编次既成，命诸朋徒录为全书，留藏书院（指贵山书院），永为学诗者先路之导。”故每卷之末都附署钞录者姓名，计有四十馀人。是书各卷分列目录，共收诗1449首，依编年排列。所引诸家之评语，除仇兆鳌、王士禄、王士禛、何焯、浦起龙、李光地等常见者外，尚有蔡世远、陈兆岺、方苞等人，搜罗颇广，足资参考。张氏于诸家评论多所辨正和阐发。如关于杜甫之死，张氏痛驳死于耒阳与牛炙白酒说，而力主死于潭岳说。其说虽前有所本，但张氏辩驳亦颇有力。

浣花草堂志　八卷　[清]何明礼纂修

何明礼（1715—1766后），字希颜，号愚庐。清崇庆（今四川崇州）人。少有异秉，读书过目不忘。游宜兴储氏门，深得古文之法。潦倒场屋三十馀年，乾隆二十四年（1759）举人。次年会试落第，遂遍游齐梁、燕赵，益以诗酒自豪。客山东禹城知县周士孝署中，病卒。李调元《蜀雅》谓其“其才博而肆，蜀中文献，半贮腹笥”，“诗始学杜陵，既而仿太白，为游仙击剑之学。”所著有《江原文献录》、《浣花草堂志》、《斯迈草》、《心调草》、《愚庐正集》、《续集》、《太平春新曲》、《愚庐策论》等。生平事迹见李桓《国朝耆献类征初编》卷四三六、《（光绪）崇庆州志·文苑传》、《（民国）崇庆县志·文苑传》、李调元《雨村诗话》卷十、《蜀雅》卷十九《何明礼小传》等。今人詹杭伦有《〈浣花草堂志〉作者考略》（《杜甫研究学刊》1997年第4期）一文，可以参看。

《浣花草堂志》八卷，分为十六门。前有乾隆十三年（1748）闽人郑天锦序、同年何明礼自序。另有乾隆十六年储掌文序、乾隆十八年彭肇洙序、乾隆二十八年闵鹗元序、乾隆二十九年彭端淑序。书首列鉴阅姓氏二十二人。据书后乾隆二十六年吴江周润躬跋,称作者与其相遇于济南,属其缮写清本,则知是书完稿当于此时。是书有道光六年(1826)初刻本,又有民国十二年(1923)《壁经堂丛书》本。《(民国)崇庆县志·文苑传》称,何氏同乡后学谢攀云曾补辑《浣花草堂志》为十卷,未见刊本行世。

杜诗精华　六卷　[清]朱琦辑

朱琦(1716—?),字景韩,号复亭,又号筼谷居士。清历城(今山东济南)人。幼为济南府历城县学附生,后中拔贡第七名。乾隆九年(1744),中顺天副榜第五名,十二年中顺天乡试第八名。曾官彭县、安岳知县。著有《杜诗精华》六卷、《倚华楼诗》四卷、《铁峰集》一卷、《倚云楼诗》四卷等。《山左诗续抄》载其《倚华楼集》及盱江鲁鸿序云:"景韩生渔洋(王士禛)、秋谷(赵执信)两先生之乡,自其先世与两人为师友,饱见饫闻,故其诗风格深稳,兴会高骞。"生平事迹见山东省图书馆藏《历城朱氏历科硃卷合订》。

《杜诗精华》六卷,朱琦辑,署筼谷居士手抄。系乾隆时抄本,半页九行,行二十一字,无格。选诗624题840首。按体编次:卷一,五言古(101题123首);卷二,七言古(89题103首);卷三,五言律(293题399首);卷四,七言律(87题117首);卷五,五言长律(34题42首);六卷上,五言绝句(6题14首);卷六下,七言绝句(14题42首)。各卷又约略以作年先后排列。有旁批,有眉批,个别名物有解释。卷一五言古部分批解较详,越后越简。其批语言简意赅,然多抄自前人。《中国古籍善本书目》著录。山东省图书馆藏有此本。

少陵诗录 ［清］盛百二选录

盛百二(1720—?),字秦川,号柚堂,秀水(今浙江嘉兴)人。乾隆二十一年(1756)举人,官山东淄川知县。在官一年,以忧去,遂不仕。晚年主讲山枣、桑城书院数十年。著有《柚堂文存》四卷等。《清史稿》卷六八有传。

梅花村人《柚堂居士著述序》(乾隆五十七年刻本《柚堂文存》卷首)云:"其著述自《文存》之外,尚有《尚书释天》、《周礼句解》、《柚堂笔谈》、《续笔谈》、《皆山楼吟稿》、《增订教稼书》、《李播大象赋注》、《古文意宗》、《唐诗式》、《少陵诗录》、《剑南诗钞》、《观录》、《淄川砚铭谱》等十馀种。"嘉兴市图书馆网站《嘉兴名人著作检索》中称,盛百二著《少陵诗录》已佚。《成都杜甫纪念馆馆藏杜集目录》著录此书,署"阙名选录"。系抄本,不分卷,六册,选诗先近体,后古体,有清光绪时贵阳唐炯批语。版式为半页十行,行二十一字。蓝框,白口,单鱼尾。此书极有可能是乾隆时盛百二所著之《少陵诗录》。盛氏又有《批杜工部集辑注》,周采泉《杜集书录·内编·辑评考订类二》著录,称该书有盛氏墨笔跋语,藏成都杜甫草堂博物馆。

西岩集杜稿 一卷 ［清］杨天培撰

杨天培,字西岩。清大埔(今属广东)人。乾隆九年(1744)举人。著有《潮雅拾存》、《西岩文稿》、《西岩诗钞》十二卷、《西岩集唐稿》一卷。

又有《西岩集杜稿》一卷,《(民国)大埔县志·艺文志》著录。周采泉《杜集书录》将书名误作"《集杜诗》"。已佚。

集杜少陵诗 二卷 [清]陈本撰

陈本,字汝立,号筠亭。清仁和(今浙江杭州)人。

著有《集杜少陵诗》二卷,有乾隆刻本,现藏南京图书馆。是书成于乾隆十五年(1750),内编730首,外编321首,另剩五百馀联。所集均为五律,已刊者仅一百首。另《八千卷楼书目·集部·别集类》著录陈本有《月诗集杜》一卷,刊本,疑即《集杜少陵诗》。

旧绣集 二卷 [清]梁同书撰

梁同书(1723—1815),字元颖,号山舟,晚自署不翁,九十岁后署新吾长翁。清钱塘(今浙江杭州)人。大学士梁诗正之子。乾隆十二年(1747)举人,十七年进士。改翰林院庶吉士,散馆授编修。二十三年,官侍讲、充日讲起居注官。嘉庆十二年(1807),恩加侍读学士衔。博学,善鉴赏,尤工书法。初学颜真卿、柳公权,中年以后又取法米芾,七十岁以后融会贯通,纯任自然。工于楷、行书,到晚年犹能写蝇头小楷,其书大字结体紧严,小楷秀逸,尤为精到。与刘墉、翁方纲、王文治并称清四大家。著有《频罗庵遗集》。生平事迹见《清史稿·艺术传二》、《清史列传·文苑传三》。

又有《旧绣集》二卷,为集杜之作。有清乾隆二十一年(1756)写刻本,一册。《成都杜甫纪念馆馆藏杜集目录》著录。又见嘉庆二十二年(1817)刻《频罗庵遗集》本,名为《集杜》二卷。

集杜诗 二十卷 [清]陈曦撰

陈曦,字跃云。嘉定(今属上海)人。诸生,贡《四库全书》馆誊录,议叙州同。乾隆三十七年(1772)纂《娄塘图志》

(《吴郡文编》)。善集句，乾隆四十一年(1776)平定金川，集御制诗句，献颂三十章，称旨，赐缎。著有《澹远山房诗钞》二卷、《集李诗》二卷(钱大昕序)、《集杜诗》二十卷、《词》一卷、《西湖酬唱集》、《药耘诗稿》。生平事迹见《(光绪)嘉定县志·文学传》。

《集杜诗》，《(光绪)嘉定县志·艺文志》著录："《集杜诗》二十卷、《词》一卷"，称有王初桐序。《(光绪)嘉定县志·文学传》称："晚集杜律千篇，无一语覆用，气格浑成，如自己出。"已佚。

杜诗解 十四卷 [清]庄勇成撰

庄勇成(1723—1800)，字勉馀。清武进(今属江苏)人。性孝友，接物尤宽。好学不厌，旁及诗古文辞，精赡为同辈所推服，十试不售。乾隆三十七年(1772)，高宗南巡，召试，钦取二等，以诸生终。四十七年，与程景傅、赵怀玉等在里结六子社。卒年七十八。著有《杜诗解》十四卷、《文集》八卷、《诗集》十四卷。生平见赵怀玉《文学庄君墓志铭》(《亦有生斋文集》卷十八)、张惟骧《清代毗陵名人小传稿》卷五。

《杜诗解》十四卷，《(光绪)武进阳湖县志·艺文志》、张惟骧《清代毗陵书目》卷五著录。已佚。

读杜参解 二十一卷 [清]江中时撰

江中时，字子随，号秋水。清泰宁(今属福建)人。乾隆间贡生。少嗜学，专求心得，不屑记诵，尤以身体力行为务。年三十七赴乡闱，归途闻父卒，星夜奔回，恸几绝，后遂不应科举，锐志著述。工古文，尤喜为诗。尝以诗文质朱仕琇(1715—1780)、李俊，皆期许深至，卒年七十。著有《读杜参解》、《读易蒙求》、《楚辞心解》。生平事迹见《福建通纪·文苑传·清二》。

《读杜参解》二十一卷,《(道光)福建通志·经籍志》著录。已佚。

四色石·同谷歌　[清]曹锡黼撰

曹锡黼(1726—1754),字诞文,号菽圃,又号旦雯。清上海人。炳曾孙。早岁登第,曾任行人司司副、员外郎等职,年二十八卒。与兄蓉圃并有才名,博学能诗,善填词曲,遗作卷帙盈尺,多散佚。乾隆十四年(1749),刻所辑《石仓世纂》六种三十三卷。著有杂剧《桃花吟》、《四色石》,流传至今。尚有《碧薛斋诗集》二卷、《无町诗馀》一卷。生平事迹见《古典戏曲存目汇考》、《晚晴簃诗汇》、《海上墨林》。

《四色石》杂剧,乾隆戊寅(二十三年,1758)颐情阁原刊本,未见著录。郑振铎收入《清人杂剧初集》。此剧系仿徐渭《四声猿》而作,包括四剧,其四为《同谷歌》,正名《寓同谷老杜兴歌》。写杜甫因疏救房琯见放,西入秦州,寓居同谷赋《七歌》事。四剧大抵平铺直叙,不甚适合于演出。

杜律篇法　二卷　[清]郑际熙撰

郑际熙(1726—1761),字大纯,号若波。清侯官(今福建闽侯)人。乾隆二十一年(1756)举人。家甚贫,为人耿介而敦谊,勤学而志远。三次遇会试,均失期。曾主漳州云阳书院。著有《易朔》、《浩波遗集》三卷。生平见姚鼐《郑大纯墓表》。

又有《杜律篇法》二卷,《(道光)福建通志·经籍志》、《(民国)闽侯县志·艺文志》、《清史稿艺文志补编》均予著录。《四库全书总目·集部·别集类存目一二》于《浩波遗集》提要云："文中有《杜律篇法序》一篇，称'能诗者未尝先言法而自中法，且神而明之，变化以自成其法，未尝有案一定之科条而谱之，舍其性情才力，俯首以从法也'，其论亦足破拘挛之说。"已佚。

诗中圣　[清]夏秉衡撰

夏秉衡（1726—?），字平千，号谷香子。清华亭（今上海松江）人。乾隆十七年（1752）举人，三十年起任陕西盩厔知县两年。著有传奇三种：《八宝箱》、《诗中圣》、《双翠圆》，合称《秋水堂三种》。沈德潜称夏秉衡的传奇"直欲与玉茗（汤显祖）争衡，非只夺昉思（洪升）、东塘（孔尚任）之座。"（《清绮轩初集序》）另有文集《清绮轩初集》四卷、《历朝名人词选》十三卷。

《诗中圣》传奇，《今乐考证》著录，为《秋水堂三种》之一。凡二卷三十二出，首载夏氏自序。据夏氏《诗中圣自序》，知此剧乃其乾隆三十九年（1774）寓居吴门秋水堂时所作。此剧现存，但相当罕见，有乾隆甲午（1774）秋水堂刊本，署"秋水堂诗中圣传奇"。剧情主要写杜甫忧国忧民及与李白等人的深厚友谊，从杜甫家居闻李白被召为翰林学士开始，中述杜甫与房琯、严武的交往，寓居同谷的穷困等，最后以杜甫与李白一同饮酒赠诗作结。

杜陵长律注　[清]王以中撰

王以中，字敬斋。清遵义（今属贵州）人。乾隆十八年（1753）举人。

著有《杜陵长律注》，一作《杜陵长诗注》，《（民国）贵州通志·艺文志》、《（民国）遵义府志·艺文志》均著录，已佚。

注释杜诗中伦集 [清]李凤彩撰

李凤彩,字文五,号五云。清建水(今属云南)人。乾隆十八年(1753)举人,官通政司经历。著有《银台诗集》。生平见《(民国)新纂云南通志·艺文考六》。

又有《注释杜诗中伦集》,清方树梅《明清滇人著述书目》著录云:"书现未见。"《(民国)新纂云南通志·艺文考六·滇人著述之书六》著录,并引师范《荫椿书屋诗话》云:"(凤彩)素以诗酒自娱,性豪宕,老弥嗜学杜,颇费精思,然以五伦分体,甚属穿凿。先生虽极自负,予终不敢阿所好也。"已佚。

杜工部集 二十卷 [清]郑沄编校

郑沄,字晴波,号枫人。清歙县(今属安徽)长龄桥人,真州(今江苏仪征)籍。元勋玄孙。乾隆二十七年(1762)举人,召试赐内阁中书,官至浙江督粮道。生平学杜诗最深,尝编刻《杜工部集》二十卷,校勘精美。工词,谭献在《箧中词》中对其词有称扬。著有《玉勾草堂诗集》二十卷、《梦馀集》一卷、《鹧鸪集》一卷、《玉勾草堂词》一卷,续修邵晋涵《杭州府志》。生平见《全清词抄》卷一一、阮元《淮海英灵集》丁四、《(民国)歙县志·人物志·诗林》。

《杜工部集》二十卷,白文无注,系据钱谦益《杜工部集笺注》而成,略去原书序言、略例及笺注文字,而正文、校语一仿钱本。此书初刻为乾隆五十年(1785)玉勾草堂刊本,十册。首为郑沄乾隆四十九年序,其云:"武林为山水胜地,量移来此,因病得闲,稍理故业,取旧本之善者,刊为袖珍版。""笺注概从删削,以少陵一生不为钩章棘句,以意逆志,论世知人,聚讼纷如,盖无取焉。"所谓"旧本之善者",盖指钱本,以钱氏之书,乾隆时遭禁毁,故不便明言也。卷一至卷八为古体诗,计415首;卷九至卷十八为近体诗，计989首，并附录诗48首；卷十九收表赋记说赞述15首；卷二十收策问文状表碑志17首。附录"诸家诗话"、"唱酬题咏"。该本因白文无注，编校精审，或许为清代杜集白文本"以此为最"，故翻刻本甚多，先后有日本文化九年(1812)东京崇文堂仿玉勾草堂刊本；同治十一年(1872)致一斋校刊玉勾草堂本；同治十三年仿玉勾草堂袖珍本重刊本；光绪十三年(1887)重刻本；1927年上海中华书局依玉勾草堂本铅字排印《四部备要》本；1936年上海广益书局铅印本；上海中央书局依玉勾草堂本铅字排印《国学基本文库》本，书名作《杜少陵全集》，仅存下册。1957年北京中华书局用《四部备要》本据玉勾草堂本排印纸型重印单行本，中华书局上海印刷厂印刷，书名《杜工部诗集》，全二册，首为郑沄序，卷前为前人"志传集序"，次为"诸家诗话"、"唱酬题咏"，分卷列目录，除每卷标页数外，又总编有总页数序码，颇便检阅。

杜诗双声叠韵谱括略　八卷　［清］周春撰

周春(1729—1815)，字芚兮，号松霭，晚号黍谷居士。清海宁(今属浙江)人。乾隆十九年(1754)进士，官广西岑溪知县，颇有惠政，丁父忧，后去官。周氏平生博学好古，所居插架环列，卧起其中者三十馀年，治学谨严，撰述甚多，尤工考证、文字、音韵之学。阮元抚浙时延为安澜书院院长。他淡泊宦情，潜心著述，有《十三经音略》十三卷、《杜诗双声叠韵谱括略》八卷、《佛尔雅》八卷、《尔雅补注》二卷、《小学馀论》二卷、《中文考经》一卷、《代北姓谱》二卷、《辽金元姓谱》一卷、《西夏书》十卷、《辽诗话》一卷、《南京古迹考》二卷、《选材录》一卷、《松霭诗抄》、《古文尚书冤词补正》、《海昌胜览》等多种。生平事迹见《清史稿·文苑传一》、《清史列传·儒林传下一》。

《杜诗双声叠韵谱括略》八卷，初名《杜诗双声叠韵谱》，始撰于乾隆二十五年(1760)，凡五易其稿，历经二十五年而成书。此书先是十六卷，后并为十二卷，最后删定为八卷，易名“杜诗双声叠韵谱括略”，“‘括略’之名，本毛西河先生《古今通韵》体例也”(乾隆四十六年作者小记)。是书初刻于乾隆五十四年(1789)，又有嘉庆元年(1796)刻本、《艺海珠尘》本，《丛书集成》初编本即据《艺海珠尘》本影印，日本吉川幸次郎编辑《杜诗又丛》本则据嘉庆元年本影印。其中以《丛书集成》本最为通行。该本卷前有周春乾隆五十四年序，次为八卷目录及周氏乾隆五十四年小记。是书前五卷(卷二又分为上、下两小卷)将杜诗之双声叠韵分为十二格：双声正格、叠韵正格、双声同音通用格、叠韵平上去三声通用格、双声借用格、叠韵借用格、双声广通格、叠韵广通格、双声对变格、叠韵对变格、散句不单用格、古诗四句内照应格。每格先下定义，次列举杜甫律诗、古诗例证，继举他人律诗、古诗例证。他人诗例以唐宋诸名家为多，古诗例证则兼取唐以前者。卷六为“诸格摘论”，综论前十二格。卷七为“论各书”，列举王充、许慎、沈约、刘勰、孙愐、李淑、沈括、杨万里、严羽、李东阳、杨慎、王世贞、王士禛、朱彝尊、朱鹤龄、仇兆鳌等四十三人论音韵声律者数十则。卷八又分上、下两小卷，上卷附录二十二则，乃周氏杂论杜诗之语；下卷序例，依次为周氏乾隆二十八年自序、凡例五则、乾隆四十四年删定凡例七则、乾隆四十六年小记。是书以杜诗之双声叠韵创为一书，功不可没。以杜诗双声叠韵系统为标准，考辨杜诗异文，颇有参考价值。然周氏于杜诗双声叠韵析为十二格，时有界域重杂处，且失之过细，未免流于繁琐。此书《清史稿·艺文志四》著录，今人许总《审音归母，谨严细密——周春〈杜诗双声叠韵谱括略〉初探》(见《杜诗学发微》，南京出版社1989年版)对此本作了较为详细的介绍,可以参看。

杜诗笺注　[清]陈敬畏撰

陈敬畏,字寅仲,号墨庄。清海宁(今属浙江)人。嘉庆监生,早卒。工篆刻,苍润秀劲。著有《礼记说》、《补六书通考证》、《铜香书屋印谱》一卷、《古诗十九首笺疏》一卷、《贫香斋诗钞》十卷(有周春序)、《杜诗笺注》、《唐诗正韵》等。生平事迹见叶为铭《广印人传》、《(民国)海宁州志稿·人物志·方技》、《艺文志·典籍十四》。

《杜诗笺注》,《(光绪)杭州府志·艺文十》著录,《(民国)海宁州志稿·艺文志·典籍十四》亦著录,称"未刊"。已佚。

光焰集　四卷　[清]王初桐撰

王初桐(1730—1821),原名丕烈,字于阳,一作于扬,又字耿仲。一字无言,号竹所,又号思玄。清嘉定(今属上海)人,诸生。乾隆四十一年(1776)召试列二等,官山东新城知县。生平著述甚富,有《海右集》、《巏嵍山人集》、《巏嵍山人词集》四卷、《古文堂文薮》三卷、《小琅嬛词话》三卷、《灌园笔记》七卷、《蝶谱》九卷。《清史稿·艺文志三·子部·谱录》著录其《猫乘》一卷。另有《路史正讹》三卷、《夏小正正讹》一卷、《意林考证》五卷、《说郛正讹》三卷、《京邸校书录》五卷、《东山祝嘏九成乐曲》九卷、《水经注补正》一卷、《西域尔雅》一卷等。辑有《光焰集》四卷。其它尚有《秦汉文的》十二卷、《唐宋文的》十二卷、《奁史》一百卷、《十家诗选》。生平事迹见《嘉定县志》卷十九、王昶《湖海诗传》卷三八、王豫《江苏诗征》卷五一、《全清词抄》卷一六、《清词纪事》乾隆朝卷、张慧剑《明清江苏文人年表》。

《光焰集》四卷,《(光绪)嘉定县志·艺文志》著录,称是集所选皆李杜诗。则该书为一李杜合集,其名盖源于韩愈诗"李杜文章在,光焰万丈长"(《调张籍》)。

杜诗注释 二十四卷、卷首一卷 [清]许宝善撰

许宝善(1731—1803),字敩愚,号穆堂。清青浦(今属上海)人。乾隆二十五年(1760)进士,累官监察御史。丁忧归,不复出,以诗文自娱,尤工词曲。曾协助于敏中增订朱彝尊所著《日下旧闻》为《日下旧闻考》。著有《自怡轩乐府》四卷、《自怡轩词谱》六卷、《自怡轩诗》十二卷、《诗经揭要》四卷、《自怡轩古文选》十卷、《自怡轩诗续集》四卷、《和阮诗》一卷、《和陶诗》一卷、《春秋三传揭要》六卷。辑有《杜诗注释》二十四卷和《自怡轩词选》八卷。生平事迹见《全清词抄》卷十、张慧剑《明清江苏文人年表》。

《杜诗注释》二十四卷,卷首一卷。初刻于嘉庆八年(1803),系自怡轩刻本。光绪三年(1877)吴县朱氏补刻本,阳羡徐人骥题签。卷首有嘉庆七年许氏自序,钱大昕序,新、旧《唐书》杜甫本传、元稹《墓系铭》、杜氏世谱表略、凡例十一则。每卷分列目录,卷次下署"上海曹洪志士心氏参订、云间许宝善穆堂氏编辑、受业桂心堂一枝氏校",版心署"自怡轩"。二十四卷,诗二十三卷,计1458首;赋一卷,收赋表九篇。是书系参照张远《杜诗会粹》与浦起龙《读杜心解》编辑而成。诗之"纪年叙次悉照浦本",浦于杜诗各体分列,许氏以为于阅者不便,则合并之。而"段落则悉照张本,其遗漏处则增之",注文采集征引各书,皆各标书名,其某人注解者,则各标姓氏于上。诗句下所缀小注,小字双行,则多采自张、浦二书,惟更删繁就简而已。许氏自言是书乃采张、浦"两先生之所长而略参鄙意",己意则单标一"按"字以别之。但细检其按语,亦多变化张、浦二家之语

而成,有的则径录原文,如《同李太守登历下古城员外新亭》一诗,“遗堞感至今”句下:“按:以上咏新亭。”结句下:“按:此段咏亭中事。”则直录张注,一字不易。而诗后按语则抄自浦解。此类尚多,不烦赘举。许氏声称:“不敢掠美也。”实已掠美。故洪业指出:“宝善潜心数十年于杜诗之所得,多在分解段落,领会篇意。诗后辄加案语,略述所见,间已取张、浦二氏之说以代之。稍检读其案语,动人之处甚少;姑举其书于此,以见《杜诗》之学之衰也。”(《杜诗引得序》)而博学如钱大昕者,乃对是书推崇备至,亦可谓溢美矣。

耦堂集杜　[清]施学濂集

施学濂,钱塘(今浙江杭州)人。曾任礼部御史,据陈康祺《郎潜纪闻三笔》卷十一载,乾隆三十九年(1774),与许宝善等人充顺天乡试同考官。

有《耦堂集杜》一册,清写刻本,署“钱塘施学濂集”,《成都杜甫纪念馆馆藏杜集目录》著录。

杜诗附记　二卷　[清]翁方纲撰

翁方纲(1733—1818),字正三,号覃溪,晚号苏斋。清大兴(今属北京)人。乾隆十七年(1752)中进士,选庶吉士。累官编修、文渊阁校理官、国子监司业、内阁学士。历典江西、湖北、江南、顺天乡试。先后督广东、江西、山东学政。翁氏为乾嘉时期著名书法家、金石学家,论诗创肌理说。广学博览,著作颇富,有《复初斋诗集》七十卷、《复初斋文集》三十五卷、《论语附记》二卷、《孟子附记》三卷、《石洲诗话》八卷、《苏轼诗补注》八卷、《米元年谱》二卷、《小石帆亭著录》六卷、《兰亭考》六卷、《粤东金石略》十二卷、《两汉金石记》二十二卷、《经义考补正》十二卷、《杜诗附记》二卷等。生平事迹见《清史稿·文苑传二》、《清史列传·儒林传下一》、《晚晴簃诗汇》卷三四。

《杜诗附记》为手钞本,分上、下两卷。卷前有翁氏自序,谓读宋人迄近时诸家杜诗注,少有所得,遂"手写杜诗全本而咀咏之,束诸家评注不观,乃渐有所得","徐徐附以手记,此所手记者,又涂乙删改,由散碎纸条积渐写于一处","题曰'附记',以备自省自择尔。"无目录,选诗只录诗题,不录全诗。上卷选诗279题,下卷选224题,补遗23题,共选杜诗526题。卷末有梁章钜道光三年(1823)跋语云:"新城(指王士禛)论诗专求'神韵',先生则阐发'肌理',研精覃思,前后三十年始成此册。嗣后意有所得,随时点定,又三十馀年,至晚岁重加装池,章钜曾借读一过,其中为先生手写者十之八,他人续写者十之二。"翁氏附记实为其数十年治杜之心得札记,侧重于探发杜甫作诗之宗旨原委,旁及词语典故、音韵格律、章法艺术等,时有精见。该本《贩书偶记》著录。国家图书馆尚藏有二十卷钞本,有清吴嵩梁、李彦章题款。又有上海古籍出版社据清宣统元年夏勤邦抄本影印《续修四库全书》本。

杜工部五言排律诗句解 [清]刘肇虞撰

刘肇虞,清宜黄(今属江西)人。曾师事周礼(字情畊,号月岩,宜黄人,著有《月岩集》五卷),乾隆二十四年(1759)前后执教于凤冈书院,馀不详。撰有《杜工部五言排律诗句解》二卷。据《(同治)宜黄县志》载,肇虞辑有《宋十家文钞》。《四库全书总目·集部·别集类存目一》载,尚辑有《揭曼硕遗文》一卷。

《杜工部五言排律诗句解》二卷,系刘氏在凤冈书院教授生徒之讲稿,有乾隆二十四年(1759)刻本。扉页横署"邑侯张笋亭鉴定"、右署"宜黄刘肇虞纂注",中署"杜工部五言排律诗句解”，左署“全集嗣出”、“义学藏板”。卷前有乾隆二十四年张有泌（字笋亭）序，称刘氏“积数年之力，旁蒐博览”，方纂成此书。次为刘氏自序，中云：“余比年掌教义学，授徒以诗，于杜悉有句解。或谓既为之解，须疏意旨、详脉络，不当徒以句为目。杜注昔号千家，无解不具。兹则汇合参考，准诸钱笺，去支删繁，纂而约之于句，句既解，实无所不解。抑亦合旧注共为一解中，而别为一书也夫。”自序后列总目录。各卷首行题“杜诗句解”，次行题“宜黄后学刘肇虞纂注”。是书共收录杜诗五言排律 110 首加以句解。解甚简略，多熔裁前人注而成。仅《贩书偶记续编》著录，《清史稿·艺文志》及《清史稿艺文志补编》未予著录，可知流传甚稀。

杜诗识小 ［清］朱宗大撰

朱宗大，字直方。清宝应（今属江苏）人。乾隆五十年（1785）贡生。乔亿（1702—1788）弟子，曾名列《杜诗义法》校订。著有《朱直方集》。据沈德潜序云：“直方私淑邑之前贤，以开元、天宝为指归，故其为诗格律高整，风神绵远。”可知亦能诗者。著有《朱直方集》，另有《无尽藏书屋诗》。生平事迹见《（道光）宝应县志》、张慧剑《明清江苏文人年表》。

《朱直方集》包括《寿藤轩吟稿》、《冬荣馆诗》、《杜诗识小》、《李诗臆说》四集，刊于乾隆二十五年（1760）。是书不录杜全诗，只摘评诗句，计评诗 32 首（包括附高适诗一首），半页九行，行十八字。评诗列诗题，摘引所评诗句，引诗顶格，评论文字低一格。评语多极简略，亦无足观。如释高适《人日寄杜二拾遗》诗之“愧尔东西南北人”句云：“‘尔’，指杜；‘东西南北人’，高自谓，承上‘老风尘’来，盖有愧于杜之高卧东山也。或谓羁绊一官，不如遨游四方之为乐，似与上意俱矛盾。”此解实欠妥。“东西南北人”，非高自谓,乃指杜而言,杜尝自言"甫也南北人"。

李太白集杜工部集合钞　[清]王廷和编

王廷和,字碧珊,号爱吾。清华亭(今上海松江)人。《(光绪)华亭县志》称其"居三角地,乾隆二十四年(1759)举人,官海州学政。性醇悫,著述不辍寒暑,尝辑《峰泖志》、《娄县志》、《华亭县志》、《续松风馀韵》、《云间遗事》等,今皆遗佚"。《峰泖志》,《(光绪)华亭县志·艺文志》著录。所纂《华亭县志稿》四十二卷,稿本已佚,《(光绪)松江府续志·艺文志》著录。自著有《缥缈楼诗稿》。生平见《(光绪)华亭县志·人物志五·列传下》。

另有《李太白集杜工部集合钞》,抄本,不分卷。原藏重庆市图书馆,周采泉《杜集书录·内编·选本律注类存目》著录。

杜诗隅　四卷　[清]李梅冬撰

李梅冬,字德润,号雪崖。清寿光(今属山东)人。乾隆二十一年(1756)举人。治群经,喜读《周易》、《毛诗》,著有《先天图说》、《八卦与河图洛书异同论》及《诗经合旨》。生平结诗文癖最深,虑学者鲜师承,著《杜诗隅》四卷、《声调谱》二卷,于五、七言律体、拗体、古体皆有歌诀。论文则有《读书作文十要》、《虚字赋》、《笔法论》等篇。生平见《(民国)寿光县志·人物志》。

《杜诗隅》四卷,《(民国)寿光县志·人物志》著录,称是书"于五、七言律体、拗体、古体皆有歌诀。"已佚。

杜诗本义　二卷　[清]齐翀撰

齐翀,字雨峰。室名思补斋。清婺源(今属江西)人。乾隆二十八年(1763)进士。曾主讲山西晋阳书院。三十七年后历任广东始兴、电白、高要知县。四十七年升任潮州府南澳同知，署嘉应州知州。工诗，同年进士李调元序其集，以为“专主丽情”。著有《杜诗本义》二卷、《三晋见闻录》一卷、《思补斋日录》一卷、《南澳志》、《雨峰全集》等。生平见《清诗纪事》乾隆朝卷。

《杜诗本义》二卷，有乾隆四十七年(1782)双溪草堂刻本，原刻入《雨峰全集》，后有广州文林堂刻本。该本封里左署“婺源齐翀注”，中大字署“杜诗本义”，右下署“宜兴城南东撒珠巷齐公馆双溪草堂藏板”。卷前有齐氏于乾隆四十七年秋七月所撰自序，次列“例言”九则，附赋比兴图。卷前无目录，书尾署“广东省城西湖街文林堂刷印刻字”。是书分上、下卷，只收七律，因“杜诗七律，最为变化，读者更易眩惑，故特著七律以发其凡”，共计122题，149首。起《题张氏隐居》，止《长沙送李十一衔》。诗正文顶格，题目低二格，诗题后有一简短题解文字，较诗题统低一格。每首诗末以两行小字夹注字音、校勘文字异同。正文后为解释文字，统低一格，皆标出赋、比、兴字样，简释诗意，诠释词语，订正读音，后选引诸家之说。所引出处以双行小字夹注出之。是书义例分为四类，紬绎章句，使诗语意分明，然后博采众说：“一曰本义，乃直诂诗义，确然无疑者；二曰辨说，旧说之舛谬者驳正之；三曰旁证，虽非正解，而依附诗义，于事物之理，有所推阐者，存之以资闻见；四曰存疑，各持一说，义亦可通者，姑两存之，以备参考。”态度是审慎的，然多采自仇兆鳌《杜诗详注》。

杜诗正　［清］邵志谦撰

邵志谦，字炳元。周采泉《杜集书录》误作“姚志谦”。常山(今属浙江)坑头人，乾隆间拔贡。淹通经史，多集旧闻。督学李公聘至幕中，足迹历数千里，见闻益广。后以拔贡任金华汤溪，引疾归。著有《逸志》、《邵氏庭宪》、《然叶斋诗文集》、《竞辰山房诗集》、《临松集》、《同怀集》、《兰陔集》、《海上晷馀草》、《文献通考纂要》二十卷、《唐诗榘》、《杜诗正》、《重订甲子纪元考》、《常山逸志》等。

《杜诗正》，《(光绪)常山县志·艺文志》著录，已佚。

杜诗约选五律串解　二卷　[清]周作渊撰

周作渊，字潜斋。清淝水（今属安徽太和）人。周祖培祖父。乾隆三十六年(1771)为鹿邑学博，擢建平县令，有政绩，后移官粤东，为广东惠州府海防同知。

著有《杜诗约选五律串解》二卷，又名《柏荫轩约选杜诗五律串解》。始撰于乾隆二十九年(1764)，有乾隆五十五年文鸟堂刻本。扉页署"乾隆庚戌年镌 杜诗约选五律串解 文鸟堂藏板"。卷首有乾隆五十四年许亦鲁序、周作渊自序；次录胡应麟、李梦阳、周珽、沈德潜有关五律评论数则；次载《杜工部本传》，附录唐庚、苏轼、朱熹、元好问四家论杜四则。卷末有戴名驹跋。卷前列总目录，卷目下标注收诗数。共选杜诗五律133首，按作年先后编次。每卷首行署"柏荫轩约选杜诗五律串解"卷次，次行署"淝水周作渊潜斋氏解"及校字诸子侄姓名。版心上署"杜诗约选五律串解"，中署卷次、页数，下署"文鸟堂藏板"，下卷末署刻工姓名。诗正文大字顶格，诗末标明韵部；串解双行小字附于诗后，统低一格；诗旁偶有圈划。训释典故置于书眉，多删改仇兆鳌《杜诗详注》而成。附录他人唱和诗，亦作串解。串解先解诗意，次论章法结构，间或引用前人评语，往往不标姓氏。周氏于前人诸注，尤推崇仇兆鳌。故疏解诗意，能承仇注之长，而又避仇注繁冗之弊，尚称简明。此书《贩书偶记续编》著录。

杜律 [清]和瑛著

和瑛(?—1821),原名和宁,避清宣宗讳改,字润平,号太庵,额勒德特氏,蒙古镶黄旗人。乾隆三十六年(1771)进士,授户部主事,历员外郎。出为安徽太平知府,调颍州。五十二年,擢庐凤道,历四川按察使,安徽、四川、陕西布政使。五十八年,予副都统衔,充西藏办事大臣。寻授内阁学士,仍留藏办事。和瑛在藏八年,著《西藏赋》,博采地形、民俗、物产,自为之注。嘉庆五年(1800),召为理藩院侍郎,历工部、户部,出为山东巡抚。十一年,召还京,为吏部侍郎,调仓场。未几,复出为乌鲁木齐都统。十四年,授陕甘总督。坐前在仓场失察盗米,降大理寺少卿。十六年,迁盛京刑部侍郎。二十一年,授工部尚书。二十二年,调兵部,加太子少保,历礼部、兵部。二十三年,授军机大臣、领侍卫内大臣,充上书房总谙达、文颖馆总裁。逾一岁,调刑部,罢内直。道光元年卒,赠太子太保,谥简勤。和瑛娴习掌故,优于文学,著书多不传。《八旗艺文编目》著录其有《读易拟言内外篇》、《经史汇参上下编》等。生平事迹见《清史稿·列传一百四十》。

又有《杜律》,《八旗艺文编目三·子类·诗文评》著录,未见。周采泉《杜集书录》将书名误作《杜律选》。

杜诗精华 [清]和宁辑

和宁,即和瑛,生平事迹见上《杜律》介绍。

《杜诗精华》,清抄本,四册一函。八行二十字,小字双行,白口,无行格。《清华大学图书馆藏善本书目·集部·别集类》著录。《八旗艺文编目》著录其有《杜律》,疑即此书。

说杜择粹 [清]谢圣纶撰

谢圣纶,字德沛。清番禺(今属广东广州)市桥人。乾隆三十九年(1774)优贡,四十二年中举人。六十年,大挑一等,以知县分发河南,署商丘,补宜阳,以廉干慈惠称。白莲教起,练勇守备。奉檄督理南阳军饷,应期立办,尤善听讼,不事刑求,惟谕以情理,民各欣然散去,囹圄为空。以母老乞归,母终,服阙,圣纶亦卒。著有《春晖堂稿》、《宜阳补志》、《说杜择粹》、《梅影轩杂志》、《篆法真本》、《文选荟评》、《记事元珠》、《惺惺篇》、《解颐小纪》、《宦归纪程》等书,凡数十卷。生平事迹见《(光绪)广州府志·列传十九》。

《说杜择粹》,《(光绪)广州府志·艺文略七》据《番禺志》著录。已佚。

读杜心解 [清]李凤翧撰

李凤翧,字丹吾,号半山峰人。瀛子。清贵州人。倜傥颖异,乾隆三十九年(1774)举人。屡试礼部不售,遂绝意进取,以诗书自娱。世居遵南乡,从无讲古学者,乃肆力诗古文词,为之倡。后复潜心理学,所造益深。性峭直,不肯俯仰随人。乡邻有斗者,得一言辄解。生平每一操觚,必有关于人心世道。年八十一卒。著有《六书启蒙》、《觉轩杂著》、《读史论》、《苗尔雅》、《读杜心解》、《戊巳篇》、《觉轩间拟》。生平事迹见《(民国)贵州通志·人物志五·文学下》。

《读杜心解》,《(民国)贵州通志·艺文志十八》著录。已佚。

杜诗注 [清]陈烺注

陈烺，字士辉，号东村、榕西逸客。清闽县（今福建闽侯）人。文法庄、列，诗宗杜、韩，兼工倚声。早岁著有《花月痕》、《紫霞巾》传奇行世（一说作者为陈栋，字浦云，号东村，会稽人）。乾隆四十二年（1777）举人，官德化教谕，不半载，谢病归。授徒自给，多所成就。老病目，问业者，履犹满户外。卒年七十馀。所著多散佚不传，有《庄子注》、《杜诗注》、《垂老诗集》。生平事迹见《福建通纪·艺文志·集部二·别集十一》。

《杜诗注》，《（道光）福建通志·经籍志》、《（民国）福建通志·艺文志》著录，已佚。

鹤泉集杜诗　二卷　［清］戚学标撰

戚学标（1742—1825），字翰芳，号鹤泉，别号南墅居士。清太平（今浙江温岭）人。乾隆四十六年（1781）进士，历官河南涉县、林县知县，以忤上官罢。后改宁波府学教授，不久辞归，著述以终。治学长于考证，于《说文》、《毛诗》研究有成。著有《毛诗证读》、《诗声辨定阴阳谱》四卷、《四书偶谈内外编》、《鹤泉文钞》二卷、《鹤泉文钞续选》九卷、《景文堂诗集》十三卷、《鹤泉集杜诗》二卷、《集李诗》二卷、《三台诗话》二卷、《风雅遗闻》四卷、《风雅逸音》四卷等。生平事迹见《清史稿·儒林传二》、《清史列传·儒林传下一》、缪荃孙《戚学标传》。

《鹤泉集杜诗》二卷，乾隆六十年（1795）刻本，四册。半页九行，行二十二字，双边，单鱼尾，版心刻书名、卷次、页数。巾箱本。《成都杜甫纪念馆馆藏杜集目录》著录。《台州经籍志》亦著录。《（光绪）太平县志·艺文志》著录为《集杜正续集》，云："前集皆五言律，续集备诸体，凡诗七八百首。又有集李、集唐、集苏、集选诸刻。"

集杜诗　一卷　[清]耿沄撰

耿沄,字晴湘,清沭阳(今属江苏)人。乾、嘉时庠生。著有《集杜诗》一卷、《集杜词》一卷。

《集杜诗》一卷,乾隆六十年(1795)志成堂刻本。《江苏省立国学图书馆现存书目》卷十三《雪村诗草》六卷后著录,现藏南京图书馆。《上海辞书出版社图书馆书目》著录有嘉庆八年(1803)志成堂刻本。

集杜词　一卷　[清]耿沄撰

耿沄,生平事迹见上《集杜诗》介绍。

《集杜词》一卷,乾隆六十年(1795)志成堂刻本。《江苏省立国学图书馆现存书目》卷十三《雪村诗草》六卷后著录,现藏南京图书馆。《上海辞书出版社图书馆书目》著录有嘉庆八年(1803)志成堂刻本。

杜诗义法　四卷　[清]吴蔚光撰

吴蔚光(1743—1803),字悊甫,号执虚,自号竹桥,晚号湖田外史,世居休宁(今属安徽),四岁随父迁居昭文(今常熟)。乾隆四十五年(1780)进士,选翰林院庶吉士,改礼部主事,不久即以病假归,退闲林下二十馀年,潜心读书著述,并将家中书楼命名为"素修堂",擅长古文,诗词尤佳。著述甚富,有《古金石斋诗前后集》六十卷、《素修堂文集》二十卷、《小湖田乐府》十四卷、《杜诗义法》四卷、《唐律六长》四卷、《苏陆诗评》十二卷、《寓物偶留》四卷、《毛诗臆见》四卷、《春秋去例》四卷、《读礼知意》四卷、《方言考据》二卷、《洪范音谐》二卷、《诗馀辨讹》二卷、《姜张词得》二卷等。生平见法式善《例授奉直大夫礼部主事吴君墓表》、张维屏《国朝诗人征略初编》卷四七、《常昭合志稿·人物传》、《碑传集补》卷十一。

《杜诗义法》四卷(一作八卷),《光绪重修安徽通志·艺文志》、《民国安徽通志稿·艺文志》著录,已佚。

集杜诗　三卷　[清]钱大昭撰

钱大昭(1744—1813),字晦之,一字竹庐。清嘉定(今属上海)人,大昕弟。时以大昕、大昭兄弟比苏轼、苏辙。生平不慕利禄,自命书斋曰"可斋"。壮岁游学京师,曾预校录《四库全书》,博览秘籍,淹贯经史,尤精研《尔雅》及两汉史。嘉庆元年(1796)举孝廉方正,赐六品服。著有《广雅疏义》二十卷、《汉书辨疑》二十二卷、《后汉书辨疑》十一卷、《续后汉书辨疑》九卷、《三史拾遗》五卷、《迩言》六卷等。生平事迹见《清史稿·儒林传二》、《清史列传·儒林传下一》。

又有《集杜诗》三卷,《(民国)嘉定县志·艺文志》著录,已佚。

杜诗评注　八卷　[清]赵溍撰

赵溍,字霖渤,号玉川。清江浦(今属江苏南京)人。少慧,读书过目成诵,补县学生,为督学谢墉所赏。乾隆四十五年(1780)举于乡,屡踬公车,年六十馀循例与选,或以年迈劝之,赋诗云:"以貌悦人乃女子,丈夫白须何可无?"著有《逊志斋诗集》(未梓)、《玉川文集》、《杜诗评注》八卷,辑有《全唐诗钞》一百二十卷,稿本未刊。事迹详见侯宗海等《江浦埤乘·人物七》。

《杜诗评注》八卷,周采泉《杜集书录》误作《读杜评注》,《(光绪)江浦埤乘·艺文志》著录,已佚。

杜陵春　[清]宋鸣珂撰

宋鸣珂，字梅生，一字榗桓，号澹思。清奉新（今属江西）人。乾隆四十五年（1780）进士，改补南城兵马司正指挥。后得狂疾，自戕死。少负异禀，尤长于诗。尝游桑调元、陈奉兹之门，二人诗皆追摹老杜。三十以后专学同邑帅家相（号卓山）。论者以为《卓山集》佳处不逊杜陵，而鸣珂也不让卓山。著有《南川草堂诗钞》十三卷、《心铁石斋存稿》，另有《杜陵春》、《罗浮梦》二传奇。生平事迹见《清诗纪事》乾隆朝卷。

《杜陵春》传奇，《今乐考证》著录，其他戏曲书录未见记载。已佚，本事不详，疑与杜甫有关。

杜诗镜铨　二十卷　[清]杨伦撰

杨伦（1747—1803），字敦五，一字西河（一作西禾），号罗峰。清阳湖（今江苏常州）人。乾隆四十六年（1781）进士，官广西荔浦知县，创正谊书院，招邑之秀者课其中，捐俸奖其前列，士风丕变。与当时同里学人洪亮吉、孙星衍、赵怀玉、黄景仁、吕星垣、徐书受等人号为“毗陵七子”。他博极群书，生平论学，以不欺为本，其诗得力于少陵。晚年主讲武昌江汉书院七年之久，门下多尊信之。亦尝主江西白鹿洞书院讲席。在广西三为同考试官，所拔皆知名士。著有《杜诗镜铨》二十卷、《九柏山房集》等。生平事迹见《清史稿·文苑传二》、张惟骧《清代毗陵名人小传稿》卷五。

《杜诗镜铨》二十卷，成书于乾隆五十六年（1791）。书之命名取义于杜诗《秋日夔府咏怀奉寄郑监李宾客一百韵》之“金篦空刮眼，镜象未离铨。”正如作者自序云：“今也年经月纬，句栉字比，以求合乎作者之意，殆尚所云‘镜象未离铨’者。然一切楦釀丛脞之说，剪薙无馀，使浅学者皆晓然易见，则亦庶几刮膜之金篦也夫。"又云:"余自束发后,即好诵少陵诗,二十年来,凡见有单词只字关于杜诗者,靡不采录,于旧说多所折衷。年来主讲武昌,闲居无事,重加排纂,义有觝滞,至忘寝食,不觉豁然开明,若有神相之者。凡阅五寒暑,始获成书。"是书共收杜诗1451首,以编年为序。词语注释附于句下,章法字评置于行间或书眉。诗后则为前人或杨氏评论全诗之语。长篇之诗则依仇兆鳌注本约略分段,诗旁间有圈点,体例极为简明。宋以后之注解杜诗者,或谓杜诗"无一字无来处"而广征远引,务博矜奇,繁琐词费;或以"诗史"、"诗圣"称杜,附会史实,妄以己意逆诗人之志;甚或以时文帖括之术解杜,穿凿支离而诗意汩没无馀。杨氏博览诸家,酌采众长,据蒋金式所批朱鹤龄本,删汰历代诸家注释,力纠诸种积弊,择善而从,剪裁允当,沉潜深思,以诗人之心而解杜,故能正仇、浦诸家之误,补朱注之缺。考证时事、典实,但不为臆说,不矜奇逞博,不穿凿附会,故其注解平正通达,简明扼要。时人王昶《湖海诗传·蒲褐山房诗话》盛称"《杜诗镜铨》实能照见古人心髓,足与朱鹤龄上下"。故是书在清代诸重要注杜本中流播最广。今所见者,最早为乾隆五十七年(1792)阳湖杨氏九柏山房刻本;道光二十二年(1842)杨钱翻刻于陕西澄城;咸丰十一年(1861)广东刻本;同治十一年(1872)吴棠刻于成都四川节署,其《重刻杜诗镜铨序》云:"今年春,校刊'四史'葳事,念东南兵燹以后,公集板毁无存。爰觅善本付梓,并取张上若先生《工部文集注解》二卷附后。读诗者息众说之纷拏,仰光焰之万丈,而杜公真切深厚之旨,益昭然若揭焉。工既竣,遂以是书藏之草堂,用广流传。"是本首附张溍《读书堂杜工部文集注解》二卷,并首刊子美戴笠像,杜集之冠像自此刻始,是为望三益斋刻本,后之翻刻者,多依此本;光绪十八年(1892)上海著易堂据望三益斋本铅印本;宣统二年(1910)扫叶山房石印本;民国二年(1913)广州登云阁重刻望三益斋本;民国三年上海著易堂据望三益斋本石印本;民国十年上海荣华山房石印本;民国十年上海云章书局石印本;民国十七年成都志古堂重刻望三益斋本;民国十七年上海文化书局据登云阁本石印本;民国十九年上海大一统书局石印本;1956 年台湾新兴书局据同治十一年望三益斋本排印本;1957 年四川人民出版社重印成都志古堂本;1962 年中华书局上海编辑所据九柏山房本重排标点铅印本。此本首页杜甫像,系采自南薰殿旧藏《唐名臣像》,而不是望三益斋本的戴笠像。卷前有郭绍虞前言、乾隆五十七年(1792)毕沅序、乾隆五十六年朱珪序、周樽序、杨伦自序,而删去吴棠序。又有"凡例"二十则;全书总目录;二十卷诗后,附张溍《读书堂杜工部文集注解》二卷;书末附录:一、传志。依次为《旧唐书》、《新唐书》杜甫本传、元稹《唐故检校工部员外郎杜君墓系铭并序》。二、杜工部年谱。三、评论。收诸家论杜,有王安石、严羽、元好问、胡应麟、王世懋、沈明臣、卢世㴶、陶开虞、吴齐贤等人。此本上海古籍出版社 1980 年又出新一版,唯多一"再版说明",末云:"一九六二年,中华书局上海编辑所曾用本书原刻本标点出版,并请郭绍虞同志撰写前言。现订正了书中若干错字和标点错误,予以出版,供读者研究参考。"此书《清史稿·艺文志四》、《(光绪)武进县志·艺文志》、张之洞《书目答问》、张惟骧《清代毗陵书目》及各大图书馆书目,均予著录。

杜工部诗抄 [清]阙名抄

《杜工部诗抄》,不分卷。据《成都杜甫纪念馆馆藏杜集目录》载,该书抄注者不详,为清乾、嘉间抄本,六册。诗依年编次,首录《旧唐书·文苑》本传,次杜诗总目,分六册列目,后有

“天生”、“健斋”按语:“杜诗取中秘藏本及旧家流传者定取千四百有五篇,凡古诗三百九十有九,近体千有六,起太平时,终湖南所作”。于诗题前及各诗后简要注释,有朱色批圈,亦间有墨批。有“张氏丹霄”等印章。

六观楼杜诗抄　二卷　[清]许鸿磐撰

许鸿磐,字渐逵,号云峤,别号雪帆、六观楼主人。清任城(今山东济宁)人。乾隆四十六年(1781)进士,补授江苏安东县知县,擢西城兵马司正指挥,迁安徽颍州府同知,改泗州知州,所至有循声,缘事落职。嘉庆二十一年(1816)捐复知州,补河南禹州知州。少负才名,博涉群籍,尤致力于舆地,凌廷堪以为“海内舆地之学,以鸿磐为第一专家。”亦能散文戏曲。著有《六观楼遗文》二卷、《雪帆杂著》一卷、《尚书札记》四卷、《方舆考证》一百二十卷、《六观楼北曲六种》等。又有稿本《六观楼文集》、《许云峤文集》一卷、《许云峤先生诗文稿》一卷。生平见《清史列传·文苑传三》、《(道光)济宁直隶州志·人物志》。

又有《六观楼杜诗抄》二卷,为道光五年(1825)作者手抄本,四册。书前有许鸿磐《杜诗抄小序》,序后为《新唐书·杜甫传》、元稹撰《子美先生墓系铭》。次列卷上目录,有“六观楼”、“鸿磐”、“云峤”钤章,再次卷下目录。书后有许鸿磐识语云:“右钞杜诗五古七十首,七古六十首,五律一百七首,七律五十四首,五排十首,绝句十七首,共三百一十八首,是为六观楼读本。余宦游三十馀年,甲申自中州归,检旧存书,十亡六七。所存杜集,止刘须溪《千家注》、仇沧柱《详注》、浦二田《心解》、余同年杨伦《镜铨》而已,故钞中注及评语,多采自四种,间有补注及臆测者,亦附见于编,屏去武断、穿凿之见,潜吟密咏,惟求义之所安而止,余岂敢谓得作者之意,幸赖诸家之有以牖予,或不至大相刺谬也。乙酉春二月花朝前三日鸿磐又识。”该书每页九行,行二十二字,诗题下小字双行,每页中缝下有“六观楼”三字。诗后多引各家评注语,栏上亦多引他人评语,均小字,新见不多。

读杜心解　[清]唐金撰

唐金,字缄之。清遵义(今属贵州)人。乾隆四十七年(1782)举人。

著有《读杜心解》,《(民国)遵义府志·艺文志》著录,已佚。

朱雪鸿批杜诗　二卷　[清]朱颢英批

朱颢英,字赓云,疑号雪鸿。清云间(今上海松江)人。疑为乾隆时人。

著有《朱雪鸿批杜诗》二卷。上卷选五言古诗105首,五言排律14首;下卷选七言古诗30首,凡149首。卷前无序跋,亦无目录。诗之编次不按作年,不依内容,杂乱无序。诗正文行间、诗后句下,时加批注,小字双行,偶有圈点。注释重在解析关键诗句和章法结构,间或总论诗旨,亦有合诸首作一评解者。多综述前人旧说,无多新见。开卷数诗尚有眉批,多注明典故出处或援引前人诗文。是书为手抄本,台湾大通书局1974年印行之《杜诗丛刊》即据“手稿本”影印。孙殿起《贩书偶记续编》著录。或云是编为乾隆间钞本。则书中附记批解之时日,如“丁亥四月廿日,阅秦州诗二十首,时正当空乏,故语及之。”“丁亥小春下浣日,灯下书此。”“丁亥”当是乾隆三十二年(1767)。

杜诗择注　[清]张桓注

张桓,字子善,号八愚。清桐乡(今属浙江)青镇人。幼失怙,事祖母极孝。早岁游庠,苦志力学,乾隆四十八年(1783)举于乡。每当春闱报罢,以祖母年高,膝前无养志者,即决计归,尝作《述怀诗》云:“燕路三千里,刘年八十馀。焉能常作客,不敢避怀居。”五十五年(1790)成进士(周采泉《杜集书录》误作“康熙九年(1670)进士”),先后官直隶文安、大名等县,有政声,旋入赀为刑部河南司郎中。遇事洞悉原委,吏不敢欺,上官倚为左右手,惜未竟其用而殁。著有《海隐山房集》、《托钵吟》。生平事迹见《(光绪)桐乡县志·人物志下·宦绩》。

又有《杜诗择注》,《(光绪)桐乡县志·艺文志》著录,已佚。

集杜　二卷　[清]韩天骥撰

韩天骥,清沾化(今属山东)人,乾隆五十四年(1789)进士。著有《浣花山吏存稿》,曾编《姓氏新编》五卷,有清嘉庆十五年(1810)刻本,《贩书偶记续编》著录。

又有《集杜》二卷,《(民国)山东通志·艺文志》著录。已佚。

集杜诗　[清]叶继雯撰

叶继雯(1755—1830,一说卒于1824),字桐封,号云素,室名磁林馆。清汉阳(今属湖北武汉)人。廷芳子,志诜父。乾隆五十五年(1790)进士,历官内阁中书、户部侍郎、山东道监察御史、刑科给事中。生平究心《三礼》,能文。官内阁时,进奉文字多出其手。为阿桂所赏识,大学士王杰、刘墉亦咸倚重。历充《会典》馆、《玉牒》馆纂修官,熟悉掌故。亦能诗。著有《磁林馆诗集》、《读礼杂记》、《朱子外记》。生平事迹见《清史列传·文苑传三》、程鸿诏《叶给谏事述》。

又有《集杜诗》,《清史列传·文苑传三》叶继雯传称其“纵横跌宕，集《选》、集杜、集苏诸作，尤极才人能事”。

批点杜少陵集 [清]陶必铨批

陶必铨（1755—1805），字士升，号萸江。清安化（今属湖南）人。乾隆中优廪生。慷慨任侠，刻苦自励。家贫，尝拾薪撷茗自给，而好学不倦。于书无所不窥，诗古文卓然名家，肄业岳麓城南，院长罗典、余廷燦均器之，然屡试不中，以教书终老，卒祀先贤。后因其子陶澍而显贵，获赠一品官阶。诗宗韩愈、杜甫。著有《易经抉微》、《春秋汇览》、《萸江诗文存》、《萸江诗话》等多种。辑有《（乾隆）增订安化县志》二十七卷。另有《批点杜少陵集》、《批点韩昌黎集》。生平事迹见《（民国）湖南通志》卷一八二《国朝人物传八》、《萸江诗文存》前附《行状》、《墓志》。

《批点杜少陵集》，《（民国）湖南通志·艺文志十四·集部六》著录。已佚。

藏云山房杜律详解 八卷 [清]石间居士评点

石间居士，生平不详。有评点《藏云山房杜律详解》八卷。据其序所述，该书为一正主人珍藏，石间居士评点后刊行。序中云：“名者，实之宾也。古人务实不务名，是人著是书，不书名氏。殆得其实，而辞其名者乎？今索其名而不可得，即以为杜公自作自解，似亦无乎不可。”故知其乃有意回避其真实姓名。

《藏云山房杜律详解》，有道光八年（1828）北京聚魁斋刻本，又有光绪元年（1875）刻本。后本扉页右上署“藏云山房藏版”，中署“杜律详解大全集”，左上署“光绪乙亥年新镌”。卷前有石间居士《藏云山房杜律详解序》，其后紧附《杜律详解原题》云：“是书典故，本于仇沧柱《杜诗详注》，只删繁补略而已。其诗次亦依仇本。其间间有改订者,惟注明于本诗题下,并不移易篇章,以便参考仇氏《杜诗详注》,易于翻阅耳。"次列总目录,凡八卷,其中五律六卷,录诗626首;七律分上、下卷,录诗151首。共计777首。次列"年谱",较仇谱略有增益。每卷首行署书名分体卷次,二行署"一正主人珍藏　石间居士评点"。诗正文大字顶格,注双行小字附于题下、诗末;解置诗后,统低一格;石间居士之评点则置于栏上书眉;诗旁、解旁有圈点。其解甚详,于杜诗之内容主旨、章法结构等颇多阐释,逐联评解,虽不无有见,但稍嫌繁冗。且自诩太过,令人生厌。此书《贩书偶记续编》著录云:"藏云山房杜律详解八卷年谱一卷,清石间居士评点,道光戊子刊,五律六卷,七律二卷。"戊子,即道光八年。

集杜诗草　一卷　[清]李旸撰

李旸(1759—1791),字宾谷,号禺山。清衡阳(今属湖南)人。年十七发愤读书,督学李宾幢拔置郡庠第一,次年补廪,考取古学,屡刊一等。五赴乡闱而不售,旋应宁乡周静君聘,佐理署内诸务数载,省亲归里,遽得疾卒,年三十三。著有《禺山杂著》四卷,其中有《集杜诗草》一卷。生平事迹见《禺山杂著》卷一。

《集杜诗草》一卷,有光绪间刻本,一册,署"衡阳李旸宾谷集"。《成都杜甫纪念馆馆藏杜集目录》著录,作者误署为"李肠"。又见《禺山杂著》卷二。《禺山杂著》共四卷,为嘉庆庚辰(1820)刊本,其中卷一《名家题辞》,卷二《集杜诗草》,卷三《春吟回文》,卷四《璇玑碎锦》。卷二《集杜诗草》前署"禺山杂著诗词回文图说卷式",扉页署大字"集杜",换行题"衡阳禺山李旸宾谷甫著",次为"集杜诗草目录"。共116题151首,所集均为五言诗,并于所集杜句下小字注明杜诗原题。《禺山杂著》卷一载有邓奇逢《禺山集杜遗稿序言》，记述了李旸集杜之原委。

杜诗评 [清]朱铨撰

朱铨(1760—1831)，周采泉《杜集书录》误作"朱绖"。字伦甄。清昆山(今属江苏)人。父元载，诸生。少嗣族父廷焕，后家贫，授经洞庭东山。迨叠遭本生父母及期丧，念门祚衰，遂入都。肄业国学，两试北闱不售。时总宪窦光鼐、阁学翁方纲、太史张问陶皆器重之，招致幕下。复念嗣母春秋高，乃南归。未几，嗣母卒，丧葬尽礼。为人孝友，待孤寡恩谊兼隆，见善勇为邑中，如水旱助赈劝募，修葺学宫，设洒扫会，协修县志，不避劳怨，铨皆与焉。长身鹄立，美须髯，工诗善奕，兼写竹枝，尤精堪舆家言。道光十一年卒，年七十二。事迹详见《(光绪)昆新两县续修合志·人物传·耆硕》。

著有《杜诗评》，《(民国)昆山县志·艺文志》著录。已佚。

李杜诗钞 四卷 [清]王绍兰撰

王绍兰(1760—1835)，字畹馨，号南陔，晚号思惟居士。清萧山(今属浙江杭州)人。乾隆五十八年(1793)进士，以知县用，六十年补屏南知县，嘉庆元年(1796)调惠安县，七年升泉州府知府，十九年擢福建巡抚，二十年兼署闽浙总督。二十二年，罢职归里，闭门谢客，潜心著述。有《周人说经》八卷、《周人礼说》八卷、《礼堂集义》四十二卷、《礼仪图》十七卷、《石渠之义逸文考》一卷、《董仲舒诗说笺》一卷、《匡说诗义疏》一卷、《漆书古文尚书逸文考》一卷附《杜林训故逸文》、《桑钦古文尚书说》、《地理志考逸》合一卷附《中文尚书》、《齐论语》、《问王知道补亡》一卷、《夏大正逸文考》一卷、《弟子识古文考》一卷、《凡将篇逸文注》一卷、《汉书地理志校注》二卷、《袁宏后汉纪补证》三十卷、《管子地员篇注》四卷、《老庄急就章》一卷、《说文段注订补》六卷、《读书杂记》十二卷、《思惟居士存稿》十卷、《唐人宫词钞》三卷、《古诗钞》二卷、《王氏泰支瓜瓞谱》七卷。均手自写定。《说文集注》一百二十册,未及脱稿。生平事迹见《清史稿·列传一四六》张师诚传附、王端履《重论文斋笔录》卷四所撰《墓志铭》。

又有《李杜诗钞》四卷,清王端履《重论文斋笔录》卷四、萧一山《清代学者著述表》著录。王端履《重论文斋笔录》卷四称《李杜诗钞》等书"均手自写定",可见该书为写本。

杜工部诗话　五卷　[清]刘凤诰撰

刘凤诰(1761—1830),字丞牧,号金门。清萍乡(今属江西)人。中乾隆五十四年(1789)己酉科第三名探花,授编修,超擢侍读学士、内阁学士。曾先后提督广西、山东、浙江学政,充湖北、山东、江南乡试正考官。官至兵部左侍郎、吏部右侍郎,赏加太子太保。嘉庆十四年(1809)以罪充军伊犁,著改发黑龙江,十八年释回。道光元年(1821),因病回籍,后卒于家。凤诰工古文,有《存悔斋集》二十八卷、外集四卷传于世。生平事迹见《清史列传·大臣传次编二》。

道光十年(1830)开雕、十七年刊竣的《存悔斋集》中有《杜诗话》五卷(卷二十四至卷二十八),版式为半叶十一行,行二十四字;亦有宣统二年(1910)扫叶山房石印本《杜工部诗话》,不分卷,无序跋及目录,半叶十四行,行三十一字;又有民国三年(1914)上海锦章图书局石印本。共收录诗话一百五十条。刘凤诰熟读杜诗,又精通史学,长于考订,故于诸家注杜论杜、唐史典实多所浏览。其所撰《杜工部诗话》,涉论颇广,于杜甫家世、亲族交游、生平事迹、思想性格、诗义阐释及诸家评论,多所评骘,且偶有新见。如辩杜甫啖牛炙白酒一夕而卒之说为诬谤;谓杜诗"仅以年月日为题者,皆就客中岁月记其节候土风",以证杜甫之明历法等等。今人张舜徽称其"《杜诗话》五卷,考订详密,议论平允,实有得于作者之心,以其寝馈工部之诗,功力较深也"(《清人文集别录》卷八)。不足之处是多为摭拾前人评论,且多抄自仇注;有的评论虽抄自前人,却不注明出处,甚或沿袭前人之误。如第 90 条引蔡絛《西清诗话》语,实为黄彻《䂬溪诗话》语,盖沿仇注之误;第 128 条误引《后村诗话》,实为曾季貍《艇斋诗话》,亦沿仇注之误;第 124 条释"笼竹",引"宋子京《益部方物记》:慈竹别有一种,节间容八九尺者,曰笼竹。"引文"八九尺"乃"八九寸"之误,其所以致误,盖由照抄钱笺所致。此类尚多,兹不赘举。至其谓杜甫尝游晋地,而"诸家年谱俱失载",以为独所发见,其实影响颇大的朱鹤龄撰《杜工部年谱》已云:"公弱冠之时,尝游晋地,当是游晋后方为吴越之游也。"则刘氏所论不为独得。今人张忠纲编校《杜甫诗话六种校注》(齐鲁书社 2002 年 9 月版),收有刘氏此书,详加校注,可资参看。

集杜诗　三卷　[清]刘凤诰撰

刘凤诰,生平事迹见上《杜工部诗话》介绍。

《集杜诗》三卷,又名《存悔斋集杜诗》,见《存悔斋集》卷二十一至卷二十三。系刘凤诰遣戍途中,所集少陵秦州诗。光绪年间吴县潘氏收入《清颂堂丛书》,卷首有夏宝全跋。

杜诗琐证　二卷　[清]史炳撰

史炳(1763—1830 后),字恒斋。清溧阳(今属江苏)人。年十四游庠,十六举于乡,为乾隆四十二年(1777)举人。后屡试不第,留京师,得朱珪器重,任咸安宫官学教习,期满,于嘉庆五年(1800)选兴化县教谕。十六年至十八年,应溧阳知县陈鸿寿之聘纂修《溧阳县志》十六卷。后改泾县教谕。任校官二十馀年,以老乞归。炳精通音韵学,旁通泰西算术,尤工试帖。著有《大戴礼正义》十六卷、《句俭堂集》四卷等。

又有《杜诗琐证》二卷,署"溧阳史炳撰",道光五年(1825)溧阳史氏句俭山房刻本。前有道光五年六月初四日史氏自叙,次附目录,分上、下卷,共120条。半页九行,行二十一字。是书不是杜诗注本,只是考证辨驳个别杜诗词语、字句或名物的笺释,作者自叙云:"余自少习公诗,妄有考订数十百条,皆汎览群书时随录者,是以诗之先后都不诠次。今兹长夏无事,偶取删定之,其目则仍旧贯焉,命曰《杜诗琐证》。"因史炳博览群书,精于音韵之学,长于史地考据,加之繙阅杜诗注本颇多,积数十年考索比证,故于诸家众说纷纭、误注误引之处,多所订正,时有新见,颇多发明,极具参考价值。此书又有日本吉川幸次郎编辑之《杜诗又丛》本,上海书店1988年6月据道光五年句俭山房刊本影印本。

李杜诗通　八卷　[清]张琦撰

张琦(1764—1833),初名翊,又名舆权、季鹰,字翰风,一字翰墨,号宛邻,又号默成居士。清武进(今属江苏常州)人。嘉庆十八年(1813)举人,以謄录议叙知县。道光三年(1823),署山东邹平县。五年,补馆陶县知县。在馆陶八年,多惠政,民爱戴之。琦少工诗文,与兄惠言齐名。又善医术,精舆地之学。尤善词。谭献《箧中词》曰:"翰风与哲兄(张惠言)同撰《宛邻词选》,虽町畦未尽,而奥窔始开。其所自为,大雅遒逸,振北宋名家之绪。"著有《立山词》一卷,与兄惠言合撰《宛邻词选》二卷,另有《战国策释地》二卷、《素问释义》十二卷。编有《古诗录》

十二卷。生平事迹见《清史稿·循吏传三》、《清史列传·循吏传三》、蒋彤《馆陶县知县张公墓表》、张惟骧《清代毗陵名人小传稿》卷六、张慧剑《明清江苏文人年表》。

又有《李杜诗通》八卷,李、杜诗各四卷。张惟骧《清代毗陵书目》卷五著录。又名《李诗录》四卷、《杜诗录》四卷。已佚。

杜工部年谱 [清]胡文翼编

胡文翼,字有璞。清蕲水(今湖北浠水)人。乾隆五十九年(1794)举人。著有《班马异同考正》。生平见《(民国)湖北通志·艺文志四·史部一·正史类》。

又有《杜工部年谱》,《(民国)湖北通志·艺文志四·史部一》引《蕲水志》著录,已佚。

少陵诗钞 [清]顾廷纶撰

顾廷纶(1767—1834),字郑乡,亦作郑芗,一字凤书,室名玉笥山房。清会稽(今浙江绍兴)人。曾受业于朴学大师阮元,与同修《经籍籑诂》,校正宋拓石鼓。嘉庆三年(1798)优贡,任武英殿校录官,后官武康训导,卒于任所。廷纶警敏绝伦,博通六籍,诗作尤为阮元所激赏,子淳庆能承其学。有《玉笥山房要集》四卷、《文》一卷、《北征日记》一卷。生平事迹见阮亨《定香亭笔谈》、潘衍桐《两浙輶轩续录》。

又有《少陵诗钞》,不分卷,为顾廷纶手抄本,为其曾孙顾鼎梅于民国十六年(1927)在上海科学仪器馆任职时影印出版。该影印本首页署"郑乡先生(廷纶字)手书 少陵诗钞 徐鼎题签",次为吴士鉴序,版心下刊"玉笥山房"字样。所抄诗白文无注,行间有圈点,节抄诸家评语列于书眉之上。书前半部称《少陵诗钞》,后半部称《杜诗续钞》,系由刘濬《杜诗集评》节抄而来，著者一无新见。或因前有吴士鉴序而将作者误为吴氏者。

杜诗选粹 [清]张广文选

张广文，号龢斋。清泾县(今属安徽)人。少有神童名，县试以诗赋受知学使，然频上省闱不获遇。晚年乃司铎吴江数岁，遽告归，闭门把卷不辍，平生服膺杜诗，有手定《杜诗选粹》一编，朱珔(1769—1850)为之序。生平事迹见朱珔《小万卷斋文稿》卷九《杜诗选粹序》。

《杜诗选粹》乃张广文年七十馀时所编，生前未能刊刻，后由其孙刻印，朱珔为之序。共选诗五六百首，以编年为序。该书已佚，朱珔《杜诗选粹序》云："诗至杜少陵极矣。后人百端腾跃，莫能轶范围。历来笺释，积千馀家，可谓赅备。然学之多，袭貌而遗神。明七子句摹字仿，徒具匡郭，致贻世讥。而解者又因宋儒'诗史'之称，凡状景抒情，动援时事相比附，未免穿凿支离。是则学杜与解杜皆弊也。即选本过繁则芜，过简则漏，而杜之真面目终亦不出。我邑张龢斋广文，少有神童名，自县试以诗赋受知学使者，按临辄居高等，惟频踏省闱不获遇。晚乃司铎吴江数岁，遽告归，日键户把卷弗辍。平生服膺杜诗，爰手定《选粹》一编，时年已七十馀。蝇头细书，绝无昏眊象。全集共千四百有奇，君所钞约五之二。闳辞杰制，精要略尽于此。旁辑评注，间参己意，悉矜慎不苟。其目录依年分厕，例盖起于黄伯思、鲁訔，而黄希暨子鹤递加推阐。但鹤本或偶牴牾，如《赠李白》一首，鹤系之开元二十四年游齐赵时，君从朱长孺，以为当在天宝三、四载，白由供奉被放后与公相遇于东都，仇沧柱并引顾震(宸)说，据公《寄白二十韵》诗云'乞归优诏许，遇我宿心亲'为证最确，可订鹤之误也。又《遣兴》诗'赫赫萧京兆'，鹤以为萧至忠，长孺则言至忠未为京兆尹，诗当指萧炅，君亦从之。至

《高都护骢马行》,鹤以为天宝七载作,今《四库提要》谓高仙芝平小勃律,天宝八载方入朝,非七载。而君不及作诗之岁,故只言仙芝于天宝六载讨小勃律,揆诸《唐书》所纪,正符合。此类虽因仍旧义,顾择宗主、辨歧淆,颇征明识。噫!论古之难也。凭虚臆测,往往傑僢,稍犹豫复恐为异议所夺。且大家集内亦有不甚经意之章,胡应麟谓杜诗利钝杂陈,若崇奉失当,篇篇曲谀,转尟区别。特胸无卓见,岂易披榛而采兰?君寝馈其间,屡易稿始就。搜抉苦心,固堪自信。学者诚得是编熟习研究,含英咀华,于诗道殆亦思过半矣乎!君既没,孙某来苏持索序,余夙闻君嗜学之肫笃,故为考核以畀之。"(《小万卷斋文稿》卷九)朱珔于序中提到关于《赠李白》、《遣兴》、《高都护骢马行》三首诗的考证,均见《四库全书总目》中《黄氏补注杜诗》提要。

杜律含英　二卷　[清]任梦乾撰

任梦乾,《(嘉庆)同里志》误作"任乾"、"顾梦乾"。字易始。清吴江(今属江苏)人。诸生,大任(字钧衡)子,国学生。生而淳笃,年十五即手书晦翁(朱熹)"存忠义心,行仁义事"八字,揭之座右曰:"如此可成人。"侍父三十馀年,晨夕不离。父殁,置祭田以供祀事。生平布衣疏食,能甘淡泊。所著有《孝经释义》一卷、《杜律含英》二卷。生平事迹见《(嘉庆)同里志·人物志四·仁寿》引顾栋高撰传。

《杜律含英》二卷,《(嘉庆)同里志·艺文志上·书目》著录。已佚。

杜诗直解　六卷　[清]佚名撰,沈寅、朱崑补辑

沈寅,字芝珊,一作支三。清泾上(今安徽泾县)人。孝廉,馀不详。《杜集书录》认为明人,《杜集书目提要》称其"约生活

于清康熙时期”，均误。当为乾隆时人，与朱崑同窗，二人补辑《李诗直解》六卷、《杜诗直解》六卷，合称《李杜直解》。

朱崑，字源一。清泾上（今安徽泾县）人。生平事迹不详。乾隆时人，与沈寅同窗。

《杜诗直解》，与《李诗直解》合刻，称《李杜直解》。其书首列朱筠《杜诗直解序》云：“沈孝廉名寅者，宛泾好古士也。戊戌（乾隆四十三年，1778）春来京，应礼闱试谒余，因出《李杜直解》问序于余。余阅之，中无注诗人名字，询之，云得之于市肆废簏中者。……今取是编细绎之，其训诂则法之毛苌，而笺释则仿乎孔、郑。每出一解必先提其宗旨，而其起伏层折、纵横驰骋之妙，无不毕见。……余深惜注诗者之姓氏不传，而又深幸此书之赖沈君以传也，是为序。”次为沈寅序，行书，略云：“余以公车滞留京师……偶游市上，于废书堆中翻得此本，原系缮稿，中多残缺，兼以虫侵鼠啮，字迹已多模糊。余携归邸舍，细心绎之，虽间有残缺，尚可以意补之。见其援据之精，持论之正，真为善本。拟其手笔，大抵国初钜公所作，有明以来诸名手不及也。而卷首不著姓名。……归里后，同窗朱子源一见而悦之，与余同志，补其残缺，增所未备。…… 遂仍旧本，亟付开雕。……时乾隆元（玄）黓摄提格（壬寅，乾隆四十七年，1782）竹秋上澣之吉泾上后学笠阳沈寅芝珊氏书于存泽轩中。”以下为朱崑序，行书，略云：“沈君支三得是解于长安市肆废簏中，携以示余。读其注，则引经据史；读其释，则本诸毛氏，发挥其诗中之旨。次第缕析，间有感唐廷之时事，亦必明引喻之深文，俾作者忠爱之意，了然于卷端。……而独惜乎不克传注释之姓氏也，而又惜乎年远蚀剥，篇章间有断缺，字迹每多残失也。……爰与沈君意为补辑……因不自揣补解之陋，授之梓人，庶脍炙李杜之诗者，亦脍炙李杜之忠爱也夫。时乾隆乙未年（四十年，1775）西崖后学朱崑谨识。"以下又有沈寅之叔沈昙序,内容略同。版式为半页八行,行十八字,注解小字双行,白口,四周双栏,单鱼尾,无界行。共选各体诗202首,分体之后约略编年为次。其注释体例,正文之后,首先对有关词语作简要之注释,再点明诗旨,释诗为文,自首至尾通篇加以复述,于中间有扼要之评点。如是平铺直叙就诗解诗,虽无发明新见,却避免了过于深求牵强附会之病,极便初学。有乾隆四十七年(1782)凤楼巾箱本。该本书名页误标作"乾隆乙未年新镌",以后各家书目多沿其误。如《贩书偶记》著录:"乾隆乙未凤楼精刊巾箱本,与《李杜直解》合刻。"《中国古籍善本书目》亦误标"清沈寅、朱崑辑,清乾隆四十年凤楼刻本。"《杜集书录》则误标"清乾隆丁未(1787)来凤楼刻。"《杜集书目提要》则误作"朱凤楼藏板,乾隆乙未(1775)刊"。

集杜　一卷　[清]饶春田撰

饶春田,字心耕。清侯官(今福建闽侯)人。乾隆间诸生。著有《卧南斋小草》二卷。

又有《集杜》一卷,《(道光)福建通志·艺文志》、《(民国)闽侯县志·艺文志》著录。已佚。

杜诗约编　四卷　[清]孙南星编

孙南星,字眉仙。清寿光(今属山东)人。乾隆时诸生。《(民国)寿光县志·艺文志上》著录其《杜诗约编》。生平见《(民国)寿光县志·人物志》。

又有《杜诗约编》四卷,《(民国)寿光县志·艺文志上》著录,其自序略云:"杜诗题咏赠答,皆由至性而发为正声,最足感人性情,拓人心志。兹就全集选三百一十首,名曰《约编》,善学者玩索而有得,固不在乎诗之多也。"已佚。

杜诗编年目谱　一卷　［清］孙南星编

孙南星，生平事迹见上《杜诗约编》介绍。

《杜诗编年目谱》一卷，《（民国）寿光县志·艺文志上》与其《杜诗约编》同时著录。不知是附于《杜诗约编》内还是单独成书。已佚。

杜诗摘参　四卷　［清］宁锜撰

宁锜，字湘维。清会稽（今浙江绍兴）人。乾隆时，曾官什邡（今属四川）。著有《伊蒿文集》八卷。

《杜诗摘参》，孙殿起《贩书偶记》卷十五《伊蒿文集》条下著录："又有《杜诗摘参》四卷。"蒋寅《清诗话考》称，乾隆六十年（1795）伊蒿草堂刊《伊蒿文集》本附有该本。另，清华大学图书馆亦藏有此书抄本，一函四册。

杜诗臆说　［清］俞希哲撰

俞希哲，字天木，一字子兴，号秋江。清吴江（今属江苏）松陵人。乾隆时诸生，早卒。著有《子兴遗诗》一卷、《古诗疏解》。

又有《杜诗臆说》，《（同治）苏州府志·艺文志》于其《古诗疏解》下注引《松陵诗征》云："希哲尚有《杜诗臆说》，未成书。"已佚。

杜苏年谱　［清］邵广钧编

邵广钧，字右衡。清常熟（今属江苏）人。乾隆诸生。

有《杜苏年谱》，疑为杜甫与苏轼的合谱，《常熟县志·艺文志》著录，称是谱载《小石山房文集》。

杜诗评林　[清]方驾撰

方驾，号鹤仙，周采泉《杜集书录》误作“字鹤仙”。清桐乡(今属浙江)人。乾隆间庠生。天才宏富，旁涉医卜。诗宗杜甫，曾绘《瓣香草堂图》，少陵据案而坐，己执卷若请业者。每值此老诞辰，展画设酒脯祭之，祭毕，招社友快饮。著有《鹤仙漫稿》、《吴下游草》、《玉屑词》。生平事迹见《(光绪)桐乡县志·艺文志》。

又有《杜诗评林》，《(光绪)桐乡县志·艺文志》著录。已佚。

杜诗考证　[清]檀自荫撰

檀自荫，字玩青。清望江(今属安徽)人。乾隆举人。

著有《杜诗考证》，《光绪重修安徽通志·艺文志》著录。已佚。

杜诗考注　[清]凌赓臣撰

凌赓臣，字以成，周采泉《杜集书录》误作“字以耒”。清歙县(今属安徽)沙溪人。乾隆时以举人选六安学正，未仕卒。著有《文选考证》、《杜诗考注》、《诗经约解》四卷、《饾饤集》二卷。生平事迹见《(民国)歙县志·人物志·诗林》。

《杜诗考注》，周采泉《杜集书录》将该书书名误作“杜诗考证”。《光绪重修安徽通志·艺文志》、《(民国)歙县志·艺文志·书目》著录。已佚。

少陵诗选　[清]田国文选

田国文，字荆阳，周采泉《杜集书录》误作“字荆扬”。清公安(今属湖北)人。乾隆举人，官孝感教谕。著有《少陵诗选》、

《杜诗长律注》、《二十二史提要》。

《少陵诗选》,《(民国)湖北通志·艺文志十四·集部六》引《公安志》著录。已佚。

杜诗长律注 [清]田国文撰

田国文,生平事迹见上《少陵诗选》介绍。

《杜诗长律注》,《(同治)公安县志·艺文志》著录。已佚。

岁寒堂读杜 二十卷 [清]范辇云撰

范辇云,字楞阿,疑号云泉。清嘉兴(今属浙江)人。约为清乾、嘉时人。

有《岁寒堂读杜》二十卷,为道光二十四年(1844)苏州范氏后乐堂刊本,由其子范玉琨刻印。卷前有武威张澍道光十一年(1831)序,仪征吴廷飏道光二十四年序。次《新唐书·杜甫传》。每卷前分列目录,卷次下署"嘉兴范辇云楞阿辑,男玉琨校"。诗正文大字顶格,注文小字双行。书后有钱泳、范玉琨跋。卷末有"上元王鼎淳刊"字样。据钱泳跋云,该书"采集东涧(钱谦益)、滏阳(张溍)二家之说居多,而间亦参以己意"。实则该本编次一仍张溍《读书堂杜工部诗集注解》,只是张本总目录置之书前,范本则分卷列目而已。注释文字亦照录张本,几至一字不易。所不同者,只是较张本略有删减。特别是张本诗后所附许自昌本"原注"文字。如《游龙门奉先寺》,照抄张本,唯将"首句点明日间游览"之"日"字改为"昼"字,又删去"原注"下文字。《望岳》诗,张本原作"齐鲁一句,见岱之大",范本则误抄为"齐鲁二句,见岱之大"。《赠李白》(五古)照抄张本外,唯增"大药有资,所谓'君身有仙骨'耳",以释"苦乏大药资"句,可谓文不对题。范本除照抄张本外,亦抄袭他人文字,而不注明。如《登兖州城楼》较张本仅多出"壮阔深厚,俯仰具足,此为五律正锋"一段文字,或以为范某己见,实则一字不移照录许昂霄语。此类甚多,不胜枚举。其书如此,其子范玉琨竟大言盛夸其父:"俾后之学者知先大夫学问渊博,有以补诸家笺注所未及,于杜诗亦多所发明。"故洪业讥评曰:"道光甲辰(1844),嘉兴范玉琨吾山刻其父辇云楞阿之遗稿《岁寒堂读杜》二十卷,此只是张溍之书而更删去张氏所留许(自昌)本之原注;中间偶见数处微删改张氏评语,未见其佳。呜呼!著书如此,而有子刻之,岂足以为其父荣哉?"(《杜诗引得序》)更可怪者,张澍、吴廷飏等人在此书序跋中却大加吹捧,如张澍序云:"今先生读之万遍,研以十年,凿险缒幽,抉髓搯肾。神来笔下,妙到毫端,语乃惊人,句堪已疟,苦吟髭断,破卷笔神,万丈光焰,名雄李白,千秋膏馥,字掩金黄。……岂非注家巧匠,诗史功臣也乎!后之览者,未可忽诸。"(《养素堂文集》卷三四)吴廷飏序云:"得逐句读之,各本校之,乃知先生之存录旧注旧评之精也,增注增评之当也。凡所增者,皆旧注未有,而知先生史事之熟也,学问之博也;凡所评者,皆旧评所未及,而知先生论诗之严也,说诗之妙也。"谄谀至此,徒为学林蒙羞耳。该书《清史稿·艺文志四》、孙殿起《贩书偶记续编》均予著录。又有1974年台湾大通书局据道光二十四年苏州范氏后乐堂原刊本影印《杜诗丛刊》本,该本误署"清范辇云编注、楞阿辑",而卷前张序、吴序次序颠倒,又书后多出道光丙午(二十六年,1846)闰夏山阴邬鹤徵跋,则"丛刊本"似非道光甲辰之"原刊本",而是重刻本。

杜诗详注补 [清]张鲲撰

张鲲,字象岸,号蘊圩。清鄞县(今浙江宁波鄞州区)人。张恕祖父,乾隆间岁贡生。藏书甚富,家有著名的"习静楼"藏书,为其祖父所始藏。鲲父名霖,康熙举人。道光十八年(1838),张鲲曾校刻宋王应麟撰明张迪注《四明七观赋注》,现存。事迹附见《鄞县志·史荣传》。

著有《杜诗详注补》,《(民国)鄞县通志·艺文志》著录,称此书系补仇兆鳌《杜诗详注》之误,故名。已佚。

杜诗绎评　二十卷　[清]储蟾贵撰

储蟾贵,字拱球。清荆溪(今江苏宜兴)人。乾、嘉时人。

著有《杜诗绎评》二十卷,《(嘉庆)荆溪县志·艺文志》著录。已佚。

读杜诗解　六卷　[清]陈圣泽撰

陈圣泽,字云崿,号橘洲。清西安(今浙江衢州)人。乾、嘉时人。著有《诗经集说》、《读易记》、《橘洲近稿》。

又有《读杜诗解》六卷,1937年《文澜学报》第二卷《浙江省文献展览会专刊》著录。是书一名《杜诗解》,《(民国)衢县志·艺文志》著录,云有林明伦序。

孤松亭集杜诗　[清]易龙生撰

易龙生,清攸县(今属湖南)人。生平事迹不详。

著有《孤松亭集杜诗》,《(嘉庆)湖南通志·艺文志》据《攸县志》著录。已佚。

杜工部诗集　残存三卷　[清]邢树抄

邢树,清嵊县(今浙江嵊州)人。清嘉、道时人。与李志清合著《花卉图考》四卷,《(民国)嵊县志·经籍志》著录。

又有《杜工部诗集》抄本,为乾嘉间抄本,残存三册,为二至四卷。《成都杜甫纪念馆馆藏杜集目录》著录。

杜诗集评　十五卷　[清]刘濬辑

刘濬,字质文,号寓楼。清海宁(今属浙江)人。监生。约生活于嘉庆前后。辑有《杜诗集评》十五卷。

《杜诗集评》十五卷,有嘉庆九年(1804)海宁刘氏藜照堂刻本,但此刻今传各本稍有不同。成都杜甫草堂博物馆藏本共六册,前有阮元序、陈鸿寿序、郭麐序、查初揆序、刘氏自序及“例言”。有朱墨笔过录《求阙斋笔记》、翁方纲考证、渔洋评杜语,并加朱墨圈点。总目后细字录杜甫年谱,每诗题上,大都标出年代。而1974年台湾大通书局据嘉庆九年刘氏刻本影印《杜诗丛刊》本,则较前本多一钱沃臣嘉庆八年序,并无朱墨笔过录评语、朱墨圈点与杜甫年谱,每诗题上,亦不标出年代。而湖北省图书馆藏本则有清吴广霈批并跋。而山东大学图书馆藏本则无郭麐、钱沃臣序和吴广霈跋,诸序与“例言”、“评诗诸先生姓氏”次序亦稍有不同。该本封里镌“两浙阮大中丞鉴定 杜诗集评 海宁藜照堂藏板”字样,共八册。前有阮元嘉庆七年(1802)序,陈鸿寿嘉庆八年序,嘉庆九年作者自序、查初揆序。与前诸本不同的,是在自序与查序之间,尚有巨源于嘉庆十年写的识语,系墨笔草书,显然是在该书刻印之后补识的。后有“例言”九则。所辑评诗诸先生姓氏均作简介,又附新、旧《唐书》杜甫本传和元稹《杜工部墓系铭》。诗前列总目录。与成都杜甫草堂博物馆藏本不同,总目录后亦无杜甫年谱,每诗题上,亦不标年代。每卷次下署“海宁刘濬质文辑,同怀弟潮安澜较。”诗按体分卷,一至四卷为五古,计265首;五至六卷为七古,计141首;七至十卷为五律,计623首;十一卷为七律,计151首;十二至十四卷为五排、七排,计五排127首,七排8首;十五卷为五绝、七绝,计五绝31首,七绝106首。共计收诗1457首。该书只是辑录诸家评语,而"不参己见"。刘氏自云所收评诗者共十五家,计有王士禄、王士禛、钱灿、朱彝尊、李因笃、潘耒、查慎行、何焯、宋荦、陆嘉淑、申涵光、俞玚、吴农祥、许昂霄、许灿。诗中录诸家评语,但冠以"某云","盖标其姓,即知其人",惟王士禄作"西樵(士禄号)云",以别于王士禛;许昂霄作"蒿庐(昂霄号)云",以别于许灿。集内称"朱本"、"朱注"者,系指朱鹤龄注本,以别于朱彝尊。另有无名氏评,则只标以"一云"。诗正文顶格,所引诸家评语均小字双行。诸家评语,有关某句者,则系于该句下;有关全诗者,则低一格分列于诗后。诗旁圈点及眉批系套色,计有朱、墨、蓝、黄等色,眉批多不标姓氏,细检之,则朱笔多为邵长蘅评语,但刘氏自序及诸家序文皆未言及,不知何故?据刘氏自序,是许灿已搜得王士禄、王士禛、朱彝尊、李因笃、吴农祥、查慎行诸家杜诗评语,刘氏"借归录而藏之",又益以陆嘉淑、钱灿、宋荦、潘耒、申涵光、俞玚、何焯、许昂霄诸家评语,又附载许灿评语,"荟萃一编",始为《杜诗集评》。又据巨源记云,他得读同里朱友鹤所藏五色笔批本杜诗,"莫辨其果出何氏",而证之刘本,"始识黄笔为西樵(王士禄)、渔洋(王士禛),蓝笔为初白(查慎行),墨笔天生(李因笃)居十之六,而竹垞(朱彝尊)评语即错见于查、李中,朱笔惟漫堂(宋荦)十馀条,犀月(俞玚)、蒿庐(许昂霄)二、三条,他皆无从证合"。他怀疑朱友鹤所见本或即许灿所藏本,那么,邵长蘅朱笔评语,抑许灿所藏本或即抄录,只是刘濬忽略而未提及。后卢坤所集五家评本《杜工部集》,或据刘本增删而成,亦未可知。张鉴《冬青馆乙集》卷五有《杜诗裒评序》,即序此书,但云"十六卷",或是书初名《杜诗裒评》。又张序与陈鸿寿序大略相同,仅后半段文字稍有出入。此书《(民国)海宁州志·艺文志》著录。

杜诗说肤　四卷　[清]万俊撰

万俊，字福村。清豫章（今江西南昌）竹山人。道光间举荐为乡饮耆宾。著有《秋花外史》二卷。

又有《杜诗说肤》四卷，署"豫章福村万俊"，为嘉庆二十四年（1819）瘦竹山房木活字本。所引杜诗全文及诗句顶格，解释文字均低一格。卷前有万氏自序，云承僧西来之请，为作是书，书成于乾隆六十年（1795）。后列"凡例"四则，谓"是编为杜诗法律，各备一体，非选诗也，故法备而止，馀俱不录。"继列目次为：卷一原情，卷二式法，卷三炼字，卷四审音。《原情》，举杜诗十三篇为例，谓杜乃至情至性人，发而为诗，不假雕琢，则情无不正。"作者以情而生文，读者以文而生情"，而读杜注杜者"往往以朝野理乱附会而穿凿之"，"徒以谋篇琢句仿摹而切究之，鲜不愈求而愈远矣。"《式法》，先言章法，举杜诗三十篇为例，又细分为一气顺承法、首尾相顾法、单抛双绾法等等。次言句法，列举实眼句、虚眼句、双眼句等等，凡二十七类。三言对法，计分走马对、流水对等等，凡十八类。"章法明则结构清，句法明则造语精，对法明则用意灵。"而谓杜诗则三者兼善矣。《炼字》强调"诗之炼字，亦诗之点睛也。"指出杜诗常用之字，如蹴、倒、腻、赠、裹、涨等71字，每一字举出三、五句例，分别加以按语及说明。《炼字》一卷为全书精华，作者体会颇有深到处。《审音》列举杜诗三十三篇以说之，稍嫌玩弄词藻，虚华不实。是编于杜诗内容意旨甚少涉及，而侧重艺术手法之分解类析，虽嫌繁琐格套，但深入浅出，仍不失为另辟蹊径、别开生面之治杜著述。

偷闲斋集杜　四卷　[清]刘景新撰

刘景新，清晋安（今福建南安）人。约为嘉庆时人。

著有《偷闲斋集杜》四卷，清嘉庆二十五年(1820)刻本，三册。卷首有郑一崧序、王孙恭序、李堂序、刘氏自序、于弼序、黄汉章序。《成都杜甫纪念馆馆藏杜集目录》著录。

杜诗必读 [清]金锡鬯撰

金锡鬯(1767—1838)，字蒨榖，又字秬盉，号晴韵馆主人。清桐乡(今属浙江)人。曾祖樟，康熙三十九年(1700)进士，工部都水司主事，始由桐乡迁居江苏太仓州。登嘉庆六年(1801)拔萃科，中十三年(1808)顺天乡试举人。校录《会典》，议叙选知县。历宰恩平、香山、高要三县，署澳门同知暨知嘉应州。所至民爱，所去民思。令恩平日，尝罣吏议夺职，虽开复而闲居者六年。会有盗魁，奉旨逐捕，以功擢一阶，任嘉应州凡八年，始以平反巨案加知府衔。道光十五年(1835)正月病免，十八年正月丙子日微疾遽卒，年七十二。锡鬯于簿书之馀，勤于著述，有《古泉述记》十二卷、《南北史摘艳》六卷、《晴韵馆诗文集》四卷、《自省录》二卷。生平事迹详《国朝耆献类征》、蒋湘南《诰授朝议大夫知府衔广东嘉应直隶州知州金君锡鬯墓志铭》(见《碑传集》卷一一〇)。

又有《杜诗必读》，稿本，周采泉《杜集书录·内编·选本律注类二》著录，称是书为金锡鬯官澳门同知时手抄未刊本。共选杜诗536首，各体俱收，其中五律209首，七律97首。周氏按云:"在乾、嘉后各选本中，当以此选与陈沆、陈廷焯两家所选，最为出色。题曰《必读》，对初学者确有启发。旧藏丁慎旃处，现藏徐声越先生处。"

碧玉壶纂杜诗抄 三卷 [清]金元恩撰

金元恩，一名德麟，字罍舟(据刘声木《苌楚斋续笔》卷一)，清宝山(今属上海)人。嘉、道间人。

著有《碧玉壶纂杜诗抄》三卷、附题赠。道光二十二年(1842)刊本,惇大堂藏版。该书为“借前人之辞藻,写自己之胸襟”的集杜之作,共372首。书端有道光二十二年朱右曾序、金元恩自序。又有冯瀛、唐晋鏻、邵懋勋、徐巨川等十馀人的题赠,全为赞誉其集句之精妙。如云:“碧玉壶中纂杜诗,少陵律细几人知?借来旧句成新咏,仍是当年绝妙词。”“运用成语,一如己出。非读破此老全集,那得有此精妙。”《(光绪)宝山县志·艺文志》、《江苏省立国学图书馆现存书目》著录。

杜律浅说　二卷　[清]庄咏撰

庄咏,字赓唐,号杏园。清城阳(今山东莒县)人。中乾隆五十三年(1788)顺天经魁,嘉庆四年(1799)成进士,性慷慨沉毅,悃幅无华,乐导人为善。与人交直而有容,务持大体。十一年,选任县。销除数十年之隐患,上官察其廉明慈惠,调署任邱。十八年春,升任沧州。未几,以亲老解组归里,自著年谱,并著书若干卷。有《学庸困知录》。生平见《民国重修莒县志·文献志·人物九》。

又有《杜律浅说》二卷,有道光二十四年(1844)清和堂刻本。扉页右上署“道光甲辰岁新镌”,中署书名“杜律浅说”,左下署“清和堂藏版”。卷前载庄咏嘉庆五年(1800)自序。各卷分列目录,每卷目录首行署“杜少陵五言律诗百首浅说”卷次,二行署“城阳庄咏赓唐氏辑注”。每卷正文首行署“杜律浅说诗”卷次,二行署“城阳庄咏赓唐氏著”。版心上为“杜律浅说诗”,下为卷次、页数。是本上、下两卷,选杜诗五律百首,中有五排两首(《赠翰林张学士垍》与《敬赠郑谏议十韵》),多系名篇。先录杜诗,后附两段文字,一段笺意,提示诗之意旨,解释词语典故，分析章法结构艺术；另一段绎诗为文，务求详尽，尚称简明通顺。是书《(宣统)山东通志·经籍志》、《(民国)莒县志·艺文志》均予著录。《贩书偶记》著录作"杜诗浅说"二卷；《贩书偶记续编》著录则作"道光甲辰慎守堂刊"。

读杜韩笔记 二卷 [清]李黼平撰

李黼平(1770—1832)，字绣子，又字贞甫，号贞子，又号花庵、著花庵。清嘉应州(今广东梅县)人。嘉庆十年(1805)进士，授翰林院庶吉士。乞假南还，主讲广州粤华书院。散馆，改江苏昭文县知县。为官宽和慈惠，公馀之暇，勤于读书，至民间有"李十五书生"之称。以亏空挪用落职，系狱八年。家中迭遭变故，艰难凄楚。援赦出狱，主陈芗谷中丞署，又三年乃归。两广总督阮元开学海堂，聘阅课艺，留府授诸子经。后以阮氏荐，主讲东莞宝安书院。著有《李绣子全书》，凡《毛诗紬义》二四卷、《著花庵集》八卷、《吴门集》八卷、《南归集》四卷，又有《易刊误》二卷、《文选异义》二卷、《读杜韩笔记》二卷、《南归续集》四卷等。生平事迹见《清史稿·儒林传三》曾钊传附、《清史列传·儒林传下二》、梁廷枏《昭文县知县李君墓志铭》、《清诗纪事》嘉庆朝卷。

《读杜韩笔记》二卷，据其从曾孙云傅民国二十三年(1934)秋跋云："原稿闷藏百年未见，今忽从故家得之，倘所谓精诚所至，今(应为"金")石为开者耶！"因为刊印行世。书名为古直题签。有1934年上海中华书局聚珍仿宋印本。书分上、下卷，无目录，不录原诗，只就杜、韩诗之个别诗句、词语、典实等加以笺释评论，共收93条，上卷65条，专论杜诗；下卷28条，专论韩诗，间与杜诗比较。每条首行顶格，馀则低一格。据李云傅跋云："杜注号千家，韩注号五百家，然纷挐支离，往往而有。绣子公此记二卷，独超众说，通其神旨，非惟学绝，抑亦识精也。其推阐诗法，穷其源委，尽其甘苦，学者持此，有余师矣。”虽为过誉，但李氏于杜诗时有新解，如释《房兵曹胡马》之“竹批双耳峻”，《沙苑行》之“左辅白沙如白水”，《秋兴》之“西望瑶池降王母”，《秋日夔府书怀一百韵》之“酒歌声变转”等等，虽未尽当，但确有独特之见解。但亦偶有疏失处。此书又有台北广文书局1976年与钱谦益《读杜小笺二笺》合刊本，收入《文学丛书》。

杜园说杜　二十卷　[清]梁运昌撰

梁运昌(1771—1827)，初名雷，字慎中，一字曼云，又字叔曼(梁章钜《曼云先兄家传》云“曼叔”，后人多从之，但运昌自署“叔曼”)，成进士后改名运昌，晚号江田田父。清长乐(今属福建)人。为梁章钜堂兄。乾隆五十七年(1792)秋七月随叔父上泰入都，年底随叔父入黔，次年三月抵贵阳。五十九年四月还乡应秋试，与兄际昌、从弟章钜同中乡举。嘉庆四年(1799)成进士，入翰林，是年秋开实录馆，座主朱珪领其事，择儒臣二十八人奏为纂修，运昌以新庶常获与兹选。散馆授编修。后归里，旋丁内忧，又因体弱多病，遂不复出。生平落落寡合，尤不喜与显贵者往来。在京师时，惟与同年王引之、卢坤、张澍、吴赓枚等为道义文字之交。归里后，亦断绝音问。数人中有持节来闽者，则亦彼此不通一刺，足迹不入州府，有过访者辄拒不纳。闭门读书，谢绝人事，于医卜堪舆之学，无不深究，精篆刻，善书法，通绘事，晓音乐。著作甚丰，有《秋竹斋诗存》、《秋竹斋别集》、《葵外山房賸稿》、《陈氏古音考订》、《读诗考韵新谱》、《四书偶识》、《史汉眉评》、《说文小笺》、《难经发明》、《两汉魏晋宋齐诗式》、《全唐诗随笔》、《唐诗风格集》、《阳春白雪集》、《杜韩诗细》、《苏诗抄》、《劳薪集》(今存稿本，藏中国社会科学院文学研究所)等。

乡人谢章铤称其“见解议论，皆能自出手眼，羌非随声附和者比”(《课馀续录》卷三)。

梁氏酷嗜杜诗，枕藉其中数十年，穷一生精力而成《杜园说杜》一书，惜未刊行，今有秋竹斋钞本。该本首列“纪读杜诗始末”，次列“杜园答问”，自称杜园主人，言其闭门不交，专心读杜之情事；次列“凡例”十则；次录《题杜工部诗集后十二绝句》，此组诗作于嘉庆二十三年(1818)正月，自述治杜的体会，有的认识颇为深刻，如“寻常染翰欲无聊，尚觉高岑去未遥。忧国忧民初郁结，斑斑血泪洒鲛绡。”“储王五字擅风流，此老清词竟不侔。史骨骚情庄气脉，雄文何事费雕锼。”后则分卷解说杜诗，以诗体编次；卷末附“七律补遗八首”、“伪诗辨说”若干首、“杜谭百一”一百零一条。该稿本“凡例”所说有与各卷内容不尽相符者，如“凡例”云五古六卷、七古二卷、五律六卷、七律二卷、五排三卷七排附焉、五七绝共一卷、“杜谭百一”二卷、序例目录一卷，而实则五律只有四卷，七律只有一卷，“杜谭百一”不分卷。“凡例”云：“总共二十卷，凡录各体诗共一千三百首。”实收诗1361首，其中五古269首，七古114首，五律622首，七律133首，五排118首，七排5首，五七绝100首。关于书名，各卷标法亦不一致，如卷一标“杜园末议”，卷五、卷十二下标“杜园琐议”，卷十标“杜诗塍录”，馀则标“杜园说杜”。据此可知，“杜园说杜”乃其最后之定名。书目文献出版社1995年即据此稿本影印。但影印稿本实则为梁氏未定稿。影印稿本扉页梁氏自记云：“不阅此卷已二年，今日取视，凡所解说，自诧其可以必传，但家无藏籍，未稔诸家说有与吾说相同否也?”末署“道光五年五月十一日”。而《艺文杂志》1936年一卷二、三期转载此书卷一时，其玄孙梁鸿志记云：“《杜园说杜》二十四卷，先曾伯祖曼云公遗著也。”“全稿首尾二十馀万言，皆公手书而自加点勘者，故无一字讹误。老辈著书之苦,用力之勤,可为师法。至于讲解详明,考证精确,有迥非钱牧斋、仇沧柱所能及者,公自谓老杜功臣,殆非夸语矣。"又载《杜园说杜·凡例》叙成书过程云:"是编始从事于己卯(嘉庆二十四年,1819)夏月,至庚辰(1820)春暮而脱稿。是岁端午,稿凡再易,孤愤盈怀,长年不寐,寒窗漏尽,炉火无温,挑灯作急就章,不觉曙光之射入,斯时殆弗能自罢,虽病体亦忘其劬,一阁笔而呻吟之声作矣。穷愁著书,余姑援此例以自慰焉。编仍分体之旧,胪为五言古诗七卷,七言歌行二卷,五言近体五卷,七言近体二卷,五言排律三卷,七言附焉,五七言绝句共一卷。杜谭百一二卷,叙例、题辞、目录共一卷,附批摘赝诗一卷。总共二十四卷,合录各体诗共一千二百八十首;其未录者,并剔去赝作,尚一百一十三首。""嘉庆二十有五年岁次庚辰端阳叔曼父书于秋竹山斋,道光五年乙酉岁六月重录五古、五七律十三卷,颇有更定。是岁中秋续录七古、绝句皆毕,惟排律未录,望日记。重阳前一日录排律竟,于是二十四卷皆备。"是二十四卷本当为最后定稿本。影印稿本尚早于定稿本。是影印稿本之后,梁氏于六月至九月又重录一过,"颇有更定","于是二十四卷皆备"。今定稿本不知流落何处?惜哉!陈衍《石遗室书录》所记《杜园说杜》稿本亦为二十卷,并未见附录四卷。梁氏说杜,着重于杜诗的总体把握,不作繁琐考证与冗长解释。故颇得杜诗精髓。在论析具体诗篇、用字用韵等问题时,亦多独到精辟之见。但因"家无藏籍",所阅有限,难免有因袭、牵强、误解之处。影印稿本因不是最后定稿,尚显草率。梁氏《杜园说杜》在注杜诸本中可谓佼佼者。陈衍《石遗室书录》云:"此书考订事实,实有见人所未见者,纠正浦氏、仇氏、钱氏各家谬误处甚多,如谓少陵实卒于岳州,不卒于耒阳;陷贼时,实藏匿赞公大云寺;严武在蜀无欲杀杜老事。

此类甚多,皆精确可据,论诗亦多特识,读杜者不可不读之书也。"《(民国)福建通志·文苑传》亦云:"《杜园说杜》二十卷,合史学、诗学而会通之,多发明,自来评杜注杜者所未及,可谓一生精力尽于此书矣。"叶恭绰《〈读杜札记〉序》云:"闽中诗家辈出,夙以祧唐学杜相揭橥。清嘉、道间,长乐梁曼云运昌,著有《杜园说杜》二十四卷,考订史实,疏解句义,粲然大备。"郭曾炘《读杜札记》一书,多采梁说,给予很高的评价。今人张忠纲撰有《梁运昌和〈杜园说杜〉》(载《文献》1994年第3期)一文,对该本考证甚详,可以参看。

杜韩诗细 [清]梁运昌撰

梁运昌,生平事迹见上《杜园说杜》介绍。

《杜韩诗细》,《长乐县志·艺文志》著录。

杜工部集 二十卷、卷首一卷 [清]卢坤辑录

卢坤(1772—1835),字静之,号厚山。清涿州(今属河北)人。嘉庆四年(1799)进士,改翰林院庶吉士。历任广西、陕西、山东、山西、广东、江苏巡抚,升湖广、两广总督。卒谥文肃,赠太子太师、兵部尚书。辑有《杜工部集》二十卷。生平事迹见《清史稿·列传一六六》、《国朝耆献类征》卷一九八。

《杜工部集》二十卷、卷首一卷,此即所谓"五家评本",为道光十四年(1834)涿州卢氏芸叶庵刻五色套印本,计八册。书扉页署"道光甲午季冬 杜工部集 五家评本:王世贞元美紫笔、王慎中遵岩蓝笔、王士祯阮亭朱墨笔、邵长蘅子湘绿笔、宋荦牧仲黄笔 芸叶庵藏版"。卷首载卢坤道光甲午(1834)季冬所撰序云:"诗至少陵极矣,然而言人人殊。余藏有五家合评《杜集》二十卷,编次完善,汇五家所评,别以五色笔,炳炳烺烺,列眉可数。

譬诸五声异器而皆适于耳,五味异和而各餍于口,自成一家,聚为众妙,公诸艺苑,得非读杜者一大快欤!”此书于杜甫诗文编次、正文、校文悉依钱谦益笺注的《杜工部集》,卷首所收志传集序亦全同于钱笺。目录各卷分列,卷一至八为古诗,卷九至十八为近体诗,卷十九、二十为文、赋。洪业谓此书“实亦若郑沄之翻钱本,唯加印五色评点”(《杜诗引得序》)。实不尽然。如郑本所附“诸家诗话”、“唱酬题咏”,卢本则未甄录。是书所集五家评,为明代王世贞、王慎中,清代王士祯、宋荦、邵长蘅,皆当时大家。卢刻于诗文旁皆标以五色圈点,五色评语散见于行间、题下,而尤以眉批为多。评语皆极简略,以王慎中(蓝笔)为最多,王士祯(朱墨笔)次之,王世贞(紫笔)最少。宋荦(黄笔)之批,则多非本人之语,乃引刘辰翁、杨慎等人之说代之。而朱墨批语中,时杂有士祯兄士禄之评语,特标以“西樵曰”别之,“西樵”系王士禄号。细检之,则西樵评语反多于王士禛、宋荦等人。是书后有光绪二年(1876)刊本,一署“粤东翰墨园重刊芸叶庵五色套印本”,计十册。其书卷前刊:“五家评本:王弇洲紫笔、王遵岩蓝笔、王阮亭朱墨笔、宋牧仲黄笔、邵子湘绿笔”。一为“光绪丙子(二年,1876)三月广东翰墨园刊”本,计十二册。然皆不如原刻精致。又有民国二十四年(1935)上海中央书店铅印本、民国二十五年上海广益书局铅印本。后者首载卢坤序,编次亦相同,但尽删所有评语,且讹字甚多,已大非卢刻原貌。

杜诗钞解 [清]饶向荣撰

饶向荣,字绣圃,号绮峰。清东乡(今属江西)人。嘉庆六年(1801)进士,官至兵部郎中。著有《吟香堂文集》、《诗集》。

又有《杜诗钞解》,《(光绪)抚州府志·艺文志》著录。已佚。

杜诗详注 [清]韩厥田撰

韩厥田，字禹甸。清淄川（今属山东淄博）人。嘉庆六年（1801）进士，任湖北利川知县。地瘠民悍，时川匪滋事，亡命啸聚，涖任擒获二十馀人，地方遂静。政尚宽简，案牍暇馀，进诸生与论文，邑旧无科第，自是有登甲乙榜者。后以疾致仕。著有《十三经集解》、《廿一史集要》、《性理摘要》。生平事迹见《（光绪）山东通志·人物志》。

又有《杜诗详注》，《（光绪）山东通志·艺文志》著录。已佚。

读杜诗姑妄 三十六卷 [清]吴梯撰

吴梯（1775—1857），字秋航，一字云川，号岭云山人。清顺德（今属广东佛山）人。嘉庆六年（1801）广东乡试解元，由大挑出仕山东蒙阴知县，为政廉能。调任潍县、禹城，擢任胶州、济宁。后告病还乡，遂倾力注杜，于咸丰四年撰成《读杜诗姑妄》三十六卷。吴梯博通经史，能文善诗，文宗昌黎，诗祖少陵，道光年间与林联桂、谭敬昭、黄培芳、张维屏、黄玉衡、黄钊并称为“粤东七子”。解组多年乃卒，年八十三。著有《岱云初编》、《岱云续编》。生平事迹见《（光绪）广州府志·列传二十二》。

《读杜诗姑妄》三十六卷，《（咸丰）顺德县志·艺文志》、孙殿起《贩书偶记续编》卷十三著录。咸丰四年（1854）刊本。此书每卷分上、下，按古、近体编次。卷前第一行署“读杜姑妄上（或下）”，同行下署“顺德吴梯秋航按”。每诗于篇末另行低一格加按语。诗皆白文，无句下注，亦无圈点。多引王嗣奭《杜臆》及仇兆鳌、杨伦之说。

杜诗评点 [清]吕璜评

吕璜(1777—1838),字礼北,号月沧,又号南郭老民。清永福(今属广西)人。嘉庆十六年(1811)进士。历知浙江庆元、奉化、山阴、钱塘诸县,兼摄镇海。擢杭州西塘同知。以廉能、善决狱见称。后因事解职,数年后归,主讲于桂林榕湖、秀峰两书院。师事吴德旋研习古文,与朱琦、龙启瑞、王拯、彭昱尧并称桐城派古文"岭西五家"。后病卒于桂林。著有《吕月沧集》八卷、《月沧年谱》,录吴德旋述《初月楼古文绪论》一卷、《初月楼文谈》一卷。生平事迹见《清史列传·文苑传三》、梁章钜《吕月沧郡丞墓志铭》、彭昱尧《吕月沧先生诔》、《碑传集补》卷四八。

又有《杜诗评点》,刘声木《桐城文学撰述考》著录。已佚。

集杜诗 一卷 [清]邓显鹤撰

邓显鹤(1777—1851),字子立,号湘皋。清新化(今属湖南)人。幼颖慧,八九岁即能为诗,年十九补县学弟子员,旋由廪膳生登嘉庆九年(1804)乡荐,后屡试礼部不第,遂绝意进取。晚岁入京师,诣选籍。道光六年(1826)大挑二等,官宁乡县训导,在任十三年,引疾告归。主讲朗江、濂溪两书院,寿终濂溪讲舍。著有《南村草堂诗钞》二十四卷、《南村草堂文钞》二十卷。显鹤热心乡邦文献的搜集整理,纂有《沅湘耆旧录》、《资江耆旧录》、《明季湖南殉节诸人传略》等,并于道光二十年(1840)首次校刻《船山遗书》一百五十卷。生平事迹见曾国藩《邓湘皋先生墓表》、杨彝珍《邓先生传》、刘基定《宁乡训导邓湘皋先生墓表》。

《集杜诗》一卷,附见于《南村草堂诗钞》。为《草堂秋咏集杜》四十二首、《集杜诗成同日接李春湖陶云汀两中丞手札续得十首奉答二公》十首。所集杜诗均为五律,有的于题下、句下稍作注解。《(光绪)黄州府志·艺文志》(台湾成文出版有限公司1976年影印《中国方志丛书》本)著录云:"新化邓显鹤撰。阳湖陆继辂云:'湘皋集杜诗,如天衣无缝,读之但觉淋漓悲壮,声情激越,不知是杜是邓,若但云"裁缝灭尽针线迹",犹浅之乎论诗矣。'"

杜诗选读　[清]王兰选抄

王兰(1778—1854),字者香,斋名希杜斋。清南通州(今江苏南通)人。国子生。著有《爱吾庐诗稿》一卷。

又有《杜诗选读》二册,王修《诒庄楼书目》著录:"《杜诗选读》二册,精写本,版心下端有'希杜斋写本'五字。希杜斋乃王者香太史兰斋名。"马同俨、姜炳炘《杜诗版本目录》著录,浙江图书馆藏。是书无批无注,分体选诗,依次为五律、七律、五排、五古、七古。

杜诗选抄　[清]徐松批点

徐松(1781—1848),字星伯,号孟品。清大兴(今属北京)人。嘉庆十年(1805)进士。改翰林院庶吉士,散馆,授编修。十六年,督学湖南,坐事戍伊犁,亲历天山南北,记其山川道里,成《新疆志略》十卷呈奏,特旨赦还。道光元年(1821)特用内阁中书。转礼部主事,历授陕西榆林府知府,旋卒。徐松博极群书,精于史事,尤长地理。著有《新斠注地理志集释》十六卷、《汉书西域传补注》二卷、《西域水道记》一卷、《唐两京城坊考》五卷、《唐登科记考》三〇卷等。生平事迹详《清史稿·文苑传三》、《清史列传·文苑传四》。

又有《杜诗选抄》,书名又题《徐星伯评点本杜诗》。编次分体又分类,不分卷,为清抄本,半页十二行,行二十字,无格。但上海市文物管理委员会1958年《善本书目三编》著录作:“《杜诗选抄》十九卷,清徐松选。”周采泉《杜集书录·内编·选本律注类二》著录此书版本云:“写本,成书年月不详。有‘徐星伯评点本’一行,题名为玄圃者署检。”又云:“鲍子年观古阁藏本。有‘心醉六经’、‘志在名山诗酒’、‘鲍氏’、‘观古阁藏’、‘真寿堂邵氏所藏’各印,未知鲍、邵两家孰为先后。”此书除自批外,多引各家评语,计有胡夏客、王嗣奭、李因笃、沈德潜等,而引魏源(默深)批语尤多。

杜诗精义 [清]江绍莲撰

江绍莲,字依濂。清歙县(今属安徽)江村人。邑庠优生。嘉庆十五年(1810)采访儒行,太守成履恒以品端学富报备奏荐。十六年会试,特赐国子监学正。曾辑《橙阳散志续编》十五卷。著有《披芸(一作云)漫笔》十八卷、《闻见闲言》四卷、《梅宾诗钞》六卷、《所知诗钞》二卷、《松窗述梦》、《梅宾半稿》、《唐诗醇雅集》、《蟾扶文萃》、《十八种新书》等。生平事迹见《(民国)歙县志·人物志·文苑传》、《艺文志·书目》。

又有《杜诗精义》,《(民国)歙县志·艺文志·书目》著录。已佚。

杜诗选 十九卷 [清]陈沆选

陈沆(1785—1825),原名学濂,字太初,号秋舫。清蕲水(今湖北浠水)人。嘉庆二十四年(1819)进士,官翰林院编修。道光初,充乡会试同考官。官终四川道监察御史。能诗善文,与魏源、龚自珍、陶澍相友善。所著有《近思录补注》、《简学斋诗存》、《秋舫诗钞》、《诗比兴笺》等。生平事迹见《清史列传·文苑传四》、周锡恩《陈撰修沆传》。

又有《杜诗选》十九卷，未刊稿，据白石山馆钞本过录。周采泉《杜集书录·内编·选本律注类二》著录，称现藏陈沆嗣孙处。未见。其编次为分体兼分类。除了分古、近体外，每类之中，首列时事，次列自述赠酬，再次列山水登临及闲适咏物之作。其序曰："杜诗广大，无所不有，故此选每体中各为分类，而皆以关系时事者为首，则以其诗史、上接《三百篇》故也。"书中多引前人评语，自宋人诗话以至于钱笺、朱注、仇注、浦注等均有引用，亦间加己批。

养一斋李杜诗话　三卷　[清]潘德舆撰

潘德舆(1785—1839)，字彦辅，一字四农。清山阳(今江苏淮安)人。道光八年(1828)，举江南乡试第一。继游京师，与黄爵滋、张际亮、叶名沣、汤鹏、徐宝善等相友善。十五年，大挑补安徽知县，未几卒。德舆诗文精深博奥，著有《养一斋诗文集》二十五卷，《养一斋词》三卷，《养一斋诗话》十卷、后附《李杜诗话》三卷。生平事迹见鲁一同《安徽候补知县乡贤潘先生行状》。

《养一斋诗话》共十卷，前有道光十二年(1832)钟昌序，道光十六年徐宝善序。附《李杜诗话》三卷，每卷首行署书名、卷次，次行署"山阳潘德舆彦辅"，版心上署卷次、页数，下署"李杜诗话"。半叶九行，行二十一字。卷一为李白诗话，计二十二条；卷二、卷三为杜甫诗话，计二十八条。潘氏为诗，早年从杜甫入，中及诸家，四十岁时，复以杜甫为宗。其论诗，恪守儒家诗教，奉曹植、陶渊明、李白、杜甫为"三代以下之诗圣"，而独许杜甫为"集大成"。潘氏论诗特别强调名教，尊奉孔子，推崇朱熹，认为"子美以志士仁人之节，阐诗人比兴之旨，遂足为古今冠"。而对苏轼论杜诗之"发乎情止乎忠孝"七字，极赞其"评杜实至精矣"。因此,他极力阐发和夸大杜甫的忠君思想,而对杜甫之交陷贼授官的王维、郑虔,认为是"大有累于义理",声言"爱古人者当为其诤臣,不当为其佞友。少陵只以中允、司户文学绝人,遂成偏好"。力斥赞美杜甫与李白、郑虔友谊的言论为"名教之蠹"。这表现了潘氏的封建愚忠思想。但在对杜诗的评析和考订方面,作者时有深刻的见解,对不同意见的辩驳,亦颇有力。清末扫叶山房石印本《养一斋诗话》十卷,亦附《李杜诗话》三卷,四册一函,前三册为《养一斋诗话》,后一册为《李杜诗话》。半叶十二行,行二十八字。版心上署"养一斋诗话",中则均署"杜李诗话",下署"扫叶山房石印"。上海古籍出版社1983年12月出版的由郭绍虞编选、富寿荪校点的《清诗话续编》本,亦收有《养一斋李杜诗话》三卷,每卷后附校记。校点颇为精审,但亦偶有疏误之处。今人张忠纲将之收入《杜甫诗话六种校注》(齐鲁书社2002年版),校注甚详,可以参看。

杜诗集评　二十七卷　[清]强溱撰

强溱(1786—1851),榜名瑗,字东渊,号沛厓、榆窗。清溧阳(今属江苏)人。强汝询之父。嘉庆十五年(1810)举人,选官安徽宣城县学教谕,升甘肃安定知县,到官四月而卒。粹于经学,著述颇多,有《杜诗集评》二十七卷、《易象肤解》十卷、《诗义质疑》三十卷、《经杂考》四卷及《榆窗随笔》四卷、《操觚漫录》四卷、《东坡事迹类考》六卷、《南事隽》十二卷、《史结》等。亦能诗,著有《佩雅堂诗钞》二卷。生平事迹见韩弼元所撰《墓志铭》(《翠岩室文稿》卷二)、强汝询《佩雅堂书目总序》(《求益斋文集》卷四)、钱振锃《强先生传》(《碑传集三编》卷三三)。

《杜诗集评》二十七卷,《(光绪)溧阳县志·艺文志》著录。已佚。

杜工部诗集　二十卷　[清]朱纮校辑

朱纮(1787—1849),字蔚庵,号懒樵。清虞山(今江苏常熟)人,一说吴县(今江苏苏州)人。著有《自是吟稿》。生平事迹见钱辰《共赏集初编》。

又有《杜工部诗集》二十卷,为清手抄本,六册。半页十行,行二十九字,小字双行,字不等。无框廓,不标界。版心记书名、卷次、页码,下记"吾庐"二字。卷内题"虞山蔚庵朱纮校辑"。卷末抄《杜诗论文序》、凡例、目录,末记"共诗一千四百四十八首"。诗分古、近体抄录。行间多朱墨两色批语、圈点,间有校注。此本精校精抄,各卷钤有"朱纮之印"、"蔚庵"、"赵氏宗建"、"赵氏秘笈"、"怡斋过眼"、"怡斋所遇文献古籍记"等朱印,现藏成都杜甫草堂博物馆。

读杜随笔　[清]柳树芳撰

柳树芳(1787—1850),字湄生,号古槎,亦作古查、古楂,晚年自号胜溪居士,又号粥粥翁,室名养馀斋。清吴江(今属江苏)人。嘉庆诸生。柳亚子高祖父。与同邑郭麐、姚春等有交往。所作诗多反映现实,讽刺时弊。著有《养馀斋集》十四卷、《分湖小识》六卷,辑《分湖诗苑》,始修《分湖柳氏家谱》。生平事迹见张慧剑《明清江苏文人年表》、《清诗纪事》嘉庆朝卷。

又有《读杜随笔》,《(同治)苏州府志·艺文志》著录。已佚。

杜律初桄　四卷　[清]陈仅撰

陈仅(1787—1868),字馀山,号渔珊。清鄞县(今浙江宁波鄞州区)人。嘉庆十八年(1813)举人。历官陕西安康、紫阳知县、宁陕厅同知。咸丰年间致仕归。著有《继雅堂诗集》三四卷、《诗诵》五卷、《竹林答问》一卷等。生平事迹见郭传璞《陈馀山先生竹林答问序》、《(民国)鄞县通志·仕绩传》。

又有《杜律初桄》四卷,《(民国)鄞县通志·艺文志》著录。初桄,犹云初步。语本《大智度论》(《大藏经·释经论部》)卷八七:"譬如缘梯,从一初桄,渐上上处。虽高虽难,亦能得至。"

杜少陵年谱　一卷　[清]朱骏声编

朱骏声(1788—1858),字丰芑,号允倩。清吴县(今江苏苏州)人。嘉庆二十三年(1818)举于乡。屡踬春官,郁郁不得志。道光六年(1826)始用大挑诠黟县训导。教诸生多暇,更肆力探讨,著述日富。其《说雅》四卷,咸丰元年(1851)缮定由礼部进呈。文宗披览,嘉其赅洽,赏国子监博士衔。寻升扬州府学教授,未之官,居黟八年卒。有《说文通训定声》、《传经室文集》等。生平事迹见《清史稿·儒林传二》钱大昭传附、《清代七百名人传》、《近三百年人物年谱知见录》。

《杜少陵年谱》一卷,见《传经室文集》卷八,有求恕斋丛书本。该谱亦被收入《北京图书馆藏珍本年谱丛刊(第十册)》(北京图书馆出版社1998年版),为民国间南林刘氏刻本。该年谱极为简略,仅有十页。谱中间引《新唐书·严武传》、《明皇杂录》等以作考证。

杜律诗解　[清]高鐀撰

高鐀,字仲韬。清乐昌(今属广东)人。嘉、道间廪生。

著有《杜律诗解》,《(民国)乐昌县续志·文学传》著录。已佚。

杜律评 二卷 [清]管凤翙撰

管凤翙，字振飞，号竹逸，又号竹溪。清海宁（今属浙江）人，嘉、道间诸生。曾与吴幹岐结吟社于鸳鸯湖上，刊有《金丝桃唱和》等集行世。工写山水，兼善画兰，惜墨如金。著有《鸳湖寓草》一卷。生平事迹见《（民国）海宁州志稿·艺文志·典籍十一》。

又有《杜律评》二卷，《（光绪）杭州府志·艺文十》著录。《（民国）海宁州志稿·艺文志·典籍十一》著录，称此书未刊。官庭芬、蒋学坚辑《海昌艺文志》卷十一亦著录。

陶杜诗说 一卷 [清]桂青万撰

桂青万，字篯文。清贵池（今安徽池州）人。道光岁贡生，官宣城训导。《安徽文献目录》（安徽人民出版社1961年版）著录桂氏《啸月山房诗》四卷，一册，有道光十四年（1834）重刊本。

又有《陶杜诗说》一卷，《（光绪）重修安徽通志·艺文志》著录。该本尚存，蒋寅《清诗话考》称："嘉庆刊本啸月山房诗附。"

读杜一得 [清]陆嵩撰

陆嵩（1791—1860），原名介眉，字希孙，号方山。清元和（今江苏苏州）人。出身于寒素家庭。嘉庆十八年（1813）后，声誉渐起，以经学诗赋受知于江苏学政陈用光、汤紧钊。道光五年（1825），为拔贡。八年，以贡生赴顺天乡试，不中。此后游河北、山东、浙江、安徽等地，佐陈用光、沈维峤诸学使学幕。十八年，始官镇江府学训导，讲学宝晋书院。鸦片战争时期，英军进逼镇江时，陆嵩招募乡勇起而抗敌，保全城南诸村。咸丰三年

(1853),太平军攻克镇江后,一度避乱迁流。至典质度日,而知民怨官兵尤"甚于盗贼",故咸丰八年清军重占镇江后,即辞官归。十年,太平军攻苏州,避居金泽,卒于寓舍。陆嵩一生仕宦不达,乃专力于诗,今存诗1200多首。徐世昌《晚晴簃诗汇》称"其诗由玉溪以窥杜陵",他关心现实,推崇杜甫、元结忧时悯民的创作,又因其生活地位较低,动乱中又曾流走民间,所以诗作中反映社会现实的诗篇较多,故人评其"实学杜而得其质厚之一体者"(张肇辰《意苕山馆诗稿序》)。著有《意苕山馆诗稿》十六卷,有光绪刻本。另有《愤生野叟文集》、《读杜一得》、《玉溪生诗解义》、《苏诗注集成》、《说诗琐言》、《新旧唐书参考》、《意苕山馆古文》二卷、《续集》一卷等,多不存。生平事迹见《清史列传·文苑传四》、陆懋修《先考方山府君行状》(《意苕山馆诗稿》附录)。

《读杜一得》,《(同治)苏州府志·艺文二》著录。已佚。

杜诗摘句 一卷 [清]钱泰吉撰

钱泰吉(1791—1863),字辅宜,号警石,又号深庐,所居名可读书斋。清嘉兴(今属浙江)人。少苦学,七岁,母授杜甫诗,自言"一卷少陵诗,长吟母是师"(《吴桥旧事》之一)。与从兄仪吉(字蔼人,号新梧,又号衎石)齐名,时称"嘉兴二石"。道光元年(1821),秋试,报罢,乃援例以训导候选。五年,秋试举人,又报罢,遂不再试。七年,选授杭州府海宁州学训导,达二十七年。咸丰三年(1853)具文引退,主讲海宁安澜书院。同治二年(1863)卒于安庆旅次。生平好聚书,精赏鉴,其藏书之所曰"冷斋",取"官冷身闲可读书"之句意。泰吉精于校雠之学,丹铅不离手,所著《曝书杂记》三卷,详载古籍版刻之源流,以及收藏传写始末。著有《甘泉乡人稿》二十四卷、《甘泉乡人馀稿》、《甘泉乡人残稿》、《深庐寤言》、《海昌备志》、《清芬世守录》、《海昌学职禾人考》等。生平见《清史稿·文苑传三》钱仪吉传附、曾国藩《钱君墓表》(《续碑传集》卷七九)、钱应溥《警石府君年谱》。

又有《杜诗摘句》一卷,为道光二十七年(1847)稿本。钱泰吉《自题》云:"杜诗不可以句摘也。世之言唐诗者多以写景为上,乃取少陵诗录世人所谓写景而为真唐诗者,以便揣摩。间有不关写景而言唐诗,而不斥为宋调者亦录一二。虽然,论诗而专以写景为工,则山水花鸟、四时气候之变态,杜陵已搜括略尽,后人亦何容措手哉!道光丁未小除夕,甘泉乡人漫稿。"此本现藏上海图书馆。

杜诗选抄　十三卷　[清]魏源辑

魏源(1794—1857),字默深。清邵阳(今属湖南)人。道光进士,官高邮知州,深通经学,为今文学派代表人物。著有《古微堂集》、《诗古微》、《书古微》、《海国图志》、《圣武记》等。

又有《杜诗选抄》十三卷,为道光四年(1824)魏氏家抄本。有魏源批校,又有黄节跋。半页九行,行二十一字,无行格。《中国古籍善本书目》著录。现藏北京市文物局。

杜诗集评　六卷　[清]马桐芳撰

马桐芳,字子琴,号憨斋。清长山(今山东邹平)人,道光时人。著有《憨斋诗删》十一卷、《憨斋诗话》四卷,均有道光刻本。又有《杜诗集评》、《伤寒论直解》、《饮和堂诗存》、《马子琴诗》。生平事迹见王培荀《乡园忆旧录》卷三。

《杜诗集评》六卷,《(光绪)山东通志·艺文志》著录,已佚。其师林昌辑有《诗约》三卷,马氏为之集评,并为撰序。其对杜诗的评价,从中可约略窥知。其序云:五言古诗"少陵材力标举，篇幅恢张，纵横挥霍，诗品又一变矣"；七言古诗"杜陵沉雄激壮，奔放险幻，如万宝杂陈，千军竞逐，天地浑奥之气，至此尽泄"；五言律诗"少陵自成一家，寓纵横颠倒于整密中，故当凌轹千古，不第于三唐为巨擘云"；七言律诗"杜老胸次闳阔，议论开辟，一时尽掩诸家"，"后之作家，唯陆渭南（游）入少陵之室矣。"（引自《（光绪）山东通志·艺文志·总集类》）

六宜楼杜诗选　[清]钱镐撰

钱镐，字涧回，一字丰东，号偶庄。清海盐（今属浙江）人。道、咸间庠生。著有《废莪山房诗稿》二十卷《文稿》四卷。

又有《六宜楼杜诗选》，张元济《海盐张氏涉园藏书目录》著录："《六宜楼杜诗选》，不分卷，附《诗学源流》一卷、《论杜》一卷。清海盐钱镐（涧回）撰手稿本四册。"周采泉《杜集书录·内编·选本律注类二》称是书为一卷，卷首《诗学源流》一卷。多本仇兆鳌《杜诗详注》，无甚创见。为张元济旧藏，《浙江省文献展览会专刊》著录。现藏上海图书馆。

杜诗评选　一卷　[清]许绍曾撰

许绍曾，字探梅，号梅龙，又号林下人。清歙县（今属安徽）唐模人。居岩寺，以赀为兵部侍郎。咸丰时，出私财募乡勇，治战具。佐张芾守徽，尝立战功，复太平县城。喜为诗，画墨梅，又能医。著有《林下人诗集》十二卷及《诗说》、《杜诗评选》一卷、《盛唐诗选》一卷、《保赤心书》一卷、《谈兵》一卷、《省身录》一卷、《禅机语录》一卷、《酒谱》一卷、《吴祭酒诗词选》一卷、《复性真经》一卷、《含饴馀辑诗说》一卷、《梅龙诗集》十二卷等。生平事迹见《（民国）歙县志·人物志·诗林》、《艺文志·书目》。

《杜诗评选》一卷，《（民国）歙县志·艺文志·书目》著录。

已佚。

梨云书屋选本杜诗 一卷 [清]阙名选

周采泉《杜集书录·内编·选本律注类二》著录,称是书为传抄本,双边黑口,版心有"梨云书屋读本"字样。选古近体诗162首。周氏云购自苏州,疑为道光、咸丰间写本,已捐赠成都杜甫草堂博物馆。

李杜存真 [清]汪逢尧辑

汪逢尧,字同吉,号味经。清张堰(今属上海金山)人。道、咸间人。廪生,湛深经术,由誊录注籍训导,历署新阳、震泽、吴县训导,所在有声。年七十三卒。著有《亦园存稿》。生平事迹见《重辑张堰志》卷六。

又辑有《李杜存真》,《重辑张堰志·艺文志·总集类》著录。已佚。

杜诗选注 [清]许瀚选注

许瀚(1797—1867),字印林,一字培西。清日照(今属山东)人。道光十五年(1835)举人,主讲济宁渔山书院和沂州琊琊书院。咸丰二年(1852)官滕县训导,未几归里。晚年为吴式芬校订遗书。许瀚是清代道、咸间杰出的文字学家、金石学家和校勘学家,博综经史及金石文字,训诂尤深,其校勘宋、元、明本书,精审不减黄丕烈、顾广圻,龚自珍称其为"北方学者第一"。著有《攀古小庐文》、《攀古小庐文补遗》、《攀古小庐杂著》等。又有稿本《许印林杂文》一卷。生平事迹见杨铎《许印林先生传》(《续碑传集》卷七九)、袁行云《许瀚年谱》(齐鲁书社1983年版)。

又有《杜诗选注》,系稿本,不分卷,一册。封面自题《病手集杜》,为同治二年(1863)许瀚手抄本,用行草书。诗正文顶格,注释文字附诗后,统低一格。是书只选注杜甫古体诗,先五古,计40首;后七古,计55首。五古后附许瀚自识云:"右古体五言诗四十首,同治二年秋九月廿一日默写讫,瀚识。"七古后附许瀚自识云:"右古体七言诗五十五首,同治二年十月十八日默写讫。"卷末有吴仲怿手书《许先生病手集杜册书后》。许瀚注释,多引前人评语,如范温、苏轼、黄彻、钱谦益、朱鹤龄、黄生、吴瞻泰等,而以钱、吴为多,实则抄录钱笺与吴氏《杜诗提要》二书。引语重要者,则旁加单圈以示之。许氏己见,则加"瀚按"以别之,或言重押用韵规律,或考证本事,或论作诗旨意,无多新见。有的选诗白文无注。是书稿本现藏北京国家图书馆。

杜律臆解 [清]林昌彝撰

林昌彝(1803—1876),字惠常,又字芗谿,号茶叟、碌砚山人、五虎山人。清侯官(今福建闽侯)人。道光十九年(1839)中举,以后八上公车不售。南北游历,足迹遍天下。长于考据和经学,学问渊博,著述精勤。咸丰二年(1852)以进呈《三礼通释》,获钦赐教授,先后司福建建宁、邵武两府府学。鸦片战争爆发后,他写成《平夷十六策》、《破逆法》四卷,表现了关心国家命运前途的强烈爱国热情。为了表示他对侵略者强烈的义愤,"寓英为鹰",特名其楼为"射鹰楼"作《射鹰楼诗话》,搜辑评述鸦片战争时期国内许多爱国诗人的抗英诗作,极力宣扬爱国主义思想。他与林则徐、魏源为莫逆交,常以爱国思想相激励。晚年家境更加贫困,以授徒自给,著书满架以终。所著除《射鹰楼诗话》二十四卷外,还有《海天琴思录》八卷及《续录》八卷、《敦旧集》八十卷、《诗人存知诗录》三十卷、《遂初楼诗钞》等。生平事迹见《清史列传·文苑传四》、林庆炳《家严七秩寿辰敬征诗文启》(《焚馀偶谈》)、丘炜萲《五百石洞天挥麈》。

又有《杜律臆解》,《(民国)闽侯县志·艺文志》著录。郭柏苍亦有《杜律臆解》。因林昌彝与郭氏同邑同时,而所著书名又相同,故周采泉《杜集书录》疑此书为二人合著。

寿甫 [清]张声玠撰

张声玠(1803—1848),字奉兹,一字玉夫,号润卿,别号蘅芷庄人。清湘潭(今属湖南)人。道光十一年(1831)举人,其后七次赴京会试,皆落第。二十四年,以大挑知县分发直隶,二十五年任直隶元氏县知县。不久以母丧归湖南,二十八年起复,返回直隶,旋病殁于保定。与同县罗汝怀、湘阴左宗棠同为周氏婿。著有《蘅芷庄诗集》十八卷、《文集》四卷、《蘅芷庄人随笔》五卷、《集唐诗》一卷、《中山麾古录》一卷。杂剧九种,总题《玉田春水轩杂剧》。生平事迹见左宗棠《元氏县知县张公墓志铭》(《左文襄公书牒》卷一)、张声玠《四十自序》(《湖南文征》卷七九)、《(光绪)湘潭县志·人物志》及《艺文志》。

《寿甫》,杂剧,载《玉田春水轩杂剧》九种中。《玉田春水轩杂剧》乃仿清石蕴玉《花间九奏》体例,以九事合为一本,每种一套,其九即《寿甫》。辑入道光间赐锦楼刊《蘅芷庄人外集》,郑振铎收入《清人杂剧二集》。此剧共一折,取材于杜甫《饮中八仙歌》,剧情写杜甫死后,上帝以其生前忠爱,命列仙班,封为浣花仙叟,着他在草堂养闲。而"饮中八仙"亦聚仙曹,适值浣花仙叟初度之期,八仙各具寿礼美酒,前往庆贺,饮酒大醉,邀杜甫同归醉乡。结诗云:"遭逢天宝乱离年,难把生辰考旧编。附会与公称一寿,烦他八个饮中仙。""瑶池西母寿诞开,祝嘏仙人八洞偕。故事翻新同一例,红氍毹上好安排。"

杜诗注解节抄 [清]顾淳庆撰

顾淳庆(1804—1860),字古生,自号鹤巢。清会稽(今浙江绍兴)人,廷纶子。初补博士弟子员,于嘉兴太守端节家就馆历十年。道光十二年(1832)举于京兆,二十四年大挑一等,授韩城县知县,累迁岐山、延长、长武、咸宁诸县(均属陕西省)知县,擢潼关同知。咸丰十年(1860)卒于官,年五十七。著有《鹤巢诗存》一卷、《鹤巢语录》一卷、《衍洛图说》一卷、《学医随笔》一卷,俱编入《顾氏家集》。

又有《杜诗注解节抄》,不分卷。顾淳庆选抄所据之本,乃张溍《读书堂杜工部诗集注解》。原稿分甲、乙两卷,其孙顾鼎梅1927年主办上海科学仪器馆时影印出版,合订为一册。此书首页署"杜诗注解节抄","丁卯(1927)孟秋吴士鉴谨署"。诗正文前有诸宗元跋云:"先生独嗜杜诗,别为最录,盖其方官秦中,复值海内俳扰之际,怆时愍乱,故托兴焉。"共抄诗338首,名篇巨制多无遗漏。卷前无目录,书名下小字注明"张上若先生读书堂本,古生手录。"张溍原注以双行夹注形式删减录存,行间有旁批圈点,书眉偶有简括评语。此书为顾淳庆楷书手写本,顾氏工于书法,故此影印手写本,亦可资赏览。

鲁通甫读书记 [清]鲁一同撰

鲁一同(1804—1863),字兰岑,一字通甫(一作"通父")。原籍山阳(今江苏淮安),至一同始迁清河(今江苏淮阴)。年十七补博士弟子员,次年举副贡生,道光十五年(1835)举人。曾主讲云龙书院。清修笃学,好发政议,尝论天下之患:"盖在治事之官少,治官之官多。官多者,非事之利也,胥吏之利也。"其再试不第,虽绝意仕进,益精研文章,博览群书。为文务切世情,古茂峻厉,其说长于史例,旁及诸子之言。著有《鲁一同诗文集》十二卷、《右军年谱》二卷、《白耷山人年谱》一、《通甫类稿》及《邳州志》、《清河县志》等。事迹详《清史稿·文苑传三》、《清史列传·文苑传四》、方宗诚《鲁通甫传》(《柏堂集续编》卷一二)、吴昆田《鲁通甫传》、汤纪尚《鲁通甫先生传》(《续碑传集》卷七九)。

《鲁通甫读书记》,一名《评〈读杜心解〉》,系抄本,不分卷,乃鲁氏平日读浦起龙《读杜心解》的札记,始随手笺于浦注之上,时人过录,互有异同,后经吴涑参合各本,仿《义门读书记》体例,撮录其评语汇为一编,乃成是本。书名下署"通家子吴涑编"。书前有淮安段朝端咸丰八年(1858)序云:"雍、乾以来,浦氏《读杜心解》风行一时,中多独到之处,而穿凿附会在所不免,且多以时文法律之。通甫先生病其贻误后学也,爰就杜集精选细批,于篇中筋脉采色,声情气韵,以及章法、句法、字法,大醇小疵,一一指出。或就地生情,或按时立论,或切人著想,以意逆志,务得其命意之所在,一洗浦氏支离拘泥之习。"卷前有鲁氏识语云:"吾评无定则,意有所得,杂乱书之。其点化筋节处,亦有前人未阐之秘,或加深思,遂开奥窍。但吟讽百过,自有鬼神来觃耳。浦氏读书何尝不细心,只是畦町太过,如刻舟求剑。庄子曰:'吾以神遇,不以目视。'读杜者不可不知此言。"卷前无目录。诗题下径录评语,所评之诗不足杜诗之半,次第一依浦本。卷末附《潘廉亭读书记》,亦是批评浦氏《心解》者,所评不过百首。书末有吴涑跋语,记时为"丁巳",当是民国六年(1917)。一同于杜诗别有心得,所评时有新见,惜其简略,未尽如人意。鲁氏批注杜诗,当时有摹本多种。另有一钞本名《通甫评杜》者,则分六卷。卷前有鲁一同序,序文与前本卷前识语文字全同,只是多文后署名:"咸丰庚申山阳鲁一同通甫识。""庚申"为咸丰十年(1860),可见为鲁氏晚年所订稿。序后录《山阳县志》卷十四《鲁一同传》云:“《通甫评杜》为先生未刊遗稿。”后列六卷目录,共评诗678首。附“考定伪诗暨他集互见者”四首,即《逃难》、《哭长孙侍御》、《虢国夫人》、《杜鹃行》,此为前钞本所无。每卷首行题“通甫评杜”卷次,二行书“山阳鲁一同通甫评”。卷末附吴昆田《鲁通甫传》、汤纪尚《鲁通甫先生传》,显系钞自《续碑传集》者。又有吴炳祥过批之《批杜诗》本。

集杜诗　三卷　[清]孔继镔撰

孔继镔(?—1858),字宥函。清曲阜(今属山东)人,寄籍大兴(今属北京),迁居清河(今江苏淮阴)。道光十六年(1836)进士,用刑部主事。道光末,为养亲计,改官南河同知。后去官,避居宝应,尝主讲钟吾书院。咸丰三年(1853),太平军克扬州,清军建江北大营,强起以佐之,以功得知府。次年兵败,复归宝应。六年,钦差大臣德兴阿重占扬州,驻军江浦,被起用。八年,太平军再破江北大营,死于军中。著有《心向往斋集》二十卷、《壬癸诗录》。生平事迹见吴昆田《孔宥函传》(《续碑传集》卷七九)。

《集杜诗》三卷,见其《心向往斋集》卷十五至十七。未见有单刻本。《心向往斋集》有道光二十九年(1849)初刻本,1984年文物出版社据民国九年刊刘承干《求恕斋丛书》影印,一函八册。

读杜诗说　二十四卷　[清]施鸿保撰

施鸿保(1804—1871),一作鸿宝,原名英,字榕生,号可斋。清钱塘(今浙江杭州)人。年少时,以秀才肄业杭州各书院,得到林则徐等的赏识,并与同郡沈祖懋、邵懿辰、冯培元等人结社西湖。曾先后十四次应乡试，竟不遇。中年遂从事幕府，旅食江西、福建各地，而以游闽时间为最长，首尾凡二十七年。卒客死福州。施氏博学多闻，工诗古文，湛深经术，尤精考证，著述颇多，有《春秋左传注疏五案》六十卷、《炳烛纪闻》十六卷、《读杜随笔》八卷、《读杜诗说》二十四卷等。另有《闽杂记》二十六卷、《思悸录》一卷、《可斋诗文集》、《可斋诗钞》二十卷（今残存稿本十六卷），俱未梓。生平详陈寿祺《施可斋先生传》。

《读杜诗说》二十四卷，系手稿本，毛订五册，书首题“钱塘施鸿保稿”。后由张慧剑在杭州丰乐桥一家书肆购得，并加以校点，由中华书局上海编辑所于1962年出版铅印本，上海古籍出版社1983年9月又出新一版，改正了一些不尽妥善的标点和个别错字。该本封面署“［清］施鸿保著 张慧剑校 读杜诗说”。卷前有影印手稿二帧，张慧剑撰《关于〈读杜诗说〉》一文，次各卷总目录，施氏同治九年（1870）序。因此书以订正仇兆鳌《杜诗详注》的误失为主，故诗目、卷次悉依仇注。前二十三卷为分诗评论，不抄原诗，只列有关仇注文字与评论笺释文字，共论及杜诗673首。第二十四卷为总说，计有“五律拗句”、“七律拗句”、“七律上尾字”、“重韵”、“误用事”、“用本朝事”、“避本朝讳”等十九条。据施氏卷二十四小引云：“第二十四卷则附总说五十二条，别为上卷下卷。今此上下卷皆因受水霉烂，乃检其尚可辨识者，录为上卷，留下卷空纸，以备续补。”下卷部分篇目仍记录在卷末的空白纸上，有“诗句误倒”、“诗设问答”、“杜四弟考”、“杜侄考”、“妹考”、“家讳考”、“题序各别”、“诗用成句”等若干条，铅印本未收入。施著文中凡辨正仇注者，统称为“说”，惟赵次公、朱鹤龄、王嗣奭、钱谦益四家，独标以“赵说”、“朱说”、“杜臆”、“钱笺”，凡作者自己辨正者，则标以“今按”区别之。施著是一部专纠仇注之误的书，著者认为仇注虽有“援引繁博，考证详晰”的优点，但“读之既久，乃觉穿凿附会、冗赘处甚多。且分章画句，务仿朱子注《诗经》之例，裁配虽匀，而浑灏流转之气转致扞格；训释字句，又多儱侗（笼统）不晰语，诗意并为之晦。间附评论，亦未尽允，甚有若全未解者。”而施氏主张实事求是、恰如其分的诠释杜诗，反对穿凿附会。亦不赞成用纤巧的格律说来说杜，而对杜诗格律的偶然失检，或用事偶误，认为实不必曲为之讳。关于字句的训释，作者要求讲得具体，对诸家驳难时，亦有自己的新见。但施氏解释杜诗亦时有欠妥处，关乎此，张慧剑在《关于〈读杜诗说〉》中都为概略指出，可以参看。

读杜随笔　八卷　［清］施鸿保撰

施鸿保，生平事迹见上《读杜诗说》介绍。

《读杜随笔》八卷，陈寿祺《施可斋先生传》载：“解释杜诗者，则有《读杜随笔》八卷，多发古人未发之覆。”未梓。不知与其《读杜诗说》为同一书否？

杜诗心会　四卷　［清］毛文翰撰

毛文翰（1805—1853），字彦翔，一作彦祥，别号西垣，又作西原，后更名庆鸿、贵铭。世居巴陵（今湖南岳阳）县南新墙里。年十四入学为诸生，道光十七年（1837）始充拔贡生。入都，考未入等，留都下三岁，中二十年顺天举人。既会试不第，就馆于丰润郑氏，往来遵化、永平间，间岁始得归。授徒里中数年，复入京，屡不得第。贵阳唐子方布政以其诗名，厚币招之，遂游秦中，历蜀至黔。咸丰元年（1851）归里，次年再上春官不第，复走之即墨，会南方兵乱，郁郁忧家，强再就试而归。三年大挑得官教谕，九月十四日卒，年四十九。著有《右北平诗草》、《黔苗竹枝词》等。生平见吴敏树撰《毛西垣墓志铭》(《柈湖文集》卷十)及《祭毛西垣文》(《柈湖文集》卷十二,思贤讲舍光绪癸巳刊本)。

又有《杜诗心会》四卷,系稿本。郭嵩焘《毛西原杜诗心会序》云:"自古诗人托物起兴,皆意有所郁结,不得发摅,而托之诗歌,以写其缠绵哀怨之旨。唐杜甫氏出,指事类情,推陈始末,天下利病得失,生民之休戚,亲故之离合,身世之荣悴悲忻,言之必达其志,虑之必穷其变,然后诗之蕴乃旁推交通,曲尽而无遗。当时论者以为集诗家之大成,无有异议。顾或以其忠爱之谊,寻章摘句,附会而迁就之。读杜诗者,转累于笺注之烦,茫然莫得其指归。明高氏棅、胡氏应麟、王氏世贞乃专取其律法音节,会其微妙,开示学者。国初新城王文简,以诗学倡天下,考论杜诗,标其新异,摘其繁累,意尤美焉。嗣后《五家评本》出,学者循其说以求杜诗之义,浅者见浅,深者见深,犁然各有以当其意。巴陵毛西原,又稍以意折衷之,简杜诗之善者为四卷。悉采诸家之说,证以己见,而辩论其不合者,命曰《杜诗心会》。夫通其辞而不达其意者有矣,未有求达其意而先不能究其辞者也。自唐以来,诗人推宗杜甫氏,以至今日。而其义例之精,变化之妙,章章而比之,字字而析之,辨之久而其精日出,宜西原所得之深也。往者山阳潘德舆尝述朱子之言,读李(杜)诗如士人治本经,不宜有去取。杜诗之原于《风》、《雅》,发于性情之正,读者皆能望其崖略,而其深亦未易引而尽也。西原之于杜诗,未知视彦辅所论何如?要其持论之详,与其辨证诸家得失,最有裨益于学者,为之序其略而广其传焉。是编稿本,得之门人熊秋白农部,秋白又得之吴南屏学博,皆西原至交,因并记之。"(《养知书屋文集》卷四)

杜诗注疏 [清]刘敦撰

刘敦,字艮吉,号兼山。清江宁(今江苏南京)人。工诗,著有《兼山遗稿》。

又有《杜诗注疏》,《(同治)上江两县志·艺文志》著录。已佚。

杜诗百篇 二卷 [清]张燮承选

张燮承,字师筠。清含山(今属安徽)人。咸丰间游幕青浦。著有《张师筠著述》、《小沧浪诗话》四卷、《翻切简可篇》二卷、《写心偶存》一卷、《续存》一卷、《再存》二卷等。

又有《杜诗百篇》二卷,有咸丰九年(1859)汲县贺氏刻《张师筠著述》本。又有单行本,首页署"杜诗百篇 咸丰九年己未春正月茂苑石巽伯题"。封里有"古汲郡贺氏藏真寿世之印记"之篆文钤记。卷首有自撰"杜公年谱",极简赅;咸丰三年自序、贺际盛识语。次总目录。诗分体编排,上卷古体,下卷近体,共选诗100题161首,计五古37首、七古17首、五律52首、七律28首、五排8首、七绝19首。每卷首行上署"杜诗百篇"卷次,下署"含山张燮承师筠集解"。版心由上而下依次刻"杜诗"、卷次、页数。诗正文大字顶格,题解与注释文字双行小字,行间夹有圈点、评语。是书所选皆杜诗名篇,其注释或释字义典故,或论韵律章法,或解诗意内涵,率皆简明。兼取诸家之说,附以己意,但引前人语多不注出处,新见无多,实为闾塾通俗读本。

杜解传薪 六卷 [清]赵星海撰

赵星海,字月槎,自号昆野山人。清莱阳(今属山东)人。诸生。清咸丰中曾游宦吴门,做过县丞一类小官。著有《赵月槎诗》。据何家琪《天根文抄·赵月槎诗序》云:"予尝抄同人诗,存月槎五律若干首,甚肖杜。夫以月槎身杜之境,奉杜诗穷且死,诗之肖杜固宜。特惜其解杜之全稿不传耳。"何家琪所说赵氏的"解杜之全稿",即其所撰之《杜解传薪》,今存稿本。已印行者为《杜解传薪摘抄》。生平事迹见《天根文抄》卷一。

马同俨、姜炳炘所编《杜诗版本目录》(见《杜甫研究论文集》三辑)载:"《杜诗传薪》一卷,(清)赵星海编,清同治年刻本,一册,见《江苏省国学图书馆现存书目》第二册别集类第5页。"并列为"待访书目"。其所指实为《杜解传薪摘抄》之一卷本。因未见原书,故将书名误为《杜诗传薪》。《杜解传薪》书名本《庄子·养生主》"指穷于为薪,火传也,不知其尽也。"此书系行书钞写之稿本,毛订五册,未刊行,亦不见公私著录,原藏齐鲁大学图书馆,有"齐鲁大学图书馆藏书"钤记,现藏山东师范大学图书馆,实为海内孤本,弥足珍贵。观作者所撰"凡例",可知原稿系按诗体分为六卷:卷一,五古;卷二,七古;卷三,五律;卷四,七律;卷五,排律;卷六,绝句。而赋、赞、表、传各体杂文,则别为一卷,列于集后。作者又将杜诗分为甲、乙两集,"择其中之尤精者,订为甲集;馀悉列乙集之中。"而今存稿本《杜解传薪》,只是甲集的三、四两卷,其中卷三五律,又分为八小卷;卷四七律,又分为二小卷。殆仿浦起龙《读杜心解》体例。作者鉴于新、旧《唐书》所撰杜甫本传乖舛甚多,故不予甄录,而只取元稹《唐检校工部员外郎杜君墓系铭并序》冠诸卷端,次列少陵年谱,同治二年(1863)方潜序,同治元年作者自序,"凡例"三十二则,作者后序。卷三前总列卷三之一至卷三之八所收五律目录,共计498首;卷四之一至卷四之二,则于各卷前分列所收七律目录,共计128首。每卷首行署书名、卷次。次行署"东牟昆野山人赵星海月槎注解"。每页版心上标书名、卷次,中标作诗时、地、页数,下标"燕海吟坛"四字。是书在杜诗评注本中可谓独具一格,富于创造。在体例上,其最大特色是"纲领清晰,条理分明"。诗正文大字顶格,旁加圈点。诗次分体编年,而于作诗时、地,则列于每页之版心,使读者一目了然。注解体例为"注列句下,解附篇末"。注文以两行小字列于句下,引文多删节,但皆标明所引书名。解之例有三:一为正解,又分引解、参解、补解三类。凡前人之解于本诗用意用笔全合者,则引之,是为引解;凡前人之解于本诗用意用笔有纯疵兼半、未能全合者,则斟酌取舍,是为参解;见前人之解于本诗用意用笔全无一合者,则以己解补之,是为补解。此三者皆低一格小字附于本诗之后。引、参解皆注明引自某氏,如"引仇(兆鳌)解"、"参浦(起龙)解"之类,合数人之解者,则曰"引众解"、"参众解"。联章组诗,如《秋兴八首》、《洞房》至《提封》八诗等,则特补以"总论",明其谋篇布局之法,识其意趣旨归。虽为正解,但不列于篇末,而以小字书于顶格之上,以为提纲挈领。二为参解,又分引参、补参、参辨三类。正解之外,于本诗或犹有漏意,或另有别说,可与正解互相参正者,或引或补,是为引参、补参;凡辩驳前人之解者,是为参辨。此三者俱小字书于本诗顶格之上,间亦有附于正解之末者。三为旁解,为明杜诗用笔之起伏照应,离合承转,特于各句各联之侧加以旁注,是为旁解。集中有同人酬唱诗,亦以小字书于本诗顶格之上。诗顶格之上有标以"已刻"字样者,则系选出付梓,收入《杜解传薪摘抄》者。赵星海于杜诗可谓竭尽毕生心力,注释参辨颇为精详,态度亦很审慎。其自序云:"吾不以吾心解杜诗,而以杜诗证吾心焉。于是乎吾心出,于是乎少陵之心亦出。少陵之心出,而少陵之诗解矣。然则非吾解杜诗,乃杜诗自为其解耳。"这种注杜解杜的方法,较之那些主观臆测、牵强附会的解释,自然是翔实精到的。观其注评,虽多采仇注、浦注,但不乏己见,分析可谓深细。但作者解诗时有牵强附会处，而在征引诸家之说时，亦偶有失检混讹者。他如改《诸将五首》第一首“见愁汗马西戎逼”之“见愁”为“见看”，改《咏怀古迹五首》第四首“蜀主窥吴幸三峡”之“窥吴”为“征吴”之类，以意妄改，实不足为训。但瑕不掩瑜，该书仍不失为一部极有价值颇具特色的杜诗评注本。今人张忠纲撰有《独具一格的杜诗评注本——介绍赵星海的〈杜解传薪〉》（载《草堂》1986 年第 1 期）一文，对该本考论甚详，可以参看。

杜解传薪摘抄　一卷　[清]赵星海撰

赵星海，生平事迹见上《杜解传薪》介绍。

《杜解传薪摘抄》，系自《杜解传薪》选出而刻印者，故体例全同于《杜解传薪》，只是注释文字略有异同，盖正式付梓时曾酌加修改。卷前有同治四年（1865）阎敬铭序、方朔序、同治元年作者自序、作者自撰《杜解传薪律诗摘抄小引》，节录“凡例”七则。《摘抄》分“五律摘抄”和“七律摘抄”两部分，目录总列于卷前。共选录五律 38 首，七律 22 首。作者《摘抄小引》云：“今且于律体中择其律法深细，而于世道人心有关者数十首，勉付雕镌，商诸海内，以观其数。”《（宣统）山东通志·艺文志》载赵氏自言曰：“予少壮观皇帝都，游秦晋，历蜀川，泛洞庭，过洛阳，走金陵，下钱塘，寇盗四起，间关万里，一身之外，惟携杜诗，马背船唇，河风山雪，旅夜瓦灯，淋漓土墨，每索一解，心镂肾钵，一生精力毕于此，欲求有力者代刻焉。今将老矣，归来至沛南，适遇朝邑阎中丞爱士，仅刻所解近体数十首以传。”阎中丞，即阎敬铭，同治四年，适为山东巡抚。阎敬铭序亦云：“莱阳赵生著有《杜解传薪》一书。兹携其《摘抄》来谒，云全书繁多，因乏剞劂费，姑刻一册，以为嚆矢。”观此，则《杜解传薪摘抄》系阎敬铭出资助梓，方得以传世。是书为同治四年刻本,一卷一册。虽为期甚近,但传世极少,未为世人所知,故列入"待访书目"。是书原藏江苏省国学图书馆,《江苏省国学图书馆现存书目》第二册别集类著录。今藏南京图书馆,有藏书钤记,实海内孤本也。

评点杜诗　[清]方玉润评

方玉润(1811—1883),字友石,一字黝石,自号鸿濛子、鸿濛室主人。祖居四川,后迁宝宁(今云南广南)。玉润从二十二岁入县学,应试凡十五次均不第。咸丰五年(1855),投笔从戎。入王国才、李孟群、曾国藩幕。同治三年(1864),以军功铨选陇西州同。十月赴任,因战乱寄居州治,著述讲学。所著有《诗经原始》、《风雨怀人集》、《评点杜诗》、《鸿濛室诗钞》、《鸿濛室文钞》、《星烈日记汇要》等。

《评点杜诗》,向达《方玉润著述考》(载《唐代长安与西域文明》,河北教育出版社2001年版)引玉润同治四年日记末《鸿濛室拟著丛书目录》著录,并称其"存否不可考"。

杜律正蒙　二卷　[清]潘树棠撰

潘树棠(1813—1891后),字憩南。清永康(今属浙江)人。十五岁补博士弟子员。咸丰十一年(1861)拔贡生。同治间,由拔贡举孝廉方正。光绪十四年(1888)特赏内阁中书七品衔。光绪间曾参与修撰《永康县志》。著有《中庸引悟》、《山瓢集》、《杜律正蒙》二卷等。据《(光绪)永康县志》载,尚撰有《节烈吴绛雪别传》、《永宁即永康考辨》等文。

《杜律正蒙》二卷,成书于道光二十三年(1843),同治八年(1869)永康寻乐轩刻印。卷前有章倬标序、潘氏自序,次以"例言"七则,书后有倬标子章德藻跋。该书分上、下两卷,上卷前有总目录，共收杜诗七律152首，（“目录”中遗《狂夫》、《城西陂泛舟》二诗）。每卷次下署“永康潘树棠憩南辑注”。诗正文大字，题下及诗中注文双行小字。诗正文大字，题下及诗中注文双行小字。诗正文顶格，诗后总评低一格。是书辑诸家注以杨伦《杜诗镜铨》为主，“小注总评，悉多因之”，而诗之编次，亦悉依《镜铨》。每诗后总评，皆附以己见，如采诸家评语，则皆标明姓氏和书名，个人见解则加“按”字以别之，态度尚属严谨。故章序云：“翻阅再四，见其删芜汰冗，详而不琐，简而能赅，而每首总评中，复分格以挈其纲，释句以疏其意，爬罗搜抉，无楦酿丛脞之病。”虽不无溢美之辞，亦差可近之矣。但引杨伦注，时欠审慎，多所致误，如引“朱（鹤龄）注”误为“朱子”；引《扬子法言》：“谷口郑子真”，误为《高士传》，其实，《高士传》乃转引自《扬子法言》也。如此之类，尚有多处。《正蒙》为便童蒙学诗之用，只收七律，正如潘氏“例言”所云：“此编不及五、七古，以童蒙学诗，当从律诗入手，故约以七律，而五律皆可从此得其意。”因此，潘氏说诗，重在作诗格法，强调起承转合，有如讲解八股文，而于诗之思想内容及艺术特色，反而很少阐发。至于每诗必强调标格法以分之，如所谓拄杖倒饮法、高屋建瓴法、翻身射云法、神龙掉尾格、龙竖一指格等等，则近于文字游戏耳。

杜律臆解　［清］郭柏苍撰

郭柏苍（1815—1890），字蒹秋，又字青郎。清侯官（今福建闽侯）人。郭阶三第四子。道光二十年（1840）举人，官内阁中书、主事，一品封典。著有《云闲堂诗》四卷、《补蕉山馆诗》二卷、《三峰草庐诗》二卷、《沁泉山馆诗》二卷、《柳湄小榭诗》二卷、《葭柎草堂集》三卷、《乌石山志》、《闽产录异》、《竹间十日话》、《海错百一录》五卷等。生平事迹见《（民国）福建通志·

文苑传》。

又有《杜律臆解》,《(民国)福建通志·文苑传》本传著录,《艺文志》失载。因郭氏与林昌彝同邑同时,而所著书名又相同,故周采泉《杜集书录》疑此书为二人合著。

杜诗培风读本 [清]席树馨编

席树馨,《杜集书目提要》失考,《杜集书录》将著者误作"叶树馨",称"始末待考"。据考,树馨,字枝山,又字鹤如。怀来(今属河北)人。道光十七年(1837)拔贡,咸丰三年(1853)进士,历任四川长宁知县。在任修书院,设文学,请名师,教士子,人文俱兴,为诸邑之冠。著有《代笺录》、《古文文笔》、《金丹选注》。曾校录《杜解通元》四卷,辑有《杜诗培风读本》。生平事迹见于煤村、王崇玉编《怀来县志译》卷十二《人物》、卷十三《科第》(河北省怀来县档案馆 1984 年 12 月内部发行)。

《杜诗培风读本》前有同治十一年(1872)吴棠序、光绪元年(1875)席树馨自序。是书乃就杨伦《杜诗镜铨》选录各体杜诗451 首,按体分编,分体之后又以编年为次,其评注亦一依杨本。席氏认为《杜诗镜铨》"精当妥协,字疏句释,详而不滥,洵杜集第一本也。惟全集自宜乎编年,而读本则便于分体,乃仿《读杜心解》,按体分编,而前后仍准年谱,十取三四,为初学计便诵习也。"知其意在选一初学之读本。有光绪元年四川刻本,四册。镌刻虽晚,却极少见。

杜解通元 二卷 [清]席树馨编

席树馨,生平事迹见上《杜诗培风读本》介绍。

《杜解通元》,二卷一册,题下注"唱经堂解",乃金圣叹《唱经堂杜诗解》之节抄本。卷前有《第四才子书》、《才子书小引》。

署“上谷妫川席树馨鹤如检录”、“门人冯树清、男子琮校字”。卷首标有“庚子”印记，当为光绪二十六年(1900)四川坊间刻本。版式为半页九行，行二十五字，小字双行，字数相同。白口，四周单边，单黑鱼尾。版心刻书名、卷次、页数。《四川图书馆馆藏古籍目录》著录，现藏四川省图书馆特藏部。

杜子美著作五七古五七绝　署[清]伯云抄

《杜子美著作五七古五七绝》，署名伯云抄，不详为谁。清咸丰元年(1851)手抄本，一册。《成都杜甫纪念馆馆藏杜集目录》著录。丁浩《杜甫草堂博物馆藏清代手钞杜集略说》(见《书海拾贝》，四川文艺出版社 1998 年版)介绍其版式为：半页九行，行二十五字，无边栏，无鱼尾。扉页左上题书名《杜子美著作五七古五七绝》，中署“读杜须耐拙句、率句、很句、生句、丽糙句 二田浦起龙”，右下题“咸丰元年十二月立春之后二日，伯云手制于琅环福地之小轩”，并钤“口龙”、“伯云”印各一枚。卷首无序，亦无目录。首录苏东坡《读杜》诗一首，以下依次录杜诗五古、七古、五绝、七绝若干首，有朱、墨圈点及旁注、眉批。旁注、眉批多录自浦起龙《读杜心解》。

杜诗七言拗律谱　[清]柯蘅编

柯蘅(1821—1889)，字我兰，号佩韦。清胶州(今属山东)人。咸、同时诸生，陈寿祺之弟子。著有《汉书七表校补》二十卷，广泛考证《汉书》之讹误。研究经史，尤长于诗。著有《声诗阐微》二卷、《旧雨草堂诗集》四卷及《旧雨草堂札记》、《杜诗七言拗律谱》等。事迹详《清史列传·儒林传下二》、《清史稿·儒林传三》。

《杜诗七言拗律谱》，《民国增修胶州志·艺文志·书目下》

著录。从书名来看,似是研讨杜诗拗律平仄声调规律之作。已佚。

集杜诗附存 [清]吴仰贤撰

吴仰贤(1821—1887),字牧驺,室名小匏庵。清嘉兴(今属浙江)人。道光二十三年(1843)举人,咸丰二年(1852)进士,入翰林院,改官云南知县,擢知府,迁云南迤东兵备道。后引疾辞归。著有《小匏庵全集》。《清史稿·艺文志四·集部·别集类》著录其《小匏庵诗存》六卷,另有《小匏庵诗话》十卷。

吴氏《小匏庵全集》中有《集杜诗附存》一卷,为光绪八年(1882)刻本。未见有单刻本。

杜甫全集 六十六卷 [清]傅以礼编

傅以礼,原名以豫,字茂臣,号节子,以号行。清大兴(今属北京)人。其斋名为长恩阁、华延年室。清阮葵生《茶馀客话》卷十六云:"司书有鬼,名曰长恩。除夕呼其名而祭之,则不蠹。"则"长恩"为书神。光绪时人,与赵之谦、孔广陶、李慈铭交好。嗜金石,喜藏书。曾官福建补用道署、福州府知府。辑有《长恩阁丛书》等。

编有《杜甫全集》六十六卷,傅氏《长恩阁书目》著录。已佚。

杜诗字评 十八卷、残存十六卷 [清]董文涣评

董文涣(1833—1877),原名文焕,字尧章,号研秋,一号研樵,亦作岘樵。清洪洞(今属山西)人。咸丰六年(1856)进士,改庶吉士。散馆,授检讨,充武英殿、国史馆协修等。同治四年(1865)补甘肃甘凉兵备道。途经陕西,为布政使林寿图奏留委

办山西米捐局事。十一年,调甘肃巩秦阶道,主厘金局。遭忌者流言中伤,而勘实廉洁,得保加二品衔。以伤母逝,卒于天水。其《秋怀八首》叹宦海险巇,感喟人生,一时海内外和者甚众。著有《岘樵山房诗集》十二卷、《藐姑射山房诗集》二卷、《孟郊诗评点》二卷、《声调四谱图说》十二卷、《集韵编雅》十卷,辑《秋怀八首和韵》二卷。生平见《岘樵山房诗集》、《声调四谱图说·自序》。

又有《杜诗字评》十八卷,稿本,清长赟校并跋。存十六卷,为一至七、十至十八卷。半页十行,行二十二字。白口,左右双边。《中国古籍善本书目》著录。现藏福建省图书馆。

迟庵集杜诗　一卷　[清]孙毓汶撰

孙毓汶(?—1899),字莱山,亦作来杉,号迟庵。清济宁(今属山东)人。尚书瑞珍子。咸丰六年(1856),以一甲二名进士授编修。八年,丁父忧。十年,在原籍举办团练,以抗捐被劾,革职遣戍。同治元年(1862),以输饷复原官。寻迁詹事,视学安徽。擢内阁学士,授工部左侍郎。光绪十年(1884)入直军机,兼总理各国事务衙门大臣。十五年,迁刑部尚书,旋调兵部,赠太子少保。孙毓汶为西太后宠信,在甲午战争期间,孙毓汶为军机大臣中力主和论者。甲午战后,称疾乞休,卒谥文恪。

著有《迟庵集杜诗》一卷,有光绪家刻本,又有民国二十年(1931)《念劬庐丛刊初编》本。《(民国)山东通志·艺文志》著录。

杜少陵七言歌行　署[清]竺溪李桐抄

李桐,生平事迹不详,约为清同治时人。

著有《杜少陵七言歌行》,《成都杜甫纪念馆馆藏杜集目录》

著录,然著者署为“鲍桐舟”。为同治三年(1864)手抄本,一册。收七言歌行80首,后附六一居士诗摘抄24首。有朱、墨、蓝三色批点。丁浩《杜甫草堂博物馆藏清代手钞杜集略说》(见《书海拾贝》,四川文艺出版社1998年版)称其为同治二年(1863)抄本。版式为半页八行,行二十六字,朱丝栏,双边,上双鱼尾。无序及目录,不分卷。首页首行署“杜少陵七言歌行共八十首,又增廿四首”,下钤“合舛”、“子且吟”、“竺溪李桐”三枚印章。有朱、墨二色眉批、旁注及朱、墨、蓝三色圈点。

杜文贞墓记　[清]李宗莲辑刻

李宗莲,字在庚。清归安(今浙江湖州)人。同治十三年(1874)进士。光绪间曾官平江、武陵知县。

有《杜文贞墓记》,上海图书馆藏为光绪十年(1884)刊本。主要辑录湖南平江县杜墓的有关资料。国家图书馆存李宗莲辑活字本《湖南平江县重修唐杜左拾遗工部员外郎墓并建祠请祀集刊》,中有李宗莲撰《县批》、《募修杜公墓祠启》二文。

杜诗会意详说　三十卷　[清]陈如岳撰

陈如岳(1842—1914),字峻峰,号镇南。清南海(今属广东佛山)大富保莲塘乡人。幼时从学于朱九江,研习经史论著及八股文。同治十一年(1872)中举,光绪九年(1883)成进士,任翰林院编修。不久,奉旨到贵州任举子试主考官。后辞官归里,批注古籍,撰述诗文,教育子弟,并兼营陈太吉酒庄。1914年病逝于佛山。曾批注校订《西厢记》、《桃花扇》、《三国演义》、《水浒》等名著,还有诗集传世,又擅书法。

又有《杜诗会意详说》三十卷,系清抄本。现藏北京市文物局。《(稿本)中国古籍善本书目书名索引·集部》、《杜集书目提要》著录。《中国古籍善本书目·集部·唐五代别集类》亦著录，然著者误为“程如岳”。

杜诗辨讹　二十二卷　[清]刘钟英撰

刘钟英(1843—1917)，字紫山，别号芷衫。清大城(今属河北)人。刘开之子。光绪十一年(1885)拔贡。著述繁富，有《大戴礼补注》四卷、《庄子辨讹》十卷、《十三经刊误》一卷、《重订瀛奎律髓》四十九卷、《国策辨讹》十卷、《全唐诗补遗》三十卷、《补注陈检讨四礼》二十卷、《青照草堂笔诗》四卷、《七家诗注》十二卷、《二家赋抄》六卷、《芷衫诗话》八卷、《试贴举隅》四卷、《三馀堂诗约抄》三十卷、《左传辨讹》三十卷、《古文辞类纂注》十九卷、《东莱博议注》四卷、《愚公纪谈》六卷、《续西堂秋梦录》二卷、《野史亭》等，诗集《棣城游草》、《津门游草》、《京华游草》、《山左游草》、《南游草》等。编《大城县志》十二卷、《安次县志》十二卷。

又有《杜诗辨讹》二十二卷(一作十卷)。书名一作《杜诗辩讹》。《(民国)河北通志稿·艺文志》著录。已佚。

集李杜诗八十四喜笺序目　一卷　[清]徐淇撰

徐淇，清人，生平事迹不详。著有《集李杜诗八十四喜笺序目》、《集苏一百八喜笺序目》、《集涪翁文一百四十喜笺序目》等。

《集李杜诗八十四喜笺序目》一卷，光绪元年(1875)稿本，现藏国家图书馆。

集李杜苏黄　[清]王树枏撰

王树枏(1851—1936)，字晋卿，号陶庐，又号绵山老牧。清新城(今河北高碑店)人。年十六入邑庠,十七食廪膳,二十举优贡,朝考以教谕候选。光绪二年(1876)举于乡,受吴汝纶聘,主讲信都书院。二十年成进士,以主事分户部,选授四川青神知县,署资阳、新津、富顺。后因事解职,入两江总督张之洞幕。旋因荐以道员候补。二十九年,入京陛见,授平庆泾回化道,擢新疆布政使。1914年充清史馆总纂。1929年主讲萃刊书院。著有《陶庐文集》十二卷、《陶庐文集外篇》一卷、《文莫室诗集》八卷、《文莫室诗续集》十卷等。生平事迹见尚秉和《新城王公墓志铭》、刘声木《桐城文学渊源考》卷十。

又有《集李杜苏黄》,为光绪三年(1877)抄本。《成都杜甫纪念馆馆藏杜集目录》著录。

水流云在馆集杜诗存　二卷　[清]周天麟撰

周天麟,字石君,别署水流云在馆主人。清丹徒(今属江苏镇江)人。历任山西回泽、平阳知州、知府几三十年。生活于咸丰、同治、光绪年间。工诗,尤工词。善集古人诗词成句为诗词。著有《水流云在馆集杜诗存》二卷、《水流云在馆集苏诗存》二卷、《水流云在馆百哀诗词合抄》、《水流云在馆诗词》等。

《水流云在馆集杜诗存》二卷,一册。光绪十七年(1891)石印本。署"丹徒周天麟集",《成都杜甫纪念馆馆藏杜集目录》著录。此书题名一作《水流云在馆集杜诗抄》。

杜诗选　六卷　[清]陈廷焯选

陈廷焯(1852—1892),字亦峰。清丹徒(今属江苏镇江)人,流寓泰州(今属江苏)。光绪十四年(1888)举人,十五年应礼部试,落榜而归。著有《白雨斋词话》、《白雨斋词存》、

《白雨斋诗集》等。陈廷焯在《白雨斋词话》中特别强调“沉郁”风格,并从多方面进行论证。《白雨斋词话》卷七中有许多对杜甫的论述,涉及李杜比较、李杜渊源等许多问题。另外,陈廷焯认为诗词皆有境界,而杜诗的境界更是无所不包,在《白雨斋词话》卷八“诗词皆有境”条中,陈廷焯比较了唐宋许多著名作家的不同风格后,认为杜诗“横绝古今,无与为敌”,不仅为无人抗手的“诗圣”,而且词作者中亦无一人能达到如此境界。甚至认为:“诗至杜陵而圣,亦诗至杜陵而变。……昔人谓杜陵为诗中之秦始皇,亦是快论。”(《白雨斋词话》卷七)生平事迹见《(光绪)丹徒县志摭馀·儒林文苑》、《(民国)续丹徒县志·文苑》。

又有《杜诗选》六卷,系稿本,周采泉《杜集书录·内编·选本律注类二》著录。陈廷焯自序云:“诗至于杜,集古今之大成,更无与并者矣。……窃以为杜诗大过人处,全在沉郁。笔力透过一层谓之沉,语意藏过数层谓之郁。精微博大,根柢于沉;忠厚和平,本原于郁。明于沉郁之故,而杜之面目可见。而古今作诗之法,举不外此矣。因选杜诗六百六十馀首加以评点,非敢问世也,聊以心得示子侄辈,俾五入歧途而已。时光绪十九年(1893)丹徒陈廷焯。”周采泉按:尚有题诗一首,五古二十二韵,亦精湛之作。是书共选古今体诗663首,分体编次,有注有批,多引仇注、浦注、杨伦注,间或亦有自注。周氏谓曾借阅是书于许效庳,并云:“是选选诗皆具手眼,持论亦平正无颇,考证核实而不繁琐,在清代选本中,有特殊风格。”

杜诗钞　五卷　[清]郑杲钞

郑杲(1852—1900),字东父,一作东甫。祖籍直隶迁安(今属河北)。父鸣岗,以举人为山东即墨令,到官数月卒。贫不能归,因家于即墨。光绪五年(1879),以即墨籍举山东乡试第一。明年中进士,授刑部主事。后以母忧归,主讲山东泺源书院。服阕,迁员外。二十六年以疾卒于京师,年四十九。郑杲读书无所不涉,于诸经尤殚其力,而独深于《春秋》,其为说能兼综三《传》。著有《春秋说》二卷、《春秋札记》一卷、《东甫说经》一卷、《郑东父笔记》一卷、《郑东甫文稿》一卷、《东甫遗稿》、《书张尚书之洞〈劝学篇〉后》一卷等,多为稿本。与桐城马其昶友善,杲死,其昶将其遗稿编为《郑东父遗书》六卷。生平事迹见马其昶《郑东父传》(《续碑传集》卷七五)。

又有《杜诗钞》五卷,《(宣统)山东通志·艺文志》著录。是书不载《郑东父遗书》,有民国间天津徐氏退耕堂铅印本,线装四册。封面篆题"郑东甫杜诗钞",扉页署"杜诗钞"。卷前有天津徐世昌序,每卷次下署"即墨郑杲学"字样。诗正文顶格,注释文字低二格。其所抄诗,于题下标明大旨,诗后则笺释词语,摭拾典故,阐发诗意。校勘文字附诗中有关词语下,分两行小字注出。是书卷前无目录,收诗先分体,前四卷(即己丑第一钞,庚寅第一、二、三钞)全收古体诗;第五卷(即今体诗钞)则专收近体诗。每钞收诗基本上按编年先后排列。共收诗 547 首(另附李邕、元结、严武、高适诗 5 首),计五古 238 首,七古 115 首,五律 137 首,七律 31 首,五排 17 首,五绝 3 首,七绝 6 首。郑杲将拗体律诗、拗体排律和古绝归入古体诗。己丑一钞收《市人》一诗,实为《述古三首》之第二首,后庚寅一钞又全收《述古三首》,而第二首之题解又与前钞所收诗不相合,且私拟诗题,实不足法。徐世昌序云:杲"掇取诸家旧说,间出己意,以裨前人罅漏,可谓择精语详矣。""然东父苦心,耑在杜之古体。"己丑一钞、庚寅一钞,郑杲尤为著力,解说注释尚简明扼要,且不乏己见。至庚寅三钞、今体诗钞,诗多白文,有注则多转录钱笺而不注明,间或云"笺曰",或径云"钱谦益曰",几至格式亦与钱笺全同;亦偶引黄生、仇兆鳌、卢元昌、浦起龙、柯劭忞等人评语,而绝少己见。郑杲以风雅比兴说诗,崇尚温柔敦厚、深稳苍古之作。又因其精于《春秋》之学,往往以《春秋》之法解诗,重在讽喻,寻绎微言大义,有时则不免失之于穿凿。杲解诗时有失考,如释五古《赠李白》,谓"太白以天宝三年召入翰林,赐金放还,至东都受道箓于紫极宫",即时地并误矣。对诗之评骘亦有失当之处,如评名篇《丹青引》云:"终不见其好处。"评三《望岳》诗,竟赞同柯劭忞的意见,以南岳第一,西岳次之,东岳最下,实欠公允。

檗隝诗存集杜　二册　[清]王以敏撰

王以敏(1855—1921),原名以慜。字子捷,号梦湘。清武陵(今湖南常德)人。六岁丧父,与其兄以慜同由伯父抚养成人。同治十二年(1873)中举后,伯父及兄长相继辞世。因祖父、伯父、父均曾在山东做官,遂往山东,入河督及山东巡抚幕。光绪十六年(1890)中进士,授翰林院编修。二十年,充甘肃乡试正考官。后任江西南康知府。辛亥革命后回籍,改名文梅,字古伤。为人伉爽任气,好游山水名胜。为诗专主学杜,力诋时人崇尚江西派之弊。词规模白石,务为清邈。一生诗词数千首,仅刊行《檗隝诗存·济上集》一卷、《檗隝诗存别集》二卷。生平事迹见王乃征《王梦湘墓志铭》(《碑传集三编》卷四一)。

又有《檗隝诗存集杜》,二册,光绪三十一年(1905)刻本。署"武陵王以敏梦湘集"。卷首有吴庆焘序。共集杜诗七律226首。后尚集李商隐诗句112首,总题为《鲛拾集》,《成都杜甫纪念馆馆藏杜集目录》著录。

读杜札记 [清]郭曾炘撰

郭曾炘(1855—1928,或谓1929卒),原名曾矩,字春榆,号匏庵遁叟、匏庐、福庐山人。清侯官(今福建闽侯)人,祖籍山西汾阳。光绪六年(1880)进士,改庶吉士。散馆授礼部主事。十七年,任军机章京。历迁礼部郎中、内阁侍读、光禄寺卿。二十六年,八国联军陷北京,慈禧与光绪西迁,郭曾炘随后驰赴西安,授通政使,迁新设政务处提调。回京后,历署工部、户部、礼部侍郎,入值军机。宣统元年(1909),充实录馆副总裁。三年,礼部改典礼院,授副掌院学士。清亡后,仍追随溥仪,每岁时趋朝。后病卒于京,溥仪诏赠太子太保,谥文安。精于考订校雠之学,博闻强记,治学谨严。著有《匏庐诗集》、《五臣本〈昭明文选〉注校误》、《施注苏诗订讹》、《邴庐笔记》、《论诗绝句》、《陋轩诗钞》、《读杜札记》等。生平事迹见王树枏《郭文安公神道碑》(《陶庐文集》卷二〇)。

《读杜札记》乃郭氏阅读杜诗时所作札记,生前未得刊行。后经黄君坦对原稿加以标校整理,由上海古籍出版社于1984年3月出版。全书32万馀言,不分卷,卷前除了"出版说明"外,尚有1963年叶恭绰序。次列目录。郭氏论及杜诗近六百首,不引全诗,只就有关诗篇和诗句,征引前人评注,比较异同得失,从史实、诗意、字义等方面辨析订误,时有新见。全书征引颇广,宋元以来注杜诸家如蔡梦弼、刘辰翁、王嗣奭、钱谦益、朱鹤龄、顾宸、仇兆鳌、浦起龙、查慎行、何焯、陈衍等多所涉及,而于梁运昌《杜园说杜》征引独多,评价很高。正如叶恭绰序云:"先生此稿,取仇注、钱笺及梁说各书数十种,抉剔爬梳,辩疑订误,不为胶柱鼓瑟之见,骎骎乎集众美而哜其胾矣!"书末附录:竹垞论杜集各体诗、石洲论杜诗铺陈排比、义门论杜诗各本异字。

杜韩诗文选注　十卷　[清]彭应珠撰

彭应珠,清黎平(今属贵州)人。约生活于同治时期。

著有《杜韩诗文选注》十卷,《(民国)云南通志·艺文志》著录。已佚。

读杜质疑　[清]徐士燕撰

徐士燕,字縠生。清泰兴(今属江苏)人。同、光间廪生,篆刻名家。著有《木雁之间吟草》二卷,为咸丰抄本;另有《性禾善米轩小草》一卷、《思贻居偶吟稿》一卷文一卷,均为稿本,《中国古籍善本书目·集部·清别集类》著录。

又有《读杜质疑》,《(光绪)泰兴县志·艺文志》著录。已佚。

杜工部诗抄　[清]何敬亭撰

何敬亭,光绪时人,生平事迹不详。

有《杜工部诗抄》,光绪初年稿本,选诗分古体、近体,诗旁有朱、墨笔批校。现藏成都杜甫草堂博物馆。

读杜心语　[清]叶元堦撰

叶元堦,字心水,又字仲兰。清慈溪(今属浙江)人。光绪诸生。与兄元墀倡诗社于月湖之揽碧轩、白湖之小隐山庄,名流觞咏无虚日。先世藏书十馀万卷,涉猎颇广。著有《赤堇遗稿》。生平事迹见《(光绪)慈溪县志·列传十·国朝三》。

又有《读杜心语》,《(光绪)慈溪县志·艺文志》著录。已佚。

杜诗钞　一卷　[清]赵怡撰

赵怡,字幼渔。清遵义(今属贵州)人。郑珍(1806—1864)外孙。光绪二十年(1894)进士,官江津等知县。著有《汉鳖生诗集》。

又有《杜诗钞》,一卷,稿本,现藏成都杜甫草堂博物馆。

衲杜集　一册　[清]孙明经撰

孙明经,清人。生平事迹不详。

有《衲杜集》一册,抄本,署"移陈孙明经集",《成都杜甫纪念馆馆藏杜集目录》著录。

愿春迟斋杜诗集联　[清]王文琦撰

王文琦,清华阳(今四川成都)人。画家,室名愿春迟斋。

有《愿春迟斋杜诗集联》一册,民国二十七年(1938)莲舫纸社石印本。署"华阳王文琦编",《成都杜甫纪念馆馆藏杜集目录》著录。又有民国间愿春迟斋刊本。

杜诗集联　[清]朱占科撰

朱占科,山阳(今江苏淮安)人,光绪初入京为官,光绪三十年(1904)任云南顺宁知府,曾参加勘定中缅边界。著有《滇游纪程》、《适适居士诗钞》等。

又有《杜诗集联》,光绪三十四年(1908)稿本,现藏国家图书馆。

杜少陵七言律选　一卷　[清]朱鲁岑选

朱鲁岑,清人。生平事迹不详。

有《杜少陵七言律选》一卷，清刘体智《远碧楼经籍目》著录，称是书为手稿本。

桑选杜五律　一册　[清]桑□选

桑□，名不详。清人。

有《桑选杜五律》，清赵宗建《旧山楼书目》著录，云“抄本，一册”。已佚。

杜诗补注　[清]荆兆丹撰

荆兆丹，清山西人。生平事迹不详。

有《杜诗补注》，《（光绪）山西通志·艺文志》著录。已佚。

读杜约选集评　十卷　[清]郑机撰

郑机，清末江陵（今湖北荆州）人，著有《师竹斋读书随笔汇编》、《仪礼简明便读集注》。

又有《读杜约选集评》十卷，《（民国）湖北通志·艺文志十四·集部六》引《荆州府志》著录，已佚。

杜诗笺注　[清]温其训撰

温其训，清益阳（今属湖南）人。生平事迹不详。

有《杜诗笺注》，《（光绪）湖南通志·艺文志》、《（民国）湖南通志·艺文志十四·集部六》著录。已佚。

杜律分注　[清]戴宏闾撰

戴宏闾，清安庆（今属安徽）人。生平事迹不详。

有《杜律分注》，《（光绪）重修安徽通志·艺文志》著录。已佚。

杜诗辑注 [清]黎栋辑

黎栋,清宁化(今属福建)人。生平事迹不详。

有《杜诗辑注》,《(道光)福建通志·经籍志》、《(民国)福建通志·艺文志》著录。已佚。

杜诗注约 二卷 [清]凌艺斋撰

凌艺斋,清人,生平不详。《杜诗注约》二卷钤有"丰华堂书库宝藏印",两代丰华堂主人为杨文莹(1838—1908)及其子杨复(1866—?),都是浙江著名的藏书家。1930年,杨氏丰华堂藏书售给清华大学图书馆,则此抄本为丰华堂旧藏。丰华堂主人为浙江人,所藏稿本多江浙先哲著述,则凌艺斋极有可能是浙江人。因文献无征,俟后详考。

《杜诗注约》二卷,二册,系抄本。前缺,尚残存"凡例"四则,后署"凌艺斋谨识"。书后有作者自跋。目录列前,卷上为五律,计19首;卷下为七律,计32首,共收诗51首。诗正文大字,字数不等。每诗栏上标明韵部、韵字。注释部分,卷上多两句一注,释文以小字双行列于题后或句下;而卷下则每诗均标"艺斋曰",于诗后以大字单行列出。作者对顾宸《辟疆园杜诗注解》颇为心折,故于注释中多加援引,而对其穿凿曲解处,则损益匡正之。《杜集书目提要》著录。此书《清华大学图书馆藏善本书目·集部·别集类》著录书名为"杜氏注约",抄本,二册一函,八行二十二字,白口,无行格。钤"丰华堂书库宝藏印"。

杜工部诗抄 二十卷 [清]吴宝树批校

吴宝树,生平不详。据《(同治)上江两县志》载,吴琅,字宝树,号蓼园。上元(今属南京)人。诸生,负才名,与施闰章、周亮工以文章道义订交,主持风雅。以卖文钱养亲,寿九十二。著有《百尺楼甕天居文集》。生平事迹见《(同治)上江两县志·耆旧中》。不知该书作者是否即为此人?

《杜工部诗抄》二十卷,抄本。半页九行,行二十一字,小字双行同,无格。《中国古籍善本书目》著录。现藏中山大学图书馆。

杜律蒙求　二册　[清]徐勷右选

徐勷右,清人。生平事迹不详。

有《杜律蒙求》,不分卷。该书为清木刻本,二册。上册选五律,下册选七律。《成都杜甫纪念馆馆藏杜集目录》著录。

杜诗选集　二册　[清]于贻泉选注

于贻泉,清人。生平事迹不详。

有《杜诗选集》,清抄本,二册。《成都杜甫纪念馆馆藏杜集目录》著录。

摘杜诗衬　[清]史纪事撰

史纪事,清沔阳(今湖北仙桃)人。著有《唐宋各体诗衬》、《春秋合旨》等。

又有《摘杜诗衬》,《(民国)湖北通志·艺文志十四·集部六》著录。已佚。

睡美楼杜律五言　[清]王邻德撰

王邻德,字臣哉,别号东桥,清高邮(今属江苏)人,生平事迹不详。

有《睡美楼杜律五言》，不分卷，稿本，二册。《北京师范大学图书馆古籍善本书目·集部·别集类》著录，称“清王邻德辑并评”。七行十九字，白口，无格。钤“东桥”、“臣邻私印”、“高邮王邻德臣哉氏别号东桥图书印记”、“王心潜”、“席三”、“张经印章”、“春草亭”、“黄裳书屋”、“绿池居士”等印。

璞庐杜诗选 [清]戴炳骢撰

戴炳骢，瑞安（今属浙江）人，生活于清末民初。著有《戴氏诗会》、《戴氏先德联选》、《挽联汇选》、《肄经堂月课》、《中东书院童生月课》、《乡先哲佚诗》一卷、《佚文》一卷、《精选寿言、寿诗、挽联》、《诗筒》、《璞庐六十唱和集》、《乙亥元旦唱和集》、《璞庐笔记》二卷、《璞庐杂记》等。

又有《璞庐杜诗选》，抄本，三册。《温州市图书馆馆藏地方文献目录·别集类》著录。

杜诗疏义 [清]阙名撰

《杜诗疏义》，抄本，疏解杜诗七律、五律140首，有朱墨圈点。《成都杜甫纪念馆馆藏杜集目录》著录。

杜少陵集丛话 [清]阙名撰

《杜少陵集丛话》抄本，六册。马同俨、姜炳炘《杜诗版本目录》著录。

杜诗说选 二卷 [清]阙名编

《杜诗说选》二卷，抄本，二册。马同俨、姜炳炘《杜诗版本目录》著录。

秋树轩杜诗分体 [清]阙名编

清初许徹，室名秋树轩，不知是否为此书著者。许徹，据柯愈春《清人诗文集总目提要》(北京古籍出版社 2001 年版)介绍，生于崇祯四年至八年(1631—1635)，初名嵎，字暘谷，后更今名，更字蒯叔，号菽亭，一作叔子，江苏常熟人。著有《蕉风集》四卷、《秋树轩诗集》十卷。

《秋树轩杜诗分体》，抄本，四册。《成都杜甫纪念馆馆藏杜集目录》著录。

读杜小笺遗事 [清]阙名撰

《读杜小笺遗事》，沈复灿《鸣野山房书目》(古典文学出版社 1958 年 1 月版)卷五《四部汇·远山堂杂汇三百一种一百六十一本》著录，已佚。明祁彪佳有《远山堂曲品》、《远山堂剧品》等，远山堂为祁彪佳堂号，潘景郑《鸣野山房书目序言》就怀疑沈复灿之书得之于祁彪佳，其云："祁氏淡生堂藏曲最富，复灿居同里闬，相距不及百年，或得诸淡生堂散篋者。"则此书著者或为明人。

杜诗五言古选 一卷、附录一卷 [清]阙名选

《杜诗五言古选》一卷，附《曝书亭五言古选》一卷。《读有用书斋古籍目录》著录。

类选杜律 [清]阙名选

《类选杜律》，倪模《江上云林阁书目》著录，已佚。

杜文注解 二卷、附录一卷 [清]阙名注

《杜文注解》二卷，附录一卷，望三益斋刊本。《江苏国学图

书馆图书总目》著录。此书当是杨伦《杜诗镜铨》后所附张溍《读书堂杜工部文集注解》二卷。

李杜绝句　四卷　[清]阙名编

《李杜绝句》四卷,李、杜绝句各二卷。日本《静嘉堂文库书目》著录,称“编者不详”,刊本。

六、现当代编

杜诗证选 李详撰

李详(1859—1931),字审言,一字愼言,中年后号百药生,又字窳生,复更愧生,晚号齳叟。江苏兴化人。贫而好学,尤嗜《文选》。先后受知于黄体芳、王先谦。他是扬州学派后期代表人物。清光绪二十七年(1901)赴南京参加省试未中,旋即在蒯光典(江宁高等学堂创办人)家任家庭教师,授其二子,在南京居住十年。此十年是其学术著述的旺盛时期。三十二年被聘为两江总督端方的江楚编译官书局帮总督纂。与词人况周颐分撰《陶斋藏石记释文》,后受安徽布政使沈曾植之聘,任安庆存古学堂教习。辛亥革命后,先客居上海,与冯煦共纂《江苏通志》。1914 年,主藏书家贵池刘世珩家,与沈曾植、朱祖谋、赵熙等交往甚密。1923 年在东南大学任国文系教授,以陶诗、《文选》、杜诗、韩诗授诸生,未二年又辞职归里。回乡后主修《阜宁县志》、《盐城县志》、《兴化县志》。1928 年蔡元培任大学院(后改为中央研究院)院长,聘为特约著述员。李详生平著作甚丰,其子李稚甫编集整理成《李审言文集》,收录李氏主要著作《文选学著述五种》、《杜诗证选》、《韩诗证选》、《杜诗释义》等 23 种。

《杜诗证选》,原载《国粹学报》1910 年 64 期至 1911 年 78 期。其序云:"杜少陵《宗武生日诗》'熟精《文选》理',又《简云安严明府诗》‘续儿诵《文选》’，后世遂据此为杜陵精通《文选》之证。自宋以来，注家能举其辞者，已略得六七。然或遗其篇目，或易其字句，或多引繁文而与本旨无关，或芟剃首尾而于左证不悉，凡此皆病也。又少陵每句有兼使数事者，有暗用其语者，但举其偏与略而不及，皆有愧于杜陵‘熟精’二字。……余既治《韩诗证选》毕，又取杜诗证之。”又有自定稿本。后经其子李稚甫编校，作为《文选学著述五种》之一，收入《李审言文集》中，由江苏古籍出版社于1989年出版。李详另有《韩诗证选》一卷。李稚甫在《二研堂全集叙录》中云：“二书取杜韩集中，单词片典，遍加钩稽，得其来历，使知文家如杜韩，隶事之醇雅，盖无一不出于选。”涉及杜诗168首，不录原诗全文，只录有关诗句，并于句下逐一注明在《文选》中出处，真所谓“无一字无来历”也。亦偶加按语。如《白丝行》云：“详案：郭泰机《答傅咸诗》：‘皦皦白素丝，织为寒女衣。寒女虽妙巧，不得秉杼机。’此诗命名制篇，全用其意。”

杜诗释义　一卷　李详撰

此书涉及杜诗37首，不录原诗全文，只录有关诗句，诠释词语，检示出处。李氏治学谨严，其诠释杜诗字句，征引典实出处，简明翔实，颇见功力。此编为手抄稿本，仅存十三页，其中有四页版心印有“扬州兴化李氏审言斠录”标识，有三页印有“中华民国十三年十一月拾叁日送”钤记，当系李详晚年任教东南大学时所编讲义，稿中屡屡提及其所著《杜诗证选》，知此稿乃据《杜诗证选》酌加修改而成，但颇有不同。如《望岳》诗，《杜诗证选》只录“造化钟神秀”、“荡胸生层云”、“决眦入归鸟”三句；而《杜诗释义》则录六句，如“会当凌绝顶”句下云：“会当，犹言须当。《三国志·崔季珪传》注：‘会当得数万兵、千匹骑。’《颜氏家训·勉学篇》:'人生在世,会当有业。'可证公两字所出,此详说。"亦有同一句而引出处不同,如"决眦入归鸟",《杜诗证选》引司马相如《子虚赋》:"中必决眦。"而《杜诗释义》则引曹植《冬猎篇》:"张目决眦。"可谓后出转精。此稿本后亦收入江苏古籍出版社出版的《李审言文集》。

杜诗 吴闿生选

吴闿生(1878—1950年后),原名启孙,字辟疆,号北江。桐城(今属安徽)人。吴汝纶(1840—1903)之子。诸生,官候选知府。光绪二十八年(1902),赴日留学。次年,父卒归。于京师讲学十馀年。晚年归里,病卒于家。著有《北江先生文集》十二卷、《北江先生诗集》五卷。编有《国文教范》二卷、《古今体诗约选》四卷、《孟子文法读本》七卷、《吴门弟子集》十四卷、《晚清四十家诗钞》三卷等。生平事迹见刘声木《桐城文学渊源考》卷十、《北江先生文集》等。

又有《杜诗》,不分卷,首载年谱。铅印本,周采泉《杜集书录·内编·选本律注类二》著录,云:"似为民国初年讲义。""清季选杜,当以此编为最胜。"

续杜工部诗话 二卷 蒋瑞藻辑

蒋瑞藻(1891—1929),字孟洁,别号花朝生,又号羼提居士。浙江诸暨紫西乡黄家埠村人。死于肺结核,享年三十九岁。蒋瑞藻成名较早。1915年,时年二十五,即编辑《小说考证》十卷由商务印书馆印行,后又增辑《附录》一卷,《续编》五卷及《拾遗》一卷,1919年由商务印书馆以合订本印行。《小说考证》集录我国元代以来小说、戏曲作者事迹、作品源流及前人评论等资料,搜罗丰富,颇为学术界重视。鲁迅在《〈小说旧闻抄〉序言》

中说:“昔尝治理小说,于其史实,有所钩稽。时蒋氏瑞藻《小说考证》已版行,取以检寻,颇获稗助。”蒋氏还有《小说枝谈》二卷、《新古文辞类纂》六十卷、辑《越缦堂诗话》三卷、《神州异产志》(与胡怀琛合著)等印行传世。尚有《花朝生文稿》、《花朝生笔记》、《羼提斋丛话》等未及梓行。

《续杜工部诗话》辑于民国三年(1914),时蒋氏年方24岁。后收入《古今文艺丛书》第四集,1915年由上海广益书局排印出版。不见另有别本印行。胡怀琛《〈续杜工部诗话〉序》云:“蒋子瑞藻孟洁能诗文,富藏书,于诗学杜,尝辑《续杜工部诗话》,补萍乡刘氏(凤诰)所未备也。余谓更有过之:刘辑多考订,蒋辑多议论,尤能阐杜诗格律之微。”该书纂录自宋以来诸家评论杜诗之语,凡120馀条,搜罗颇广,惜多不注明出处,且引文讹误甚多,诚为憾事。今人张忠纲编校《杜甫诗话六种校注》(齐鲁书社2002年9月版),收有蒋氏此书,详加校注,可资参看。

杜诗精选　熊希龄选

熊希龄(1870—1937),字秉三,号双清居士,湖南凤凰人。他是中国近代史上一位颇有影响的人物。1891年中举人,1894年补试成进士,朝考后授翰林院庶吉士。1897年助陈宝箴推行维新新政,从此崭露头角。1898年戊戌政变后被革职,后经赵尔巽保举,重被起用。主要从事练兵、办学、办报、办实业和立宪活动。民国成立后,跻身政界,历任财政总长、热河都统、国务总理兼财政总长。后因不满袁世凯独裁统治,先后辞去财政总长及国务总理之职。退出政界后,专心致力于社会福利和教育事业。1937年底,上海沦陷,抵香港,突发脑溢血逝世。主要著作有《香山集》、《双清集》、《双愚堂集》、《旧憾集》、《杜诗精选》、《国体政体》(译著)等。今人辑有《熊希龄集》、《熊希龄先生遗稿》(五册)。

《杜诗精选》,首载梁启超撰《情圣杜甫》一文。所选杜诗,皆为名篇。有1921年北平香山慈幼院铅印本、1930年北平中山公园大慈商店铅印本,为一通俗读物。

读杜韩诗札记　二卷　赵式铭撰

赵式铭(1873—1941),字星崊,一字韬父。剑川(今属云南)人。光绪二十年(1894)乡试中副榜。科举废,任剑川小学校长。先后曾主编《白话报》、《云南日报》、《成都报》等,川汉铁路事起,还滇。民国二年(1913),应周钟岳邀请,纂《云南光复志》,是年八月书成,出知岷峨县事。及卸任,随赵藩之岭南,任军政府交通部简任司长。未几粤乱,军政府解,归就滇省长幕。久之,出知白盐井,后以疾乞归。1931年,聘为《云南通志》编纂,居馆六年。1937年,归里养病,后卒于家。著有《白子文解诂》四卷、《白文本音》一卷、《爨文考》二卷、《摩些文考》二卷、《滇志辨略》二卷、《团保警察咨议》三卷、《滇南金石考》一卷、《诗集》六卷、《文集》四卷、《代言》三卷、《家乘》一卷、《读杜韩诗札记》二卷、《行年七十自述》二卷、《汉书补注》五卷、《楹句》二卷等,诸书稿藏于家。生平事迹见《赵式铭自传》、佚名《赵式铭传》(俱见《续滇南碑传集校补》卷六,云南民族出版社1993年10月版)。

《读杜韩诗札记》二卷,《续滇南碑传集校补》卷六佚名《赵式铭传》著录此书,称"稿藏于家"。

杜诗读本　二卷　余重耀撰

余重耀,字元绍,号铁山。诸暨(今属浙江)人。光绪举人。入民国后,历任各大学教授,并纂修方志多种。著有《遁庐诗文稿》等。

另存抄本《杜诗读本》二卷,朱墨批点。所抄多系由仇兆鳌《杜诗详注》过录,无甚新见。现藏浙江图书馆。周采泉《杜集书录·内编·选本律注类二》著录。

杜古四品　虞和钦撰

虞和钦(1879—1944),字自勋,仕名铭新,因名其居为"莳薰精舍",人称莳薰先生。镇海(今属浙江宁波)人。14岁随父景璜诵读于灵山书院,20岁在家乡设塾课蒙。甲午战后,知仅恃旧学不足以御侮,慨然以革新学术自任。与钟观光等设四明实业社,继而集资创设灵光造磷厂。曾参加中国教育会,兼任爱国学校与爱国女校教员。教育会被迫解散后,东渡日本,入清华学校及东京帝国大学理科(化学科)。光绪三十四年(1908)毕业归国,应部试,授格致科进士、翰林院检讨,调学部图书局任理科总编纂。1910年举硕学通儒,充资政院候补议员。1912年被教育部聘为讲师,先后为主事、视学、编审员。曾任山西省教育厅厅长六年,任职期间大力兴办学校。1920年与杨宗稷、张友鹤等成立"北京琴会"。1923年任财政部参事上行走。继应冯玉祥邀任合署秘书,并访苏考察,著有《游苏视察记》。后历任热河省教育厅长、西北边防督办公署参议、西北军财务委员、绥远实业厅厅长、京绥铁路货捐局总办兼绥远货捐分局局长等职。渐倦于政,遂于1930年南归上海,设开成造酸公司筹备处。后辞职从事著述。自题其室云:"小楼一角,烧饼一盂,老境别开新活计;佳句盈囊,奇书盈簏,归巢重认旧因缘。"自号"五隐先生",谓"隐于书画诗琴舞"。曾于文字之馀,创办国际舞学社四年,复于寓庐教授诗书及琴艺。"八·一三"事变后,深居简出。1938年复创设开明电灯泡厂和葡萄糖厂于沪。和钦少好诗文,老而弥笃，其文宗桐城，上追秦汉，诗尤擅长，时人称其为"宁波杜工部"。著述极富，有《和钦文集》十八种，其《和钦文集》、《和钦诗集》、《徐虞于喁集》、《琴镜释疑》、《诗板臆论》、《性理说》、《文辞我见》等已刊行。未刊遗稿有十一种，其中包括《杜古四品》、《杜韩五言古诗类纂》等。生平事迹见虞和寅《亡兄莳薰先生述》（《民国人物碑传集》卷八）。

《杜古四品》，周采泉《杜集书录·内编·选本律注类二》著录，称"稿本，藏于家"。

杜韩五言古诗类纂　虞和钦撰

《杜韩五言古诗类纂》，系稿本。周采泉《杜集书录·外编·选本律注类存目》著录，并引虞氏自序云："诗至杜而极，亦至杜而变，其变之大者，厥惟以诗为文，五言古诗其尤著者也。……今以杜、韩五言古诗，为变诗之宗，略仿姚、曾两氏以类编文例，尽取其诗，以类隶之，名曰《杜韩五言古诗类纂》。类凡十一：曰论议，曰传志，曰赠序，曰书牍，曰告令，曰叙志，曰杂记，曰题跋，曰颂赞，曰词赋，曰哀诔。读其目，直《文选》耳，而编以诗，学诗者可以知其变焉。"

杜诗从约　六卷　古槐书屋选录

俞平伯（1900—1990），乳名僧宝，原名铭衡，以字行。浙江德清人，生于苏州。清末经学大师俞樾曾孙，幼从家学。1919年毕业于北京大学。曾赴英、美留学。回国后先后任燕京大学、清华大学、北京大学等校教授。加入过北京大学"新潮社"、"文学研究会"、"语丝社"等文学团体，是新文化运动初期的重要诗人，提倡"诗的平民化"。1922年1月，与朱自清、郑振铎、叶圣陶等人创办《诗》月刊。1949年以后，历任北京大学教授、中国科学院哲学社会科学部(现中国社会科学院)文学研究所一级研究员。是全国文联委员、中国作协理事、九三学社中央委员。是第一至三届全国人大代表,第五至七届全国政协委员。主要著作有诗集《冬夜》、《古槐书屋词》,散文集《燕知草》、《杂拌儿》,《清真词释》、《唐宋词选释》及《红楼梦辨》(1923年初版,50年代初改名《红楼梦研究》再版)、《读红楼梦随笔》等。今辑有《俞平伯全集》(十卷)行世。

《杜诗从约》六卷,为手抄本,署"古槐书屋选录",《成都杜甫纪念馆馆藏杜集目录》著录。1919年俞平伯移家北京朝阳门内老君堂79号,其院内有一棵大槐树(实为榆树),遂名其斋为"古槐书屋",俞氏亦有"古槐居士"的笔名,并著有《古槐梦遇》、《古槐书屋词》等名著。俞氏在大学亦曾开过杜诗课,则此书应为俞平伯所选。但今编《俞平伯全集》及所附《年谱》,均未言及俞氏有此书,尚俟详考。是书首题"古槐书屋选录",以白棉纸手抄,四册。诗分体编次,半页十行,行二十一字,字仿赵孟頫体,甚工楷秀润。

李杜研究 汪静之著

汪静之(1902—1996),安徽绩溪人。早年求学于屯溪茶务学校,1921年入浙江省第一师范学校求学。1921年10月,与潘漠华、魏金枝、柔石、冯雪峰等发起成立晨光文学社。1922年4月,与潘漠华、冯雪峰、应修人等组成我国现代文学史上最早的新诗社"湖畔诗社",并任社长,曾得到鲁迅、胡适、朱自清等人的赞赏和关注。曾在《新潮》、《小说月报》、《新青年》等刊物发表诗作。1922年出版《蕙的风》,影响很大,得到鲁迅的赏识,并给予较高的评价。1926年秋在芜湖一所中学执教。10月,经郭沫若介绍任北伐军总政治部宣传科编纂,次年任《革命军报》特刊编辑兼武汉国民政府劳工部《劳工月刊》编辑。1928年至1936年在上海、南京、安庆、汕头、杭州、青岛任中学教员及建设大学、安徽大学、暨南大学中文系教授。1947年8月任上海复旦大学中文系教授。1952年调北京人民出版社古典文学编辑部任编辑。1955年调入中国作协。主要著述有:《蕙的风》、《耶苏的吩咐》、《翠黄及其夫的故事》、《鬻命》、《寂寞的国》、《人肉》、《父与子》、《诗廿一首》、《作家的条件》、《诗歌的原理》、《李杜研究》、《爱国诗选》、《爱国文选》等。

《李杜研究》,商务印书馆1928年5月出版(1931、1933年两次再版),列为《国学小丛书》之一。全书共七章,以"贵族的和平民的"文学的不同,作为本书的主旨来研究李白、杜甫,从思想、作品、性格、境遇、行为、嗜好、身体七个方面,比较李杜的相异之处,又深入探讨李白的流浪生涯、颓废思想、抒情妙笔,同杜甫的穷苦身世、博爱襟怀、写实工夫进行对比。著者持"李杜并重论",对李杜的比较论述较为全面、中肯。著者是"五四"以后杰出的新诗人,有丰富的诗歌创作体验,故而书中论述李白的抒情艺术和杜甫的写实艺术都较为深细、独到。

杜甫诗里的非战思想　顾彭年著

此书上海商务印书馆1928年出版,铅印一册,为现代较早的一部杜甫研究著述。专门研究杜甫有关战争的诗篇,分五章:绪言、杜甫传、杜甫的时代、杜甫以前及他同时代的反对战争的思想与作品、杜甫诗里的非战思想。

杜甫　闻一多著

闻一多(1899—1946),原名亦多,族名家骅。湖北浠水人。1912年冬,考入北京清华学校,在清华度过了近十年的求学生涯。1922 年 7 月，赴美留学，先后在芝加哥美术学院、珂泉科罗拉多学院美术系和纽约美术学生联合会接受西洋美术教育。1923 年 9 月，出版第一本诗集《红烛》。1925 年 7 月回国，任北京艺术专门学校教务长。次年秋，到上海吴淞国立政治大学任职。1927 年夏，在上海参与创办新月书店，后为《新月》杂志编辑。同年秋后，任南京国立第四中山大学（后更名为中央大学）外文系主任。1928 年 1 月，第二本诗集《死水》问世。这两本诗集奠定了他在中国新诗史上的地位，成为"五四"以来中国诗坛三大流派之一的格律诗派的主要代表。1928 年秋，任武汉大学文学院院长兼中文系主任，开始专攻中国古代文学。1930 年秋，转任青岛大学（后改山东大学）文学院院长兼国文系主任。1932 年秋，回到清华大学，任中国文学系教授。1937 年，抗日战争爆发后，清华、北大、南开三校南迁，次年 5 月，在昆明成立西南联合大学，出任中国文学系教授。1944 年，参加西南文化研究会，随后加入中国民主同盟。1946 年 7 月被害。闻一多在中国古代文学、文化研究方面，如《诗经》、《楚辞》、《周易》、《庄子》、唐诗尤其是杜甫及古代神话等领域，都有建树。有《闻一多全集》行世（三联书店本 4 卷、湖北人民出版社本 12 卷）。其杜甫研究著述有《少陵先生年谱会笺》、《说杜丛钞》、《杜甫》等。

《杜甫》，是闻一多撰写的一篇有关杜甫传记的未完稿，原载《新月》第一卷第六期（1928 年 8 月 10 日）。后收入《唐诗杂论》和《闻一多全集》中。闻一多是以诗人的激情来写杜甫的，他认为杜甫是"中国有史以来第一个大诗人，四千年文化中最庄严、最瑰丽、最永久的一道光彩"。而对杜甫和李白的第一次会面给予极高的评价："我们该当品三通画角，发三通擂鼓，然后提起笔来蘸饱了金墨，大书而特书。因为我们四千年的历史里，除了孔子见老子（假如他们是见过面的）没有比这两人的会面，更重大，更神圣，更可纪念的。”

杜甫生活 谢一苇著

此书上海世界书局1929年出版，1934年再版。是书首附杜甫画像一帧，成都杜甫草堂照片一帧，全书内容分十四章，对杜甫的生活描述较为完备。

少陵先生年谱会笺 闻一多著

该谱初载于1930年武汉大学印《文哲季刊》第一卷第一至四期。有开明书店排印本，又见《闻一多全集》、《唐诗杂论》。“会笺”是广阔文化背景上的杜甫生平与创作资料的有意编排，这种“把眼光注射于当时的多种文化形态”，“提契全局、突出文化背景的作法，是我国年谱学的一种创新，也为历史人物研究作出了新的开拓”（傅璇琮《〈唐诗杂论〉导读》）。

杜工部诗选 曾国藩选，高剑华点注

《杜工部诗选》，群学社1930年出版。属铅印本。此书首载“杜甫述略”，次余俊贤撰“杜甫评传”。选录杜甫五言古诗263首。高剑华，现代作家许啸天夫人，此人出身清宫女官，曾于1914—1916年3月间主编《眉语》月刊，跻身鸳鸯蝴蝶派报刊之列。

杜甫年谱新编 李书萍编著

此书编成于1933年的南京，台北西南书局有限公司1975年出版。全书分杜甫事略、杜甫家系、杜甫官历表、杜甫游历地域图、杜甫交游名氏录、杜诗年表与解题、杜诗欣赏七个部分，分门别类，简要明晰，极便查检。

李白与杜甫　傅东华著

傅东华(1893—1971),原姓王,后过继给外祖父家,改姓傅,名则黄,后改东华。字冰蘁。笔名伍实、郭定一、黄约斋、约斋。浙江金华人。1912年毕业于上海南洋公学中学部,翌年考入中华书局任编辑员,开始翻译文学作品。1916年后在浙江东阳县立中学、北平高等师范学校、中国大学任英文教员。1924年进商务印书馆,编辑中学国文教科书,并在中国公学、上海大学兼课。1928—1932年,任复旦大学中文系教授。1934年起,主编大型《文学》月刊。1935年任暨南大学教授。抗战期间,任《救亡日报》编委。1942年7月,应暨南大学之聘携眷赴福建途中,在金华被日军所俘,押往杭州伪敌工总部。9月,由汉奸傅式说保释,为汪伪编《东南》月刊。1943年后隐居上海,主要从事文学翻译工作和文字学研究。1949年后任《辞海》编译所编审、中国文字改革委员会研究员等职。一生以翻译为主,译作有《唐·吉诃德》、《失乐园》、《伊利亚特》、《红字》、《飘》、《夏伯阳》、《虎魄》等十几种。著有《文学批评ABC》、《国文法程》、《字源》、《李白与杜甫》、《杜甫诗》、《李清照》、《山核桃集》等。曾参加《汉书》、《后汉书》、《三国志》、《资治通鉴》等的校点工作。

《李白与杜甫》,上海商务印书馆1933年出版,收在《国学基本丛书》之中。此为介绍李白与杜甫生平和创作的通俗读物。

杜甫诗　傅东华选注

该书上海商务印书馆1934年出版,为王云五、朱经农主编的《学生国学丛书》之一。此书共选杜诗约400首,大致以杨伦

《杜诗镜铨》为底本，有简要注释。1968 年，台北商务印书馆再版。1972 年，列入该馆“人人文库”，再行印刷。

杜五律选　二卷　溥儒选

溥儒（1896—1963），字心畬，别署西山逸士、旧王孙，印名流浪王孙，室名寒玉堂。河北宛平（今属北京）人。清宗室，恭亲王奕䜣之孙、贝勒载滢次子。1911 年入贵胄法政学堂，毕业后游学德国，入柏林大学，其后又在柏林研究院获天文学博士学位。归国后奉亲隐居于宛平西山之界台，绝交游。后任北京师范大学及艺术专科学校教授。1945 年被选为满族国民大会代表，1949 年迁移台湾，以卖画为生，与台静农交好，曾在台湾大学艺术系任教。1963 年 11 月 18 日病逝于台湾，享年68 岁。溥儒为近代名画家，幼即究心艺事，诗词书法秀逸出尘。工山水，以南宋为宗。与张大千有“南张北溥”之称。著有《四书经义集证》、《尔雅释言经证》、《华林六叶》、《寒玉堂千文》、《经籍择言》、《寒玉堂画论》、《陶文考略》、《慈训纂证》、《寒玉堂诗集》等。生平事迹见《工馀琐记》、刘绍唐主编《民国人物小传》第一册、万大鋐《西山逸士的几段逸事》。

另有《杜五律选》二卷，系手写本，现藏南京图书馆。周采泉《杜集书录·内编·选本律注类二》著录。

杜甫诗　金民天编

该书上海光华书局 1934 年出版，收入《欣赏丛书》中。此编前为评传，后为诗选，评传极简略，诗选亦白文，一无注释，选诗 200 馀首。

杜甫研究　钟国楼著

是书为作者在广州中山大学任教时写成，戴季陶为之题序，时中山大学校长邹鲁为题书名，由广东五华县文华书局1934年出版。书分三篇，较为全面地论述了杜甫的身世、思想和作品，尤其是对作品的研究，所取角度不落俗套，比较细致深入，颇有独到之处。

少陵新谱　李春坪编

该书北平来薰阁书店1935年3月初版，台北西南书局1975年印行出版。乔曾劬（大壮）题写书名。书首载有作者自序、一帧杜甫画像。书分六卷，即杜甫事略、杜甫家系、杜甫官历表、杜甫游历地域图（附地名释）、杜甫交游名氏录（附名不可考者一览）、杜诗年表与解题。杜诗编次依据仇兆鳌《杜诗详注》略事变更，而题解则广取前人成说并参以己意。

杜甫传　易君左著

易君左（1899—1972），原名家钺，后以字行。号意园，又号敬斋。笔名古君、花蹊、二郎神、康陶父、空谷山人。湖南汉寿人。早年到长沙明德中学念书，后随父到北京，就读于公立第四中学。不久，考入北京大学。1916年到东京早稻田大学攻读政治经济学，与周佛海、郁达夫、田汉、曾琦等结下深厚友谊。1919年，与傅斯年等组织“五四”运动。1923年，南下上海，就职于上海泰东书局，一同共事的有郭沫若、成仿吾、郁达夫等。1926年，参加北伐，任国民革命军第四军部主任秘书兼政治部主任，并与郁达夫一同担任过国民革命军政治部第三厅设计委员。北伐结束后，回湖南主办《国民日报》，又创办《长沙晚报》，后任国立安徽大学教授。20世纪40年代，赴上海任《和平日报》社副社长，后辞职创办《新希望》周刊。1949年到台湾。自1959年起，执教于香港浸会学院，一边教书，一边继续写作。1972 年病逝于台湾。主要著述有：《闲话扬州》、《西子湖边》、《江山素描》、《君左诗选》、《杜甫传》、《中国文学史》等 60 馀种。

《杜甫传》由重庆独立出版社 1940 年出版，为《民族论坛丛刊》之一种。是书重在研究杜甫的政治思想、人生观及文艺观。

杜诗引得　洪业、聂崇岐、李书春、赵丰田、马锡用编

洪业（William）（1893—1980），字鹿岑，谱名正继，号煨莲。福建侯官（今闽侯）人。幼学于家，1910 年入福州鹤龄英华书院，1915 年赴美留学，1917 年获美国俄亥俄韦斯良大学文学士学位，1919 年获哥伦比亚大学文学硕士学位。1920 年获纽约协和神学院神学士学位。1923 年起任燕京大学历史系教授。在燕京大学执教的二十三年期间，曾历任文理学院院长、历史系主任、图书馆馆长、研究院文科主任等职。1924 年受燕京大学之命与哈佛大学协商，为创立哈佛燕京学社和争取查尔斯·马丁·霍尔的亚洲文化教育事业基金做出了重要贡献。1925 年赴哈佛大学讲学。1930 年回国，任燕京大学国学研究所所长兼导师。1933 年、1940 年先后获得美国俄亥俄韦斯良大学名誉文学博士和名誉神学博士。在燕京大学期间兼任哈佛燕京学社引得编纂处总编辑二十多年，1937 年获巴黎茹理安（儒莲）奖金。1945 年燕京大学复校，仍任历史系教授。1946 年赴哈佛大学讲学，1947 年任夏威夷大学客座教授，1947—1948 年任哈佛大学东亚语文系客座教授。1948 年起担任哈佛燕京学社研究员。1958 年兼任新加坡南洋大学校务委员会委员。1973 年获美国匹兹堡大学“中西文化学术交流倡导者奖状”。洪业非常重视工具书的编纂与应用，自创“中国字庋撷法”，著《引得说》，用以编纂各种引得，在他的主持下，哈佛燕京学社引得编纂处编纂

经、史、子、集引得六十四种，八十一册，为学术界提供了很大便利。为引得所做的《礼记引得序》、《春秋经传引得序》、《杜诗引得序》，文字从数万言到近十万言，考订有关学术源流，汇集相关论述，论述版本流传演变，具有很高的学术价值。洪业对于杜甫的诗与生平、《蒙古秘史》、《史通》等都有深入独到的研究，取得了很高的成就。主要论文有：《引得说》、《利玛窦的世界地图》、《礼记引得序》、《春秋经传引得序》、《杜诗引得序》、《蒙古秘史源流考》（英文）、《史通点烦篇臆补》、《再论杜甫》（英文）等。著作还有《中国最伟大的诗人杜甫》（英文专著）、《洪业论学集》等。

《杜诗引得》，由燕京大学引得校印所1940年印。1966年由台湾台北市中文资料及研究工具图书用书服务中心公司重印。两册。是编为杜诗研究大型工具书。引得，译自英文Index，即索引。全书检索采用“中国字庋撷”法，杜诗本文，据清嘉庆翻刻《九家集注杜诗》排印。另附有笔画检字、音序检字。书前有洪业所作序，极具学术价值。1985年上海古籍出版社影印再版，增编了四角号码及汉语拼音检字，颇便查检。

杜甫　章衣萍著

章衣萍（1900，一作1902—1947，一作1946），原名鸿熙，又名洪熙，笔名衣萍。安徽绩溪人。幼年入蒙堂馆，1908年赴潜阜读书。后入安徽省立第二师范学校，1921年入北京大学预科。北大毕业后，在陶行知创办的教育改进社主编教育杂志，在上海大东书局任总编辑，与鲁迅筹办《语丝》月刊，系重要撰稿人。1928年任暨南大学校长秘书兼文学系教授，抗战期间任成都大学教授，是南社和左翼作家联盟成员。1947年（一作1946）患脑溢血去世。著有《修辞学讲话》、《作文讲话》、《黄仲则评传》、《杜甫》、《友情》、《随笔三种》、《衣萍书信》、《古庙集》、《情书一束》、《樱花集》等，译有《契诃夫随笔》、《少女日记》等。

《杜甫》由上海儿童书局1941年出版，书前有作者自序，共分六章，为一儿童读物，系《中国名人故事丛书》之一。

杜少陵评传　朱偰撰

朱偰(1907—1968)，字伯商，浙江海盐人。著名学者、教育家朱希祖之子。1919年入北京第四中学学德文。1923年至1929年在北京大学求学。曾赴德国柏林大学留学，获经济学博士学位。回国后长期担任中央大学和南京大学经济系教授、系主任。主要著作有《日本侵略满蒙之研究》、《中国财政问题》、《郑和》、《元大都宫殿图考》、《江浙海塘建筑史》、《郑成功——明末解放台湾的民族英雄》、《辽金燕京城郭宫苑图考》、《万里长城沿革》、《中国运河史料选辑》、《金陵古迹名胜影集》、《金陵古迹图考》、《南京的名胜古迹》、《苏州的名胜古迹》等。兼治唐诗，主要著作有《李商隐和他的诗》、《李商隐诗新诠》、《杜少陵评传》等。另有《越南受降日记》，翻译德国作家施笃姆的《漪溟湖》(即《茵梦湖》)。

《杜少陵评传》，由重庆青年书店1947年出版。全书分五章，即杜甫之生平及其事迹、杜甫之交游、杜甫之思想及其个性、少陵诗学之渊源及其流变、少陵诗在诗史上之地位。

杜诗伪书考　程会昌著

程千帆(1913—2000)，名会昌，字伯昊，别号闲堂，笔名千帆，后通用此名。湖南宁乡人。1936年毕业于金陵大学中文系，曾在武汉大学、金陵大学、四川大学任教。1978年起任南京大学教授。曾任国家古籍整理出版规划小组顾问、中华大典编纂工作委员会副主任委员、江苏省文史馆馆长、南京市文联名誉主席，兼任中国唐代文学学会会长、中国旅游文学研究会会长等职。程千帆教授毕生从事中国古典文学的研究与教学，在文学史、校雠学等领域内成果丰硕，著作斐然，其著作结集为16卷本的《程千帆全集》，其中的第9卷是两种关于杜诗研究的著作，一是《被开拓的诗世界》，这是程教授与其学生莫砺锋、张宏生合著的杜诗研究论文集；二是《杜诗镜铨批抄》，这是程教授对《杜诗镜铨》所作的批语。

《杜诗伪书考》，考辨历代杜甫诗集评注本中的伪赝之作，及辗转抄袭之流弊，极有见解与发明。上海中华书局1949年出版。此书后经作者程千帆修订，收入其《古诗考索》中，上海古籍出版社1984年出版。

杜甫传　冯至著

冯至（1905—1993），原名承植，字君培。河北涿县（即今涿州）人。1921年考入北京大学预科，开始新诗创作。1923年起先后参加和发起组织浅草社和沉钟社，编印《沉钟》杂志和《沉钟丛刊》。1927年毕业于北京大学德文系，出版了第一部诗集《昨日之歌》，并在哈尔滨和北平从事教学工作。1929年出版第二部诗集《北游及其他》。20世纪20年代以创作抒情诗著称，诗情含蓄深沉，风致幽婉动人，被鲁迅称为“中国最为杰出的抒情诗人”（《〈中国新文学大系〉小说二集序》）。1930年与废名合编《骆驼草》周刊。同年赴德国留学，研治文学和哲学。1935年回国后在上海同济大学附属高中教书。抗日战争爆发后任昆明西南联合大学外文系教授，直到抗战胜利。其间出版诗集《十四行集》。1946年返回北平，任北京大学西语系教授。这一时期出版中篇历史小说《伍子胥》与散文集《山水》。1949年后，致力于翻译、教学和外国文学的研究工作，同时坚持创作，从事对外友好和文化交流活动，担任北京大学西语系主任、中国社会科学院外国文学研究所所长、中国作家协会副主席、中国外国文学学会会长等职。出版散文集《东欧杂记》、传记《杜甫传》、诗集《十年诗抄》、论文集《诗与遗产》、译作《海涅诗选》和海涅长诗《德国，一个冬天的童话》等。编选《杜甫诗选》。1983年获德意志联邦共和国慕尼黑歌德剧院颁发的歌德奖章，1987年又获该国国际交流中心授予的1987年国际交流中心艺术奖。

《杜甫传》的内容于1951年1—6月曾在《新观察》上连续发表，后由作者修正、补充，1952年人民文学出版社出版，是1949年后大陆第一部古代文学传记，也是1949年后大陆最早出版的杜甫研究著作之一。此书为杜甫传记，论述中力求有据，不作无根游谈，如史料不足，宁可阙如，决不穿凿附会，故而平实信达。正文分十三章，内容甚为丰富，全面介绍了杜甫的家世与出身、童年、吴越与齐赵的漫游、与李白的会合、长安十年、流亡、侍奉皇帝与走向人民、陇右之行、成都避难、再度流亡、幕府生活、夔州羁旅及病逝江舟，描述了诗人悲剧性的一生。现已译成数种外文译本，在海外广为流传。1954年12月上海文艺联合出版社再次出版。1980年3月人民文学出版社新版本书，作者吸取学术界意见对其有所修订，但传记内容和体例未变，另收入作者1962年写的3篇有关杜甫的文章以及杜甫与苏涣交往的小说《白发生黑丝》。其中《人间要好诗》、《论杜诗和它的遭遇》专论杜诗，弥补了《杜甫传》由于受体裁限制对杜诗有关问题难于展开讨论的不足。1999年1月百花文艺出版社据本书第2版再版。

屈原与杜甫　吴其敏著

《屈原与杜甫》,上海书局1953年版。陈少芳《一九四九年以后香港杜甫研究概况》(《杜甫研究学刊》1999年第2期)著录。未见。

杜甫诗论　傅庚生著

傅庚生(1910—1984),号肖岩。辽宁沈阳人,祖籍山东蓬莱。1926年入东北大学预科,1931年转入北京大学国文系,1934年毕业。先后在弘达学院、东北大学、华西大学、北京大学、辽东学院等校任教。1948年4月到西北大学任教,曾任文学院院长、中文系主任、西北大学学术委员会委员、中国作家协会西安分会副主席、陕西省政协常委等。主要著述有:《中国文学欣赏举隅》、《中国文学批评通论》、《杜甫诗论》、《杜诗散绎》、《文学赏鉴论丛》、《杜诗析疑》、《国语选》等,合著《杜甫论集》。

《杜甫诗论》作为上海文艺联合出版社《中国古典文学研究丛刊》之一种,1954年12月初版。上海古典文学出版社1956年12月新版。后来,著者吸取读者的意见加以修改。1959年11月中华书局上海编辑所、1985年9月上海古籍出版社皆出版了本书的修订本,部分修改意见则收入他的专著《杜诗析疑》中。本书是20世纪50年代以来大陆较早"全面、系统地论述杜甫诗歌创作成就的专著"。其主要特点:一是侧重杜甫诗歌思想性的研究。杜诗号称"诗史",具有丰富的现实内容,杜甫是"诗圣",其诗博大精深,因此杜诗研究向来重视对其内容的探讨。本书于杜诗的人民性、现实性等多有抉发。二是注重对杜诗展开动态的研究。杜甫创作的全过程及影响这一过程的诸因素,以往慑于杜甫"诗圣"的威严,一味褒扬,未免失实。本书从杜甫生活、思想的动荡矛盾里，演绎他的诗歌向前发展的轨迹，汲取它的精华所在，也指出它的糟粕部分。三是重视运用历史唯物主义的观点和方法进行研究，体现了著者不为传统见解所束缚，努力用新观点、新方法研究杜诗的创新精神。本书借助前人注释，推研诗人的用心，同时致力于廓清过去注杜诸家的偏见和误解，把富有民主性的杜诗从迷雾中解脱出来。其间有些观点虽不无可议之处，但毕竟体现了当时学者的新看法，富于时代气息。

杜甫在长安时期的史料　西安市文史研究馆选辑，周君南编

此书系一油印本，由西安文史馆 1954 年印。是编对杜甫在长安时期的活动行迹及杜诗中有关长安地名景物作了考证，既有实地考察，又有史料征引，对研究杜甫长安诗作颇有参考价值。

李杜诗选　苏仲翔选注

苏仲翔（1908—1995），原名中常，后名渊雷，字仲翔，晚署钵翁，又号遁园。浙江苍南人。早岁参加革命，抗战期间，曾在重庆北碚及上清寺创设“钵水斋”，以文会友，从事社会文化活动。尝从流寓蜀中耆宿马一浮、章士钊、沈尹默、谢无量诸人游，论道谈艺。1949 年后，首任上海市军管会高教处兼文管会秘书，继任华东财委会专员，旋转华东师范大学历史系任教。1958 年被错划为右派，调往哈尔滨师范学院。1971 年，被迫退休返籍。1979 年，沉冤得白，重返华东师范大学。先后出版《易学会通》、《宇宙疑谜发展史》、《名理新论》、《天人四论》、《中华民族文化论纲》、《陪都赋》、《世界大战杂诗》、《玄

类》、《宋平子评传》、《李杜诗选》、《元白诗选》、《白居易传论》、《读史举要》、《论诗绝句》、《风流人物无双谱》、《佛教与中国传统文化》、《中国思想文化论稿》、《钵水斋选集》、《钵水斋文史丛稿》、《钵水斋外集》,并点校《五灯会元》等,凡数十种。

《李杜诗选》,由上海春明出版社1955年印行,上海古典文学出版社1957年新一版。香港宏图出版社20世纪70年代翻印。台北文明书局1981年再版。选辑李诗205首,选杜诗305首,分体编排。每诗分"题解"和"注释"两部分,题解时引前人见解,偶加按语,点出主旨。注释以简明见长。"导言"详论李杜所处时代交错性、李杜的生活实践和创作过程、诗歌实质、风格异同、反映在李杜诗中的主要精神实质(突出了李白诗中的自豪感和杜甫诗中的人道主义精神)及在中国诗歌发展史上的地位。1983年浙江文艺出版社修订重印,李白诗歌增为207首,末附有关李杜论文赞辞四篇:《白也诗无敌,飘然思不群》、《李白论赞》、《天下几人学杜甫,谁得其皮与其骨》、《读杜三题》。

杜甫研究 萧涤非著

萧涤非(1907—1991),原名忠临。江西临川人。1930年毕业于清华大学中文系,1933年毕业于清华大学研究院。先后任山东大学、四川大学、西南联大等校讲师、副教授、教授。1947年重返山东大学任教,历任古典文学教研室主任、中文系主任、副教务长、《文史哲》编委会副主委、校学术委员会副主任、文史哲研究所和古籍整理研究所副所长等职。又曾任第三届全国人大代表、第五、六届全国政协委员、山东省人大代表、民盟中央科教委员会委员与文化委员会委员、国务院学位委员会第一届学科评议组成员、中国唐代文学学会第一任会长、山东省文联副主席、山东省古典文学学会会长、《中国大百科全书》(中国文学卷)编委等职。萧涤非毕生致力于中国古典文学的教学与研究,较侧重于乐府诗、唐代文学研究,而杜甫研究成就尤为卓著。著有《汉魏六朝乐府文学史》、《杜甫研究》、《杜甫诗选注》、《乐府诗词论薮》、《解放集》、《读诗三札记》、校点《皮子文薮》以及《萧涤非文选》、《萧涤非杜甫研究全集》(萧光乾整理)等。主编《中国文学名篇鉴赏辞典》。他与游国恩等主编的《中国文学史》,为全国高校通用教材,荣获国家教委优秀教材特等奖。萧涤非为我国首批博士生导师之一。晚年担任《杜甫全集校注》主编,直至逝世。

《杜甫研究》,上卷由山东人民出版社1956年6月出版,下卷于1957年10月出版,1959年9月出版合订本。上卷对杜甫所处时代背景及其生活、思想、作品、体裁、影响等,作了极全面的论述。作者将杜甫一生分为读书游历、困守长安、陷贼与为官、漂泊西南四个时期。这一划分法在很长时间内被学术界所沿用。下卷是作品选注,选诗266首,除对诗中的一些史实、典故作了注解外,对每首诗的写作地点、年代、背景、中心思想和艺术特色,均作了简要介绍。该书1980年由齐鲁书社修订再版时,作者对内容作了较大的改动和补充,仍分上、下卷。上卷为杜甫及其诗歌的全面探讨,下卷为建国以来作者关于杜甫研究论文的结集。而原版下卷之杜诗选注部分,则易名为《杜甫诗选注》,修改后由人民文学出版社于1979年出版。再版后的《杜甫研究》,作者不仅着重研究了杜诗思想的博大精深,而且用了较大的篇幅,分析了杜诗的艺术性。下卷所收的26篇论文,多有创见,特别是《关于〈李白与杜甫〉》一文,纠正了郭沫若在李杜研究上的偏颇,发表后引起强烈的反响,充分表现了作者的胆识和理论勇气。《杜甫研究》代表了我国20世纪80年代以前杜甫研究的水平。正如论者所指出的："自建国初期迄今，在杜诗研究界事实上还没有一部在观点、方法或规模上超越《杜甫研究》的著作出现。"

杜甫诗选 冯至编选，浦江清、吴天五合注

冯至，生平事迹已见前。

浦江清（1904—1957），江苏松江（今属上海）人，祖籍浙江嘉善。1922年考入东南大学西洋文学系。1926年毕业，由吴宓推荐到清华学校研究院国学门，作陈寅恪助教。1929年转入清华大学中文系任教。1933年与冯友兰同赴意大利、法国、英国游学，在伦敦博物馆抄录并研究敦煌手卷。1934年回清华大学任教。1937年10月赴长沙临时大学中文系任教，1938年任西南联合大学中文系教授。1940年与朱自清等创办《国文月刊》。依例休假回沪，闭门著述，曾应郑振铎之邀到暨南大学任教，不久仍回西南联合大学任教。抗战胜利后，1946年回清华大学，任中文系教授，同年参与整理闻一多遗著。1952年院系调整，任北京大学中文系教授。1957年病故。浦江清主要从事中国古典文学研究，讲授中国文学史课程30年。在清华国学研究院期间受王国维、陈寅恪等的影响，致力于文史考证。后受闻一多、朱自清的影响，主张精读原著，结合前人的成就，融会贯通。主要著作有《浦江清文录》、《浦江清文史杂文集》、《清华园日记·西行日记》等，与吴天五（鹭山）合注《杜甫诗选》，主编《朱自清全集》。

吴鹭山（1910—1986），原名良，一名天五，又名匏。浙江乐清人。二十世纪三四十年代，先后执教于浙江省立第十中学和永嘉县立中学。1952年夏承焘推荐他到浙江师范学院中文系

任教,与浦江清合注《杜甫诗选》。1956年调至浙江教师进修学院任中国文学教研组组长。1958年被错划“右派”,迁返乡居。其间,陆续撰写《苏轼诗选注》(与夏承焘、萧湄合著)、《读陶丛札》、《杜诗论丛》、《王梅溪诗文及年谱》、《周易学》、《读庄十札》、《陆游诗萃》、《光风楼诗词》和《光风楼随笔》等书稿。1962年曾应聘赴长春,在东北文史研究所专授《诗经》课。另有《书法散论》行世。

《杜甫诗选》,由人民文学出版社1956年12月出版。1959年10月人民文学出版社在本书的基础上选注而成《杜诗百首》,并将其列入《文学小丛书》加以出版。注重杜诗的进步性是这部诗选的特色。书中体现出来的对杜诗的总体把握与冯至《杜甫传》是一致的。由于选注者的目的在于普及(该书为《中国古典文学读本丛书》之一),所以在体例方面以简明扼要为尚。全书共选杜诗264首,按照杜甫写作的时间、地点编为八卷,第一卷是安史之乱以前的诗,第二卷是战乱期间的作品,第三卷是杜甫在秦州及入蜀途中所作,第四、五、六等三卷是杜甫在成都、往梓州、阆州及回居成都时期所作,第七、第八两卷是杜甫居夔州、出峡、流寓荆湘时期所作。诗文主要采用《全唐诗》本与仇兆鳌《杜诗详注》本,择善而从。关于这些诗的编年,选注者基本上根据前人排定,少数作品自出己见,但编年的依据均不加交代,也不作引证。注释体例采取释题、释词、释句三种方式。释题简单交代诗的创作背景,释词只注释词义、读音、专名、典故,一般不征引古书,不录原始材料,不用训诂、考据方式,力求简明浅显。释句解释整句或二句以上通连的意义,但也只概括说明其大意,或简单译出内容,且只挑选那些难懂的句子,并非逐句解释。书中注释多依据仇注,并参各家杜集、诗话和札记,择善而从。全书亦时有参加本书草创工作的文怀沙等人的见解。书前首载冯至撰写的"前言"(原载《光明日报》1954 年 3 月 1 日)及选注者的"例言"。

杜甫诗选　潭江居士编注

香港世界出版社 1957 年出版。此书序言概括论述了唐代"安史之乱"的历史背景、杜甫家世,生平思想与诗歌创作,特别通过与李白、王维、高适、岑参等盛唐重要诗人的比较,指出他们的主要作品多在"安史之乱"前,之后即进入末期,独有杜甫与之相反,杜诗反映的正是从繁荣到衰落社会中的种种矛盾。此书只选杜诗 51 首,有题解、注释、语译,简介写作背景,注释词语,串解句意,译诗为文,极便览读。

杜甫诗选讲　程云青著

此书由江苏文艺出版社 1958 年出版,仅选诗 25 首,1962 年又修订增补,扩大为 50 题 79 首,由江苏人民出版社出版。有注释、分析。分析主要是论述作品思想性及艺术风格,并试图根据时代和作者生活,来阐述作品的社会意义。"选讲"前有修订小言和杜甫年谱。是一通俗读物。

杜甫年谱　四川省文史研究馆编

四川人民出版社 1958 年出版,1981 年再版。自宋以来,杜甫年谱数十种,编次不同,详略互异。此谱的内容分为时事、生活、作品、备考四项,考订杜甫的行踪、交游、创作等活动,以诗系年,于杜甫生平及杜诗各篇写作之时地,考订甚详,使读者知人论世,因事释诗。全书凡 35 万字,是自宋迄今最为详备细致的杜甫年谱。此谱"凡例"称:"语语求其有根据,处处求其合史实,无可考者从阙,不可决者存疑。"由于史料之不充分以及在撰写上不够统一，此谱之创制仅得初稿雏形，尚有待于今后之修正与补充。

杜诗散绎 傅庚生著

东风文艺出版社1959年出版，后经作者修订，由陕西人民出版社于1979年重版。是书将所选杜诗衍绎为散文，且加以评述，总计96篇，连同未附译文的50馀篇，共引杜诗150篇左右，将这些诗分别组织在12个题目里，编为12章，近似杜诗类选，边义绎边评论，别开生面，颇便初学。

杜甫 刘开扬著

此书由中华书局上海编辑所1961年出版，1965年12月由中华书局出版第2版，1978年8月上海古籍出版社出版修订本，并列入《中国古典文学基本知识丛书》之中，多次印刷。台湾国文天地社、日本东京株式社亦有印行。此书是一部介绍杜甫生平事迹、思想和诗歌作品的通俗读物，依次简要介绍了杜甫的幼年、南北漫游、长安旅居、离乱中的歌唱、三吏和三别、秦州和陇蜀道上、两川流寓、东下荆楚和病死等一生重要事迹或一些重要作品。

杜甫 缪钺著

缪钺(1904—1995)，字彦威，江苏溧阳人。1924年肄业于北京大学。历任河南大学、广州学海书院、浙江大学、华西协合大学、四川大学教授。从事中国古代史、古典文学、历史文献教学与研究70馀年。1981年国务院学位委员会批准为首批博士生导师。曾任国家古籍整理出版规划小组、中国唐代文学学会、中国魏晋南北朝史学会、中国唐史学会、中华诗词学会等学术机构和团体的顾问。1980 年 4 月,出任成都杜甫研究会(现四川省杜甫研究会)第一任会长。主要著作有:《元遗山年谱汇纂》、《中国史上之民族词人》、《诗词散论》、《杜牧诗选》、《杜牧年谱》、《杜牧传》、《杜甫》、《读史存稿》、《冰茧庵丛稿》、《冰茧庵序跋辑存》、《冰茧庵剩稿》等,主编《三国志导读》、《三国志选》等,合著《灵谿词说》、《词学古今谈》等。有《缪钺全集》(8 卷)行世。

《杜甫》由四川人民出版社 1961 年初版发行,1980 年重排再版。全书以二万字的篇幅,综括论述杜甫的生平事迹、思想与作品。分为“入蜀以前”、“成都草堂”、“夔州两载”、“流转湖湘”四个部分,而于蜀中八年的生活叙述较详。在叙述杜甫事迹的同时,引用和介绍了杜甫生活各个时期中有代表性的作品。

杜甫诗意百开册　陆俨少绘

陆俨少(1909—1993),又名砥,字宛若。上海嘉定人。18 岁无锡美术专门学校辍学后,进上海著名山水、仕女画家冯超然的画室“嵩山草堂”学画,专攻山水画,并结识了许多名家同道,特别是与吴湖帆相识,眼界大开。经过努力,开创了“陆氏云水”的新程式。一生画过无数幅《峡江图》,画面激流险滩,漩涡飞沫,线条变幻无穷,对水的描绘达到了生动逼真、出神入化的境界。对云的处理也有独到之处,他独创的“墨块”、“留白”钩云法,强化了画面山峦峰霭的变化。与李可染并称为“南陆北李”。绘有《杜甫诗意百开册》,可谓绝世之作。

此书是陆氏倾毕生心血、淬三十载功力,以杜甫诗作为题,于20 世纪 60 年代初创作的一百开山水画册。1962 年曾在上海画院、浙江美术学院等地展出。“文革”期间,此画册被迫上缴上海画院,其间被人窃去三十五开,仅退还六十五开。1989年八十高龄的陆俨少于北京宽沟奋力补画,复成完璧。同年,香港《名家翰墨》杂志专刊发表了《杜甫诗意册》,并配以陆俨少《学画微言》、《后序》及沙孟海、宋文治、包立民、万青力等画家、评论家的回忆和评论。这部《杜甫诗意百开册》虽非初稿全本,可是,补全之本完整集合了陆俨少中年、晚年的山水画貌,从中可见陆俨少中年的工致缜密、灵气流溢的风格,与晚年变法后的雄健豪放、简约浑厚之气象。

诗人杜甫　中央新闻纪录电影制片厂拍摄

纪录影片《诗人杜甫》拍摄于1962年,是为了纪念作为世界文化名人的杜甫诞生一千二百五十周年(712—1962)的。影片以诗人杜甫的一生为线索,选取杜诗名篇和大量杜甫遗迹、文物资料、诗意画等加以有机组合,生动形象地介绍了杜甫生活的时代,杜甫的思想和作品。突出表现了诗人艰辛的生活道路和创作道路及爱国爱民的深厚情感。

李白与杜甫　白桦、郑君里著

《李白与杜甫》电影文学剧本写于1962年,公开发表于文艺丛书《十月》1978年第2期(北京出版社1978年12月出版)。后有白桦《生者与死者的眼睛——电影文学剧本〈李白与杜甫〉的补记,兼悼郑君里同志》一文,叙述了他们写作的经过和意图。郑君里在“十年动乱”中被迫害致死,《十月》发表该剧本以示悼念。剧本分四章,前有序章,后有尾声。作者通过巧妙的艺术构思和艺术手法,描绘了“安史之乱”前后唐王朝的社会现实和危机,深刻地表现了李白和杜甫这两位大诗人崇高的爱国主义精神和卓越的艺术才能，揭示了他们复杂的内心世界，热烈地歌颂了这两颗诗坛巨星的深厚友谊，塑造了两个生动感人的艺术形象。作者为了突出表现两位伟大诗人的深刻思想和真挚友谊，没有拘泥于历史事实，而是改动史实，酌引传说，如李白识才救郭子仪，草答蛮书，改杜甫疏救房琯为疏救李白等情节。剧本写到李白流放夜郎被赦还，杜甫在梦中得见李白为止，结尾用象征的手法揭示了两位伟大诗人对祖国文化所作出的杰出贡献：他们的诗就像长江大河一样，"永远灌溉着祖国的辽阔大地，灌溉着子孙万代的灵魂"！

李白与杜甫　石凯著

台北财团法人全知少年文库董事会 1962 年出版，为《全知少年文库·中国名人传记》之一种。是书为介绍李白与杜甫生平及创作的少年儿童读物。

杜甫诗选　黄肃秋选，虞行辑注

人民文学出版社 1962 年 10 月出版，列入《文学小丛书》之中，1978 年 11 月湖北第 2 次印刷。该书选取杜诗名篇 100 首，约略以编年为序，每首诗都先指明其写作时地和诗旨大意，后作字句的注释。其前言则简要评述了杜甫生平及其诗歌成就。

杜集叙录　万曼著

万曼（1903—1971），笔名匡术，天津市人。1923 年毕业于新学书院，1925 年在天津伊文思图书公司任职员，1927 年转入德商天利洋行。1929 年到开封高中任教，1930 年至天津南开中学，1933 年转任济南师范学院，讲授文学概论、中国文学史。

1937年抗日战争爆发后,任教于南阳中学、洛阳中学等校,1945年至天水任《陇南日报》主编。1949年到河南中原教育部编委会工作,后任河南文教厅编审科科长,1951年秋兼河南大学教授。1953年离开文教厅,以后历任河南大学中文系副主任、文艺理论教研室副主任、院科委副主任、河南大学学报主编,1971年病逝于开封。平生致力于文艺学、中国古代文学的教学和研究,著有《中国文学史》、《韦应物传》、《白居易传》、《杜甫传》、《唐集叙录》、《汉唐风物杂考》等。

《杜集叙录》,首刊于《文学评论》1962年第4期,全文分五部分。一、杜甫集在唐、北宋时期的编辑刊刻,经樊晃、顾陶、孙光宪、郑文宝、孙仅、王洙、苏舜钦、刘敞、王安石、王琪、裴煜等各家的编订过程及流布情况。二、分述了宋人注杜及郭知达集注本的锓版传刻。三、宋人分类集注及评点本的系统及特点。四、杜集编年本的系统和蔡梦弼《草堂诗笺》的流传。五、元明以来杜集的注释训解本。全文对杜集的成书时代、编次体例、版本源流及历代传刻的特点剖析分明,是20世纪60年代杜集版本研究的重要成果。后收入中华书局选编《杜甫研究论文集(三辑)》及著者《唐集叙录》(中华书局1980年版)中。

杜甫研究论文集(一辑)　中华书局选编

1962年是杜甫诞生1250周年。1961年12月15日在斯德哥尔摩举行的世界和平理事会主席团会议上,决定将杜甫列为1962年纪念的世界文化名人之一。为了配合这一纪念活动,为了反映"五四"到当时为止的几十年中杜甫研究的情况、保存历史资料及推动研究的更为深入,中华书局特选录报刊上的有关论文,编辑了这个集子,其中第一辑,1962年12月出版。本辑共收论文20篇,起自梁启超1922年发表的《情圣杜甫》,终结于傅庚生《评李杜诗》。其中总论杜甫的除梁文外,还有闻一多的《杜甫》、翦伯赞的《杜甫研究》、孙次舟的《关于杜甫》等。此外,还有侧重研究杜诗艺术的,如胡小石的《李杜诗之比较》、罗庸的《少陵诗论》、金启华的《杜甫诗论》、李广田的《杜甫的创作态度》、冯钟芸的《论杜诗的用字》以及傅庚生的《评李杜诗》等,其中尤以李杜比较研究的成就为突出。其馀文章中,考证杜甫行踪的有朱偰的《杜少陵在蜀之流寓》、贺昌群《记杜少陵浪迹西川》等。这些论文昭示着新文化运动影响下杜甫研究的进展,它恢复了杜甫作为一个诗人的真面目。不为"诗圣"的称号所囿,而是注重从性情入手,分析他丰富的情感世界与性格内涵,或对其"诗圣"称号加以现代阐释,确立其"人民诗人"、"爱国诗人"的历史地位,这一点以梁启超的《情圣杜甫》一文尤其具有启示意义。梁文不是取消杜甫"诗圣"的地位,而是展示了这位"诗圣"身上所具备的丰富的情感内涵,所论至今仍引人深思。本辑还收入了郭绍虞的《杜甫〈戏为六绝句〉集解》。郭文在继承旧学的基础上,对杜甫诗论著作进行诠释,不被传统所囿,体现出宏通的理论色彩。

杜甫研究论文集(二辑)　中华书局选编

本辑编写体例同第一辑,中华书局1963年2月出版。收录论文共26篇,起自颜默1951年发表的《谈杜诗》,终于萧涤非1961年底发表的《谈杜诗"娇儿不离膝,畏我复却去"》。与第一辑相比,总论杜甫的文章虽然仍有几篇,如刘大杰的《杜甫的道路》、西北大学中文系的《论杜甫的世界观》等,但对杜诗进行具体分析的文章增多了,如俞平伯的《说杜甫律诗〈题张氏隐居〉》、《说杜甫〈自京赴奉先县咏怀〉诗》、冯文炳的《杜诗写典型——分析〈前出塞〉〈后出塞〉》、《杜诗讲稿》、萧涤非的《谈〈石壕吏〉》、刘开扬的《杂谈杜诗〈登岳阳楼〉》等,另有不少讨论杜甫诗歌艺术的专题论文。本辑所收论文都尝试着运用马列主义文艺观研究,强调杜甫作为现实主义人民诗人在文学史上的地位,强化其诗歌爱国主义、人民性的思想意义。这种研究不是从文学的角度出发,立论有偏颇,运用新概念、新术语显得有些生硬,在一定程度上发展了此前已有的只从外部入手研究杜甫的社会政治学研究模式,并打上了深刻的时代烙印。相比之下,辑中所收论及杜甫诗风、诗艺以及分析杜甫单篇作品的文章,谈诗论艺,时中肯綮。如马茂元的《谈杜甫七言绝句的特色》、缪钺的《杜诗中含蓄之法》。这些论文都言之有物,持之有故,立论稳妥,资料丰富,既代表了那个时代的研究水平,又对今人有一定的参考价值。

杜甫研究论文集(三辑)　中华书局选编

本辑收录论文自 1962 年 1 月至 9 月底为止,共 36 篇,中华书局 1963 年 9 月出版。所收论文按内容分约为五部分。一、总论杜甫的生活、思想与创作。如郭沫若的《诗歌史中的双子星座》、冯至的《纪念伟大的诗人杜甫》、冯文炳的《杜甫的价值和杜诗的成就》、萧涤非的《人民诗人杜甫》、蒋和森的《伟大的时代歌手——杜甫的生活与创作》、高熙曾的《杜诗给予南宋爱国诗人的影响》。诸文探讨杜甫创作与时代及自身经历的关系,确立他作为一个“人民诗人”在历史上的地位,并赋予“诗史”说以新的时代内涵。二、概论杜诗的艺术风格、艺术特点。如傅庚生的《沉郁的风格,闳美的诗篇》、方管的《读杜琐记》、吴调公的《青松千尺杜陵诗——论杜甫诗歌的美学观》、蒋和森的《碧海掣鲸手——杜诗的气魄》、马茂元的《思飘云物动，律中鬼神惊——谈杜甫和唐代的七言律诗》、夏承焘的《论杜甫入蜀以后的绝句》、安旗的《"沉郁顿挫"试解》。或从总体上论述杜诗艺术风格、审美特征，或从具体体裁入手分析杜诗在律诗、绝句方面的艺术成就，深化了前人对杜诗"沉郁顿挫"风格的阐释，并在一定程度上阐明了杜诗艺术特征与其人民性的思想内容之间的关系。三、论杜甫的文学思想。如马茂元的《论〈戏为六绝句〉》、王运熙的《杜甫的文学思想》、萧涤非、廖仲安的《别裁伪体，转益多师》。诸文以杜证杜，较为全面地理解杜甫的文学思想、理论和他的创作实践之间的关系，也确立了杜甫作为一个伟大诗人兼独具慧眼的文学批评家的历史地位。四、单篇作品的分析。均为名篇，或释其章句，或论其艺术特点，或探讨其中某个字的意义、某种句式的用法，具体入微，论析甚精。五、资料介绍。不仅介绍了明人注解杜诗"最有发明"的《杜臆》和它的作者王嗣奭，也介绍了杜甫诗集的几种较早刻本。万曼的《杜集叙录》及马同俨、姜炳炘的《杜诗版本目录》搜罗宏富，其功尤著。

古典文学研究资料汇编·杜甫卷　华文轩编

此为中华书局《古典文学研究资料汇编》丛书之一，上编已于1964年由中华书局出版，并多次印刷。全书计划辑集从唐代到"五四"以前的有关杜甫研究资料，内容大致包括有关杜甫生平事迹及其作品思想、艺术总的评论的资料。全书上、下两编。上编是从诗文别集、总集、诗话、笔记、史书、地志、类书中广泛搜罗，依时代先后排列。唐宋部分求全，元明以后取精。内容宏富，足资参考。上编为唐宋之部，凡三册。下编为元、明、清及近代部分，尚未出版。本书对所收资料兼有辨正之功，所收各书的版本,择其通行可靠的,这些做法都增强了本书作为工具书的使用价值。

钱牧斋笺注杜诗补 彭毅著

台湾精印书馆股份有限公司1964年出版。此书针对钱谦益《杜诗笺注》中出现的笺误、引据不足、未予笺注等情况,一一辨正、补笺。其补正,多采前人指瑕纠谬"钱注"之语,其补笺分三部分:1.有关笺注者,又分穿凿附会、错援历史、钱证不足者、误引、时间之误、略漏等六项;2.有关系年者,又分有证明可系年之诗而未编入年谱、系年之误、补足钱证等三方面;3.有关唐史之勘误。此书主要致力于"钱注"唐史方面的阙误,对于补正,尽量援据史实与众家之说,参以己见。

杜诗学 叶绮莲著

此为1965年度叶氏的硕士论文。此论文以《台北"中央图书馆"善本书目》、《北京图书馆善本书目》、《京都大学文学部汉籍分类目录》、中华书局出版《杜甫研究论文集》第三辑中所收马同俨、姜炳炘的《杜诗版本目录》,以及香港大学所藏杜集等为基础加以整理,全文分为上下二篇,上篇为"杜集源流",以考各朝研究杜诗之情况及其得失,下篇为"杜集书录",以编年方式排列由唐大历至清末之杜集,其中论及各杜集之版本,均注明藏书地,凡目录书所未有著录,及各地图书馆藏书目未有见者,则题曰"佚";又伪书和不可考其撰成年份者,则附于各朝之末,以便检视。后论文上篇以《杜工部集源流》为题发表于台湾《书目季刊》1969年秋季号;下篇以《杜工部集关系书存佚考》(上、中、下)连续刊载于《书目季刊》1970年夏、秋、冬季号。

杜甫秋兴八首集说 叶嘉莹著

台湾中华丛书编审委员会1966年印行出版。后作者又作了修订补充,1988年2月由上海古籍出版社再版。河北教育出版社1997年又予出版。《秋兴八首》为杜甫后期的一组七言律诗,最能体现其"晚节渐于诗律细"的创作精神,而前人品评论述也最为浩繁。故叶氏广事征搜,得历代杜诗评注本五十三家,不同之版本七十种,于中撷取有关《秋兴八首》之资料,力求其全而稍有汰删,以时代先后为序,汇为一集,且时加按语,发表己见,蔚为大观,成为一部杜诗分题专论之研究资料汇集。其内容分编年、解题、章法及大旨、分章集解四部分;分章集解即以每一首诗为单位,其下再分成校记、章旨、集解三节。其所加按语,或衡校前人注评,或表示自己见解,颇具启发,尤其对艺术境界之评述最为精到,时有的见。故此编亦为作者研治杜诗的成果集结,不得仅以资料汇编视之。其书前有《论杜甫七律之演进及其承先启后之成就》代序一篇,演绎杜甫七律之发展进程,并以《秋兴八首》为杜诗七律艺术成就之颠峰。书后附《增辑再版后记》,说明该书再版原由,与经由本书所引起之学术研究成果和回应作一简要说明。

李白与杜甫交往相关之诗 曹树铭编著

此书由台湾商务印书馆1966年7月出版。本书以李白、杜甫缔交相关诗歌为基础,分四部分进行论述。导论部分,先言李杜缔交之经过,由《寄李十二白二十韵》可知,李杜初遇于李白自长安放还后往东都时,并在同游梁宋之前,时为天宝三载秋。第一章,以李集内与杜甫交往的诗《鲁郡东石门送杜二甫》、《沙丘城下寄杜甫》,谈李对杜的真挚情谊。第二章,以杜集内三类有关李白的诗(一)与李白交往诗九题十首、(二)他诗明提李白者五首、(三)未提李白之名而含其在内者三首,综合分析李杜的兄弟之情、志同道合,肯定李诗成就与李之才华,深惜李的有志不遂。第三章,由杜甫对屈原、贾谊、宋玉的态度以及李杜看法是否同异问题,指出杜诗涉及屈、贾、宋等人,多是借喻性用典,非有贬抑态度,以驳证前人之说。

杜诗研究　刘中和著

台北益智书局1968年9月出版。本书选辑杜诗近百首,先作"注释",后作"研究",是从文学艺术的观点来评释杜诗。"注释"部分,要言不繁,无"当注不注,不必注而注"之弊;"研究"部分,特别注意篇章结构,于转接照应之处特加指点,颇有发明,能言人之所未言。书前有"前言"三篇:"杜甫其人",认为杜甫的性情是多方面的,他的成就是"多师"的成功;"读诗之法",包括章法、布局、结构;"杜诗欣赏",先列元稹所撰墓志铭、《新唐书》杜甫传赞、王安石评语、元好问评语,后详细分析杜诗写作技巧。书前有梁实秋序、作者自序,书后附沈谦《刘著〈杜诗研究〉评介》。末载获优良著作奖评语:"此书既不陷于因袭依傍,又不故为立异标新,以作者积学之素养,发一己之心得,于杜诗之章法及内容,加以极详尽之分析解说,时有探烛深微之见,至为难能可贵。"其论述观点不蔽于黄庭坚所谓"无一字无来处"之说,亦不惑于宋人所谓"诗史"之称,指出杜诗之"沉郁顿挫"不尽在于词章,而在于"深情逸致"。后人称杜甫遭逢丧乱,反映于诗中,亦人之常情,若以此称美其诗,则诗反成为历史附庸,不见其要妙。故研究杜诗,应于诗中见其性情,见其章法结构,方能体悟体大思精之妙。

我怎样写杜甫　洪业著,陈澄文注

此文最早发表于新加坡《南洋商报》1962年元旦特刊,1968年由香港南大书业出版。此后台北学海出版社于1979年重印此书,书名作《我怎样写杜甫·附诗存》。

杜甫评传　刘维崇著

台湾商务印书馆股份有限公司1969年出版,列入《知识青年丛书》。书分九章,即生平、家世、交游、生活、思想、作品、版本、草堂、死地。于杜甫有关诸问题,几包罗无遗,且章下又分节,节目亦极细致,如生平一章,下列十三节:童年时代、北游三晋、南下吴越、应试落第、放荡齐赵、旅食京华、避乱鄜州、奔赴行在、贬华州掾、千里投荒、漂泊剑南、寄居夔州、流浪湖湘。对杜甫一生叙述极为详尽,且章节条贯,简明扼要,颇有参考价值。

杜工部研究　张敬文著

台湾台中市东洋印刷厂印刷,著作本人发行,1969年出版。是书乃研究杜甫及其创作特色的专著,内容丰富,论述评析亦较细致。全书共五大部分,即杜甫的身世年谱、杜甫的治事为人、杜甫的成名因素、杜诗的风格笔调、历代名人的评述。该书论人论诗,皆以诗作为据,评介中肯,且能从不同角度观察,时有发见。

杜甫传　孟瑶(杨宗珍)著

孟瑶(1919—2000),原名杨宗珍。祖籍湖北武昌,生于汉口。1942年毕业于中央大学历史系。1949年2月赴台,先后执教于民雄中学、台中师范学校。业馀向《"中央日报"》妇女周刊投稿，第一篇作品《弱者，你的名字是女人》即用父亲所取之别号“孟瑶”为笔名，从此立足文坛，正式开始写作事业。截止1997年，共有78部作品行世，总字数超过千万字。这些作品可以分为：“学术论著”、“戏曲剧本”、“现代小说”、“散文杂记”、“童话故事”、“论文杂述”、“述传”。另有《满城风絮》等多种作品，被译为外文。其小说作品内容，约可归纳为五种类型：“世变小说”、“人情小说”、“梨园小说”、“移民小说”、“历史小说”。其“历史小说”有《杜甫传》等六部，其题材皆为孟瑶心仪之历史人物。1962年1月，应南洋大学之邀，前往新加坡讲学，讲授“新文艺”、“中国小说史”、“中国戏剧史”，此为后来文学三史之写作契机。分别于1965年、1966年完成《中国小说史》、《中国戏曲史》两书，皆由文星书店出版。1966年返台，应聘至台湾师范大学国文系任教。1968年，接受徐复观、李涤生之邀，至台中中兴大学开课讲授“新文艺习作”、“史记”、“中国文学史”，并升任教授。1973年7月，《中国文学史》一书完稿，“孟瑶三史”之学术巨构完成。

《杜甫传》，台湾皇冠杂志社1970年出版，列入《皇冠丛书》。本书是一部文艺性的杜甫传记，是其“历史小说”中的重要一部。此书以优美的文笔，刻画作者心仪之杜甫形象。但因过重文艺性，故于史实多有不合。

唐诗选本杜甫诗采选统计　凌子鎏著

香港珠海书院1970年出版。陈少芳《一九四九年以后香港杜甫研究概况》（《杜甫研究学刊》1999年第2期）著录。

杜臆增校　曹树铭增校

台湾艺文印书馆1971年印行。此书乃曹氏以仇兆鳌《杜诗详注》、杨伦《杜诗镜铨》、林非闻抄本所引王嗣奭《杜臆》，与1963年中华书局上海编辑所排印本《杜臆》（以王孙旦抄本为底本）逐题校对，从其异同考证二者之关系，并认定为两个不同之抄本，可彼此互相补充，汇并一起，方是《杜臆》之全貌。

李白与杜甫　郭沫若著

郭沫若（1892—1978），原名开贞，又名鼎堂（一说号鼎堂），号尚武。四川乐山人。早年留学日本，1923年毕业于日本帝国大学。先学医，后从文。"五四"时期，发表新诗《女神》等，成为中国新诗的奠基人之一。1926年任广东中山大学文学院院长。参加北伐，任国民革命军总政治部代理主任。1927年参加南昌起义，任起义军总政治部主任。起义失败，因受通缉旅居日本，从事中国古代史和古文字学的研究工作，著有《中国古代社会研究》、《甲骨文研究》、《卜辞通纂》等，多有发明。抗战回国，任军委政治部第三厅厅长，后至重庆任文化工作委员会主任。1941年皖南事变后，创作了《屈原》、《棠棣之花》、《虎符》、《孔雀胆》等历史剧。稍后，撰写了《青铜时代》和《十批判书》，亦有创见。1949年后历任中央人民政府委员、政务院副总理兼文化教育委员会主任、中国科学院院长、中国科学院哲学社会科学部主任、历史研究所第一所所长、中国科技大学校长、中国文联主席、中日友好协会名誉会长、全国人大副委员长、全国政协副主席等职。一生著述甚为丰富，现有《沫若文集》（17卷）和《郭沫若全集》行世。后者收集整理他生前出版过的文学、历史和考古三个方面的著作，编为《文学编》、《历史编》、《考古编》，共38卷。其中《李白与杜甫》影响颇大。许多作品已被译成日、俄、英、德、意、法等多种文字。

《李白与杜甫》由人民文学出版社1971年出版。是书为研究李白与杜甫生平、思想、创作活动的专著，重在评析李白与杜甫之优劣。全书三章，即关于李白、关于杜甫、李白杜甫年表。重点探讨了李杜生平、交游、思想信仰、诗歌创作等多方面的问题。此书为十年"文革"中中国大陆出版之唯一李白杜甫研究专著，影响极大。对李白研究多所创见，对今天的李白研究仍有参考价值。但因其有明显的抑杜扬李倾向，故出版后反映强烈。

杜甫和他的诗　由毓淼等著

台湾学生书局 1971 年 10 月出版。此书分上下册，实为杜甫研究论文集汇编，上册收论文五篇，即：由毓淼《杜甫及其诗研究》、李广田《杜甫的创作态度》、郭绍虞《杜甫〈戏为六绝句〉集解》、冯钟芸《论杜诗的用字》、傅庚生《评李杜诗》。下册收孙次舟《关于杜甫》、闻一多《少陵先生年谱会笺》、叶绮莲《杜工部集源流考》等论文。

中国两大诗圣：李白与杜甫　吴天任著

此书由台湾艺文印书馆 1972 年 3 月出版。是书于两大诗人先作分别传记，用系统的方法分析其作品的特质，然后合论两家关系。全书分六章，一、引言。说明本书撰写旨趣，合论李杜，试图理清二人诗风及考辨二人年籍生卒问题，澄清异说。二、李白。述其传略、诗风特质、题材、思想及辩证李白籍贯、死因、年岁、胁从永王事、讥杜饭颗山诗、史书之误等，最后述其诗集刊刻流传情形。三、杜甫。亦简述传略，并说明其诗风特质、诗学与抱负、立朝与交友、死的辩诬、诗集流传概况。四、李杜交游。说明二人交游经过及相关诗篇辑录。以为天宝三载孟夏，二人在洛阳相识，至汴州又遇高适。暮秋，又在兖州同游，成诗坛美谈。

五、论诗旨趣。分别论述李白的复古之意与杜甫"转益多师"、集大成之贡献。六、诗风比较。以"李杜二公,正不当优劣"来说明彼此诗风嗜尚及发展成就不同。此书内容广泛,文字简洁,于前人旧说,多所辨正。

杜甫诗韵考　王三庆著

此为台湾师范大学国文研究所1972学年度硕士论文,该所1973年印行。此书以宋本《杜工部集》为底本,参以钱谦益《笺注杜诗》及仇兆鳌《杜诗详注》等,对杜甫各体诗的诗韵,分四章进行了分析论述。第一章,绪论。说明撰作之初衷,旨在窥探隋唐用韵之实例。第二章,韵例。分作两部分论述,第一节五言古体诗韵例,说明"不换韵五言古体诗韵例"、"换韵五言古体诗韵例"的规则性;第二节七言古体诗韵例,亦从"不换韵七言古体诗韵例"、"换韵七言古体诗韵例"来说明杜诗用韵的规则性。第三章,韵谱。罗列"近体诗韵谱"及"古体诗韵谱"二体例,以明杜诗用韵情形。第四章,结论。归结杜诗韵例之论定、杜诗诗韵部"分合"之论定及诗韵用字与《广韵》之比较;并随文附上《近体诗韵谱表》、《古体诗韵谱表》、《杜诗韵部与〈广韵〉比较图表》三表,供取镜参校之用。

杜甫诗史研究　李道显著

此为台湾文化大学历史研究所1973学年度博士论文,台湾华冈出版部1973年印行。全书从"诗史"视域论杜诗历史价值。全文分作上、中、下三篇。上篇为导论,据孟子"知人论世"以考索杜甫生平、时代、作品。中篇为"诗史"研究,为全书论述重心所在,以杜甫生命历程分期论述,将杜诗分成十六期:天宝十四载前之作品、天宝十五载作品、至德二载作品、乾元元年作品、乾元二年作品、上元元年作品、上元二年作品、宝应元年作品、广德元年作品、广德二年作品、永泰元年作品、大历元年作品、大历二年作品、大历三年作品、大历四年作品、大历五年作品等。共选收杜诗417首。下篇为结论,总论杜甫诗史之历史价值、诗史所反映的时代形象、杜甫思想及其言行、杜诗造诣及其影响。归结所论,杜诗之历史价值有三:一、可与史事相参证,二、可补史书之阙,三、可纠正史书之误。

杜甫七律研究与笺注　简明勇著

台湾五洲出版社1973年3月出版。全书以杜诗七律为研究重心,分为上、下两部,上部为研究部分,又分为两篇,第一篇,杜甫七律内容的研究。就其创作、思想、生活、题材、风格进行论述,又可分为五章。第一章,从七律中看杜诗的创作,说明其成就、阶段、成功因素及七律创作对后世的影响;第二章,从七律中看杜甫的思想,分儒家思想、爱国爱民与忠君思想、战争思想、为官思想四部分进行勾勒;第三章,从七律中看杜甫的生活,从个人生活、家庭生活、社交生活着手;第四章,从七律看杜诗的题材,说明对杜诗的分"门"与"类",各有所见,每一诗可能抒情写景兼而有之,归类本即困难,故不应强作分类;第五章,从七律看杜诗的风格,将其分作沉郁、写实、寄托三种风格,并略论诗史。第二篇,形式研究,就其声律、韵律、对仗、修辞来论述。又分四章。第一章,杜甫七律的声律研究,论近体式、失粘式、古风式之七律,及七律中平仄异读字、出句末字四声递用、吴体等六项;第二章,杜甫七律的韵律研究,研究其用韵、首句押韵、崔氏东山草堂用韵研究、和诗与限韵等四部分;第三章,杜甫七律的对仗研究,论其对仗的联位、技巧;第四章,杜甫七律的修辞研究,从字法、句法、章法、篇法进行研析。下部是笺注部分,笺注杜诗七律

151首,编次以题目首字之笔画为序,这种编次实为独一无二,先解句意,次释词语,亦间或采撷前人评语,简明切要。

杜诗句法举隅　朱任生著

此书由台湾中华书局1973年7月出版。此书以杜诗为例(偶引前人评论附于有关诗句之后),擘析杜诗之句法。共分四部分:壹、炼字。罗列字眼范例、实字相对、活字相对、叠字、颜色字、屡用字六项诗例。贰、遣词。以“类别”分,有抒情语、状景语、比类语、含蓄语、伟丽语等凡二十一类诗例;以“体式”分,则有拗句、假借对、倒装句、当句对、扇对等凡十一类诗例。叁、押韵。列平韵、仄韵、重韵三种诗例。肆、用事。举融化、精切、代叙、翻用四项诗例。此书于研究杜诗之语言艺术,颇有参考价值。

杜甫　香港上海书局编

香港上海书局1973年10月出版,系《作家与作品丛书》之一。全书内容广泛,计分十一部分:杜甫的一生、杜甫的诗歌创作、杜诗的风格、杜诗的韵律和体裁、杜甫的文学思想、诸家评杜诗、唱酬题咏、诗选、文选、杜甫世系、杜甫年表等,多采撷前人及当今学者之论述。诗选,计选杜诗164首,文选,收杜甫赋、表等8篇。此编对了解杜甫及其诗作颇有助益。

杜甫咏怀古迹五首集说　区静飞著

此为台湾中国文化学院中文研究所1974学年度硕士论文。全书以搜辑杜甫《咏怀古迹五首》之集说为主,共辑录各种诠释杜诗版本三十馀种,按出版年代之先后,分章集解,并作“按语”于后,以阐释意义或说明阅读心得。

评郭沫若的《李白与杜甫》　林曼叔著

香港新源出版社1974年出版。此书收九篇文章,其中有七篇系批评郭氏对李、杜之论断,另两篇讨论郭氏的《蔡文姬》和《武则天》。七篇中有三篇论李白,四篇论杜甫。该书批判了郭氏在李杜研究上的阶级论偏见,并对李杜的创作历程作了深入的探讨。该书节选编入由香港浸会大学邝健行、吴淑佃主编的《1950—2000香港中国古典文学研究论文选粹·诗词曲篇》,评价较高。

杜诗丛刊　黄永武主编

台湾大通书局1974年出版。丛书影印历代杜诗笺释评注本凡三十五种,多为罕见之孤本、稿本、珍本、善本,实为杜诗研究者所需的重要资料。其中有《九家集注杜诗》、《集千家注批点补遗杜工部集》、《集千家注分类杜工部诗》、《分门集注杜工部诗》、《杜工部诗范德机批选》、《杜律演义》、《杜律虞注》、《杜律赵注》、《刻少陵先生诗分类集注》、《读杜诗愚得》、《杜诗分类》、《杜工部诗通》、《杜诗选》、《杜律五言补注》、《杜律颇解》、《唱经堂杜诗解》、《唐李杜诗集》、《批点杜工部七言律》、《杜律意笺》、《杜律集解》、《杜诗捃》、《钱牧斋先生笺注杜诗》、《纂注杜诗泽风堂批解》、《杜诗笺》、《杜诗阐》、《杜诗论文》、《读书堂杜诗注解》、《杜诗五古选录》、《杜诗集评》、《杜诗提要》、《读杜心解》、《朱雪鸿批杜诗》、《杜律分韵》、《杜律详解》、《岁寒堂读杜》等。另外此书所附之《杜甫诗集四十种索引》(包括增加的《宋本杜工部集》、《草堂诗笺》、《杜臆》、《杜诗详注》、《杜诗镜铨》五种),以表格形式排列诗题,及各本之页码,甚便查检。

杜诗欣赏　孙克宽著

此书本是作者1960年为东海大学杜诗班诸生写的讲稿，作为《文史小丛书》之一，台湾学生书局1974年10月出版。本书既是讲稿，目的在启发学生对杜诗的趣味，帮助读杜诗者如何欣赏诗篇，故未涉杜诗学之学理研究。全书分作七部分，一、前言。先述唐诗兴盛之因，及杜诗集大成之成就，奠定中国诗史上的“诗圣”地位。二、背景。1.说明读杜诗的目的，要识其形象，知诗体变化，学习其写作技巧，并体会杜诗价值。2.杜甫生平之简述，则以罗列各家文献可供查索之资料为主。3.叙述杜诗可能之影响，以家世遗传、生活刺激等说明杜诗创作的可能影响。4.主观努力与交游影响，说明杜甫除自身努力之外，尚受李白、王维、高适、岑参、元结、孟云卿等之影响。三、本质。说明杜诗本质有责任感、同情心、幽默感、知足型四特色。四、诗风。分三期说明：第一期，音节谐适，出语平和，有流丽之调。第二期，起自天宝十四载至乾元二年入居成都时期（755—759），诗风表现出色彩青苍，声调低抑。第三期，起于流寓成都，迄下峡客死衡湘，诗风精丽绝伦、波澜壮阔、气象无边。五、特质。论杜诗义法、气质、辞彩、音节、锻链，能神明于规矩之中。六、前人评述。罗列各家论杜之资料，肯定杜诗在诗史上的成就。七、结论，指出杜诗以“发于性情，止于忠孝”的真性情表现，“忠爱”的形态表抒内心“不忍人之心”，至于诗艺成就则在造语警策、浑沦、飞动。

杜工部之生平及其贡献　陈瑶玑著

台湾弘道文化事业有限公司1975年3月出版。全书共分五部分，即杜工部之先世、杜工部年谱、杜诗对后世之贡献、结论、附录。内容广泛。论及对后世之贡献，更分别论述了对华夏后世之影响，及对东瀛诗坛之影响，颇有参考价值。

论李杜诗　周绍贤著

台湾中华书局1975年9月初版。全书将李白、杜甫诗歌合论,共分七部分进行阐发:唐诗之兴盛、李白之生平、杜甫之生平、李杜合论、诗仙与诗史、李杜诗之比较、结论。其中,“李杜合论”论二人生平际遇遭逢,指出太白为旷达之士,故诗无子美之沉郁;游侠好仙,故爱与道人方士往来。而子美褊性合幽栖,故好与田夫野老相亲狎。二人思想性格不同,显然可见。“李杜诗之比较”,归结出杜诗为醇儒思想,李白为儒道兼综,杜好述民生疾苦,李好吟沙场敌忾,杜好述乡村日常生活,李好吟方外烟霞之趣。结论则汇辑诗史上尊杜抑李、尊李抑杜、李杜并尊诸说,最后说明各人所好,趣味不同,故未易作李杜优劣之评骘。

诗仙诗佛诗圣　张弓长编著

台湾常春树书坊1975年9月出版。此书为李白、王维、杜甫三位诗人的诗选合编,三者各自独立,李白选诗68首,王维选诗30首,杜甫选诗52首,每家诗选前有一简明评介。注释简略,并有白话译文,甚便初学。

杜甫诗的时代性与艺术性　焦毓国著

台北学海出版社1976年9月出版。此书以讨论杜诗的时代性与艺术性为主,共分六章进行论述。前四章以论述为主,后二章以辑录为主。一、杜甫一生。叙述杜甫家学渊源、漫游和求取功名期、蜀中居留九年、老境凄凉、忠君爱民与贫病搏斗一生等数个阶段;二、杜甫诗的时代性和永久性。分作四部分论述:先述盛唐时期的社会和文风,再述陈子昂和李白的浪漫派诗对杜甫的影响,次述杜甫诗的时代性,说明杜诗是苦难时代的代言人,不仅率真表现自己的个性,且发煌儒家忠君爱民和伦常思想,末述杜甫诗的永久性,说明杜诗可长可久的成就。三、杜甫诗的艺术性。指出杜诗吸收古诗精华,并能独创清丽句,创作是为人生而艺术,写作技巧超绝古今、平淡自然已达神境,具诙谐风趣特色。四、杜诗的影响力。就杜诗影响元、白、张籍部分加以论述,说明三人能继承遗绪。五、杜诗集评。附录有关杜诗之集评。六、杜工部年谱。将杜甫生平年谱罗列于末,以供检索、参校。

杜甫诗虚字研究　黄启源著

台北洙泗出版社 1977 年出版。全书以罗列杜诗中的虚字用法为主,并将同一虚字不同的用法一并罗列。释义时,先以古书经典为证,再举出杜诗中的例句。全书凡列杜诗 198 个虚字,其书写方式,先说明某虚字在杜诗中有多少句,再列其意义、用法,若意义、用法不仅一种时,则分别罗列,例如:"一",在杜诗中凡有 398 句,其意有五种:"一:犹忽也"、"一:犹已也"、"一:犹乃也"、"一:语助词"、"一:全也"。在每一种意义下,作者皆将杜诗罗列于次,例如"一:犹忽也",其下例句有:"折尾能一掉、湖城城南一开眼、一闻说尽急难材、避寇一分散、别家三月一得书"等共五句。例如"一:犹已也",例句有:"一作陪锡杖、一藤何足论、多病一疏散、霜雪一沾凝"等四例句。此为从语言学角度研究杜诗的专著,对深入了解杜诗颇有助益。

杜甫作品系年　李辰冬著

李辰冬(1916—1983),河南济源人。早年毕业于北平燕京大学,后获法国巴黎大学文学博士学位。曾任河南省立女子师范学校、政治大学、台湾师范大学教授。主要著作有《诗经研究》、《陶渊明评论》、《杜甫作品系年》、《红楼梦研究》、《文学欣赏的新途径》、《文学新论》、《文学与生活》等。

《杜甫作品系年》由台北东大图书公司1977年2月出版。全书旨在运用前人论杜、注杜、评杜之资料,为杜诗作系年工作,并为方便读者检阅,每题之下附上《杜诗镜铨》(简称镜)、仇兆鳌《杜少陵集详注》(简称仇)之页数,以便查对原诗。系年作品始自唐肃宗至德元载丙申(756年,杜甫45岁),其下将每一首诗之时地标示出来,止于唐代宗大历四年己酉(769)春,杜甫五十八岁赴长沙途中,凡十四年的诗歌作品一一系年,计诗1044首,文11篇。

杜甫　汪中著

台北河洛图书出版社1977年3月初版。全书分十章,每章都用杜甫诗句作标题,并将各时期重要的诗歌作品穿插其中,以增添传记可读性及以诗歌记录时代阢陧与个人之流离生涯。第一章,诗是吾家事。叙写杜甫家世和他对诗歌的观点。第二章,东下姑苏台。写杜甫少年之游历。第三章,冠盖满京华,斯人独憔悴。写旅食京师十载之生涯。第四章,直北关山金鼓震。写杜甫遭逢安史之乱之经历。第五章,飘泊西南天地间。写秦州生涯。第六章,吾意独怜才。写平生交游状况。第七章,锦江春色来天地。写成都草堂之生活。第八章,巫山巫峡气萧森。写流寓夔州景况。第九章,生涯独转蓬。写一叶扁舟,湖湘飘泊之悲歌。第十章,不废江河万古流。写杜诗对后世之影响。此书可以说是一部由杜诗串联起来的杜甫传记。

杜甫诗赏析　金陵编著

该书扉页标有“先修班华文主修科适用”,知其为一教材,新加坡美雅书局1977年5月出版。其内容分两部分,一是关于杜甫生平思想及其作品的论述,一是杜诗赏析,选诗仅23首,皆为名篇,分析诗意甚为细致,颇便初学。

杜甫诗律探微　陈文华著

此为台湾师范大学国文研究所1967学年度硕士论文,台北文史哲出版社1977年6月出版。全书以专论杜诗之诗法为主,对于其生平传状、年谱、版本等皆予以删略不论,共分五章。第一章,裁章谋篇。论杜诗章法结构,其下再分五目细论:针缕细密、开阖尽变、接句不测、补起预收、连章结构。第二章,审音辨律。论杜诗格律及其效用,揭示杜诗有重拗救、避同声之特色,并详论换韵脚、配双叠、变句式等规则性与变化。第三章,用辞使事。论杜诗用辞用典之类别、方法及其成就。第四章,属偶设对。论对仗之法则,揭示对仗中本联之变化有:刚柔、正反、遮表、人我、今昔、时空、晦明、大小、虚实等对仗方法;至于当句与双联之变化有:当句对比、双联对比二种句式。第五章,炼字锻句。论炼字之法有:活字点眼、虚字行气、重字见巧、叠字摹神、色字增采、俗字存真、倒字取劲等七法;锻句指出杜诗具有句意凝炼、句力深厚之功力,尤能达致体物得神、写情深切、情景交融之妙境。

不废江河万古流——杜甫诗赏析　陈文华著

台湾伟文图书公司1978年出版。此书分上下两篇。上篇论述杜诗的创作艺术,下篇为杜诗赏析,共选诗24首。此书系张梦机主编的《诗与诗人丛刊》之一种,张氏在该书弁语中说:“陈君文华,研习杜诗多年,颇具心得,对于杜甫诗律的研究,尤擅长。因此赏析杜诗，常能博引旁征，纵横曼衍，语语核其旨归，字字抉其幽微，将杜诗外在的顿挫变化，内在的沉郁情绪，都作了适当的展现，足以引领读者进入老杜深广的诗境。”其对杜诗意境的理解分析，确有己见。

杜集丛校　曹树铭著

中华书局香港分局1978年出版。是书为校勘和考证七种杜诗版本的专著，其七种版本为《杜诗笺》、宋本《杜工部集》、《杜工部草堂诗笺》、《钱注杜诗》、《杜诗详注》、《读杜心解》、《杜诗镜铨》。对此诸本的认识了解，颇有参考价值。

李白杜甫白居易　欧阳彬、许慎知编注

台湾台南市大夏出版社1978年出版。此书是关于李白、杜甫、白居易三位唐代诗人的诗歌选注本，而排列次序与书名不同，第一卷为白居易诗，99首；第二卷李白诗，61首；第三卷杜甫诗，51首。有题解、注释及今译，简要明晰，通俗易解。

杜甫诗选注　冯江五选注

该书选注杜诗100首，多系名篇佳作，注释较简，直释词义，不征引出处。并有说明，简要介绍写作时间、背景与基本内容，为古典文学初学读物。1978年香港万里书店出版。疑此书即人民文学出版社于1959年10月出版的《杜诗百首》(是在冯至编选、浦江清、吴天五合注《杜甫诗选》基础上选注的)。

杜诗特质渊源考述　陈瑶玑著

台湾弘道文化事业有限公司1978年4月出版。全书共分六章，即家学渊源、杜甫自身的造诣、师友渊源、杜诗特质的地理

因素考、杜诗特质的时代因素考、关于杜诗体式的类别与修辞。重在探索杜诗思想艺术特点，及其形成的诸多因素，颇有见解。

杜甫戏为六绝句集解 郭绍虞著

郭绍虞（1893—1984），原名希汾，江苏苏州人。早年在上海商务印书馆附属尚公小学教书，后进入进步书局（原上海文明书局）当编辑，该局停办后，到启秀女中当教师。1919 年北上北平，担任《晨报》特约撰稿人。同时到北京大学旁听，并加入"新潮社"。1920 年冬，与茅盾、郑振铎、叶圣陶等人发起组成"文学研究会"。1921—1927 年先后在济南第一师范学校、福建协和大学、开封中州大学、武昌中山大学、北京燕京大学国文系执教。1942 年返回上海，先后在上海大夏大学、之江大学、光华大学、同济大学任中文系教授兼任系主任、文法学院院长。1949 年同济大学文法学院并入复旦大学，出任复旦大学中文系教授兼系主任。后尚兼任复旦大学图书馆馆长、文学研究室主任、文学研究所名誉所长。1956 年被评为一级教授。历任上海文联、中国作家协会上海分会副主席，中国古代文学理论学会会长，汉字现代化研究会名誉会长，上海语文学会主席，中国书法家协会上海分会副主席，《辞海》副主编，《上海文学》编委等职。主要著述有《中国文学批评史》、《宋词话考》、《宋词话辑佚》、《汉语语法新探》、《杜甫戏为六绝句集解》、《元好问论诗三十首小笺》、《照隅室古典文学论集》等。

《杜甫戏为六绝句集解》，人民文学出版社 1978 年 12 月出版。本书内容原发表于《文学年报》第 1 期（1932 年 5 月），原称《杜元王论诗绝句集解》。作者后来加以增补充实。王（士禛）著关乎理论甚微，故删去不录，而以杜元（好问）之作合编一册，与整理改编后的《元好问论诗三十首小笺》合刊，并被列入由著者主编的《中国古典文学理论批评专著选辑》。杜甫《戏为六绝句》首开论诗绝句的风气，对后世诗话影响很大。六绝句虽意思一贯，宗旨易见，但文辞毕竟简约，再加上后人的穿凿，更使明者转晦。为了消除误解，探求本意，以期恢复杜甫诗论原貌，郭氏为之集解：一、比观众说。诸家歧说，非荟萃而比观之，不能别其是非，明其长短，所以本书将其分类排比，使异点所在皎然易知。二、以杜论杜。本书对于众说加以抉择，斟酌去取，以杜甫论诗主旨为衡。本其集中其他论诗之句，触类旁通，互相印证，则群辐共毂，一贯非难，而诸家曲说，昭昭然白黑分明。这种集解的方式，对学术研究很具便利与启发。

杜甫生平及其诗学研究　胡岂凡著

此书由台湾文史哲出版社 1978 年 12 月出版。全书从“其人”、“诗学”两视域入手，共分十章论述。第一章论杜甫身世，第二章至第十章，从杜诗中检索分类出寄望、忠爱、讽世、离乱、遣怀、游旅、题书画、好义、永生等九种不同的主题。其叙写表现方式是，先列出原诗，再作“题解”以释诗题，再作“译述”以阐发该诗的旨趣与章法。全书展现方式是以诗代论述的方式，每一主题之下，以录诗为主，不作说明。书前有《从韵文中论诗学梗概》一文，说明诗学的发生与发展、诗与生活的关系，以及诗的体例与欣赏，并论诗的声韵与平仄调配的体式、写作要领等，最后指出，昌明诗教可以涵泳泱泱大度的民族性及敦厚儒雅的性情，以光大历史文化。

杜甫连章诗研究　廖美玉著

此为台湾东海大学中国文学所 1979 学年度硕士论文。全书以讨论杜诗中的“连章诗”为主,“连章诗”又称“联章诗”或“组诗”、“诗组”,即是“合者成篇,分则成章”、“一题数首,每首各有一个中心,或每首自各有起承转合,或数首相连而具起承转合”之意。全书分作三篇:首篇绪论,第一章先说明“连章诗”之意义,第二章作溯源工作,以考察《诗经》、《九歌》、《过秦论》、汉赋、汉三国晋南北朝及杜甫之前的唐诗之创作情形。第三章考察杜甫连章诗之产生背景及成因。第二篇本论,分三章论述,首章论杜甫连章诗之发展及衍变,第二章分析连章诗例,凡有十七组,第三章说明后人对连章诗所持观念之商榷,包括:论连章诗之写作、论杜诗本为单篇而后人合之者、论杜诗原为连章而后人杂选者、论连章诗之分与合四部分。第三篇结论,说明杜甫连章诗对后世词曲之影响。

杜律旨归 张梦机、陈文华编著

台湾学海出版社 1979 年出版。此书选杜甫五、七言律诗共 89 首,以作年先后为序,五七律混编,多为名篇。于每首诗先指明作年背景,再注释词语,串解句意,最后选录前人评语。是一较好的杜律选注本,颇便读览。

杜甫 卉君著

商务印书馆香港分馆 1979 年出版。书分三章,即诗人的一生、杰出的文学成就、作品欣赏。作品欣赏选录杜诗 43 首,作了通俗的注释。是书为《中学生文库》丛书之一,故行文通俗流畅,叙事简洁明了,颇便初学。

杜诗析疑 傅庚生著

1979 年 4 月陕西人民出版社出版。是书选取杜诗 130 条名联佳句，对杜诗中诸家聚讼纷纭的问题加以剖析，意在对杜诗中的疑难和歧解，“逐步臻于客观、全面，深入问题的本质，得到正确的理解”(《前言》)。然而由于受时代之影响，时而产生新的偏颇，留有“批儒评法”的痕迹。

杜甫诗选注　萧涤非选注

人民文学出版社1979年6月出版，1998年再版。本书是选注者在《杜甫研究》下卷，即作品注释部分的基础上改编、修订而成的。选诗281首，照顾到了杜诗的各种题材、体裁和各种风格。采用编年体，并将他的创作分为四个时期，对每一时期的创作情况均作概括的说明，这不仅清楚地揭示出杜甫创作的发展过程，也可以显示杜甫创作和时代、生活的密切联系，颇有“知人论世”之效。在目录中，选注者标明杜甫各诗所属的诗体，以见杜诗的集大成在诗体方面的表现。本书的主要成就体现在“注”上，不仅对前人有关杜诗评论悉加甄辨，对选注者此前的注释也做了比较全面、细致的修订，有的甚至不惜推翻自己原来的说法。每首诗除字注句解外，时有题解，间有议论与考证。选注者善于用深入浅出的语言发掘诗意，并且往往能够透过诗的表面意思揭示更深的涵义，也善于用浅近的语言解释难以直译的诗句，将诗的底蕴揭示无遗。杜诗和当时史实密切联系，同时为了表达的需要，往往使用典故。本书对杜诗中的史实、典故和写作年代、背景、地点等都做了比较详尽的注释和考证，还经常结合唐代有关史实以释杜诗，加深了读者对杜诗的理解。此外，本书采用杜诗研究常用的“以杜证杜”的方法，往往有得，如其释杜诗《哀江头》末句中“望”(一作“忘”)字，证以同期杜诗《悲陈陶》一诗的结语，断“望”为是。本书注释不仅注重阐发杜诗深刻的思想内容，而且注意对杜诗进行艺术分析，这就使得本书在体例上与内容上均形成了重视杜诗思想性与艺术性的浑然一体的风貌。本书涉及杜甫研究史上两件公案，一为杜甫之死，一为李杜优劣论。关于杜甫之死，书中选录了《耒阳阻水》和《风疾舟中》两首诗作为最重要的资料进行论证，选注者认为杜甫不可能死于牛肉白酒；关于李杜优劣论，修正了此前注释中"抑李扬杜"的倾向，力求持论公允，不强分高低。本书以选注者原为《诗刊》写的题为"人民诗人"的纪念文字作为前言，将原《杜甫研究》下卷的"写在下卷"略加修改以为例言，并附有注者1978年写的后记。

杜诗注解商榷　徐仁甫著

徐仁甫（1902—1988），四川大竹人。1926年毕业于国立成都高师学堂。1935年创办《志学月刊》杂志并任主编。曾任四川大学教授、四川师范学院教授、四川文史研究馆馆员、四川省社会科学院特约研究员。徐仁甫毕生从事中国古汉语的教学与研究，旁及经学、文学、历史学及文献学等。其主要论著有：《杜诗注解商榷》、《杜诗注解商榷续编》、《左传疏证》、《广释词》、《古诗别解》、《广古书疑义举例》、《诸子辨正》、《史记注解辨正》等。

《杜诗注解商榷》，中华书局1979年8月出版，香港中华书局1980年3月翻印。作者认为历代研究杜诗的人甚多，为杜诗作注的人也不少。但遍观前人诸家之注，往往详于名物典故，而忽略了对杜诗中虚词、语法的研究，因而在不同程度上影响了对杜诗的理解。此书依仇兆鳌《杜诗详注》卷次，撰写190馀条，就历代杜诗注解中存在的问题从语言虚词、语法的角度，以正诸注之失，其中不少精辟的解释赢得了学术界的首肯。

杜甫诗论集 金启华著

此书由吉林人民出版社1979年9月出版,并被列入《社会科学战线丛书》。本书收录作者40年来研究杜诗的重要论文12篇,多方面探讨了杜甫的人格理想、诗歌艺术和他在文学史上的地位。从创作主体着眼,著者探讨了杜甫的人生态度、政治思想、艺术修养、诗论主张、审美理想等,如"论杜甫诗歌的政治意义"、"杜诗中所反映的战争问题"、"论杜甫的思想"、"杜甫的诗论"诸文。本书还独辟蹊径,从杜甫"所结交的艺友"及其"艺术见地"两个角度,探讨创作主体艺术修养与其创作成就的关系。从文本出发,著者分别探讨了杜诗的风格、渊源、影响、技巧、体裁,包括"杜诗风格论"、"杜诗渊源论"、"杜诗影响论"、"杜诗技巧论"、"论杜甫的绝句诗"等文章。以上论述从艺术与思想两个层面加以论述,分析全面,能够做到守正出新。书中还收有两篇考证杜甫生平的文章:"杜甫家世考"、"杜甫的病和死"。1985年1月上海古籍出版社出版了著者的《杜甫诗论丛》,即在此书的基础上新增有关杜甫研究的论文12篇而成。参见《杜甫诗论丛》。

杜甫诗传 李森南著

李森南(1919—2005),浙江瑞安人。1936年瑞安中学初中毕业。1941年温州师范学校毕业后,曾任教于温师附小和瑞安中学。毕业于台湾淡江大学英文系,先后任台湾中原大学、台湾浸信会神学院副教授、教授。曾主编中英文对照《基督教文摘》,著有《大学之道与基督教义的研究》、《杜甫诗传》、《山水诗人谢灵运》等书。

《杜甫诗传》,台北洪氏基金会1980年出版。全书采用杨伦《杜诗镜铨》版本,以论述杜甫生平为主,以杜诗证其生平,说明杜甫生长年代、背景、经历、遭逢，并将杜甫一生分作二十部分叙写：一、诗史的家世，奉儒守官为素志。二、童时虽体弱，七龄思即壮。三、北出渡黄河，郇瑕开首程。四、南游金陵、姑苏而渡浙江。五、忤下考功第，放荡齐鲁间。六、结交李太白，同作梁宋游。七、旅食京华日，到处潜悲辛。八、不作河西尉，率府且逍遥。九、原欲奔行在，凄凉陷贼中。十、喜达行在所，涕泪授拾遗。十一、上疏救房琯，贬为华州掾。十二、满目悲生事，远游到秦州。十三、去住与愿违，西行成都。十四、严武入朝去，暂住在梓州。十五、故人再镇蜀，公又回成都。十六、痛丧严仆射，携眷家云安。十七、养病半年后，迁居白帝城。十八、瞿唐春欲至，定卜瀼西居。十九、大历三年春，白帝城放船。二十、行年五十九，声断洞庭之浦。以上内容以杜甫年岁为经，杜诗为纬，构织杜甫一生行止。

安史之乱对杜甫之影响　洪赞著

台湾政治大学中国文学研究所1980年印刷。是书共分六章，系统地研究了安史之乱对唐代社会及对杜甫本人的影响。作者认为安史之乱是唐代社会由盛转衰的分水岭，也是文学由浪漫转向现实、由贵族至平民的重要契机，杜甫是其中受影响最深、成就最大者，使其诗成为富有社会性之“诗史”。若无安史之乱，即无“诗圣”杜甫之产生。

杜诗新解　李景溁编译

台湾龙门图书股份有限公司1980年出版，全四册。此书以浦起龙《读杜心解》为底本，将杜诗全部译成语体文。并附以注释、说明，亦与浦注略同而稍加更改，且每首诗逐字在旁标以国语注音符号及声调。此书注释简明，译文浅明畅达，雅俗共赏，实属不易。

杜甫　林玉瑛著

台北名人出版社1980年出版，是梁实秋主编《名人伟人传记全集》之一种。全书以传记的书写形式，展现杜甫颠沛流离的一生。共分十九部分叙写：七岁咏诗、潜移默化、少年游、进士不第、往游齐赵、洛阳逢李白、石门一别、功名难成、四十献赋、长安的诗酒生涯、时代悲声、幼子饿死、安史之乱、逃难历艰险、麻鞋见天子、一腔悲愤化为诗、飘泊异乡为异客、密友严武、悄然长逝。作者综合各家说法，冀能呈现杜甫凄凉飘泊一生最完整的记录，至于有疑义处则不采用，例如严武欲杀杜甫一事、溺水而死之传说等。是书附有照片和插图多幅，为一介绍杜甫生平的通俗读物。

杜工部生平及其诗学渊源和特质　陈瑶玑著

台北弘道文化事业有限公司1980年3月出版。全书旨在论述杜甫之生平及其诗学。共八章：第一章，家学渊源。论其远祖杜预及祖父杜审言对其诗歌之影响。第二章，师友渊源。论杜甫与李白、岑参、高适、王维、元结五人之诗歌交往情形。第三章，杜甫诗学的造诣。归纳出力学致用、仿古铄今、精炼创作三种成就。第四章，杜诗特质的地理因素考。从杜甫平生游踪论其与各地理之关涉，包括少壮期的生活环境、长安地区、秦州地区、成都地区、夔州地区、湘潭地区等六处。第五章，杜诗特质的时代因素考。从社会时代背景考索诗歌特质，分别从写实诗的诗史特质、道德思想、政治思想、艺术思想等方面探勘其特质，再归结杜诗内容的特质，具有真切性、含蓄性、雄浑性、情谊性等，具有阳刚和阴柔之气概与神韵。第六章，关于杜诗体式的类别与修辞。分别讨论杜诗之文化背景、杜诗类别与统计、修辞技巧、屡用韵等项,从形式讨论杜诗之特质。第七章,杜甫对后世的贡献。论杜诗对我国后世文学之影响及对日本古典文学之影响。第八章,结论。从内容分类则含有道德、历史、地理、财经、政治、艺术等六类;从特质言之,内容具有真切、含蓄、雄浑、自然、刚柔美五项,从体式言之,则结构细密、层次井然、用字稳恰、对仗精巧、句法高妙、用韵新颖,且新创之处甚多,故益为清新。并且指出杜甫不特在诗歌能独步千古、雄视百代,继以忠贞爱国之赤忱,与求世悯民之情怀,老而弥笃、贫且益坚的志节与精神,故能为后世所推崇。此书实为作者1975年出版之《杜工部之生平及其贡献》的增补本。

杜甫在四川　曾枣庄著

四川人民出版社1980年5月出版。本书共分六章:“辛苦赴蜀诗”、“万里桥西一草堂”、“三年奔走空皮骨”、“清秋幕府井梧寒”、“夔州孤府落日斜”、“晚节渐于诗律细”,另绘有杜甫在四川的行踪示意图。作者以大量的史料,全面叙述了杜甫流寓四川十年的生活与创作,着重论述了杜甫对统治者的不满,对民间疾苦的同情,对祖国山河和四川风光的热爱以及对自己身世飘零的感慨,以及杜甫笔下的四川景物、名胜古迹、风土人情、花鸟虫鱼。著者对这些诗歌的思想内容和艺术特色以及取得成就的原因,作了详尽的阐述,对当时学术界一些有争论的问题也发表了自己的意见。本书有两个特点:一、结合文献考据与心理分析的方法,从时事、交游、个性等诸多方面探讨了杜甫晚年心态,举凡杜甫入蜀的处境、奔走川北三年而未返成都的原因、重返成都草堂的心理、退出严武幕府的心情,都有很细致的分析。二、从地域的角度研究杜甫及其作品,走的是一条注重地域与文学创作关系的新路子;然而未能从地域角度做更深入的分析。

杜甫诗选注　周蒙、冯宇合著

黑龙江人民出版社1980年6月出版。是书精选杜诗名篇百首,采用编年体方法排列,对每一诗除作简明注释外,全部译为白话诗,又对每诗的写作缘起、时代背景、思想内涵和艺术特色作简要分析,颇便阅读,因选注者周蒙即是学者兼诗人,故其所译杜诗亦颇有意味。是书具有知识性、学术性和可读性。

李杜论略　罗宗强著

内蒙古人民出版社1980年7月出版。是书为论述李白、杜甫优劣之争的专著。李杜优劣之争由来已久,或扬李抑杜,或扬杜抑李,千馀年来资料浩繁。此书除对李杜优劣之争作了简要介绍之外,又从李、杜生平、创作等六个方面进行了比较,客观地评介了李、杜在中国文学史上的地位,公允得当,颇有见地。

李白与杜甫　陈香著

此书为台湾凤凰城图书公司所编《凤凰新书》第三十一种,1980年7月出版。此书前后分别对李白、杜甫作评述,然后附以诗选,所选多系名篇,注释简明,而于诸家旧注斟酌取舍颇费苦心。此书实为一通俗普及读物。

李白杜甫诗选译　高嵩译注

宁夏人民出版社1980年8月出版。该书选李白诗52首,杜甫诗62首。诗题之下,先列其白话译诗,次列原诗,末有简要注释,每每简说诗旨、作品写作时地等问题。这些译诗亦注意了原诗的神韵、现代汉语的规范和新诗的格律化等问题,具有通俗易懂、明快流畅的特点，于理解李杜诗之内容颇为简便。

杜甫诗选　山东大学中文系古典文学教研室选注

人民文学出版社1980年8月出版，为该社《中国古典文学读本丛书》之一。选杜诗204首，诗题下有说明，介绍写作时地、思想内容与艺术特色。诗后有注释，对词语典故作注释或考证。简明扼要，论析中肯，为最受读者欢迎的杜诗选本之一。该书为集体编注，著名学者冯沅君、陆侃如、萧涤非、关德栋等都参加了编写，由殷孟伦、袁世硕、董治安最后定稿。

杜诗论丛　邢治平辑

邢治平(1917—1998)，河南滑县人。1936年入河南大学文学院学习，1940年毕业留校任教，1946年晋升为讲师，1978年晋升为副教授，1988年晋升为教授。先后主讲《古代文学史》基础课程及《杜甫研究》、《红楼梦研究》、《西游记研究》等专业课程。一生著述丰富，尤其在中国古代小说和杜甫诗歌等方面研究精深。著有《红楼梦十讲》、《杜诗论丛》、《红楼梦文化思想浅探》、《西游记祖本新探》等。

此书由河南师范大学中文系资料室1980年8月内部印行。铅印本，一册。是书为一杜诗研究资料汇编，出自宋、元、明、清文人笔记、杂著、诗话等，共辑录约730条，分为六类，即杜诗评析、杜诗艺品、杜诗诠释、杜诗探源、杜诗辨误、其他。自唐以来诗家文人论说杜诗之资料极为繁多，是书所辑录，阙遗尚多，然就便读者言，亦颇有参考价值。书末附“选辑引用书目”。

杜甫写实讽喻诗歌研究　金云龙著

此为台湾师范大学中国文学研究所1981学年度硕士论文。

全书集中讨论杜甫写实讽喻诗歌,共有六章,首论研究动机,第二章论述杜甫生命历程与生活变迁,欲从杜甫实际生活经验中勾勒杜甫写实讽喻精神形成之背景。第三章论述杜甫讽喻精神形成的原因,分从“自我”、“非自我”生活之影响二类分析。第四章论述杜诗写实讽喻作品之特质,从取材类别、叙述态度、使用形式等方面加以分析。第五章观察杜甫此类诗歌写作精神之影响,以明世变。末章则为结论,提纲挈领,总括前论。

杜甫夔州诗研究　许应华著

此为台湾师范大学中国文学研究所 1981 学年度硕士论文。全书专论杜甫在夔州之诗作,起自唐代宗大历元年春末去云安入奉节,以迄大历三年春去奉节下峡入湘二年间所作诗歌。共分四章论述:第一章,夔州述要。首述夔州山水壮阔、古迹、历史人物、风俗民情等,作为论述的背景资料。第二章,杜甫夔州之生活。概述杜甫夔州诗所透显之生活情状。第三章,杜甫夔州诗研究。就内容、体制及古今学者所论,予以析论,以确立夔州诗为杜甫晚年代表作,表现出气象万千、波澜壮阔之姿。第四章,结论。总结前人论杜甫夔州诗之成就,并驳斥朱熹讥其烦絮、横逆之说。

杜甫叙论　朱东润著

朱东润(1896—1988),原名世溱,江苏泰兴人。1913 年秋赴英留学,次年进入伦敦西南学院读书。1916 年初回国。1917 年秋应聘至广西省立第二中学任教,后任南通师范学校教师。1929 年任武汉大学特约讲师,讲授文学批评史课程,后晋升为副教授、教授。1942 年 8 月任重庆中央大学教授,1947 年夏,至无锡国学专科学校任教,后又任江南大学教授。1951 年春任齐鲁大学教授,是年秋,改任沪江大学教授。1952年全国高等院校院系调整时,调入复旦大学中文系任教授。1957年起任复旦大学中文系主任。为我国首批博士生导师之一,国务院学位委员会第一届学科评议组成员,《中华文史论丛》主编。著有《史记考索》、《张居正大传》、《杜甫叙论》、《陆游传》、《陆游研究》、《梅尧臣传》、《梅尧臣集编年校注》、《中国文学批评史大纲》等。他还是一位书法家,篆、隶、行、草无不精善。

《杜甫叙论》由人民文学出版社1981年3月出版,1983年再版。该书实际是杜甫的评传,把传主置于李唐王朝兴衰的历史背景下,置于唐诗发展的长河中来叙评,旨在揭示诗人杜甫的人生道路及其历史必然性。凡十章:“忆昔开元全盛日”(712—746)、“西归到咸阳”(746)、“渔阳鼙鼓动地来”(755)、“中兴诸将收山东”(759)、“无衣思乐土,无食思南州”、“此身那老蜀,不死会归秦”(760—762)、“公来雪山重,公去雪山轻”(762—765)、“云安有杜鹃”(765—766)、“故国不可见,巫峡郁嵯峨”(766—768)与“此曲哀悲何时终”(768—770),即依时为序,结合当时的社会现实来叙述、评介杜甫的生平事迹、思想变化和诗歌创作,资料翔实,全面深入,评介中肯,极有参考价值。

简论李白和杜甫　燕白著

四川人民出版社1981年3月出版。此书分八个部分:李白和杜甫的身世、如何评价李白和杜甫、对郭沫若《李白与杜甫》一书的意见、李白和杜甫所写有关四川的诗、李白和杜甫的世界观及艺术观、诗仙和诗圣、李白和杜甫的诗歌特点、小结。以分析对比的方法,评价李杜诗歌的特点、异同,加以概括和总结。是一本评介诗人李白、杜甫的通俗易懂又不乏己见的读物。

杜甫诗选析　金启华、陈美林编析

江苏人民出版社1981年4月出版。共选注杜诗123首,均为名篇,考虑各时期不同体裁、题材的作品,大约以编年为次,有注释和说明。注释简略;说明部分,既是解题,又串讲诗句,作简要分析,为一通俗读物。

杜诗杂说　曹慕樊著

曹慕樊(1911—1993),四川泸州人。1943年金陵大学图书馆专业毕业。曾任勉仁文学院中文系副教授及教育行政工作。1953年调西南师范学院任图书馆副馆长。1955年调汉语言文学系。曾任现代文选、习作教研室主任,外国文学教研室主任。1957年至"文革"结束前被停止工作,但仍读书研究、独立思考不辍,《杜诗杂说》即写于此时。1987年任西南师范大学汉语言文献研究所教授及古代文学研究室主任。主要研究唐宋文学,对杜甫、苏轼用力甚多。主要著作有:《杜诗杂说》、《杜诗杂说续编》、《杜诗选注》、《东坡选集》、《目录学纲要》等。

《杜诗杂说》由四川人民出版社1981年5月出版。本书分为"杜甫的思想、生活"(8篇文章)、"论杜甫的诗艺和诗作"(7篇)、"杜注琐谈"(113题)及附录"杜诗常用字义通释"(29题)、"九种版本杜诗篇名索引"四部分。该书取名《杂说》,带有自谦的意思,也表明了著者对这部著作的体式的看法。如在杜甫思想方面,作者从诗人对农民的态度探索其世界观的秘奥,认为杜甫"最同情的是穷而无告同时又是驯顺善良的农民",反对农民起义。"他为农民疾苦写诗,不是给农民看,而是和白居易一样:'唯歌生民病,愿得天子知。'……论其精神,实在都是小农思想的反映。"又细细区别杜甫对战争的态度,对杜甫反对一切战争的观点提出了自己的看法，认为“杜甫对战争的态度是因战争的性质不同而不同的”。在杜诗艺术研究方面，对杜诗“沉郁顿挫”提出了独特的看法，认为“沉郁是文学风格，以思想为主调。顿挫是文学手法，是通用工具。二者颇有关系，所以也可以并提。但毕竟有别，所以亦不可含混。”这些见解，独出机杼，不落空言，反映了著者的见识和功力。

杜甫评传　陈香编著

台北国家出版社 1981 年 10 月出版，为该社所编《书的世界》丛书之一种。全书以汇编的方式，收集作者有关论杜之文章，共分二十四章，对杜甫的生平、思想、创作、死因及其眷属、亲友等作了全面论述。论述主要依据为杜诗，计涉及杜诗 300 馀首，且照录全文，详加诠释，又广引诸家评语，可称赅博。

杜甫咏物诗研究　简恩定著

此为台湾东海大学中国文学研究所 1982 学年度硕士论文。全书以杜甫的咏物诗为研究重心，分作三部分论述：“导论”有三章，首章论咏物诗的意义与界定，二章对咏物诗作一溯源，以探索中国咏物诗的来源及其演变情形，三章论杜甫咏物诗产生的背景及成因。“本论”亦有三章，首章论杜甫咏物诗的承袭与创新，从写作技巧及体制句法的承袭处，厘析杜诗新创的部分。二章分析杜甫咏物诗的分类，将其分为：主于刻画一物、借物自况、用物拟人、托物讽时、对物感怀、借物以议论者六类型。三章说明杜甫咏物诗的写作特色：托物起兴、拟物比况、沉郁顿挫风格、不即不离创作手法、因小见大的远情笔法、洋溢生命力的动人情调等六大特色。“结论”评价杜甫咏物诗，以肯定其在中国文学源流中应有的价值与地位。

访古学诗万里行　山东大学《杜甫全集》校注组著

人民文学出版社1982年2月出版。此书是一部有关杜甫行踪遗迹的考察记，全书分五篇：齐鲁篇——一览众山小、少陵台与石门山、太白楼与南池、梁宋一瞥、海右此亭古；洛阳篇——巩县与偃师、古都洛阳城、龙门奉先寺遗址、北邙山头、王城公园话牡丹、长安古道；长安篇——帝都今昔、杜曲樊川访旧祠、曲江昆明池的沧桑、从蓬莱宫到骊山、五陵无树起秋风、高寻白帝问真源、延水鄜州、陇右山川旧迹多；巴蜀篇——秦川蜀道、锦官城古迹、草堂诗圣自千秋、访新都灌县、射洪到梓州、嘉州的山光水色、峨眉邈难匹、长江沿岸的几个小故事、夔州白帝辨遗踪；江湘篇——一路看山到岳阳、岳阳楼与君山、岳麓山印象、耒阳寻方田驿、平江也有杜甫墓。对杜甫当年足迹所至，均作了形象生动的记述描写。特别是结合杜诗，联系方志，对照实地，对某些诗篇诗句的理解，时有前人所未发见者。虽系一考察游记，但取材审慎翔实，文笔亦流丽明快，既有知识性科学性，又有文艺性趣味性，实为一别开生面的研治杜诗的著述。

中国三大诗人新论　黄国彬著

台北源流出版社1982年3月出版。作者写这本书时，自言有两个目的：一是用艺术的标准全面衡量屈原、杜甫、李白的成就；二是想借着这样的论述，回答一个在作者脑海中萦绕已久的问题：中国最伟大的诗人是谁？基于此想，作者对屈原、杜甫、李白三位诗人进行了探讨，最后找出了解答。论屈原着墨不多，而用大量篇幅论述李白。在论述杜甫时，作者常会将其与李白相比较，小至一字一句之使，大至风格之殊，皆有详细的论述。举凡堂庑、想像幅度、诗句的密度、语言的弹性、细腻、恬静、悠闲的一面,以及在炼字、音律、节奏、感官世界、作品中的宏观与微观世界,都是论述的焦点,最后讨论杜甫在中国文学与世界文学中的地位,认为杜甫之成就确实较李白为高,即中国最伟大的诗人当属杜甫。因此,作者花了相当大的篇幅比较李杜优劣,足供后人参考,是本有特色的论集。

杜甫草堂诗注　李谊注

四川人民出版社 1982 年 4 月出版。是书收杜甫居成都草堂时期的诗作 271 首,于每首诗都作了简要注释和分析,颇有地方特色。

杜甫评传　陈贻焮著

上海古籍出版社 1982 年 8 月和 1988 年 5 月分上、中、下三卷出版。长达 108 万字,是二十世纪国内研究杜甫最为详尽深细的一部力作。该书批判地总结了明清文人及近代学者研究杜甫的全部成果,搞清了杜甫生平事迹中的不少疑点,以历史唯物主义的观点对杜甫的思想作出了公正的评价,并结合杜诗的艺术成就阐明了中国诗歌艺术中的许多重要理论问题。该书还从政治、经济、宗教、哲学、绘画、音乐、舞蹈、风土人情、典章制度等各个方面展现了盛唐时代的宏阔背景,详尽地描绘出安史之乱前后大唐帝国由盛而衰的历史画卷和纷繁复杂的社会生活,并将唐代几十位诗人编织在这张大网中,上挂汉魏六朝,下连宋元明清许多作家,通过综合考察、纵横比较,把杜甫还原为一个处身于复杂的社会关系中、具有复杂的生活经历和思想性格的人。上卷写到杜甫弃官离开华州为止,中、下卷从客居秦州写起,展开了诗人后半世漂泊西南的人生道路。在上卷中,杜甫卷入了政治斗争的漩涡,这一时期的诗歌集中反映了大唐帝国由盛而衰的转变过程，因此作者从宏观的角度将历史背景与作家作品密切结合起来，综述时代、社会和创作的大问题。入蜀以后，杜甫诗歌的数量有 1200 馀首，反映时事不如前期及时和具体，内容庞杂，所以作者在中、下卷中着重从大量的诗作中理出头绪，搞清诗人行踪的来龙去脉，更深入地探讨诗人的生活、心境与其创作的关系。在探讨杜诗艺术时，作者往往由词义笺释或分析诗境随时生发出评点，尤善采用顺解和断制二法，说诗重妙悟，讲究巧于表达，既能准确而又空灵地说明杜诗艺术给人的感受和联想，又能还杜诗以活泼的生活气息，完整地描述出杜甫的精神风貌和复杂性格。

杜甫　周蒙、冯宇著

黑龙江人民出版社 1982 年 11 月出版，为《中国古典作家丛书》之一。是书结合杜诗，依年代顺序，对杜甫的生平创作进行了评介，是一部杜甫评传。此书分十一章，每以两句杜诗为标题，诗传结合，边述边评，对全面理解杜甫及其诗作颇有助益。

杜甫绝句注释　熊柏畦选注

江西人民出版社 1982 年 11 月出版。此书共选杜甫绝句 137 首，大略以编年为次。于每首诗题下，注明写作时地。诗后有"注释"和"说明"两部分。注释简明，除对字句的疏释、串解外，还择要列举前代诸家评语，使读者能从涵咏中得到较深的体味。

杜甫古风格律研究　李立信著

此为台湾东吴大学中国文学研究所 1983 学年度博士论文。杜甫律诗对仗精工典丽，素为中国人爱赏，然而，很少能关注杜甫古风的创作,本书即有别开生面的创新意义。全书共有五章,首章绪论,说明研究旨趣与方向。二章论杜诗五古声律,分从八项来讨论五古的声律问题:单平单仄间隔出现、平仄集中运用、糅合一二两项句式而成者、颠倒律句平仄而成者、孤平句、二四同声、四谐四拗、运律入古等。第三章论七古声律,从单仄单平间隔出现、平仄集中运用、兼采一二两类而成者、颠倒律句平仄而成者、孤平句、二四同声、二六不同声、四谐四拗、律句等九项来论述杜诗七古声律问题。第四章讨论古风韵律问题:合韵、通押、促起促收、柏梁台体、重韵、换韵等。第五章则分析其他各项格律问题:平仄均衡发展、粘对、出句末句、七言句中四七字相互为韵、顶针格、奇数句诗、杂言等七项论述。全书分析杜诗古风的格律,精赡翔实。

杜甫律诗研究 徐凤城著

此为台湾师范大学中国文学研究所1983学年度硕士论文。全书集中探讨杜甫律诗,共有十三章。绪论略述律诗在诗歌发展史中的价值及杜甫对律诗形成之贡献。第二章简述杜甫生平,以作为论述诗风演变的凭藉。第三章论律诗之演变与形成。第四章论杜甫律诗之炼字表现,重在探讨各种修辞技巧。第五章论锻句表现,从句脉、曲意、精炼、倒装探讨构句表现。第六章论杜甫律诗对仗表现,由联数及对仗形式说明杜甫对仗之功力。第七章论杜甫律诗之用事用典,说明杜甫具有熔经裁典的学力。第八章论杜甫律诗之风格表现,第九章论杜律神韵表现,第十章论杜律谋篇表现,第十一章论杜律之诗境,第十二章论杜律对后代诗人之影响,第十三章论杜律在文学史上之地位。

杜甫·杜诗·杜诗学 简明勇著

台北文史哲出版社1983年3月出版。全书分杜甫、杜诗、杜诗学三篇论述。第一篇,论杜甫其人。从生平、家庭、交游、情感四部分入手。论生平,按年编次,并以诗文佐证。论交游,取情谊笃厚、过从频繁者十五人详加介绍,先列小传,再述交游情形,末附相关诗篇。第二篇,论杜诗。将杜诗全部系年,以了解杜甫一生行事及变化,书后附系年诗题笔画索引,以供参考;其次,将杜诗地名,一一考证,并附地名笔画索引及检索地图所在位置;杜诗鉴赏部分,其内容方面包括思想、情感、道德、意境、真实、风格等;其形式方面包括字法、词法、句法、章法、篇法、声韵、用典、笔法等,都进行了系统而全面的鉴赏,并能配合现代科技,以得到声色俱佳的感受。第三篇,杜诗学的研究。先总述唐、宋、元、明、清、民国各朝代研究杜诗的概况与特色,其次评介四十七位对杜诗研究有突出贡献的专家及其成果。并汇编杜诗收藏、目录表等,除本国之研究成果外,亦将国外杜诗学纳入,有日本、韩国、欧美杜诗学,是一本搜辑详尽之杜诗研究著作。

杜诗论丛　吴鹭山著

浙江文艺出版社1983年6月出版。此书分4卷,对杜甫的文学主张、创作方法、人道主义、爱国精神,以及体裁、风格、交游、咏怀状物、名物训诂等无不涉及,且时有己见,足资参考。另有附录3篇,主要评郭沫若说杜诗。作者本着“百家争鸣”的精神,对郭沫若《李白与杜甫》一书中的“扬李抑杜”问题,如对杜诗的某些“曲说”和“误解”,列举了大量事实,针锋相对地提出了自己的看法,不失为一家之言。

杜甫诗选注　萧涤非选注

上海古籍出版社1983年9月出版。该书作为《中国古典文学作品选读》丛书的一种，是在《杜甫研究》下卷和《杜甫诗选注》的基础上改写而成的，并注意吸收当时的新成果，共选人杜甫各个时期的代表作120馀篇，以编年为次，每诗均有说明与解释，指出写作时地背景，对诗之中心意旨及艺术特点作简要述评，注释亦简明扼要，颇便览读。

杜诗论稿　李汝伦著

广东人民出版社1983年10月出版。此书是作者20世纪50年代至80年代初关于杜甫研究论文的结集，书前有芦荻《序》，书末有作者《后记》，作者依论文内容分编为三辑，收录有关杜诗论文43篇、评笺文章10馀篇。一辑所收文字比较杂，有关于杜甫思想、杜甫诗歌评论、杜诗或与杜甫有关的诗作归属真伪的辨析文章、杜诗赏析文章等。二辑皆为有关杜诗语汇的解诂和诗法的辨析小文共ll篇。三辑主要是关于杜甫题画、咏画诗的评论，涉及杜甫题画、咏画诗19题20馀首。特别是对杜诗塑造的平民形象、杜诗的讽刺、杜诗的浪漫主义及反迷信思想等问题，作了挖掘和剖析。此书因有专题探讨，亦有作品的赏析评点，故既是一部学术著作，又具有通俗的特色。

杜甫选集　聂石樵、邓魁英选注

上海古籍出版社1983年11月出版。该书选录杜诗370馀篇，以年代为次，注释详明，而第一条注释，则为该诗之题解，指明诗作年代地点，点明诗之大旨，以及有关问题。其注释多取之前人，择善而从，不做过多之考订。然而引证翔实赅博，欲以有关的历史史实阐明诗歌的内涵，即以史证诗，为其突出特点。此书严谨审慎，时有己见，诚为一学术性极强的杜诗选本。其前言虽意在评介杜甫的生平，及其诗歌的思想和艺术，然涉猎极广，亦有一定之深度。

李白杜甫论画诗散记 王伯敏著

西泠印社1983年12月出版,8万字。本集共收李、杜论画、题画诗(包括画赞)47首(其中李18首,杜24题36首、画赞1首),读诗散记37篇。论画诗又分论画山水、论画鸟兽、题画像、题画人物、题画佛道、怀念画友等若干类;散记着重从画史画论的角度,对所收诗进行初步探讨,意在谈画,所以有些论述不涉文学。书前有作者所撰《李白、杜甫的论画诗》(代序),书后附《李白、杜甫论画诗年表》、《李杜论画诗题名画家简介》、《李杜论画诗专论文章目录》。另有历代名画、李杜诗意画等50馀幅。

杜诗修辞艺术之探究 林春兰著

此为台湾高雄师范大学中国文学研究所1984学年度硕士论文,该书旨在分析杜甫诗歌之修辞艺术。全书内容分作四章,主体论述部分主要是依照黄庆萱《修辞学》之修辞格将杜诗修辞方法,分四类型分析:使诗句形式优美的修辞法、使诗句生动活泼的修辞法、使诗意委婉含蓄的修辞法、使诗意力量增强的修辞法。复次,再择取杜诗运用修辞法较多的各体名作20首,进行细部分析,以阐释整体艺术性,最后,再综合分析杜诗修辞法的特色、各类体裁及各类题材运用修辞格之特色,得出十一类题材运用修辞法之情形,以考索杜诗艺术技巧匠心独运之处。

杜甫诗研究 简明勇著

台北学海出版社1984年3月出版。是书为综合性著作,共分三篇。第一篇,杜甫。探讨杜甫生平、家庭、交游、情感、思想以及饮酒习惯、疾病情况。第二篇，杜诗。探讨杜诗之创作、杜诗系年、杜诗地理、杜诗鉴赏。第三篇，杜诗学。以时代为序，概述了唐、宋、元、明、清及民国以来之杜诗学，介绍历代杜诗研究情况，罗列杜诗研究著作以及各种文献收藏情况，特别是台湾各图书馆珍藏善本杜诗与各出版社出版杜诗的情形，以及杜甫年谱、杜诗索引情况，还介绍了国外——日、韩、欧美杜诗学情况。书前有自序，书后附录“杜诗系年索引”、“杜甫行程图索引”。资料丰富，论述全面，颇见功力，很有工具性。

杜甫评传　金启华、胡问涛著

陕西人民出版社 1984 年 10 月出版，为该社《中国古代作家研究丛书》之一。全书分二十五章，用整齐的四字标题，以时地为次序，结合作品，介绍评述了杜甫的生平与创作，分析归纳出以下特点：杜诗是“政治诗”、是“图经”、是“年谱”、是“诗史”；以“年谱”为线，以“图经”为背景，以“政治诗”为主干，构成了既有文艺价值又有历史价值的一代“诗史”，而“苦难的时代”成就了杜甫。其“引言”和“结束语”具有较强的理论总结性。

杜甫诗选　梁鉴江选注

三联书店香港分店 1984 年 12 月初版，后重版多次，收入《三联文库》。广东人民出版社 1985 年 11 月第 1 版。台湾远流出版事业 1988 年 7 月第 1 版后，多次重版。本书选取杜诗名作 110 篇，按体编排，先近体后古体。前言综论杜甫生平思想及杜诗的内容、艺术特点。每篇都有题解、句译、注释和简析。本书所选多是杜诗名篇佳作，注释详明，深入浅出，不乏作者的见解。末附《杜甫年谱简编》。

杜集叙录

杜诗战争思想研究　陈菁莹著

此为台湾东吴大学中国文学研究所1985学年度硕士论文。全书旨在讨论杜诗战争思想，共分三章论述：第一章讨论唐代诗人战争思想，先论唐前人之战争思想，再论安史之乱中唐代诗人之战争思想。第二章论杜诗之战争思想，先概述杜甫战争思想，再论早期反对开边思想之形成因素，三论安史战争中杜诗战争思想的转移，四论安史乱后杜诗对藩镇的劝讽及群胡逼视的忧虑。第三章论杜诗战争思想所造成的特殊文学风格，首论其悲天悯人的情怀，再论其一饭不忘君的忠爱精神。

论杜诗沉郁顿挫之风格　萧丽华著

此为台湾师范大学中国文学研究所1985学年度硕士论文。全书从"沉郁顿挫"来讨论杜诗，共分五章：第一章绪论，说明研究动机、方法，厘析风格内涵、方向，再就杜诗多样风格以了解沉郁顿挫及杜诗基本风格。第二章论义界，综合楚骚、诗品等在杜诗之前及杜诗自许，与宋元明清历代诗家论杜诗沉郁顿挫之言论，以重新界定杜诗沉郁顿挫，得出"沉郁"应包括：庄严的悲感、深广的忧思、含蓄的义蕴三项，"顿挫"应兼及作者精神气韵与作品语文形态。第三章论成因，从作者人格世界与诗学造诣探讨杜诗沉郁顿挫之成因，"沉郁"关乎作者情性、思想、挫折；"顿挫"关乎作者才、气、学、习。第四章论艺术特质，专就作品之语言及境界来探讨杜诗沉郁顿挫之语文姿貌与境界特质。第五章结论，确立杜甫人格与诗艺成就，重新评价杜诗成就，兼述沉郁顿挫之影响。

论杜甫入夔以后的七律　黄素娥著

此为台湾中国文化大学中国文学研究所1985学年度硕士论文。全书集中讨论杜甫进入夔州以后的七律作品，分作五章。第一章，叙论。说明研究动机及操作方法。第二章，语言。从语言因素探析各种意象塑造、用典使事及语义类型，进而分析诗歌语言如何配合主题形成不同的作用，包括象征及喻况语言等。第三章，结构。研究语言因素，包括意象、句法、章法、主题等项，并分析形式与内容如何形成有机结构。第四章，境界。从作品追溯杜甫生平、性情，以探析其心灵世界。第五章，结论。总结杜甫入夔七律之整体风格，考核其诗学观是否与作品相应合，并肯定其艺术成就。

安东尼·马恰洛与杜甫诗中对景物诠释之概述　陈丽铃著

此为台湾辅仁大学西班牙语文研究所1985学年度硕士论文。全书从比较的视角，分析西班牙九八年代代表作家之一的安东尼·马恰洛和中国唐代社会写实诗派代表杜甫对大自然景物诠释之异同。正文分作两部分进行论述，第一部分就二位诗人之时代背景、生平、诗歌主要题材及风格作简略介绍。第二部分就大自然景物分从四季、动植物区系、水陆及其它自然界景物，例如昼、夜、黄昏、太阳、星星、云、雾、雪等大自然景物分析，指出二位诗人在诗中呈现不同景色外，并因为家庭、环境因素、时代背景而有不同的影响，对于景物除有个人不同的领略与感受外，在技巧及表现手法上更有显著之差异。二人均力求探讨“景物之髓”，并期能达致“物我欣然”之境界，但是相对而言，杜甫较多表现写实和具体之叙述，而安东尼·马恰洛除了表现“拟人化手法”，同时也着重抽象表达，涵盖哲理意味于其中，可谓是位“象征派”的诗人。

杜甫长安期之诗研究　郑元准著

此为台湾高雄师范大学中国文学研究所1985学年度硕士论文。全书讨论杜甫自唐玄宗天宝五载，齐赵西归旅居长安，以迄天宝十五载（肃宗至德元载）初夏至奉先避难间，凡十年旅居长安时期所作诗歌之研究。分作四章：第一章长安述要，叙述当时长安社会之概貌，作为论述的背景资料。第二章叙述杜甫旅居长安十年之生活情形。第三章析论杜甫长安时期之诗歌，凡分三期：初、中、后期，列举诗篇，博采古今学者之评论。第四章结论，说明杜甫长安时期之诗歌为杜诗风貌开展之枢纽。

杜甫诗论丛　金启华著

上海古籍出版社1985年1月出版，是在其《杜甫诗论集》基础上增订而成的。收录论文24篇：《杜诗渊源论》、《杜甫影响论》、《杜诗风格论》、《杜诗技巧论》、《杜甫的诗论》、《杜甫的艺术修养》、《论杜甫诗歌的政治意义》、《杜诗中所反映战争问题》、《论杜甫的思想》、《杜甫与劳动人民》、《杜甫的山水诗》、《杜甫的花鸟诗阐微》、《论杜甫的五律》、《论杜甫的七律》、《论杜甫的七古》、《论杜甫的绝句诗》、《杜诗证经》、《杜诗证史》、《杜诗证子》、《广〈杜诗证选〉》、《杜甫诗句对黄山谷的影响》、《杜甫家世考》、《杜甫的病和死》、《李杜诗论的比较》。主要探索杜甫诗的渊源与影响、思想内涵和艺术风格，兼论杜甫的家世、病况和死因等问题，内容广泛而全面，是传统与科学研究方法的结晶。

杜甫陇右诗注析　李济阻、王德全、刘秉臣注析

甘肃人民出版社 1985 年 3 月出版。本书先简要介绍杜甫在陇右的生活与创作情况,分析归纳了陇右诗作的思想内容和艺术特色,然后注析杜甫在此期间(乾元二年流寓陇上)所作的 117 首诗,每首诗都有"注释"和"解说"两部分。由于注析者进行了实地考察,并查阅了大量地方史料,填补、纠正了前人注释的不少空白和错误之处,基本理清了一直未有定论的杜甫在陇右的行踪遗迹。本书征引丰富,注析简明。

杜甫诗选　李惟建译

李惟建(1907—1981),四川成都人。1925 年考入清华大学西洋文学系学习。1926 年开始创作,出版英文散文诗集《生命之复活》。与徐志摩、沈从文、邵洵美等过从较密。1928 年重返清华大学读书,并结识庐隐,1930 年与之结为伉俪。庐隐去世后,1935 年返回成都,创办《大华报》。1949 年以后为四川文史馆研究员,生前为成都杜甫研究会会员。先后出版长诗《影》、《祈祷》,小品文集《惟建的漫谈》、《相思草》,译著《英宫外史》、《英国近代诗歌选译》、《四川军阀》等。又有英译《杜甫诗歌四十首》,即《杜甫诗选》。

《杜甫诗选》,四川人民出版社 1985 年 5 月出版,是汉英对照本。全书选取杜甫有代表性的诗作 40 首加以英译。书前有英文前言,简要介绍杜甫的生平经历以及创作成就。

杜甫夔州诗析论　方瑜著

台北幼狮文化事业公司 1985 年 5 月出版。全书旨在论述杜甫寓居夔州之诗歌成就。杜甫居夔约为两年,诗篇创作共有 361 首,达全集四分之一,且包括多篇传世杰作在内,是杜甫晚

年创作的丰收期。全书分作六部分:一、导言。先叙前人专论夔州诗之成果,再说明研究旨趣,冀能经由内涵繁杂的诗篇,对杜甫晚年生活、思想、感情起伏变化有一完整了解,进而肯定杜甫夔州诗之成就。二、去留的徘徊。居夔与出峡,写夔州风土及杜甫思归与务农的心情。三、时政批判与慕隐遁世。首写杜甫有用世之心与平乱之议,续写杜甫有慕隐之思与世缘之念。四、忆昔与思今。写追忆京华盛日与夔府今日之对照感怀,并抒发对旧友昔游的追怀。五、景物时序与山水咏怀。写夔州风景生态与节候递变,兼及咏雨与咏月,并藉由风物古迹写诸葛武侯与白帝城。六、结语。指出夔州时期是杜甫暮年较安定的岁月,然而,唐代混乱扰攘与杜甫日渐垂老,不复能用,只能以回忆追思来面对现实与理想之巨大裂隙,此一内心创痛,迫使杜甫笔力不衰,创作不息。故夔州诗之佳构甚多,不论在形式、内容、风格、技巧以及思想蕴涵之丰繁、深化方面,都更有进境,是杜诗奠定文学史上地位的重要基石。

杜甫的故事　常若虚、何永康撰文,叶敏中装帧插图

上海少年儿童出版社 1985 年 5 月出版。本书针对读者对象是儿童,以故事的形式,描述了杜甫一生的主要事迹,文字上力求通俗易懂,细节上增加了一些描述,并在行文中扼要介绍、解释了一些杜诗名篇。

杜诗选译　谢文通译

谢文通(1909—1995),广东广州市人。早年随父母到英国,在英读小学。1921 年回国,在岭南、燕京大学读书。1930 年毕业后留学美国,1936 年回国。1937—1942 年在北京大学、西南联大任教,1942 年以后曾在浙江大学任教,1949 年回到老家,

任教于中山大学,直至退休。

《杜诗选译》,广东高等教育出版社1985年6月出版。本书以杨伦《杜诗镜铨》为选诗底本,取杜诗名篇127题140首作汉英对照翻译,个别长诗如《奉赠韦左丞丈二十二韵》、《北征》作节选处理。由于作者具有深厚的中英文学素养,自1934年以来一直从事英译中国古典诗歌的研究与探索,故所译杜诗基本做到了信、达、雅。

诗圣杜甫对后世诗人的影响　胡传安著

台北幼狮文化事业公司1985年7月出版。全书共分四章进行论述。第一章,叙论。概述杜甫生平、思想行为、诗歌成就。第二章,杜甫的生平及其诗歌成就。细论杜甫生平、思想行为及其诗歌成就。思想行为分为忠君、仁爱、明智、坚毅、幽默。诗歌成就则论杜甫的文学主张、杜诗风格及杜诗特色,包括沉雄、工妙、比兴、用典、史笔、拗体、口语、拙句、叠字等项。第三章,杜甫对后世诗人的影响。论杜甫对韩愈、张籍、白居易、元稹、李商隐、王安石、黄庭坚、陈师道、陈与义、陆游之影响。第四章,结论。说明杜甫是充分发挥儒家人文思想,表现人道精神的伟大诗人,其诗法更被后世奉为圭臬,后世诗人受其影响甚著。故是书不仅对研究杜甫及如上十家多有助益,于研究整个唐宋诗的发展也颇有参考价值。

秋雁边声——杜甫诗选　王安祈选注,张敬校订

台北远景出版社1985年7月出版。全书以选注、赏析的方式,将杜甫脍炙人口的名篇佳作编选成书,共分三部分。一是序论,介绍杜甫飘泊的一生及其伟大的抱负、悲悯的情怀,并论述杜诗律、绝、新乐府的成就,以精益求精论七律、以独树

一帜论七绝、以即事名篇论新乐府，将杜诗各方面的诗歌成就皆含摄在内。二、选诗部分，所选的诗歌皆为传世名作，编选体例，先列诗歌原文，再注释，再赏析，尤其是赏析部分，以言简意赅的方式，提供阅读者导读的路向，使每一首诗的璀璨光度再现。三、附录，因有数首诗歌为杜甫精心刻撰，然篇幅太长，又不能废弃，遂附于书后，只作选诗不作注释及赏析工作，诗凡三首：《奉赠韦左丞丈二十二韵》、《自京赴奉先县咏怀五百字》、《北征》。

杜甫诗学探微　陈伟著

台北文史哲出版社 1985 年 8 月初版。全书旨在探赜杜甫之生平性情、诗学渊源、诗艺、四季分期及夔州诗等。共分十三章，首论杜甫生平及性情，述其一生穷困忧患，却能"临大节而不夺"，以诗歌书写时代。第二、三、四章叙写杜诗渊源，其渊源之一即是兼涵众家之长，成就海涵地负之风。就体裁言，无体不备；就诗法言，无法不具，成为"集大成"者。渊源之二即是家学渊源有自，崇奉祖父杜审言，能光大其遗绪，并转益多师，对屈宋、汉魏、齐梁、初唐等亦师法之，使其能折衷今古，开发新的境界。渊源之三，论述杜诗"集大成"在诗歌体裁上的具体成就，五古、七古、五律、七律、五排、七排、五绝、七绝等八种体裁，以汉魏以降的古典诗歌体裁，恰当而具独创性地表现自己的风姿。第五章论杜甫以儒家思想为本位，以儒家自居、儒道待人、儒术济世，并能忧时恤民、仁民爱物。第六章论杜甫闲适诗所反映的日常生活世界。第七章诗艺概观，分炼字、铸句、属联、用典、章法、音律论其诗艺成就。八、九、十章则以赏析的方式解读三首《望岳》、七首咏雁诗、《咏怀古迹五首》等。第十一章论夔州诗，第十二章论杜诗"四季"分期提要，第十三章馀论，为杜律被胡适否定作辩正。

杜甫诗英译一百五十首 吴钧陶译

陕西人民出版社1985年9月出版。26.7万字。本书系英汉对照读物,共收杜诗156首。英译部分加有小注,原作部分则仅录其诗。书前有译者序和《杜甫小传》,书末附《译者小传》。本书为作者在其旧作《杜甫诗新译》(商务印书馆香港分馆1981年版)基础上修改、扩充而成,其中部分内容曾作为附录,用于画册《杜甫诗意画》中。译者为上海译文出版社编审,诗人。全书译文是经过译者的精心推敲而译出的,水平上乘,深受英语读者欢迎。

杜甫诗今译 徐放译注

人民日报出版社1985年10月出版。全书共今译杜诗161首,每首原诗前有解题,后有注释和今译。今译全系新体诗。徐放是一位著名的新诗人,又是饱经忧患的,因此本书的最大特色,是作者以他饱经忧患之心,以新诗译杜诗,故能体会入微,见解独到,给人以身临其境之感。书前有萧涤非所撰《一部"忧患之书"》的序,书后载有张展《校后记》。

杜甫古诗韵读 马重奇著

中国展望出版社1985年12月出版,35.7万字。全书共分五个部分:第一部分"杜甫古诗用韵研究",对杜甫所有古诗的韵脚进行穷尽式的系联,归纳出32个韵部,其中阳声韵13部、入声韵8部、阴声韵11部,还从摄、韵、开合口、等、四声分析了杜甫古诗的韵例;第二部分"杜甫古诗韵谱",所排比的韵文材料以摄为纲,依摄分章,每章分三或四节——"某韵韵字”、“某摄韵例”、“某摄韵谱”、“某摄与某摄的关系”;第三部分“中古音系”;第四部分“杜甫古诗入韵字音表”;第五部分“杜甫古诗韵读”,共八卷415首,对每个韵字用国际音标标出起韵读。《杜甫古诗韵读》被中国音韵学研究会会长、著名音韵学家、北京大学唐作藩教授誉为“第一部反映中古韵文的韵读的专著”。

陈维略行书楷书杜诗册 陈维略书写

海外文哲出版社1985年版,共62页。陈少芳《一九四九年以后香港杜甫研究概况》(《杜甫研究学刊》1999年第2期)著录。

读杜新笺:《律髓》批杜诠评 张梦机著

台北汉光文化事业公司1986年2月出版。全书以诠评元代方回所著《瀛奎律髓》为主,辅以纪昀之评点。《瀛奎律髓》依类分卷,凡四十九类,共选唐宋五七言律诗三千馀首,方回在每诗之后,皆有批注,辑佚校勘之功,甚有价值。然有清一代对此书加以批点者有冯班、查慎行、纪昀、吴汝纶、沈廷芳、赵熙等七家,尤以纪昀批点弥足珍贵,故以方回及纪昀所评为主。《瀛奎律髓》选唐代诗人一百六十八家,杜甫作品选录最多,计二百一十六首,几占五分之一,且方氏于所选杜诗几乎皆有批注,且推崇备至。纪昀重批《律髓》,对该书所选杜诗及方回原批,时有褒弹,二说互参,功效尤宏,故本书以诠议方、纪之说为主。全书分为二篇,上篇先论杜诗价值及影响、《瀛奎律髓》之诗观及纪批《瀛奎律髓》的论旨。下篇再分类诠评二家批杜之说,凡分为登览、朝省、风土、春日、夏日、秋日、晨朝、暮夜、节序、晴雨、酒类、梅花、雪类、月、闲适、送别、拗字、变体、著题、陵庙、旅况、忠愤、消遣、迁谪、疾病、释梵凡二十六种。最后归结纪昀批杜时,往往好根据主观印象,用一二句会心之言加以评断,以今日观之,即有不足性,如何涵养对诗的悟性及汲取新知,运用新的批评方法,是今日批评或鉴赏古典诗的正确途径。

杜诗鉴赏　夏松凉著

辽宁教育出版社 1986 年 3 月出版,41.3 万字。本书选入脍炙人口、广为流传的杜诗名篇 77 题 93 首,分为原文、注释、欣赏三部分。欣赏部分着重于艺术技巧、艺术手法的介绍。书前有杜甫传略。

杜诗便览　王士菁编

该书四川文艺出版社 1986 年 4 月出版,105.6 万字,分上、下册。本书依据上海商务印书馆影宋本《杜工部集》,综合前人研究成果,采用编年体例,从诗歌史实与艺术分析两个方面对杜甫诗进行注释。取名"便览",即"为了节约读者的宝贵时间,省却翻检之劳"(其《杜诗今注·前言》),便于"观览"或"浏览"。书前有杜甫年谱及参考书目,书后附录,收有两《唐书》本传及历代汇刻杜诗集序。

杜甫故里与杜墓　傅永魁著

河南人民出版社 1986 年 6 月出版,3.4 万字,为《河南名胜古迹丛书》之一。本书通过文献资料、民间遗闻故事,加上著者自己的实地考察,简要地介绍了杜甫故里、杜墓的情况和杜甫生平大略,收录了杜诗名作多首,并附插图多幅。书前有华钟彦所撰"序言"。

杜诗选注　曹慕樊选注

西南师范大学出版社1986年7月出版。本书是曹氏为学生所开"杜诗导读"课而编的教材,选取杜诗365篇,均加注释、评语于诗后,而吸收今人的研究成果为是书主要特点。为便于阅读时参考杜甫行年,将《杜诗详注》所载年谱略加补正,载于卷尾。

杜甫论集　傅庚生、傅光著

黑龙江人民出版社1986年8月出版。22.3万字。该书共收入著者父子二人有关杜诗的论文45篇,包括杜甫思想与诗歌成就的评述、李杜诗歌的比较、杜甫诗歌思想内容与艺术的阐发辨析、杜甫身世的考订及具体作品的句解、赏析、考辨等内容,形式与写法随文章内容而定,不拘一格,不少论文见解独到。

清初杜诗学研究　简恩定著

此为原为台湾东海大学博士论文,后由台湾文史哲出版社于1986年8月出版。全书分三篇:《导论:清初杜诗学的背景及其意义》、《本论:清初杜诗学的理论研究》及其《结论:清初杜诗学的价值与影响》,以探究自明入清论杜注杜之著作为主,而"本论"部分,主要包括尊杜与轻杜之说理论的探究、杜甫诗圣地位的总检讨、杜甫为诗史观念之演变与发展、钱谦益与朱鹤龄注杜之争的原因与评估、杜诗艺术技巧的阐发等,是其研究重心所在。清初杜诗学承自明代,因拟古风气兴起,政治环境转移,以及晚明理学自省和比兴观念的再阐发,对杜诗之评论皆产生影响,而钱谦益、朱鹤龄注杜始末自是一件大事,故所论亦兼及杜甫诗圣地位转移之探讨,尊杜与轻杜之理论建立和杜诗艺术技巧阐发,都可探勘清代诗学理论之演变。

李白杜甫　黄武忠、张清荣等撰

该书以传记的方式为儿童介绍文学家的立体传记,书分为两大部分,一是李白,一是杜甫。杜甫部分由张清荣撰写,图则由林胜正绘制,并由光复书局股份有限公司于 1986 年 8 月出版,是林良监修的《世界儿童传记文学全集》之一种。有关杜甫的部分,分为传记、图片资料室、年表等项。“传记”是正文所在,交织杜甫一生经历为经纬,分作二十三节叙写:欢乐的童年、迅捷的文思、矫健的身手、山水的访者、再次的游历、丰沛的感情、诗人的聚会、崎岖的宦途、困苦的家境、征人的眼泪、不悔的意念、朱门的酒肉、动荡的局面、爱国的呐喊、中兴的明灯、盈眶的热泪、艰难的行役、草堂的岁月、漂泊的诗魂、白头的工部、丰硕的作品、老病的孤舟、萧条的后事。“图片资料室”则介绍杜甫的草堂及其游历过的山水胜景,以应证其伟大诗篇。本书是为儿童所编写的杜甫传记,故在行文时以平浅易懂的文字为之,旁有注音,以利阅读,偶有引诗,亦非全篇累牍引用,以加强行文之流利性。

杜集书目提要　郑庆笃、焦裕银、张忠纲、冯建国编著

齐鲁书社 1986 年 9 月出版。31 万字。本书收录有关杜诗书目凡 890 种,起自稍后于杜甫的樊晃的《杜工部小集》,止于 1984 年的今人著述。其中清末以前知见书目 215 种,不同版本 446 种,辛亥革命后著述 140 种(其中包括台湾 41 种,港澳 10 种,以及日本 9 种,新加坡 1 种),存目 221 种,集杜 28 种,戏曲

电影12种，外文译著(包括日、英、德、意大利、俄、匈牙利、越南)42种。每类书目以时代先后为序，一一叙录。叙录内容，首先简介撰著者生平、著述；其次介绍该书内容、体例、特点、成书过程等，并于介绍中略抒笔者对该书之评价；再次介绍版式及刊刻流传情况。书末附《杜甫研究报刊论文目录(1909—1984)》，颇便检索。该书为介绍杜集版本的专书，内容丰富翔实，颇具参考价值。

杜诗注解商榷续编　徐仁甫著

四川人民出版社1986年9月出版。作者在《杜诗注解商榷》的基础上，于1981、1982年两年中，主要从语法虚词出发以正诸注之失，又写作《杜诗注解商榷拾遗》，陆续发表在《草堂》杂志上，加上对正编中小有订正的数条，共撰有二百多条，辑为此书。此书依仇兆鳌《杜诗详注》卷次编排，每条先出诗句，诗句下括注所出诗篇名。正文先标旧注，后加按语。其主要特点是，以语法关系特别是古代汉语互文见义进行分解，时出新见。

杜甫诗歌赏析　秦似选析

秦似(1917—1986)，原名王缉和，号似之，笔名秦似。广西博白人。著名语言学家王力之子。抗日战争期间，在桂林与夏衍、宋云彬、孟超、聂绀弩编辑杂文刊物《野草》，曾任香港《文汇报》副刊主编。1949年后历任广西省戏曲改革委员会主任，西江学院教授兼中文系主任，《语文园地》第一任主编，广西省文化局副局长，广西师范学院中文系副主任，广西大学中文系教授和系主任，广西壮族自治区政协副主席。是中国文联委员、中国语言学会理事、广西文联副主席。著有《秦似杂文集》、《现代诗韵》、《两间居诗词丛话》、《汉语词族研究》、《沈括》、《杜甫诗歌赏析》、《巴士特传》等10馀种,翻译小说《人鼠之间》等4种。

《杜甫诗歌赏析》,广西人民出版社1986年10月出版。9.6万字。收入《中国古典文学作品选析丛书》。杜甫所处的时代正是唐王朝由盛而衰的转折时期,他的一千多首诗作,充分地反映了这个时代,被称为"诗史"。本书正是力求选取那些最能反映历史面貌、社会本质、作者思想主流,同时在诗歌的形式美方面又比较完善的作品。书中注释较详,并附有"赏析",适合青少年阅读、自学。书首有"前言"。

杜甫与长安　李志慧著

陕西人民出版社1986年10月出版。17万字。该书是《中国古代作家研究丛书》之一种,是一部以描述杜甫在长安的生活创作为内容的专著。除"前言"、"后记"外,共分十章。前九章依次为:初入长安、投诗干谒、困居寄食、揭示时代危机、定居城南、从长安到奉先、安史乱中、左拾遗任上、离别长安,描述了从天宝五载(746)至乾元元年(758)十馀年间杜甫在长安的生活与创作,揭示了杜甫由一个世宦子弟到一个忧国忧民的爱国主义者,创作上由以描写个人生活与摹写景物到赢得"诗史"称号的现实主义诗人的过程。第十章"思念长安",则写杜甫离开长安后对长安的长久思念之情。全书首尾一贯,紧扣"杜甫与长安"这一主题展开,叙写生动,文字流畅,兼具学术性和知识性,是探寻杜甫诗学道路不容忽视的读物。

读杜卮言　杜仲陵著

杜仲陵(1909—1986),原名文燔,四川广安人。1934年毕业于南京中央大学中文系。毕业后，即在教育界工作，1941年后一直在四川大学中文系任教，1948年晋升为教授。曾任四川省语言学会理事。毕生致力于中国古典文学和古代汉语的教学与研究。1949年以前，主要研究六朝文学，后来以古代汉语词汇和语法修辞作为研究方向，主要著述有《八代文论叙指》、《读杜卮言》等。编有《简明古汉语字典》。

《读杜卮言》，巴蜀书社1986年11月出版，5.3万字，为《四川大学古典文献研究丛刊》之一。本书是对杜甫诗歌的语言研究，共分七章：《杜诗与唐代口语》、《唐诗词汇证杜》两章，是阐明杜诗的时代特征的；《杜诗的词汇》、《杜诗的双声迭韵与迭字》、《杜诗的用典使事》、《杜诗的修辞手法》四章，是阐明杜诗的个性特点的；《李白杜甫两家诗歌的语言风格比较》一章，是从李杜对比中显示杜诗语言的特点。书末附《谈谈〈琴台〉》一文。是书具有重要的学术价值。

杜集书录　周采泉著

周采泉(1911—1998)，原名湜，笔名是水，稀翁。浙江鄞县(今宁波鄞州区)人。其祖、父皆有诗名，幼承家学，随父兄学习。工诗、古文辞，并擅骈文，早岁即蜚声艺苑。18岁在宁波开馆授业。20世纪30年代后赴上海工作，坚持治学，同时结识了许多沪上名人，研习诗文。1950年在上海发起成立“乐天诗社”。1956年调入杭州大学图书馆从事古籍编目整理工作，直至退休。曾参与《汉语大词典》的编撰工作。一生勤学好读，学识渊博，与当代名家张伯驹、赵朴初、夏承焘、刘海粟、苏局仙、姜亮夫、陈兼于、容庚、徐行恭、陆维钊、沙孟海等多有诗文交往。生前是浙江省文史馆馆员，中国农工民主党党员。又是“之江诗社”发起人兼名誉社长，中国韵文学会发起人之一。晚年笔耕不辍，著有《杜集书录》、《文史博议》、《柳如是杂论》、《金缕百咏》、《李长祥年谱》、《〈柳如是别传〉新证》、《老学斋文史论丛》、《老学斋诗抄》等，约400万字。

《杜集书录》由上海古籍出版社1986年12月出版。全书分内、外两编，共16卷。“内编”11卷，以存书之书录解题为主，又分“全集校勘笺注类”（5卷）、“选本律注类”（2卷）、“辑评考订类”（3卷）、“其他杂著类”（1卷）五部分。“外编”5卷，以存目及参考资料为主，又分“全集校勘笺注类存目”（1卷）、“选本律注类存目”（1卷）、“谱录类”（2卷）、“集杜、和杜、戏曲类”（1卷）四部分。内外编合计收书840馀种。各类书目以著作时代为序排列。每书首列书名，下系卷数及著者小传，其下又分“著录”、“版本”、“序跋”、“编者按”四项：“著录”说明本书之出处记载及存佚情况；“版本”对本书版刻情况作全面介绍；“序跋”详载本书原序跋及提要，并引各家考订、评语；“编者按”说明对全书之评价。附录四项：“历代杜学作者姓氏选存”、“近人杜学著作举要”、“历代总集、诗话、笔记于杜诗有重要论述著作简介”、“朝鲜、日本两国关于杜集著作知见书目”。书前有“序”、“凡例”，书末有“书名、篇名索引”、“作者姓名、字号、别名索引”。全书收录书目共计1200馀种，颇具参考价值。

杜诗别解　邓绍基著

中华书局1987年10月出版。本书为一部论杜笔记集，全书21万字，分作两辑，第一辑收录探讨杜甫世系、卒年卒地以及研究钱谦益笺注吴若本诸问题的文章共7篇。第二辑收录96篇短文，以杜诗题为题目，形式上与前代的某些著作（如施鸿保

《读杜诗说》)相类似。综观本书,考释兼备,既有对诗人行踪与有关诗歌写作时地的考订,也有对有争议的诗歌或有关诗句的训释。其间所作种种考释不乏新见。如《和裴迪登新津寺寄王侍郎》篇中提出新据,坐实王侍郎即王维之弟王缙;《登高》篇中据此诗被宋人"迁补"即重新编年迹象,考订此诗非为峡中作,应是广德元年梓州之作;《观公孙大娘弟子舞剑器行》篇中对"玉貌锦衣"句提出新解,认为非指公孙,乃是诗人自况。凡此等等,皆应引起杜诗研究者的注意并重视。

杜甫传记唐宋资料考辨　陈文华著

此为台湾师范大学国文研究所 1987 年度博士论文,同年 11 月由台北文史哲出版社出版。全书以考据为研究方法,就唐宋人对杜甫传记之记载及讨论为研析对象,将各种异说,溯其源流,定其是非,以辨正杜甫完整之传记脉络,共分为四篇进行厘析考辨。第一篇家世之探索,首先辨析杜甫世系表之建立及订误,次则考订家族资料,含父系、母系、弟妹子女三系。第二篇生平事迹异说汇考(上),从生年、应举、献赋、试文授官、避兵陷贼、奔行在、授拾遗、归长安、一岁四行役等项进行考辨。第三篇生平事迹异说汇考(下),则从与李白严武交情考辨、卒闻之流传及辨正二方面考证前说。第四篇思想之厘定,首论"围绕在儒家诗教观下的批评内容",从一饭未尝忘君、李杜优劣论及其他、诗史三项进行批评,次论"唐宋文化类型之变迁与杜南历史地位之完成",以肯定杜甫在诗史上的成就。结论,总结前面数篇所论,为杜甫传记资料完成异说考汇论述。

韩国诗话中有关杜甫及其作品之研究　全英兰著

台湾师范大学国文研究所1988学年度博士论文。台北文史哲出版社1990年出版。杜诗在韩国流传的情形,早在高丽朝即为文人吟诵,而覆刻中土所刊诗集,尤为文坛盛事。全书抽绎杜诗所传韩国诗话有千馀条,分作八章论述:第一章说明研究动机、目的、范围、方法。第二章就韩国诗话中有关杜甫之记载,探讨其传记及思想。第三章分析杜诗技巧,含体裁、审音辨律、用典隶事、属偶设对、用字遣词五项。第四章讨论杜诗内容,就有关诗话论时事、谈身世、咏马等课题进行探析。第五章论韩国诗话中有关杜诗之评价,从"品杜诗"及"李杜并称"立论。第六章论韩国诗话中有关杜诗之注释,探讨韩国李睟光、金万重、李瀷诸家对杜诗之解说。第七章论杜诗对韩国诗人之影响。第八章馀论,分"新资料"与"论杜甫"二部分列举韩国诗话中所载杜诗而不见今传杜集者,及韩国文人论杜甫文章之资料。

杜甫秦州诗研究　方秋停著

此为台湾东海大学中国文学研究所1988学年度硕士论文。全书探赜杜甫秦州诗之风格与成就。论文分就生平、地理、诗歌三部分论述。第一章概说,就杜甫生平来审视秦州期间的杜甫,从而界定秦州诗范围,并叙其重要性及前人研究成果。第二章秦州述要,就历代沿革、唐代区划与山川形胜、名胜古迹、风土民情等部分叙述秦州概况及杜甫入蜀所经地区的地理、人文环境。第三章再就行旅、身体状况、交游、思想等了解杜甫在秦州的生活情形。第四章为诗歌内容分析。第五章形式分析,分为章法结构、遣词造句、声律对偶、意象浮现等探究其表现技巧。第六章总结杜甫秦州诗歌的风格与成就。

杜诗名篇新析　许永璋著

许永璋(1915—2005),字允臧,号我我主人,安徽桐城人。1933年考入无锡国专,1936年毕业。1936至1947年,相继任安庆高级中学、安徽立煌高级商业学校、安徽第二临时中学国文教员,1938年曾兼职安徽师范大学,任副教授。1947年迁居南京,相继任南京安徽中学、南京第六中学教师。1957年被错划"右派"。1978年平反,复任南京六中教师。1979年至1988年兼职南京大学中文系,聘为兼职教授。相继开设"杜诗选讲"、"古典诗词格律研究"等课程。1990年被聘为江苏省文史研究馆馆员。兼任纽约四海诗社顾问、桐城诗词学会名誉会长等职。主要论著有:《抗建新咏》、《诗词备课笔记》、《杜诗名篇新析》、《老子诗学宇宙》、《古史诗鍼注析》、《许永璋唐诗论文选》等。

《杜诗名篇新析》由南京大学出版社1988年出版,台湾天工书局1991年重版。该书选录杜诗110篇,按照写作时间编次。选诗宗旨侧重爱国性与创造性两方面。每首诗后均有注释、解析,而重点尤在解析。解析文字,举凡诗篇本旨、章法结构、艺术价值,以及前人评论、注家得失、个人一得等,皆详加阐发论述。书后附录著者论文3篇,分别评析《钱注杜诗》、《杜诗详注》和谈杜诗教学之方法与经验。

杜甫诗集导读　刘开扬、刘新生著

巴蜀书社1988年4月出版,为《中华文化要籍导读丛书》之一种。刘开扬撰写了"叙论"部分,共七章二十六节,全面介绍了杜甫的生平、思想及其在文学史上的地位,并着重论述了杜诗的内容和艺术表现。为适应丛书要求,还专门写了一章《怎样诵读和研究杜甫诗集》。"诗选"部分共录138首诗,由刘开扬精选并作最后的修饰和润色,由其子刘新生校注。本书诗选以仇兆鳌《杜少陵集详注》为底本,并参用他本,择善而从。文字简明扼要,便于初学。

草堂楹联语粹　杜甫草堂博物馆编,郭世欣执笔

四川人民出版社 1988 年 5 月出版。本书收集了成都杜甫草堂博物馆所藏匾额和楹联共 35 件。作品后有简介及"注解"、"释义"、"译意"。作品为明、清官蜀政要及新中国老一辈革命家如朱德、陈毅、郭沫若、叶剑英等人题写的匾、联,多系参观草堂时亲笔题书。书前有"前言"。书后有"草堂旧联补遗"。

杜甫——古今诗史第一人　萧丽华著

台北幼狮文化事业公司 1988 年 7 月出版。全书以传记的方式书写杜甫的一生。共分作十部分:一、诗是吾家事。从杜甫的祖先写起。二、快意八九年。写杜甫壮游时期。三、遇我宿心亲。写杜甫与李白结识的过程。四、冠盖满京华,斯人独憔悴。写杜甫困居长安十年的情形。五、直北关山金鼓震。写天宝十四载安史乱起,杜甫困顿逃亡的经过。六、吏呼一何怒,妇啼一何苦。写杜甫以诗歌记录安史乱中流离失所的生民。七、飘泊西南天地间。写杜甫浪迹西南边境的苦境。八、浣花西畔草堂春。写卜居成都,暂得安顿。九、飘飘何所似,天地一沙鸥。写杜甫在江上度过残生的悲惨境况。十、不废江河万古流。写杜甫因诗而垂名千古。

诗圣的游踪与创作　范文质、文自成著

对外贸易教育出版社 1988 年 12 月出版,13.1 万字。本书

以杜甫的行踪为线索，勾画出诗人一生创作历程的轮廓，梳理出诗人创作思想的脉络，并对每一时期的代表作品做了深入细致的分析。全书共分十章：南北壮游、长安十载、身陷贼中、东都之行、辞官以后、陇蜀路上、两川流寓、夔府滞留、荆湘漂泊、诗圣不朽。书后附录有《杜甫年谱简编》。

杜甫题画诗研究　杨国兰著

此为台湾“中央大学”中国文学研究所1989学年度硕士论文。全书以杜甫题画诗为论述中心，辅以国内外残缺摹本，以考索杜甫诗情画意之美感，研究方法则应用综合、归纳、比较等进行纵贯面与横断面交叉论述。全书共有八章，首章叙述题画诗之历史渊源，次章概述杜甫当代绘画情况，三章、四章探讨杜甫题画诗在文学与绘画史上之造诣，第五章建构杜甫审美系统，第六章检讨杜甫审美标准，第七章比较杜甫与当代画评家之观念，第八章说明当代诗人与杜甫题画诗相承关系，以确立杜甫题画诗之历史地位。

杜甫陇右诗研究　林家英撰

20世纪80年代，林家英四下陇南，对杜甫在陇右的行踪遗迹加以研究，就杜诗中的赤谷、铁堂峡、盐井、法镜寺、青阳峡、石龛、泥功山等地名，对照文献方志加以辨证，并就纪行诗的思想内涵、艺术特色加以论析。先后发表了《评迹辨踪学杜诗——杜甫由秦州赴同谷纪行诗实地考察散记》(《兰州大学学报》1985年2期)、《杜甫陇右纪行诗散论》(《社科纵横》1994年4期)、《浅论杜甫〈凤凰台〉》(《光明日报》1985年5月)、《艰难困苦锻诗魂》(甘肃人民出版社1994年5月)等系列论文。又撰写了电视教学片文本《杜甫在秦州》、《杜甫在陇南》，并参与拍摄、制作,丰富了教学形式。甘肃省电视台分别于1989年3月、1991年5月播出,得到观众的好评。中央电教馆加以收藏。

杜甫诗史　金启华、金小平选评

上海教育出版社1989年4月出版,26万字。本书名为《杜甫诗史》,作者在《答客问》代前言中阐述了他们的选诗准则,是以杜诗所反映的各阶段的历史现实、杜甫一生所经历的各阶段中的各体诗歌的代表作来加以注释和评说的。读之可以了解杜甫所处的时代背景、杜甫遭遇以及杜甫各体诗歌在各个阶段的发展情况。全书将杜诗分为五个阶段加以选评,即少壮游学时期(6首)、长安十年时期(23首)、天宝之乱时期(65首)、成都、夔府寓居时期(109首)、荆湘漂泊时期(10首),共213首,约占现存杜诗的1/7。本书注释简明,评说公允,是一部雅俗共赏的选本。

杜诗学发微　许总著

南京出版社1989年5月出版。该书是一本首次对杜诗研究史加以宏观描述和重点开掘的专著,收录作者在20世纪80年代前期所撰写的有关"杜诗学"论文22篇,共28万字。全书分内、外两编:内编收论文13篇,以时间为序,从纵的角度,对杜甫研究史的各个阶段的总体特征、主要论点、代表学派以及为人忽略的若干确有价值的著作进行探讨;外编收论文9篇。作者试图从学术史的角度,开辟出在当时的杜诗研究界尚为一片处女地的领域,同时也是从文学批评史的角度对"杜诗学"体系的建构。同时,对杜诗艺术现象本身也进行了一些新探索和再评价。作者将杜诗研究史置放于文化史的广阔背景,并努力在中国传统文化和新的观念方法的融合之中作出新的观照。

杜甫与六朝诗人　吕正惠著

台北大安出版社1989年5月初版。本书分七章深入而细致地论述了杜甫与六朝诗人的关系：一、绪论。二、汉魏晋诗的三个传统，兼论杜甫与三大传统之关系。三、杜甫与谢灵运。四、杜甫与鲍照。五、杜甫与齐梁诗人。六、杜甫与庾信。七、结论。著者认为："杜甫是中国历代大诗人中最不轻易放弃任何传统的诗人"，"正由于杜甫具有广博的心胸，正由于他能够接纳前代诗人的一切成就，他才能在最博大的基础上创造出中国诗歌中最宏伟的高峰"。杜甫的创作实践证明，"最尊重传统的诗人也可以是最具有独创性的诗人"。著者分析了汉、魏、晋诗的三个传统：乐府民歌传统、咏怀传统和美文传统，而认为"杜甫和美文传统的关系最为密切"。著者认为谢灵运是美文传统的"不祧之祖"，是"赋予这个传统真正的活力，透过文字工夫成功的写出好作品来的第一个大诗人"，而"杜甫就是把这一传统发展到极致的人"。著者论述了鲍照和谢灵运的关系。认为鲍照"是整个汉魏六朝最具有写实精神的诗人"，是一个"小杜甫"，他和杜甫"是同一气质的诗人"，"在使杜甫成为杜甫的过程中，鲍照是一个非常重要的因素，其重要性应该超过谢灵运、庾信和任何六朝诗人"。而杜甫最有得于齐梁(包括陈)诗人的是"清词丽句"和声律。他对庾信的倾倒与同情，实源于自己的身世之感。著者通过深入的分析和精辟的论述，得出"杜甫真是善学传统的伟大诗人"的结论。书后附录《杜诗与日常生活》一文，认为"在中国诗歌史上，是杜甫奠定了日常生活诗歌传统的基础"。

杜甫草堂诗选注　杜甫草堂博物馆编

四川人民出版社1989年9月出版。11.5万字。杜甫草堂,是唐代大诗人杜甫流寓成都时的故居。诗人前后在此居住了三年九个月。这一时期创作特点带有田原风味,大多描写郊野之景和抒发恬淡之情。杜甫草堂时期的诗作,流传至今的有240首,本书所选约占半数,选编时力求精粹并保留其整体风格,同时注意和草堂现有景观相结合。书中每首诗都有“说明”和“解释”。书前有“出版说明”。

杜诗杂说续编 曹慕樊著

巴蜀书社1989年9月出版。本书收入论文12篇,杂记1篇,大约有三方面的内容:一是对杜诗研究方法的探讨,代表作是《杜诗游心录》。这是一篇长文,分“诗解有穷而无穷”、“杜诗的意义内容”、“杜甫的性格”、“杜甫诗艺秘密”四部分,文中多有新见。二是对杜诗艺术的分析,如《杜诗的起结》、《杜甫夔州诗及五言长律的我见》等。三是对一些作品的分析和字义、修辞札记。与《杜诗杂说》的最大不同,是此书的文笔轻快,言论纵横。这是著者恢复工作后的心境的反映,学术与时代的关系,由此可见一端。该书与《杜诗杂说》的共同之处是论思想不落窠臼,谈艺术自具慧眼。

杜诗笺记 成善楷著

成善楷(1912—1989),字伯遵,晚号霜叶居士,重庆忠县人。1938年毕业于四川大学中文系。20世纪40至50年代在重庆市江津、北碚等地院校任教。1957年后,于洪泽湖畔劳动,垂20载。1980年,赴四川大学中文系任教,先后任副教授、教授。曾任成都杜甫学会副会长。长期从事中国古代文学教学和研究,对于《诗经》二《雅》、《庄子》、《楚辞》及两汉乐府,均有笺记，发表于各期刊中。著有《杜诗笺记》、《霜叶诗词选》等。

《杜诗笺记》由巴蜀书社1989年9月出版，为《四川大学古典文献研究丛书》之四。本书选杜甫诗句中难解而颇多歧说的共310条，为之笺释。对前贤时彦诸种说法，一一引出，然后经过引证分析，提出自己见解。正如缪钺书前"题辞"所说："阐释论证，抉发幽微，可为少陵功臣。"

杜甫成都时期诗歌研究　林瑛瑛著

此为台湾辅仁大学中国文学研究所1990学年度硕士论文。全书讨论杜甫成都时期442首诗歌作品之情感流向及诗艺传承与创新。分作七章论述：第一章绪论，探讨杜诗分期问题及成都诗作历代收录情况及真伪、编次等，并列出诗目表。第二章时代背景之探讨，计分政治状况、文人风尚、文学思潮三方面，又成都、梓、阆等地，唐时属剑南一带则兼论之。第三章探究杜甫成都时期之行止及生活经验，作为研究新旧经验交织下所创作之诗歌内涵的根本认识。第四章分析成都时期诗歌之内涵与思想，凡描写自然风光与种种村居生活之闲适作品及阐发的文学观之诗作，皆一并讨论，以体会其厚重深远之心志。第五章讨论诗歌艺术体制，先论成都时期之前的创作情况，并对入蜀前创作作一概述，再详析成都期各体诗的创作演变脉络及特殊的艺术风貌。第六章探析成都期诗歌的艺术风格，分作"主导风格"及"特殊风格"进行研究。第七章结论，综观杜甫成都期之诗歌创作，此一时期是杜诗内涵扩大，体裁熟练，达浑成深厚、蕴藉深远而另有转境的重要时期。

诗圣的写作艺术　文自成、范文质著

对外贸易教育出版社1990年1月出版。全书分诗美特征、写作技法、资料引得三部分。“诗美特征”部分论述了杜诗色彩美、凝炼美、含蓄美、曲折美、整体美等五种美学特征,和开头、结尾、语言、题画诗以及双线结构等审美方式。“写作技法”部分论述了杜诗的七种写作技法。作为附录的“资料引得”部分,提供了较为丰富的国内外研究杜甫的版本书目、专著、译著、年谱、图像和论文选目。

杜甫心影录　黄珅著

香港中华书局1990年4月初版。台湾汉欣文化公司1990年11月出版。江苏古籍出版社1991年12月再版。本书以杜甫诗作为经,兼及其生平遭遇、艺术影响,并酌采后人对杜甫的评价,环绕某一主题,由此及彼,探讨因时代舛乱和政治谬误引起的杜甫的心理和情感活动轨迹,以及由此激发并促成的杜诗独特的创作风格和成就,从中也寄寓了作者对某些问题的看法。

杜甫诗选译　倪其心、吴鸥译注

巴蜀书社1990年6月出版,为《古代文史名著选译丛书》之一种。该书选杜甫诗计61首,依写作时序编次。注释简明扼要,译文流畅顺达,有一定的文采。每诗前冠一解题,交代题旨、作年和作品大意。

杜甫草堂　濮禾章著

中国建筑工业出版社1990年9月出版。本书详细叙述了成都杜甫草堂的兴衰变迁、杜甫在草堂的交往与诗作,并对草堂景物及其园林艺术特色作了介绍。

被开拓的诗世界　程千帆、莫砺锋、张宏生著

上海古籍出版社1990年10月出版。本书是程千帆教授与他所指导的研究生合作的杜诗研究论文集,全书共收论文11篇,三人各作1篇,程、莫合作4篇,程、张合作4篇,全书实即程教授的杜诗研究与杜诗教学的双重成果的结晶。本书的特点是始终把杜诗置于古典诗歌史的长河中进行考察,从而为杜诗学提供了崭新的切入点和宏阔的视野,特别是对杜甫以整体性观照,见著者的文学史通识,而比较研究的方法、考证与批评相结合的方法,亦是有益的探索。另有《杜诗镜铨批抄》20卷,选录了程教授对《杜诗镜铨》所作的精辟批语。书末并附程氏《闲堂诗存》。

杜诗纵横探　张忠纲著

山东大学出版社1990年12月出版。萧涤非题写书名,袁世硕作序。此书收录论文20多篇,内容包括杜甫思想、生平交游、行踪遗迹、作品鉴赏、版本考证、词语阐释等方面,多为前人所未涉及或很少涉及者。著名杜甫研究专家陈贻焮称誉此书"多发前人之所未发,创见迭出,是一本很有价值的专著"(《文史哲》1995年第2期)。

杜甫荆湘诗初探　洪素香著

此为台湾中山大学中国语文学系研究所1991学年度硕士论文。作者以为,杜甫一生依序可分为青壮、长安、秦州、成都、夔州与荆湘等六个时期,而对荆湘时期有所忽视。因此,作者分八章、二十一节,初探此期杜诗表现特质。第一章,绪论。介绍研究动机与目的、文献回顾与探讨、研究范围与研究方法。第二章,政治背景与财经环境。简介杜甫生平,概述此时期国家之政治财经等各方面之状况。第三章,荆湘行脚。缕叙杜甫在此时期所走过的地方及其沿途所记录之风土景物。第四章,身心状况。叙述杜甫当时如风中残烛般之身体状况,矛盾冲突的心理状态。第五章,人际关系与社会关怀。叙述杜甫当时与亲友间之酬赠往来,以及当时他对社会国家与人民的关怀情形。第六章,诗歌的结构特色。分析杜甫此时期诗歌之有关语言形式、拗体与诗韵的使用情形。第七章,诗歌的修辞艺术。分析此时期杜诗之对偶与典故的运用状况。第八章,结论。历举诸家对诗人此时期诗歌之评论,并为诗人此时期诗歌之成就与价值作客观公正的评价。

杜诗修辞艺术　刘明华著

中州古籍出版社 1991 年 1 月出版,13.2 万字。前有曹慕樊序。全书共分为十章,从对仗、借对、互文、用典、拟人、夸张、对比、句法、构词、叠字等多角度、多侧面地探讨了杜诗修辞艺术。作者把方法论和认识论、传统方法和现代方法结合起来,特别借鉴接受美学、心理学等学科的研究方法和思路,深入分析杜诗修辞艺术,提出了许多新颖独到的见解,是一部有创见有特色有个性的研究著作。如从辩证思维的角度分析杜诗的对仗艺术及成就;以“形式美的追求与形式主义的滥觞”考察杜诗借对中的借音和借字的现象,并进而论及古代文人的文字游戏现象;从八卦之互体与文学的互文的同名现象研究其形式上的同构关系并进而讨论杜诗互文的成就;从人名用典探讨诗人的深厚学养与自我形象;从杜诗中的拟人手法体察其不同时期的复杂心态;从夸张和壮语的运用分析诗人的胸襟;从句法的特殊构成探讨杜诗沉郁顿挫风格形成的原因之一端等等。

杜诗流传韩国考　李立信著

台北文史哲出版社1991年4月初版。全书旨在考索杜甫诗歌流传到韩国之情形。共分五章:第一章,绪论。先论中韩两国的血缘关系,再概述唐诗传入韩国的情形,继而概述韩国历代诗坛。第二章,杜诗传入韩国之始末。主要是考察传入时间及杜诗在韩国大行其道的原因,并介绍历代流传的情形。第三章,韩国历代编注刊印之杜集概况。分述韩国历代注释及编纂之杜集、刻印之杜工部诗文集、历代零星之注释、历代论及杜诗之诗话。第四章,杜诗对韩国诗坛之影响。分述历代诗人对杜诗之评价、读杜诗蔚成风气、模拟杜诗之作品。第五章,结论。归结前论得出,杜诗应是十一世纪到十二世纪之间传入韩国,传入后,一直到朝鲜末年,杜诗始终受到韩国诗人崇拜,且历来对刊行杜甫诗集,不遗馀力,有根据中国之复刻本,亦有韩人自行注释编纂的共十馀种,数量可观。

杜甫 毕万忱著

江苏古籍出版社1991年8月出版,为《中国历代名人传丛书》之一种。全书分"家世与童年"、"青年时代"、"李杜交谊"、"旅食京华"、"在安史之乱中"、"华州任职"、"辗转于秦陇"、"草堂春秋"、"流落夔州"、"身死孤舟,诗传千古"等部分,较全面叙述了杜甫坎坷多艰的人生历程,评价了杜诗丰富深厚的思想内涵,介绍了杜诗多彩卓异的艺术形式。该书紧扣时代社会背景以及诗歌艺术的发展变化,评价杜甫其人其诗,写法上力求摆脱一般传记读物的既有程式,尽力做到科学性与通俗性、学术性与知识性的统一,从而较准确地展示了杜甫思乡爱国的人格魅力,及其诗歌的思想艺术价值。附录《杜甫生平大事年表》。

杜甫传　万曼著

河南大学出版社 1992 年 4 月出版。8.6 万字。本书为万曼遗著,共列十三目,组成一部包括家世、生平经历、坎坷遭遇、思想情绪、友朋交往及其相关重要诗歌创作等方面内容的杜甫传记。另有“外四篇”,以进一步说明诗人遭遇和一些易被忽略的问题,包括:一、杜甫开天诗作不为人所重;二、杜诗的结集;三、杜甫和从孙杜济的龃龉;四、“不平者”苏涣和杜甫。书前有“序言”,书后附录“杜甫年谱”、“杜集编目”。

杜甫行迹　徐小龙编绘

河南美术出版社 1992 年 4 月出版。本书采用诗配画的形式,形象地描绘了杜甫的一生行迹。画为木刻,人物刻画生动,刀法熟练,颇见功力。书前有刘岘题词和陈天然序《淘尽狂沙始到金》。

杜诗檠诂　郑文著

郑文(1910—2006),字天叔,四川资中人。1942 年毕业于国立中央大学。曾任该校助教、江苏省立江苏学院讲师、西北师范大学教授。从事《楚辞》、八代及唐宋文学教学与研究,兼及汉代哲学。著有《楚辞我见》、《汉诗研究》、《建安诗论》、《李杜论集》、《汉诗选笺》、《王充哲学初探》、《杜诗檠诂》、《论衡析诂》、《扬雄文集笺注》、《金城丛稿》、《〈温飞卿诗集笺注〉补》、《汉魏六朝文选注》、《魏晋南北朝文选注释》等,合计 400 万字。

《杜诗檠诂》由巴蜀书社 1992 年 9 月出版,38 万字。“前言”部分,就杜甫忠君与爱民、沉郁顿挫风格的理解提出自己的观点,然后以训诂、时事、地理三纲,钩稽考订杜诗注释中存在的一些问题。全书依仇注卷次顺序,就有关诗句、诗题之注释逐一进行辨析。征引丰富,时有新见。

杜甫在夔州　刘健辉、刘新宇、刘红雨、张素华等编著

重庆出版社1992年11月出版,13万字。本书详细考察了杜甫留滞夔州的概况,及其在夔州寓居时的生活行止,评介了夔州诗的丰富内容,并认为夔州诗在数量、质量上都是杜诗的高峰。资料翔实,考察严谨,对全面了解杜甫在夔州时的生活和创作情况颇有价值。

杜诗五种索引　钟夫、陶钧编

上海古籍出版社1992年12月出版。本索引所收杜诗五种,即上海古籍出版社和中华书局出版的《钱注杜诗》、《杜诗镜铨》、《杜诗详注》、《读杜心解》及《全唐诗》(排印本)。以杜诗每一句出条目,诗题与诗句一样按题出条目。以诗句、诗题的第一字按四角号码顺序排列。每一条目下列出所在各书的名称、册次、页码、行数(双行夹注者作一行计)。凡异文,包括诗中注明"一作×"、"某本作×"者,均另出条目,并注"异"字,以示识别。书后另附《杜诗五种人名索引》、《杜诗五种索引笔划检字》。编制精密,颇便检索。

杜甫七律诗句中"虚词"运用之探究　朱梅韶著

此为台湾淡江大学中国文学研究所1993学年度硕士论文。全书探察杜甫七律中的"虚词"运用。第一章先说明七律在杜诗中的地位,再藉由语法的理论架构与实际修辞运用,分析杜甫运用虚词的现象之研究方法与目的。第二章定义篇,说明虚词的定义、特性、范围及作用。第三章分析篇,以综合归纳法分析统计杜甫七律使用虚字情况及语法现象。第四章运用篇,分析

杜甫七律运用虚词之修辞技巧及句式变化的技巧。第五章评价篇,考察宋代以后至近代对杜诗虚词的评价作探讨。第六章,总结前论。

杜甫晚年七律作品语言风格之研究　吴梅芬著

此为台湾成功大学历史语言研究所1993学年度硕士论文。全书以“语言风格学”理论,爬梳杜甫晚年七律。共分五章论述:绪论说明研究动机及研究范围,并界定“语言风格”之意义。第二章讨论杜诗的声韵风格,论述杜甫如何安排组织诗歌之声律。第三章杜诗的词汇风格,论述杜甫选用诗歌词汇的特色。第四章杜诗的语法风格,分析杜甫如何在语序、节奏、句法上跨越自然语言的常规。第五章结论则综合阐述杜甫诗歌语言风格的形成。

李白杜甫吟四川　朱代璁选注

四川教育出版社1993年4月出版。9万字。收入《中学生课外阅读丛书》。李白与杜甫分别为我国唐代伟大的浪漫主义与现实主义诗人。他们的诗作是我国和世界文学宝库中两颗璀璨的明珠。李白早年入蜀居住于四川江油青莲乡,自号“青莲居士”。杜甫小李白11岁,48岁时携家居成都城西浣花溪畔草堂。蜀地至今仍留有他们生活、居住过的遗址、遗迹、遗诗。本书收集了二位诗人的咏川诗作97篇,并附以“简说”、“注释”和“今译”。诗作前分别冠以“李白的蜀中生活”、“杜甫的蜀中生活”。书后有“后记”说明了选篇版本情况。

诗圣杜甫——以杜诗作传以唐史证诗　龚嘉英著

台北杜诗研究山房1993年5月初版。全书用“以诗作传”、“以史证诗”的手法,为杜甫生平作传,并旁搜史料为杜诗作证。共分九章:一、杜陵家世;二、少壮交游;三、长安十载;四、出仕逢乱;五、弃官度陇;六、两川六年;七、夔府流寓;八、荆湘漂泊;九、诗卷流传。就杜诗之编辑、集注、研究作一览顾。

杜甫　罗宗强著

新蕾出版社1993年5月出版。5.4万字。收入《中华历史名人》丛书。这套丛书共收录中国历史上著名人物100名,以时间为序,每一人物单独成册,以传记的形式介绍其在历史上的丰功伟绩。撰稿原则,力求以史实为主,叙事写人,不演绎、不杜撰、不编造,客观评价历史人物。本着这个原则,本书对诗人杜甫一生作了详尽的介绍,内容包括:“难忘的少年时代”、“南北漫游”、“与李白的友谊”、“十年长安”等十六个故事。最后一篇“杜诗的伟大成就”,对杜甫及其诗作,作了客观的评论。书前有“编者的话”。

杜甫评传　莫砺锋著

南京大学出版社1993年10月出版。本书是南京大学中国思想家研究中心组织编写的《中国思想家评传丛书》的一种,其特点在于它既把杜甫当作伟大的诗人,详细论述其诗歌创作成就及其创作发展过程;又把杜甫当作伟大的思想家,对其人生哲学、政治思想和文学思想、美学思想进行了评述。此外,本书评、传结合而侧重于评,并力图把杜甫置于时代和社会的广阔背景中予以审视,从而对杜甫的地位、影响及意义作了较深刻的阐述。全书共分六章。书前附有杜甫行迹示意图,书后附有杜甫简谱、人名索引、文献索引、词语索引,颇便检索。

杜甫诗歌赏析集　陶道恕主编

巴蜀书社 1993 年 10 月出版,为《中国古典文学赏析丛书》之一种,是一个选集。本书共选析杜甫诗 193 首,撰稿专家学者 113 人。此集侧重杜诗的创作特色,按入蜀前、两川、夔州和荆湘四个阶段划分创作期,特别是对安史之乱发生前后的煌煌巨制和流寓夔州期间两个高峰期的精美篇章,给予充分评价。同时对两川、荆湘时期的名篇佳什,也多加选录,排除偏见,给予实事求是的评述。书后附录"杜甫简明年表"。

少陵先生交游考略　闻一多撰

原为手稿,孙党伯、袁謇正编《闻一多全集》第 6 册《唐诗编》(上)收入,湖北人民出版社 1993 年 12 月出版。"考略"对杜甫诗文中出现的 360 个人物加以简略考证,很见功底。该社整理时加上了"索引"、"正文"四字。索引,按姓氏笔画多少编排,每一姓氏中的人名大致以在杜诗中出现的先后排列。正文,每一人名后,先罗列所在之杜诗诗题,之后征引文献考其生平事迹,文献有误者以案语出之,多有发明。

说杜丛钞　闻一多撰

原为手稿,孙党伯、袁謇正编《闻一多全集》第 7 册《唐诗编》(中)收入,湖北人民出版社 1993 年 12 月出版。"丛钞"实际上是一个读书笔记,即从 20 馀种前人文献中抄录出有关杜甫、杜诗的材料汇编。计有:顾炎武《日知录》41 则,王士禛《带经堂诗话》56 则,程大中《旧事考遗》(在《山堂全集》)1 则,曾廷枚《香墅漫钞》(乾隆五十二年刊本)14 则,钱大昕《十驾斋养新录》13 则,薛雪《一瓢诗话》12 则,吴雷发《说诗管蒯》3 则,吴骞《拜堂楼诗话》(《清诗话》本,嘉庆三年序)4 则,孙志祖《读书脞录》(刊本,嘉庆四年跋)5 则,梁玉绳《瞥记》(《清白士集》二十三)5 则,梁玉绳《庭立记闻》5 则,赵翼《瓯北诗话》15 则,李调元《唾馀新拾》(刊本)10 则,李调元《唾馀续拾》3 则,李调元《唾馀补拾》7 则,洪颐煊《读书丛录》(刊本,道光元年序)2 则,宋翔凤《过庭录》(刊本,咸丰三年序)2 则,蒋超伯《通斋诗话》(南城李三鼎铅印本)112 则,陈衍《石遗室诗话》15 则,朱亦栋《群书札记》(光绪四年冯一梅序)46 则,胡鸣玉《订伪杂录》(乾隆四年跋,《湖海楼丛书》本)44 则,尚秉和《历代社会状况史》3 则。其中有些材料非常罕见,弥足珍贵。

杜甫散论　朱明伦著

辽宁大学出版社 1993 年 12 月出版。该书为论文集,收作者 1980—1993 年间所写有关杜甫的 30 馀篇文章,分"家世生活篇"、"思想篇"、"艺术篇"、"鉴赏篇"、"评论篇",对杜甫及杜诗进行了多方位研究。前两部分用力最大,创获较多,学术价值亦高。"家世生活篇"主要内容有:杜预至杜甫计十四代,非十三代;杜甫与诗中诸杜关系;授杜甫"河西尉"的河西在陕西而非云南或四川;考杜甫第一任职务为右卫率府兵曹参军,职责非"看守兵甲器仗,管理门禁锁钥";杜甫并未主管夔州东屯百顷公田等。"思想篇"主要观点有:《自京赴奉先县咏怀五百字》记录了杜甫忠君思想变化过程;杜甫把君主视为国家象征时则忠,而将皇帝还原为一个具体的人时则偶有批评; 驳所谓"每饭不忘君";不应该把杜甫对战争的态度现代化;《喜雨》不是杜甫主张镇压农民起义的罪证,袁晁起义不值得肯定;"盗贼本王臣"不是"官逼民反"的标志;"苍生可察眉"不是杜甫警惕百姓造反的依据;杜甫与农民起义关系微不足道。20 世纪 80 年代思想领域拨乱反正,实事求是研究杜甫思想,一方面必须推倒"四人帮"对杜甫的诬蔑之辞,一方面要彻底清理近三十年"左"的影响。该书为之作出极大努力,所论客观公正,结论多可信。

社会良知——杜甫:士人的风范　刘明华著

山西教育出版社1994年1月出版,为《龙门丛书》之一种,10.9万字。全书从"社会良知"这一角度,对杜甫这位颇具代表性的中国传统知识分子进行较为细致的分析,希望通过对伟大诗人的人格探讨,揭示诗人在中国文学史和文化史上独具丰采的原因。全书除导论和结语外,共分为六章:一、良知的真诚——杜甫的忧患意识;二、良知的勇气——杜甫的批判精神;三、良知的理想——杜甫的重建意识;四、良知的情怀——杜甫的民胞物与思想;五、良知与"忠臣"——杜甫"忠君"的表现形态;六、良知的困惑——杜甫的悲剧命运。该书从士传统的角度分析杜甫,真实填补了以往研究的空白。其中对"社会良知"的三要素的分析(即前三章)见解独到。在对杜甫民胞物与情怀进行的分析中,所阐述的杜甫同情心表现为身同感受的推己及人,杜甫是一个宽容的悲悯者等观点新颖而中肯。从忠臣类型入手对杜甫的忠君爱国问题的探讨也另出蹊径,较好地解决了这个长期争论较多的问题。后收入作者《杜甫研究论集》。

杜甫诗精华　黄发政、朱建华编著

贵州人民出版社1994年2月出版。18万字。为该社选编的《中国古典文学名著选译》丛书之一种。本书选取杜诗精华105首,选篇除重思想性与艺术性外,兼顾了诗人不同时期的代表作。所选作品均配以题解、注释和译诗,化艰深为浅显,便于读者阅读。书首有《前言》。

杜甫与徽县　吕兴才主编

甘肃人民出版社 1994 年 3 月出版。唐肃宗乾元二年(759)秋,杜甫为避"安史之乱",携家历秦赴蜀。此间史载曾作"栗亭十韵",今虽多不见,但其所作《发秦州》、《木皮岭》等诗篇光照人间。为挖掘、整理、研究杜甫在徽县创作的历史资料,弘扬这份宝贵的文化遗产,特组织编纂了《杜甫与徽县》。该书对杜甫入蜀的路线及纪行诗作了考辩,对历代有关资料作了选汇,并收入重建杜少陵祠记及有关杜甫传说等,从不同侧面寄托了作者对诗圣的缅怀之情。《杜甫与徽县》的出版与发行促进了人们对徽县历史、文化、胜迹和自然风光的了解,推动了杜诗研究的深入发展,激发了人们研究、开发当地文化资源的热情,为专家学者研究考证杜甫陇右纪行诗,特别是徽县部分提供了较为详尽可靠的资料。

杜甫与杜诗　李一飞著

岳麓书社 1994 年 4 月出版。分 3 卷,卷上含评说杜诗渊源、创作、内容、形式、风格、影响等方面的 13 篇短文。卷中选注杜诗 181 首。卷下含关于杜甫生平考证的两篇文章。是书系著者在开设"杜甫研究"、"杜诗选读"选修课的基础上整理而成。在汲取已有成果的基础上,时有创获。简明扼要,深入浅出。

杜甫诗话校注五种　张忠纲校注

书目文献出版社 1994 年 7 月出版。27.9 万字。此书收录历代专论杜甫的诗话五种,即宋方深道辑《诸家老杜诗评》五卷,蔡梦弼集录《杜工部草堂诗话》二卷,清刘凤诰撰《杜工部诗话》五卷,潘德舆撰《养一斋李杜诗话》三卷,近人蒋瑞藻辑《续杜工部诗话》二卷。五种诗话共收录诸家评论杜诗之语650条，内容相当广泛，涉及杜甫其人、其诗的各个方面，对研究杜诗颇有参考价值。校注者将五种诗话汇为一编，略加标点、校勘、注释，凡引文均一一注明出处，引用书目多达350馀种。各本之前，均附有简要说明，介绍作者生平，概述版本源流，纠谬辨误，评论得失。陈贻焮序称此书"精择善本以各本互校，探明诸家生平事迹，简介版本流传概况，厘正前人征引、考证之失，注释允当多创获。"此书出版后，颇得学术界好评，认为"是一部校勘精审、注释得当、科学性强的古籍整理著作。"(《杜甫研究学刊》1995年第2期詹杭伦文)后又增补张忠纲编注《新编渔洋杜诗话》六卷，收录王士禛论杜咏杜242条，附录翁方纲《王文简古诗平仄论》、张忠纲《渔洋论杜》二文，更名为《杜甫诗话六种校注》，由齐鲁书社于2002年9月出版。

杜诗赵次公先后解辑校　林继中辑校

上海古籍出版社1994年12月出版。赵次公注是杜诗第一部较为准确、丰富、有一定深度的全注本，在宋代享有盛名，南宋的集注本都有引录。但赵注原本自南宋中叶后逐渐亡佚。1916年，傅增湘发现了赵注的后半部明钞本，因故刊印未成。林氏辑校本首次恢复了赵注的原貌，为今后杜甫研究提供了一个至今为止最为完善的赵注本，是杜甫研究史上一件可喜可贺的盛事。全书分三部分，第一部分是长达3万字的前言，可说是对赵注的综合研究，对赵次公其人其书及其渊源流变进行了全面的考证和论述，详实谨确，颇多独到的见解。第二部分是正文的甲帙至丙帙，是对散佚的赵注前半部的辑佚。因《新刊校定集注杜诗》(简称《九家注》)"引赵注最详"(曾噩序)，《王状元集百家注编年杜陵诗史》(简称《百家注》)编次与赵注几乎吻合，故以前者为底本,后者为编次的主要参考,再据赵注原文作必要调整。第三部分是正文的丁帙至己帙,是对后半部赵注明钞本的增补校订。在辑佚和校订过程中对原注引文、注文之讹夺衍倒都予以纠正,缜密细致,颇见功力。该书原是作者的博士论文,卷帙浩繁,长达百馀万字,计收杜诗1439首。正如作者的导师萧涤非在论文评语中所说:"在杜甫研究领域中,作者作出了可喜的贡献。"此书出版后,颇得学术界的称赏。著名学者程千帆致函盛赞云:"近人治杜多空谭而鲜征实,如此书之如乾嘉诸老治经者,盖未有第二家也。"

李杜论集 郑文著

甘肃民族出版社1994年12月出版,16.4万字。该书收入作者有关李白、杜甫的论文17篇,其中论李的12篇,论杜的5篇:《论杜甫的〈兵车行〉》、《也谈杜甫〈洗兵马〉的系年》、《杜甫为什么弃官》、《杜甫爱国爱民与忠君思想是否必须分开》与《由杜甫对唐玄宗、肃宗及代宗之评论看其晚期思想有无质变》,多为与人商榷之作。附录2篇:《略论唐代前期唐蕃关系及高适岑参有关唐蕃战争的诗歌》、《〈王昭君变文〉创作时间臆测》。另有一篇介绍作者生平事迹的文章。

杜甫七律与李商隐七律之比较研究 张经宏著

此为台湾大学中国文学研究所1995学年度硕士论文。全书厘析杜甫、李商隐七律之异同,除了指出李商隐学杜之含意外,并著重于讨论"意象之超越现实"的表现及二人之异同。第二章论意象,从"写景——咏怀"与"体艳"角度观察二者精神与语言风格上特殊之处。第三章从"对仗"和"用典"考察表现型态的美学意涵,例如杜诗以流水对带出个人到天下国家的共通情感,而李商隐用“才/命”、“今/昔”对比方式道出个人的人生观感。在“用典”中分析用典与“意象”两种表达情意的写作面向,二人之差异及会通问题,并提出“意象化的用典”,讨论二人如何经营典故。在“音律与章法”中指出两人声音型式与诗意内涵间的互动关系,并从“内在诗意”的系连角度看笺释者理解的差异性。综言之,形式之比较,是采用“影响”角度来看李商隐从杜诗学习哪些技巧,并加以发展、变化;风格内涵之比较采“对比”方法,分析二人截然不同的人生观照与美感型态,结论以王国维“忧生/忧世”、“主观/客观”诗人的意蕴,确立李商隐诗歌的价值为其寻找适当的地位。

唐宋八大名家·杜甫经典作品选　鹤鸣编选

西南师范大学出版社1995年6月出版,为《中国历代诗词分类精编》丛书之一种。共选杜诗288首,诗后多有简明注释。

杜甫《戏为六绝句》研究　杨松年著

台北文史哲出版社1995年8月出版。全书旨在探讨杜甫《戏为六绝句》对后世论诗绝句体制的影响,而不重在杜甫诗观的呈现。该组诗开创了以绝句论诗的体例,其后的元好问《论诗绝句三十首》即沿其波,继续发展。全书共十一章:第一章说明研究论诗绝句,如《戏为六绝句》可能面对的问题。第二章分析写作《戏为六绝句》的动机,并解释各绝句中的字句问题。第三章论析《戏为六绝句》及杜甫其他有关诗篇批评前代诗人的情况。第四章说明《戏为六绝句》对后代论诗绝句的影响。第五章至第十章则分析后代论诗绝句用杜甫《戏为六绝句》中各诗句字的情况,具体说明《戏为六绝句》对后代同类体制影响情形。因为是采一首一章,故而六首皆分章论析。结论说明杜甫

《戏为六绝句》在中国文学批评史上的地位，确定其对后世之重大影响，使论诗绝句成为重要的文学批评体制。

仇注杜诗引文补正　谭芝萍著

谭芝萍（1917—1993），四川江津（今属重庆）人。1949 年毕业于国立女子师范学院中文系，曾任教于川东师范、重庆第一师范、重庆幼儿师范、重庆师范学院等。退休前为重庆第一师范高师班高级讲师。带病完成书稿《仇注杜诗引文补正》，经钟树梁审订、丁浩编辑，于 1995 年由西南师范大学出版社出版。

此书由西南师范大学出版社 1995 年 10 月出版。23 万字。此书先是总说"仇注征引古籍之概况"：1. 粗略统计"仇注"征引古籍百馀种；2. 举例说明"仇注"各体诗引注规律，总结其失有三方面：（1）引注不当、引而不注类（包括只为字、词引来历）；（2）重引类，主要指对杜句中字、词反复重引；（3）误引类，主要指误引书名、篇名、作者，古籍中字、词、名或段，包括省略不当在内。并详细解说了这三类不当。之后是"引文补正"，分经、史、子、集详细补正。此书前有钟树梁、丁浩二序，后附署名海若的文章《壮心未与年俱老——记〈仇注杜诗补正〉的作者谭芝萍》及谭子汪洋的《后记》。

杜甫诗集　舒方编著

济南出版社 1995 年 10 月出版。17 万字。收入王冶主编的插图本《唐宋诗词十大家》。此书设项较为完备，有原文、注音、注释、今译和赏析诸项，并适当配以插图。本书选取杜甫脍炙人口、影响深远的诗篇共 53 首。书前有"杜甫小传"。

杜甫陇右诗研究论文集

天水师范高等专科学校中文系部分教师撰写，李济阻、聂大受、马建东组稿编排。甘肃人民出版社1995年12月出版。本书共收录天水师专教师研究杜甫陇右诗的44篇论文。内容丰富，从行踪遗迹考证，到陇右诗的思想内容、艺术成就都有涉及。本书是以杜甫陇右诗为专题研究的第一本论文集，是杜诗分时期分地域研究的重要成果之一。

九州诗圣杜甫　毛炳汉著

海南国际新闻出版中心1995年12月出版。该书作为此中心重点项目《中华百杰图传》的《文坛巨擘》之一种，系统全面介绍了杜甫其人其诗，对杜甫经历坎坷的一生和他在学术史上的地位及其伟大作品进行了评述，其特点是图文并茂，雅俗共赏，行文简练，评价中肯，并吸收了新的研究成果，为杜学研究提供了一种新样式。

李白杜甫诗精选　杜维沫、高光起选注

山西古籍出版社1995年12月出版，17.2万字。收入霍松林、卢兴基主编《唐宋诗词三十家》。本书选录李、杜诗各120首，共240首，列有简明注释及评析小文。该书主要对象为中等文化程度的一般读者。

杜甫晚期诗作之精神动向——以夔州诗为归趋之探究　朱伊雯著

此为台湾东海大学中国文学系1996学年度硕士论文。全书探求杜甫晚年之精神动向，表现出杜甫对人类存在可能性之趋近与幻灭，并由幻灭经历而展开的意义思索之转折过程。论述层次从意义追索历程开展，第一部分，论命运意识的崛起与破

裂,属入蜀之前的心路历程,是第一重命限经验;第二部分,论乡愁意识的召唤与溃决,属居蜀时期之心路历程,代表杜甫所遭遇的第二重命限经验;第三部分,论观照意识的觉醒与成熟,是入夔以后之心路历程,代表杜甫返观双重命限之重厄后所逼显出的命限感悟。在这种令人动弹不得的命限张力中,杜甫终于看清不可改变的命运进程,也凝探到历史力量无法摧折的不朽。全文以通过"存在"与"世界"所构成之命限情境,逐步揭显杜甫在日趋冻结的命限张力中所完成的精神突破,也藉此揭示"深度意义结构"何在,及历史表象背后之未知命运循着规律向人类碾过的事实。

杜甫妇女诗研究　吴韦琏著

此为台湾师范大学国文学系 1996 学年度硕士论文。全书以杜诗中的妇女诗为研究范畴,所谓的"妇女诗"是以主题结构为界说,亦即诗中虽无妇女字眼,然内涵是描写妇女者为研究对象。第一章叙论,说明研究动机、研究成果检视、妇女诗定义、取材原则及研究方法等。第二章论杜甫的背景与生平。第三章论杜甫的性情与思想,说明其性情具有同情心、耿直性。第四章杜甫妇女诗内涵分类,从四方面进行论述。首先说明社会实况的呈显;二、就笃切浓郁的亲情,分析杜诗写妻女、妹妹之情;三、就当代妇女写贵族妇女、平民妇女、妓女之切面以反映社会情状;四、分析杜甫反对和亲政策。第五章论杜甫妇女诗之写作特色,共罗列三项特色:丰富生动的典型人物、千锤百炼的文字架构、纯熟精切的比兴技巧。第六章论杜甫妇女诗的境界,揭示出纯挚的人伦光辉、炽热的悲悯情怀、政治的思想憧憬三项内容。第七章对杜甫妇女诗作一评价,归纳出杜甫妇女诗具有情感深厚广博、女性美的塑像、社会现实的反映、口语的撷取等四个特色。

杜甫诗追忆主题研究　许铭全著

此为台湾大学中国文学研究所 1996 学年度硕士论文。全书以主题学研究法讨论杜甫追忆诗,全书分作六章。第一章,叙论。说明研究方法与问题界说。第二章,往事(上)。说明少年漫游追忆及盛世追忆。第三章,往事(下)。讨论政治生涯回顾及战乱流离的追忆。第四章,追忆。论身体记忆与凝结往事的物件、空间记忆。第五章,精致的断片。论杜甫追忆诗的时空感及回忆与被回忆中的自我。第六章,结语。总结前论,论析追忆诗篇对杜甫的创作与心境有一定程度及不同角度的探知。

杜甫诗歌精选　韩成武、南思雁选注

花山文艺出版社 1996 年 1 月出版。为《唐代名家诗丛》之一种。本书从仇兆鳌《杜诗详注》所收诗中精选 250 馀首,依写作时序编次。注释简明,平实可读。

杜甫诗精选精注　龚笃清选注

广西师范大学出版社 1996 年 3 月出版,17.6 万字,为《唐诗精粹丛书》之一。本书精选杜甫各体诗 150 馀首,基本上能反映杜诗创作的全貌。每首诗后都有简要的赏析和注释。

李白杜甫寄怀长诗选　金熙编著

学苑出版社 1996 年 7 月出版。本书选录李白、杜甫寄怀长诗各 7 首。后者依次是:《奉赠韦左丞丈二十二韵》、《自京赴奉先县咏怀五百字》、《北征》、《寄李十二白二十韵》、《壮游》、《偶题》与《风疾舟中伏枕书怀三十六韵奉呈湖南亲友》。每篇按原诗、题注、注释、今译、集说编排。其中"集说"选辑自唐至今对原诗的有关评述。本书从一个侧面反映出李杜杰出的诗歌成就。

杜甫文学游历——杜少陵传　郭永榕著

台北文史哲出版社1996年8月初版。全书以传记的方式来阐述杜甫一生遭逢与际遇。共分十章:第一章,世系与童年。言其七龄思即壮,开口咏凤凰,写少年之志。第二章,吴越之游。记其万里之游始于足下。第三章,齐赵之游。记其放浪齐赵间,裘马颇清狂。第四章,东都与长安时代。写其初入长安,献三大礼赋,旅居十年,仅得微官,后辞河西尉就任率府参军,又奔灵武,疏救房琯,后战地之行,有"三吏"、"三别"之作。第五章,入蜀。写弃官后自华州至秦州,有"一岁四行役"之叹。第六章,成都。写浣花溪畔学圃种药,有着与田父野老相往还的乐趣,后送严武入朝,自己亦有梓州、绵州之游。后严武镇蜀,杜甫以白头趋幕府。第七章,夔州。写在云安、白帝游踪,并有《秋兴八首》之作。后有瀼西果园之乐,东屯稻田之居,秋日江村更有观舞剑器之乐。第八章,出峡。写杜甫因关塞阻隔,转作潇湘之游。第九章,南征。写从江陵到公安,又飘泊潭州,遇兵乱之困厄。第十章,孤舟飘泊潭岳间。写其因耒阳江涨,舟阻方田驿,欲回棹北行,志在归秦,惜老病客舟中,结束颠沛流离的一生。

少陵律法通论　侯孝琼著

中州古籍出版社1996年9月出版,列为《新纪元中华诗词艺术书库》第六辑第九卷。前人注杜、论杜之书虽多方面涉及杜甫律法,但零散未成体系。本书则是系统阐发杜律法则的专著。全书分炼字、琢句、章法、技巧、韵律五篇,逐一以杜甫律诗为例,在简择前人论析的基础上,提出自己的观点,鞭辟入里,阐释精当。在一般法则的阐述中,又突出杜甫在传统法则的熟练运用中神明变化,推陈出新的一面,意在启示学诗者师古而不泥古,在借鉴前人丰厚艺术经验的基础上开拓进取,大胆创新。

杜甫研究论集　中国杜甫研究会编,霍松林主编

中州古籍出版社1996年9月出版,为"新纪元中华诗词艺术书库"丛书第六辑第十卷,是中国杜甫研究会成立大会暨首届学术研讨会专集。本书收录了杜甫研究会成立大会的有关文件和学术论文33篇,并选录历代诗人咏杜甫故里及当代诗人咏杜甫诗百馀首。

李杜诗中的生命情调　简恩定著

台湾书店1996年10月初版。全书以赏析的方式剖析李白、杜甫诗歌中的生命情调,共分四部分:一、导读——欢迎进入李白与杜甫的心灵世界;二、骑白鹤——李白诗中的生命情调;三、观海潮——杜甫诗中的生命情调;四、开锋与藏锋——李杜诗的现代意义。二、三部分是全书的重心,其编排体例是在选诗剖析之前,先简述李杜二人生平,再选诗例,次注解,最后说明赏析。对于李杜二人之现代意义,作者提出李白诗呈显飞扬跋扈,如一把开锋宝剑,光彩夺目,锐气逼人。杜甫诗则沉郁顿挫,如一把藏锋宝剑,质朴浑厚,含气未发。读李白诗,要效法其开锋锐气,不流于莽撞。读杜甫诗,要体会其藏锋蓄势,以应付瞬息万变的环境。并以此为戒,说明宝剑要开锋,慎选出鞘时间,得看个人智慧。

杜甫论之新构想(日文版)　许总著,加藤国安译注

日本研文出版社1996年10月出版。这是一部从学术史角度开拓杜甫研究的专著,也可视为一部较为系统的杜诗研究史。

全书共12章约50万字。从唐、宋、金、元、明、清直至近现代，作者对历代杜诗学史加以宏观描述和深入剖析，不仅开辟出杜诗研究的新领域，使杜诗学研究体系化，而且以文化批判意识对杜诗学史上的重大问题进行了彻底的清理，从而使作为一个诗人的杜甫的本来面目及历代的误读得到鲜明的揭示。该书由许总撰著，由日本爱媛大学教授加藤国安译为日文并详加笺注解说，也是一项中日学者长期合作研究的成果。

杜甫悬案揭秘　李绍先、李殿元著

四川大学出版社1996年10月出版，19万字。收入《中国名人悬案系列》丛书。本书以探讨悬案的方式对杜甫的生平、涉世、交游及其诗作中存在的争议和疑点进行了有益的分析论证。全书分："少壮交游之谜"、"困守长安之谜"、"乱离忧患之谜"、"漂泊两川之谜"和"魂系湖湘之谜"五个部分。是一部具有学术研究性质的资料汇编。

杜甫全集　高仁标点

上海古籍出版社1996年11月初版。这是一部杜集白文本，以康熙静思堂本《钱注杜诗》为底本，重新加以标点，并删去原有校记和注释，仅保留部分题注。又将《全唐诗补编》、《全唐文》所录杜甫佚诗佚文作为附录补入，成为较为完备的《杜甫全集》。共20卷，计诗18卷，文、赋2卷。

杜甫诗译析　胡汉生编著

此书由三秦出版社1996年11月出版。19万字。收入《唐宋诗文大家今译丛书》。为了促进杜甫诗歌的普及、欣赏和研究，作者编选了杜诗110首，按诗体、写作时间排序，并作了注释和译析。注释参照了不同注本,择善而从。译诗以直译为主,不好译的改为意译;采用长短句式,基本上仍用原韵;用词力求简明。简析短小精悍、生动活泼。书前有"前言"。

杜甫全集　仇兆鳌注,秦亮点校

珠海出版社1996年11月出版。三册。此书以仇兆鳌《杜诗详注》排印而成,删去了正文中的异文和注音,改为简体横排,改名为《杜甫全集》。这样一来,可以扩大杜诗的读者面,而其学术价值则减弱了。

杜甫传　马昭著

北岳文艺出版社1996年11月出版。此书分八章:"噫吁戏,蜀道难"、"绿雨红蕖裛草堂"、"江村孤月又清清"、"西川雨淫淫"、"天涯欢与愁"、"梓水波,阆山歌"、"清秋幕府,绝塞狼烟"、"云彩满蜀都",从逃难秦州起,到困顿而逝于衡湘。此书不是严格意义上的传记,而类于小说,这对展示杜甫的性格、杜甫坎坷的一生是有帮助的。

中国古代十大诗人精品全集·杜甫卷　严燕子选注

大连出版社1997年1月出版,1998年1月再版。本书为杜诗普及性读物,选注体例多着眼于阅读与欣赏。本书分为"诗人小传"、正文和附录三部分。小传部分简要介绍了杜甫的生平与诗歌创作。正文收诗529首,入选的诗作按创作时间顺序排列,分为"读书漫游时期"、"困守长安时期"、"陷贼与为官时期"和"漂泊西南时期",读者能较好地把握特定诗作的思想内容。每首诗后都有"题解"和"注释"。"题解"主要是介绍作品的写作背景和抒情主题,而"注释"为了消除读者阅读中的语言障碍。附录中“生平创作简表”和“诗作版本简目”可以为读者进一步研读诗人的其他选本提供索引和帮助。

杜甫律诗揽胜　许总著

台湾圣环图书公司1997年1月出版。该书是一部对杜诗选注并加以解析的注析本。专选杜甫五、七言律诗，共63题105首。入选篇目以入蜀后的晚期作品为主，所选作品以艺术成就为衡量标准。为进一步阐明这一点，在注释之后，逐篇加以解析。解析主要从诗人的心理状态、作品的艺术构思和篇章结构及其在杜诗艺术发展中乃至整个诗史上的作用与价值着眼，力图融合分析、评论、鉴赏三端；文字以简为要，意到即止，试图给人以思维上的启示与审美上的联想。

杜诗学通论　许总著

台湾圣环图书公司1997年2月出版。该书是作者长期进行的“杜诗学”课题研究的最终成果。鉴于杜诗在文学史上的实际地位，杜诗研究实已形成一种专门之学，但是学术界对《诗经》、《楚辞》等的研究史注意较早，而对杜诗研究史的研究，对“杜诗学”体系的建构，则相对较为薄弱。本书就是对“杜诗学”体系的建构，也是试图从学术史的角度对杜诗研究的领域进行的一次开拓。该书分上、下两编共37万字。上编《杜诗学史概要》是对杜诗研究史的各个阶段进行探讨，始自中唐，迄于当代，力图使杜诗学史的发展过程得到完整的描述；下编《杜诗艺术掇琐》是对杜诗艺术本身的系统研究，试图对其时代特征、心理内涵、艺术手法加以全面探究，并提出诸多有别于传统评价的创见。本书通过研究史及文本两个层面构建“杜诗学”的研究范围和体系，在研究方法上，力图排除历代经史本位的干扰，大倡诗学本位的回归，使千馀年来笼罩在杜诗研究史上的迷雾得以清除，而对杜诗艺术本身也可得到一种全新的认识和评价。

杜工部集　王学泰校点

辽宁教育出版社1997年3月出版，为《新世纪万有文库》之一种。全书分两卷，以影印《宋本杜工部集》为底本，以《王状元集百家注编年杜陵诗史》、《九家集注杜诗》、《杜工部草堂诗笺》、《杜诗赵次公先后解辑校》通校，并以钱谦益《杜工部集笺注》、仇兆鳌《杜诗详注》参校。底本未收的诗篇，据他本补录，附在后面。为便于阅读，较长的诗文酌情分段。校勘整理情况详见书后《校勘记》。

杜甫草堂历史文化丛书　主编张志烈，副主编周维扬、丁浩

四川文艺出版社1997—2000年出版。该丛书为帮助读者较全面、直捷地感受成都杜甫草堂的文化精神，宏扬诗圣的爱国主义精神而编写。包含《杜甫草堂诗选》、《杜甫草堂史话》、《杜甫草堂匾联》、《杜诗今译》、《历代咏草堂诗选》、《诗圣杜甫》、《李白诗选》、《陆游咏蜀诗选》、《黄庭坚诗选》、《书海拾贝——杜甫草堂馆藏杜集善本评介》、《画坛撷英——杜甫草堂馆藏书画精品评介》，共十一册。本丛书对杜甫草堂的历史文化内涵作了全面而深入的发掘。

杜甫草堂诗选　师野选注

四川文艺出版社1997年4月出版，为《杜甫草堂历史文化丛书》之一种。本书选录了杜甫居住草堂三年零九个月的时间

里所写的240馀首作品中的近半数诗作,每篇后都有说明和注释,基本反映出杜甫居草堂时的创作风貌。

杜甫草堂史话 周维扬、丁浩著

四川文艺出版社1997年4月出版,为《杜甫草堂历史文化丛书》之一种。本书分草堂的历史与现状、景观评说、文物拾翠三章介绍了草堂的历史变迁和风貌,附录还特别介绍了草堂寺、浣花祠、梅园的由来及景况。本书从纵向的史的角度揭示出杜甫草堂所蕴含的深厚文化内涵。

杜甫草堂匾联 丁浩、周维扬编著

四川文艺出版社1997年4月出版,为《杜甫草堂历史文化丛书》之一种。本书收录杜甫草堂匾额、对联三十二条。匾额予以简要说明,对联则予以注释、简析,并简介作者。书末附录浣花祠匾额一、对联二、草堂旧联补遗十六。本书展现了杜甫草堂文化景观的一个重要组成部分。

历代咏草堂诗选 刘新生选注

四川文艺出版社1997年4月出版,为《杜甫草堂历史文化丛书》之一种。本书精选出历代吟咏成都杜甫草堂的102首诗作,按时代顺序编次,并予以简要说明和注释,展示出历代诗人对诗圣和草堂的景仰之情。

诗圣杜甫 刘新生著

四川文艺出版社1997年4月出版,为《杜甫草堂历史文化丛书》之一。12万字。全书共分十二章,以杜甫的诗文和有关史籍为主要依据,参考了一些当代研究者的最新研究成果,记叙了杜甫的一生，并对杜甫各个时期的代表作品作了通俗易懂的评介，是一部分量适中、较为简要的杜甫传记。

中国诗苑英华·杜甫卷　吴庚舜、陈刚、温绍堃选注

山东大学出版社1997年4月出版，20.1万字。本书选杜诗197首，每诗后有详注。书前有王运熙总序。注者前言简述杜甫集大成的时代条件和个人因素。

杜甫研究（卒葬卷）　傅光著

陕西人民出版社1997年8月出版，35万字。全书分正、副两编：正编——研究编，分杜甫之死的异说与分歧、杜甫之死辨误、戎昱《耒阳溪夜行》诗考论、韩愈《题杜子美坟》诗考论、元稹《杜君墓系铭》考论、李观《杜拾遗补传》考论、杜甫墓葬的历史考察、杜甫卒葬年表等二十章。作者辩驳诸家之说，力主"杜甫确于大历五年（770）夏卒于耒阳"，"直接死因还只是饮酒过多"。并考证《风疾舟中伏枕书怀》一诗不作于大历五年冬，而作于"大历三年（768）冬末，地点在洞庭湖上的舟中"，因而不是杜甫的绝笔诗，而《聂耒阳以仆阻水书致酒肉疗饥荒江诗得代怀兴尽本韵》诗才是杜甫的绝笔诗。同时认为《耒阳溪夜行》一诗非张九龄作，而是中唐诗人戎昱所作；《题杜子美坟》一诗确为韩愈所作，不是伪诗；《杜拾遗补传》非唐人李观（元宾）作，而是宋人李观（梦符）作。副编——考证编是对自唐迄今有关杜甫卒葬资料的研究。书后附杜甫卒葬研究资料索引（1911—1996）、引用书目。书中附插图70馀帧。

杜甫诗全译　韩成武、张志民译注

河北人民出版社1997年10月出版，101.5万字。本书是大

陆第一部杜诗全译本，以仇兆鳌《杜诗详注》所收诗歌为依据（唯《哭长孙侍御》一首作杜诵诗，不录），每首诗有题解、原诗、注释、译文四项。题解包括编年和内容提要。全书将杜甫生平分为读书与漫游时期、困居长安时期、身陷叛军中及为官时期、飘泊时期四个阶段。第三个阶段又分从奉先到鄜州、身禁长安、从长安到凤翔、从凤翔到鄜州、从鄜州到长安、从长安到华州六个段落；第四个阶段又分从华州到秦州、从秦州到同谷、从同谷到成都、从成都到绵州、梓州、阆州等地、返回成都、自成都沿岷江南下入长江东进、滞留云安、寓居夔州、飘泊荆湘九个段落。注释以精要为特点，一般只注释典故和生僻词语。译文是本书的核心部分。译者参阅了大量资料，细览百家之说，择其善者而从之；忠于作品原意，审慎加以翻译；个别诗句跳跃处，则根据上下文意而增补有关内容，总起来说，基本上做到了信、达、雅。

杜诗意象论　欧丽娟著

此为原为台湾大学中国文学研究所1990学年度硕士论文，题为《杜甫诗之意象研究》，后由里仁书局于1997年12月出版。全书以讨论杜诗中的意象为主，共分五章。第一章绪论，说明研究动机与方法，厘清意象义涵，并说明意象构成要素、方式、传释过程与评价标准。第二章以主题研究和主题学研究方法，找出杜诗持续出现的意象主题，论析诗人的情志、理念和生命状态，包括竹、花、月之意象。第三章意象主题，论述鸥、大鲸、鸷鸟之意象。第四章论意象塑造之特殊形式，以充分展现杜甫诗心及诗艺的完满结合，从倒装之色彩意象及字质之表现、当句对之复合意象论述。第五章论意象表现之特质，反映杜诗“浮生之理”与“物理”合一的世界观，使杜诗意象生动深刻。结论，从意象塑造的角度确认杜诗在中国诗歌意象发展史的地位。

杜甫　还珠楼主著，周清霖、李观鼎编校

还珠楼主(1902—1961)，原名李善基，后名李寿民，四川长寿(今属重庆)人。出生在一个书香世家，祖上累代为官。其父李元甫在光绪年间曾在苏州为官，后因不满官场黑暗，弃官归里，以教私塾为业，因有家学渊源。12岁丧父，随母往苏州投亲。16岁北上天津谋生，曾在傅作义幕中任中文秘书，又在天津电话局为秘书。后与豪富孙仲山之女孙经洵结婚。“七七”事变后，拒任伪职。临终前口授完成了章回体小说《杜甫》。一生写了42部小说，包括“出世仙侠”小说(11部)、“入世武侠”小说(23部)、其他作品(8部)。最能代表其成就的当推神怪武侠小说《蜀山剑侠传》和《青城十九侠》，而且以《蜀山剑侠传》为主干，上溯、下延、旁出枝蔓，构成了一个系列。

《杜甫》由北岳文艺出版社1998年出版。此书是作者在临终前口授完成的历史小说。全书共七回：第一回，落叶满长安，残照西风，汉家陵阙；分金贻至契，推襟寒儒，杜老心肠。第二回，季世更何知，三绝补窗高士画；危机原不计，长亭走雨故交情。第三回，急景正凋年，笔染烟云惟有饿；考功仍下第，诗成珠玉也长贫。第四回，高谊托风尘，斗酒只鸡珍远别；清辉怜玉臂，砧声午夜感深情。第五回，献到宫廷，妙笔才为当世重；躬亲陇亩，衷怀始共野人知。第六回，不见咸阳桥，惨雾弥天，哀鸿载道；同乘飒露马，长河落日，故友班荆。第七回，积雪行舟，阴岭光寒林似玉；僵尸委路，朱门肉臭酒如渑。该书熔小说、传记和历史为一炉，“穷愁潦倒”是其基调。

大唐诗圣——杜甫　张健编著

台北五南图书出版公司1998年出版。全书以选录、注释杜

诗三百多首代表作品为主。书前有《杜甫及其诗歌》一文，论杜甫生平及诗歌内容、风格、分期、优点及渊源、影响等，可管窥杜诗奥秘。全书分作四个时期来选录：一、早年诗，二、安史之乱期，三、草堂时期，四、夔州时期。辑录的每一首诗皆加以注释，并说明题旨、写作时间、创作动机或点出言外之意。

杜甫巴蜀诗“生活”题材研究　李欣锡著

此为台湾师范大学国文研究所1998学年度硕士论文。全书分析杜甫巴蜀诗并结合杜甫生活所旁及的建筑、艺术、书画、乐舞，呈现出杜甫巴蜀诗中的生活面向。共分五章：绪论说明研究动机、范围、方法及前人研究成果，并对巴蜀作释名，以确立取材范畴。第二章讨论杜甫在流寓生活中的家园环境，先对巴蜀时期居处作简略介绍，以浣花草堂为论述对象，说明草堂周遭环境与园林建设。第三章论述杜甫在巴蜀的乡居生活，以成都、夔州两个时期的生活为主线，呈现诗人在巴蜀十年间种药、为农等活动，充实杜甫生命情感与生活乐趣。其次，与亲友、邻居间的相处及在自然界获得的闲适意趣，构成杜甫乡居生活的基调。另外，更论及杜甫饮食活动，了解其饮酒、饮食之需求与喜好。第四章讨论杜甫游赏的生活态度，以诗人的时空忧患为主，如何藉由生活中游、观等活动来进行消解，在自然山水、书画乐舞的沉潜，藉由抽象或具象的线条、形象、音声获得充盈的大化之感，同时也宣泄苦闷、悲怆之情，并获得超越与解脱，达到了真正“游”的目的。结论对杜诗“生活”题材研究作一览顾与展望。

杜甫研究论稿　丘良任著

丘良任(1912—2000)，安徽全椒人。父亲丘景章是全椒才子,光绪三十年(1904)进士,创办全椒中学。良任在故乡度过童年,后就读于南京钟英中学。毕业后考入上海中国公学文学院攻读中国文学。大学毕业后,先在南京的中学执教,后多年从事新闻工作,在湖北、湖南的数家报纸任编辑、总编、社长之职。四十年代末受聘于长沙克强学院(后并入湖南大学),任中文系副教授。1949年以后,先后在长沙、淮南、北京、贵阳、淮北等地的中专和大学教授古典文学。其研究范围涉及古典文学、古代史学、诗词理论、民俗学等。出版著作《竹枝记事诗》、《历代宫词记事》、《杜甫研究论稿》。编有《杜甫在湖湘——杜甫湖湘诗研究资料汇编》、《中华竹枝词续编》、《历代宫词统编》以及《补蹉跎室吟稿》、《全椒先贤诗钞》等。

《杜甫研究论稿》,中国文联出版公司1998年6月出版。此书收集了作者有关杜甫研究的十馀篇论文,其中数篇涉及对杜甫卒因、卒地、卒年等的考证,列举大量史实及资料,对杜甫死于牛肉白酒之说提出质疑,并考订杜甫是大历六年(771)春季病逝昌江,殡于小田。作者又撰《杜甫湘江诗月谱》,不仅罗列杜氏相关史事,还诠释了诗文、各种评议及相互关系。书中还有《杜诗考索》、《"幽人"不能作"幽囚"解》等考据文章,澄清了一些读杜中的偏颇。《杜甫诗歌所表现的真善美》则从崭新的角度揭示了杜诗的美学价值。《论稿》后半部为"杜诗今译",作者按年代先后选译了38首有代表性的杜诗,译文流畅,译意准确,既可帮助年轻学人理解杜诗,也是古诗今译的有益尝试。

杜诗研究丛稿　钟树梁著

《杜诗研究丛稿》,四川天地出版社1998年9月出版,22万字。本书收录著者有关杜诗的论文22篇,内容广泛,重点论述杜甫各期诗歌的思想内容，兼论杜诗中的妇女形象、杜诗的承前启后地位等问题。而对杜诗名篇的赏析、对杜诗精义的阐释亦较有特点。书前有作者自序，书后附录有关诗词三十多首。本书是著者数十年研究杜甫诗歌的心得体会。

诗圣杜甫　孟修祥著

湖北人民出版社 1998 年 9 月出版。是书为王齐洲主编《走近圣人丛书》之一种，包括一、前言，二、时代骄子，三、盛世悲辛，四、乱世之歌，五、苦难人生，六、诗圣精神，七、诗圣、狂士、隐者，八、时代、个人、诗，九、崇拜与选择，十、杜甫与当代诗人，凡十部分，对杜甫及其诗歌做了通俗易懂的介绍与评析，兼具知识性与学术性的特点。

杜甫选集　山东大学中文系古典文学教研室选注，袁世硕、董治安、张可礼、张忠纲修订

人民文学出版社 1998 年 10 月出版，为《世界文学名著文库》丛书之一种，26.6 万字。此书是在该社 1980 年版《杜甫诗选》的基础上增选修订而成。增选了几十首诗和一篇《雕赋》，同时修改了原来的部分注文。体例亦有所变化，并注意吸收新的研究成果。

杜诗今译　曾亚兰、王飞等著(署名师兴)

四川文艺出版社 1998 年 12 月出版，2003 年出版修订本。为《杜甫草堂历史文化丛书》之一。本书为杜甫诗歌选译，精选杜甫各时期诗歌七十馀首。所选作品为能代表杜甫诗歌思想内容和艺术风格，对后世影响较大，且脍炙人口的杜诗名篇。本书对所选杜诗做了题解、注释、汉语今译。题解和注释，注重简练

精悍；今译，力求信、达、雅兼融，准确生动。今译是一种再创作，而以今诗译古诗有相当难度。本书的杜诗今译在准确表现原作思想内容和艺术特色的基础上，展现了重在诗的意韵和诗化语言风格的特点，优美流畅，可以帮助读者更易更快读懂杜诗而获得美感。

书海拾贝——杜甫草堂馆藏杜集善本评介　丁浩编著

四川文艺出版社 1998 年 12 月出版，为《杜甫草堂历史文化丛书》之一。10.8 万字。共收录《南宋刻本〈杜工部草堂诗笺〉简述》、《南宋刻本〈草堂先生杜工部诗集〉评介》、《杜甫草堂藏元刻杜集评介》、《杜甫草堂藏明刻杜集评述》、《杜甫草堂藏清代手钞杜甫略说》、《杜甫草堂博物馆馆藏杜集目录》等文，主要对杜甫草堂博物馆所藏杜集版本作了简略的介绍，对于了解现存杜集文献具有重要的参考价值。

画坛撷英——杜甫草堂馆藏书画精品评介　贾兰著

四川文艺出版社 1998 年 12 月出版，为《杜甫草堂历史文化丛书》之一种。杜甫是唐代伟大的现实主义诗人，流传至今的一千四百多首诗作给历代书画家提供了丰富的创作素材。本书精心挑选了杜甫草堂博物馆馆藏的具有代表性的三十七幅名家书画作品，这些书画家如董其昌、张瑞图、傅山、郑板桥、谢无量、齐白石、张大千、沈尹默等，他们无一例外地都喜爱杜诗、尊崇杜甫，他们理解杜甫，用自己的智慧和惺惺相惜之情在纸上复活了杜诗描绘的时代和情感，他们是杜甫的异代知音。书中详细介绍了作品的基本情况、作品作者的生平、作品的创作背景，也公允、客观地对作品的艺术成就和艺术价值进行了简要评价。文字简明流畅，雅俗共赏。本书为人们提供一些理解草堂文化精神的必要材料，让更多的人可以更容易地理解杜甫精神丰富的文化内涵，更加全面、深入、直接地感受杜甫的巨大魅力。

杜甫在长安　张哲民著

陕西三秦出版社 1998 年 12 月出版。全书分上、下两册，计 80 万字。该书熔小说、传记和历史为一炉，也夹杂着作者对杜甫的研究成果。本书细致描绘了天宝年间大唐社会的剧变史以及都城长安的风情地貌，还杜甫于斯时斯地，让读者领略杜甫在长安的艰难求索、凄凉人生和抛洒在三秦大地上的点点血泪、声声华章，从而认识那段不同寻常的历史灾难，感受诗人百折不挠的报国情怀。书中同时展现了李白、高适、岑参、郑虔、房琯、严武等众多文星武擘与杜甫的悲欢往来和他们各自的荣辱沉浮。书中有名有姓的历史人物近百个，个个有血有肉，可歌可泣。作者还历史以本来，讴时代之正气，图诗人之风骨，正像本书内容提要中所说的，“是君子的群英谱，小人的群丑图，更是不得志文人的众生相”。该书自问世以来颇得读者好评，被称为“长篇历史文献小说”，认为“是杜甫研究的重要成果，也是一部极具学术价值的杜诗研究专著”。

中学生文学精读——杜甫　周锡䪖选注

香港三联书店 1998 年出版。为“中学生文学精读”系列丛书之一种。此书以编年形式把杜甫的生平与创作分为上、中、下三个阶段，每一个阶段均选取若干首该时期的代表作分析与注译，至于每首诗则分题解、译注及评析三部分。译注中把全首诗译成白话文，以后就个别字词，加以注释。至于评析方面，选注者自言"力求简练精当,言之有物,突出重点以助欣赏研读"(《前言》)。另外,书中有专题研究部分,分别为《李杜交情及其三宗疑案》、《杜甫诗中的诸葛亮》、《杜甫的律诗》、《杜甫的题画诗》,其中各选取有关的诗篇加以译注及评析,以使读者对一些专门的学术问题有所认识。

杜甫 邓魁英著

春风文艺出版社1999年出版。此书对杜甫一生的经历,作了全面、系统的评述。其特点是,并非单纯为杜甫作传,而是把杜甫的经历与当时动乱的社会联系起来,以记述杜甫的行踪,呈现出有唐一代的兴衰史。

乱世流萍——杜甫传 邓红梅著

河北人民出版社1999年1月出版,为曾繁亭主编《世界十大文学家》丛书之一。该书在前人研究的基础上,以杜甫的诗歌及相关文献为依据,重点探讨了诗人杜甫的心路历程,以及他成为一个伟大作家的内在心理动力,摆脱了文学传统将杜甫扁平化、神话化的研究视角,指出了在时代的变动和个人的失路中杜甫所经历的明显思想变化。另外,在关于杜甫某些诗歌的意蕴解读上,也提出了一些不同于前人的见解。

唐李白杜甫诗名篇赏析 杜少春编

台北天际文化事业股份有限公司1999年9月出版,为《历代诗词经典宝库丛书》之一种。全书选李白、杜甫之诗歌名篇进行赏析。杜甫部分共选了二十首,如《望岳》之"会当凌绝顶,一览众山小"具有启发性与象征意。《后出塞五首》其二之艺术手法以时间推移为顺序,写景叙意,有声有色。

《月夜》之手法乃从对面着手，写妻子对月抒怀，章法紧密。《春望》之意脉贯通不平直，情景兼具而不游离，感情强烈而不浅露，内容丰富而不芜杂，格律严谨而不板滞。《月夜忆舍弟》之层次井然，首尾照应，承接圆热，结构严谨。《江村》之艺术处理有独特之处，一是复字不犯复，二是全诗前后啮合，三是结句忽转凄婉，有咏怀诗特色。《后游》诗表面豁达，实则沉郁顿挫，以散式句，表现平顺自然的风格。《客至》以门前景、家常话、身边情编织成富有情趣的生活场景，表现出人情味与生活气息。《春夜喜雨》将满城春色美景，充满喜悦心情，生动地表现出来。《闻官军收河南河北》除第一句叙事点题外，其馀各句皆为抒发忽闻胜利消息之惊喜心情，奔涌直泻。《登楼》之格律严谨，中间二联对仗工稳，颈联为流水对，有飞动流走之快感，末联则抒无可奈何之伤感。《江南逢李龟年》之二十八字包含丰富的时代生活内容，反映诗人追忆感喟时代沧桑、人生巨变的无常。

杜甫研究丛稿　王辉斌著

中国文联出版社1999年9月出版。全书分上、下两卷，内容包括对杜甫生平的考证、作品的宏微观照、诗艺的总体透视、研杜成果的品鉴，以及对日本学者研杜成果的译介等。书中订正了旧说中的若干错讹，提出了一些新见，如将杜甫的创作方法概括为“三苦一神”、秦州诗是杜诗艺术转型的分水岭等。

杜诗今注　王士菁著

巴蜀书社1999年12月出版。80万字。此书以王洙本为底本，以草堂诗笺本、仇注本、杨注本等进行校勘。编年以仇注本为主要依据，同时参以其他版本稍作调整。又按杜诗创作年代,据诗歌内容分为十卷。其注音、释义,均采用现代汉语,通俗易懂。此书《前言》对其编注目的、杜甫及其诗篇做了简要介绍。其主要目的是,“在普及方面”,“满足读者的需求”,“试图在《便览》的基础上”,“用现代汉语对杜诗加以注释,让广大的读者能够对杜诗增进理解,把杜诗读者的范围扩大到一般读者层,使杜诗为更多的读者所接受”。

杜诗全集(今注本) 张志烈主编

天地出版社 1999 年 12 月出版。四卷,120 万字。本书以杨伦《杜诗镜铨》为底本,主要参考仇注、钱注并历代其他重要注家成果,对 1400 多首杜诗进行了现代学术观点的诠释,包括校理文字、核查出典,补出引书篇章目录,讲说诗句曲折含蕴,提示题旨大意,评点艺术特色,审定编年岁月等。该书编写,既为了满足广大读者阅读杜诗的普遍需要,也为了缩短前人著述和今人阅读间的距离。

杜甫夔州诗现地研究 简锦松著

台湾学生书局 1999 年 12 月出版。全书以“现地研究”的方式,对杜甫夔州诗四百三十首中有关“楚宫阳台”、“赤甲白盐”、“东屯茅屋”、“瀼西草堂”四个地名作定位、考证之研究。全书除了“前言”及“结论”外,论述的重点在于实地考察上述诸地,并对照诗歌文本及参照历代评杜注杜诸说。“楚宫阳台”从“古迹概念”及“现地观念”来观察杜诗看、写“楚宫、阳台”之演绎,并确指瞿唐峡西段的地形地貌与楚宫阳台的方位。“赤甲白盐”先作赤甲白盐二山及周边山之现地考察,再从杜诗指出二山之特征、经济人文条件,其下再从唐以前赤甲白盐二山之名称、宋明地理志书之位置、宋明诗文之称谓、杜诗古注对赤甲白盐二山之误释等视域,分别论述之。“东屯茅屋”先针对东屯宅描述,再作东瀼水流域之现地调查,并从杜诗古注及古地理书东屯说重新检证。“瀼西草堂”,先述东瀼水与梅溪河之自然景观,再作杜诗对瀼西堂之直接描述、瀼西地名之由来,并辨正梅溪河与东瀼水之东西地理位置。此书以跨科技的多元角度切入杜诗研究,通过实地踏勘,采用现代科技手段,一改过去对于“地名”纸上谈兵的文献考证,为杜诗研究开出一条新路。书前附精美图片 71 幅。

杜甫研究论集　中国杜甫研究会编,主编霍松林,执行主编葛景春

香港天马图书有限公司 2000 年 1 月出版。此书是中国杜甫研究会第二、三届学术研讨会的汇集,收录论文 37 篇。两次研讨会分别于 1996 年 9 月、1999 年 10 月在甘肃天水、湖北襄樊召开,两会的中心议题为:杜甫的陇右诗;回顾、总结 20 世纪及建国五十年来的杜甫研究,展望 21 世纪的杜甫研究。因而所收论文也多与之有关,探讨杜甫陇右诗的约占半数,其他涉及杜甫的先祖、祖籍、出生地,杜甫的思想,杜诗艺术,杜诗的文化诠释,李杜的接受史及杜诗学等重要问题。

少陵诗传　江希泽著

吉林人民出版社 2000 年 1 月出版,为《中国历代名家流派诗传》之一种。书前有“杜甫及其诗歌”,简述杜甫生平,简评杜诗的成就与贡献。接下来是诗选部分,所选全是名篇,各诗都有简要的注释。

杜甫诗选注　沈文凡选注

吉林文史出版社2000年1月出版，为邓魁英主编《诗仙词圣精品文库》之一种。全书11万字。此选本主要采用分体编排的方式，同时又考虑到编年、分题材等问题。在篇目的选择上，既考虑到杜甫律诗的地位，又不忽视其它体裁诗歌的价值。本书在内容与形式上，较切实地阐释了杜甫诗歌的新闻传播属性，是其主要特点。

落花时节又逢君——杜甫　何文祯、于洪英著

台北三思堂文化事业有限公司2000年3月出版。全书以历史小说的笔法摹写杜甫一生，主要是秉着唐朝隐士王质夫所云"夫希代之事，非遇出世之才润色之则与时消没，不闻于世"的信念，以言语生动、轶事丰富的方式，来构写杜甫风华的一生。全书共分七章：第一章，七龄即思咏凤凰。写杜甫早慧及壮志。第二章，锦绣河山少年游。写年少壮游之豪举。第三章，诗酒交契李杜情。写李杜交往情深。第四章，长安十年潜悲辛。写旅食京华十载，残杯冷炙之落寞。第五章，战争流离安史乱。写安史乱起，颠沛流离之困境。第六章，蛰居草堂效陶潜。写浣花草堂一段耕读的闲情逸致。第七章，落花时节又逢君。写重逢李龟年，寓寄人世无限感伤凄凉。本书以流畅的文笔、发人深省的情节、丰富的史料，详述了杜甫的一生际遇及诗文成就。

杜甫诗选　锡锚选注

巴蜀书社2000年7月出版。12万字。该书为《唐宋名家选集丛书》之一种。书前有著者撰"前言"，简要概括杜甫生平以及杜诗思想、艺术成就。次为目录，共选诗97题106首，尽为名篇。诗正文后加注，注释文字极简。该书是一意在普及杜诗

的通俗读物。

诗圣:忧患世界中的杜甫　韩成武著

河北大学出版社2000年8月出版。该书为著者广泛吸纳学术界研究成果,并结合个人见解而写成的一部杜甫新传记,以杜诗文本和史料为依据,对杜甫一生的行止踪迹作出较详尽的考察和描述,又通过分析各个时期的作品,将杜甫思想、感情、性格、兴趣以及诗歌艺术,随时予以揭示和评论,较为成功地塑造出一个有血有肉、鲜活生动的诗人形象。该书另一特点是学术性与文学性结合,将学术成果寄于通俗的文字表述之中,利于社会大众阅读。张忠纲在"序"中称誉作者"以平实无华的语言、优美流畅的文笔和深刻独到的见解叙述了杜甫的忧患一生,将一个活生生的杜甫呈现在广大读者面前"。2007年,韩国梨花女子大学的金宜贞教授,将此书翻译为韩文,译名为《杜甫评传》,由韩国HOMI出版社出版。译者指出,韩著尽量节省了对背景的说明,通过对杜诗的解读在最大程度上详细再现了杜甫的行迹。"本书的作者韩成武从广阔的视野来俯瞰诗篇,追寻诗中的每个文字蕴含的深意,极富立体感地展现出诗人曲折的一生"。因此,这是一部"极其充实"的杜甫传记。译者还指出,作为杜甫诗的研究者,韩成武教授自身所具备的对诗的精密细致的视角,对叙述杜甫的一生事迹显然有所帮助。鉴于杜甫对韩国文学史的巨大影响,该书的出版在韩国有很重要的意义。

杜甫与长沙论文集　张志浩、伏家芬等编

中国文联出版社2000年10月出版。此论文集是湖南诗词协会、长沙市老干部诗词协会为纪念杜甫逝世1230年周年而编

成的。此书前有伏家芬撰写的《前言》,简述成书经过及杜甫与湖南的关系。后有长沙市图书馆所编《湖南省图书馆及市图书馆藏杜甫资料索引》,便于检索。共收论文24篇,从中既可“窥见杜甫晚年诗作对于湖湘文化——特别是对长沙历史文化的密切关系和深远影响”,又能“为中华诗词走进大中小学校园,推波助澜”(《前言》)。

杜甫诗文详注　海兵编著

新疆人民出版社2000年11月出版。此书为《中国名家诗词系列》之一种,其封面署名《杜甫诗全集详注》似不确,此处采用的是扉页题名。该书实为一杜甫诗文选本,凡选杜诗文387题443首,基本以年代为序编次,分注释、鉴赏两部分。书前有《前言》、《杜甫小传》。其编选标准“既考虑思想性与艺术性统一,又考虑名篇与名句统一,既照顾普通读者加强了可读性,也为与同行交流保留了研讨性”(《前言》)。

钱注杜诗与诗史互证方法　郝润华著

黄山书社2000年12月出版。全书共分五个部分,首章是“引论”,对《钱注杜诗》产生的时代政治背景及学术思潮进行了探讨。第二章阐述《钱注杜诗》的产生过程及钱谦益对此书的著述态度,从注杜动机与注杜目的两方面进行论述。第三章论述《钱注杜诗》中的诗史互证方法,此为全书的重点。从《钱注杜诗》的笺注入手,归纳出钱谦益诗史互证方法包含三个内容,即以经学的考证方法为基础,以史学的实证方法为架构,以文学的阐释方法为目标,将解经、证史、笺诗的方法合而为一,澄清史实,阐明诗意,体现了诗史互证方法的真正精神和内涵,成为典型范例。第四章探讨了《钱注杜诗》对诗歌诠释学的贡献,认为钱著不仅对清代诗歌学具有巨大影响，而且对现当代的治学方法也有不可低估的作用，具有学术生命力。最后一章阐述了《钱注杜诗》的文献价值，对钱谦益引用文献的特点和方法都进行了分析和总结。该书把《钱注杜诗》置于整个古代学术发展史中进行研究考察和总结，论述了《钱注杜诗》的研究价值、诗史互证方法的产生、特点及其在诗歌诠释学中的地位、《钱注杜诗》诠释方法对清代及近现代诗歌解释方法的影响等问题，清楚地提供了《钱注杜诗》及其诗史互证方法的全貌。是学术界首次对《钱注杜诗》进行的全面研究和探讨。

诗圣传奇　崔泽义著

重庆出版社2000年12月出版。是书为章回体小说，25.3万字。第一回前有“楔子”，叙述清雍正二年，洛阳知府张汉（字月槎）赴任途中路经巩县诗圣故里，听杜甫后人杜耕讲述诗圣一生传奇，以此作为全书的开篇。以下分为三十六回，以传奇的笔墨描写诗圣的一生经历。书中描写不尽依史实，而是大体根据史实加以敷衍而成，如“张巡”改名为“张通”，“赞上人”改为“上赞大师”之类。其中人物刻画比较生动，有些章节比较传神。

杜甫七律的语法风格　周能昌著

此为台湾中正大学中国文学系2001学年度硕士论文。全书从语言风格学的视域来论述杜甫的七律。共有五章，首章先确立研究方法、步骤及语言风格学批评的价值，以确定从语言风格学切入杜律研究之学术价值。第二章从诗歌格律与诗家个人语言表现之间的互动关系，提出诗歌格律最重要四项：协韵、平仄、对仗、半逗进行正反之申论。第三章分析杜甫七律语法风格的词汇风格,从构词类型、色彩词、口语、俗字四项进行细部论述。第四章从杜甫七律的句法风格著手,论述三字嵌、走样句、假平行三种句法风格,并分类举例细说。其中"三字嵌"从名词类别、词中位置、句法功能论述;"走样句"则从"移位"、"省略"论述;"假平行"则分别讨论词义、词性、构词、句法之假平行的关系,并以简图明示。第五章结论则综合归纳杜甫七律语法之概况,提供给后学多元的研究方向。

杜甫山水纪游诗研究　林雅韵著

此为台湾辅仁大学中国文学系2001学年度硕士论文。全书集中讨论杜甫诗中占量十分之二的山水纪游诗。分作六章进行论述:首章就研究动机、方法、取材范围作说明,并简述杜甫生平。第二章,山水意识的演进与山水纪游诗的发展,以时代为序,从神话传说、史册、诗集、诗论及各种诸子之学论述山水意识之演进,进而探讨山水纪游诗的形成及发展,作为研究之背景知识及历史渊源。第三章,杜甫山水纪游诗的题材分析,参照地方志,探索杜甫一生行踪游历,从"地域色彩呈现"、"田园风光描绘"、"古迹名胜游赏"等写作题材见其行旅丰富,描绘之功。第四章,杜甫山水纪游诗的情感呈现,论述杜甫情感特征及变化,一则探索其人生情怀、思想特质,一则呈现其对山水诗写情传统的开创。第五章,杜甫山水纪游诗的艺术特色,由锻字、炼句、谋章等形式探讨艺术技巧的创新出奇,分析意象塑造、风格展现及山水之景与诗人之情密切结合。结论部分说明杜甫山水纪游诗反映诗人思想情感、创作特色,并对山水诗歌写作内涵、风格呈现甚具开创之功,影响其后山水诗创作方向。

历代杜诗学诗法论研究　徐国能著

台湾师范大学国文研究所2001学年度博士论文。全书以探讨历代杜诗学中之诗法论为主,理论结构分作两层次进行,第一是在原始资料中整理出历代批评家对杜诗诗法之分析,提出理论作用、术语定义及相关问题。第二层次是针对理论术语所具有的文学批评意义作分析。共分六章探研,第一章绪论,先释"杜诗学"之名义及研究旨趣,并述历代诗法理论之发展。第二章首论杜诗学诗法论之初精,自中唐迄南宋,此时诗人直接学习杜诗法,并对杜诗用字、练句提出讨论,次论杜诗学诗法论之中期,自刘辰翁至金圣叹,此时采用"评点"手法。第三章论清人注杜及诗话中对杜诗诗法之阐发情形,主要对前代理论的继承与细密化,以方东树《昭昧詹言》为主。第四章论清代以评论探析杜诗诗法之二著作,一是黄生《杜诗说》,一是吴瞻泰《杜诗提要》,分析二人论杜诗诗法之繁复细刻。第五章厘定字法、句法在语言上的意义,进而探讨杜甫及杜诗批评出位的现象。第六章结论,以诗法批评在"示人学诗门径"与"以诗法解杜旨"之流于枉然,而以"艺术呈现"最为成功,将杜诗推向艺术的经典地位,最后论杜诗艺术经典化的过程,及此一过程与结果对我国诗学的总体影响。

"李杜论题"批评典范之研究　廖启宏著

此为台湾"中央大学"中国文学研究所2001学年度硕士论文。全书研究方法采用了科学哲学家孔恩"典范说"开展"李杜论题"之研究,以李杜"优劣论"和"学习论"两种不同的思考活动分章进行后设批评。共分五章论述:第一章导论,先说明"李杜论题"、"典范"、"李杜论题批评典范"及研究范畴、理论方法之设定、李杜论题形成背景等基本问题作一界定。

第二章李杜优劣论的典范研究，从“杜优李劣”、“李优杜劣”、“并尊李杜”、“李杜俱有不足”四个视域分论，并就诠释典范与批评分布概况作一解析。第三章李杜学习论的典范研究，第一节作“批评/创作者合一”及“言/行不一”的现象作考察。第二节分析“学李不学杜”的代表性批评。第三节分析“学杜不学李”的代表性批评。第四节分析“并学李杜”的代表性批评。第五节学习论的深层分析，从原理与实践层面进行讨究。第四章典范理论的进阶思考与应用，从李杜论题作中国文学批评史的观察，思考“科学社群”和“文学批评社群”、“不可共量性”与“沟通”、典范转移与中国批评史的发展问题进行阐述。第五章结论，作“李杜论题”之回顾与整合，并反省典范与比较批评之发展性与限制性。

杜甫传　莫砺锋、童强著

天津人民出版社2001年1月出版。本书是通俗性的杜甫传记，全书据杜甫生平的不同阶段分成8章，把诗人和生平与其创作发展历程结合起来进行叙述，并对其重要作品进行解析。全书语言浅显生动，可读性较强。

李杜诗学　杨义著

北京出版社2001年3月出版。57.6万字。本书是以全新角度诠释李白、杜甫诗歌成就的一部具有开创性的学术论著。分导言、上篇：李白诗学、下篇：杜甫诗学、馀论，凡四部分。导言概述李杜诗学原理及研究方法，主体部分涵盖了李杜诗学的主要内涵与形式特点。李白、杜甫诗学各分六章，深入揭示出中国诗学的智慧、生命和神韵的奥秘所在，从而为进一步清理中国诗学的特质、脉络、原理和方法，建立中国诗学体系进行了有益探索。本书从感悟具体作品出发,从意象、结构、语言、声律、诗体、表现手法、创作心理、思维方式、文化价值等多角度对李杜诗歌艺术进行综合研究,从多维度、多层面对李杜诗学进行透视,从而总结和肯定了李白、杜甫在中国诗歌史上的高度成就。书中插图 128 幅,为该书增色不少。

杜甫长沙诗笺注　陶先淮、陶剑著

湖南师范大学出版社 2001 年 5 月出版。此书是湖南诗词协会、长沙市老干部诗词协会为纪念杜甫逝世 1230 年周年而委托陶先淮、陶剑编著而成的。共收与长沙有关的杜诗 52 题 55 首,及附高适诗 1 首、韦迢诗 2 首,加以笺注。其释题部分较详,大致包括题解、编年、名胜简介等内容,其笺注部分除注释疑难字句外,亦详述有关的人文景观。书前作为《代序》的《少陵丰采映湖湘——杜甫长沙诗论及行踪考》,分“昔救房琯,长怀贾傅”、“三寓长沙,南湖绝笔”、“湘川新泪,寄望青年”、“伐山导源,创新开拓”、“长留胜迹,永驻诗魂”五部分,对杜甫的长沙诗及其行踪加以考论。

重读杜甫——修辞艺术与美学铭刻　陈淑彬著

台北文津出版社 2001 年 5 月出版。全书以修辞学的角度,对杜诗之语言技巧作整体性之美学探究,透过理论与实例分析,勾勒出杜诗美学技巧及艺术性。分九章进行论述:第一章,楔子。论析研究动机与方法。第二章,缪斯之途与诗学造诣。写杜诗之才、气、学、习四项广涵天地、雄视百代、纵贯古今、深及文情。第三章,艺术符码的演绎构图。写杜诗修辞格:复叠、排比、对偶、镶嵌、倒装、错综、顶真、层递八项。第四章,诗与言的隐喻模拟。写飞白、借代、转品、比拟、仿拟、感叹筹六项修辞格。第五章,静闳中的阅读策略。分析藏词、引用、双关、譬喻、象征、倒反、婉曲七项修辞格。第六章,意与境的展演与实践。论析映衬、设问、摹写、示现、夸饰、呼告六项修辞格。第七章,零度风景。修辞美学启示录,研析叠字、对偶、倒装、飞白、比拟、引用、譬喻、象征、婉曲、摹写等十项修辞格之作用、性质及其美感效能。第八章,文本的骚动。修辞风格再现,论述杜诗风格有:清新俊逸、秾丽绚烂、雄浑健峻、幽闲淡雅、简疏高古、沉郁顿挫六种体势不一的风格。第九章,结论。总结杜诗集大成之成就。

诗圣杜甫三峡诗新论　鲜于煌著

重庆出版社2001年9月出版。40万字。该书分上下编,上编"杜甫三峡诗'诗论'",包括已发表论文10篇,主要是对杜甫三峡诗理论的研究和探讨;下编"杜甫三峡诗'诗义'",是对480首三峡诗的具体解析。

杜甫夔州诗研究　谭文兴著

远方出版社2001年12月出版。全书主要分三个部分。"行踪篇"论述杜甫在云安、奉节两县的寓居地、活动,以及出峡时路过巫山县的情况。"注析篇"对一些诗的写作时间和写作地点,对某些词语的真实含义,对一些山名、地名多方面地进行了探讨,提出了自己的看法。"论诗篇"既探讨了杜甫夔州诗总的特点,又对某些诗篇或某一类诗进行了分析,阐述了自己的见解。又有"比较篇",是比较李、杜异同的。附录《谈谈〈成都府〉的注释》一文。

杜诗新补注　信应举著

中州古籍出版社2002年1月出版。本书涉及杜诗700馀首,编次依仇兆鳌《杜诗详注》。其补注形式为五类:释难词,解疑句,正错误,补缺失,辨异注。运用历史、文学、音韵学、考古学、文字学、地理学、佛教经义等手段,选取前人旧注中或不注、或注有异说以及作者认为注错之处,加以补注或辨识。所做补注不囿于成见,不止于名家,惟参照现代研究的成果兼之以考校经典,抑或根据对杜甫"度陇客秦,结草庐于成都瀼西,扁舟出峡,泛荆渚,过洞庭,涉湘潭"的漂泊生活和其时其地民俗民风的记载,精心考证,释疑纠错,言之有据,自成一家之言。特别是在辨识异注和解释疑句时,作者俨然生活在诗人左右,据实推求其生活和心理活动,与之心意相通,或旁征博引,推理谨严,以臧否各家旧注是耶非耶;或依照格律,中规中矩,以解惑释难而定正否。

杜诗唐宋接受史　蔡振念著

台北五南图书出版公司2002年2月出版。全书从读者反应理论、阐释学、接受美学的新观点,研究杜诗对唐宋诗人的被接受和影响,是一本赋古典以新义的学术论著,指出诗坛对前人诗歌的接受,往往表现为其对诗歌的阐释、模仿、评点、出版及在诗文中称赏等具体化的言行,杜甫诗歌从唐代开元、天宝以来,逐渐成为中国诗史上经典之作,其间唐宋人的接受态度无疑扮演关键角色,影响后世对杜诗的看法,唐宋人对杜诗的接受,决定了杜诗观,故而本书从接受的表现方式,分从普通读者的接受效果史、批评家的阐释史,诗人作家的影响史三者来论述杜诗在唐宋被接受情形。内容共分三章:一、杜诗接受史与接受理论。先概述唐宋杜诗接受史、接受美学理论及杜诗接受史的研究概况。二、唐人对杜诗的接受。首论杜诗在唐代的接受概况及其影响，然后分从大历诗人、韩孟诗派、元白诗派、晚唐前期诗人李商隐及晚唐后期诗人五部分进行阐述接受的情形。三、宋人对杜诗的接受。首论杜诗在宋代的接受概况，续论王安石、苏轼、黄庭坚、江西派二陈、陆游与文天祥之接受情形。四、结论。

李白杜甫在兖州　兖州市政协文史资料委员会编，主编曹家云，副主编王伯奇

山东省济宁市新闻出版局2002年3月印刷。此书为兖州文史资料第六辑，属于内部资料。收录李白、杜甫与兖州有关的研究论文14篇，及李白与兖州有关的诗文50题51首、杜甫与兖州有关的诗9题10首、李杜诗意书画12幅。

杜甫研究论集　刘明华著

重庆出版社2002年4月出版。全书分为三编，是作者多年杜甫研究成果的结集。上编为“杜甫思想研究”，共八章。在《社会良知》的基础上，增加了“杜甫与佛教的关系及晚年心境”一章，认为杜甫对佛教的认识有一个由浅入深的过程。对佛教艺术的接触和与僧人的交往，加深了他对异质文化的了解和思考，但并未使他对宗教产生太大的兴趣。佛教的博爱、劝善思想与儒家的民胞物与、仁民爱物思想在杜甫晚年思想中得到高度的融合。佛教思想补充和丰富了杜甫的儒学思想。中编为“杜诗的修辞艺术”，共十章，与前出版的《杜诗修辞艺术》相同。下编为“语词探微及其他”，收录了作者20世纪90年代至2001年杜甫研究及相关论文12篇。该部分的特点是致力于杜诗语词内涵的研究，反映了作者的研究近况，同时还折射出电子时代对古代文学研究的影响。有的文章运

用光盘和计算机检索数据的方便,对杜诗语词的多重内涵进行细致分析。其中如《杜诗“以汉喻唐”的构词特点及内涵》(原载《文学遗产》2000 年 5 期)、《唐人最爱说‘不’——〈全唐诗〉软件如是说》(原载《中国典籍与文化》1999 年 4 期),其方法新颖,数据准确,结论可靠,引起学界关注。

杜甫与六朝诗歌关系研究 吴怀东著

安徽教育出版社 2002 年 5 月出版,收入《海棠文丛》第一辑。25 万字。该书为著者的博士学位论文。除“引论:杜诗‘集大成’说及其阐释方法考论”和“馀论:‘集大成’与超越、开拓的共生互动”外,共分八章:一、六朝文学成就与初盛唐人的评价;二、“《文选》理”与杜甫的立场;三、杜甫与田园诗人陶渊明;四、杜甫与山水诗人谢灵运;五、杜甫与社会诗人鲍照;六、杜甫与永明体诗人谢朓;七、杜甫与梁陈诗人“阴何”;八、杜甫与南北朝“集大成”诗人庾信。前有张忠纲“序”,后有作者“后记”。自从宋人苏轼首先明确提出杜诗“集大成”说,此说便得到学界一致首肯。此著试图按照影响与接受的现代理论模型并选择杜甫与六朝诗歌这一个案或断面重新阐释杜甫其人其诗与文学传统的关联问题,同时,作者将杜甫对文学传统的接受置于诗歌史流变的背景上,将作家论与文学史论统一起来,而且突出了继承与发展、创新的内在关联。该著将文献梳理与理论阐释紧密结合,按照新的理论思维对于传统论题重新加以审视,理路清晰,深化、开拓了新的学术阐释空间。

杜甫世系考 河南省新密市《杜甫世系考》编辑委员会编,总策划杜填仓,主编杜炳旺郑州龙洋纸制品有限公司2002年5月印刷,属内部资料。此书主要包括序编、正文两大部分。后者又分三编:上编是从立杜伯一世祖始,到后裔繁衍四十七世杜闲为止的各世考证资料的汇编,包括三公村、祠、园、墓,历代杜氏簪缨,历代杜氏宰相,古代官职注释,祭文、墓志,杜审言年谱,历史纪年表摘要,世系纲;中编从排列为四十八世的杜甫立为远祖(一世),到排列为七十二世(二十五世)先祖止的考证资料汇编,包括诸家绘列祖像,甫公传、故里及墓,甫公在各地的生活和创作,拾遗命、圣谕、圣旨,国家领导人视察杜甫草堂,国外友人参观杜甫草堂,诸家绘杜诗诗意画,历代杜氏书、绘、印鉴,诸家书社,中外注、批、点杜诗的版本,诸家咏杜,诸家论杜,子美集开诗世界,杜赋详注,杜诗集序、记、跋、引,杜工部年谱,子美公遗迹、遗事,名号,世系纲;下编从排列为七十世(二十五世)的由巩县迁新密的仓、廒祖(一世),到排列为八十二世(十三世)的先祖止的各代考证资料汇编,包括溱洧文化遗迹,祠堂、墓地、墓碑,族人居址,《功名录》,《功德录》,新密大事纪,家训、家戒、劝学谕,称谓、排行廿字,世系纲——新密市杜氏世系、城关镇杜村世系、城关镇于家岗世系、超化镇湖地世系、城关镇梁沟村世系、岳村镇司家("门"内有"外")村世系、平陌镇龙岗村世系、七里岗镇宦湾村世系、超化镇东店村世系、禹州市杜氏世系。有附记,有插图、字画、画像多帧。此书卷帙浩繁,资料丰富。

杜甫诗话六种校注　张忠纲编注

齐鲁书社2002年9月出版。47.4万字。六种诗话共收录诸家评论杜诗之语892条。参见《杜甫诗话校注五种》。

杜诗艺谭　韩成武著

河北教育出版社2002年9月出版。该书对杜诗的表现手法、艺术技巧作出较详实而细致的研究,著者本着现实应用的价值取向,把研究的重点放在能对当今文学创作有所启示、有所补益且具有可操作性的杜诗艺术层面上,体现了古为今用的学术眼光,是一部具有创新意义的杜诗艺术研究著作。全书分14章,包括"杜诗的剪裁艺术与细节描写"、"杜诗的取景特色"、"杜诗的侧写手法"、"杜诗的造境技巧"、"杜诗的反衬手法"、"杜诗的题画咏画艺术"、"杜诗的用典艺术"、"杜诗的炼字艺术"、"杜诗的句法艺术"、"杜甫律诗章法之研究"、"杜诗流水对艺术探讨"、"杜诗当句对艺术探讨"、"杜诗借对艺术探讨"、"杜甫对近体诗声律之建构"。正如张忠纲在序中所指出:"该书有两个显著的特点:一是细。全书共分十四章,几乎涉及杜诗技法的各个方面,如对杜诗'流水对'、'借对'、拗救句式的探讨,可谓精细入微,'毫发无遗憾'了。为了论证杜甫实为'丁卯句法'的创制者,著者不惜将唐初至杜甫之前在《全唐诗》存诗一卷以上的诗人创作七律和七律体诗的情况,一一检核,排比罗列,分析论证,最后得出结论:'一、七律定型于李峤,而非沈宋;二、李颀、王维时七律尚未成熟,仅是七律的发展时期;三、七律成熟于杜甫。'这样的结论是令人信服的。二是精。成武教授又是诗人,擅写旧体诗词,有《守拙斋诗稿》行世。因而他对旧体诗格律技巧颇有研究,对杜诗更是情有独钟,'千年诗义白,六载鬓毛灰'(《译杜告成志民兄携酒来访》)。因有这番惨淡经营,故他对杜诗技法,所论多中肯綮,时有补正大家名家论说未谛之处,使人读后受益匪浅。"

杜甫诗选评　葛晓音著

上海古籍出版社2002年10月出版,为《新世纪古典文学经典读本》丛书之一种。共选杜诗80馀首,按杜甫生平分为:少壮漫游、旅食京华、奔赴行在、度陇入蜀、定居草堂、滞留夔州、漂泊荆湘七个时段,每段前面对杜甫该时期的思想及创作状况作简要介绍。每篇诗歌在笺注之外,以几百字到上千字不等的篇幅分析其艺术特色,重点指出该篇的新意所在。

杜甫夔州诗论稿　蒋先伟著

巴蜀书社2002年12月出版。论稿分两部分:“杜甫夔州诗论”和“杜甫夔州诗解读”。“诗论”收入了作者1991—2002十馀年间研杜的十多篇文章,主要研究了夔州诗的山川形胜和风土人情描写,并对夔州诗从内容和风格进行了论述。作者以一个当地学者的眼光对其作了“现地研究”,资料翔实可信。“解读”则主要是对夔州地理、名物、风土诸方面的辨析,读后使人有亲临其境之感。夔州诗是杜甫一生最重要的成果,量最多,质最高。但由于审美趣味和时代风尚的不同,前人对这一时期作品的评价也不尽相同。论稿的出版,将有助于更全面、更深入、更实事求是地对杜甫夔州诗进行评价,同时也对地方的经济、文化建设有所推动。专家评论该书为“杜诗地域性研究的新成果”。

全杜诗新释　李寿松、李翼云编著

中国书店2002年12月出版。144.5万字。1955年,李寿松在人民文学出版社编辑部的支持下编著了一部杜诗选注本,名为《杜诗浅释》,并定于1957年底出书,但因在“反右斗争”中被打成右派,《杜诗浅释》未能出版。在“劳改”过程中,李寿松右手致残,他就用左手握笔,为杜诗全集作注。经过近8年的努力,到“文革”前夕,此书初稿基本完成。李寿松去世后,他的女儿李翼云继承父志,最后完成了全书。正如邓绍基序中所说:“五十年时间,两代人奋斗,真所谓乐此不疲,心坚石穿。其间坎坷逢劫之时,正是执着注杜之际,种种事迹,尤为动人。”《全杜诗新释》是建国以来第一部规模最大的用现代汉语为杜甫诗全集作注释的著作,全书共 140 多万字,分为上下两册,以编年的形式分为 38 卷,每卷之前有简要说明。本书的特点是:既为全部杜甫诗作了注释,语言又十分浅近易懂,凡具有中等文化水平的读者都能阅读,可以使更多的读者,特别是青年读者了解杜甫和杜诗,是迄今为止最完备的杜甫诗全集的白话注本。

杜甫研究论集　中国杜甫研究会编,张忠纲主编,葛景春执行主编

香港天马图书有限公司 2002 年 12 月出版。该书为“世纪之交杜甫国际学术研讨会”论文集。主要包括两大部分:前一部分为“世纪之交杜甫国际学术研讨会暨《全唐诗大辞典》首发式”上各方面的致词和讲话;后一部分为研讨会论文,共 51 篇,主要内容包括:杜甫思想研究、杜甫诗艺研究、杜甫一生行迹及作品考辨、杜诗学研究等,对杜学研究具有承先启后的意义。后附《世纪之交杜甫国际学术研讨会综述》与中国杜甫研究会第二届理事会名单。

杜工部集诠释与解读　朱明伦、彭其韵合著

中国少年儿童出版社 2003 年 1 月出版。全书分三部分:一为“引言:伟大的诗人,辉煌的诗篇”。介绍杜甫的生活、思想和创作道路,充分肯定杜甫诗歌的思想艺术成就,简介杜甫研究概况。二为“名篇诠释”。精选百馀首杜诗,有注释有解读。三为“名作赏析”。分别对十馀首绝句、律诗、古诗进行较为细致的

赏析。该书为《我与中外文学名著对话系列丛书》之一种，虽是普及读物，但也有代表性地精选前人的评论，充分吸收了杜甫研究的最新成果，并参以著者的多年研究心得。

杜甫夔州吟　胡焕章著

1994年自印，内部交流。2003年1月香港天马图书有限公司出版。本书对杜甫四百多首夔州诗分五个专题作了综合性的研究，并对古今版本一些讹误字句、篇目系年、笺释等分别作了有力的辨析。《四川杜甫研究会第八届年会学术情况综述》谓"《杜甫夔州吟》是夔州本地诗人与学者献给杜诗学和年会的一瓣心香，使与会学人为之感佩。"是书"对杜甫旅夔期间的生活情状和作品内容作了融会贯通、自成系统的全面研究，有助于人们解读杜甫夔州诗。"(《杜甫研究学刊》1995年第1期)

杜甫在湖湘——杜甫湖湘诗研究资料汇编　丘良任编著

湖南文艺出版社2003年1月出版。全书分图、志、文、诗、谱五编。图照14幅，其中杜甫湘江行迹图为编著者手绘。志有13篇，涉及与杜甫湖湘经历有关的山川、人物、宫室等。文有29篇，选唐至清代关于杜甫的文章，有墓碑记、怀杜岩记等。诗有80多首，选唐至清代有关诗篇。谱有4篇，包括三篇家谱序言和编著者所撰《杜甫湘江诗月谱》，后者以月份为单位，以行踪为顺序，以诗歌为线索，分析考证杜甫湖湘时期的生活与创作，对前人杜诗编排顺序有更正，对杜甫卒因、卒年、卒地，有辨认。而本书引以为自序的《岳麓应建立杜甫草堂议》，表达了编著者重修岳麓杜甫草堂的宏愿。

杜甫诗学引论　胡可先著

安徽大学出版社2003年3月出版。本书侧重于将杜甫诗学作为一门学科来建构,并运用实证研究的方法,将文献的考订与理论的阐发融会贯通。其内容分为四章:第一章,杜诗学通论。包括七个方面:(1)杜诗的著录,(2)杜诗的版本,(3)杜诗的校勘,(4)杜诗的注释,(5)杜诗的史料,(6)杜诗的评点,(7)杜诗的文化。第二章,杜诗学史论。包括三个方面:(1)唐代杜诗传承论,(2)唐人书中所见杜甫诗辑目,(3)论宋末的杜诗学。第三章,杜诗学专论。侧重于杜诗学的专题研究。对自唐至清杜诗学的流派及作出突出贡献的人物进行深入的专题研究。第四章,杜诗学年表。对杜诗学发展过程加以考证,并按年代编次,将自唐至宋杜诗研究的演变历程勾画出来。附录:一、安史乱中杜甫行经地名笺证;二、杜集善本目录。

杜学与苏学　杨胜宽著

巴蜀书社2003年6月出版。该书选录了作者20世纪90年代以来杜甫和苏轼研究的论文20篇,其中杜学研究论文10篇。内容包括对杜甫其人其诗的论述与评价,尤以宋代文人对杜甫的认识评价及其对杜诗的学习研究情况为重点,揭示杜甫的人格和诗歌在宋朝不同时期接受的不同情况,以及出现这种情况的时代原因。作者试图对宋代杜诗学发展和变化进行全面而深入的考察,为学术界完成杜诗学史做基础性研究准备。

杜甫与唐宋诗学　陈文华主编

本书系台湾淡江大学中国文学学系于2002年11月27至28日主办的杜甫诞生一千二百九十年国际学术研讨会论文集,台湾里仁书局2003年6月初版。收集海内外著名学者的论文

30篇,陈文华认为,“杜诗学是历久不衰的显学”,“杜甫以其不朽之典范地位,使得每一时期都有各自关心的命题或新起之研究方法灌注到此一研究领域当中”,而“杜诗学之内涵其实已经超越了杜甫当日所创立的文本,而为历代研究者各取所需,乃造就了其丰富的生命力,并反映了诠释者所处的时代面貌”(《前言》),所选论文也体现了这样的特点。书前有高柏园之《序》、陈文华之《前言》,后附有毛正天《新视野、新观念、新方法、新会风——杜甫与唐宋诗学国际学术研讨会观察报告》、崔成宗《跋》及“研讨会议程”等。

每依北斗望京华·杜甫卷　宋红编著

河南文艺出版社2003年9月出版,为《唐宋诗词名家精品类编》之一种。全书23万字。选杜甫名篇佳作268首,分为感时忧国、书怀遣兴、酬唱交游、咏怀古迹、艺界题赠、咏物感兴、江山胜迹、宗族亲情、漫咏杂兴9类,加以注释和点评。书前有编著者“前言”,分五个阶段概述杜甫生平:一、“万里可横行”——读书漫游时期;二、“古来材大难为用”——长安求宦时期;三、“有才无命百僚底”——短暂为官时期;四、“锦江春色来天地”——卜居蜀中时期;五、“百年粗粝腐儒餐”——漂泊荆楚时期。次从章法句式、隶事用典、语言风格等方面讨论杜诗的艺术特色,着重从开启宋诗方面落墨,以避空泛和重复。再次指出旧注中陈陈相因、以讹传讹、脱注失注的情况。特别是对仇兆鳌《杜诗详注》中史实不确、出处不确、语词不确、漏注典事的指摘,言之凿凿,多有发明。

杜诗书法集　贾兰、英智编著

天地出版社2003年11月出版。本书系从成都杜甫草堂博物馆所收藏的大量历代名家杜诗书法作品中选出一百件,其中杜诗作品八十六件,对联作品十一件,其他诗歌作品三件。每件作品的编写分为"图片"、"原诗"、"原诗说明"、"作者简介"、"书法评介"五部分。每幅图片旁均配有原诗。原诗说明的内容为原诗的作时、作地、诗旨及其艺术特征等。作者简介的内容为书家姓名,作品书体、行款、印章以及书家生平事略。书法评介的内容为作者的书法源流、书法风格和作品特色等。

李白杜甫与三峡　谭文兴、钟尚钧、杨君昌、龙占明著

远方出版社 2003 年 12 月出版。全书主要分四个部分:"李白与长江三峡",谈李白在长江三峡的行踪与创作;"杜甫与长江三峡",分析杜甫在长江三峡所作的某些诗歌的思想、艺术特点及对一些词语的含义作出合理的解释;"李白杜甫之比较",是分析李杜成为我国伟大诗人的原因及李杜诗歌的相同点与不同点。"附录"收入《何其芳论李白、杜甫》、《何其芳与唐诗》、《何其芳谈李贺》、《何其芳与中国古代文学》四篇文章。

诗圣吟风颂　庄啸主编

香港天马图书有限公司 2003 年出版。为了纪念杜甫诞辰 1290 周年,郑州市委宣传部与郑州诗词学会等单位联合举办了一系列纪念活动,征稿编辑出版《诗圣吟风颂》是其活动之一。此书分特邀作品、应征作品、筹委会部分成员和工作人员作品三部分,共辑诗 1215 首(阕)。前有题画 3 幅、题词 11 幅,后附《历代诗人咏杜诗选》,选 139 人的 184 首作品。葛景春《发扬杜甫精神,建设先进文化——纪念杜甫诞辰 1290 周年》的代序,高度评价了杜甫及其诗歌的价值。

李白杜甫诗歌艺术探赜　卢燕平著

中央编译出版社2004年4月出版。全书分"杜甫篇"与"李白篇"两部分。"杜甫篇"由《杜诗情志散论》、《杜诗好奇古辨》、《论杜诗意象的涵括特色》、《试论杜诗之气》、《杜甫在成都的诗及其心态》、《杜甫诗美之于庄子》、《杜诗禅思之轨迹》等七篇构成。分别对杜甫诗歌的情感内涵、个人风格、艺术手法等,从儒佛道三教对诗人的影响以及审美心理的角度进行了知人论世的独特分析,是杜甫研究中的新成果。"李白篇"亦包括七篇文章。

论诗史的定位及其它　许德楠著

学苑出版社2004年4月出版。是书前有作者"前言",次为目录。全书分"诗史篇"和"视角、形式篇"两大部分,其中"诗史篇"是专门对有关"诗史"问题的论析,涉及"诗史"产生的历史和文学条件、"诗史"在理念上的定位、"诗史"诗人的"排名榜"、"诗史"问题中的"钱谦益现象"、"诗史"诗人的"南移"现象等等。另外还有关于论析杜诗的文章,有杜诗的"以我为诗"、杜诗给诗学以新的文化元素、杜诗的"历史命运"、杜诗中的"狂顾"、"狂走"和"狂歌"等等。

山东杜诗学文献研究　张忠纲主编,张忠纲、綦维、孙微著

齐鲁书社2004年5月出版。32万字。包括《绪论·杜甫——继往开来的伟大诗人》与《杜甫是孔孟思想的继承者和实践者》、《杜甫在山东行迹交游考辨》及唐宋、元明、清代山东杜诗学文献研究等五章,是一部颇具地域文化特色的文献著作。

少陵体诗选 韩成武选注

河北大学出版社2004年5月出版。该书为“十五”国家出版规划重点图书《中国诗体丛书》之一种。著者以“沉郁顿挫”作为“少陵体诗”的主体风格认定，依此精选杜诗典范作品近200首。注释文字紧扣对此种风格的阐释，尽力开掘其博大精深的思想文化蕴涵，阐述其深沉而丰富的情感，并细致梳理其篇章结构，以揭示“沉郁顿挫”的成因。著者在“前言”中论述“沉郁顿挫”的内涵，对“顿挫”的内涵作出新的解释，认为它也包含着思想内容的层面，即讽刺规谏。对于“顿挫”的艺术层面亦有新见，认为“杜诗每于一句或两句之中，意思发生逆转，前后形成针锋相对之势，是造成‘顿挫’的重要原因”。此外，还有独特的取景抒情方式等原因。著者在对杜诗的注释上贯穿着这种认知。该书以仇兆鳌《杜诗详注》为底本，体例包括“题解”、“原诗”、“注释”三个部分。

杜诗选评 林继中注评

三秦出版社2004年7月出版，18万字。本书为全国古籍整理出版规划领导小组资助项目，列入《名家注评古典文学丛书》。本书选注杜诗191题251首，主要以萧涤非《杜甫诗选注》为依据，广参他本，吸纳杜诗研究新成果而成。在分期上也由萧本四期并为三期：游历与困守（712—755）、陷敌与避难（756—759）、流寓与归宿（760—770）。本书先注释后点评，力求贴切、精警。

清代杜诗学史 孙微著

齐鲁书社2004年10月出版，为《文史哲博士文丛》之一。28.7万字。书前有张忠纲《序》，次为作者《前言》。全书分为四章:第一章清代杜诗学总论,第二章清初的杜诗学研究(顺治—雍正朝),第三章清中期的杜诗学(乾隆—嘉庆朝),第四章清后期的杜诗学(道光—宣统朝)。书后为主要参考文献和作者《后记》。该书第一次系统地梳理了清代杜诗学史的整体情况,全面描述了清代杜诗学发展的历史嬗变过程,概括评述了所取得的成就,深刻指出其局限与不足,以及清代文禁对杜诗学发展的消极影响。既有鸟瞰式的宏观把握,又有细致入微的微观分析,颇具学术功力和理论深度。作者充分钩稽了清代杜诗学的丰富材料,对大量清代存佚杜诗注本及其著者的生平情况进行了详细的考证,澄清了许多疑难问题,并对前人的一些讹误作出了驳正,显示出作者严谨的学风和深厚的朴学功夫。著者首次对此前并未得到学界重视的顾炎武、李因笃、顾宸等人的杜诗学成就进行了评述,对四库馆臣的杜诗学观点作了中肯的剖析,表现了作者敏锐的视角和学术的勇气。总之,此书资料丰富、梳理清晰、论析深入、颇多新见,是一部具有开拓意义的杜诗学著作。

杜甫新议集　邝健行著

台湾万卷楼图书股份有限公司2004年12月出版。该书选录著者在大陆和香港的学术刊物上发表过的论文13篇。书中所录尽管是单篇文字,议论范围实较集中在三个方面,各有两三篇文章围绕同一议题进行探索:(一)杜甫贡举考试问题;(二)李白和杜甫初会年期问题;(三)"吴体"问题。这三方面,当世学者本有论述,并且还有了为学术界大致接纳的定说,然而著者通过对有关资料的细致分析和论证,得出与当世大致接纳的定说不同的结论。书名"新议",其故在此。著者的具体结论是:(一)杜甫不可能在洛阳福唐观考进士,其在开元二十四年正月、二月间在长安参加吏部考功员外郎李昂主持的进士考试，结果落第；(二)李、杜两人初次会面时间，宋人旧说近真，约为开元二十五、六年间；(三)吴体跟民歌无关，吴体不源于吴地民歌。说吴体跟齐梁体有关，当近事实。本书见解新颖，对杜甫研究者有其参考价值。

杜诗释地 宋开玉著

上海古籍出版社2004年12月出版，为《山东大学文史哲研究院专刊》之一。82.5万字。该书体例完备，前有张忠纲《序》，次为作者《前言》、《凡例》、《目录》。书后附《杜甫行迹简谱》、《主要引用书目》，最后为《条目汉语拼音索引》和《条目笔划索引》。非常便于读者翻检。全书正文分为六卷，按照仇兆鳌《杜诗详注》卷次，每五卷厘为一卷，得五卷，后人所建与杜甫相关的名胜别做一卷，共得六卷。《杜诗释地》是第一部全面系统地考察杜甫诗文地名名胜的学术著作。著者翻阅了大量文献资料，又结合现地的考察，系统而严密地对杜甫诗文地名作了全面考释，故具有集大成性的总结意义。该书既继承了前贤的已有成果，在研究方法上也有新的突破，在很多方面都有个人的创见。张忠纲在序中称此书"考辨详实，吸收最新研究成果，纠谬辨误，颇多创获，较阎若璩《四书释地》，规模大矣，其功伟矣"。所评允当。

杜甫诗选 张忠纲选注

中华书局2005年1月出版，为《古典诗词名家》丛书之一种。20.6万字。本书吸收学术界最新研究成果，精选杜诗代表作151题193首，依创作时间先后顺序排列，详加题解、注释，对了解、研究杜诗均甚有裨益。

杜甫杜牧诗论丛　陶瑞芝著

学林出版社 2005 年 5 月出版。20 万字。本书由杜甫研究论文 26 篇、杜牧 7 篇、及附录 4 篇组成。杜甫部分的主要内容涉及杜甫诗文的系年考辨、杜甫的生平交游、杜诗鉴赏等。如对《夔州歌十绝句》、《喜晴》、《送孔巢父谢病归游江东兼呈李白》、《题张氏隐居二首》、《郑驸马池台喜遇郑广文同饮》、《奉送韦中丞之晋赴湖南》、《投简咸华两县诸子》、《崔驸马山亭宴集》、《奉贺阳城郡王太夫人恩命加邓国太夫人》等诗的系年都有新的考释;如《杜甫离成都至嘉、戎时间考索》、《杜甫自齐赵"西归到咸阳"时间考》、《杜甫和高适、李白同游宋中在何时》等,也有新见;如对《绝句漫兴九首》、《陪郑广文游何将军山林十首》、《重过何氏五首》、《十二月一日三首》等,都有较新颖的赏析。本书的特点是,以史论诗,以史赏诗,对杜甫的诗文提出了自己的看法,进行了分析论证。

杜甫诗　谢思炜评注

人民文学出版社 2005 年 6 月出版,为《唐诗名家诵读丛书》之一种。全书汲取了评注者研读杜诗 20 馀年的心得,由前言、诗选、注释、解读几部分组成,共选入杜诗 120 馀首。前言概述杜甫生平经历和创作成就。选目力求包括杜诗最为传诵、最有代表性的名篇。注释参酌清代及近人注本,简要不烦,但力求稳妥可据,对前人误说亦时有订正。解读参取各家意见,运以己意,对各篇作品的内容和艺术特点加以解说。

杜甫诗选　邓魁英、聂石樵编注

此书是聂石樵、韩兆琦主编的《中国文学经典》(第一辑)之一种，南海出版公司2005年7月出版。该书选录杜诗300首，以年代为次，注释详明，既有诗句的考证、辨析，又有典故的讲解，还有典章制度的解释等等，信息量较大。其自序简要评介了杜甫的生平及其诗歌的思想和艺术特色。此书的编选体例与以前二人合选的《杜甫选集》相同，只少了70馀首诗。

杜甫　杨义、郭晓鸿撰

岳麓书社2005年8月出版。此书为该社《插图本中国诗词经典》丛书之一，选诗93首，分体编排，分别是：乐府（7首）、五言古诗（8首）、七言古诗（7首）、五言绝句（4首）、七言绝句（10首）、五言律诗（25首）、七言律诗（32首）。录原诗，各诗配有杜甫诗意图或与杜诗相关的一些图文资料。下有注释、串讲、点评三项。注释通俗易懂，串讲类似于白话译诗，点评类似于赏析，便于阅读、普及。

杜甫　陈才智编著

五洲传播出版社2005年10月出版。本书为《中国古典诗词精品赏读》系列之一，包括杜甫简介和作品赏析两部分。后者选杜诗名篇30题31首，进行“赏读”，其体例依次是：题解——交代创作背景；句解——用现代语文逐句意译，注释难懂的字词；评解——对作品特色进行勾勒点评。每首诗都配有插图，以期体现“诗情画意”的特色。

杜甫诗选　许渊冲译

河北人民出版社2006年1月出版。此书为《许译中国经典诗词》之一种，是图文典藏本，即每首诗都配有插图。选取杜诗名篇49题50首，翻译成英文，所谓“汉英对照”，其中《饮中八仙歌》和《自京赴奉先县咏怀五百字》是节选。为便于读者理解诗意，作者于每首诗下都加了汉语的“赏析”。

杜甫与先秦文化　朋星著

泰山出版社2006年6月出版，20万字。书前有绪论，后有结语，中间分为四章。第一章“踵武孔孟”，论述杜甫对儒家思想不只是一般的继承，而是身体力行的实践；杜诗被誉为“诗史”，儒家史学观、特别是《春秋》观念对杜甫有较大的影响。第二章“参酌诸子”，论述杜甫与先秦诸子的关系，重点论述与道家的关系，认为道家在杜甫那里只是随闪随灭、即用即弃的念头，并没有像儒家那样上升为思想信仰的层次。第三章“《风》《骚》嫡传”，论述《诗经》和《楚辞》对杜甫的影响，尤其强调杜甫是诗教的楷模。第四章“广采博取”，列举考证杜甫诗文中出现的先秦的历史人物、神话传说和寓言典故。全书的中心论点是：杜甫对先秦文化的继承，具有“一元多向”的特征，“一元”指杜甫独尊儒家文化，“多向”指杜甫对其他文化广泛学习、灵活运用。

李杜诗精萃　张海鸥、谢敏玉编注

花城出版社2006年8月出版。此书是中山大学中文系主编的《国学文化经典读本》之一种。其中选杜甫诗名篇70题75首。其编写体例是：题解、注释。因为“丛书是为了帮助青少年学一点国学而编写的”（黄天骥《总序》），所以有注音、注释、串讲，通俗易懂。

萧涤非杜甫研究全集　萧涤非著，萧光乾整理

黑龙江教育出版社2006年10月出版。本书是著名杜甫研

究专家萧涤非一生研究杜甫成果(包括已发表的论著与未发表的手稿)的总汇,分为三大编:上编,包括《杜甫研究》、《杜甫研究续编》;下编是《杜甫诗选注》;附编包括《有是斋诗草笺注》、《诸家评论》。前有《我是怎样研究杜甫的——代前言》,实际上是张忠纲整理的1981年萧先生与杜甫组成员谈话记录稿,以及萧光乾撰写的《誓都将心血付"村夫"——萧涤非传略》。其中尤可注意的是《杜甫研究续编》,此编包括发表于报刊杂志的杜甫研究论文与从未面世的手稿近三十篇,如关于《杜甫研究》一书和"杜甫研究课"的四篇、关于杜甫的五篇(涉及杜甫的世界观、遗迹和自学)、关于杜甫诗的十一篇、有关《杜甫全集校注》编写工作的五篇、有关《杜诗赵次公先后解辑校》的三篇,附谈话一篇,学术价值弥足珍贵。而附编中的《有是斋诗草笺注》"从一个侧面反映其一生经历,及其治学与为人的高度一致性",《诸家评论》"主要是对其一生治学尤其是在杜甫研究上的成就的评介"(本编"说明")。

杜甫集　张忠纲、孙微编选

凤凰出版社2006年11月版,为《历代名家精选集》之一。该书共选杜诗173题200首,篇目以编年为序,注释简明精当,不作过多的繁琐考证。同时吸收了国内外学界的许多最新研究成果,因而颇具参考价值。除了诗歌之外,该书还选注杜甫文赋5篇,分别是《祭远祖当阳君文》、《进〈三大礼赋〉表》、《进〈雕赋〉表》、《雕赋》、《画马赞》,在内容上涉及杜甫的家世经历、思想性格等诸多方面,对读者全面了解杜甫其人乃至其文学成就有一定的帮助。

杜甫诗醇　卢国琛选注

浙江大学出版社2006年11月出版。为该出版社《中国诗词曲赋研究丛书》之一种。选录杜诗名篇302首,其中五言古诗66首、七言古诗46首、五言律诗75首、七言律诗65首、五言绝句15首、七言绝句35首。分体之中大致以编年排列。其编写体例是:题解、原诗、注释和赏析。内容平实,便于普及。

杜甫亲眷交游行年考　陈冠明、孙愫婷合撰

上海古籍出版社2006年12月出版。此书外加一种《杜甫亲眷交游年表》。前有陈尚君所撰《序》,后有《后记》,末有"人名索引"。"行年考"包括四方面的内容:杜甫家人行年考、杜甫宗族行年考、杜甫亲戚行年考和杜甫交游行年考,涉及人数近五百人。此书"为了考清杜甫亲眷交游人物的生平经历及其与杜甫的特定联系,作者广稽文献,作出了很可贵的努力"。此书"最特出的优点是尊重史料,一切论断都从最原始的文献中得出","叙述也多精当稳妥,头绪清晰,结论可靠",而"对前人已作的研究,征引和商榷都还不够,特别是海外学者已有的研究成绩",是其"缺憾"(陈《序》)。

杜甫诗歌讲演录　莫砺锋著

广西师范大学出版社2007年1月出版。内容涉及杜甫生平的研究、杜诗的编年、杜诗的校勘、杜诗的文本分析以及以杜证杜等方面,具体分十二讲,顺次重点探讨了以下问题:"杜诗的流传和注释","宋人关于杜诗的讨论","杜诗的宋代注本","杜诗的清代注本"和"元代、明代的杜诗注本","《饮中八仙歌》新解","一组同题共作的登塔诗","《自京赴奉先县咏怀五百字》:杜甫的心迹论","杜甫的咏物诗","《北征》:诗史",

“《秋兴八首》”(上、下),“《戏为六绝句》:杜甫的诗歌理论”。另有引言、附录和后记。

诗圣杜甫写意　赵昌平选评,高云绘画,阙长山书法

上海古籍出版社2007年1月出版。此为赵昌平等合作完成《唐诗三大家写意》之一种,列入“四美堂丛书”。选录杜诗名篇25首,由赵昌平作诗意品析,高云作诗意绘画,阙长山作诗意书法,读者从中可以享受诗、评、画、书“四美”。

杜甫　张华松编著

济南出版社2007年4月出版。此书为李永祥、宫明莹主编的《唐宋诗词十大家丛书》之一种,选取杜诗名篇46首,加以注释、赏析。注释较简,赏析较详,基本是串讲,便于初学杜诗者阅读。

杜甫诗赏读　吕明涛著

线装书局2007年4月出版。此书为李永田、董希平主编《唐宋名家诗词赏读》之一种,选取杜诗名篇101题114首,加以注释、赏析,便于“赏读”。

杜诗语言艺术研究　于年湖著

齐鲁书社2007年5月出版。为《文史哲博士文丛》之一种。前有张忠纲序。该著作对杜诗语言进行了较为全面的研究,构建了一个包括总体特征、声律、语汇、语法、修辞、语言风格在内的相对完整的系统;对杜诗语言从语言与文学的结合角度进行了综合研究,既指出了语言现象在语言方面的特点,又兼顾到了它们的文学表现力;对杜诗语言中一些争议较大的问题如拗体、

错位句等发表了新的看法；论及到了一些别人极少涉略的问题，如杜诗语言的总体特征、杜诗之含境对与人名对的艺术、有别于艺术风格的语言风格等；指出了杜诗语言方面的一些创造性用法，如某些动词的化实为虚、率先将某些口语词用于诗歌、对比辞格的非常规运用等。该著作在一定程度上改变了学术界对杜诗语言研究不够系统、相对薄弱的不足。

杜甫新论　韩成武著

河北大学出版社 2007 年 6 月出版。本书分“思想精神篇”（包括 14 个篇什）、“编年注释篇”（13 个篇什）、“鉴赏与影响”（6 个篇什）三大部分，另有“附录”（包括 4 个与杜诗有关的篇什），“主要是针对杜甫诗歌的思想内容，兼及部分作品的编年、立意和注释等问题，发表了个人的一些意见”（本书《前言》）。其中多数已见于报刊杂志。所做工作具体、细致，突出了“新论”的特点。

李植杜诗批解研究　左江著

此书为张伯伟主编《域外汉籍研究丛书》之一种。中华书局 2007 年 7 月出版。李植是古朝鲜著名文人、学者，在小学、史学、文学（特别是杜诗学）等方面都有突出贡献。李植的《纂注杜诗泽风堂批解》是朝鲜文人批解、注释杜诗的第一部个人著述。本书则结合李植的人生经历，分析其教育观、科举观、文学观、学术观与《杜诗批解》的内在联系。再从《杜诗批解》的产生背景、底本辨析、评论析论、理论探源及与诸家注杜的关系五个方面对此书进行深入、系统地论述，以期揭示出一些前人所未发的意蕴，为杜诗学的发展贡献一己之力。

杜甫与儒家文化传统研究　赵海菱著

齐鲁书社2007年8月出版。为《文史哲博士文丛》之一种。前有张忠纲序。本书结合先秦两汉及唐代社会政治文化背景，运用文化学、社会学、接受美学等知识与方法，通过分析、归纳，总结出儒家思想传统、儒家诗学传统、儒家以史经世传统、儒家士文化传统、儒家审美传统等对杜甫思想及其创作深刻而巨大的影响，印证了杜甫与杜诗的深厚博大。又以历史的、发展的观点，将杜甫纳入我国源远流长的儒家文化传统加以考察。原始儒家的人性本善、人性源于天道、人性普遍平等思想，为杜甫所发扬；汉代儒家的大一统观念及天人合一思想为杜甫所吸纳；杜甫乃唐代儒学复兴运动的孤鸣先发者；杜甫对宋代儒学的勃兴有着至关重要的作用。

清代杜诗学文献考　孙微著

凤凰出版社2007年9月出版，25万字。前有张忠纲、韩成武二序。该书将清代杜诗学文献按照时代次序分为四卷，每卷又按照文献的存佚情况分别进行编排，共收录存佚清代杜诗学文献410馀种。每种文献先介绍著者生平及著述情况，再对该文献的成书时间、体例特色、版本流传、各家著录等情况加以介绍，内容较为详备。书后附录著者索引和书名索引，颇便查检。是清代杜诗学研究必备的工具书。

杜甫诗选　王昭华注评

黄山书社2007年10月出版。此书为《中华古典精品》之一种，选取杜诗名篇73题111首，加以注解、点评，简易通俗，便于"古典精品"之普及。书前有《导言》，简介杜甫及其诗歌。

杜诗版本及作品研究　蔡锦芳著

上海大学出版社2007年12月版,26万字。该书分上下两编。上编是关于杜甫诗歌版本及注家方面的研究文章11篇,分别是《宋郭知达〈新刊校订集注杜诗〉校论》、《宋杜诗注家薛苍舒与薛梦符实为一人考》、《林继中〈杜诗赵次公先后解辑校〉应补入〈草堂诗笺〉中的赵傻注》、《赵子栎未尝注杜考》、《宋代杜诗注家杜修可和杜定功二家真实存在吗?》、《宋代杜诗注本中的"立之"、"杜立之"、"王立之"实为王直方》、《吴若本与〈钱注杜诗〉》、《〈杜诗博议〉质疑》、《李实乃明末清初的杜诗注家》、《朱鹤龄〈辑注杜工部集〉研究》、《蒋金式及其批朱鹤龄辑注〈杜工部集〉研究》。下编是关于杜甫诗歌作品的专题研究,共计8篇文章,分别是《议"杜诗似太史公书"》、《从杜诗能正史之误补史之缺来看其"诗史"特征》、《杜诗中的好友群像》、《浅谈杜甫的喜乐诗》、《谈杜甫的戏题诗》、《杜甫、钱谦益、陈寅恪戏题诗之比较》、《姜夔与杜甫》、《杜甫〈大云寺赞公房〉"听听"一词校释》。该书为著者多年学术研究成果的结集,其中对杜诗学文献研究尤细致入微,澄清了杜诗版本流传过程中的诸多疑问,所论多堪依据,显示了著者深厚的学术功底。

杜诗学研究论稿　孙微、王新芳著

齐鲁书社2008年6月出版,共22万字。前有张忠纲序。全书分为上下两编,上编主要内容是对杜诗学文献的研究考辨,下编则主要是对杜甫生平及其诗歌的研究。此书对清代杜诗学文献的辑佚工作,取得了显著成果。《申涵光〈说杜〉一卷辑佚》、《潘柽章〈杜诗博议〉辑考》等文,或通过辑佚最大限度地恢复文献原貌,或通过辑佚窥见散佚文献的注释特色,颇见功力。对稀见清代杜诗学文献的整理研究,也拓展了杜诗学文献研究的深度。另外,《"早充观国宾"考辨》、《杜甫四十一岁结婚考》等文,运用诗史互证、以杜证杜的方法,对杜甫生平研究提出了一些新说,不失为一家之言,值得引起学界关注。

杜甫大辞典　主编张忠纲,副主编赵睿才、宋开玉、綦维

山东教育出版社 2008 年出版。本辞典词目按作品提要(包括诗文)、名句解析、语词成语、家世交游、地名名胜、版本著作、研究学者等七大类编排。计收词目 7680 馀条。所用底本是中华书局 1979 年版清仇兆鳌《杜诗详注》,参校以杜诗宋刻诸本、上海古籍出版社 1979 年版钱谦益《钱注杜诗》、中华书局 1961 年版浦起龙《读杜心解》、上海古籍出版社 1980 年版杨伦《杜诗镜铨》等。本辞典是有关杜甫的专书辞典,兼顾知识性与学术性,既为杜甫的爱好者提供有关杜甫的各类基本知识,又为杜甫的研究者提供可资借鉴的资料。每一词目的撰写,都力求吸收最新研究成果,提供较为稳妥公允的结论。杜甫研究者参鉴此辞典,可以省去翻检之劳,并为进一步研究获得有益启示;杜甫爱好者阅读此辞典,不仅可以纵观杜诗学的发展历史,而且可以从中汲取营养,陶冶性灵。立足现代,纵观历史,放眼世界,有益将来,是其编撰者的学术追求。本辞典是杜甫研究的集大成之作。

七、国外编

一、朝鲜半岛

杜诗谚解　二十五卷　朝鲜柳允谦等撰

柳允谦(Yoo, Run-Cheon)(1420—?),字亨叟。朝鲜瑞山人。柳氏是《杜诗谚解》的主要撰译者,精通杜诗,对杜诗的谚解付出了巨大劳动。与其从兄柳休复一起学杜诗于其父柳方善。其父柳方善则早年跟随僧义砧学习杜诗,之后又授杜诗于其子。因此可以说,僧义砧和柳方善等人也间接地为《杜诗谚解》初刊本的诞生作出了贡献。

《杜诗谚解》是朝鲜最早的用朝鲜文注释汉文的翻译诗集,以宋代徐居仁所编《集千家注分类杜工部诗》为蓝本加以注释。初版于朝鲜李朝成宗十二年(1481),由柳允谦等人注释、曹伟作序,全称为《分类杜工部诗谚解》,共 25 卷 17 册,今阙卷一、二、四、五及十二,附四声点。仁祖十年(1632)又重刻《杜诗谚解》,由吴翻主管、金尚宓主译,收曹伟、张维两序,以初刊本为基础改写,共 25 卷,完帙,无四声点,内容有纪行、述怀、回忆、种族、送别、常道、杂部等 52 部。从初刊本至重刊本,出刊年代相差 150 年左右。《杜诗谚解》诞生之前,高丽朝已有元代高楚芳所编《纂注分类杜诗》覆刻本。李氏朝鲜建国后不久，太宗李芳远“欲观杜诗”，赞扬其“忠君爱国之义”。世宗李陶继承父志，于1434年以甲寅字刊行《纂注分类杜诗》，同时责令集贤殿诸儒撰注杜诗。《世宗实录》世宗二十五年(1443)癸亥夏四月条载，世宗“命购杜诗诸家注于中外，时令集贤殿参校杜诗注释，会粹为一，故求购之”。《东国文献备考》也记录了世宗为加快用朝鲜文撰注杜诗的年代，从民间大胆起用翻译人才的事实：“世宗命诸儒，撰注杜诗，柳允谦以白衣参选，人皆荣之。”杜诗的翻译工作，在柳允谦、柳休复等学者的共同努力下，自1443年开始，至1481年最终完成。现韩国收藏的各本均为残本，如高丽大学藏有朝汉文混用的册13(14为异本)本，与卷3、6、11、15、19、20、22、23、24存本。如梨花女子大学收藏的第2册卷2、第9—10册卷13—15、第12—13册卷19—20、第17册存本。同样也是梨花女子大学收藏的第1册卷1—2、第9—13册卷3—20、第14—18册卷22—25、第17册存本，与第8册卷10、第15册卷19存本等。韩国李丙畴《韩国之杜诗》一文曾叙其版本因革情形，谓初刊本“当时所刊不多，行于世者甚鲜矣。曾见张溪谷(维)重刻《杜谚》序曰：‘记余少时，尝从人一倩读之。既而欲再观，而终不可得，常以为恨焉。’盖指此也。以故庆尚监司吴天坡翻思欲再刊，购求初刊一本，雠校缮写，改易国文之音韵变化，兼除四声标，而从其时体，命大丘府使金公尚宓分刊于列邑，时则仁祖十年(公元一六三二年)二月上浣也。故其刻板不齐，尔后因于板毁，补刻数次，板匡不均，其体裁不同，理所然也。”(见台湾《大陆杂志》第二十二卷第五期)1955年，通文馆主李谦鲁得初刊本散帙十馀册，釐为十卷，影印出版。1973年韩国大提阁又影印仁祖十年之重刻本，收入《原本影印韩国古典丛书》。卷前有1481年曹伟序、1632年张维序,编次一依徐居仁《集千家注分类杜工部诗》。李丙畴另著有《杜诗谚解批注》、《杜诗谚解抄》二书,并云:"惟以国文译成诗集者,当以《杜谚》为嚆矢矣。"(《韩国之杜诗》)可见是集在韩国之影响及地位。

集注分类杜诗 阙名编

此书约刊于宣祖至光海君年间。木版本,二十五卷,二十二册。黑口,上下内向二叶花纹鱼尾,四周单边,有界。九行,行十七字。17×24.3cm。此为零本,缺卷一、二。现藏于玉山书院。

纂注杜诗泽风堂批解 二十六卷 朝鲜李植撰

李植(Lee,Shik)(1584—1647),字汝固,号泽堂,别号泽癯居士。朝鲜汉城(今韩国首尔)人。朝鲜李朝宣祖、仁祖年间的文臣。1610年应别试文科及第,历任侍讲院说书、兵曹左郎、弘文馆副修撰、校书馆校理、史曹左郎、司宪府执义、春秋馆修撰、大司谏、嘉善大夫等职。并参与修补《李朝实录》。1618年退隐,筑泽风堂于鸦谷。仁祖反正后重新被录用,任大司谏、大司成、大提学等要职。1646年辞去官职,次年去世。1689年追赠领议政。他精通汉文学,被称为"近世汉文四大家"之一。著有《泽堂集》、《水城志》、《初学字训增辑》、《德水世系列传》等。据其年谱载,著有4103首诗歌和625篇散文。他的文学观来自程朱理学,未能摆脱"文者道之末叶"的儒家传统观念,主张"学者潜心经传,专意程朱学的,不可旁及异端"。他自幼酷爱诗歌,儿时先读杜诗,并以杜诗为范。1640年撰成《纂注杜诗泽风堂批解》二十六卷,目的是纠正部分中国历代注杜本的谬误和歧解。被誉为"东国之杜少陵"。生平事迹见植从侄李畏斋所作《泽堂先生年谱》。

《纂注杜诗泽风堂批解》是继《杜诗谚解》之后朝鲜人在普及杜甫诗歌中所取得的第二个重大业绩。《杜诗批解》成书于1640年,1739年由其曾孙李箕镇以铜版活字刊印。《杜诗批解》不同于《杜诗谚解》的是,它是朝鲜唯一完全由个人完成的注解本。卷首为《新唐书》杜甫本传;次为"杜诗总评",共录王琪、王安石、黄庭坚、蔡梦弼、严羽、刘辰翁、虞集七家评语;再次为目录,前十三卷为目录上,后十三卷为目录下。正文共收杜诗1419首,编次同元高楚芳所编《集千家注批点杜工部诗集》,不分类,亦不分体,只约略编年。其注释先为题解于诗题下,后于诗末征引旧注,最后为自注。所采以宋人注为多,尤以刘辰翁批语及朱熹之说为是,刘批几乎全部收录。卷末则首录朱熹《章国华杜诗集注跋》,及李植录此跋所加之按语:"前辈攻核苏注之非者多矣,未有如晦庵此文之明白也。晦翁乃闽中人,知为郑之赝作尤的,故余特表而出之。"次为戊午年(1678)宋时烈《杜诗点注跋》,谓"泽堂公议论,无论细大浅深,一依于朱夫子"。李植确承朱熹之意,不但尽力删削伪苏注,在字句考订、诗意阐释等方面也袭朱熹之论。再次为李植庚辰年(1640)《杜诗批解跋》、曾孙李箕镇己未年(1739)夏为刻印此书所作附记。目录前及各卷前题"纂注杜诗泽风堂批解",书口题"杜诗批解"。关于《杜诗批解》的编写始末,作者在跋语中写道"始郑甥,以此来赠,请校定以遗后。余于旧读唐版,有小注释,旋失之。故更就此,随寓目,评释证贬皆非前人眼目所及,同好李子时、吴汝完皆请见。以其所有注本相斤正,而余未尽删定,靳不许。兵乱后,两家皆乖离未合,此册幸全,赵甥备儿冕,以此册共读,更有省悟增补,然止于律诗,而不及古诗排律,观者详之。"原来,李植先后收藏过两种杜诗注本,一本是唐版,另一本是乡本。对这两种注本,李植都作了批解,或"评释证贬",或"相斥正"。李植在生前曾把自己手中的唐本批解丢失了,又找来乡本进行增补并加以批解。由李植跋及李箕镇附记可知,李植先就所读之唐版杜集,即元高楚芳本亲手作注,后遗失,又就乡本,实即朝鲜学者集体编纂于世宗二十六年(明正统九年,1444)的《纂注分类杜诗》批解评释,于庚辰年完稿。唐本之注为全集,然较简略;乡本之注较详,然仅止于律诗。李植去世后,其曾孙李箕镇偶然于一士友家重得李植旧失之手批唐本,"遂取二本而合之,编次则依唐本,笺注则主乡本"(箕镇记),从而将唐本和乡本结合起来,恢复了泽堂批解的全貌。然检其目录,尚比高楚芳本少《吾宗》、《第五弟丰独在江左觅使寄此二首》、《送田四弟将军将夔州柏中丞命起居江陵节度阳城郡王卫公幕》三首,正文中又有末一首,盖为李箕镇编辑之疏漏。箕镇附记末署"庚辰后百年己未孟夏","庚辰"即李植写《杜诗批解跋》之年,植卒于1647年,年六十四,则庚辰年当为1640年。"后百年己未"则应为1739年,即乾隆四年。马同俨、姜炳炘《杜诗版本目录》谓此书刻于康熙十八年己未年(1679),实误。1974年台湾大通书局据此本影印《杜诗丛刊》本,扉页标"清康熙十八年朝鲜李氏家刊本",年代亦误。李植为朝鲜著名诗人、文学评论家,一生多有和杜之作,诗歌造诣既高,此集之评亦卓有成就。其批解方法,首先抄录中国历代注家的注释,最后加作者的批解,主要有三个特点:第一,尊重中国历代注家的注解,将诸家的观点逐条加以比较,肯定了正确的解释。《批解》收录上述七家评语,多采蔡梦弼、王洙、刘辰翁、赵次公、黄鹤等人的注释,小心谨慎地下结论;第二,李植在吸取千家注杜成果之精华的基础上,提出许多有独创性的学术见解,指正了前人注杜中的某些不足和谬误;第三,引经据典,广证博引,用实证的方法考究杜诗原文,指正杜诗刊印中存在的误记和讹传，对杜诗的出版起到了积极的校勘作用。韩国李丙畴在《韩国之杜诗》一文中谓朝鲜人注杜诗“唯为专书者，号称我邦之杜少陵（申紫霞言之）者李泽堂植所撰《纂注分类杜诗泽风堂批解》（共二十六卷）尔。此书遍汇诸家注，多采蔡注、黄注、须溪等本，纂杜矣。而自注则附其末，略表面目而已。然而载本传、短评、又附口诀于原诗，而使读者便于学杜，此为本书之长也。……盖此书先出于清之诸家大著，而为我邦专杜之权舆者也。”（见台湾《大陆杂志》第二十二卷第五期）。

杜律分韵　朝鲜摛文院奉教汇编

此书属于生生字、整理字本。正祖二十二年（清嘉庆三年，1798）活字印刷。五卷二册。此书将杜律 777 首“以韵类编”而成。叶十行，行十八字，小字双行，四周双边。前四卷为五律，计分 28 韵部，收诗 626 首。第五卷为七律，计分 26 韵部，收诗 151 首。标题纸署“内阁新编　杜律分韵　戊午（1798）活印”。现藏于高丽大学图书馆。此书版本甚多，仅《韩国所藏中国汉籍总目》著录者，即多达近三十种。有活字本（生生字、整理字混用），正祖二十二年活字印刷，上黑鱼尾，下白口。残存一册，卷一至三以外缺，现藏于高丽大学图书馆。有整理小字本，纯祖五年（1805）重印。残存一册，卷一至三以外缺，亦藏于高丽大学图书馆。有初铸整理小字本，纯祖五年刊行。此本题曰《杜韵》，刊记云“内阁新编乙丑（1805）重印”，现藏于成均馆大学图书馆。有“内阁新编乙未（1835）孟秋岭营重印”木版本，现藏于雅丹文库。有再铸整理小字本，此本刊记云“内阁新编乙丑重印”，亦藏于雅丹文库。有木活字本，此本高宗二年（1865）刊行，线装，题签“杜律”，刊记云“内阁新编乙丑（1865）重印”，现藏于东国大学图书馆。有整理字本，1798 年活印；又有庚戌

(1850)仲秋完营新刊,其印记为“默容室藏外14种”,均藏于延世大学图书馆。有全史子本,内阁新编乙丑(1805)重印,外题“杜韵”,其印记为“默容室藏外8种”,亦藏于延世大学图书馆。有写本(写年未详),存三卷一册,线装,现藏于檀国大学图书馆。有全史子本(小字本),刊记云“内阁新编乙丑(1805)中人”,现藏于延世大学图书馆。有整理字本,正祖二十二年(1798)活字印刷,藏书记有“鼎足山城”、“太白山”、“内阁”,此即奎章阁韩国本。又有整理字本,正祖二十二年刊行,存卷一至四,有“帝室图书之章”印记;生生字本,正祖二十二年刊行,有“弘斋”、“万几之暇”之印;木版本,哲宗元年(1850)刊行,卷末刊记云“庚戌(1850)仲秋完营新刊”,有“集玉斋”之印,标题纸署“内阁新编”,均为奎章阁韩国本。又有1974年台湾大通书局据朝鲜1798年活字本影印《杜诗丛刊》本。

杜陆律分韵　朝鲜弘文馆奉教汇编

此书有奎章阁韩国本,当为最早版本。三十九卷,十三册。此书将杜律777首、陆(游)律4875首,“以韵类编”而成。四周单边,叶十行,行十八字,注双行。标题纸署为“内阁新编　杜陆律分韵　戊午(1798)活印”。为生生字本,正祖二十二年(1798)活字印刷。有“鼎足山城”、“太白山”藏书记,有“奎章之宝”、“史馆藏”、“弘文馆”、“帝室图书之章”、“内阁”、“侍讲院”等印。

御定杜陆千选　八卷　朝鲜正祖李祘御选

此为丁酉字本,正祖二十三年(1799)印刷。四周单边,叶十行,行十八字,上二叶花纹鱼尾。署印为“竹下茂伯氏陆祉膺印”,现藏于高丽大学图书馆。之后,此书出现多种版本。

有雅丹文库所藏五册本。有奎章阁韩国本,八卷四册,藏书记有“华城行宫”、“弘文馆”、“鼎足山城”、“五台山”、“华城行宫零本”等,有“奎章之宝”、“史馆藏”、“摛文院”、“帝室图书之章”、“弘斋”、“荡川明月主人翁”等印。有藏于延世大学图书馆的“杜陆千选”本(刊于1799年)。有藏于国立中央图书馆、印记为“万川明月主人翁”本。有忠南大学图书馆所藏本,有“边滩八化”、“金钟翼印”等印。又有藏于延世大学图书馆的残写本。

杜诗　朝鲜丁任度书

此为写本,完成于朝鲜宪宗四年(1838)。一册,43张,每张25.1×16.1cm,其笔写记为“岁在黄狗(戊戌,1838)仲夏十九日赞成而写墨终”,有“默容室藏”印。现藏于高丽大学图书馆。

诗龛录定杜少陵七言绝句　清人邓诗龛录定

此书在朝鲜李朝宪宗至哲宗间(1835—1863),以芸阁印书体字刊行,一册。每页23.9×14.4cm,四周单边,叶七行,行十五字。标题纸署“竹林·彝斋阅,杜少陵七言绝句,诗龛录定”,版心署“少陵七绝”。现藏于高丽大学图书馆。

杜诗　朝鲜边参奉笔写

此书每张30.7×22.3cm。其笔写记为“岁在丁亥异书,边参奉丈所写”,里纸记为“边参奉后孙遇春移去江陵时以此册表情”,有“南皐”之印。现藏于高丽大学图书馆。

杜诗　阙名抄

此书为写本。各种写本甚多,多不署抄写者,时代不同,规格行款不一,册数、页数各异,纸质亦不尽相同。有署"丁巳七月誊写,戊午二月告讫,月城李善业受训谨书"者;有里纸记为"册主顺天金后巢藏"者;有印记为"粟翁"者;有表题"工部"者;有其印为"诗书遗业清白家风"者;有卷头识记为"辛卯(1891)三月初造"者;有笔写记云"庚辰八月七月终"者;有每张十行二十一字,注为双行者;有每行字数不定,注为双行者;等等。仅《韩国所藏中国汉籍总目》著录者,即多达二十种。

杜诗选 八卷 阙名选

此书为写本,刊地、刊者、刊年均未详。八卷,四册。每张28.2×18.8cm。有"敬轩"、"观文楼情事"、"帝室图书之章"等印记。附录"诸家论杜"。现藏于奎章阁。

杜诗五律 一册 淡斋翁写本

此书凡79张。每张21.2×14.6cm。有"李东显氏"之印,其卷后落款为"丙午夏七十四岁淡斋翁书"。

杜诗抄 阙名抄

此类写本颇多,时代不同,规格行款不一,册数、页数各异,纸质亦不尽相同。有笔写记为"丙午闰四月十五日"者;有笔写记云"岁在壬子八月初八日终"者;有表纸书名为《杜工部诗》者。等等。仅《韩国所藏中国汉籍总目》著录者,即多达十种。

杜律 阙名抄

此类写本甚多,时代不同,规格行款不一,册数、页数各异,纸质亦不尽相同。仅《韩国所藏中国汉籍总目》著录此类写本即多达二十馀种。其中一种写本有杜甫画像,并有"金相恩章"、"赐号善宝斋"等印,此本现藏于涧松文库。又有一写本,40张,14行28字,注小字双行。其序题"杜律虞注",并有"兵部尚书杨士奇序",署"丁亥二月十五日终"。此本现藏于延世大学图书馆。另一写本,有"国如"、"延安李观翼章"等印,现藏于雅丹文库。

杜律抄 阙名抄

此书为写本。写年未详。一册,50张,每张17.5×17cm。现藏于精神文化研究院。

杜律抄 阙名抄

此书为写本。写年未详。一册,64张,每张25×16.3cm。现藏于精神文化研究院。

杜草堂 阙名抄

此书为写本。写年未详。一册,每张25.8×18.5cm。表题为《花溪集》,里题为《浣花集》。现藏于高丽大学图书馆。

杜草堂 阙名抄

此书为写本。写年未详。不分卷,一册,66张,每张25.5×16.2cm。现藏于精神文化研究院。

杜草堂诗 阙名抄

此书为写本。写年未详。一册,74张,每张22×13.9cm。表纸书名《杜草堂》,附《谚译》。现藏于精神文化研究院。

五言杜诗　阙名抄

此书为写本（转写本）。写年不详。一册，64张，每张26.8×18.7cm。现藏于精神文化研究院。

读杜散抄　阙名抄

此书为写本。22张。现藏于延世大学图书馆。

杜老长篇　阙名编

此书为写本。刊年未详。一册，每张27×15.7cm。半叶八行，行十五字。抄杜诗长篇《北征》、《自京赴奉先县咏怀五百字》等十三首。现藏于雅丹文库。

杜陵类选　阙名编

此书为写本。刊年未详。一册，81张，每张24.5×15.5cm。卷末署"庚寅建丑之月逢春之日誊出于在晦庵书舍"，有"锦霞"印记。现藏于延世大学图书馆。

增修杜工部草堂诗笺　阙名编

此书为木版本，刊年未详。一册（零本）。四周单边，17.8×13.2cm。有界，十二行，行二十字。线装。现藏于檀国大学图书馆。

杜诗长篇七五合部　阙名编

此书为朝鲜后期写本。一册，57张。线装，楮纸。半叶十六行十四字，注为双行。每张30.5×28.5cm。题签为《杜诗》。

现藏于东国大学图书馆。

杜律四韵五言　阙名编

此书为写本。朝鲜末期写。一册,70 张。半叶十行,行十四字,注双行,头注,线装。纸质为楮纸,表题为《杜律》。现藏于东国大学图书馆。

杜甫的生涯与艺术　金尚勋著

新朝鲜出版社 1947 年出版。

杜诗谚解批注　李丙畴著

李丙畴(Lee,Byung-Ju)(1921—),别号石田。本贯牛峰,京畿高阳人。1950 年毕业于东国大学国文系,1979 年获本校博士学位,博士论文的题目是《杜诗研究——以对韩国文学的影响为中心》。历任檀国大学专任讲师、东国大学国文系教授、研究生院院长等职,现为东国大学国文系名誉教授。曾任东国大学图书馆馆长、教育学院院长、东岳语文学会代表理事、国语国文学监事、辞文学会代表理事等职。并荣获国民勋章木莲章奖、汉城市文化奖。李教授致力于汉文学与韩国汉诗的研究,侧重于杜诗和《杜诗谚解》研究,而其《杜诗谚解》研究成就尤为卓著。著有《杜诗谚解批注》、《杜诗谚解抄》、《杜诗研究》、《诗人杜甫》、《韩国文学上的杜诗研究》、《杜诗的比较文学的研究》、《诗圣杜甫——以诗歌读杜甫的生涯》、《杜甫研究论丛》、《杜甫与李白》、《古典的散策》、《韩国汉诗选》等。杜甫研究论文有《杜甫的舞踊诗——以乐府诗为中心》、《杜甫的爱怜与家长的自存》、《杜诗谚解的经纬及其声价》、《李杜比较论分析》、《杜甫的生活与文学》、《杜诗之东渐》、《杜甫的溯源》、《韩国文学上的杜少陵》、《韩国之杜诗》、《杜诗表现的佛教观》等。

其《杜诗谚解批注》，通文馆 1958 年出版，555 页。该书 1970 年由通文馆修订再版。

杜诗谚解抄 李丙畴著，权相老、梁杜东监修与校阅

集贤社 1959 年出版，252 页。本书从《分类杜工部诗谚解》（全 25 卷）中按类型选诗，分五言绝句、七言绝句、五言律诗、七言律诗、五言古诗、七言古诗、五言排律等七类，共选杜诗 151 首。每首诗歌都有原文、语释。

李杜比较研究 许世旭著

许世旭（Her, Se-Wook）（1936—），1959 年毕业于韩国外国语大学，1963 年毕业于台湾师范大学，获硕士学位，硕士论文为《李杜比较研究》。1968 年获该校博士学位。先后任韩国外国语大学教授、Univ. of lowa 访问学者、Univ. of CA Berkeley 研究员、高丽大学教授、台湾汉学研究所研究员。又历任韩国中语中文学会会长、中国现代文学学会会长、中国学研究会会长等职。著有《韩国诗选》、《春香传》、《汉文通论》、《庄子》、《李白》、《中国文化概说》、《中国现代诗选》、《韩中诗话渊源考》、《中国随笔小史》、《中国现代文学论》、《中国古代文学史》、《中国近代文学史》、《中国近代诗研究》、《中国文学纪行》、《再读大陆文学》等。杜甫研究论文有《杜甫的最后》等。

《李杜比较研究》为台湾师范大学 1963 年度硕士论文，指导教师为巴壶天。此文 160 页，将李白、杜甫二人作了全面比较，以援引资料为主，每一论项，皆罗列诸家之说解，然后或参以己见。共分三部分：前言、本论、结论。前言中先分别叙述李杜

之籍贯、家系、生平。再作李杜之性格及行为之比较，二人相同点是：高傲天才、皆愿得官职、仇视贵族、同情弱小。相异点是：白行义任侠，杜则忠厚沉着；白隐逸避世，杜则积极入世；白颓废，甫则爱诙谐滑稽。本论部分，又从承统、诗评、思想、形态、作品互相关系及对后世影响作了比较。结论部分中引证了胡适语："杜甫是我们的诗人，而李白则终于是'天上谪仙人'而已。"作者认为"此语殊觉得当"。而自己最终亦有一结论，曰："李白是咏诗的诗人，杜甫是作诗的诗人。"

杜诗谚解论释　全在昊著

全在昊(Jun, Jae-Ho)(1926—)，1952 年毕业于庆北大学国文系，1955 年毕业于高丽大学国文系，获硕士学位，1963 年毕业于日本京都大学，获硕士学位，1973 年毕业于庆北大学国文系，获博士学位。历任庆北大学国文系讲师、教授、美国 Buffalo 大学客座教授。兼任庆北大学人文大学学长、韩国语言学会理事、大邱语言学会会长、韩国语文学会会长等职。全教授致力于韩国语言学与汉子学研究。而其杜诗谚解索引、版本与老乞大谚解索引研究成就甚高。著有《杜诗谚解论释》、《杜诗谚解——国语学的研究》、《杜诗谚解讲义》、《韩国语学论考》、《国语语汇史研究》、《生成音韵学》、《言语学概说》等。

《杜诗谚解论释》，由宣明文化社 1968 年出版。531 页。

杜诗研究　李丙畴著

东国大学出版社 1970 年出版，142 页。该书主要研究杜诗对韩国文学的影响。

杜诗谚解——国语学的研究　全在昊著

宣明文化社 1973 年出版,1975 年由二友出版社再版,310 页。为"国语国文学丛书"之一种。全书分三章。第一章,绪论。叙述了中、近世语研究的近况、《杜诗谚解》研究的必要性与研究范围。第二章,本论。严密分析了重刊本语汇的意味变迁、语型交替、时代区分、音韵表记、书志方面情况等。第三章,结论。附录有参考文献和论文、索引。

(时调译)杜诗选　梁相卿编译

乙酉文化社 1974 年出版,为乙酉文库 110。选诗 77 首。选录的每首诗歌都有原文、语释。该书的特点在于:译者以韩国的定型诗歌——时调诗的形式翻译杜甫诗歌,富有韩国诗歌味儿。

杜甫　张基槿译著

张基槿(Jang, Ki-Keun)(1922—),本贯仁同。汉城(今韩国首尔)人。1951 年毕业于汉城大学中文系,获硕士学位,1969 年获本校博士学位。其硕士论文的题目是《生活诗人杜甫的本领》。历任圣心女子大学副教授、台湾政治大学副教授、汉城大学教授,现为鲜文大学汉语系教授。曾任中国语学会会长、中国研究所理事、世界日报理事等职。并荣获国民勋章木莲章奖。著有《中国文学史》、《中共的文学改革》、《老子》、《孟子》、《论语》、《孝经》、《李白》、《杜甫》、《陶渊明》、《白乐天》、《李太白评传》等。

《杜甫》由大宗出版社 1975 出版,410 页。此为《中国古典汉诗人选》之一种,选诗 101 首。后易名为《新译杜甫》,修改后由明文堂出版社 2003 年出版。选录的每首诗歌都有原文、语释、大意、解说。该书分七章。序章,介绍杜甫的时代背景、生平、思想、杜诗。第一章,忧愁的诗人。第二章,壮游与诗友。第三章，战乱与家族爱。第四章，飘浪与追忆。第五章，困穷与愤懑。第六章，升华的人道主义。第七章，杜诗的补充资料。增补版第七章专门收录增补诗歌 11 篇。附录有杜甫年表、索引。

杜甫诗选　李元燮译

正音社 1976 年出版，424 页。选诗 116 首。该书 2003 年由玄岩社修订出版，选诗 120 首。所选的每首诗歌都有译文、原文、注、评释。该书分五部。第一部，江村。第二部，友情。第三部，历史。第四部，战争。第五部，国破山河在。附录有解说、年谱。其"解说"介绍了杜甫的生平与思想、时代背景、李杜诗比较。

杜甫的生涯与文学　金钟润著

关东出版社 1976 年出版，260 页。

韩国文学上的杜诗研究　李丙畴著

二友出版社 1979 年出版，432 页。附录有注解书所收的杜诗题目索引表。

李白杜甫　张伯逸编译

弘信文化社 1979 年出版，2004 年修订再版，308 页。该书分四章：第一章，李白与杜甫的交游。第二章，李白的生涯。第三章，杜甫的生涯。第四章，李白与杜甫的文学。所选每首诗歌都有注解、评释。该书论述了李白与杜甫的交游和生平、诗歌和作品的比较。附录有年表、索引。

诗圣杜甫——以诗歌读杜甫的生涯　李丙畴著

文贤阁出版社 1982 年出版,330 页。

杜甫研究论丛　李丙畴编

二友出版社 1982 年出版,567 页。

杜甫诗的理解　义庵书堂讲读会编

以会文化社 1996 年出版。429 页。该书翻译元代虞集(1272—1348)的《杜律虞注》一书。伪《杜律虞注》是当时朝鲜最广泛流行的杜甫品评书。该书分书评、解题、本文 32 分类——纪行、述怀、怀古、家族、隐逸、四时、昼夜、天文、地理、楼阁、眺望、音乐、禽兽、送别、杂部等,还有索引。

李杜诗新评　孙宗燮著

精神世界社 1996 年出版。552 页。该书分两部。第一部,李白诗歌评释。第二部,杜甫诗歌评释。第一部,有李白评传、爱情诗、闲适诗、探访诗、旅程诗、趣兴诗、行路难诗等。第二部,有杜甫评传、爱情诗、友情诗、闲情诗、战争诗、离恨诗、世情诗、述怀诗、纪行诗等。全书比较评释李杜诗歌的成就与特点。

杜诗与杜诗谚解　李贤熙等著

李贤熙(Lee, Hyeon-Hie)(1957—),1980 年毕业于汉城大学,1982 年获该校硕士学位,1992 年获该校博士学位。历任韩信大学讲师、助教授、汉城大学讲师,现为汉城大学国文系教授。兼任国语学会总务理事、韩国言语学会编辑理事等职。荣获韩国出版大奖著作奖和一石国语学研究奖励奖。李教授致力于韩国语言学研究。著有《杜诗与杜诗谚解》、《韩国的文字与文字研究》、《中世国语句文研究》、《法华经谚解》等。

《杜诗与杜诗谚解》由新旧文化社 1997 年出版,379 页。该书是韩国汉诗专家和中世语言学家共同研究杜诗与杜诗谚解的入门书。该书分四章。附录有索引。

杜甫　李永朱编译

李永朱(Lee, Yeong-Ju)(1955—),1991 年毕业于汉城大学,获博士学位。前韩国函授大学汉语系教授,现为汉城大学中文系教授。侧重于杜甫诗风、初期诗、题画诗、五言绝句等研究。著有《杜甫》、《汉字字义论》、《中国古典文学理论批评史》。又合著《杜甫——初期诗译解》、《杜甫——至德年间诗译解》。关于杜甫研究的重要论文有《杜诗章法研究》、《杜甫〈北征〉考》、《杜诗悲哀中的幽默考》等。

《杜甫》由松出版社 1998 年出版,287 页。所选各诗都有注解、评释。该书分四章。第一章,流浪。第二章,长安之苦。第三章,出仕之路。第四章,游蜀与长江一带。附录有解说、年谱,解说部分介绍了杜甫的生涯与艺术观。

杜诗与杜诗谚解研究　韩国精神文化研究院人文研究室编

太学社 1998 年出版,345 页。该书收录了沈庆昊等八位学者有关杜诗与杜诗谚解的论文,分三部。第一部,书志学的考察。第二部,汉文学的考察。第三部,国语学的考察。该书是对杜诗以书志学的、汉文学的、国语学的角度来综合分析的杜诗理解入门书,全面论述了杜诗集刊行与受容、书志的实相、杜诗谚解、杜诗注解、杜诗语法的特征、杜诗音韵论、杜诗语汇论、杜诗谚解资料等。

杜甫与李白　李丙畴著

Arche(原理)出版社 1999 年出版,362 页。该书为大宇学术丛书论著之一,分序言,杜甫论:家系、少时、壮游、从游、陋巷、转蓬、草堂、晚暮,杜诗的内容:思想、雅趣、嗜好,读杜诗说,杜诗的讽喻与社会性,七言律诗《秋兴八首》译解,李白论,李白与杜甫的比较,李杜优劣论索隐等,对杜甫的生涯、杜诗的成就与李杜诗歌作了全面的论述。虽然将书名作为《杜甫与李白》,但李白论算是副题,全书侧重于杜甫论。附录有李杜的思想诗、醉兴歌、爱怜诗、时事诗、律绝及其代表诗歌。

杜甫——初期诗译解　李永朱等译解

松出版社 1999 年出版,817 页。该书收录杜甫初期诗 100 首,以《杜诗详注》(清仇兆鳌注,中华书局 1979 年版)作为底本,主要参考宋郭知达《九家集注杜诗》等 11 种注释书而成。杜甫的初期诗,以安禄山之乱发生以前的作品为限,该书收录第一首《游龙门奉先寺》至第一百首《奉同郭给事汤东灵湫作》为止。注解者首先参考和吸收前人注释家们的各种注释后,以合适的注解为主重新注解,并收录异说,供为参考。

杜甫:忍苦的诗史　全英兰著

全英兰(Jun, Young-Ran)(1955—),别号与芝堂。忠北沃川人。1977 年毕业于忠南大学国文系,1981 年毕业于台湾师范大学,获硕士学位,1989 年毕业于台湾师范大学,获博士学位。博士论文的题目是《韩国诗话中有关杜甫及其作品之研究》。历任大邱大学专任讲师、助教授、副教授,现为大邱大学东洋语文学部教授。又任庆北文化财专门委员、岭南中国语文学会理事、东亚人文学会理事等职。致力于中国古典文学的教学与研究,侧重于杜甫的诗论与韩国对杜甫的研究。著有《韩国诗话中有关杜甫及其作品之研究》、《杜甫:忍苦的诗史》、《中国,过去、现代、未来》。关于杜甫研究的重要论文有《杜甫青壮年时期的南北遍历及其作品研究》、《杜诗对高丽朝鲜文坛之影响》、《杜甫齐鲁燕赵遍历期的旅程与作品》、《韩国文人对杜诗之评价》、《从芝峰类说看李睟光的杜甫诗论研究》、《对于李睟光杜诗解释的批判的考察》、《杜甫〈秋兴八首〉考》、《韩国诗话中有关杜诗之研究》等。

《杜甫:忍苦的诗史》由太学社出版社 2000 年出版。该书分为三章。第一章,杜甫的文学人生。第二章,杜甫作品论。第三章,韩国文学上的杜诗。第三章以诗话资料为中心全面叙述了韩国诗话所反映的杜诗影响、韩国文人对杜诗之评价、李睟光的杜诗论议等。李睟光的《芝峰类说·文章部》一书,对韩国杜诗学研究富有参考价值,但杜诗注释及其评价上存在不少误谬。作者对此在第三章杜诗论议中,进行了严密的考证。附录有韩国学者杜诗研究著作目录、杜甫年谱、杜甫行迹图等。

初刊本杜诗谚解对译语研究　朴英燮著

朴英燮(Park, Young-Seop)(1951—),1974 年毕业于中央大学国文系,1979 年毕业于高丽大学,获硕士学位,1986 年毕业于成均馆大学,获博士学位。历任光云中学教师、仁川专科学院副教授、江南大学助教授,现为江南大学国文系教授。专门研究韩国语汉字语、汉字语汇,而韩汉字对译研究成果尤为卓著。著有《初刊本杜诗谚解对译语研究》、《初刊本杜诗谚解语汇资料集》、《韩国语的历史》、《开化期国语语汇资料集》、《国语汉字语汇论》等。

《初刊本杜诗谚解对译语研究》由博而精出版社2000年出版,595页。该书分五章。第一章,序文。第二章,字释的方式。第三章,资料分析。第四章,汉字对译语类性别部类。第五章,结语。该书通过以初刊本《杜诗谚解》所载的汉字对译语语型为主比较专门汉字学习初学书(如《释谱详节》、《正俗谚解》)与教育用汉字学习初学书(如《训蒙字会》、《千字文》)的对译语型,论述了现用汉字的主要语汇和次要语汇。

杜诗谚解:汉字语言研究　赵南浩著

太学社2001年出版,374页。该书分五章。第一章,绪论;研究史概观,研究方法与构成。第二章,汉字语的范围与分布;研究对象文献的范围,汉字语单位,非研究对象汉字语,汉字语的同语异表记,汉字语分布。第三章,谚解文汉字语与原文的对应实相;谚解与汉字语,对应实相分类,语汇注释汉字语,与其他文献比较。第四章,原文汉字语的谚解实相;一致类型的汉字语谚解,不一致类型的汉字语谚解,杜诗谚解的谚解态度,谚解实相与汉字语关系。第五章,结论。附录有固有名词目录、汉字语语干目录、语义注释目录。

杜甫——至德年间诗译解　李永朱等译解

韩国函授大学出版部2001年出版,564页。该书以《杜诗详注》(清仇兆鳌注,北京中华书局,1989)作为底本,翻译和注解了杜甫后期诗歌中陷贼为官前期——至德年间的作品。注解者主要参考宋郭知达《九家集注杜诗》等11种注释书。

杜诗的音乐世界　崔南圭著

崔南圭(Choi, Nam-Gyu)(1960—),1984年毕业于全北大

学中文系,1989 年毕业于台湾东海大学,获文学硕士学位,1994 年获本校博士学位,2000 年获南京大学文学博士学位。历任全北大学专任讲师、助教授、苏州大学交换教授,现为全北大学中语中文系教授。崔教授主要研究中国古文字学与诗学。著有《杜诗的音乐世界》、《东洋哲学与文字学》、《东北亚人文学谈论》、《四书的字句理解与概念考察》等。关于杜甫研究的主要论文尚有《杜甫五言律诗的类型研究》、《杜甫七言律诗的类型以及吴体诗研究》等。

《杜诗的音乐世界》为崔氏的博士论文,中国辽海出版社 2002 年 3 月出版。该书分四章。第一章,绪论,介绍研究目的与方法、杜甫与近体诗。第二章,杜甫律诗的类型与拗调体律诗的特色。分五言律体和七言律体两部分。第三章,杜甫拗调体律诗对于中国诗歌的影响以及杜诗对于韩国诗歌的影响。分中国方面与韩国方面两部分。第四章,结语:一位有待确认的世界诗人。该书的内容主要是关于杜甫律诗的平仄情况的研究。作者认为前人对拗律的界定相当模糊,所以考察目标扩大到杜甫的全部近体诗,对 1051 首诗逐字逐句地作了平仄分析。该书对杜甫的拗体律诗对古代韩国的海东江西诗派的影响的探讨,发前人所未发,很有学术价值。此书前有指导教师莫砺锋所写的序,后有附录:(1)杜甫律诗平仄分布状况统计表,(2)杜甫律诗的平仄。

杜甫诗选　金宜贞编著

金宜贞(Kim, Eui-Jeong)(1966—),1989 年毕业于梨花女子大学中文系,1998 年毕业于延世大学,获博士学位,博士论文的题目是《杜甫的夔州时期诗研究》。历任梨花女子大学、大田产业大学、汉阳大学讲师,现为梨花女子大学中文系专任讲师。

主要研究中国古典诗歌，侧重于杜甫、李商隐、李贺等。著有《杜甫诗选》、《中国文学辞典》。关于杜甫研究的论文主要有《杜甫诗所表现的内面葛藤分析》、《杜甫夔州时期的诗小考》等。

《杜甫诗选》由以斋出版社2002年出版。选诗53首。所选各诗都有译文、原文、注释、评论。该书分序文、解说、年表1(唐代文学)、年表2(世界文学/政治)等部分。该书是《中国诗人丛书·唐代篇》之一。按丛书编纂原则，收录的诗歌都是短篇的绝句与律诗。其"解说"介绍了杜甫的生平与思想、时代背景、文学成就。

对于杜甫与杜诗的爱情历史的研究——杜诗学的渊源与发达　高真雅著

高真雅(G0，Jin-A)(1968—)，1993毕业于全南大学中文系，2001年毕业于韩国外国语大学，获博士学位，博士论文的题目是《唐宋杜诗学研究》。现任韩国外国语大学、明知大学讲师。致力于杜甫与杜诗研究，侧重于唐宋文人对杜甫与杜诗的评价及其对后世的影响。著有《中国诗的传统与摸索》、《对于杜甫与杜诗的爱情历史的研究——杜诗学的渊源与发达》。关于杜甫研究的论文主要有《金元代杜诗学——以元好问和方回为中心》、《试论王夫之对杜诗的批判》等。

《对于杜甫与杜诗的爱情历史的研究——杜诗学的渊源与发达》，由阳地出版社2003年出版。该书以从中晚唐开始的历代诗人对杜甫与杜诗的学习与收容过程为立足点，以杜甫与杜诗的爱情历史为主要研究对象，全面叙述了每个朝代杜诗学的发展过程。该书分为两部，第一部唐宋杜诗学，第二部唐宋以后杜诗学。第一部的第一章，杜诗学的萌芽期。第二章，杜诗学的极盛期——宋代。第三章,杜诗搜集与整理。第二部的第一章,杜诗学的命名与确立——金元代。第二章,历代杜诗学的继承与反省——明清代。第三章,唐宋杜诗辑注的继承与总结——金元、明清辑注。第四章,唐宋杜诗学的馀波——高丽、朝鲜的杜诗学。第一部为唐宋杜诗学的全面探讨,第二部为唐宋以后中国与高丽、朝鲜的杜诗学全面探讨。该书得到韩国学术振兴财团的研究基金赞助,代表了当代韩国年轻学者杜诗研究的水平。

二、日本

杜诗续翠抄　江西龙派编撰

江西龙派(Kousei Ryuha)(1375—1446),室町时代禅僧。龙派为名,江西为号。晚年别号续翠。住京都建仁寺、南禅寺。有汉诗集《豖庵集》、《续翠集》,另抄苏东坡诗《天马玉津沫》、唐宋金元绝句选《新选集》。

编有《杜诗续翠抄》,现存19卷,有错简、脱落,是基于元高崇兰编《集千家注批点杜工部诗集》的讲述稿,由弟子书写残留手抄本。此本现为京都建仁寺两足院与国立国会图书馆所藏。两足院本所缺的卷一卷二由国立国会图书馆影印本补齐,大塚光信编《续抄本资料集成》(全十卷,清文堂,1980—1992)收在第一卷至第三卷。另,同集成第十卷有京都女子大学教授高见三郎解说《关于〈杜诗续翠抄〉》。

杜诗抄　雪岭永瑾编撰

雪岭永瑾(Setsurei Eikin)(1447—1537),室町时代末期禅僧。住京都建仁寺。有汉诗集《梅溪集》。关于杜甫,有《杜诗抄》。

《杜诗抄》,现保存在建仁寺两足院25册,栃木县足利学校遗迹图书馆11册。讲述底本与江西龙派《杜诗续翠抄》同为元版《集千家注批点杜工部诗集》。现存本中足利学校11册,由光风社书店于1970—1973年影印刊行。各册附录解题、嵯峨宽的《札记》与监修者土岐善麿小文。

鳌头增广杜律集解　六卷　宇都豚庵著

宇都豚庵(Utsunomiya Tonan)(1633—1709),江户时代汉学者。豚庵是其号。生于山口县岩国。幼时至京都,师事藤原惺窝门下的松永迟五。著有《鳌头评注古文真室前集》、《七才子集注解》,对荻生徂徕很有影响。

所著《鳌头增广杜律集解》六卷,是对明代邵傅的《杜律集解》加以训读,给予更详细的题注。京都美浓屋彦兵卫(1695)刊本,被长泽规矩也编《和刻本汉诗集成第三辑》,由汲古书院于1974年影印收录。

杜律评丛　三卷　度会末茂著

度会末茂(Watarai Suesige)(1675—1733),号鹤溪主人。生于三重县伊势。

著有《杜律评丛》三卷,有正德四年(1714)日本京华书坊奎文馆刻本。此书卷首有杜甫像,正德四年北可昌序,正德三年京兆伊藤长胤(东涯,1670—1736)叙言,凡例七则。收录杜甫七言律诗133首,诗后录前人评语,多从《石林诗话》、《瀛奎律髓》、《诗薮》、《艺苑卮言》、《冰川诗式》等中国各代诗话笔记中搜集各种各样批评,不另加注释或解说。卷末有京华书坊奎文馆主人濑尾维贤题识与京华书坊濑尾源兵卫鼎锲版记。此书半页10行,行21字。下黑口,单边,版心上端刻书名、卷次,施以墨围,中为页数。此书又收入吉川幸次郎所编《杜诗又丛》中,1976年由日本中文出版社影印发行。

杜律发挥 三卷 释显常著

释显常(Seuk Hyunsang),字真如,号大典,亦号北禅主人。日本僧人,约十八世纪后期在世,馀皆不详。著有《杜律发挥》。

此书上卷为七律,中、下卷为五律。首页刊“大典禅师著,杜律发挥,书肆风月堂、起文堂、星文堂梓”,末页刊“文化元年(1804)甲子冬十一月新刻,平安书肆”。首载石见浦世所撰序,卷后附贺昌群跋语云:“此书为日本大典禅师著,彼邦汉文撰述,文句少不合规律,此书言简而意赅,文词雅赡,驳论诸家注解,亦多精到,如言‘可怜怀抱向人尽,人,子美自谓,乃六朝以来语’。非深于中土之学,绝难臻此。日本所刻汉籍,多为天保官板,此为文化元年,即清嘉庆九年(1804)所刊。”此书选诗300馀首,其中七律82首,多为杜诗名篇,其注解亦间有发明。

杜律详解 三卷 津阪东阳撰

津阪东阳(Tsusaka Touyou)(1757—1825),江户时代中期的汉学者。名孝绰,字君裕,号东阳。生于三重县四日市。宽政年间(1789—1800),曾在伊贺讲学,后任督学。著有《孝经发挥》、《皇和通纪》、《津修录》、《夜航诗话》六卷、《夜航馀话》二卷(池田四郎编《日本诗话丛书》第二卷、第三卷所收,1920—1921年,文会堂书店出版。其后1972年由风出版社重印)等。有关杜甫的著作有《杜律详解》三卷。

津阪曾在伊贺讲学,《杜律详解》即在伊贺讲学时所撰。有日本津藩有造馆刻本,刻成当在天保六年(1835)。本书以明邵傅《杜工部七言律诗集解》为底本,首页题“津阪东阳先生著,杜律详解,有造馆藏板”。次津藩督学石川之聚所撰并书《杜律详解序》,次东阳撰《诗圣杜文贞公传》,后有其子达撰跋语,后又有伊贺崇广堂讲官小谷薰所撰《东阳先生杜律详解后序》。每卷首行署“杜律详解”卷次,二行署“伊势津阪孝绰君裕著,男达有功校”。正文及注释为汉字,夹有日文。此书所选均为七律。津阪孝绰云:“公本集七律凡一百五十九首,今此集所录,通计一百三十三首,遗二十六首矣,须俟他日得闲,改正其编次,追补以加注说也。”无目录,大体以年代先后为序。诗题下均有题解,或考证作诗年代地点,或引证史料典故,或点明作诗意旨。诗间夹注,诗末多附有考辨。此书注释详略得当,注解评论多引他人语,如赵次公、邵宝、胡应麟、朱鹤龄、仇兆鳌、顾宸、袁枚等,皆有征引,著者己见亦杂其间。诗末考辨,驳斥前人误谬,间有新见。是书引用旧注时有疏误,然而瑕不掩瑜。此书尚有1974年台湾大通书局据东阳天保六年刊本影印《杜诗丛刊》本,乃所收唯一日本人杜诗注本。

杜工部诗醇　六卷　近藤元粹选评

此书在日本有多种版本。日本明治三十八年(1905)大阪嵩山堂刻本,三册。此后又在明治四十年、四十一年、大正二年(1913)、九年重印。此书前有明治三十年作者所撰《绪言》,次两《唐书》杜甫本传、元稹撰杜甫墓系铭。每卷单列目录,诗次先古体后近体,选诗计657首。诗旁加圆点,半页十行,行二十字。诸家评语置于诗后和栏上,诗后诸家评语均低一格,题下注小字双行。此书所引诸家评语甚广,如赵汸、邵宝、张綖、王嗣奭、钱谦益、朱鹤龄、卢元昌、张远、顾宸、黄生、朱瀚、卢世潅、申涵光、仇兆鳌、浦起龙、杨伦等人均见引录,而于《唐宋诗醇》、五家评本、沈德潜《杜诗偶评》等引用尤多。作者似未见《杜臆》与

《说杜》，故所引王嗣奭、申涵光语，多同于仇注与《镜铨》，引张綖、杨慎、徐增等人评语，似亦据仇注引录。因收录诸家评语甚多，难免有错讹混淆之处，如《奉赠韦左丞丈二十二韵》，则将仇注分段误为"范云"。有的引文则不注姓氏与出处，如《玄都坛歌寄元逸人》释"王母"曰："案：王母，鸟名。其尾五色，长二三丈许，飞则翩翻如旗状"。似是作者按语，实则抄自仇注所引杜修可与王椿龄注语。

李杜译释　久保天随撰

久保天随（Kubo Tenzui）（1875—1934），本名得二。生于长野县。东京帝国大学汉学科毕业。宫内省图书编修官、大东文化学院教授。以《西厢记研究》获文学博士学位。是日本中国戏曲研究的先驱者。著有《支那戏曲研究》（弘道馆 1928 年）。在国民文库的全译丛书《续国译汉文大成》中，译有《李太白诗集》（1928 年）、《韩退之诗集》（1928—29 年）、《高青丘诗集》（1930 年）。

所撰《李杜译释》，由隆文馆 1908 年出版，分析评论杜诗《悲陈陶》、《悲青坂》、《北征》、《江畔独步寻花》、《赠花卿》、《登楼》、《诸将五首》、《秋兴八首》、《绝句》（两个黄鹂）、《江南逢李龟年》、《昔游》、《壮游》、《登岳阳楼》等 30 首。

杜诗讲义　森槐南著，森川竹溪整理

森槐南（Mori Kainan）（1863—1911），生于名古屋。本名森公泰，汉诗人，文学博士。曾任图书寮编修官、宫内大臣秘书。其父为著名汉诗人森春涛。森槐南是明治末期汉诗坛主要人物，其收藏旧书现藏东京大学《槐南文库》中。著有《中国诗学概说》，明文堂 1983 年出版。他在杜甫研究史上的贡献是撰有

《杜诗讲义》。

《杜诗讲义》，三卷。此书是在他去世后，由森川竹溪根据讲学记录整理的，由文会堂于1912年出版。此书依据沈德潜《杜诗偶评》，阐发独自见解。1993年，经松冈秀明校订、解说，由平凡社作为《东洋文库》丛书之一出版，共四册。

杜甫与弥尔敦　德富猪一郎著

德富猪一郎，即德富苏峰（Tokutomi Sohou）（1863—1957），出版《杜甫与弥尔敦》时，署名德富猪一郎。生于熊本县。评论家、历史学家。新闻社总编辑。创立民友社，提倡平民主义，有专著《日本的将来》（1886），并费时三十年完成《近世日本国民史》一百卷。针对以白人为中心的国际社会，强调打破白阀，晚年以“顽苏”自号。

《杜甫与弥尔敦》由东京民友社1917年出版，780页。1949年由宝云舍以《世界两大诗人》再版，将英国著名叙事诗《失乐园》作者弥尔敦与杜甫，从生平与文学、中国唐代与17世纪欧洲社会等作比较论述。全书共分十四章。第一章为总论。分四节：一、新闻记者眼中诗人。二、诗究竟是什么。三、神与人的合成之人。四、诗人的归宿。第二章至第七章为论述弥尔敦的生平与创作。第八章至第十三章为论述杜甫生平与创作。第十四章为杜甫与弥尔敦的比较。认为杜甫是儒教诗人，弥尔敦是清教徒诗人。弥尔敦诉于神，杜甫诉于人。弥尔敦的人格垂直而高，杜甫的人格水平而广。弥尔敦纯洁，杜甫亲切。弥尔敦诗如音乐，巧夺天工，杜甫诗人情至上，古今稀有。二人均有大抱负、大志向，各以自身为小而天下为大，都是真正的大文豪、大人物。书后附有杜甫与弥尔敦年表。该书视角独特，立论高远，新人耳目，堪称百年来杜甫研究的别调绝响，至今仍有借鉴意义。著名

词学家夏承焘曾说:"阅德富猪一郎《弥尔顿与杜甫》,颇有启发。"(《天风阁学词日记》1949年2月23日)

杜少陵诗集(全译)　铃木虎雄译

铃木虎雄(Suzuki Torao)(1878—1963),号豹轩、药房。生于新潟。东京帝国大学汉文科毕业,东京大学名教授,文学博士,日本学士院会员,文化功劳者、文化勋章获得者。吉川幸次郎是其后学之一。其著作有《支那诗论史》(弘文堂1925年),是当时具有划时代意义的批评史专著。另有《支那文学研究》(弘文堂1925年初版,1967年再版)、《陶渊明诗解》(弘文堂1948年)、《陆放翁诗解》(弘文堂1950年)、《玉台新咏集》(岩波书店1956年)、《李长吉歌诗》(岩波书店1961年)等。

有关杜甫的,是丛书《续国译汉文大成》文学部第四卷至第七卷的《杜少陵诗集》。此书全四册,国民文库刊行会1928—1931年出版,并于1978年以《杜甫诗全集》四卷再版发行。是近代日本唯一的杜甫诗全译全述。这一译书以仇兆鳌《杜诗详注》为底本,并在全四册第一卷末附有作者《杜少陵诗集总说》。

杜诗鉴赏　细贝泉吉(香塘)译

细贝香塘(Hosogai Koutou),20世纪初期活跃的汉诗人。本名泉吉。著有《诗体研究与唐朝诗坛》(秋丰园出版部1939年)、《汉诗绝句作例百讲》(立命馆出版部1935年)、《汉诗作法讲座》(秋丰园出版部1938年)、《唐诗鉴赏》(秋丰园出版部1939年)。

关于杜甫的著作有《杜诗鉴赏》。此书由帝国教育会1929年出版,1939年由秋丰园出版部再版。选取杜甫五律49首,加以译注赏析。

杜诗译注　漆山又四郎译注

漆山又四郎(Urushiyama Matashirou)(1873—1948),号天童。不仅对中国文学,对日本文学(江户文学)书志学都有很深造诣,并编纂小说家幸田露伴(1867—1947)《露伴全集》。又有《唐诗选译注》(1931年)、《李太白诗选译注》(1932—1933年,幸田露伴校阅)、《李长吉诗集》(1933年)、《三体诗译注》(1936年)、《游仙窟》(1949年)等唐诗文译注册。

又有《杜诗译注》,全四册,由岩波文库1929年出版,是以《唐宋诗醇》为底本的译注。

杜诗索引　饭岛忠夫、福田福一郎合编

东京神田松云堂书店1935年出版。此索引以仇兆鳌《杜诗详注》为底本,参照《全唐诗》编集而成。检索序列以日语五十音图为序。书后附有杜诗逸篇断句,并附有笔画索引、韵字索引、杜诗题目索引。该索引是受1901年出版的《国歌大观》索引启发而编,是最早的以唐诗为单位的索引,值得称道。以各句的句末字编成的诗名检索索引,是唐诗诗句最早的一种索引。

杜甫　斋藤勇著

斋藤勇(Saitou Takeshi)(1887—1982),生于福岛。东京帝国大学英文科毕业。文学博士。东京大学教授,曾任东京女子大学校长。英诗研究权威。有《斋藤勇著作集》(全七卷、别卷一,研究社)。在最终第十六章《与西洋文学的比较》中,发挥了作者研究西洋文学的特长,颇多创见。

又有《杜甫》,对杜甫的夔州诗给予很高评价。此书由研究

社1946年9月15日出版,1955年再版,363页。该书前有序言,全书分十六章:一、不遇之人。二、忠君爱国志士。三、飘泊诗人。四、成都草堂。五、梓州、阆州以及成都。六、在夔州二年诗作圆熟多产。七、怀古与追忆。八、秋天里的诗人——《秋兴八首》。九、《秋日夔府咏怀一百韵》。十、出峡与客死。十一、“乾坤一腐儒”。十二、“文章千古事”。十三、杜甫的诗论。十四、杜诗之难解。十五、关于应酬赠答诗:(1)应酬赠答诗。(2)恋爱与友情。(3)固有名词的插入。十六、与西洋文学的比较:(1)泥醉。(2)悲哀的净化。(3)光明。书后附有杜甫年谱和有关杜甫行踪图以及杜甫诗集、杜诗评论的简介。该书介绍了杜甫生平及有关诗作,全面而平实,很有特色。

杜甫行状记　松田毅著

北海诗友社1955年出版。这是一部叙述杜甫生平的评传。书中随处可见书法家挥毫所题杜甫诗句。作者1890年生于北海道札幌,号毅堂。据卷末广告还有《高青邱诗鉴赏》、《平易汉诗作法》。

杜甫　黑川洋一著

黑川洋一(KuroKawa Yōuichi)(1925—2004),生于广岛县。京都大学文学部毕业。文学博士。历任四天王寺女子大学教授、大阪大学教授、大阪工业大学教授,大阪大学名誉教授。东方学会会员、日本中国学会会员。主要从事中国古代文学研究。他将吉川幸次郎五十年代在京都大学开设中国文学史课的听课笔记整理成《中国文学史》,由岩波书店1974年出版,1981年再印,394页。书前有吉川氏序言,书后有文学史年表。关于杜甫的主要著作有《杜甫》。还参与了铃木虎雄全译注《杜少陵诗集》修订版（全八册，岩波书店1963—1966年）编著。又有《杜甫》（筑摩书房1973年）、《杜甫研究》（创文社1977年）、《杜诗伴我行》（创文社1982年）、《杜甫》（角川书店1987年）、《杜甫诗选》（岩波书店1994年）。

《杜甫》由岩波书店分上下册出版。上册1957年12月20日出版，210页；下册1959年3月20日出版，199页。二书前均有黑川氏的解说。上册书后有小川环树写的跋，下册有吉川幸次郎写的跋。上册书前有草堂照片及杜甫像，书后有杜甫行踪图。下册书前有瞿塘峡照片及金泽文库藏杜甫集照片，书后有杜甫年表。上册选取杜甫近体诗125首，下册选杜甫古诗39首，加以注释分析。所选杜诗，中文标题，诗文在上，日文翻译在下，注释浅近明白。是书对沈德潜《杜诗偶评》最为推重，征引颇多。黑川氏在解说中称“对人生的真诚是杜甫文学原创作的根源和原动力”，“杜甫将他以前的坠入游戏之笔律诗用来反映重大事件和复杂感情，律诗这一类型的抒情诗最终达到完美境地，全赖杜甫之力。”小川氏《跋》中称：“黑川君注释可使读者理解体味杜甫近体诗的整齐均衡之美和灵动变化之妙。”吉川氏在《跋》中称“杜甫古体诗所表现的思想性：人人向善，构筑一个善意的社会。对于不为善的执政者杜甫予以抨击”。可以看作是对杜甫古体诗的解读指南。

杜甫诞生一千二百五十年特刊·中国文学报·第十七册　责任编辑吉川幸次郎、小川环树

吉川幸次郎（Yoshikawa Kōjirō）（1904—1980），生于宾库县神户市。京都大学文学部毕业。文学博士。京都大学名誉教授。历任东方学会会长，日本艺术院会员，日本中国学会评议员兼专门委员。1975年任日本政府文化使节团团长访问中国。

平生致力于中国文学研究,成果丰硕,影响巨大。其主要贡献是在京都大学确立中国学,也是日本研究杜甫的第一人,他自称"中国古代诗人里头,最喜爱的是杜少陵"。由筑摩书房出版《吉川幸次郎全集》全二十七卷及《遗稿集三卷》、《讲演集》一卷。其中第十二卷及二十五卷则是有关杜甫的随笔杂著类。除此而外,他还编著以下八种有关杜甫著作:①《新唐诗选》(岩波书店1952年),与诗人三好达治共著,收杜甫诗15首、李白诗29首、王维诗12首,以及孟浩然、常建、王昌龄等诗,予以评论解说,重新启动战后日本关于中国古典文学研究。1954年又出续书。续篇中还收录了共著者桑原武夫(京都大学教授)的《关于杜甫〈赠卫八处士〉》。②《杜甫札记》(创元社1952年),是吉川氏有关杜甫的最早专著。分九章:杜甫小传、九日、月夜、鼓角、胜迹、樱桃、春雨、倦夜、杜甫与饮酒。书后有关于杜甫演讲录。在战后日本杜甫研究史上具有划时代意义。1954年由新潮社作为《新潮文库》之一再版。③《杜诗讲义》(筑摩书房1963年),是已刊《杜诗札记》中杜诗名作五首加解说,并附吉川氏杜诗四首音读录音带。④《杜甫诗传》(筑摩书房1965年),结合社会背景评述注释杜诗,1980年再版。⑤《世界古典文学全集》第28、29卷之《杜甫》(筑摩书房1967,1972年),对青年时期到至德二载(757)杜诗加以译注。⑥《杜甫诗注》,此书未完成,只出版五册(筑摩书房1977—1983年),是吉川氏最后着手进行的杜甫诗译注。⑦《杜诗论集》(筑摩书房1980年),为《筑摩丛书》之一种,是从全集选出的杜诗论考。⑧《华音杜诗抄》(筑摩书房1981年),是1987年NHK教育电视放映大学讲座《杜甫诗抄》的课本。还附有吉川氏录音带。这一讲座同时还有深泽一幸、金文京、昆巴敖的关于杜甫诗的朝鲜语、越南语的音读录音带。

小川环树(Ogawa Tamaki)(1910—1993),生于京都府。1932年京都大学文学部毕业。文学博士。京都大学名誉教授。在唐宋诗歌、音韵学、元明小说史研究等领域均有造诣,与吉川幸次郎、入矢义高等担任京都大学的中国学领导工作。主要著作有:《唐诗概说》(岩波书店1958年)、《中国诗人选集总索引》(岩波书店1959年)、《苏轼》(2卷,岩波书店1962年)、《中国小说史研究》(岩波书店1968年)、《风与云——中国文学论集》(朝日新闻社1972年)、《王维诗集》(岩波书店1972年)、《陆游》(筑摩书房1974年)、《唐宋诗集》(筑摩书房1975年)、《唐代的诗人——他们的传记》(大修馆1975年)、《中国语学研究》(创文社1977年)、《苏东坡诗集》(全译注,与山本和义合作,岩波书店1984年)等。又有《小川环树著作集》(全5卷,筑摩书房1997年)。关于杜甫,在上述《风与云》及《著作集》第二卷中收录《吾道长悠悠——杜甫的自觉》、《杜甫的诗与佛教》等,虽属短论,学术价值很高。

《杜甫诞生一千二百五十年特刊》由京都大学中国语学中国文学研究室1962年10月发行。这是日本学术杂志特集,在日本,已成为现今杜甫研究者必备之书。收录下列十四篇文章:1.《吾道长悠悠——杜甫的自觉》(小川环树)。2.《乾坤与天地——从杜甫世界观入手》(入谷仙介)。3.《杜甫的抒情》(仓田淳之助)。4.《杜甫与月》(吉川幸次郎)。5.《关于杜甫咏马咏鹰诗》(高木正一)。6.《出塞的连章诗——前出塞与后出塞》(杉本行夫)。7.《杜诗〈闻官军收河南河北〉考》(田中谦二)。8.《论杜甫夔州诗》(饶宗颐)。9.《杜甫与高适》(夏承焘)。10.《杜甫与〈箧中集〉的诗人们》(伊藤正文)。11.《放翁与杜甫》(一海知义)。12.《陆游眼中的杜甫》(前野直彬)。13.《杜甫在日本》(神田喜一郎)。14.《介绍:杜甫诞生一千二百五十周年》(笕文生)。

杜甫诞生1250年纪念展览会图片集

展览时间为1962年10月26日至31日。纪念会会场设在东京日本桥的白木屋五楼画廊。由朝日新闻社主办。图片集共16页。卷首有土岐善麿和吉川幸次郎作序。出品目录及其照片,还有前野直彬的报告《关于杜甫诗集》,以及当时河南巩县、西安、成都杜甫遗迹照片11幅。这在日本是前所未有的有关杜甫的策划。其中日本有关书画有:《天与清启赞·杜甫像》(京都·建仁寺禅居庵藏)、《柴门新月图》(大阪,藤田美术馆藏:国宝)、《雪舟画:杜甫骑驴图》(小田原·松永纪念馆藏)、《传牧谿画·杜甫骑驴图》(小田原·松山纪念馆藏)、《海北友松笔·饮中八仙图屏风》(个人藏,重要美术品)、《等春画:杜甫骑驴图》(个人藏)、《池大雅画:江月远眺图》(个人藏)、《池大雅画:饮中八仙书画卷》(个人藏)、《喜多川歌麿画:酩酊八通(浮世绘)》(东京国立博物馆藏),以上为画。《池大雅书:水流心不兢、云在意俱迟》(京都,大雅美术馆藏)、《池大雅墨迹:月涌大江流》(个人藏)、《池大雅墨迹:云在意俱迟》(个人藏)、《池大雅墨迹:乾坤万里眼、时序百年心》(个人藏)、《池大雅墨迹:登兖州城楼诗》(个人藏),以上为书法。

杜甫的遗产——追求真正的人生　吉川利一著

春韭庵发行,1965年自费出版,258页,并标有《杜甫研究第一辑》。作者1888年生于长野县,号南岳。早稻田大学哲学科毕业,任津田塾大学干事。此书是作者退休后所作,作者还计划写《杜甫生平》、《杜甫形象》、《杜诗鉴赏》等。

杜甫　目加田诚著

目加田诚(Mekada Makoto)(1904—1994),生于山上县。1928年东京外国语学校中国语科毕业,1929年东京帝国大学中国哲学文学科毕业,升入该校大学院学习。文学博士。九州大学名誉教授。历任九州大学教授、早稻田大学教授。从《诗经》、《楚辞》至近代中国文学均有研究。有《目加田诚著作集》全8卷(龙溪书舍1981—1986年出版)。另外,有《诗经新释》(岩波书店1954年)、《屈原》(岩波书店1967年)、《世说新语》(明治书院1975—1978年出版)、《中国文艺思想》(讲谈社1991年)。1963年出版《杜甫——中国的思想家》(劲草书房)。其后又有具有杜甫评传风格的专著《杜甫的诗与生平》(社会思想社1969年),1984年以《杜甫的诗与生平》(龙溪书舍)收入其著作集第七卷,并在卷末附录有关杜甫诗译注。

《杜甫》由集英社1965年初版,1966年集英社又出同书简装版,1982年第15次印刷,评论解释杜诗138题193首,349页。该书是由青木正儿等五位学者编辑的汉诗大系第九卷。全书共分两部分。第一部分:盛唐诗的隆盛与杜甫。第二部分:杜甫的家系与少年时代。有下列小节:(1)杜甫的壮游。(2)在陆浑庄。(3)与李白相见。(4)长安生活。(5)安禄山的叛乱与杜甫。(6)左拾遗时期。(7)在华州。(8)漂泊之旅—秦州。(9)从同谷到成都。(10)浣花草堂。(11)辗转蜀中。(12)草堂与幕府生活。(13)不断漂泊。(14)在夔州。(15)从江陵到洞庭。该书还附有杜甫年谱以及与杜甫有关的照片,绘画图版多幅。本书编排上以杜甫行踪为序,插有大量杜诗分析解说,记述翔实,繁简得当,屡次再版,决非偶然。1996年由小泽书店以《中国名诗鉴赏》之四《杜甫》出版。

沉痛飘泊的诗圣杜甫　福原龙藏著

福原龙藏(Fukuhara Ryuzo)(1906—1975),生于新潟县。东京大学中国文学科毕业。国学院大学教授,静冈大学教授。著有《豪放非运的诗仙李白》(讲谈社1969年)。

关于杜甫的著作有《沉痛漂泊的诗圣杜甫》,将杜甫的名作按"季节"、"纪行"、"爱情"、"友情"、"战乱"、"贫穷"、"饮酒"等七部分加以解说。此书由讲谈社1969年2月16日出版,1982年4月10日第12次印刷,276页。这是一部评述杜甫生平的论著。分八章:第一章,杜甫年代记略。下分八小节:(1)父母、祖先。(2)仕宦以前。(3)仕宦时代。(4)秦州同谷时期。(5)成都时期。(6)夔州时期。(7)出峡、南航、永眠。(8)家族、子孙。以下七章题目及所选诗歌分别为:第二章季节之卷(5首)、第三章纪行之卷(2首)、第四章爱情之卷(3首)、第五章友情之卷(3首)、第六章战乱之卷(10首)、第七章贫穷之卷(5首)、第八章爱酒之卷(3首)。编排新颖,所选杜诗皆为该题代表作,解释也平实可信,是很有特色之作,故屡屡印刷。

杜甫　高木正一著

高木正一(Takagi Masakazu)(1912—1997),生于大阪府。京都帝国大学文学部毕业。历任立命馆大学文学部教授,追手门学院大学文学部教授。立命馆大学名誉教授,其旧藏汉籍为立命馆大学图书馆所藏。曾参加《中国文化丛书》(十卷本)编写,主编第四卷《文学概论》及第五卷《文学史》。其主要著作有《唐诗选》(2卷,朝日新闻社1958年)、《白居易》(2卷,岩波书店1958年)、《汉诗鉴赏入门》(创元社1962年)、

《中国文学史》(大修馆1968年)。又有《杜甫》,此书与同年出版的目加田诚的《杜甫:诗与生平》都是杜甫评传的开拓之作,评价很高。遗稿集《六朝唐诗论考》(创文社1999年)收录了《杜甫与七言律诗的完成》、《关于杜诗对句的考察》、《关于杜诗写景的考察》、《杜甫诗与自然风景》、《关于杜甫咏马、咏鹰诗》等论文。

《杜甫》由中央公论社1969年4月25日出版,208页。该书是杜甫评传,将杜甫一生分为前半生与后半生两部分。第一部分,前半生:对贤人政治的憧憬。下设十节:(1)家世与出生。(2)开元全盛日的吴越之旅。(3)快意八九年的齐赵之旅。(4)旅食京华之春。(5)开拓新诗境。(6)玄宗治世危机。(7)放歌破愁绝。(8)震动乾坤的安禄山叛乱中。(9)国破山河在。(10)涕泪受拾遗。第二部分为后半生:飘泊之旅。下设八节:(1)在华州。(2)飘泊之旅——从秦州到同谷。(3)成都浣花草堂。(4)辗转蜀中的放浪。(5)再回浣花草堂——幕府生活。(6)天地一沙鸥。(7)白帝孤城边。(8)江汉思归客。后附杜甫年谱,对杜甫生平叙述与评论中肯、独到。编排新颖。

杜甫与芭蕉　太田青丘著

太田青丘(ōhta Seikyu)(1909—1996),本名太田立三郎,生于长野县。文学博士。法政大学名誉教授。1934年东京帝国大学文学部中国文学科毕业,1947年任法政大学教授。主要从事中国古代文学史、日中文学交流史研究和诗歌创作。其主要著作有《日本歌学与中国诗学》(弘文堂1959年初版,1968年修订再版)、《杜甫与芭蕉》、《诗与人生——中国的古典》(法政大学出版局1962年初版,1971年再版)、《唐诗开眼》(法政大学出版局 1972 年)。还有《唐诗入门》(河出书房 1955 年)。1957 年参加编写《中国文学史诸问题》,1973 年参加《万有百科大事典》(24 卷本,小学馆刊)第一卷《文学》的编写。他是《潮音》杂志主编,同时又是诗人,有《喷泉》、《亚细亚风貌》、《六月之旗》等诗集出版。有《太田青丘著作选集》(全五卷,樱枫社 1988—1990 年)。

《杜甫与芭蕉》由法政大学出版局 1969 年 12 月 10 日出版,292 页。该书是作者数十年从事日中学术交流史研究的代表作。作者在《序》中说"将分别代表日本诗歌和中国诗歌最高峰的芭蕉和杜甫",进行比较研究是他早就有的志愿。他将发表在 1965 年到 1969 年《潮音》诗歌杂志上的二十馀篇论文编辑整理成此书。全书分绪论、本论、馀论三部分。绪论《日本的古今集及新古今集与汉诗文》,主要是从日本诗歌发展史角度论述芭蕉对汉诗文的摄取渊源。本论,分如下小节:(1)绪说。(2)时代与出身。(3)经历与环境。(4)芭蕉汉诗文的素养。(5)杜甫对芭蕉散文的影响表现:(a)素材、用语、倒装法、省略法表现。(b)真切的夸张与练字表现。(c)描写的精刻与自然观照表现。(d)格调与气魄。(6)杜甫诗歌对芭蕉的影响。(7)自杜甫以外汉诗的暗示:(a)情景一致的象征,和歌的先踪。(b)情景一致的象征——杜甫。(c)情景一致的象征——诗经六义的比兴与六朝诗。(d)情景一致的象征——唐朝诗人的作例。(e)情景一致的象征——唐宋的虚实、情景论。(8)芭蕉象征的诸相。(9)学习先人——受容与超越。(10)杜甫与芭焦在日本中国文学史上的意义。馀论有四节:(1)芭蕉的笑。(2)唐诗的觉醒意识。(3)汉诗飞跃、省略法与知的构筑美。(4)关于外国文学的受容态度。书后附杜甫、芭蕉简谱对照表,关于杜甫与芭蕉的参考文献。由于作者具有诗歌创作经验,故尔对杜甫给予芭蕉的影响有很精到的分析,并由杜甫与芭蕉二人,关涉到日中文艺比较的重大方面,很有参考价值。

走近杜甫　土岐善麿著

土岐善麿(Toki Zenmaro)(1885—1980),生于东京。诗人,日本文学评论家。早稻田大学英文科毕业。文学博士。日本艺术院会员。曾任日中文化文流协会代表。其旧藏书为早稻田图书馆"土岐文库"收藏。他作为日本近代短歌歌人代表活跃一方,同时也积极从事汉诗的翻译。主要著作有《杜甫诗选新译》(全四册,春秋社1955—1961年)、《杜甫新译》(一册,光风社书店1970年)。还有关于杜甫的随笔《杜甫草堂记》(春秋社1962年)、《杜甫门前记》(春秋社1965年)、《杜甫周边记》(全三册,春秋社1967年)、《走近杜甫》等。

《走近杜甫》由光风社书店1973年7月20日出版,560页。全书分七部分:一、杜甫草堂记:(1)成都义旅情。(2)沿着杜甫足迹。(3)蜀相与名妓。(4)东方晴空。(5)成都怀古。(6)生前生后。(7)重修要略。二、戏为六绝句。三、求禅。四、流离有情。五、杜诗抄影印。六、《满江红》今昔。七、追记。该书第一部分《杜甫草堂记》曾于1962年由春秋出版社刊行。这是作者1960年访华学术交流活动的详细记录的一部分,涉及面广,内容丰富。有朱德、吴玉章、郭沫若等领导人接见场面记述,又有蜀地风土人情介绍,并配有照片。更多的是有关杜甫诗歌的解说,图文并茂,笔调活泼,引人入胜。后六部分也是有关杜诗的学术研究情况的介绍与说明,很有价值。

杜甫　黑川洋一著

筑摩书房1973年出版,276页。该书是由吉川幸次郎、小川环树监修的中国诗文选系列丛书第十五。这是一部全面介绍杜甫生平及其作品的专著。全书分十个部分:一、杜甫的世界。二、杜诗的形成。三、杜甫律诗的艺术性。四、《咏怀五百字》。五、《北征》。六、杜甫七言歌行。七、《秋兴八首》。八、杜甫与李白之关系。九、杜甫作为诗人的自觉。十、杜甫传(《新唐书》)。书后附有杜甫年谱、参考文献及杜甫行踪图。该书全面介绍了杜甫生平思想,并分析杜甫代表作的思想和艺术特征,结合杜甫经历对杜诗的理解分析真切深刻,很见功力。有许多见解值得注意。认为杜诗反映了杜甫这样一种世界观:这个世界应是和谐世界,万物各得其所,充分享受生活。当然,杜甫不是用哲学语言表述,而是用诗歌形象传达出来的。当时,中国学术界高度评价杜甫社会意识强的诗作,对晚年杜诗注意不够。针对这一现象,黑川氏提出不同看法:不应仅以社会意识的强弱来评论文学,杜诗之伟大不仅有《咏怀五百字》、《北征》,他晚年的诗同样具有划时代意义。认为杜律不仅在内容上而且在技巧上都是对历来律诗的革命。认为杜甫受李白的影响不能小看,或许在同李白文学创作较量中杜甫有意识强化思想性和社会性,杜甫诗风确立是在同李白接触后,或可为据。杜甫成为自觉性诗人,是在夔州时期,不同意小川环树的秦州时期说。认为那是萌芽期,夔州才是确定期。

杜甫:心路历程　田木繁著

田木繁(Taki Shigeru)(1907—1995),诗人,德意志文学研究者。本名笠松一夫。和歌山县人。京都大学德文科毕业。大阪府立大学教授。著作有《田木繁诗集》(现代思想社1969年)、《轻快的对决》(南江堂1972年)。有《杜甫:心路历程》,为《田木繁全集》(全三册,青磁社1982—1984年)第三卷所收。

《杜甫:心路历程》由创树社1975年4月30日出版,262页。该书以独特的感受评论杜诗。其作者称,由于学习杜甫,自己的文学观、文学方法都有所修正。称自己不是从历来日本歌人、俳人以及高踏派诗人立场,而是从一个无产者的立场来解读杜诗,因而可能更接近杜诗本质。全书分两部分。第一部分取名"东西南北人"。意思是叙述杜甫飘流四方行踪,分六节:(1)左拾遗官。(2)一年四行役。(3)浣花草堂。(4)夔州杜陵翁。(5)秋兴八首。(6)临终之音。第二部分题目是"鷦鷯别移一枝安"。是对书中所引之诗的注释,分27条。所引诗为:1.《梅雨》,2.《狂夫》,3.《春夜喜雨》,4.《独酌》,5.《徐步》,6.《春归》,7.《水槛遣心》之一,8.《屏迹三首》之二,9.《春日江村五首》之一,10.《绝句六首》之六,11.《旅夜书怀》,12.《绝句四首》之三,13.《宿府》,14.《倦夜》,15.《月》,16.《不寐》,17.《八月十五夜月二首》之二,18.《返照》,19.《即事》,20.《老病》,21.《秋野五首》之五,22.《向夕》,23.《登高》,24.《次晚洲》,25.《发白马潭》,26.《陪王使君晦日泛江就黄家亭子二首》之一,27.《送李八秘书赴杜相公幕》。

杜甫诗译稿　堀辰雄选译,内山知也解说

堀辰雄(Hon Tatsuo)(1904—1953),小说家,文艺批评家,诗人。生于东京,东京帝国大学国文科毕业。有《堀辰雄全集》十卷(筑摩书房)。最早使用西欧20世纪前半文学手法进行创作,具有强烈抒情特色。

在堀辰雄的遗稿中发现有十几首杜甫诗译稿,经内山知也博士整理、注释成《杜甫诗译稿》,由木耳社于1975年出版。该书一函,分上下两册。上册为整理情况的说明(共44页)。下册是杜诗译稿正文(54页)。选诗为《茅屋为秋风所破歌》、《秋兴八首》等共17首。内山氏认为堀辰雄在20世纪30年代抱病译杜诗,是将自己不肯趋时的心志融入其中,具有深意。译文采用口语体,不同于古雅的文语体,更为难得。书中附有多幅有关照片。书后有堀辰雄妻子写的"后记",介绍堀氏曾以司空曙"一身憔悴对花眼",李清照"人比黄花瘦"自况。内山知也亦撰有"后记"。

杜甫传　田中克己著

田中克己(Tanaka Katsumi)(1911—1992),生于大阪府。诗人。东京大学东洋史学科毕业。对中国古代文学颇有研究。主要著作有《李太白》(日本评论社1944年)、《杨贵妃与埃及女王》(元元社1955年)、《白乐天》(集英社1964年)、《中国后妃传》(筑摩书房1964年)、《大唐之春》(与石田干之助共著,文艺春秋社1967年)、《中国的自然与民俗》(研文出版社1980年)、《苏东坡》(研文出版社1983年)。

关于杜甫,有《杜甫传》。此书由讲谈社1976年出版,253页。该书是研究杜甫生平的传记。结合杜诗,对杜甫生平作评论与解说。全书分八章。第一章,家世。第二章,开元天宝时代。第三章,国破山河在。第四章,三吏三别。第五章,流浪。第六章,浣花溪草堂。第七章,夔州的生活。第八章,晚年。书后附杜甫简谱。该书将杜甫生平的各个阶段所作重要诗穿插其中,予以解释说明。由于作者系诗人,对杜甫诗作的理解和把握别有心得,结合诗作来叙述杜甫生平,结合生平来解说诗作,二者互补,相得益彰。

杜诗又丛　吉川幸次郎编

黄永武编有《杜诗丛刊》,收录宋元至清代重要杜集三十五种,台湾大通书局1974年影印出版。之后,吉川幸次郎又补选了七种,编为《杜诗又丛》,由中文出版社1976年10月影印出版。其所选七种依次为:一、题宋王十朋编《王状元集百家注编年杜陵诗史》三十二卷,为民国二年(1913)贵池刘氏玉海堂景宋刊本;二、宋蔡梦弼撰《杜工部草堂诗笺补遗》十卷,外集一卷,为黎庶昌《古逸丛书》景宋刊本;三、清朱鹤龄撰《杜工部集辑注》二十卷,末一卷,文集二卷,为清康熙间叶永茹万卷楼刻本;四、日本度会末茂撰《杜律评丛》三卷,为正德四年(清康熙五十三年,1714)刊本;五、清沈德潜撰《杜诗偶评》四卷,为享和三年(清嘉庆八年,1803)日本昌平黉刊本;六、清周春撰《杜诗双声叠韵谱括略》八卷,为清嘉庆元年(1796)刊本;七、清史炳撰《杜诗琐证》二卷,为清道光五年(1825)句俭山房刊本。

杜甫研究　黑川洋一著

创文社1977年出版,468页。这是一部对杜甫展开全面研究的专著,很有深度,颇多新见。共六章:第一章,文学的考察。分三节:1. 诗人的自觉(附关于唐诗的传播)。2. 杜诗的象征性及其哲学。3. 杜甫与李白关系之意义。第二章,作品研究。分五节:1.《崔氏东山草堂》写作时代(附芭蕉"秋深"句与杜甫《崔氏东山草堂》诗)。2.《秋兴八首》叙说。3. 关于《又呈吴郎》诗——"即防远客虽多事,便插疏篱却甚真"考。4. 关于《登岳阳楼》诗——"吴楚东南坼,乾坤日夜浮"考。5. 关于《风疾舟中伏枕书怀三十六韵》的写作年代。第三章,杜甫与佛教。分三节:1. 杜甫佛教侧面。2. 杜诗中摩诃萨埵的投影。3. 关于《秋日夔府咏怀一百韵》中"七祖禅"的考察。第四章,杜诗的发现。分三节:1. 关于中唐至北宋对杜诗的有关发现。2. 关于《唐书》

杜甫传中的传说。3. 关于王洙本《杜工部集》的流传。第五章，杜诗在日本。分三节：1. 日本接受杜甫的历史。2. 芭蕉文学中的杜甫。3. 岛崎藤村与杜甫——以"千曲川旅情歌"为中心。第六章，杂考。分三节：1. 杜诗"幽兴"考——从杜甫自然观入手。2. 杜甫与药草——《同谷七歌》"黄精"考。3. 杜甫家族考。作者在《杜诗的象征性及其哲学》一节中结合杜甫具体诗作，分析了杜诗的象征特点及哲学内涵，认为"自然现象的背后是本源现象，诗人以此直觉感受到它。诗人能够从现象背后，如同能嗅到花香一样，直觉到构成这一现象的本源东西。我们读杜诗所以深为所动的原因，就是因为杜诗具有这种性质"。作者在《杜诗在日本》一章中，介绍了杜诗传入日本的过程及相关资料。认为最早记录杜甫文集文献是平安朝末期硕学大江匡房(1041—1111)的《江谈抄》(《群书类聚》杂部)中提到"注杜工部集"，甚至还可追溯到弘仁九年(818)成书的《文华秀丽集》中菅原清公(770—842)奉和春闺怨诗"可妒桃花徒映靥，生憎柳叶尚舒眉"二句，源自杜甫《送路六侍御入朝》"不分桃花红胜锦，生憎柳絮白于绵"。另外，大江维时(888—963)撰《千载佳句》中引六联杜诗。但这些并不意味杜甫集此时已传入日本，很可能是从某唐诗选本上采录下来。《杜甫与佛教》一章，作者分析了杜诗中有关部分后说："晚年杜甫寄心佛教，虽然由上述诗明显可证，但杜甫决不仅仅是由佛教而求心安而已。杜甫一方面因其痛切之心而求佛法，一方面又感到此岸世界不能脱离。正如吉川博士所说，杜甫晚年诗，其积极面与消极面交错而在。如果说，积极面是杜甫儒家人生态度反映的话，那么，倾向佛教则是其消极面。晚年的杜甫，就在这二律背反中动摇。"作者认为，杜甫思想核心是儒家思想，不容否定，但同时也是对佛教极为关心的诗人。其诗中，儒家东西、佛教东西难分难解，融合在一起，宋以后排除佛教因素的杜甫形象，我们有必要予以修正。

杜甫诗传　吉川幸次郎著

筑摩书房1980年2月25日出版，351页。该书分两部分。第一部分为杜甫诗传，目录如下：自序。1. 先天元年。2. 家系。3. 壮游。4. 长安。5. 七言歌行。6. 胡马画鹰。7. 夜宴左氏庄。8. 何将军山林。9. 胡尘。10. 奉先。11. 白水。第二部分为续杜甫诗传，目录如下：12. 金蛤蟆。13. 崔翁高斋戒。14. 天宝遗事。15. 先帝贵妃。16. 骥子。17. 贼中。18. 元日。19. 宦者。20. 悲陈陶。21.《杜甫诗传》改版跋。书前有静嘉堂文库藏宋版杜诗九家注册码影印页。书后附有兴膳宏解说。第一部分完成于1950年并公开发表。1965年才着手并完成第二部分，由筑摩书房出版。1980年作为筑摩丛书之一再版。作者在序中称："杜甫是中国第一诗人"，"是中国文学的最高峰"，"杜诗是过去人生最真诚的艺术，正是因为真诚，其诗虽隔一千二百年，却新如昨日"。作者将杜诗分为四期：1. 四十四岁以前。2. 四十四岁至四十八岁。3. 成都草堂时期。4. 夔州至五十九岁卒于湖南舟中。作者采用传记形式，解析杜诗，旁及杜诗的背景，杜甫的生活，杜甫的时代。诗人三好达治称该书"以杜诗来写杜传，以杜传来说历史背景与环境，有如展现时代画卷，对精美杜诗一一鉴赏"。兴膳宏认为该书一大特色是"对杜诗和产生杜诗的外在世界，即杜甫生活及其时代环境的精博省察"（《解说》）。兴膳宏指出，作者说"以传记形式"，而没有说写"传记"，表明作者态度慎重。兴膳宏认为："诗人传记应就其文学创作过程，深入作品内部，联系其人生相关资料来予以解说。"这一点易说难做，很容易将诗只作为人生的资料，而难得进入文学创作独特之境。已有定评的冯至《杜甫传》（《杜甫诗传》后二年在中国出版）也未能脱此遗憾(《解说》)。吉川氏未能按原计划完成这一专著,但这并不影响该书的价值。读者可以将其作为别具特色的传记来读,与吉川氏的《杜甫诗注》相互参照,互为发明。

杜甫 铃木修次著

铃木修次(Suzuki Shūji)(1923—1989),出生于东京。文学博士。1948年东京文理科大学毕业。历任东京教育大学教授、广岛大学教授、大阪教育大学教授。东方学会会员、日本中国学会会员。主要著作有《元好问》(集英社1965年)、《汉魏诗研究》(大修馆书店1967年)、《庄子》(清水书店1973年)、《中国古代文学论:诗经的文艺性》(角川书店1977年)、《中国文学与日本文学》(东京书籍1978年)、《汉语与日本人》(米士兹书房)、《论语的文学性》(东京书籍1979年)、《孟子》(集英社1984年)。还有《人生有情的警策之语》(东京书籍1977年)。与杜甫相关专著有《唐代诗人论》(上、下)(凤出版社1973年,1979年又以讲谈社学术文库再版)、《杜甫诗选一百首》(凤出版社1973年)、《唐诗传播》(日本广播出版协会1956年,1980年第三次印刷)、《杜甫》、《唐诗世界》(日本广播出版协会1990年)。《唐代诗人论》(下)的《杜甫论》中收录五篇论文:《杜甫三十岁以前诗》、《杜甫向社会诗人的转变》、《杜甫三吏三别的特异性》、《杜甫秦州时期诗》、《关于杜诗中乱、欹、危》。《唐诗传播》中有《杜甫诗的传诵》、《以诗代信》、《杜甫与高适》、《诗报导》、《杜甫的社会诗》等。

《杜甫》由清水书院1980年10月15日出版,1990年7月30日第6次印刷,238页。该书是《人与思想》系列丛书第57。书封面有段评语:"杜甫,虽然是古人,但他的作品,已超越时间,不断地给读者以新的刺激和感动。杜诗修辞艺术技巧,不仅给现在的中国诗人,也包括日本诗人以很大影响。杜甫苦心经营语言、观察事物之精细,令人吃惊。杜甫是超越时间、具有永恒价值的诗人。以'诗圣'名杜甫,不限于中国风土与历史,即使从全世界角度看,也同样如此。"全书分三部分。第一部分,杜甫的文学时代。下分四节:(1)杜甫及其时代。(2)祖父杜审言的活跃。(3)盛唐文学与杜甫。(4)杜甫的交友:(a)岑参与杜甫。(b)李白与杜甫。(c)王维与杜甫。(d)高适与杜甫。第二部分,杜甫的生平。分八小节:(1)杜甫的家世与家族。(2)长期流浪生活。(3)转向社会诗人。(4)官员生活与"诗史"。(5)"三吏三别"与免官。(6)流浪之初。(7)成都时代。(8)晚年之旅——江上放浪。第三部分,杜甫的文学思想。分四节:(1)古典主义诗人的自觉。(2)遣词造句苦心孤诣。(3)传统的嬗变与前卫艺术的探求。(4)"诗圣杜甫"的评价。书前有《杜甫骑驴图》与《杜甫行踪图》,书后附有杜甫年谱。

杜诗论集　吉川幸次郎著

筑摩书房1980年12月15日出版,425页。这部专著由诸多短文合而成书,由作品分析入手研究杜甫,介绍了杜甫生平重要行踪,分析了杜诗的渊源、影响和成就,持论中肯、平实。全书分三部分。第一部分共17节:(1)杜少陵月夜诗初释稿。(2)九日。(3)茱萸。(4)哀王孙、哀江头、喜达行在所。(5)北征。(6)赤脚。(7)秦州的杜甫。(8)胜迹。(9)鼓角。(10)初月。(11)山寺。(12)春雨。(13)樱桃。(14)倦夜。(15)漫兴九首。(16)四松。(17)对浮生的感悟。第二部分共十小节:(1)杜甫与饮酒。(2)杜甫与月。(3)杜甫与陶潜。(4)杜甫与阴铿。(5)杜甫与郑虔。(6)李白与杜甫。(7)黑川洋一氏《杜甫》跋。(8)芭蕉与杜甫。(9)杜甫在东洋文学中的地位与意义。(10)杜甫的诗论与诗。第三部分共七小节:(1)文明的年龄。(2)杜甫对(刘)宋诗人的学习。(3)杜诗与史实。(4)杜甫诗注之我见。(5)我的《杜甫诗注》。(6)杜甫踪迹行。(7)中国文学与杜甫。书后附有兴膳宏的解说。

杜甫:生平及其文学 和田利男著

和田利男(Wada Toshio)(1904—),生于栃木县。经庆应义塾普通部,大东文化学院本科并高等毕业。任群马大学教授。有评传风格的《杜甫:生平及其文学》。还有《文苑借景——贤治、漱石、杜甫等》(焕乎堂1972年),收录《漱石与杜甫》、《芭蕉与杜甫》、《一休与杜甫》、《杜甫的诗》、《杜甫的花鸟讽咏》、《杜甫与小动物》、《杜甫的家族爱》、《杜甫与雨》、《杜甫与书》、《杜诗的绘画性》、《关于杜甫的题画诗》、《杜甫奉先县诗"蚩尤"解》等十二篇论考。另外,还与人共著《论衡事类索引》、《论衡固有名词索引》(大东亚文化研究所),还有《中国名诗鉴赏推荐》、《日本汉诗鉴赏推荐》(爱育出版社)。

《杜甫:生平及其文学》由标志社1981年8月30日出版,516页。全书分三编。前编"杜甫的生平",中编"杜甫的文学",后编"杜诗事类索引"。全面论述杜甫生平与诗歌创作。前编"杜甫的生平"共十三章:一、回忆幼年:(1)舞姬公孙大娘。(2)家庭环境。二、壮年游历:(1)夜宴左氏庄。(2)壮游。三、洛阳生活:(1)咏物诗革新。(2)与李白的相见。四、长安生活:(1)落第。(2)《兵车行》的背景。(3)《醉时歌》。(4)《秋雨叹》。五、安禄山的叛乱:(1)《赴奉先县咏怀》。(2)《彭衙行》。六、俘虏生活:(1)《春望》。(2)《哀江头》。七、任左拾遗官:(1)《羌村三首》。(2)《北征》。(3)《春宿左省》。(4)《曲江对酒》。八、左迁向华州:(1)三吏三别。(2)《赠卫八处士》。九、漂泊之旅：(1)向秦州。(2)向同谷。(3)向成都。(4)《成都府》。十、成都生活：(1)浣花草堂。(2)《茅屋为秋风所破歌》。(3)与严武的离合。(4)蜀中放浪。(5)《喜雨》。(6)回归草堂。(7)工部员外郎。(8)《去蜀》。十一、下长江：(1)旅夜书怀。(2)从云安到夔州。十二、夔州生活：(1)《负薪行》。(2)《白帝城最高楼》。(3)《秋兴八首》。(4)《登高》。十三、江湖漂泊：(1)从江陵到公安。(2)《登岳阳楼》。(3)《江南逢李龟年》。(4)客死舟中。中编"杜甫的文学"，有下列各节：(1)杜甫与漱石。(2)杜甫与子规。(3)杜甫与芭蕉。(4)杜甫与一休。(5)杜甫与文选。(6)杜甫与雨。(7)杜甫与书。(8)杜甫与绘画。(9)郭沫若氏"杜甫的阶级意识"论之我见。后编"杜诗事类索引"有三部分：一、评论：(1)文学观。(2)前代评：(a)概评。(b)作家评。(3)唐代评：(a)概评。(b)作家评。二、历代作家名。三、书名、篇名。书后还附有杜甫年谱和行踪图。

杜诗伴我行　黑川洋一著

创文社 1982 年出版，365 页。该书是作者写的一部有关杜诗的札记。全书分四部分。第一部分，杜诗伴我行。分八节：(1)与杜诗相伴——寄语《杜甫研究》。(2)杜甫的哲学。(3)《春夜喜雨》诗小札。(4)《游何将军山林十首》释义。(5)关于杜诗的情景一致。(6)杜甫心中的李白。(7)《杜甫》、《杜工部集》。(8)杜甫之于吉川先生。第二部分，三笠之月——比较文学的尝试(Ⅰ)。下分七节：(1)三笠之月——关于阿倍仲麻吕的歌。(2)《源氏物语》与《琵琶行》——以"桐壶"段月光描写为中心。(3)杜甫与芭蕉——关于"春行"句的出处。(4)富士川英郎《鸱鸺庵闲话》。(5)唐诗与三好达治。(6)中国文学在日本——在四川大学的讲学。(7)远东文学史的构想。第三部分,悲哀与光明——比较文学的尝试(Ⅱ)。下分三节:(1)年青时读书。(2)关于中国文学的悲哀净化。(3)作为文学的《观无量寿经》。第四部分,杜甫之旅。下分六节:(1)杜甫之旅。(2)欧洲来信。(3)一种想法。(4)诱人之春。(5)薛涛井。(6)杜甫纪行。作者说这部书与他的旧著《杜甫》(1973)、《杜甫研究》(1977)紧密相关而又独立成编。有的是前两部专著的补充,有的可以相互对照,合读最好。最后一部分是他追忆年青时留学美国和欧洲生活时对杜甫的理解和感受。

沉郁诗人杜甫　森野繁夫著

森野繁夫(Morino Shigeo)(1935—),生于广岛县。文学博士。广岛大学毕业。广岛大学教授,安田女子大学教授。日本中国学会会员,中国中世文学研究会会员。主要著作有《六朝诗研究》(第一学习社1976年)、《文选杂识》全六册(第一学习社1981—1989年)、《谢康乐诗集》译注(上、下)(白帝社1993年)、《王羲之传论》(白帝社1997年)。二十世纪六七十年代曾进行《六朝时期译经语法研究》、《世说新语》研究。

与杜甫相关著作有集英社《中国诗人评传丛书》之一《沉郁诗人杜甫》。此书由集英社1983年12月8日出版,259页。这是由集英社组编《中国诗人评传》系列丛书之七。丛书共选十二人,并冠以两字评语:忧国诗人屈原、隐逸诗人陶渊明、山水诗人谢灵运、望乡诗人庾信、审美诗人王维、飘逸诗人李白、沉郁诗人杜甫、豪放诗人韩退之、枯淡诗人柳宗元、讽谕诗人白乐天、天才诗人苏东坡、圆熟诗人陆游。该书分六章:一、家系与少年时代。(1)家系。(2)少年时代。二、壮游之时——快意八、九年。(1)吴越之旅。(2)齐赵之旅。(3)与李白的交往——齐鲁之旅。三、长安时代——旅食京华春。(1)追求仕途。(2)批判时政。(3)再求仕途。(4)首次入仕。四、安禄山之乱——国破山河在。(1)避难。(2)贼中数月——脱逃。(3)涕泪受左拾遗。(4)华州司功参军——弃官。五、流浪之旅——何日是归年。(1)向秦州、同谷。(2)成都浣花草堂。(3)辗转蜀中。六、沿长江而下——天地一沙鸥。(1)离蜀向云安。(2)夔州之咏。(3)漂泊江湘。(4)孤舟之泪。书后附杜甫年谱和行踪图。

杜甫的诗与生平 目加田诚著

龙溪书舍1984年6月10日出版,365页。该书是《目加田诚著作集》第七卷。结合杜诗论述其生平。分24节:1. 序说。2. 杜甫的时代。3. 少年时日。4. 壮游。5. 在陆浑庄。6. 与李白相见。7. 长安旅食生活。8. 安禄山叛乱与诗人们的命运。9. 国破山河在。10. 凤翔行在——左拾遗杜甫。11. 北征。12. 回到长安——殷切期待。13. 在华州——地方人民的实情。14. 漂泊之旅——秦州。15. 梦李白。16. 从秦州到同谷。17. 从同谷到成都。18. 浣花草堂。19. 辗转蜀中。20. 工部员外郎。21. 沿江而下。22. 在夔州。23. 在江陵。24. 漂泊洞庭。书后附杜甫年谱、行踪图以及杜诗译注、后记,诗题索引和解说(松浦友久、田口畅惠)。

详论杜甫对芭蕉的影响 广田二郎著

广田二郎(Hirota Jirou)(1912—),生于东京。东京文理科大学文学部毕业。文学博士。历任小樽商科大学教授,专修大学文学部教授。专门研究日本近世文学,尤擅芭蕉研究。有《蕉门与〈庄子〉》(有精堂1979年)、《芭蕉与古典:元禄时代》(明治书院1987年)、《详论杜甫对芭蕉的影响》。

《详论杜甫对芭蕉的影响》由有精堂1990年11月1日出版,387页。该书系统论述了杜甫对不同时期的芭蕉的具体影响。由于作者是日本著名诗人松尾芭蕉(1644—1694)研究专家,有多部研究专著问世,所以对芭蕉不同时期(1673—1693)所受杜甫影响一一说明。全书共九章:第一章,延宝至天和时代与杜甫关系。第二章,贞享时代与杜甫关系。第三章,《笈中小文》、《更科纪行》旅途之作与杜甫关系。第四章,元禄元年九月至元禄二年三月与杜甫关系。第五章,以《秘密之路》为代表旅途之作与杜甫关系。第六章,元禄二年十月至元禄四年十月与杜甫之关系。第七章,元禄四年十月末至元禄六年十月与杜甫关系。第八章,《秘密之路》与杜甫关系。第九章,年轻时与杜甫关系。每章之下又分四至五个小节,从俳句创作的个体用词造语及风格,细细分辨杜甫之影响。可谓精深至极。

杜甫之旅　田川纯三著

田川纯三(Takawa Junzo)(1934—),生于东京。庆应大学中国文学科毕业,入 NHK 社,曾拍摄许多有关中国纪行的电视片。又有《敦煌石窟:美之所在》(日本广播出版协会)、《西域·黄河名诗纪行》(全五卷,与井上靖、陈禹臣合著,日本广播出版,1987—1988 年)、《中国汉诗之旅》(全五卷,世界文化社 1988—1989 年)、《走向大黄河》(中央公论社 1989 年)、《纪行·汉武帝》(新潮社 1990 年)、《中国汉诗心之旅》(全五卷,世界文化社 1990 年)、《丝绸之路开拓者张骞》(筑摩书房 1991 年)。现从事中国文学、文化史教学研究。所著《杜甫之旅》,由新潮社 1993 年出版,是作者由山东泰山至洛阳、西安、天水、成都、三峡、湖南、巩县杜甫墓前的旅行记,图文并茂,情趣盎然。

杜甫诗选　黑川洋一著

岩波书店 1994 年 3 月 16 日出版,397 页。该书目录如下:

一、流浪生涯之歌。二、安史乱时之歌。三、客寓成都之歌。四、南国飘泊之歌。书后附有杜甫简谱和解说。该书将杜诗按上述四个时期,依次赏析论述。在《解说》中称:"杜诗是其后一千年间诗的典型,是中国文学的最高成就。"以《兵车行》为例分析杜诗,以社会现实和历史事件为题材,是前所未有的。指出《北征》、《咏怀五百字》是将赋的作法引进诗中。分析《茅屋为秋风所破歌》表现了杜甫燃烧的激情,不同于日本平安朝文学以优雅、恬淡为上品,贬抑情感外露。此外,介绍了《杜工部集》在日本的流传情况。

忧愁诗人:杜甫　山口直树著

山口直树(Yamaguchi Naoki)(1950—),生于广岛。樱美杯大学中国文学科毕业。摄影家。主要作品有《奔放诗人:李白》(1995 年)、《忧愁诗人:杜甫》、《讽谕诗人:白乐天》(1996 年)、《NHK 汉诗纪行》全五册(日本广播协会 1991—1996 年)、《走近三国志》(与岩波律事合著,新潮社 1995 年)、《汉诗百景》(岩波书店 1997 年)、《中国历史风景》(实业之日本社 1999 年)、《图说汉诗世界》(河出书房新社 2002 年)、《中国世界遗产之旅》(小学馆 2003 年)。

《忧愁诗人:杜甫》由学习研究社 1995 年出版,以实地景物风光为主,以诗人的行踪为线索,配以文字解说以及诗歌分析,印刷精美,文字通畅,给人以身临其境之感。

杜甫研究　安东俊六著

安东俊六(Andou Shunroku)(1944—),生于大分县。九州大学文学部毕业。岐阜大学教授。日本中国学会会员。

著有《杜甫研究》,由风间书房 1996 年出版。本书考察了有关宋本杜工部集的版本,对杜甫的思想性格及与初唐诗人关系作了分析。共有四章:第一章,宋本《杜工部集》的特征。第二章,诗论与作品。第三章,思考的形态与诗作。第四章,杜甫高度评价的初唐诗人。

杜甫 川合康三著

川合康三(Kawai Kouzou)(1948—),生于静冈县。京都大学中国文学科毕业。曾任东北大学副教授。现任京都大学教授。主要著作《隋书经籍志详考》(与兴膳宏共著,汲古书院1995年)、《杜甫》、《中国自传文学》(创文社1996年)、《中唐文学视角》(与松本肇共编,创文社1998年)、《终南山的变容:中唐文学论集》(研文出版社1999年)。并与人共编《日、中、英语言文化事典》。主编《中国文学史观》(创文社2002年)、《中国的祭服:系谱的诗学》(汲古书院2003年)。川合氏与筑波大学松本肇于1990年共同发起成立《中唐文学研究会》,并有《中唐文学会报》每年一期。《中唐文学视角》一书收加藤国安《杜甫表现行为中的"奇"》一文,河田聪美《唐诗中所写"犬"》一文涉及杜甫诗中"犬"的描写。

《杜甫》由世界思想社1996年出版,104页。这是一部全面介绍杜甫生平及其诗作的专著。书的封面印有"飘泊与忧愁,诗圣的人生轨迹。忧愤之诗。"全书分四章:第一章,壮游。分析《望岳》、《房兵曹胡马》等五首诗。第二章,安史之乱。分析《月夜》、《春望》等六首诗。并用一节分析杜甫的文学与人生。第三章,浣花草堂。分析《卜居》、《蜀相》等七首诗。第四章,南方飘泊。收《旅夜书怀》、《登高》等八首诗。书后附杜甫行踪图。作者在《后记》中说,所选之诗都是短篇,一些长篇代表作另待他本。

李白与杜甫——其生平与文学　高岛俊男著

高岛俊男(Takashima Toshio)(1937—),生于大阪府。东京大学中国文学科毕业。毕业论文为《陶渊明论》。1976 年任冈山大学法学文学部教授。随笔作家。东方学会会员,中国语学研究会会员,现代中国学会会员。讲授中国文学。著有《水浒传的世界》(大修馆书店 1987 年)、《水浒传与日本人》(大修馆书店)。在筧久美子编著《中国古典鉴赏:李白》(角川书店 1988 年)中写有《李白与杜甫》一文。

又有《李白与杜甫——其生平与文学》,其中第三章《李白的文学与杜甫的文学》分析了两人文学资质的不同。此书由评论社 1972 年出版,讲谈社学术文库 1997 再版,366 页。该书以公元 744 年,杜甫与李白在洛阳相会后一年的交游为中心,将李、杜生平与诗作做了比较考察,凸现李白的奔放、杜甫的沉郁。全书分四部分。第一部分,相见。第二部分,李白。下分六节:(1)僻地神童——蜀中二十五年。(2)荣光,只是荣光——漫游十六年。(3)翰林院的鹦鹉——长安二年。(4)逐臣流离——漂泊十二年。(5)走向夜郎之路——长江上下四年。(6)邻人的发现——皖南二年。第三部分,杜甫。下分六节:(1)家门荣誉——三十五岁前。(2)儒冠蹉跎——长安求官十年。(3)动乱旋涡中——拘留、脱逃及失意。(4)饥饿之旅——向秦州、同谷。(5)短暂的平静安宁——成都五年。(6)悲秋万里——夔州、湖南及穷死。第四部分,李白的文学与杜甫的文学。书后附年表及李白、杜甫行踪图。

杜甫百首诗选读　石川忠久著

石川忠久(Ishikawa Tadahisa)(1932—),生于东京。东京

大学中国文学科毕业。樱美林大学教授,二松学舍大学教授。现为二松学舍大学校长。日本中国学会会长。主要著作有《汉诗精神》(时事通信社1980年)、《中国文学中女性形象》(主编,汲古书院1982年)、《汉诗之乐》(时事通信社1982年)、《汉诗解读》(新树社1987年)、《陶渊明及其时代》(研文出版社1994年)、《汉诗百首咏春诗解读》(日本广播协会1996年)、《汉诗写作》(大修馆书店1998年)、《白乐天百首诗选读》(日本广播协会2001年)、《日本人的汉诗》(大修馆书店2003年)、《石川忠久、中西进畅谈汉诗》(大修馆书店2004年)。另外还共同主编《中国文化丛书》1辑《语言》(大书馆书店1967年出版)。

所选《杜甫百首诗选读》,由日本广播协会1998年出版。

杜甫之泪 小尾郊一著

小尾郊一(Obi Kouichi)(1913—2004),长野县人。1941年广岛文理科大学汉文学科毕业。文学博士。广岛大学名誉教授,武库川女子大学文学部教授。东方学会评议员,日本中国学会理事。1978年9—10月参加日本广岛大学友好访华团访问中国。主要著作《中国文学所表现的自然与自然观》(岩波书店1962年),全释汉文大系《文选》全七卷(与花房英树共著,集英社1974—1976年)、《飘逸诗人李白》(集英社1982年)、《谢灵运:孤独的山水诗人》(汲古书院1983年)、《中国的隐遁思想:陶渊明的心路轨迹》(中央公论社1988年)、《真实与虚构:六朝文学》(汲古书院1994年)。他的讲演录和随笔编辑成《小尾郊一著作选》全三卷(研文出版2001—2002年)。第二卷以《杜甫之泪》为题,该书除收同题演讲录外,还收有小尾氏有关六朝、唐代的短文。另外《古诗唐诗讲义》(溪水社2001年)收录庆祝作者米寿而编的古典诗歌讲义，中有《春望》、《登岳阳楼》、《哀江头》三首诗评论。

《杜甫之泪》由研文出版社 2001 年 2 月 15 日出版，293 页。该书是《小尾郊一著作选》Ⅱ，是有关中国古代文学的一些论文结集。全书分九章：第一章，自然与人生。有两节：1. 中国文学所表现的自然与人生。2. 东洋与西洋的自然观。第二章，人生与隐遁。分两节：1. 人生与隐遁。2. 自然是安住之地。第三章，人之命运。第四章，古乐府。第五章，《玉台新咏》的编纂与流传。第六章，关于散文。1. 先秦两汉文。2. 魏晋南北朝文。3. 唐宋文。第七章，中国语言。第八章，中国诗人诸相：1. 诗经。2. 竹林七贤。3. 王羲之《兰亭序》真伪。4. 登山游海诗人谢灵运。5. 孤独山水诗人。6. 王维诗与佛教。7. 李白其人。8. 阿部仲麻吕与李白的见面。9. 白乐天与杨贵妃。10.《长恨歌》是长恨之歌。11. 关于《白氏文集》的版本流传。12. 杜甫之泪与吾之思。13. 杜甫之泪。第九章则是对四部研究中国古代文学和书法专著的书评。该书以《杜甫之泪》为书名，足见作者对杜甫之忧国忧民情怀的看重与景仰。

三、欧美及其他地区

英文

诗人杜甫生平　美国玛丽·埃尔温(Mary Elwin)撰

玛丽·埃尔温为美国女学者。《诗人杜甫生平》一文载于《中国评论》(ChR)1899 年版，585—588 页。此文是西方较早发表的专论杜甫生平及诗歌创作特点的论文。文中并译有杜甫诗作《天育骠图歌》、《戏题王宰画山水图歌》等 3 首诗，重点评析了杜甫诗歌表现的绘画内容。

杜甫诗选 威特·宾纳(Witter Bynney 1881—1968)与江亢虎(Kiang Kang-hu)合译

此书载于《文学评论》(LR) Oct. 29. 1921。文中共译杜甫诗歌 11 首,每首诗均附有注解。这也是欧美学术界以专题形式集中译介杜甫诗歌的较早文献。

杜甫诗《乾元中寓居同谷县作歌七首》 美国埃德娜·沃思利·安德伍德(Edna Worthley Underwood)与朱琪璜(Chu Chi-hwang)合译

此书 1928 年由波特兰缅因莫希尔出版社出版。

中国的一面镜子:现实的反映 美国弗洛伦斯·艾斯库著

弗洛伦斯·艾斯库(Florence Ayscough),美国女汉学家、翻译家。生于十九世纪末。艾斯库青年时代随父亲来到中国,久居中国,通晓中文,酷爱中国古诗,有"爱诗客"之称。她与美国意象派著名女诗人埃米·罗厄尔(Amy Lowell 1874—1925)为好友,二人曾合作翻译了一本中诗英译集《松花笺》,1924 年由波士顿纽约霍夫米林出版社出版。书中译有杜甫的《夜宴左氏庄》等 13 首诗。《松花笺》一书是意象派诗歌运动的产物,在东西方都受到关注,曾在 1973 年重刊。艾斯库热爱杜甫诗歌,也是杜甫及其诗歌的研究家,曾在《中国集美杂志》(Ch. J. SA) 16—17 期(1923)、《中国杂志》(ChJ) 2 (1924) 等刊物发表过有关杜甫诗歌的翻译与研究文章。艾氏有关杜甫的这些译著 20 世纪二三十年代在东西方都有较大的影响。

《中国的一面镜子:现实的反映》,1925 年于伦敦出版,464 页,书中对杜甫生平及其诗歌的现实性进行了探索和评介,并译有杜诗十馀首。

杜甫:神州月下的漫游者及吟咏诗人 埃德娜·沃思利·安德伍德(Edna Worthley Underwood)与朱琪璜(Chu,Chi-hwang)合著

1929 年由波特兰缅因莫希尔出版社出版,246 页。书中共译出杜诗 290 首,译文曾与美籍华裔著名杜甫研究专家洪业(洪煨莲)进行商讨。这是西方较早出版的有关杜甫生平和译有大量杜甫诗歌的研究著作。

杜甫:一位中国诗人的传记(上卷);江湖客杜甫:一位中国诗人的游历(下卷) 美国弗洛伦斯·艾斯库译著

弗洛伦斯·艾斯库为美国著名女汉学家。此书上卷 1929 年由伦敦乔纳森凯普出版社和波士顿米夫林出版社分别出版,450 页。下卷 1934 年由伦敦乔纳森凯普出版社和波士顿米夫林出版社分别出版。两卷书中共译有杜甫诗 530 首,是依据清代杨伦的《杜诗镜铨》译出的。这是 20 世纪 20 至 30 年代西方除冯·察赫的德译文外,译杜甫诗较多的译著。

杜甫:中国最伟大的诗人、草堂诗吟咏者 美国布雷斯译著

此书于 1934 年由成都日新出版社出版,全书共译杜甫蜀中诗 104 首。

杜集叙录

杜甫最长的一首诗　弗洛伦斯·艾斯库撰

此文载于《大亚细亚》(Asia Major)杂志 10. 1934—35。这是对杜甫最长的五言古诗《北征》全文之翻译与评述。

杜甫:中国最伟大的诗人　洪业著

此书于 1952 年坎布里奇哈佛大学出版社出版。全书分上下两卷。上卷论述杜甫生平,分导言、正文和结语,共十二章。并包括用散文自由诗译法译杜诗 374 首。下卷为《附录》,内容包括介绍与杜甫有关的各个诗人的情况,评述历代诗家论杜诗和注杜诗的异同,以及评述英文翻译杜诗的各种错误。此书 1969 年于纽约重印。这是西方学界所公认的研究杜甫生平及诗作的一部重要论著,它在东西方学界都有较大的影响。

杜甫诗选　冯至主编,路易·艾黎翻译

此为英译本,1962 年由北京外文出版社出版发行,1974 年由香港商务印书馆重印再版。路易·艾黎为新西兰著名诗人、翻译家,常年在中国工作,对中西文化交流作出了重要的贡献。

杜甫的《秋兴》——语言学批评的实践　高友工、梅祖麟合著

高友工(Kao, Yu-Kung),美籍著名华裔学者,哈佛大学博士,普林斯顿大学中国文学教授,台湾《中外文学》月刊编辑顾问。重点研究中国历史与文学,20 世纪 60 年代以来与梅祖麟教授合作发表关于中国古典诗词的论著多种。主要有:《杜甫的〈秋兴〉——语言学批评的实践》(1968)、《唐诗的句法、用字与意象》(1971)、《唐诗的语意、隐喻和典故》(1978)等,此三篇长文后结集为《唐诗的魅力——诗语的结构主义批评》。这些

论著均运用语言学理论、结构主义方法深入分析唐诗特别是杜甫诗的创作特点。另有《中国美典与文学研究论集》。

梅祖麟(Mei Tsu-lin)(1933—),美籍著名华裔学者,1962年获耶鲁大学哲学博士学位,曾任康奈尔大学亚洲系中文教授。主要从事中外诗歌的研究。他与高友工教授合作发表了上述三文,引起东西方学界的重视与好评。

《杜甫的〈秋兴〉——语言学批评的实践》载《哈佛亚洲研究杂志》(HJAS)第38期,1968。文中附译杜甫诗八首,作者试图用西方新批评方法以及结构主义音韵学方法详细阐释和评述此八首组诗。

杜甫入门　戴维·霍克斯著

戴维·霍克斯(David Hawkers),英国著名汉学家、中国文学研究家。20世纪50年代初毕业于中国北京大学,对中国古典诗词研究颇深,并能用中文撰写旧体诗词。曾任英国牛津万灵学院研究员、中文教授。后为专心翻译《红楼梦》而辞去教职,译出《红楼梦》前八十回,名为《石头记》,此英译本在东西方享有盛名。

《杜甫入门》1967年于牛津出版。或译为《杜甫导读》。书中评论杜甫生平经历和诗歌的创作特点。

杜甫的美术批评与韩干的马画　李珍华撰

李珍华(Lee,Joseph Chen Hua)(1924—1995),美籍华裔学者,福建霞浦人。中国文化史、世界文化史研究家。1959年于美国获马里兰大学哲学博士学位,曾任密执安大学教授。他曾与中国大陆著名学者傅璇琮合作研究唐诗及唐代诗歌理论、音韵,对杜甫的研究亦很深入。主要著作有《汉字古今音表》、《王昌龄研究》、《〈河岳英灵集〉研究》(合著)等,还点校了《五代诗话》。

《杜甫的美术批评与韩干的马画》载《美国东方学会会报》(JAOS)90期,1970。作者试图从跨学科的比较研究角度分析杜甫诗歌中所体现出的绘画美学观点。

杜甫　澳大利亚阿尔伯特 R. 戴维斯著

阿尔伯特 R. 戴维斯(A. R. Davis)(?—1983),澳大利亚汉学家。毕业于英国剑桥大学东方学院,主要研究中国古典文学,尤侧重于中国古典诗歌。1955年应聘赴澳大利亚悉尼大学任教。

著有《杜甫》一书,1971年纽约特怀恩出版公司出版,列为美国"特怀恩世界作家丛书"第110种。全书对杜甫生平、诗歌形式诗歌内容及思想均有明晰的论述。此书能列入"特怀恩世界作家丛书",亦可见美国出版界对伟大诗人杜甫的重视与尊崇。

李白与杜甫　美国阿瑟·库珀(Arthur Cooper)著

1973年由巴尔的摩企鹅书店出版。此书论述李白与杜甫的生平及诗作,书中包括英译杜甫诗作多首。

唐诗四家:王维、李白、杜甫、李贺　美籍华裔学者戴维杨(David Young)著

1980年由美国俄亥俄艺术协会出版。书中对杜甫生平及其诗歌有详细论述和考评。

盛唐诗:杜甫专章　美国斯蒂芬·欧文(宇文所安)著

斯蒂芬·欧文(Stephen Owen)(1946—),美国当代著名汉

学家、中国古典文学研究家,汉名为宇文所安。1946 年出生于美国密苏里州圣路易斯市,长于美国南方小城。1959 年移居巴尔的摩。1968 年耶鲁大学东亚语言系毕业,1972 年以《孟郊与韩愈诗歌研究》获耶鲁大学博士学位,随即执教耶鲁大学。1982 年起应聘就任哈佛大学中国文学与比较文学教授,现为詹姆斯·布莱恩特·柯南德特级教授。1986 年荣获美国人文学会和古根海姆两项奖金。精通中文和日文,还掌握了德文、法文、意大利文和西班牙文,并对中西文学和理论有广泛深刻的了解,特别对中国传统诗歌和诗学研究尤深。他的专著《初唐诗》与《盛唐诗》在东西方学界影响很大。在《盛唐诗》中,欧文着重探讨盛唐诗的时代风格,并采用新的文学史研究方法,将盛唐诗人的诗作分为京都派与非京都派诗,第一代诗人与第二、三代诗人,并分论其美学标准与创作个性等。

此书于 1981 年纽黑文耶鲁大学出版社出版。此书分上下两篇,对盛唐诗人李白、杜甫等皆立有专章,逐一加以探研和评述。下篇第二、三章是对岑参、杜甫等盛唐诗人的评述。在杜甫专章中,欧文特别标举出杜甫的天才本质与其诗作的"强烈传记兴趣",其诗歌的特征是多才多艺,兼善众体,欧文同时指出杜甫具有高尚的诗人品德,他的诗歌对后世诗人创作产生了巨大影响。

杜甫诗与叶芝诗比较研究论著三种

第一种《诗心的主观性:叶芝与杜甫诗作比较》,An-yen Tang Wang 著,1981 年发表;第二种《叶芝所界定的现代诗:与杜甫之对比》,美国女汉学家车淑珊(Suan Suk-Ning So)著,1984 年发表;第三种《杜甫、叶芝诗歌比较》,Chuan-Cheng Wu 著,1989 年发表。以上三种博士论文,均对杜甫与英国诗人、美国新诗运动支持者叶芝的诗歌作比较研究，探讨叶芝与杜甫诗歌艺术的异同，它们对西方读者深入了解杜甫诗歌的思想性和艺术性颇有帮助。

对雪:杜甫所见　美国哈米尔(S. Hamill)著

1988年由纽约白松出版社出版。书中翻译和论析了杜甫有关雪的诗作。

杜甫诗三首　彻尔尼阿克(S. Cherniak)著

1988年发表。此论著为作者博士论文。

杜甫诗选　纽约新指南书局编译

1989年由纽约新指南书局(New Directions Book)编译出版，173页。

杜甫《八哀诗》:典故与意象的作诗方式　伊娃·周姗(Eva Shan Chou)撰

此为作者的博士论文，1989年发表于哈佛大学。此书分两大部分，第一部分论杜诗语言的叙述性和意象性，第二部分为《八哀诗》之英译，并附有详实的注解。

杜甫诗选　戴维·欣顿(David Hinton)译

1990年由伦敦安维尔出版社出版。书中译有杜甫诗作《望岳》、《江畔独步寻花七绝句》、《岁暮》、《雨》、《月夜》等多首。

杜甫的社会意义　伊娃·周姗(Eva Shan Chou)撰

此文载《哈佛亚洲研究》(JHAS)杂志,1991年1月号。

杜甫之哀江南 麦大伟著

麦大伟(戴维 R. 麦克劳 D. R. McCrow)(1954—),美国当代汉学家、中国诗学研究家。1981年马萨诸塞大学学士,1983年斯坦福大学硕士,1986年斯坦福大学博士,夏威夷大学东亚语言文学系教授。研究重点为中国诗学、古典诗词,通晓汉语、日语和法语。主要著作有《中国十七世纪的诗歌》(1990年发表于夏威夷大学)、《妇女和中国古诗》(1996)、《杜甫之哀江南》等多种。

《杜甫之哀江南》,亦译作《来自南方的杜甫的悲歌》。1992年由檀香山夏威夷大学出版社出版。此书是关于杜甫流浪江南时期诗作之思想和艺术特点的论析,书中并附有表现诗作内容的插图。

三位中国诗人:王维、李白、杜甫 维克兰·塞思(Vicram Seth)著

1992年由伦敦费伯—费伯联合公司出版。此书论述唐代三大诗人的生平和诗歌创作特点,并译有三位大诗人的诗作多首。

再议杜甫:文学巨匠和文化巨人(Reconsidering TuFu:literary greatness and cultural context) 伊娃·周姗(Eva Shan Chou)著

剑桥大学出版社1995年出版。这是一本有趣的杜甫研究著作,作者是美国哈佛大学博士。全书分四个部分:第一部分讨

论了杜甫留给后人的道德精神遗产与他的诗歌艺术遗产。第二部分主要解决杜甫诗歌的主题问题。第三部分提出了杜诗中的“并置结构”——杜诗内容上的一种内在的结构模式,以此来展现杜诗艺术上的特征,是全书最为突出的方面。最后一部分是以“并置结构”来解释杜诗与杜甫其人的一致性,揭示杜诗艺术风格的表现力与他个人内心世界的契合。

法文

诗人杜甫梦李白　法国维西埃(A. Vissiere)撰

此文载于《中法友好协会通报》(Bulletin AAF-C)1,1908。文中对杜甫诗《梦李白二首》作了译述。

中国古代诗人杜甫　徐仲年撰

徐仲年(Hsu,Sung-Nien)(1904—1981),旅法知名学者,教授。原名颂年,笔名丹哥、丹歌、家鹤等。江苏无锡人。1914—1921 年,先后在江苏省立第三师范附设高小班、上海同济大学德文班和基督教青年学校读书。1921 年赴法留学,先后在里昂中法大学、里昂花园中学及昂贝尔中学补习法文和拉丁文,1926中入里昂大学文学院,1930 年 1 月以最优成绩获得里昂大学文学博士学位,其博士论文《李太白的时代、生平和著作》以及早期译作《子夜歌》15 首诗,一度风靡巴黎文坛。继而又进巴黎大学文科进修。旅居法国期间,他曾发表有关杜甫诗歌的译作多种;《中国诗五十首》,载《中法季刊》(里昂版);徐氏的专著《中国古今文学论集》,1933 年于巴黎出版,书中包括唐代文学和杜甫诗的论述,并有杜甫的《游龙门奉先寺》、《羌村三首》、《赠李白》等六首诗之法译文。1930 年 10 月回国后,任上海江湾劳动大学教授,兼图书馆馆长与出版科长。1931 年为巴黎《新法兰西杂志》开辟并主持《中国文学》专栏，1933年在巴黎出版了《中国诗文选》。1932—1949年，任中央大学教授，曾被选为中大教授会主席，又在上海震旦大学、复旦大学、中国公学、中法通惠工专兼任教授。1949年后，任南京大学教授、西语系法国文学教研室主任，兼南大图书馆副馆长。1956至1976年任上海外国语学院法语教授，兼院图书馆委员会主任委员。1961年主编建国后首部《简明法汉辞典》。1976年退休后，仍积极参与中法文化交流活动，并为上海京剧团出访西欧，赶译出多部京剧法文本。1981年12月9日病逝，终年77岁。因其为中法文化交流事业作出卓越贡献，其名字被列入法国拉罗斯百科辞典。主要译作有《茶花女》、《三剑客》等，出版编著有《大学基本法文文法》、《实用法华大辞典》等。

《中国古代诗人杜甫》一文，载于法国《水星》杂志（Mercure de France）CCXV，Oct. I. 1929。

杜甫诗选　徐仲年译著

载于《北京政闻报》（La Politique P.）March 15；April 5，19；May31；June 7，1930。

杜甫的诗艺与信徒　　徐仲年撰

此文载于《北京政闻报》（La Politique P.）Aug. 23，30，1930。

杜甫诗选　徐仲年译著

载于巴黎版《中法评论》（Revue F.-C.）X11，3—4，Paris 1931。

杜甫诗三首　法国海尔曼（Heilmann H.）译

载于《远东》杂志(FE)Ⅱ.Ⅰ.1940,94—102。

德文

杜甫诗　德国埃里温·里特·冯·察赫译

埃里温·里特·冯·察赫(Erwin Ritter Von Zach),为德国汉学大家。20 世纪 30 年代,察赫将清代张溍的《读书堂杜诗注解》二十卷全部译出,陆续刊载以下杂志:《德国勇士》(Deutsche Wacht)1932—Aug. 1933(译杜诗 421 首,即张溍《杜诗注解》卷六的 73 首,卷七的 84 首,卷八的 96 首,卷九的 90 首,卷十的 78 首);《中国学志》(SB)Ⅲ,1936(译张溍《杜诗注解》卷十一至卷二十,共译诗 722 首);《华裔学志》(Monumenta Sarca)1935—36 卷 1(352—440 页)、卷 5(108—137 页)、1936—37 卷 2(81—124 页)、1938 卷 3(385—440 页)、1939 卷 4(182—218 页),(各卷即译张溍《杜诗注解》卷一至卷五,共译诗 300 馀首)。以上各杂志所发表的察赫的德译文杜甫诗共 1400 馀首,察赫的这一浩大翻译工程受到东西方学界普遍重视与高度评价。

杜诗全译　美国海陶玮主编

海陶玮(James Robert Hightower)(1915—),美国著名汉学家,哈佛大学中国文学教授。1946 年哈佛大学哲学博士(远东语言)。1958—1959 年任古根海姆研究员,1961—1962 年任德国汉堡大学客座教授。此后任美国哈佛大学教授。研究中国文学,专长研究诗歌和文艺批评理论。陶潜、杜甫等大诗人的诗都是他研究的重点。主要著作有《中国文学流派和题材》(1968 年哈佛大学出版社出版),《陶潜的诗》(1970 年)等等。海陶玮最大的贡献是将德国著名汉学家、中国古典文学研究家、翻译家冯·察赫的杜甫诗全译文进行修订补充而编辑成书,书名定为《杜诗全译》。这一重大学术工程受到东西方学界的高度评价与称赞。

《杜诗全译》于1952年由美国坎布里奇哈佛大学出版社出版。全书共二卷,864页,列为"哈佛燕京研究院丛书第8种"。

杜甫的伟大悲歌　德国维尔纳·黑尔维希(Warne Hedwig)著

此书1956年于不来梅出版。此书是关于杜甫诗《乾元中寓居同谷县作歌七首》的全面研究和详尽论析。

《管锥编》与杜甫新解　莫芝宜佳著,马树德译

莫芝宜佳(Monika Motsch)(1942—),德国当代著名女汉学家,生于柏林。博士。波恩大学中文系教授。青年时代先后求学于波恩大学、美国卡拉马祖学院以及慕尼黑、海德堡和英国伦敦。1973年起执教于波恩大学中文系。多年来潜心于中国文化研究,特别是钱钟书和杜甫研究。翻译出版钱钟书小说《围城》,出版学术专著《庞德与中国》、《中国传统小说》、《〈管锥编〉与杜甫新解》等。

《〈管锥编〉与杜甫新解》由德国美因河畔法兰克福欧洲科学出版社1994年出版,河北教育出版社1998年1月翻译出版。此书分上篇《管锥编》、下篇《杜甫》。前者包括:中国的比较文学、题材范围与方法、文体、母题、宇宙观五部分,"除了介绍钱钟书的生平与著作",还"由近而远地铺出三条能使我们较易进入这片'丛林'的'通道'"。后者包括:中国的和西方的杜甫研究、对仗、自我表现、召遣鬼神与在《管锥编》启示下的杜甫新解五部分,"把在第一部分中形成的理念验证于

实践”,即“选译了25首杜诗并加以诠释,为的是探求中西方存在差异的原因并试图对杜甫作一新解”,这就是《管锥编》的启示(《前言》)。

意大利文

中国伟大的诗人杜甫 马里奥·阿塔多·马格里尼著

马里奥·阿塔多·马格里尼(Mario Attardo Magrini),意大利著名汉学家,中国文学研究家。马格里尼汉文功底深厚,特别对中国古典诗歌素有研究,杜甫等唐代大诗人是他喜爱与研究的重点。

他的专著《中国伟大的诗人杜甫》,1956年由米兰中意文化协会出版。该书对杜甫的生平、诗歌创作的思想性及艺术性有深入阐述和评论,由于马格里尼是汉学功底深厚的汉学家,因而书中所附38首杜甫诗的意大利译文水平亦很高,因而马格里尼在东西方学界享有盛名。

杜甫诗选 马尔盖里达·吉达西(Margherita Guidacci)译著

此为意大利文译本,1957年于米兰出版。书中译有杜甫诗18首。译著者马尔盖里达·吉达西亦是意大利汉学家,对杜甫及其诗歌颇有研究,他的这部译著受到意大利读者的喜爱。

李白、杜甫、白居易:玉盘 意大利维尔玛科斯坦蒂尼著

维尔玛科斯坦蒂尼(Vilma costatini),为意大利学者。著有《李白、杜甫、白居易:玉盘》(LiPo DuFu Pochu-I,COppe di giada)一书,1985年于意大利都灵出版。

一位漂泊者(L ya un homme errant)

1989年于意大利出版。此书论述杜甫长期漂泊江南的生活情况,并译介杜甫在江南漂泊中的诗作多篇。

荷兰文

杜甫诗五十首　荷兰傅雷斯(Theun de Vries)译

此为荷兰文译本,20世纪50年代于荷兰出版。

挪威文

杜甫抒情诗选　挪威多卢姆斯加尔德·阿尔内(Drrumsgaard Arne)译

此为挪威文译本,1967年由奥斯陆德雷耶出版社出版。

杜甫诗歌　挪威乔治·乔汉纳森(George Johannesen)译

此为挪威文译本,1994年由挪威帕克斯出版社出版。

捷克文

杜甫诗选　斯托科维塔·雷卡主编,卡罗尔·斯特尔门(Karol Strmen)译

此为捷克文译本,1998年于布拉迪斯拉发出版,225页。此书为帮助捷克读者欣赏杜甫诗作的内容和意境,并附插图多幅。

匈牙利文

杜甫诗选　陈国(巴尔纳巴斯·宗喀尔)译著

巴尔纳巴斯·宗喀尔(Barnabas Sczongor),汉名陈国。匈牙

利著名汉学家,中国文学研究家。陈国汉文功底很深,特别对中国古典文学小说戏曲很有研究,唐代诗人李白、杜甫等是他研究的重点。1952年布达佩斯出版的由他翻译的《杜甫诗选》,充分展现了杜诗的风格。

罗马尼亚文

唐代的三位诗人:李白、王维、杜甫　布加勒斯特宇宙出版社编译

此为罗马尼亚文专著。1973年由布加勒斯特宇宙出版社编译出版,106页。此书论述李白、王维、杜甫三位伟大诗人的生平并译介他们的诗作,深受罗马尼亚读者的喜爱。

俄文

八世纪中国伟大诗人杜甫的爱国主义与人民性　谢列布里亚科夫著

叶甫盖尼·亚历山大洛维奇·谢列布里亚科夫(Серебряков Е. А.)(1928—),俄罗斯著名汉学家。生于列宁格勒,1950年毕业于列宁格勒大学东方系,毕业后留校任教,并任中国语文教研室主任。1954年以《八世纪中国伟大诗人杜甫的爱国主义与人民性》论文获副博士学位,1973年以《陆游的生平与创作》论文获博士学位。他的专著有《杜甫评传》(1958)、《陆游的生平与创作》(1973)、《中国十至十一世纪的诗词》(1979)等,翻译作品有陆游的《入蜀记》等。杜甫的生平和创作是他研究的重点。

《八世纪中国伟大诗人杜甫的爱国主义与人民性》,1954年发表于列宁格勒大学东方系。此为作者的副博士论文,是着重探讨杜甫诗之思想内涵的一部专著。作者通过对许多诗作的具

体分析，充分阐述了杜甫是一位热爱祖国、热爱人民和有着高超诗艺的伟大诗人，同时指出：杜甫的声誉远远超越了中国国界，他的诗歌对后世诗人的创作影响巨大，他的诗歌是世界文化遗产中的瑰宝。

杜甫诗集　亚里山大·伊里奇·吉托维奇选译

亚里山大·伊里奇·吉托维奇（Гитовиц）（1909—?），俄罗斯著名汉学家、唐诗翻译家、诗人。出生于斯摩棱斯克，长期从事于中国古典诗歌的翻译与研究工作。主要译作有《杜甫诗集》、《李白诗选》（1956）、《中国古典抒情诗》、《王维诗集》（1959）、《杜甫抒情诗集》（1967）等。由于他本人是诗人，他的译作水平高超，能传达原诗的意蕴，故深受俄罗斯广大读者的喜爱。

《杜甫诗集》为俄文译本。1955年由莫斯科文学出版社出版，222页。这是俄文第一部专题的杜甫诗之选译本，书中所附长篇序言由杜甫研究家谢列布里亚科夫撰写。这篇序言介绍了杜甫生活时代的历史背景，并对杜甫的生平和思想发展以及杜甫不同时期的重要诗作都作了深入分析，谢氏着重指出：杜甫的“三吏”、“三别”等诗所具有的爱国精神和真正的人民性，使它们成为中国文学不朽的瑰宝。

杜甫评传　叶甫盖尼·亚历山大洛维奇·谢列布里亚科夫著

此书1958年莫斯科文学出版社出版，163页。全书由《在家乡》、《长安十年》、《哀伤和愤懑的诗作》及《流浪的岁月》四章组成，按时代先后依次叙述了诗人早期的生活、在首都十年的活动、在安史之乱后的见闻感受以及晚年漂泊南方的情况。此专著是谢氏在其副博士论文《八世纪中国伟大诗人杜甫的爱国主义与人民性》的基础上加以发展、扩充而成的。在书中,作者对杜诗的思想内容和艺术成就作了更加深入的探索研究,着重点仍然在于阐发杜诗的思想性。谢氏指出:杜甫有大量诗作"歌颂普通人的精神美和鞭鞑官吏的残暴","杜甫的抒情诗塑造了诗人自身的形象,这是一个能深切体会别人的苦乐、关心祖国人民命运的、代表着那个时代进步人士的生动形象"。谢氏并认为杜甫也擅长于写山水抒情诗,他描写村居生活的诗比陶渊明的山水诗还要质朴和鲜明。谢氏还把杜甫视为唐代"社会派"诗歌的创始人。

唐诗三人集:李白、王维、杜甫　蒙译勒(Монзелер Г. О. 1900—1959)编选,吉托维奇译

此为译著。1960年莫斯科东方文献出版社出版。全书共译唐代三位大诗人的诗作119首,所译杜甫诗包括"三吏"、"三别"、《秋兴八首》等。

杜甫诗集　吉托维奇译,蒙译勒(Монзелер Г. О. 1900—1959)编辑注释

此为译著。1962年莫斯科文学出版社出版。此书是前苏联为纪念杜甫诞辰1250周年而出版的,全书是在1955年版的基础上重新编辑和注释,并增加了《兵车行》、《饮中八仙歌》、《梦李白二首》、《江村》等四十馀首译诗,共有译诗138首。

杜甫抒情诗集　吉托维奇译

此为译本。1967年莫斯科—列宁格勒文学艺术出版社出版。此书是在吉托维奇译《杜甫诗集》基础上加以编选的一个

译本，书中仍附有谢列布里亚科夫所撰长篇序言。

杜甫传　别任著

别任（Бежин < Бадлкин > Л. Е.）（1945—），俄罗斯著名汉学家，语文学博士。为俄罗斯国立东方民族艺术博物馆研究员。他主要研究中国古典文学与艺术，谢灵运、杜甫是他研究的重点诗人。他出版的专著有《谢灵运》、《杜甫传》等。

《杜甫传》，1987 年于莫斯科出版，列入“杰出人物传记丛书”。“杰出人物传记丛书”是由高尔基主持创办并于 1933 年开始出版的，是西方具有权威性的丛书。书中全面论述杜甫一生的经历与创作，是俄罗斯汉学界在杜甫研究方面的代表性专著之一。全书共分七章，详细论述了杜甫的生活道路、创作情况，以及杜甫与当时人物的交往等。书中附有插图及照片数十幅，包括杜甫诗歌所写事物图画及杜甫生活时代的文物照片等，便于读者想象中国古代的生活画面。别任在书中评论杜甫诗歌的历史地位时指出，杜甫的诗具有特殊的民族性，同时也是全人类共同的精神财富。

越南文

杜甫诗　HUY CAN 等译

据郑庆笃等《杜集书目提要》著录。该书为 1962 年越南河内出版。书内有杜甫简介，共翻译杜诗 126 首。

主要参考文献

B

八旗艺文编目　清　巴噜特恩华咏春编　铅印本
八千卷楼书目　清　丁丙撰　钱塘丁氏聚珍仿宋本
白雨斋词话　清　陈廷焯撰　《词话丛编》本
百川书志　明　高儒撰　中华书局2006年版
半可集　清　戴廷栻撰　民国五年石印本
宝书阁书录　清　丁白撰　丛书集成续编本
宝应县志　清　戴邦桢修　冯煦纂　民国二十年铅印本
北京图书馆古籍善本书目　书目文献出版社1987年排印本
北美中国古典文学研究名家十年文选　乐黛云、陈珏编选　江苏人民出版社1996年版
本事诗　唐　孟棨撰　中华书局《历代诗话续编》本
变雅堂集　清　杜濬撰　光绪甲午黄冈沈卓如刻本
补辽金元艺文志　清　倪灿、黄虞稷、钱大昕著　商务印书馆1958年版

C

沧浪诗话　宋　严羽撰　中华书局《历代诗话》本
沧溟先生集　明　李攀龙撰　明刻本

藏园群书经眼录　傅增湘著　中华书局1983年版
草亭先生年谱　周濂、周勉编　清嘉庆刊本
测海楼旧本书目　陈乃乾撰　1932年排印本
常昭合志稿　清　郑钟祥修　庞鸿文纂　清光绪三十年刻本
晁具茨先生诗集　宋　晁冲之撰　海山仙馆丛书本
朝鲜-韩国文化的历史与传统　金柄珉主编　黑龙江朝鲜民族出版社2005年版
朝鲜-韩国文化与中国文化(1集)　郑判龙等编　中国社会科学出版社1994年版
朝鲜文学的发展与中国文学　金柄珉等著　延边大学出版社1994年版
朝鲜文学史(近现代部分)　金柄珉著　延边大学出版社1994年版
陈与义集校笺　宋　陈与义撰　上海古籍出版社白敦仁校笺本
成都文类　宋　程遇孙等辑　文渊阁四库全书影印本
诚斋集　宋　杨万里撰　四部丛刊影印影宋抄本
诚斋诗话　宋　杨万里撰　中华书局《历代诗话续编》本
池北偶谈　清　王士禛撰　中华书局1982年版
崇川各家诗钞汇存　清　王藻辑　清咸丰七年有嘉树轩刊本
重论文斋笔录　清　王端履撰　《笔记小说大观》本
初月楼闻见续录　清　吴德旋撰　《笔记小说大观》本
存砚楼文集　清　储大文撰　清光绪元年静远堂重刊本

D

大清畿辅书征　徐世昌撰　民国间天津徐世昌铅印本
大清一统志　清　和珅等撰　文渊阁四库全书影印本
带经堂全集　清　王士禛撰　清乾隆十二年重修本

带经堂诗话　清　王士禛撰　人民文学出版社 1982 年戴鸿森校点本
道光福建通志　清　陈寿祺等纂　清同治七年正谊书院刊本
道光济宁直隶州志　清　徐宗修　许瀚纂　清咸丰九年刻本
道光厦门县志　清　周凯等纂　清道光十九年刻本
道光章丘县志　清　吴璋修　曹楙坚纂　清道光十三年刻本
定香亭笔谈　清　阮亨撰　中华书局 1985 年版
东观馀论　宋　黄伯思撰　津逮秘书本
东坡诗话　《说郛》本　近藤元粹编《萤雪轩丛书》本
东坡志林　宋　苏轼撰　中华书局点校本
杜甫传记唐宋资料考辨　陈文华著　台湾文史哲出版社 1987 年版
杜甫大辞典　张忠纲主编　山东教育出版社 2008 年版
杜甫诗话六种校注　张忠纲著　齐鲁书社 2002 年版
杜甫诗集四十种索引　黄永武主编　台湾大通书局 1976 年版
杜甫诗学引论　胡可先著　安徽大学出版社 2003 年版
杜甫思想研究　孙陵著　台北智燕出版社 1973 年版
杜甫研究论文集(第一、二、三辑)　中华书局 1962、1963 年版
杜甫研究资料索引　陕西师范大学图书馆、中文系资料室合编印　1962 年
杜集书录　周采泉撰　上海古籍出版社 1986 年版
杜集书目提要　郑庆笃等编　齐鲁书社 1986 年版
杜诗学发微　许总著　南京出版社 1989 年版
杜诗引得　洪业等编　上海古籍出版社 1983 年版

E

二程遗书　宋　程颢、程颐著　上海古籍出版社 2000 年版

F

贩书偶记　清　孙殿起撰　上海古籍出版社排印本

贩书偶记续编　清　孙殿起撰　上海古籍出版社排印本

傅山传　郝树侯撰　山西人民出版社1981年版

傅山传　侯文正撰　山西古籍出版社2002年版

G

高丽文学美意识研究　蔡美花著　延边大学出版社1994年版

稿本中国古籍善本书目书名索引　天津图书馆编　齐鲁书社2003年版

攻媿集　宋　楼钥撰　四部丛刊影清聚珍版本

古代中朝日文化比较研究　权宇著　延边大学出版社2002年版

古典文学研究资料汇编·杜甫卷上编(唐宋之部)　华文轩编　中华书局本排印本

古诗选　清　王士禛选　四部备要本

古文苑　　四部丛刊影宋本

馆藏杜诗书目　北京图书馆编印　1954年

馆藏杜诗书目　浙江图书馆编印　1956年

光绪安徽通志　清　沈葆桢修　何绍基纂　清光绪四年刻本

光绪慈溪县志　清　杨素亨修　冯可镛纂　清光绪二十五年刻本

光绪丹徒县志　清　何绍章修　吕耀斗纂　清光绪五年刻本

光绪丹徒县志摭馀　清　李恩绶纂　民国六年刻本

光绪定陶县志　冯麟溎修　曹垣纂　民国五年刻本

光绪广州府志　清　戴肇辰修　史澄纂　清光绪五年刻本

光绪淮安府志　清　孙云锦修　吴昆田纂　清光绪十年刻本
光绪金山县志　清　龚宝琦修　黄厚本纂　清光绪四年刻本
光绪昆新两县续修合志　清　金吴澜修　汪堃纂　清光绪七年刻本
光绪溧阳县志　清　陈鸿寿修　史卿纂　清光绪二十二年刻本
光绪平湖县志　清　彭润章修　叶廉锷纂　清光绪十二年刻本
光绪青浦县志　清　汪祖绶修　熊其英等纂　清光绪五年尊经阁刻本
光绪山西通志　清　曾国荃修　王轩纂　清光绪十八年刻本
光绪上虞县志　清　唐煦春修　朱士黻纂　清光绪十七年刻本
光绪泰兴县志　清　杨激云修　顾曾烜纂　清光绪十三年刻本
光绪桐乡县志　清　严辰修等纂　清光绪十三年刻本
光绪续修滋阳县志　清　李兆麟等续修　清光绪十四年刻本
光绪盐城县志　清　刘崇照修　龙继栋纂　清光绪二十一年重刻本
光绪益都县图志　清　张承燮修　法伟堂等纂　清光绪三十三年刻本
国朝名家诗钞小传　清　郑方坤撰　台湾文明书局《清代传记丛刊》本
国朝耆献类征　清　李桓撰　广陵书社2007年版
国朝诗别裁集　清　沈德潜编　中华书局1975年影印本
国朝诗人征略初编　清　张维屏撰　台湾文明书局《清代传记丛刊》本
国朝先正事略　清　李元度撰　中华书局聚珍本
果堂集　清　沈彤撰　清刊本

H

海外中国学评论　朱政惠主编　上海古籍出版社 2006 年版
海盐县志　清　王彬修　徐用义纂　清光绪二年刻本
海盐张氏涉园藏书目录　张元济撰　1946 年合众图书馆刊本
韩国所藏中国汉籍总目　全寅初主编　韩国学古房 2005 年版
韩国外国文学、比较文学研究　金柄珉著　商务印书馆 1999 年版
韩民族的文学传统及其社会影响　李红顺著　韩中哲学国际学术会议 1994 年版
河南通志　清　王上俊等修　文渊阁四库全书影印本
鹤林玉露　宋　罗大经撰　涵芬楼排印本
鹤山集　宋　魏了翁撰　文渊阁四库全书影印本
鹤征录　清　李集撰　台湾文明书局《清代传记丛刊》本
鹤征续录　清　李遇孙撰　台湾文明书局《清代传记丛刊》本
后村先生大全集　宋　刘克庄撰　四部丛刊影抄本
后山集　宋　陈师道撰　文渊阁四库全书影印本
后山诗话　宋　陈师道撰　中华书局《历代诗话》本
后山诗注补笺　冒广生补笺　中华书局排印本
湖广通志　清　迈柱等修　文渊阁四库全书影印本
怀来县志译　于煤村、王崇玉编　河北省怀来县档案馆 1984 年内部发行
晦庵先生朱文公文集　宋　朱熹撰　四部丛刊影明本

J

己畦文集　清　叶燮撰　清乾隆癸未叶衙重刊本
纪念杜甫诞生 1250 周年资料索引　甘肃省图书馆编印

1962年
嘉庆广西通志　清　谢启昆修　胡虔纂　清嘉庆六年刻本
嘉庆同里志　清　阎登云修　周之桢纂　民国六年铅印本
覞斋诗谈　清　张谦宜撰　上海古籍出版社《清诗话续编》本
江浦埤乘　清　侯宗海等纂　江苏广陵古籍刻印社1988年影印本
江西诗派诸家考论　韦海英著　北京大学出版社2005年版
江西宗派研究　伍晓蔓著　巴蜀书社2005年版
江浙藏书家史略　吴晗撰　中华书局1981年版
薑斋诗话笺注　戴鸿森笺注　人民文学出版社1981年版
胶州志　清　张同声修　李图等纂　中国方志丛书本
鲒埼亭集　清　全祖望撰　四部丛刊本
金代文学思想史　詹杭伦著　成都科技大学出版社1990年版
金石录　宋　赵明诚撰　文渊阁四库全书影印本　四部丛刊续编影钞本
金史　元　脱脱等著　中华书局校点本
近三百年人物年谱知见录　来新夏著　上海人民出版社1983年版
经笥堂文钞　清　雷鋐撰　1936年刊本
景文集　宋　宋祁撰　武英殿聚珍版丛书本
旧山楼书目　清　赵宗建撰　上海古籍出版社影印本
旧唐书　后晋　刘昫等撰　中华书局校点本
居易录　清　王士禛撰　清刻本
郡斋读书志　宋　晁公武撰　四部丛刊三编影宋本

K

康熙章丘县志　国家图书馆分馆编　线装书局2001年《清代孤

本方志选》本
课馀续录　清　谢章铤撰　清光绪十年刻本
空山堂文集　清　牛运震撰　清乾隆五十六年空山堂刊本
困学纪闻　宋　王应麟撰　四部丛刊三编影元本

L

莱阳县志　清　万邦维修卫元爵　张重润纂　清康熙十七年刻本
赖古堂集　清　周亮工撰　上海古籍出版社1979年影印本
离忧集　清　陈瑚撰　峭帆楼丛书本
李审言文集　李审言撰　江苏古籍出版社1989年版
历代诗话　清　何文焕辑　中华书局1981年版
历代诗话　清　吴景旭撰　中华书局上海编辑所校点本
历代诗话续编　丁福保辑　中华书局1983年版
梁溪先生文集　宋　李纲撰　清刻本
两浙辅轩续录　清　潘衍桐撰　光绪十七年浙江书局刻本
列朝诗集小传　清　钱谦益撰　上海古籍出版社1983年排印本
林蕙堂全集　清　吴绮撰　文渊阁四库全书影印本
临川先生文集　宋　王安石撰　四部丛刊影明本
六一诗话　宋　欧阳修撰　中华书局《历代诗话》本

M

脉望馆书目　明　赵琦美编　中华书局2006年版
孟邻堂文钞　清　杨椿撰　嘉庆红梅阁刊本
民国大名县志　张昭芹等修　范鉴古等纂　民国二十三年铅印本

民国福建通志　陈仪修　沈瑜庆纂　民国二十七年刻本
民国贵州通志　刘显世修　汪可澄纂　民国三十七年铅印本
民国海宁州志稿　朱锡恩等纂修　民国十一年铅印本
民国河北通志稿　王树楠等纂　民国二十四年河北通志馆铅印本
民国湖北通志　杨承禧修　张仲炘纂　民国二十三年商务印书馆影印本
民国嘉定县续志　黄世祚修　陈传德纂　民国十九年铅印本
民国建瓯县志　蔡振坚修　詹宣猷纂　民国十八年铅印本
民国乐昌县续志　魏礼焯　阎学夏　中国地方志集成本
民国南昌县志　江召棠修　魏元旷纂　江西图书馆1961年铅印本
民国南浔志　周庆云纂修　民国十二年刻本
民国人物碑传集　卞孝萱、唐文权编　团结出版社1995年版
民国人物小传　刘绍唐主编　台北传记文学出版社1981年版
民国寿光县志　邹元中纂　民国二十四年刊本
民国同安县志　林池增修　吴锡瑛纂　民国十八年年铅印本
民国歙县志　石国柱修　许承尧纂　民国二十六年铅印本
民国新纂云南通志　龙云修　周钟岳纂　民国三十八年铅印本
民国续修历城县志　毛承霖纂修　民国十五年历城县志局铅印本
民国鄞县通志　陈训正纂　1951年铅印本
民国增修胶州志　叶钟英修　匡超纂　民国二十年铅印本
民国浙江通志稿　余绍宋纂　浙江图书馆1982年影印本
民国重修莒县志　卢少泉等修　庄陔兰等纂　民国二十五年铅印本
闽海纪要　清　夏琳撰　《台湾文献丛刊》本

明代书目题跋丛刊 冯惠民、李万健等选编 目文献出版社 1994 年版
明代文学批评史 袁震宇、刘明今著 上海古籍出版社 1991 年版
明清滇人著述书目 方树梅撰 《西南研究丛书》本
明清江苏文人年表 张慧剑撰 上海古籍出版社 1986 年版
明清进士题名碑录 朱保炯、谢沛霖编著 上海古籍出版社 1980 年版
明诗话全编(全十册) 吴文治主编 江苏古籍出版社 1997 年版
明史 清 张廷玉等著 中华书局 1984 年版
鸣野山房书目 清 沈复灿撰 古典文学出版社 1958 年版

N

南村草堂诗钞 清 邓显鹤撰 清刊本
南京图书馆馆藏 杜甫资料篇目 南京图书馆编印 1962 年
南来堂诗集 清 僧苍雪撰 1940 年排印本
南翔镇志 清 张承先纂 朱瑞熙标点 上海古籍出版社 2003 年版
南州草堂集 清 徐釚撰 清康熙刊本

O

欧阳文忠公集 宋 欧阳修撰 四部丛刊续编影宋本
欧洲中国学 黄长等著 社会科学文献出版社 2005 年版
偶更堂集 清 徐作肃撰 上海古籍出版社 1982 年影印本

P

攀古小庐全集　清　许瀚撰　齐鲁书社 1985 年版

柈湖文集　清　吴敏树撰　清光绪三年刻本

皮子文薮　唐　皮日休撰　上海古籍出版社 1981 年整理本

曝书亭集　清　朱彝尊撰　光绪己丑寒梅馆刊本

Q

千顷堂书目　清　黄虞稷撰　上海古籍出版社 1990 年版

钱牧斋先生年谱　清　金鹤冲撰　1941 年排印本

乾隆江南通志　清　赵宏恩等修　文渊阁四库全书影印本

乾隆历城县志　清　胡德琳修　李文藻等纂　清乾隆三十八年刻本

乾隆曲阜县志　清　潘桐纂　清乾隆三十九年刻本

乾隆浙江通志　清　嵇曾筠等修　文渊阁四库全书影印本

青门簏稿　清　邵长蘅撰　清康熙刻本

清碑传合集　清　钱仪吉等撰　上海书店 1988 年版

清代杜诗学史　孙微著　齐鲁书社 2004 年版

清代杜诗学文献考　孙微著　凤凰出版社 2007 年版

清代毗陵名人小传稿　张惟骧撰　1944 年排印本

清代毗陵书目　张惟骧撰　常州旅沪同乡会 1944 年印本

清代七百名人传　蔡冠洛撰　台湾文明书局《清代传记丛刊》本

清代学者著述表　萧一山撰　商务印书馆 1943 年刊本

清人别集总目　李灵年、杨忠主编　安徽教育出版社 2000 年版

清人诗文集总目提要　柯愈春著　北京古籍出版社 2001 年版

清人室名别号索引　杨廷福、杨同甫编　上海古籍出版社 1988

年版
清人文集别录　张舜徽撰　中华书局排印本
清诗话　丁福保辑　上海古籍出版社1978年版
清诗话考　蒋寅著　中华书局2005年版
清诗话续编　郭绍虞编选　富寿荪点校　上海古籍出版社1983年版
清诗纪事初编　邓之诚撰　上海古籍出版社1984年版
清史稿　赵尔巽等撰　中华书局1976年版
清史稿艺文志拾遗　王绍曾主编　中华书局2000年版
清史列传　王钟翰点校　中华书局1987年版
清史艺文志及补编　章钰等编　中华书局1982年版
全清词抄　叶恭绰编纂　中华书局1982年版
全宋词　唐圭璋编　中华书局1965年版
全宋诗　许逸民主编　北京大学出版社版
全宋文　曾枣庄、刘琳主编　上海辞书出版社、安徽教育出版社2006年版
全唐诗　清　彭定求等编　中华书局排印本
全唐诗补编　陈尚君辑校　中华书局1992年版
全唐诗大辞典　张忠纲主编　语文出版社2000年版
全唐诗人名考证　陶敏著　陕西人民教育出版社1996年版
全唐文　清　董诰等编　中华书局1983年影印本
全唐五代诗格校考　张伯伟撰　陕西人民教育出版社1996年版

R

日知录　清　顾炎武撰　文渊阁四库全书影印本

S

山东藏书家史略　王绍曾、沙嘉孙著　山东大学出版社1992年版

山东杜诗学文献研究　张忠纲等著　齐鲁书社2004年版

山谷集　宋　黄庭坚撰　文渊阁四库全书影印本

山谷集诗注　宋　任渊等注　文渊阁四库全书影印本

山西文献总目　刘纬毅主编　山西人民出版社1998年版

山阴王弇山先生年谱　清　傅汝桂编　北京图书馆藏珍本年谱丛刊本

尚友堂年谱　清　仇兆鳌编　清稿本

邵氏闻见后录　宋　邵博撰　中华书局点校本

邵氏闻见录　宋　邵伯温撰　中华书局点校本

射鹰楼诗话　清　林昌彝撰　上海古籍出版社1988年版

申凫盟先生年谱略　清　申涵煜、申涵盼编　清康熙十六年刻本

升庵合集　明　杨慎撰　清光绪辛卯雨馀山房刊本

升庵诗话　明　杨慎撰　中华书局《历代诗话续编》本

诗话总龟　宋　阮阅编　人民文学出版社校点本

诗人玉屑　宋　魏庆之撰　中华书局排印本

诗薮　明　胡应麟撰　中华书局上海编辑所排印本

十山楼集　清　范国禄撰　崇川各家诗钞汇存本

石林诗话　宋　叶梦得撰　中华书局《历代诗话》本

石洲诗话　清　翁方纲撰　上海古籍出版社《清诗话续编》本

事文类聚　宋　祝穆撰　文渊阁四库全书影印本

霜红龛集　清　傅山撰　山西人民出版社1985年版

说郛　明　陶宗仪编纂　上海古籍出版社《说郛三种》影印本

说郛续　明　陶珽编　上海古籍出版社《说郛三种》影印本
说唐诗　清　徐增撰　中州古籍出版社樊维纲校注本
四库禁毁书丛刊　王钟翰主编　北京出版社2005年版
四库全书存目丛书　季羡林主编　齐鲁书社1997年版
四库全书总目　清　永瑢等编　中华书局1965年影印本
四库提要辨证　余嘉锡著　中华书局1980年版
四库未收书辑刊　罗琳主编　北京出版社2000年版
宋本东观馀论　宋　黄伯思撰　中华书局影印本
宋黄文节公文集　宋　黄庭坚撰　清乾隆五十四年刻本
宋会要辑稿　清　徐松辑　中华书局影印本
宋金元文学批评史　顾易生、蒋凡、刘明今著　上海古籍出版社1996年版
宋人别集叙录　祝尚书著　中华书局1987年版
宋人传记资料索引　昌彼得等编　中华书局1988年版
宋人传记资料索引补编　李国铃编纂　四川大学出版社1994年版
宋人行第考录　邓子勉编著　中华书局2001年版
宋诗话辑佚　郭绍虞辑　中华书局排印本
宋诗话考　郭绍虞撰　中华书局排印本
宋诗话全编（全十册）　吴文治主编　江苏古籍出版社1998年版
宋诗纪事　清　厉鹗辑　上海古籍出版社排印本
宋史　元　脱脱等著　中华书局校点本
宋文鉴　宋　吕祖谦撰　文渊阁四库全书影印本
苏东坡集　宋　苏轼撰　商务印书馆《国学基本丛书》本
苏轼诗集　清　王文诰辑注　中华书局孔凡礼点校本
苏轼文集　孔凡礼点校　中华书局1986年版

苏学士文集　宋　苏舜钦撰　四部丛刊景清刊本
隋唐五代文学批评史　王运熙、杨明著　上海古籍出版社1994年版
随园诗话　清　袁枚撰　人民文学出版社1982年版

T

太仓稊米集　宋　周紫芝撰　文渊阁四库全书影印本
太平广记　宋　李昉等编　上海古籍出版社影印本
太平寰宇记　宋　乐史撰　文渊阁四库全书影印本
太平御览　宋　李昉等编　中华书局影印本
谈龙录　清　赵执信撰　上海古籍出版社《清诗话》本
唐才子传校笺　傅璇琮主编　中华书局排印本
唐代长安与西域文明　向达著　河北教育出版社2001年版
唐代诗人李白杜甫的著述及其评介辑目　首都图书馆编印1958年
唐代文学史　乔象钟、陈铁民主编　人民文学文学出版社1995年版
唐国史补　唐　李肇撰　上海古籍出版社排印本
唐会要　宋　王溥撰　中华书局排印本
唐六典　唐　李林甫等撰　中华书局陈仲夫点校本
唐诗别裁集　清　沈德潜编　上海古籍出版社校点本
唐诗归　明　钟惺撰　明万历古郡方氏刻本
唐诗纪事　宋　计有功撰　上海古籍出版社排印本
唐诗品汇　明　高棅编选　上海古籍出版社影印本
唐诗选　明　李攀龙撰　文渊阁四库全书影印本
唐诗选本六百种提要　孙琴安著　陕西人民教育出版社1987年版

唐诗杂论　闻一多撰　上海古籍出版社 1998 年版
唐宋诗醇　清　梁诗正等编　清乾隆十五年刻本
唐五代人交往诗索引　吴汝煜主编　上海古籍出版社 1993 年版
唐贤三昧集　清　王士禛辑　文渊阁四库全书影印本
唐音癸签　明　胡震亨撰　上海古籍出版社排印本
陶庐文集　清　王树枬撰　陶庐丛刻本
天根文抄　清　何家琪撰　清光绪河南官书局刻三怡堂丛书本
天津市人民图书馆藏唐杜甫诗文集目　天津市人民图书馆编印 1962 年
天一阁书目　清　阮元撰　中华书局 1996 年版
苕溪渔隐丛话　宋　胡仔纂集　人民文学出版社校点本
铁琴铜剑楼藏书目录　清　瞿镛撰　上海古籍出版社校点本
艇斋诗话　宋　曾季貍撰　中华书局《历代诗话续编》本
通志　宋　郑樵撰　商务印书馆影印本
通州直隶州志　清　梁悦馨修　季念诒纂　清光绪元年刻本
同治湖州府志　清　宗源瀚修　周学濬纂　清同治十三年爱山书院刻本
同治上江两县志　清　莫祥芝　甘绍盘等修　汪士铎等纂　中国地方志集成本
桐城文学渊源撰述考　刘声木撰　黄山书社 1989 年版
铜琴铁剑楼藏书目录　清　瞿镛撰　上海古籍出版社校点本
退庵随笔　清　梁章钜撰　二思堂丛书本

W

晚晴簃诗汇　徐世昌辑　中国书店 1989 年影印本
万卷楼文稿　清　顾栋高撰　清稿本

王荆公诗注　宋　李壁撰　文渊阁四库全书影印本
望溪集　清　方苞撰　四部丛刊本
围炉诗话　清　吴乔撰　上海古籍出版社《清诗话续编》本
文山集　宋　文天祥撰　文渊阁四库全书影印本
文献家通考　郑伟章著　中华书局1999年版
文苑英华　宋　李昉等编　中华书局影印本
无锡金匮县志　清　裴大中修　秦湘业纂　清光绪七年刻本
五十年来的中国文学研究(1950—2000)　龚鹏程主编台湾学生书局2001年版
午亭文编　清　陈廷敬撰　文渊阁四库全书影印本
武进阳湖县志　清　张球修　汤成烈纂　清光绪五年刻本

X

西河合集　清　毛奇龄撰　文渊阁四库全书影印本
西圃诗说　清　田同之撰　上海古籍出版社《清诗话续编》本
西山文集　宋　真德秀撰　文渊阁四库全书影印本
西斋集　清　王仲儒撰　清康熙己卯梦华山房刊本
稀见地方志提要　陈光贻著　齐鲁书社1987年版
锡山书目考　清　高鏴泉撰　清光绪壬寅刊本
咸丰济宁直隶州志　清　卢朝安纂修　清咸丰九年刻本
咸丰顺德县志　清　郭汝诚修　冯奉初等纂　台湾成文出版社1974年版
岘佣说诗　清　施补华撰　上海古籍出版社《清诗话》本
香港中国古典文学研究论文目录(1950—2000)　邝健行、吴淑钿编　上海古籍出版社2005年版
象山集　宋　陆九渊撰　文渊阁四库全书影印本
象山语录、阳明传习录　宋　陆九渊、王守仁著　上海古籍出版

社2000年版
小匏庵全集　清　吴仰贤撰　清光绪八年刻本
小万卷斋文稿　清　朱琦撰　清光绪十一年嘉树山房重刊本
小澥草堂杂论诗　清　牟愿相撰　上海古籍出版社《清诗话续编》本
孝慈堂书目　清　王闻远撰　商务印书馆2005年版
新唐书　宋　宋祁等撰　中华书局校点本
秀野山房初集　清　张世炜撰　清康熙丙子刊本
须溪集　宋　刘辰翁撰　文渊阁四库全书影印本
许瀚年谱　袁行云撰　齐鲁书社1983年版
续滇南碑传集校补　方树海纂　云南民族出版社1993年版
续修四库全书　顾廷龙主编　上海古籍出版社2002年版
宣统山东通志　清　杨士骧等修　孙葆田等纂　民国四年山东通志刊印局铅印本

Y

养素堂文集　清　张澍撰　清道光十七年刻本
养知书屋文集　清　郭嵩焘撰　上海古籍出版社1995年版
野鸿诗的　清　黄子云撰　上海古籍出版社《清诗话》本
野客丛书　宋　王楙撰　中华书局点校本
一瓢诗话　清　薛雪撰　上海古籍出版社《清诗话》本
诒庄楼书目　王修撰　1930年排印本
遗山先生文集　金元好问撰　四部丛刊影明本
疑年录汇编　张惟骧撰　民国十四年张氏小双寂庵刻本
忆往编　清　宋在诗编　北京图书馆藏珍本年谱丛刊本
艺风藏书记　缪荃孙撰　上海古籍出版社2007年版
艺概　清　刘熙载撰　上海古籍出版社1978年版

亦有生斋文集　清　赵怀玉撰　清嘉庆刊本
弈庆藏书楼书目　清　祁理孙撰　商务印书馆 2005 年版
意苕山馆诗稿　清　陆嵩撰　清光绪北京刊本
鄞县通志人物编　陈训正纂　民国二十七年铅印本
萤雪丛说　宋　俞成撰　百川学海本
瀛奎律髓汇评　元　方回著　李庆甲集评校点　上海古籍出版社 1986 年排印本
雍正山东通志　清　岳濬、法敏修　杜诏、顾瀛纂　清乾隆元年刻本
永乐大典　明　姚广孝等编　中华书局影印本
游城南记　宋　张礼撰　藕香零拾本
禺山杂著　清　李旸撰　清嘉庆庚辰刊本
渔洋精华录集释　清　王士禛撰　上海古籍出版社 1999 年李毓芙等整理本
渔洋诗话　清　王士禛撰　上海古籍出版社《清诗话》本
玉函山房辑佚书　清　马国翰辑　上海古籍出版社影印本
玉田春水轩杂剧　清　张声玠撰　清道光间赐锦楼刊本
豫章黄先生文集、外集、别集　宋　黄庭坚撰　明刻本
元代诗法校考　张健编著　北京大学出版社 2001 年版
元代文学史　邓绍基主编　人民文学出版社 1991 年版
元好问全集　姚莫中主编　山西人民出版社 1990 年版
元好问研究论略　李正民著　社会科学文献出版社 1999 年版
元和姓纂(附四校记)　郁贤皓、陶敏整理　中华书局 1994 年版
元诗纪事　陈衍辑撰　上海古籍出版社校点本
元史　明　宋濂等著　中华书局校点本
元稹集　唐　元稹撰　中华书局点校本

月泉吟社诗　宋　吴渭编　文渊阁四库全书影印本
韵语阳秋　宋　葛立方撰　中华书局《历代诗话》本

Z

曾文正公全集　王启源编　上海东方书局1935年版
湛园札记　清　姜宸英撰　文渊阁四库全书影印本
直斋书录解题　宋　陈振孙撰　武英殿聚珍版丛书本
中国二十世纪文学研究论著提要　乔默主编　北京大学出版社1994年版
中国古代文化对朝鲜、日本的影响　李宗勋著　黑龙江朝鲜民族出版社2000年版
中国古籍善本书目　上海古籍出版社1998年版
中国历代书目丛刊(第一辑)　许逸民、常振国编　现代出版社1987年版
中国社科院图书馆藏中文古籍善本书目　中国科学出版社1994年版
中国诗画语言研究　程抱一著　江苏人民出版社2006年版
中国文化对朝鲜、韩国和日本的影响　朴文一、金龟春著　黑龙江朝鲜民族出版社2000年版
中国文化对朝鲜、日本的影响　尹允镇著黑龙江民族出版社2000年版
中国文学家大辞典(清代卷)　钱仲联主编　中华书局1996年版
中国文学家大辞典(宋代卷)　曾枣庄主编　中华书局2004年版
中国文学家大辞典(唐五代卷)　周祖譔主编　中华书局1992年版

中国文学批评　方孝岳著　三联书店1986年版
中国戏曲史钩沉　蒋星煜著　中州书画出版社1982年版
中华大典·文学典·隋唐五代文学分典　江苏古籍出版社2000年版
中日比较文学研究资料汇编　王琢编　中国美术学院出版社2002年版
中日古代文学比较研究　高文汉著　山东教育出版社1999年版
中日古代文学关系史稿　严绍璗著　湖南文艺出版社1987年版
中日近现代思想与儒学　刘岳兵著　北京三联书店2007年版
中日文化关系史论　周一良著　江西人民出版社1990年版
中日文化交流史话　王晓秋编著　商务印书馆1996年版
中山诗话　宋　刘攽撰　中华书局《历代诗话》本
中州集　金元好问编　中华书局排印本
朱文公校昌黎先生集　唐　韩愈撰　四部丛刊影元本
朱子近思录　宋　朱熹、吕祖谦著　上海古籍出版社2000年版
竹坡诗话　宋　周紫芝撰　中华书局《历代诗话》本
麈史　宋　王得臣撰　上海古籍出版社点校本
资治通鉴　宋　司马光撰　中华书局校点本
槜李诗系　清　沈季友撰　文渊阁四库全书影印本

索　引

A

B

C

D

杜集叙录

H

J

K

L

M

N

O

P

Q

R

S

杜集叙录

T

W

X

Y

Z

图书在版编目(CIP)数据

杜集叙录/张忠纲等编著.—济南:齐鲁书社,2008.10
ISBN 978-7-5333-2111-6

Ⅰ.杜… Ⅱ.张… Ⅲ.杜诗—文学研究—专题目录 Ⅳ.Z88:I207.22

中国版本图书馆CIP数据核字(2008)第150850号

杜集叙录

张忠纲 赵睿才 綦 维 孙 微 编著

出版发行 齊魯書社
社 址 济南经九路胜利大街39号
邮 编 250001
网 址 www.qlss.com.cn
电子邮箱 qlss@sdpress.com.cn
印 刷 山东新华印刷厂
开 本 850×1168 /32
印 张 27.75
插 页 3
字 数 700千
版 次 2008年10月第1版
印 次 2008年10月第1次印刷
标准书号 ISBN 978—7—5333—2111—6

定价:79.00元